NA IMINÊNCIA
DO EXTERMÍNIO

Bernard Wasserstein

NA IMINÊNCIA DO EXTERMÍNIO

A História dos Judeus da Europa antes da Segunda Guerra Mundial

Tradução
CLAUDIA GERPE DUARTE

Editora
Cultrix
SÃO PAULO

Título original: *On the Eve.*

Copyright © 2012 Bernard Wasserstein.

Copyright da edição brasileira © 2014 Editora Pensamento-Cultrix Ltda.

Texto de acordo com as novas regras ortográficas da língua portuguesa.

1ª edição 2014.

Todos os direitos reservados. Nenhuma parte desta obra pode ser reproduzida ou usada de qualquer forma ou por qualquer meio, eletrônico ou mecânico, inclusive fotocópias, gravações ou sistema de armazenamento em banco de dados, sem permissão por escrito, exceto nos casos de trechos curtos citados em resenhas críticas ou artigos de revistas.

A Editora Cultrix não se responsabiliza por eventuais mudanças ocorridas nos endereços convencionais ou eletrônicos citados neste livro.

Editor: Adilson Silva Ramachandra
Editora de texto: Denise de C. Rocha Delela
Coordenação editorial: Roseli de S. Ferraz
Produção editorial: Indiara Faria Kayo
Editoração eletrônica: Fama Editora
Revisão: Vivian Miwa Matsushita

Dados Internacionais de Catalogação na Publicação (CIP)
(Câmara Brasileira do Livro, SP, Brasil)

Wasserstein, Bernard
    Na iminência do extermínio : a história dos judeus da Europa antes da Segunda Guerra Mundial / Bernard Wasserstein ; tradução Claudia Gerpe Duarte. — São Paulo : Cultrix, 2014.

    Título original: On the eve.
    ISBN 978-85-316-1304-3

    1. Antissemitismo — Europa — História — Século 20 2. Guerra Mundial — 1939-1945 —Causas 3. Judeus — Europa — Condições sociais — Século 20 4. Judeus - Europa - História — Século 20 5. Judeus — Perseguições — Europa — História — Século 20 I. Título.

14-12553	CDD-305.892400904

Índices para catálogo sistemático:
1. Antissemitismo : História : Século 20 305.892400904

Direitos de tradução para o Brasil adquiridos com exclusividade pela
EDITORA PENSAMENTO-CULTRIX LTDA., que se reserva a
propriedade literária desta tradução.
Rua Dr. Mário Vicente, 368 — 04270-000 — São Paulo, SP
Fone: (11) 2066-9000 — Fax: (11) 2066-9008
http://www.editoracultrix.com.br
E-mail: atendimento@editoracultrix.com.br
Foi feito o depósito legal.

Para Shirley

"*O ato criativo essencial do historiador é a ressurreição dos mortos.*"

— Simon Dubnow

Sumário

Lista de Mapas 11

Glossário 13

Introdução 15

1. A geleira derretendo 21

2. O problema cristão 47

3. Grandes e exibicionistas 67

4. Da *shtetl* à *shtot* 92

5. Novas Jerusaléns 110

6. Homens santos 135

7. Mulheres profanas 160

8. *Luftmenshn* 178

9. Judeus não judeus 201

10. A matriz linguística 224

11. O poder da palavra 244

12. Um povo de muitos livros 263

13. Mascaradas de modernidade 284

14. Os jovens 309

15. Utopias 333

16. Na jaula, tentando escapar 354

17. Os campos 377

18. Na iminência do extermínio 397

19. Crise existencial 415

Epílogo 423

Notas 447

Fontes 487

Agradecimentos 515

Créditos das Ilustrações 517

Lista de Mapas

1. Os Judeus na Europa, 1939 24
2. Distritos Nacionais Judaicos na Ucrânia e na Crimeia, 1939 339
3. Campos de Refugiados e de Concentração Ocupados por Judeus
   na Europa, 1939 378

Glossário

badkhn (iídiche)/**badkhan** (hebraico) bufão e diretor de entretenimento nos casamentos

badkhones o repertório e a *performance* dos ***badkhn***

besmedresh (iídiche)/**bet hamidrash** (hebraico) sala de estudos

bris (iídiche)/**brit** (hebraico) circuncisão

dybbuk espírito maligno

Evsektsiia seções judaicas do Partido Comunista Soviético

get certificado religioso de divórcio

gymnasium escola acadêmica de ensino médio

hachsharah (pl. **hachsharot**) lit. "preparação", fazenda de treinamento

halachah lei judaica

halutz (pl. **halutzim**) (sionista) pioneiro (na Terra de Israel)

hassidismo movimento religioso popular, fundado no século XVIII, com um grande número de adeptos na Europa oriental (daí hassídico, hassídicos)

haskalah Iluminismo judaico

hazan precentor

heder (pl. **hadorim**) escola elementar religiosa

humash Pentateuco

kadish oração para os mortos

kapote longo sobretudo preto, geralmente de gabardine

kehillah (pl. **kehillot**) comunidade

korenizatsiia nativização/indigenização (política na URSS na década de 1920)

luftmensh (iídiche)/**Luftmensch** (alemão) lit. "homem de ar", pessoa pouco prática, sem uma ocupação definida ou uma fonte de renda visível

magid pregador errante

matzah (pl. **matzot**) pão não levedado (comido no *Pessach*)

melamed (pl. **melamdim**) professor

mezuzah (pl. **mezuzot**) amuleto de porta, pergaminho protegido contendo a Sagrada Escritura

mikveh (pl. **mikvaot**) banho ritual

minyan quórum de dez homens adultos requerido para a oração judaica

misnagdim adversários (do hassidismo)

mitzvah (pl. **mitzvot**) mandamento, boa ação

mohel (pl. **mohalim**) circuncidador ritual

nigun melodia

rebe líder de uma seita hassídica

seder jantar festivo no *Pessach*

Sejm câmara dos deputados do parlamento polonês

semikhah ordenação rabínica

shames (iídiche)/**shamash** (hebraico) sacristão de uma sinagoga

shechitah abate *kosher*

shochet açougueiro *kosher*

shtetl (pl. **shtetlakh**) cidade pequena

shtibl (pl. **shtiblakh**) conventículo hassídico

shund lixo (esp. literário ou teatral)

soyfer (iídiche)/**sofer** (hebraico) escriba

talmud torah escola religiosa

tefillin filactérios

tish mesa (esp. na corte de um *rebe* hassídico)

Torá Pentateuco, a Bíblia hebraica, o corpo da lei judaica

tsedoko (iídiche) **tsedakah** (hebraico) instituição beneficente

yeshiva (pl. **yeshivot**) faculdade talmúdica

yeshiva bokher aluno da *yeshiva*

Introdução

Um espectro assombrava a Europa na década de 1930 — o espectro do judeu. Ao mesmo tempo temido e desprezado como um assassino de Cristo, um demônio com chifres, revolucionário subversivo e explorador capitalista, obstinado defensor de uma religião obsoleta e expoente tortuoso do modernismo cultural, o judeu era amplamente considerado uma presença alienígena. Cada vez mais excluído da sociedade normal e expulso do companheirismo humano comum, o judeu foi grotescamente transformado de concidadão em um espectro, um ser sub-humano, na melhor das hipóteses uma inconveniência, com o tempo quase uma besta perseguida em toda parte. Mesmo antes da deflagração da Segunda Guerra Mundial, isso era verdade não apenas nas áreas da Europa já diretamente controladas pelos nazistas, mas também na maior parte do continente.

Na década de 1920, os judeu-europeus tinham a aparência de um povo vibrante, dinâmico e próspero. Pela primeira vez na sua história, eles eram reconhecidos como cidadãos em todos os países onde viviam. Especialmente na Europa ocidental e na União Soviética, uma classe média ambiciosa e meritocrática estava rapidamente galgando os degraus da escada social. Sendo o grupo étnico mais instruído da Europa, os judeus brilhavam em todas as áreas da ciência, deslumbravam no teatro e na literatura, e constituíam a essência pulsante da vida musical. Mas este livro não se detém no que são frequentemente chamadas de "contribuições" dos judeus para a cultura e a sociedade europeia nesse período. Essa é uma história bastante conhecida.

No breve intervalo de duas décadas, uma mudança dramática transformou a posição da comunidade judaica na Europa. Em 1939, dois anos antes da decisão dos nazistas de cometer o genocídio, os judeus europeus estavam perto de um colapso terminal. Em grande parte do continente, os judeus haviam sido destituídos dos direitos civis e estavam passando pelo processo de ser transformados em párias. O panorama demográfico era sombrio e avançava em uma espiral descendente em direção ao que, segundo o prognóstico de alguns contemporâneos, iria ser um "suicídio racial". Os numerosos judeus do centro-leste da Europa estavam mergulhados em uma terrível pobreza — e afundando ainda mais na total miséria. Uma nação de lojistas, os judeus se viram como homens supérfluos, tanto na União Soviética que abolira o mercado quanto nos estados agressivamente nacionalistas que se queixavam da dominância judaica. A URSS pelo menos permitiu que o judeu se trasladasse do *homo economicus* para o novo trabalhador modelo stalinista; a Alemanha, a Polônia e a Romênia encaravam os judeus como pecaminosos e exigiam que eles partissem.

Uma grande parte da explicação era o antissemitismo. As raízes da antipatia pelos judeus foram incessantemente investigadas. Nenhuma discussão dos judeus nesse período é viável sem referência a esse antagonismo, profundamente arraigado na consciência da civilização europeia. No entanto, esse não é o principal foco deste livro, que trata diretamente dos próprios judeus, não de seus perseguidores.

Tampouco o antissemitismo por si só é uma explicação satisfatória da situação desagradável dos judeus. Em grande medida, os judeus eram vítimas de seu próprio sucesso. Quer na URSS, na Polônia, na Alemanha ou na França, os judeus declaravam sinceramente a sua lealdade aos estados dos quais eram cidadãos. No entanto, quanto mais eles se beneficiavam da sua recente igualdade perante a lei e abraçavam a vida nacional dos seus países de residência, mais eles despertavam uma hostilidade ciumenta e exclusivista. Muitos reagiram tentando ainda mais arduamente se livrar das suas características diferenciadas, esperando se misturar de maneira a passar desapercebidos. Confrontados por uma violenta inimizade, eles tomaram um caminho em direção ao esquecimento coletivo que parecia ser o preço da sobrevivência individual.

Por conseguinte, a cultura judaica estava em decadência. A prática religiosa estava diminuindo e os ortodoxos, em particular, se sentiam sob ataque e ameaçados. As alternativas seculares que buscavam substituir a religião como o núcleo da identidade judaica se viram cada vez mais oprimidas por forças aparentemente invencíveis de aculturamento ao mundo não judeu. A argamassa cultural que por muito tempo unira os judeus estava perdendo o seu poder coesivo. Um sinal marcante desse processo era o desaparecimento de idiomas judaicos como o iídiche e o judeu-espanhol, os idiomas, respectivamente, dos judeus do nordeste e do sudeste da Europa.

No entanto, em um continente que na década de 1930 estava oprimido pela depressão econômica e pelo ressentimento racista, os judeus descobriram que a assimilação e o aculturamento, em vez de abrandar o caminho em direção à aceitação, despertava ainda mais ódio contra eles. Por conseguinte, este livro examina a posição de um povo que se viu diante de um dilema impossível.

Quem era o judeu-europeu na década de 1930? Ou, mais exatamente, já que a ideia de um único tipo nacional, étnico ou religioso, tão comumente aceito naquele período, é hoje indefensável, quem eram os judeu-europeus, no plural? Eram eles pessoas atomizadas ou eles, ou alguns entre eles, compartilhavam ideais, pontos de vista, suposições, memórias, expectativas, receios — em resumo, podemos identificar mentalidades judaicas coletivas? Que valores eles tinham em comum? A cultura ou conjunto de subculturas deles eram diferenciados? Podemos localizar um ambiente social judaico, seja como locais geográficos, aglomerados sociais ou locais de moradia da imaginação? Que significado devemos atribuir a termos como literatura, música ou arte judaica? As comunidades judaicas eram coesivas? Os judeus eram eficientes na formação do capital social — as redes de ligação na forma de instituições (partidos políticos, organizações representativas, sociedades beneficentes, hospitais, escolas, jornais e assim por diante) que poderia moldar a sua vida? O judeu era meramente um objeto passivo, afetado por uma sociedade circundante hostil, ou poderia o indivíduo, quer sozinho, quer de comum acordo com outros, tentar obter pelo menos um certo grau de controle sobre os ameaçadores caprichos do destino?

A minha resposta a essa última pergunta, pelo menos, pode ser declarada no princípio como afirmativa, mesmo que os resultados tenham sido, com frequência, tragicamente desproporcionais aos esforços envolvidos. Os judeu-europeus na década de 1930 foram atores na sua própria história, embora tenham sido com excessiva frequência retratados de maneira diferente. Eles lutaram com todos os meios disponíveis para enfrentar o que já era perceptível para muitos como um desafio à própria sobrevivência deles.

Eles enfrentavam uma ameaça comum, mas estavam longe de ser um monólito unificado. Economicamente, eles variavam de uma minúscula elite de plutocratas ricos a uma horda de mascates empobrecidos, vendedores ambulantes e mendigos. Uma grande minoria, principalmente no centro e no leste da Europa, permanecia rigidamente ortodoxa; outros, particularmente na Europa ocidental e na União Soviética, estavam completamente secularizados; uma ampla e medíocre maioria de semitradicionais era confortavelmente seletiva no seu grau de prática religiosa. Politicamente, os judeus estavam profundamente divididos, mas nenhuma das ideologias nas quais eles depositavam confiança, fossem elas o liberalismo, o socialismo ou o sionismo, oferecia alguma solução imediata para a situação desagradável deles. E os seus planos utópicos de se fixarem em lugares exóticos ao redor do mundo também deixaram de aliviar o seu problema que ficava cada vez mais grave.

Já em 1939, cada vez mais judeus na Europa estavam sendo reduzidos a refugiados errantes. Eles estavam sendo tiranizados como pessoas de campos, sem o direito de ter um lar em algum lugar e, consequentemente, sem direitos praticamente em lugar nenhum. Um número cada vez maior era confinado em campos de concentração ou de prisioneiros — não apenas na Alemanha, mas em todo o continente, até mesmo em democracias como a França e a Holanda. Na realidade, no verão* de 1939, mais judeus estavam sendo mantidos em campos fora do Terceiro Reich do que dentro dele.

Daí para o assassinato em massa não era um passo inevitável. Tentei, na medida do possível e do razoável, evitar a sabedoria da visão retrospectiva e ter em mente que a natureza e a escala do iminente genocídio eram imprevisíveis para aqueles a respeito de quem estou escrevendo — ainda que, como veremos, houvesse indícios surpreendentemente frequentes e angustiados de uma fatalidade.

Embora a palavra *Europa* apareça no subtítulo e o livro seja, de algumas maneiras, um precursor da minha história sobre os judeu-europeus no pós-guerra, *Vanishing Diaspora* (1996), a atenção aqui recai sobre as partes do continente que foram ocupadas pelos nazistas ou seus aliados entre 1939 e 1945. Países como a Grã-Bretanha e a Turquia, consequentemente, estão fora do meu campo de atuação.

Como em *Vanishing Diaspora*, o judeu é definido inclusivamente como a pessoa que se considerava judia ou era considerada por outros como tal. Nesse período, quando as concepções raciais, religiosas e seculares da condição judaica lutavam na esfera ideológica e dentro da alma das pessoas, uma ampla estrutura de consideração é essencial para o entendimento do que era conhecido na época como a "questão judaica". Na realidade, é precisamente na área fronteiriça do "judeu não judeu" que podemos coletar valiosas ideias sobre as aspirações, as realizações e a agonia dos judeu-europeus.

A minha narrativa termina com a deflagração da Segunda Guerra Mundial na Europa em setembro de 1939, mas é bastante provável que o leitor sinta o desejo humano natural de saber o aconteceu mais tarde com muitas pessoas que aparecem no livro. Por conseguinte, o epílogo apresenta breves detalhes, até onde foi possível determiná-los, do seu destino subsequente.

Existe uma enorme literatura sobre o genocídio dos judeus durante o regime nazista. Conhecemos com detalhes precisos quase cada estágio do processo pelo

---

* O leitor brasileiro deve ter em mente que, como a Europa está no Hemisfério Norte, os meses das estações do ano são opostos aos nossos. Assim, o verão vai de junho a setembro, o outono de setembro a dezembro, o inverno de dezembro a março, e a primavera de março a junho. (N.T.)

qual os nazistas aniquilaram os judeus em cada país da Europa ocupada. Em contrapartida, muito menos atenção tem sido concedida aos mundos que foram destruídos: o mundo privado das pessoas e das famílias, bem como o das comunidades e instituições. O que tem sido escrito a respeito de tudo isso não raro tem sido distorcido por alegações especiais ou pelo sentimentalismo.

Este livro, portanto, busca captar as realidades da vida na Europa nos anos que conduziram a 1939, quando os judeus se encontraram, como hoje sabemos, à beira de um abismo. Ele discute as suas esperanças e convicções, ansiedades e ambições, vínculos de família, relações internas e externas, a sua criatividade cultural, divertimentos, canções, idiossincrasias e caprichos, vestuário, alimentação e, na medida em que podem ser compreendidas, as coisas que tornavam a existência significativa e suportável para eles. O objetivo principal foi tentar restaurar no registro histórico homens, mulheres e crianças esquecidos, soprar momentamente uma vida renovada naqueles que logo nada mais seriam do que ossos ressecados.

– 1 –

A GELEIRA DERRETENDO

Quatro zonas

Dez milhões de judeus viviam na Europa no fim da década de 1930. Eles estavam distribuídos em quatro zonas, cada uma com uma história diferente, condições de vida divergentes e, a julgar pelas aparências, perspectivas diversas para o futuro. Nas democracias da Europa ocidental, os judeus já estavam emancipados por várias gerações e desfrutavam de uma igualdade cívica que, apesar da crescente maré de antissemitismo, os protegia, naquele momento, de qualquer ameaça à sua segurança. Em contrapartida, na Alemanha e nas partes da Europa central que já haviam sido absorvidas pelo Terceiro Reich, os judeus estavam passando pelo processo de ser privados da cidadania, submetidos a leis discriminatórias, expulsos das profissões liberais e privados da maior parte dos seus bens, estando ainda sob uma intensa pressão para que emigrassem. Em uma terceira zona, que abrangia todos os estados da Europa do centro-leste, o antissemitismo, frequentemente valendo-se de profundas raízes populares, formava um elemento significativo no discurso político e, na maioria dos países, havia sido integrado à política pública na forma de leis antijudaicas explícitas ou implícitas. Finalmente, na União Soviética, onde os judeus haviam sido emancipados em 1917, mais tarde do que em qualquer outro lugar da Europa (exceto na Romênia), eles desfrutaram uma expressiva mobilidade social ascendente no período entreguerras. No entanto, a vida judaica coletiva, fosse ela religiosa, política ou cultural, estava, assim como outros aspectos da existência no governo de Stalin, sujeita a severas restrições.

Na Alemanha, a palavra *Judentum* significa simultaneamente "judaísmo" e "povo judeu". No entanto, no coração do judeu-europeu, desde o Iluminismo, havia surgido um cisma entre as concepções do judaísmo como religião e como um *Volksgemeinde*, uma comunidade baseada na afiliação étnica. Na França, depois da sua emancipação durante a revolução, muitos judeus tinham passado a considerar um princípio essencial o fato de que a condição judaica era uma categoria puramente religiosa e que, em todos os aspectos, eles eram tão franceses quanto os outros franceses. Na Alemanha, onde a emancipação ocorrera mais tarde e as relações sociais entre judeus e os não judeus, mesmo durante o período liberal da República de Weimar entre 1918 e 1933, eram mais frágeis, as coisas eram levemente diferentes. Lá, escreve George Mosse, um descendente da elite judaico-alemã, "não havia nenhum e/ou — ou alemão ou judeu [...] a condição judaica não era meramente uma religião, estando basicamente vinculada ao orgulho ou à família, dos quais não poderia ser separada".[1] Na Europa oriental, onde os limites entre Estado e nação raramente se mesclavam, e onde a maioria dos judeus ainda falava iídiche, vivia em densas concentrações e se agarrava mais estreitamente aos próprios padrões culturais, a condição judaica tendia a ser encarada pelos próprios judeus bem como por seus vizinhos como sendo basicamente uma categoria étnica. Isso também era verdade na URSS, onde "judeu" era uma característica nacional legitimamente reconhecida.

Como Deus na França

A zona democrática da Europa no período entreguerras era a mais cômoda para os judeus. No entanto, ela continha a menor proporção da população judaica do continente, menos de 1 milhão de pessoas, ou menos de 10% do total.

Na Europa ocidental, contudo, a segurança que os judeus desfrutavam não era mais tão automática ou incontestada como no passado. É bem verdade que um judeu fora eleito primeiro-ministro da França em 1936, mas a vitória do socialista Léon Blum foi uma faca de dois gumes para muitos judeu-franceses. Os inimigos da direita do governo se concentravam na condição judaica de Blum e a utilizavam, com algum efeito, como uma arma de propaganda contra a esquerda. Até mesmo na Holanda, com a sua longa história de amizade entre cristãos e judeus, que recuava à cordial recepção dos "Cristãos Novos" (marranos) oriundos da Península Ibérica nos séculos XVI e XVII, um certo mal-estar entrou no relacionamento na década de 1930 depois da chegada de um grande número de refugiados da Alemanha nazista.

A frase *heureux comme un juif en France* ("feliz como um judeu na França") havia adquirido o significado proverbial de *muito* feliz. No entanto, no decorrer da geração anterior ele frequentemente adquirira um tom de ironia. Na virada do século, o Caso Dreyfus havia sugerido que existiam limites ao reconhecimento dos judeus como franceses. A partir de 1919, quando a Alemanha devolveu à França a Alsácia e a Lorena, os judeu-franceses, cuja maioria tinha as suas origens nas duas províncias recuperadas, puderam novamente se sentir contentes por fazer plenamente parte do patrimônio nacional. No entanto, os seus inimigos agora voltavam a frase contra eles, sugerindo que os judeus eram felizes *demais* na França, ou seja, que eles estavam se saindo bem demais, à custa dos outros.

Herdeiros de Mendelssohn

Na sua origem, a frase era um jogo com a expressão alemã/iídiche *leben wie Gott in Frankreich*, que significava viver *muito* bem. Na República de Weimar na Alemanha, os judeus aguardavam ansiosos a consolidação de mais de um século de progresso em direção à igualdade jurídica e social em um país e uma cultura nos quais eles se sentiam tão em casa quanto os judeu-franceses se sentiam na França.

Esse sentimento de tranquilidade se manifestou em toda a Alemanha em setembro de 1929, quando judeus e cristãos celebraram igualmente o ducentésimo aniversário de nascimento de Moses Mendelssohn, pai do Iluminismo judaico e progenitor de uma dinastia de banqueiros, músicos e eruditos que continuavam a ser uma força significativa na cultura, na economia e na política do país. O ministro do Interior, Carl Severing, e o destacado rabino liberal em Berlim, Leo Baeck, estavam entre aqueles que fizeram apologias para marcar a ocasião. Em um concerto vesperal de domingo na cidade natal de Mendelssohn, Dessau, foram executadas obras de Bach e Beethoven em sua homenagem. Um representante da cidade de Berlim depositou uma coroa de flores no túmulo do filósofo em memória de "um grande concidadão". Os seus descendentes, agora todos cristãos, reservaram durante três dias um hotel luxuoso para uma reunião do clã. A série de eventos foi um ponto alto simbólico da moderna simbiose entre o judeu e o alemão.[2]

Um mês depois, o *crash* de Wall Street assinalou o início do mergulho do mundo para a depressão e a guerra — e a derrubada do povo judeu-alemão do pedestal que ocupava como a mais orgulhosa, rica, criativa e progressista comunidade judaica da Europa.

Imediatamente após subirem ao poder em janeiro de 1933, os nazistas lançaram uma campanha de terror e violência contra os judeus e os esquerdistas. Janelas de sinagogas e lojas foram estilhaçadas. Judeus foram mortos ou espancados em ataques aleatórios de rua. Um boicote nacional aos negócios judaicos no dia 1º de abril de 1933 obteve sucesso ambíguo. Ele foi seguido, contudo, pela demissão de quase todos os funcionários públicos judeus, entre eles professores secundários

Mapa 1

e universitários. Médicos e advogados judeus tiveram restringido o seu exercício da profissão. A assistência social aos judeus foi limitada. Quotas foram introduzidas para alunos universitários judeus. Essas primeiras medidas antijudaicas resultaram em pelo menos trezentos suicídios.

Já em abril de 1933, apenas três meses depois de Hitler ter subido ao poder, Baeck, que emergiu como líder e porta-voz do povo judeu-alemão na sua década final, declarou o seguinte: "A história de mil anos do povo judeu-alemão chegou ao fim".[3] Do meio milhão de "judeus por religião" na Alemanha, cerca de 40 mil fugiram do país no intervalo de um ano.

A Reichsvertretung der Deutschen Juden (Representação dos Judeu-Alemães do Reich), com Baeck na liderança, conseguiu o reconhecimento de fato do regime nazista em setembro de 1933 como o corpo representativo do povo judeu-alemão. Ao longo dos seis anos seguintes, a Reichsvertretung formou uma espécie de autogoverno interno dos judeu-alemães. Por um lado, Baeck e os seus colegas buscavam proteger os judeu-alemães do violento ataque que estavam sofrendo. Por outro, eles se viam obrigados a agir em conformidade com as ordens nazistas e promover a execução disciplinada das políticas nazistas. Havia, é claro, funções que eram, em última análise, incompatíveis, mas durante algum tempo a Reichsvertretung teve êxito, em certa medida, em harmonizá-las, por meio dos seus esforços de organizar o bem-estar social, a educação e atividades culturais. Enquanto buscava preservar os relacionamentos funcionais desesperadamente necessários com as autoridades, nos primeiros anos, a Reichsvertretung não deixou de manifestar o seu protesto: em maio de 1934, por exemplo, em resposta a grosseiras declarações antissemitas, ela enviou um telegrama a Hitler: "Diante de Deus e dos homens, levantamos a nossa voz em protesto contra essa calúnia sem precedente contra o nosso credo".[4]

"Substância e vitalidade"

A Europa Oriental fora a região central da colonização judaica desde o início do período moderno e assim permaneceu até 1939. Mais da metade dos judeus da Europa viviam nessa terceira zona, formada pelos estados entre a Alemanha e a União Soviética. Embora a Romênia e a Hungria também ostentassem grandes populações judaicas, um dos países da região detinha uma indiscutível proeminência do mundo judaico.

Com 3,2 milhões em 1939, os judeus da Polônia formavam a maior comunidade judaica do continente. Embora profundamente apegados ao país, o qual a maioria deles considerava inquestionavelmente como o seu lar, os judeus poloneses estavam, em um grau considerável, isolados do restante da população do ponto de vista religioso, socioeconômico e político. Eles tinham as suas próprias áreas residenciais, partidos políticos, jornais, teatros, sindicatos trabalhistas e organizações profissionais, frequentemente operando no seu próprio idioma, o iídiche. Juntos, eles formavam a estrutura de um mundo em grande medida autossuficiente dentro do qual era possível, se a pessoa assim o desejasse, viver quase sem se aventurar na sociedade mais ampla.

Os judeus poloneses formavam, em um sentido jurídico, uma comunidade, e eram encarados assim pelo resto da sociedade. No entanto, eles estavam profundamente divididos entre si mesmos. Ben-Zion Gold, que foi criado em uma família rigidamente ortodoxa na Polônia na década de 1930, relembra que "os judeus religiosos olhavam para os assimilacionistas com uma mistura de pena e desprezo".[5] Theodore Hamerow, filho de atores profissionais no palco iídiche, recorda como, quando era criança na pequena cidade de Otwock, perto de Varsóvia, na década de 1920, ele espiava através de uma fenda na cerca nas noites de sexta-feira e assistia à celebração do *Sabbath* do vizinho hassídico: "Eles pareciam para mim quase tão estranhos, quase tão exóticos quanto os dervixes rodopiantes da Turquia sobre os quais eu lera ou com os frenéticos adoradores de Jagannath na Índia. Eu sentia uma barreira invisível porém intransponível separando-me deles. Eles e eu parecíamos pertencer a dois mundos sociais e culturais completamente diferentes".[6]

As diferenças envolviam questões tanto de classe quanto de ideologia. O advogado, parlamentar e líder sionista Apolinary Hartglas confessou nas suas memórias do pós-guerra o desprezo com que olhava para muitos dos seus camaradas judeus poloneses: "Eu ficava ofendido pela sua falta de cultura europeia, falta de traquejo social... Uma lâmina de vidro me separava deles".[7]

A Polônia era a principal arena na qual as forças ideológicas e culturais conflitantes do povo judeu-europeu lutavam pela supremacia. Varsóvia, com os seus 381 mil judeus em 1939, o maior número de qualquer cidade do continente, chegava mais perto do *status* de capital da diáspora europeia. Ali estavam as sedes dos principais partidos políticos, instituições beneficentes, sistemas escolares, jornais e órgãos culturais dos judeus. "O povo judeu-polonês", de acordo com um dos seus observadores contemporâneos mais bem informados, "fornecia substância e vitalidade para todos os nossos movimentos nacionais, políticos e culturais. Sendo a menos afetada pela assimilação, ela permaneceu nacionalmente a mais consciente, politicamente a mais militante e individualmente a mais orgulhosa das comunidades judaicas".[8]

O avanço em direção ao desaparecimento

Os 3 milhões de judeus na União Soviética em 1939 constituíam a quarta zona do povo judeu-europeu. No final do período czarista, a oposição à perseguição dos judeus russos fora uma causa humanitária que mobilizou tanto não judeus quanto judeus em todo o mundo civilizado. A emancipação dos judeus fora um dos primeiros atos da Revolução Russa — da revolução de fevereiro, não da de outubro, uma distinção que era frequentemente minimizada pelos comunistas judeus na década de 1930. Ao mesmo tempo, os judeus tinham obtido o privilégio de se estabelecer além da Zona de Residência, as regiões ocidentais do Império Russo às quais eles tinham ficado restritos no final do período czarista.

Os bolcheviques reiteraram os princípios de igualdade e liberdade de consciência, mas, no caso dos judeus, rapidamente os destituíram de muito significado com a sua campanha antirreligiosa e com a criação da categoria dos *lishentsy* (literalmente "destituídos"). Estes eram membros das "classes exploradoras", ou seja, não proletários e não camponeses, especialmente comerciantes e ex-burgueses, que, junto com as suas famílias, foram privados dos seus direitos no novo regime e se transformaram em párias sociais, privados de direitos civis, discriminados quanto à educação superior, emprego, cuidados médicos e rações alimentares, sendo ainda obrigados a pagar impostos e aluguéis mais elevados. Eles só poderiam reivindicar os direitos civis depois de cinco anos de trabalho produtivo. Os judeus estavam fortemente representados na categoria dos *lishentsy* devido à sua participação desproporcional na classe comercial pré-revolucionária "exploradora", que fez um reaparecimento parcial durante o período da Nova Economia Política na década de 1920. Em 1928-1931, calculava-se que o número de judeus na categoria dos *lishentsy* chegasse a 1.875.000 (um milhão de pequenos negociantes e 875 mil artesãos), dois terços de toda a população judaica da URSS.[9]

O povo judeu-soviético, embora quase tão numeroso quanto o polonês, carecia do dinamismo coletivo, das estruturas institucionais e da vitalidade cultural do seu vizinho ocidental. Na realidade, era até duvidoso se o grupo deles poderia ser chamado de comunidade, já que não tinha nenhuma unidade organizacional nem muita coisa no que dizia respeito à coesão coletiva. Em 1918, o Partido Bolchevista havia estabelecido a *Evsektsii,* seções judaicas, cujo principal papel era combater o sionismo, o "clericalismo" e o socialista judeu Bund. Em 1930, contudo, tendo atingido o objetivo de erradicar esse monstro de três cabeças do território soviético, as *Evsektsii* foram sumariamente abolidas.

No final da década de 1920, os judeu-soviéticos foram subdivididos em cinco *narodnosti* (grupos nacionais) baseados na localização geográfica, mas na ocasião do censo de 1939, todos os judeus na União Soviética foram consolidados em uma única nacionalidade.[10] O Estado soviético no período entreguerras não apenas reconheceu a afiliação étnica judaica como também incentivou a sua expressão dentro de limites circunscritos. As escolas iídiches floresceram até o final da década de 1930. Surgiram jornais e livros iídiches. Teatros iídiches foram subsidiados. No entanto, bem mais do que na Polônia, essas instituições eram estreitamente controladas pelo Estado e pelo partido governante.

O judeu prudente na Rússia stalinista, assim como nos outros lugares, não anunciava a sua condição judaica e, quando possível, não raro procurava descartá-la. Entretanto, subsistia entre os judeu-soviéticos, bem como entre outros judeus no continente, um reconhecimento mútuo intuitivo que podia ser instantaneamente despertado por uma frase iídiche, um dar de ombros, um gesto ou alguma coisa não mencionada — e com isso uma solidariedade defensiva implícita.

Na década de 1930, os judeu-soviéticos foram apanhados nos remoinhos do debate político entre simpatizantes comunistas e os seus inimigos. Na França, por exemplo, o sociólogo judeu Georges Friedmann, que estudava a União Soviética e passou longos períodos naquele país entre 1932 e 1936, enfatizou a rápida mobilidade social ascendente dos judeus no governo soviético. Ele comparou a "degeneração física e moral" dos guetos poloneses com o que ele encarava como as realizações sociais dos judeu-soviéticos: "É difícil entender, quando não a observamos pessoalmente, a diferença na estatura física e moral dos judeus em cada lado da fronteira polonesa-soviética". Os judeu-soviéticos, relatou ele, "raramente apresentam os velhos sintomas de servilismo e medo que observamos nos guetos da Polônia e da Galícia — e durante um longo tempo até mesmo entre aqueles que conseguiram escapar para as grandes cidades do Ocidente".[11] Friedmann informou que os jovens judeus na URSS, animados pelo seu progresso no regime soviético, estavam absorvendo os seus valores e se mesclando com a sociedade em geral.

Em uma ardorosa réplica, Léon Baratz, um advogado francês de origem judaico-russa, afirmou que as pressões antirreligiosas na URSS estavam conduzindo à "total desjudaização" dos jovens judeus. O sionismo, ressaltou ele, era mais perseguido do que nos governos dos czares ou de Hitler. A erudição judaica, especialmente a história, foi eliminada. O hebraico era uma língua proibida. Na realidade, a diferença entre Baratz e Friedmann residia mais nas suas conclusões do que nas avaliações. Ambos poderiam concordar com o historiador Simon Dubnow em que os judeus na URSS, como entidade distinta, estavam "avançando rapidamente em direção à sua extinção".[12]

O declínio demográfico

As profecias sobre a extinção dos judeus não estavam limitadas à URSS. Em 1927, Lewis Namier, historiador judeu nascido na Polônia, escreveu que "a dissolução e o derradeiro desaparecimento parecem ser o futuro inevitável dos judeus da Europa Ocidental e Central". Considerando-se a sua baixa taxa de natalidade e elevadas taxas de casamento com não judeus, prognosticou ele, os judeus iriam desaparecer. Somente uma nova imigração da geleira que estava lentamente se derretendo do povo judeu da Europa Oriental, que eram sobretudo ortodoxos, poderia sustentar essas comunidades.[13] Nas quatro zonas da Europa judaica, os observadores locais chegaram a conclusões semelhantes.

Na Holanda, um artigo de 1936 comentou que a taxa de natalidade judaica era bem mais baixa do que a da população não judia, diferença atribuída pelo autor do artigo à "grande influência do controle da natalidade entre os judeus".[14] Eles também eram, em média, mais velhos do que o restante da população. Em fevereiro de 1939, um especialista em população judaica afirmou, em um discurso para a Sociedade Antropológica de Amsterdã, que o povo judeu-holandês corria o risco de desaparecer completamente em decorrência dos casamentos mistos e do declínio da taxa de natalidade.[15] Em 1938, um comentarista em Estrasburgo perdeu a esperança com relação às perspectivas para o judaísmo naquela província. As evidências das taxas de natalidade declinantes, do casamento tardio e do não casamento, concluiu ele, podiam ser resumidas em uma única frase: "O povo judeu-alsaciano está morrendo".[16]

Na Alemanha, a população judaica já vinha declinando antes de os nazistas subirem ao poder. Entre 1925 e 1933, ela encolheu de 564 mil para 503 mil, ou seja, 11% em apenas oito anos. Como a religião, tanto na Alemanha quanto em outros países da Europa central, tinha que ser registrada publicamente, esses números oferecem uma imagem confiável da quantidade de judeus praticantes e indicam um íngreme declínio. Muitas causas contribuíam para essa situação, entre elas as conversões, a exogamia e as resignações da comunidade religiosa, embora os resignatários não tivessem a intenção de rejeitar completamente a sua condição judaica. No entanto, a principal explicação, e a que está mais carregada de implicações a longo prazo, era o colapso da taxa de natalidade judaica. Por conseguinte, já em 1933, dizia-se que o povo judeu-alemão estava "em sua maior parte em um estado de senilização".[17] Apenas 21% dos judeus tinham menos de 20 anos de idade, em comparação com 31% da população em geral.

POPULAÇÕES JUDAICAS NA EUROPA, SETEMBRO DE 1939	
Alemanha*	345.000
Bélgica	110.000
Bulgária	50.000
Dinamarca	7.000
Eslováquia	58.000
Espanha	500
Estônia	5.000
Finlândia	2.000
França	320.000
Gibraltar	1.000
Grécia	75.000
Holanda	140.000
Hungria†	625.000
Irlanda	5.000
Itália	47.000
Iugoslávia	75.000
Letônia	95.000
Lituânia	155.000
Luxemburgo	4.000
Noruega	2.000
Polônia	3.225.000
Portugal	1.000
Reino Unido	380.000
Romênia	850.000
Suécia	10.000
Suíça	19.000
Turquia**	80.000
URSS**	3.025.000
TOTAL	**9.711.500**

* Inclusive a Áustria e o Protetorado da Boêmia e Morávia.
† Inclusive áreas anexadas da Eslováquia e da Rutênia Subcarpática.
** Inclusive regiões asiáticas.

A filósofa judeu-alemã Hannah Arendt escreveu mais tarde:

Quando Hitler subiu ao poder [...] o povo judeu-alemão como um todo, depois de um longo período de constante crescimento tanto em número quanto em *status* social, começou a declinar com uma rapidez tão grande que os estatísticos prognosticaram o seu desaparecimento em poucas décadas. É bem verdade que as estatísticas não apontam necessariamente para processos históricos verdadeiros; entretanto é digno de nota que, para um estatístico, a perseguição e o extermínio nazistas pareceriam uma aceleração sem sentido de um processo que provavelmente teria acontecido de qualquer maneira.[18]

Arendt extraiu a ideia subjacente desse trecho de autores como Felix Theilhaber, cujo livro *Der Untergang der Deutschen*, publicado em 1911, havia exibido um sinistro prognóstico do colapso demográfico dos judeus na Alemanha e, por extensão, do povo judeu-europeu em geral.[19]

Depois da ascensão dos nazistas ao poder, a taxa de natalidade judaica na Alemanha declinou ainda mais, quando jovens judeus emigraram ou optaram por não ter filhos. A maioria das famílias judaico-alemãs não tinha mais do que um ou dois filhos. Em 1936, o total de nascimentos judaicos (ou seja, nascimentos nos quais pelo menos um dos pais era judeu) foi de 1.714; o número equivalente para 1925 fora de 5.785.

As tendências em outros lugares da Europa central eram semelhantes. "O povo judeu de Viena está avançando em direção à extinção", escreveu o sociólogo Arthur Ruppin em 1936.[20] Ruppin era um sociólogo equilibrado, não inclinado a exageros e mencionou a taxa de natalidade extraordinariamente baixa dos judeus em Viena, a qual era reproduzida em quase todas as principais comunidades judaicas da Europa central. Ruppin registrou outras "forças destruidoras no povo judeu": a assimilação, o declínio da religião judaica, "o enfraquecimento dos elos de descendência e destino comuns", "o relaxamento dos vínculos familiares" e "a adaptação econômica dos judeus ao seu ambiente". Já em 1939, Ruppin havia chegado a uma fatídica conclusão: "Assim como os povos primitivos perdem os estilos de vida tradicionais e prazer pela vida sob o impacto de influências estranhas, e voluntariamente se extinguem, os judeus nesses países estão se inclinando para o 'suicídio racial'".[21]

O panorama demográfico era semelhantemente depressivo na Europa oriental. Estima-se que a taxa de natalidade judaica na região como um todo tenha caído pela metade entre 1900 e o final da década de 1930.[22] Na Hungria, uma taxa de natalidade declinante, conversões, casamentos mistos e a emigração contribuíram para uma queda na população judaica, de 473 mil em 1920 para 400 mil em 1939.[23] Na Lituânia, em 1937, um analista observou que o número de nascimentos judaicos estava "terrivelmente baixo e declinando de ano para ano".

Em 1934, a taxa de aumento natural dos judeus era de apenas 2,6 por cada mil, em comparação com 10,2 para o país como um todo.[24]

Na URSS, a taxa de natalidade judaica estivera em declínio desde antes da revolução. Embora tenha aumentado ligeiramente no final de década de 1930, possivelmente em decorrência de políticas oficiais pró-natalidade, ela permaneceu baixa, particularmente em Moscou e Leningrado. Isso estava acontecendo apesar da relativa juventude da população judaica nessas cidades em comparação com os judeus na antiga Zona de Residência. Na URSS, como em outros lugares, os judeus eram, em média, mais velhos do que o restante da população e tinham menos filhos. A idade do casamento judaico, que já era mais elevada do que a do restante da população, aumentou mais ainda nesse período. Entre 1926 e 1939, a fertilidade média das mulheres judeu-soviéticas declinou em um terço. Havia também um desequilíbrio significativo dos sexos: mais de onze mulheres para cada dez homens. Isso talvez ajude a explicar o "ostensivo declínio" nos casamentos dos judeus (seja com outros judeus ou com não judeus) na URSS na década de 1930.[25]

A migração intercontinental adicionou mais um peso negativo ao equilíbrio da população judaica europeia. O fechamento da imigração em grande escala pelos Estados Unidos a partir de 1924, as dificuldades políticas que acompanharam a emigração da União Soviética a partir do início da década de 1920 e os limites estabelecidos pelas autoridades mandatórias britânicas à entrada dos judeus na Palestina a partir de 1936 restringiram o movimento judaico para fora da Europa. Não obstante, mais de meio milhão de judeus deixaram o continente no período entreguerras. Entre 1933 e 1938, as medidas nazistas contra os judeus levaram, segundo se estima, 169 mil judeus a fugir da Alemanha. E pelo menos 400 mil deixaram a segunda república polonesa durante as suas duas décadas de existência. Isso equivalia a 13% de todos os judeus no país, mas para os antissemitas poloneses não era o suficiente. Eles insistiam em que a Polônia estava superpovoada por judeus e exigiam a total remoção deles.

O somatório de todos esses elementos era que o aumento da população judaica estava rapidamente ficando mais lento e, em vários países, ele se transformara em uma absoluta redução.

O declínio demográfico dos judeus estava claramente ligado à urbanização, à mobilidade social e ao que pode ser livremente chamado de modernização. No entanto, o que é frequentemente denominado assimilação judaica encerra um significado distorcido ou inverso quando observado através de uma lente demográfica no início do século XX: quanto mais os judeus europeus ficavam parecidos com os seus vizinhos sob outros aspectos, menos eles se assemelhavam a eles nos seus padrões demográficos. A fertilidade, a mortalidade infantil e as taxas de mortalidade judaicas declinaram mais rápido do que as não judaicas, a idade do casamento aumentou ainda mais e o tamanho médio da família se tornou menor do que o dos não judeus. Quase invariavelmente, essas tendências eram visíveis mais cedo e em maior escala entre as camadas menos tradicionais e mais secularizadas da sociedade judaica. Na realidade, na esfera da população, os judeus eram muito menos assimiladores dos padrões sociais existentes do que pioneiros da transição demográfica que, ao longo das duas gerações seguintes, iria transformar a sociedade europeia como um todo.

Uma elevada expectativa de vida

Enquanto coletividade, portanto, os judeu-europeus podem dar a impressão de que estavam avançando em direção à extinção. Individualmente, no entanto, eles podiam esperar viver mais tempo do que nunca e mais tempo do que os seus vizinhos. A sua elevada expectativa de vida se originava dos seus níveis de saúde relativamente favoráveis. O alcoolismo, um elemento que contribuía bastante para a morte prematura em muitos países, era praticamente desconhecido entre os judeus: em 1925, o número de prisões por embriaguez em Varsóvia, onde os judeus representavam um terço da população, foi de 87 judeus para 11.994 não judeus.[26] As mortes decorrentes de cirrose hepática, doença que refletia o alcoolismo, eram menos comuns entre os judeus do que na população em geral. A incidência de sífilis e outras doenças venéreas era mais baixa entre os judeus. Eles também exibiam uma maior resistência do que outros grupos a doenças contagiosas como a tuberculose (mesmo em uma comparação entre judeus e não judeus da mesma classe social).[27]

Na década de 1930, contudo, foi detectada uma mudança de direção na saúde relativa dos judeus. No todo, observadores bem informados relataram que a condição médica judaica em geral na Europa oriental, embora ainda fosse mais sadia do que a da população em geral, estava se deteriorando. Os judeus eram especialmente suscetíveis a problemas digestivos e vasculares. Morriam desproporcionalmente de diabetes, doenças do coração e, nas favelas de Varsóvia, de doenças respiratórias.[28] Além disso, certos problemas menos graves eram endêmicos entre os judeus pobres na Europa oriental, particularmente a escabiose. Nas áreas miseráveis da classe trabalhadora judia em Łódź, a prevalência da febre tifoide estava acima da média, e um pesquisador relatou em 1930 que "a curva da taxa de doença dos judeus aumentou nos últimos anos, enquanto a dos cristãos vem caindo".[29]

Um médico em Kovno (Kaunas), na Lituânia, lamentou em 1937 a esqualidez na qual vivia a maior parte da classe trabalhadora judia da cidade:

Apesar das exigências rituais, as pessoas não se lavam muito. As mãos são sujas, as unhas são pretas, as pessoas têm medo do sabão, não trocam a roupa de baixo com a frequência necessária e, no que diz respeito à escovação dos dentes, isso já é sinal de uma situação burguesa. Os parasitas ainda desempenham um papel considerável na vida dos judeus [...] piolhos, pulgas e percevejos são, na realidade, membros da família em um número excessivo de lares judaicos. Os vermes são constantes companheiros das crianças e muito abundantes entre os adultos.[30]

Dizia-se que as doenças venéreas, inclusive a sífilis, estavam se espalhando entre os judeus, embora ainda fossem bem menos preponderantes entre estes do que entre os não judeus.

A alimentação judaica, de acordo com o relatório de Kovno, era insalubre: pouco variada, pobre em vitaminas, continha um excesso de gorduras e era apimentada. Os muito pobres subsistiam com pouco mais do que pão preto, batata, repolho, *borscht* (sopa de beterraba) e chá. O *challah* (pão branco trançado) era comido apenas no *Sabbath*. Havia disponível um arenque barato que era muito consumido. Mas "o judeu demonstra uma aversão a todas as hortaliças verdes".[31] Além disso, o mesmo médico de Kovno se queixou de que a comida era devorada em vez de mastigada.

O casamento com não judeus

A maioria dos judeus no século XIX se casava com outros judeus. No início do século XX, contudo, um aumento significativo na exogamia foi registrado em todo o continente. No início, a tendência era mais forte na Europa ocidental e central, mas na década de 1930, ela já era visível em outros lugares, particularmente na União Soviética.

Na Dinamarca e na Itália, onde as relações entre as pequenas comunidades judaicas e a sociedade em geral eram por via de regra harmoniosas, mais da metade dos casamentos de judeus em meados da década de 1930 eram com não judeus. Na Boêmia e na Morávia, onde a taxa de casamentos mistos antes da Primeira Guerra Mundial era de menos de 5%, atingiu 30% na década de 1930.

Na Hungria e na Alemanha, o gráfico de casamentos judeus mistos mostrava um V invertido. Na Hungria, a taxa era de 25% no início e meados da década de 1930. A partir daí ela declinou à medida que o antissemitismo foi envenenando a atmosfera social e os parceiros judeus se tornaram propostas conjugais menos atraentes.[32] Na Alemanha, a mudança foi drástica. No início da década de 1930, a maioria dos casamentos de judeu-alemães era com não judeus. Depois da promulgação das Leis de Nuremberg em 1935, contudo, a taxa despencou para zero, pois o casamento de judeus com "arianos" tornou-se ilegal, embora os casamentos mistos existentes por via de regra permanecessem intactos.

Um número maior de homens do que de mulheres se casava fora da religião: na Europa central, em 1929, cerca de três homens para cada duas mulheres o faziam. Como resultado, os filhos dos casamentos mistos não eram, na sua grande maioria, considerados judeus de acordo com a lei religiosa (que só reconhecia como judia a criança nascida de mãe judia). Os casamentos mistos tendiam a produzir ainda menos filhos, em média, do que os casamentos em que marido e mulher eram judeus: na Alemanha, a média era de apenas 0,5 por casal. Na atmosfera sociopolítica da década de 1930, não era preciso ir muito longe para buscar as razões disso. Um especialista em demografia afirmou o seguinte: "O controle da natalidade é ainda mais intensivo nos casamentos mistos, porque os pontos delicados são mais numerosos e existe o desejo dominante de evitar as possibilidades de conflito, que poderão surgir por causa dos filhos".[33] Além disso, as crianças dos casamentos mistos na Alemanha e na Hungria estavam muito mais propensas a ser criadas na religião cristã (ou sem nenhuma religião) do que como judias. De acordo com uma avaliação realizada na Alemanha em 1928-1929, apenas 2% dos filhos dessas uniões eram criados na religião judaica.[34] Por conseguinte, o casamento misto, na escala e na forma que ele assumiu na Europa central no período entreguerras, pressagiava o rápido desaparecimento da comunidade judaica.

No Império Russo, os casamentos mistos não eram permitidos antes de 1917 (a proibição legal permaneceu em vigor nas antigas províncias russas da Polônia no período entreguerras). Depois da revolução, contudo, o casamento entre judeus e não judeus na URSS aumentou rapidamente. Já em 1939, de cada mil casamentos nos quais um dos cônjuges era judeu, 368 eram casamentos mistos. Em Moscou e em Leningrado, cerca da metade de todos os casamentos judeus era mista. Na União Soviética, também, um número bem maior de homens do que de mulheres se casava com não judeus, com o resultado que, em 1939, havia muito mais mulheres judias solteiras do que homens na URSS, com um consequente efeito negativo adicional na taxa de natalidade judaica.

Uma nação de lojistas

A pirâmide social judaica não se parecia com nenhuma outra da Europa. Proporções muito pequenas de judeus trabalhavam nas ocupações que constituíam as maiores categorias de trabalho em quase toda parte: agricultura, serviços domésticos, mineração ou empregos públicos. Os camponeses, que eram maioria absoluta da população em toda a Europa oriental, só eram encontrados em números significativos entre os judeus em algumas regiões retrógadas, como a Bessarábia (na Romênia no período entreguerras) e na Rutênia Subcarpática, a província mais a leste da Tchecoslováquia. Na Europa como um todo, não mais do que 5% de judeus estavam envolvidos com a agricultura.

Os judeus estavam fortemente sub-representados no serviço público e nas forças armadas. Em 1931, menos de 2% de servidores públicos na Polônia eram judeus. Na totalidade do país, havia apenas sete professores universitários judeus em um total de 596 (todos os professores universitários eram funcionários públicos), e isso apesar do elevado nível de instrução entre os judeus. Nem um único judeu na Polônia era diretor de uma escola secundária do governo. Na Alemanha, dificilmente judeus, até mesmo na ordem ostensivamente meritocrática da República de Weimar, estavam empregados como funcionários públicos (menos de 0,1%, em comparação com 4,8% da população em geral em 1933).

Em quase todos os lugares, os judeus estavam fortemente concentrados no comércio. Em 1933, mais de 60% dos judeu-alemães na força de trabalho estavam envolvidos com o comércio, geralmente como pequenos lojistas. Em alguns ramos da economia, como o da confecção e o do comércio de grãos, a presença dos judeus era tão dominante que essas eram consideradas ocupações característicamente judaicas.

De um modo geral, os judeus mostravam uma tendência para preferir trabalhar por conta própria do que ter um emprego assalariado. Quase todos trabalhavam sozinhos ou em pequenas unidades com membros da família. Na Lituânia, em 1937, 60% dos artesãos judeus trabalhavam em casa — entre eles, 90% de alfaiates, 81% de sapateiros e 77% de padeiros. A classe trabalhadora judia urbana, portanto, só estava proletarizada em um grau limitado.

No período entreguerras, os judeus continuaram a avançar rapidamente nas profissões liberais. Embora apenas uma minoria de judeus pertencesse a essa classe, eles dominavam certas profissões, especialmente o direito e a medicina, na Europa central e oriental.

Não havia formalmente uma aristocracia judaica, a não ser na Hungria (onde, de qualquer modo, quase todos os membros de origem judaica haviam se convertido ao cristianismo). Uma grande riqueza havia erguido certas famílias, retirando-as da burguesia e colocando-as em uma estratosfera social bem além do restante da sociedade judaica. No seu ápice havia famílias plutocráticas como a família Warburg em Hamburgo, a família Hatvany em Budapeste, a família Gunzburg (exilada da Rússia) em Paris e a família Rothschild quase em toda parte. Esses aristocratas atraíam atenção e hostilidade desproporcionais dos antissemitas, mas eles não representavam de modo algum os judeus em geral.

Devido à quase eliminação do comércio privado na URSS, a distribuição ocupacional dos judeu-soviéticos no período stalinista diferia do padrão de outros lugares. A classe comercial havia constituído 40% da população trabalhadora judia no Império Russo em 1897. Em 1926, na União Soviética, ela encolhera para 12% — até mesmo aí os judeus estavam desproporcionalmente representados entre os "homens-NEP"*, os negociantes que tinham permissão para operar durante o período da Nova Política Econômica. Já em 1939, contudo, essa classe tinha praticamente desaparecido. Como em outros países, os judeus avançaram fortemente nas profissões liberais. Em 1939, nas repúblicas eslavas da URSS, um quarto de todos os médicos, dentistas e farmacêuticos, bem como um terço dos advogados, eram judeus. Mas a União Soviética era diferente da maioria dos outros países na sua presteza em admitir judeus no serviço público, um segmento muito maior e mais importante da força de trabalho em uma economia socializada do que em todos os outros lugares. Dez por cento de todos aqueles empregados nos "escalões superiores da camada intermediária" da administração econômica em 1939 eram judeus (que constituíam apenas 1,8% da população total). Mais da metade de todos os trabalhadores judeus ocupava funções de colarinho branco, um percentual bem mais elevado do que o de qualquer outra nacionalidade na URSS.

Os judeus estavam ansiosos para se integrar à sociedade soviética e tiveram êxito no que queriam. No processo, muitos internalizaram a ideologia predominante. No entanto, apesar da maneira como aquele sistema de pensamento exaltava a classe trabalhadora e não obstante uma política oficial voltada para a sua "produtivização", os judeus não se incorporaram ao proletariado enquanto se sovietizavam. Obrigados a abandonar o seu papel clássico de pequenos comerciantes e intermediários, a maioria dos judeus não foi para as fábricas, minas ou usinas siderúrgicas. Em vez disso, com a capacidade de enxergar através dos *slogans* intensivos do governo e com o discernimento de perceber os verdadeiros locais de poder e privilégio no estado dos trabalhadores e camponeses, os judeus avançaram em grande número, por via das escolas de ensino médio e universidades, câmaras judiciais, consultórios médicos, salas de conferência universitárias, salas de redação e escritórios administrativos. A URSS tornou-se o país da Europa no qual os judeus estavam mais desproporcionalmente representados na elite do poder. No entanto, isso de nada lhes serviria se eles se vissem sob ameaça, quer

---

* Sigla em inglês de *New Economic Policy*, Nova Política Econômica. (N.T.)

como indivíduos, quer como coletividade: nos anos do terror stalinista, eles não correram menos perigo do que qualquer outro segmento da sociedade soviética.

Baluartes institucionais

Os judeu-europeus eram grandes formadores de instituições. Eles criavam partidos políticos, movimentos de jovens, sindicatos trabalhistas, fraternidades, sociedades funerárias, sociedades beneficentes e todos os outros tipos de associações imagináveis. Na ausência de uma estrutura política unificada para a sua existência, eles investiam pesadamente no que uma geração posterior veio a chamar de capital social.

Em Cracóvia, por exemplo, os 60 mil judeus no período entreguerras operavam mais de trezentas instituições: não apenas sinagogas, sociedades funerárias *chevra kadisha* e *yeshivot*, mas também 29 sociedades beneficentes, sete organizações femininas, partidos políticos, sindicatos trabalhistas, hospitais, orfanatos, lares para idosos, casas de banhos, várias escolas primárias e secundárias (inclusive a escola ortodoxa para meninos Takhkemoni, a escola ortodoxa para meninas Beys Yankev e a sua faculdade relacionada, uma escola hebraica coeducacionista de ensino médio e a escola secular para meninas Nasza Szkola), clubes esportivos (Maccabi, o principal, com quinze seções, entre outros de remo, esgrima, equitação e xadrez), a Associação de Artistas Judeus, a Sociedade de Música Judaica, o Szir (um clube de coral), uma sociedade teatral, a União de Jornalistas Hebraicos, o Clube Social do Rádio, o Tarbut (um clube cultural hebraico), uma sociedade teatral iídiche e a Toynbe [*sic*] Hala (basicamente uma associação cultural porém inspirada no Toynbee Hall no East End de Londres) — tudo isso sem contar empreendimentos mais rigidamente comerciais, como jornais (especialmente o influente jornal diário em polonês *Nowy Dziennik*), gráficas hebraicas, açougues *kosher* e *delicatessens*.[35]

A instituição judaica básica era a *kehillah* (comunidade). Na maioria dos países da Europa central e oriental, com a notável exceção da União Soviética, as comunidades judaicas tinham um *status* legal reconhecido e o direito de tributar os seus membros. Embora operasse sob a supervisão do governo, as *kehillot* desfrutavam de um grau limitado de autonomia que possibilitava que elas gastassem algum dinheiro em atividades educacionais, sociais e culturais, como hospitais, lares para idosos, orfanatos e abrigos para indigentes. As *kehillot* eram geralmente instituições democráticas, pelo menos no sentido de que todos os homens tinham direito a votar. Na Polônia, em particular, onde se estimava haver novecentas *kehillot*, as eleições eram intensamente contestadas, às vezes de uma maneira político-partidária.

Os judeu-poloneses ainda viviam com a memória histórica da quase autônoma federação de *kehillot*, o "Conselho de Quatro Nações", que os havia representado na Comunidade Polonês-Lituana entre 1580 e 1764. A República Polonesa depois de 1918 tolheu os poderes das *kehillot*, restringindo-as a funções estritamente religiosas. Elas tinham permissão para arrecadar impostos que sustentavam os salários do rabinato, bem como o abate *kosher* e a manutenção de sinagogas, banhos rituais e cemitérios. (Uma nova lei em 1928 permitiu que elas também gastassem dinheiro em algumas necessidades sociais.) A tributação era progressiva, e os membros mais pobres não pagavam nada. Na maior comunidade, Varsóvia, metade dos judeus se encaixava na categoria de isenção, o que indicava a terrível pobreza de grande parte da população. O governo fazia uma pequena contribuição, que correspondia a menos de 1% dos custos operacionais das *kehillot* (do ponto de vista *per capita*, essa contribuição equivalia a um doze avos da que era feita às instituições cristãs).[36]

A sinagoga era mais um prédio do que uma instituição, o revestimento externo da *kehillah* na sua dimensão religiosa. As casas de devoção eram de todas as formas e tamanhos. A Polônia era famosa pelas suas sinagogas de madeira e do tipo fortaleza, a Itália pela decoração ornada das sinagogas como as de Veneza, Florença e Livorno. A mais antiga da Europa era a sinagoga medieval de Worms, cujas origens recuavam ao século XI, seguida pela de Altneushul em Praga, construída no final do século XIV. A maior do continente fora durante muito tempo a grande Esnoga dos judeu-portugueses em Amsterdã. Ela foi superada em 1859 pelo deslumbrante templo da rua Dohány, com 3 mil assentos, em Budapeste. As menores sinagogas eram as *shtiblakh* hassídicas, pequenas salas de oração nas quais um *minyan* (quórum de dez homens) se reunia para recitar os serviços da manhã, da tarde e da noite.

Em muitas sinagogas, particularmente na Europa central e meridional, a proibição bíblica contra "imagens esculpidas" tinha de algum modo sido conciliada com uma decoração luxuosa, janelas de vitrais e arte representativa. Quantidades substanciais podiam ser despendidas com a ornamentação e o embelezamento do prédio, e esses gastos raramente eram ressentidos, apesar da pressão premente de outras necessidades sobre os recursos financeiros, particularmente para *tsedakah* (ajuda beneficente para os pobres). A pequena sinagoga de Lackenbach em Burgenland, a província mais ao leste da Áustria, ostentava pinturas na parede do êxodo do Egito e de outras cenas bíblicas. Na Grande Sinagoga da *shtetl* ("vilarejo, cidade pequena" em iídiche) romena Podu Iloaiei, figuras alegóricas de grifos, leóes, veados e águias com duas cabeças estavam entalhadas na arca e na *bimah* (plataforma de leitura), e o prédio era adornado com representações do Muro das Lamentações, do Túmulo de Raquel e das "águas da Babilônia".

Em comparação com a Europa ocidental, onde as organizações de serviços sociais para ajuda dos pobres judeus eram altamente desenvolvidas, a Europa oriental, apesar das massas de indigentes judeus, tinha provisões muito mais primitivas desse tipo. Grande parte dessa atividade era gerada por organizações sediadas em outros lugares, destacando-se o American Jewish Joint Distribution Committee (o "Joint"), o organismo beneficente judaico mais rico do mundo, e a ORT.

As origens da Organização para Reabilitação dos Judeus por meio do Treinamento recuavam à Rússia de 1880. Depois de 1917, os refugiados judeu-russos a restabeleceram em Berlim e Paris. Praticamente sozinha entre as organizações de refugiados russos, ela conseguiu estabelecer um relacionamento funcional com o regime soviético, com o qual, assim como com outros governos da Europa oriental, ela empreendeu atividades de bem-estar social durante a maior parte do período entreguerras. A ORT tentou encontrar meios práticos de "produtivizar" a população judaica. Ela fundou escolas profissionalizantes, cursos artesanais e aulas noturnas, forneceu modernos equipamentos aos artífices e patrocinou cooperativas de produtores.

No entanto, em 1930, a capacidade financeira tanto do Joint quanto da ORT foi reduzida pelos efeitos da Grande Depressão e pela necessidade de ajudar as vítimas da perseguição nazista. O povo judeu-alemão, por intermédio do Hilfsverein der deutschen Juden, fora um dia exportador de assistência beneficente. Da noite para o dia, em 1933, os judeu-alemães se tornaram suplicantes em vez de benfeitores. Como resultado, para socorrer os judeu-alemães, o Joint, em particular, foi obrigado a desviar recursos que anteriormente iam para a Europa oriental.

Na ausência de uma ação em grande escala do governo na esfera da saúde pública, e com grande parte da população judaica incapaz de arcar com o seguro médico, uma grande proporção do fardo da assistência médica no centro-leste da Europa era carregado por organizações voluntárias. Cerca de cinquenta hospitais judaicos operavam na Polônia, com 3.500 leitos (aproximadamente 5% do total de leitos do país). Eles eram financiados pelos *landsmanshaftn* (grupos, especialmente nos Estados Unidos, de emigrantes de uma localidade particular), pelas *kehillot*, por pequenas doações de municípios e pela filantropia em geral.

A Sociedade de Proteção à Saúde dos Judeus, TOZ, fundada em 1921, procurou elevar os padrões de higiene e saúde pública entre os judeus da Polônia.

Sendo um desdobramento da organização pré-revolucionária OZE, estabelecida em São Petersburgo em 1912, em 1939 a TOZ já havia construído quatrocentos hospitais e clínicas em 72 cidades, bem como sanatórios e casas de banhos. A TOZ dedicava cuidados especiais às crianças e às mães, oferecendo vacinas para tuberculose e outras doenças, serviços dentários, postos médicos nas escolas, e conselhos nutricionais. Ela adotou medidas preventivas contra doenças venéreas, tracoma e tinha, além de procurar aliviar a subnutrição.

A matriz da TOZ, a OZE (posteriormente OSE, Oeuvre de Secours aux Enfants), com sede em Paris a partir de 1933, permaneceu ativa na União Soviética na década de 1920. Ela também administrava um lar de crianças em Kovno e clínicas na Romênia. Ela fazia propaganda a favor da amamentação e ensinava às mães métodos higiênicos de preparação da mamadeira. Grande parte dos recursos da OSE e da TOZ, que gastavam mais de 2 milhões de dólares anualmente, uma quantia considerável na década de 1930, eram fornecidos por simpatizantes no exterior, particularmente o Joint, mas uma grande proporção do seu orçamento era levantando na Polônia por meio de campanhas de afiliação, bailes, concertos e loterias.

Por intermédio desses e de outros métodos, as instituições voluntárias supriam, em maior grau do que na maioria dos grupos populacionais, os elementos básicos da provisão do bem-estar social. Além de tudo isso, elas forneciam uma estrutura que poderia atuar como uma espécie de baluarte para os judeus em face não apenas do estado mínimo, também do estado hostil. Elas eram frequentemente enfraquecidas, contudo, pela desunião interna dos judeus.

Fraternidades de desprezo

Os judeus frequentemente pregavam a unidade, mas com a mesma frequência queriam dizer coisas diferentes com isso. Embora os judeus europeus compartilhassem muitas características sociais e culturais, eles estavam dilacerados por profundas divisões. Historicamente, a cisão mais fundamental era entre os asquenazes (judeus de origem alemã) e os sefarditas (descendentes dos judeus expulsos da Espanha e de Portugal no final do século XV). "Vivemos junto com os judeu-espanhóis no mesmo continente, como vizinhos próximos, durante várias centenas de anos até a expulsão da Espanha, em um contato espiritual e diário, e no entanto como nos tornamos desafeiçoados!", exclamou o comentarista social Jacob Lestchinsky, um asquenaze.[37]

Nas cidades europeias ocidentais como Amsterdá, Londres e Bordeaux, os sefarditas, que tinham se estabelecido nelas havia muito tempo, se consideravam uma aristocracia e superiores aos asquenazes. No entanto, os sefarditas eram a essa altura uma minoria entre os judeus nesses lugares. A emigração dos Bálcãs e de outras partes do Império Otomano no final do século XIX e início do século XX também produziu uma grande comunidade sefardita em Paris, a qual, segundo se dizia na década de 1930, tinha 50 mil membros. Existiam comunidades sefarditas menores em Altona (perto de Hamburgo), Viena e Romênia. Alguns sefarditas moravam em Budapeste, mas a sua congregação foi dissolvida em 1938 "por falta de membros".[38] Entre os judeus da Itália havia muitos descendentes de emigrantes da Espanha, mas mesmo assim eles se consideravam um grupo distinto, já que, pelo menos em Roma, podiam seguir as suas origens até o século II da era cristã, muito antes de os asquenazes ou os sefarditas existirem como categorias judaicas.

A maioria dos sefarditas europeus estava concentrada nos Bálcãs, onde eles representavam uma maioria de judeus na Turquia, na Grécia e na Bulgária. Nos centros sefarditas maiores, como Salônica e Istambul, o judeu-espanhol ainda era amplamente falado, e os judeus tinham muito orgulho da sua tradição hispânica. Na Iugoslávia, os sefarditas viviam principalmente em Belgrado, Sarajevo e Skopje, e correspondiam a cerca de um terço da comunidade de 70 mil membros. Eles eram em geral mais pobres do que os seus vizinhos asquenazes e a sua limitada condição econômica na década de 1930 levou a sucursal local da organização sionista arrecadadora de fundos, Keren Hayesod, a alocar 20% das suas receitas a finalidades beneficentes na Iugoslávia em vez de enviar o dinheiro para a Palestina. Em Sarajevo, um pequeno grupo de intelectuais formou um Círculo Sefardita com o objetivo de preservar a sua cultura característica da dominância asquenaze que estava aumentando.

A Union Universelle des Juifs Sépharadim, formada (com um nome diferente) em 1925, com sede em Paris, almejava representar os sefarditas do mundo. Ela publicava uma revista e organizava reuniões de sefarditas de quase todas as principais comunidades da Europa, e também do Levante e da África do Norte. No entanto, disputas e rivalidades internas enfraqueceram a organização. Quando a sua primeira conferência internacional se reuniu em Londres em 1935, as comunidades grega, turca e búlgara não enviaram representantes. Apesar das intrigas a respeito do "Séphardisme" e de uma "Sephardi renaissance", e a despeito de algumas centelhas de um dinamismo cultural local, os sefarditas nunca se transformaram em uma força política unificada ou significativa no mundo judaico.

Os próprios asquenazes, que constituíam pelo menos 90% dos judeus da Europa, estavam profundamente divididos: entre *Litvaks* e *Galitsyaner*, entre o hassidismo e os *misnagdim*, entre judeus ocidentais (particularmente alemães) e *Ostjuden* (emigrantes da Europa oriental), bem como entre judeus ortodoxos, liberais/reformistas e secularizados, sem mencionar as diferenças políticas entrecruzadas.

Litvak e *Galitsyaner* eram tipos de *Ostjude,* mas cada um tinha o seu próprio estereótipo, que era aplicado aos habitantes das áreas em questão bem como aos que emigravam delas e também aos seus descendentes. O *Litvak* era originário de Lite, uma área mais extensa do que a Lituânia do período entreguerras, que se estendia no leste até Vitebsk e no sul até Minsk e Białystok. O *Litvak* era "inteligente, analítico, culto, cosmopolita, cético, orgulhoso, obstinado, dinâmico e ativo".[39] Ele também era reservado, racional e não emocional. Em contraposição, o *Galitsyaner*, um judeu da província polonesa meridional da Galícia, era caloroso, astucioso, espirituoso, engenhoso, mesquinho, *ibergeshpitst* (ardiloso) e até certo ponto malandro. Ele tinha uma "mistura peculiar de astúcia e exuberância".[40] "Ser chamado de [...] Galitzianer não foi, durante muito tempo, exatamente um elogio... Denotava um retraimento sociável e, às vezes, também uma mentalidade mercantil mesquinha e malícia moral."[41] Os dois tipos falavam duas formas de iídiche: a versão lituana era considerada mais culta; o iídiche polonês/galiciano era simples e objetivo. A cisão também era parcialmente culinária. Os *Litvak* preparavam o seu *gefilte fish* (peixe recheado) picante em vez de doce e o seu *farfl* (massa de macarrão com ovo cozida no caldo) como bolinhas em vez de enroladas em folhas achatadas que eram depois cortadas, como era o costume entre os *Galitsyaner*.[42]

A divisão entre *Litvak* e *Galitsyaner* acompanhava, em grande medida, as linhas divisórias entre o hassidismo e os seus inimigos, os *misnagdim*. Os maiores oponentes do hassidismo na sua primeira fase tinham sido Eliyahu ben Shlomo-Zalman (1720-1997), o *gaon* (um elevado título rabínico) de Vilna. Mas o hassidismo tinha alguns adeptos em Lite, em particular os seguidores de Shneur Zalman de Lyady (1745-1813), fundador do movimento Chabad, mais conhecido, do local da pequena cidade da corte rabínica do segundo *rebe* da dinastia, como Lubavitcher Hasidim. Até mesmo na Galícia, contudo, os excessivamente entusiásticos hassídicos, cantantes e dançantes, eram não raro encarados com desaprovação. O escritor S. Y. Agnon recordou que na sua *shtetl* natal de Buczacz, a casa de orações hassídica era chamada de *laytsim shlikhel* (a pequena sinagoga de palhaços).[43]

Litvak e *Galitsyaner*, hassídico e *misnaged* eram tipos de *Ostjude*. Um em cada cinco judeus na Alemanha na década de 1920 era um *Ostjude* (muito outros se encaixavam nessa categoria se tomarmos como base a sua ascendência). Os imigrantes da Europa oriental também eram um elemento significativo na população judaica da França, da Áustria e de outros países, particularmente dos Estados Unidos, para onde 2 milhões de judeus da Europa oriental haviam emigrado entre 1881 e 1914. Os *Ostjuden*, por causa dos seus trajes, do fato de conservarem o iídiche, das suas lojas e restaurantes de comida *kosher*, da hiper--religiosidade de alguns e das políticas revolucionárias de outros imprimiram a sua marca nas áreas centrais de imigrantes das cidades, como o bairro do Marais em Paris, conhecido em iídiche como o Pletzl, e Leopoldstadt, o distrito mais pobre de Viena. Situado entre o rio Danúbio e o canal Danúbio, ele era apelidado de "ilha *matzah*" devido à sua densa concentração de judeus, mais de um terço da população da área.

Desde o advento do Iluminismo, os judeu-alemães, austríacos, húngaros e franceses tinham aprendido a encarar os *Ostjuden* com desprezo, embora muitos deles próprios fossem imigrantes ou descendentes de imigrantes da Europa oriental. O escritor Joseph Roth comentou com certa justeza: "Quanto mais ocidental a origem de um judeu, mais judeus existem para ele encarar com desprezo. O judeu de Frankfurt despreza o judeu de Berlim, o judeu de Berlim despreza o judeu vienense, o judeu vienense despreza o judeu de Varsóvia. Há então os judeus que recuam até a Galícia, que são desprezados por todos eles, e é daí que eu venho, o mais baixo de todos os judeus".[44]

Franz Kafka foi uma importante exceção: "Eu gostaria de ir até os judeus pobres do gueto", escreveu ele, "beijar a bainha das suas roupas e não dizer nada, absolutamente nada. Eu ficaria totalmente feliz se, em silêncio, eles suportassem a minha presença".[45] Poucos judeu-europeus compartilhavam a cativante humildade de Kafka. Robert de Rothschild, dirigente do Consistoire de Paris, o principal organismo religioso na cidade, expressou com uma invulgar franqueza o desprezo comum por recém-chegados da Europa oriental em um discurso que proferiu na assembleia geral da organização em 1935: "Se eles não estão felizes aqui, deixem-nos partir. Eles são hóspedes que recebemos calorosamente, mas eles não devem causar perturbações".[46]

No entanto, na Alemanha, no início do século XX, essas atitudes começaram a mudar. O encontro que ocorreu durante a Primeira Guerra Mundial entre judeus na Polônia ocupada pelos alemães e soldados judeu-alemães e capelães do exército conduziu a um novo respeito da parte de alguns judeu-alemães pelo que eles encaravam como o mais autêntico tradicionalismo dos *Ostjuden*. O povo judeu-alemão, consequentemente, vivenciou o que veio a ser chamado de *Bewusstseinswandel*, uma mudança de consciência que envolveu também atitudes para com os *Ostjuden*. A redação e popularização de Martin Buber de narrativas dos mestres hassídicos acentuou essa nova tendência em direção ao respeito solidário. No entanto, os estigmas, uma vez implantados, são difíceis de remover, e a velha arrogância subsistiu.

Os *Ostjuden*, pelo seu lado, frequentemente tinham o seu próprio desprezo provocante pelos *yekes* (o apelido dos judeu-alemães), como no seguinte verso burlesco:

Yeke iz a nar
    O *yeke* é um idiota
un fun a nar hot men tsar
    E um idiota só causa problemas;
un ven dem nar vilt zikh zayn a har
    Quando um *yeke* quer se tornar um cavalheiro
vert er a gefar.[47]
    Ele se torna perigoso.

Todos os judeus podiam ser irmãos mas, neste e em outros aspectos, a sua fraternidade era frequentemente de desprezo mútuo.

Essas cisões internas dificultaram, na década de 1930, a resistência dos judeus à pandemia do antissemitismo.

– 2 –

O PROBLEMA CRISTÃO

"Somos todos semitas"

Judeus e cristãos falavam igualmente da "questão judaica", mas essa era uma designação incorreta para o que deveria ter sido mais adequadamente chamado de problema cristão. Afinal de contas, na sua essência, o antissemitismo foi um fenômeno que surgiu da incapacidade da cristandade de pôr em prática o mais fundamental ensinamento do seu fundador judeu: "ama o teu próximo como a ti mesmo".

Ao avaliar o papel e a responsabilidade das igrejas cristãs na prevalência do antissemitismo na Europa na década de 1930, é esclarecedor enfatizar o melhor e não o pior. Alguns proeminentes pensadores cristãos da década de 1930, como o teólogo neotomista Jacques Maritain na França e o bispo protestante de Debrecen, Dezső Baltazár, na Hungria, foram francos ao condenar o antissemitismo.

No entanto, mesmo em uma figura como Maritain, que se opunha genuína e intensamente ao antissemitismo, podemos detectar um cisco no seu olho. Em um vigoroso artigo (originalmente uma palestra proferida no Théatre des Ambassadeurs em Paris) em fevereiro de 1938, Maritain atacou todas as formas de antissemitismo: racial, política, cultural, social — todas, ou seja, exceto uma, o antissemitismo cristão, o qual, segundo ele, era de certa maneira uma contradição.

Maritain, cuja sinceridade e veemência ao se opor ao ódio racial não podem ser postas em dúvida, pôde, mesmo assim, sugerir que os nazistas, "ao procurar rejeitar Israel", haviam "abraçado o pior de Israel". Ele detectou nos nazistas "aquele sentimento de orgulho racial que é, em alguns judeus seculares, a corrupção naturalista da ideia sobrenatural da escolha divina". "Os racistas", argumentou ele, estavam "em dívida com o Velho Testamento assim como os comunistas o estão com o Novo".[1] Em ambos os casos, do seu ponto de vista, a mensagem do texto sagrado fora deturpada. Quem ele teve a intenção de criticar com a designação "judeus seculares" não está claro. Parece, contudo, que até mesmo um intrépido e indubitável oponente do antissemitismo não conseguiu se livrar inteiramente de um tropo comum do discurso antijudaico ao longo dos séculos, a ideia do orgulho judaico arrogante surgindo da escolha do povo de Israel.

Ao tentar identificar a finalidade ou "vocação" da existência judaica, Maritain indicou que "enquanto é atribuído à Igreja o trabalho da redenção sobrenatural e supratemporal do mundo",

> é atribuída a Israel, segundo acreditamos, no plano e dentro dos limites da história secular, uma tarefa de *ativação terrena* da massa do mundo. Israel, que não é do mundo, é encontrada no âmago da estrutura do mundo, estimulando-a, exasperando-a, movendo-a. Como um corpo estranho, como um fermento ativador injetado na massa, ela não confere paz ao mundo, ela bloqueia a letargia, ensina ao mundo a ficar descontente e inquieto já que o mundo não tem Deus, ela estimula o movimento da história.[2]

Para Maritain, os judeus "sempre seriam intrusos em um sentido sobrenatural". "Serem odiados pelo mundo é a sua glória, assim como ela é também a glória dos cristãos que seguem a religião."[3] Neste caso, Maritain foi, sem dúvida, movido por um espírito benevolente. No entanto, o crítico poderá observar que enquanto o cristão podia escolher para si mesmo a sublimidade do servo sofredor, no caso do judeu, de acordo com o sistema de Maritain, o papel era imposto a ele quer ele o desejasse, quer não.

Maritain não negou que, no mundo como ele era, alguns cristãos eram antissemitas. Como poderia ele, quando a evidência no jornal do dia a dia no final da década de 1930 comprovava o fato? Mas ele argumentava que o antissemitismo da parte dos cristãos era uma aberração que "só pode ocorrer quando eles obedecem ao espírito do mundo e não ao espírito do cristianismo". O problema dessa interpretação a partir do ponto de vista sociológico, contudo, era que se, como Maritain indicava, os antissemitas não eram verdadeiros cristãos, então o número de cristãos na Europa naquela época deve ter sido bem menor do que normalmente se considerava.

A abordagem de Maritain das declarações do cristão católico e do não católico sobre a questão judaica não era completamente justa. Ele citou, com desaprovação, um recente pronunciamento do patriarca da Igreja Ortodoxa romena de que os judeus tinham "exaurido os recursos" do povo romeno, mas passou por cima de comentários semelhantes da parte de prelados católicos, por exemplo, na Polônia. O mais perto que ele chegou dessa área delicada foi na sua asseveração de que o primaz polonês, o cardeal Hlond, havia repudiado "a sistemática e incondicional hostilidade para com os judeus" — uma generosa interpretação das declarações públicas de Hlond a respeito do assunto. Em 1936, Hlond havia divulgado uma carta pastoral em que censurava os judeus como fraudadores, escritores de pornografia e traficantes de escravas brancas. Hlond reconheceu que "nem todos os judeus são assim" e se opôs ao uso de violência contra eles ao mesmo tempo que apoiava o boicote aos negócios judaicos.[4] É bem verdade que Maritain reprovou delicadamente, e por inferência, os bispos católicos poloneses quando expressou a esperança de que eles "compreendessem que não basta se abster de odiar os judeus no céu do sentimento espiritual, enquanto outorgam aos seus inimigos todas as lendas, os preconceitos, as discussões acaloradas em cujo nome eles são perseguidos na terra das realidades temporais".[5] No entanto, ao mesmo tempo que admitia que na Polônia "o antissemitismo assumiu uma forma católica" e reconhecia que a imprensa católica "tem sido com muita frequência uma cúmplice", ele sugeriu que esse comportamento não teve origem em uma fonte religiosa e sim "no fato de que, sociologicamente, é natural, demasiadamente natural, que as paixões que afirmam defender os interesses nacionais de um país, por mais enganosas que sejam, também devam reivindicar o apoio da sua religião tradicional".[6]

Maritain foi mais longe, defendendo a Igreja Católica Romana contra qualquer acusação de cumplicidade no antissemitismo, até mesmo historicamente, como na época da Inquisição Espanhola: "A própria Igreja e como tal não foi responsável pelos excessos, embora alguns dos seus ministros o tenham sido" (uma frase escusatória antiga e bastante pálida). Evitando discutir o registro histórico, Maritain sustentou que "os papas repetidamente defenderam os judeus, particularmente contra a absurda acusação de assassinato ritual, e [...] de um modo geral, todos os judeus eram, por via de regra, menos infelizes e menos maltratados nos estados papais do que em outros lugares".[7]

É claro que ao se alongar nessas ocorrências e elementos da doutrina e da história católicas que rejeitavam o antissemitismo, Maritain (cuja mulher era judia por nascimento) tinha uma finalidade polêmica, cujo principal objetivo era redimir os seus colegas cristãos do pecado do racismo. Nesse processo, ele perdeu de vista o *fons et origo* da ideologia antijudaica na Europa, a saber o conceito cristão dos judeus como uma nação deicida e tudo que manou disso no ensinamento, inclusive no ensinamento contemporâneo, da Igreja. Talvez, como um crente cristão, ele não pudesse ter feito outra coisa.

Apesar de todas as suas obliterações de julgamento, apostasias e mitigações, não devemos nos esquecer, uma vez mais, de que a voz de Maritain foi uma das raras opiniões a favor dos judeus entre os membros da Igreja na Europa na década de 1930. Outros representantes do bando geral do pensamento católico sobre a questão eram os ex-associados de Maritain na Action Française, o movimento conservador ao qual ele estivera associado até a sua interdição pelo papa Pio XI em 1926, por razões alheias à questão judaica. Muitos católicos continuaram, até mesmo depois de o papa condenar o movimento, a ser atraídos pela sua ideologia reacionária e antidemocrática, na qual o antissemitismo era um importante elemento. Na ocasião da proibição papal, era possível afirmar com segurança que onze dos dezessete cardeais e arcebispos da França eram favoráveis à Action Française.[8]

A Igreja Católica Romana na Polônia, para a qual a esmagadora maioria de poloneses ainda se voltava em busca de orientação em todas as questões morais, estava ainda mais profundamente impregnada de doutrinas antijudaicas e preconceitos antissemitas. Em 1934, respondendo ao apelo de um grupo de rabinos, o cardeal Kakowski, arcebispo de Varsóvia, condenou a violência contra os judeus. No entanto, ele minou a eficácia da sua declaração acusando os judeus de ofender sentimentos cristãos, de propagar o ateísmo, de publicar pornografia e de financiar o comunismo.[9]

O papa Pio XI, em um encontro com peregrinos em setembro de 1938, chamou o antissemitismo de "inadmissível", acrescentando, com lágrimas nos olhos, "Somos todos espiritualmente semitas".[10] Talvez ele tenha chorado de remorso por ter escrito o seguinte, quando era núncio apostólico na Polônia em 1919 (uma época de abundantes *pogroms* naquele país): "Uma das influências mais fortes e nocivas sentidas aqui, talvez a mais forte e mais nociva, é a dos judeus".[11]

Em 1938, o papa determinou a preparação de uma encíclica condenando todas as formas de racismo. O texto preliminar de *Humani Generis Unitas* foi apresentado ao pontífice em fevereiro de 1939. No entanto, ele morreu alguns dias depois, e o seu sucessor, o cardeal Pacelli, que assumiu o papado com o nome de Pio XII, optou por não levar a encíclica adiante. O rascunho, embora condenasse o racismo, conservava várias expressões de hostilidade religiosa aos judeus por rejeitarem Cristo. As decisões de protelar a apresentação do texto a Pio XI e de arquivá-lo em definitivo depois da sua morte foram atribuídas à influência do dirigente polonês da ordem jesuíta, o superior geral dos jesuítas Włodzimierz Ledóchowski, mas é impossível avaliar a extensão da sua responsabilidade já que o arquivo sobre o assunto no arquivo geral do Vaticano permanece fechado.[12]

O antissemitismo era, de fato, como afirmavam Maritain e outros, antiético para a mensagem cristã? Ou o observador histórico desinteressado, capaz de recorrer a um arsenal de evidências que contêm o registro do comportamento efetivo das igrejas e clérigos cristãos na Europa no início do século XX, é levado a concluir o oposto: que a hostilidade para com os judeus era intrínseca à doutrina cristã, como ela era então geralmente compreendida e ensinada, especialmente pela Igreja Católica Romana? Afinal de contas, essa era uma época na qual a Igreja rezava toda Sexta-Feira Santa *"pro perfidis Judaeis"* (sem se ajoelhar e sem dizer "Amém" no final). As igrejas, de um modo geral, repudiavam explicitamente as formas racistas de antissemitismo, particularmente quando aplicadas a judeus convertidos ao cristianismo. Mas esse tipo de antissemitismo era relativamente novo, um fenômeno que teve início no final do século XIX. Muito mais antiga e mais profundamente arraigada na cultura cristã estava a imagem da nação de assassinos de Cristo, com a marca de Caim na testa.

A difamação sanguinária, a acusação de que meninos cristãos eram assassinados por judeus para que o seu sangue pudesse ser usado na preparação do *matzot* do *Pessach*, uma característica recorrente da propaganda antijudaica desde a sua origem na Inglaterra do século XII, ressurgiu na Europa no período entreguerras. Em Bitolj (Monastir), na Iugoslávia, por exemplo, a acusação foi restabelecida em 1921, 1922 e 1926. Em 1930, uma acusação de assassinato ritual na cidade de Velykyi Bereznyi na Rutênia Subcarpática resultou em um processo judicial que se arrastou por dois anos. No decorrer de todo o período, a propaganda nazista dedicou uma ampla atenção a essas alegações. Tais incidentes se valiam do inventário do antijudaísmo cristão, mas combinavam o antagonismo religioso com novos componentes, não menos venenosos.

Bagatelas para um massacre

A partir do final de século XIX, uma nova forma de ódio aos judeus havia passado a existir: o antissemitismo político (a palavra foi cunhada naquela época). Essa ideologia, ou psicopatologia social, se desenvolveu principalmente na França, na Alemanha e na Áustria, foi sustentada pela paranoia coletiva e por teorias de conspiração que floresceram na era da política de massa. Os judeus agora eram vistos não apenas como um vestígio decadente do passado, mas também como uma força mundial do mal, determinada a destruir todas as sociedades, seja por meio da exploração capitalista ou da subversão revolucionária.

Todas as novas ideologias requerem textos abalizados. O antissemitismo encontrou a sua estrutura teórica nas obras de autores alemães como Wilhelm Marr e Houston Stewart Chamberlain. Mais populares e extensamente disseminados eram outros dois. *La France juive* (1886), de Edouard Drumont, exaltava a "raça ariana", que recebeu aqui uma tez gaulesa, e condenava o deicídio, o assassinato ritual, a pornografia, a criminalidade e as doenças contagiosas dos judeus, que, junto com os protestantes, maçons e anticlericais, vinham arrastando a França para a sarjeta desde a revolução. A versão original do livro de 1.200 páginas foi publicada em dois volumes; edições condensadas apareceram mais tarde. Prodigamente elogiada pela imprensa católica, a obra tornou-se um enorme *best-seller* na França. Ao longo das duas décadas seguintes, o livro forneceu material proveitoso para os *antidreyfusards* e os antianticlericais, e proporcionou uma matriz para a geração seguinte de propagandistas antissemitas.

Os Protocolos dos Sábios de Sião, os supostos minutos de um conclave secreto de judeus que tramaram a dominação do mundo, tinha um atrativo mais internacional. Os *Protocolos* foram concebidos nos primeiros anos do século XX, provavelmente por agentes da Okhrana, a polícia secreta russa, em Paris, que plagiaram uma obra francesa anterior que não tinha nada a ver com os judeus.* Traduzido em muitos idiomas, os *Protocolos* foram o texto antissemita mais amplamente disseminado do período entreguerras, ficando atrás apenas de *Mein Kampf*,** e, no final da década de 1920, dizia-se que a obra estava circulando até mesmo na União Soviética.[13]

Na França, havia uma clara linha conectando o antissemitismo do período Dreyfus com o da década de 1930, quando os mesmos textos, temas e imagens reapareceram com uma aparência contemporânea. *Bagatelles pour un massacre* (1937) de Louis-Ferdinand Céline, que ecoou tanto Drumont quanto os *Protocolos*, era uma explosão alegre, modernista e escatológica de repugnância pelos judeus, acusando-os, entre muitas outras coisas, de conduzir a França para a guerra. Recebido como um incentivo ao assassinato, o livro era na verdade uma coisa diferente — embora não necessariamente mais desculpável. Na concepção irracional, escorregadia, deliberadamente tortuosa do autor, as *"bagatelles"* do título deviam ser interpretadas em dois sentidos especializados: composições musicais leves, deliberadamente destinadas a contrastar grotescamente com a implacável seriedade do assunto; e o palavreado do pregoeiro de um parque de diversões (o judeu) convocando o povo francês para um massacre, ou seja, a guerra.[14] O livro de Céline, com uma tiragem inicial de 20 mil cópias que logo se esgotaram, foi apenas a ponta do iceberg de um fenômeno muito mais amplo

---

* Jolly, Maurice, *Diálogo no inferno entre Maquiavel e Montesquieu.* (N.E.)
** Autobiografia de Adolf Hitler. (N.T.)

de antissemitismo literário que era detectável em formas mais sutis em escritores civilizados como André Gide, Georges Duhamel e François Mauriac. O antissemitismo na França, particularmente entre os católicos, era parte do perfume da era. Em contraposição, o "antiantissemitismo", como observou Eugen Weber, "simplesmente não vendia".[15]

Uma declaração de guerra

Tem sido argumentado que, no centro-leste da Europa, a própria instituição dos Estados-nações, sucessores dos impérios derrotados na Primeira Guerra Mundial, "implicava uma declaração de guerra contra os judeus".[16] Nessas regiões relativamente retrógradas do continente, os judeus haviam até então preenchido muitas das funções econômicas e culturais de uma classe média. A aquisição da soberania estatal era vista pela maior parte da opinião pública, e não apenas pelos nacionalistas fanáticos, como implicando necessariamente a remoção dos judeus, um elemento estranho, de posições de poder inadequado e a sua substituição por cidadãos do país. Em todo o centro-leste da Europa, e particularmente na Polônia, Romênia e Hungria, os inimigos mais virulentos dos judeus eram encontrados entre os intelectuais nacionalistas.

Por que, perguntavam eles, deveriam os estrangeiros controlar a indústria, o comércio, o teatro, o jornalismo e outras instituições fundamentais da economia e da cultura nacional nesses Estados-nações? É bem verdade que os judeus não eram os únicos alvos dessa xenofobia. Milhões de cidadãos de ex-potências imperiais — húngaros na Romênia, turcos na Bulgária e na Grécia, e alemães em toda parte — também se deparavam com hostilidade. No entanto, havia pelo menos uma diferença importante. Todas essas minorias étnicas tinham um Estado-nação ao qual, mesmo que não fossem cidadãos deles, poderiam recorrer para apoio político e reparação das suas queixas. O único recurso em potencial dos judeus eram os instrumentos jurídicos internacionais.

Na Conferência de Paz de Paris em 1919, os aliados vitoriosos haviam exigido que os estados da Europa oriental assinassem tratados garantindo os direitos das populações minoritárias, inclusive dos judeus. Esses estados, particularmente a Polônia e a Romênia, resistiram fortemente à imposição que sofreram de algo que consideravam exigências injustas que, afinal de contas, as grandes potências não impunham a si mesmas. Os representantes desses estados se queixavam de que os tratados eram produto da influência indevida exercida por um *lobby* americano-judaico na conferência. O primeiro-ministro polonês, Ignacy Paderewski, protestou dizendo que o seu país estava sendo tratado como se fosse "uma nação de padrões inferiores de civilização".[17] Se estados estavam sendo reconhecidos como plenamente soberanos, por que deveriam outros ter qualquer direito de interferir nos seus assuntos internos? As negociações dos tratados, conduzidas ao som do apoio remoto de *pogroms* nas terras fronteiriças russo-polonesas, geraram ressentimento e desconfiança.

Os tratados preconizavam a liberdade religiosa e a igualdade civil para todos, bem como o direito das minorias, dentro de certos limites, de usar o seu próprio idioma. O Estado deveria fundar escolas primárias que funcionassem nessas línguas. A observância do *Sabbath* deveria ser protegida (no caso da Polônia, mas não no da Grécia e da Romênia). As minorias obtiveram o direito de apresentar uma petição à Liga das Nações em casos de suposta transgressão.

Em vez de aplacar os ressentimentos étnicos, os tratados os exacerbaram. A Lituânia, que havia inicialmente concedido aos judeus amplos direitos de autonomia, logo os retiraram. A Polônia e a Romênia, em particular, de um modo geral honraram as suas obrigações nos casos de violação. A Seção de Minorias da Liga das Nações, encarregada de monitorar o cumprimento dos tratados, se revelou um fraco respaldo. Os judeus geralmente tinham medo de prestar queixas contra o seu próprio governo: quase todas as petições sobre questões judaicas eram portanto apresentadas por organismos judaicos externos como o Joint Foreign Committee da Anglo-Jewish Association e a Board of Deputies of British Jews. Das 883 petições que a Liga recebeu entre 1920 e 1939, somente quatro resultaram na condenação do estado acusado. O Conselho da Liga das Nações, que tinha a suprema responsabilidade de zelar pela aplicação dos tratados, foi completamente incompetente no que o ex-ministro do Exterior britânico lorde Balfour chamou de "dura e ingrata tarefa".[18]

"Sim, porém sem violência"

O antissemitismo era um fenômeno que abrangia toda a Europa no período entreguerras. Poucos países, até mesmo aqueles com pequenas populações judaicas, deixaram de ser afetados. As causas foram múltiplas. A doutrinação cristã se fundiu com o nacionalismo exaltado, o antagonismo rural-urbano, a superstição tradicional e a propaganda popular. Restrições de controle social irromperam como resultado dos horrores da guerra, da revolução e da depressão. Nas decrépitas sociedades politicamente organizadas do centro-leste da Europa, havia falta de fortes instituições intermediárias entre o Estado e o cidadão. As únicas exceções eram a Igreja e o exército, ambos geralmente hostis aos judeus. A participação política nesses estados frequentemente assumia a forma de conformismo do tipo "siga o meu líder", e os políticos se atropelavam no esforço imitativo de adotar políticas racistas que agradassem ao autoapreço de grupos sociais declinantes e ao interesse pessoal dos que estavam em ascensão.

Durante um tempo, alguns países pareceram estar imunes ao contágio. As pequenas comunidades judaicas tradicionais da Itália e da Bulgária estavam confortavelmente integradas na sociedade, e os judeus raramente se deparavam com hostilidade. Na Tchecoslováquia, os judeus estavam até certo ponto protegidos pelo espírito liberal-democrático gravado no novo Estado por Tomáš Masaryk.

A julgar pelas aparências, tudo indicava que, na URSS, o antissemitismo havia sido eliminado. Profundamente entranhado como estava nas atitudes russas e ucranianas, é claro que ele não desapareceu da noite para o dia a partir de 1917. No entanto, é difícil determinar a extensão da sua prevalência oculta, se considerarmos os controles sobre a livre expressão na URSS. Existem indícios de que, especialmente na classe camponesa, atitudes antijudaicas subsistiam na consciência popular. Na Bielorrússia, a difamação sanguinária foi ouvida em 1928 e novamente em 1933. Nas intensas antipatias despertadas pela campanha de coletivização no início da década de 1930, os judeus, encarados como o protótipo do habitante urbano, atraíam uma constante hostilidade. Ainda assim, pelo menos no nível oficial, o Estado soviético desaprovava duramente essas "atitudes chauvinistas".[19]

Até mesmo nesses quatro países, contudo, os judeus receberam apenas um alívio temporário.

Uma das primeiras indicações do que os judeus poderiam esperar no continente como um todo foi o ressurgimento do *numerus clausus*. Esse sistema de quotas, que limitava o ingresso dos judeus nas escolas de ensino médio e nas universidades, havia sido imposto no Império Russo em 1887. Ele foi revogado na Rússia depois da revolução de fevereiro de 1917, mas reapareceu pouco depois em outros lugares e se tornou lei pela primeira vez na Hungria em novembro de 1920. Tomando como base a proporção de judeus com relação à população como um todo, essa lei estipulou que não mais de 6% das matrículas nas universidades deveriam ser para os judeus. Reclamações à Liga (não da parte dos próprios judeu-húngaros, já que temiam uma retaliação) não conseguiram assegurar o cancelamento da lei, embora a sua aplicação tenha sido inicialmente frouxa. A medida foi importante por ser a primeira lei antissemita na Europa no período entreguerras.

A aprovação da lei foi um golpe sério para os judeu-húngaros, os quais, em sua maioria, tinham até então se sentido em casa na sociedade e na cultura húngaras. Para muitos deles, o período entre 1867 e 1914 parecera uma idade de ouro.

Livres de restrições legais, alguns tinham prosperado enormemente, ingressado nas profissões liberais e na nobreza. Apesar de ocasionais reveses perturbadores, particularmente o julgamento de um assassinato ritual em Tiszaeszlár, Hungria, em 1882, o antissemitismo parecia pertencer a um passado menos civilizado.

A revolução de 1918-1919 e o seu resultado mudou tudo isso. O efêmero regime soviético de Béla Kun, um comunista de origem judaica, foi seguido por um terror branco no qual centenas de judeus foram massacrados por milícias nacionalistas. O almirante Miklós Horthy, que se proclamou regente da Hungria em março de 1920, presidiu um regime reacionário, fortemente anticomunista. O governo radical de direita de Gyula Gömbös entre 1932 e 1936 cortejou Hitler e Mussolini, e trouxe o antissemitismo para o centro do discurso público. Um movimento fascista, o Arrow Cross, defendeu a discriminação contra os judeus e a remoção destes de posições de poder econômico e cultural.

Em 1878, a independência da Romênia só fora reconhecida pelas potências do Congresso de Berlim sob a condição de que os judeus recebessem a cidadania e a igualdade. Essa condição, encarada como uma diminuição da capacidade da soberania do Estado, intensificou a consagrada inimizade contra os judeus. Ao que se revelou, menos de 3 mil pessoas tiveram permissão para se tornar cidadãos até 1914. Sob a pressão das potências da Conferência de Paz de Paris, a Romênia reconheceu os judeus como cidadãos em 1919. No entanto, o que foi dado com uma das mãos logo foi retirado com a outra. Uma grande parte da classe política, refletindo a opinião pública, não se conformou com a emancipação judaica. Uma nova lei em 1924 limitou os direitos de dois terços da população judaica do país que viviam em territórios recém-adquiridos em decorrência da Primeira Guerra Mundial (Bessarábia, Transilvânia e Bukovina). Na antiga Transilvânia húngara, a identificação dos judeus com a cultura do poder dominante anterior exacerbou a hostilidade romena. Em 1934, uma "Lei para a Contratação dos Trabalhadores Romenos nas Fábricas" tornou difícil para os judeus conseguir ou manter empregos. A Legião do Arcanjo Miguel de extrema-direita, fundada em 1927 e dirigida pelo ostentoso Corneliu Zelea Codreanu, obteve apoio de muitos setores da sociedade, inclusive de grande parte dos intelectuais.

Na Polônia, os judeus também encontraram dificuldade em assegurar a implementação do tratado das minorias. Apesar de numerosas declarações de intenções, dispositivos legais discriminatórios remanescentes contra os judeus em territórios herdados dos impérios russo e austríaco só foram finalmente revogados em 1931. Nesse meio-tempo, os oponentes do tratado empreenderam uma série de medidas destinadas a torná-lo ineficaz. Uma lei de observância do *Sabbath*, impedindo os lojistas de negociar aos domingos, causou sérios efeitos nos judeus ortodoxos, agora obrigados a fechar as suas lojas tanto no sábado quanto no domingo. Em 1934, o governo da Polônia, diante da aprovação geral do público do país, repudiou unilateralmente o tratado das minorias.

As atitudes políticas com relação aos judeus na Polônia na década de 1930 variavam de uma cautelosa cooperação da esquerda à rematada hostilidade da direita. O Partido Socialista, embora condenando os ataques aos judeus, não estava imune às influências antijudaicas, e no final de década de 1930, alguns socialistas estavam entre aqueles que preconizavam a emigração judaica. O Partido dos Camponeses, que se opusera ao antissemitismo no início da década de 1920, declarou em 1935 que os judeus eram uma "nação estrangeira" e endossaram uma política de incentivo à emigração judaica. O mais forte partido de oposição, o partido de direita Democratas Nacionais (Endeks), encarava os judeus como não mais do que "sublocatários" em solo polonês e defendiam a sua completa eliminação da sociedade polonesa. Eles deveriam ser privados do direito de votar, não ter acesso a cargos públicos e ser removidos das profissões liberais, da indústria e do comércio. Enquanto toda a população judaica não emigrasse, os judeus que vivessem na Polônia deveriam ficar confinados a guetos. Essas opiniões eram compartilhadas por outros partidos menores de direita. O líder do Partido Conservador, príncipe Janusz Radziwill, por exemplo, preconizou em 1937 a "emigração forçada dos judeus".[20] O mais importante era que o OZON, "Campo da Unidade Nacional", que se tornou a força política dominante no final da década de 1930, era francamente antissemita, recusando-se até mesmo a aceitar a afiliação de judeus, preconizando leis discriminatórias e exigindo a emigração judaica em grande escala.

Distúrbios antijudaicos em cinquenta cidades e aldeias polonesas em 1935--1936 resultaram em pelo menos dez mortes. Passageiros nos trens da linha Varsóvia-Otwock foram atacados. Lojas e residências foram saqueadas. Os judeus se queixaram de que as autoridades ficaram paradas sem fazer nada. "O povo judeu-polonês", escreveu um observador, estava "cercado por uma atmosfera de provocação e hostilidade". Os judeus estavam vivendo "em um estado de pânico" e todos tinham "uma sensação de afronta".[21]

Em março de 1936, um *pogrom* em Przytyk, uma *shtetl* perto de Radom na região central da Polônia, deixou dois judeus e um não judeu mortos e muitos outros feridos, bem como propriedades danificadas. O tumulto irrompeu quando camponeses atacaram, no mercado, barracas de propriedade de judeus. Cem residências judaicas foram saqueadas e destruídas. Em julgamentos subsequentes dos envolvidos na briga, os defensores judeus receberam penas muito mais pesadas do que os desordeiros poloneses. Milhares de judeus participaram de uma marcha de protesto em Radom. Manifestações semelhantes ocorreram em todo o país mas, e na atmosfera de tensão entre polacos e judeus intensificada, os *pogroms* se espalharam.

A violência irrompeu em um clima de ardorosa retórica e atividade política dirigida contra os judeus. Em 1936, o parlamento polonês aprovou uma lei, pretensamente baseada em considerações humanitárias, proibindo o *shechitah* (abate kosher). Embora a completa proibição fosse adiada até 1942, limitações ao abate *kosher* entraram em vigor em janeiro de 1937. Emil Sommerstein, um representante sionista no Sejm (câmara baixa do parlamento), expressou a opinião judaica em geral quando se queixou: "O *slogan* do humanitarismo aparece com o objetivo de tornar a religião judaica repugnante. [Ele serve de] apoio para superstições bárbaras e a humilhação do povo judeu como bárbaros selvagens aos olhos da comunidade polonesa".[22] A frase ecoou a declaração de Paderewski em 1919, citada anteriormente: vale a pena assinalar a frequência com que tanto os judeus quanto os poloneses, no seu relacionamento problemático e provocante uns com os outros, entoavam o refrão "*nós* não somos bárbaros". Um boicote econômico aos judeus no final da década de 1930 obteve um amplo apoio e foi aprovado pela Igreja e por membros do governo. O primeiro-ministro, Felicjan Sławoj-Składkowski, endossou-o, embora tenha acrescentado o qualificador "sim, porém sem violência".[23]

"Um relacionamento tolerável"

O antissemitismo dos nazistas diferia do do restante do continente na sua brutalidade radical e sistematização burocrática, mas não, na maior parte, nas suas origens. A preocupação obsessiva de Hitler com os judeus era diferente em grau porém não em espécie do pensamento racista de outros demagogos da extrema-direita, alemães e não alemães. Os seus textos e discursos justificaram, difundiram e amplificaram, mas não criaram, o ódio aos judeus na Alemanha. O antissemitismo naquele país compartilhava muitas das mesmas causas de outros lugares, recorria a imagens tradicionais semelhantes e explorava experiências coletivas de derrota, fome, inflação e, depois de 1929, desemprego. O papel proeminente desempenhado por esquerdistas judeus por nascimento na revolução em solo alemão em 1918-1919 ajudou a alimentar a teoria da "punhalada nas costas" da derrota alemã na Primeira Guerra Mundial. O assassinato do ministro do Exterior, Walther Rathenau, um judeu, em 1922, por um fanático de direita foi uma das primeiras indicações de que os inimigos da democracia de Weimar não se deteriam diante de nada.

Entre 1918 e 1933, o antissemitismo era proeminente na retórica não apenas dos nazistas, mas também de respeitáveis partidos conservadores. Tanto na Alemanha quanto em outros lugares, os judeus não raro percebiam um estranho desligamento entre a cordialidade pessoal de alguns não judeus e a presteza destes em admitir atitudes antijudaicas de amplas consequências. Em uma narrativa da época em que era um jovem médico de hospital na Alemanha nos últimos anos da República de Weimar, Martin Andermann relata como um dos seus colegas, um nazista convicto, costumava discutir com ele. Andermann tinha a impressão de que o seu interlocutor "não nutria nenhum ódio pessoal contra mim... Ele não se opunha aos judeus individuais e sim ao que ele chamava de 'o judeu'. 'O Judeu' era para ele exatamente o que 'Satã' fora para um cristão medieval. Na realidade, ele me disse certa vez no final de uma longa discussão e com total seriedade: 'Você é para mim a encarnação de Satã'". O homem acrescentou que não tinha nada contra Andermann como pessoa e que "na realidade, ele sentia que poderia gostar bastante de mim". No entanto, ele não se esquivaria de matá-lo caso necessário, embora com um "remorso pessoal".[24]

A máxima de Burke de que "tudo o que é necessário para o triunfo do mal é que os homens bons não façam nada" tem uma ressonância especial com relação à vitória do nazismo. O sucesso do violento ataque nazista aos judeus requereu não apenas a participação ativa de uma minoria de fanáticos como também a aquiescência passiva de uma maioria covarde ou indiferente. O banqueiro Max Warburg de Hamburgo constatou que o anseio de ex-parceiros comerciais de procurar a sua amizade dera lugar, a partir de 1933, à tendência de evitá-lo ou até mesmo de desprezá-lo. "A caminho do banco eu não encontrava um único conhecido, enquanto antigamente eu tirava constantemente o chapéu para cumprimentar as pessoas."[25] O jovem advogado Sebastian Haffner ficou chocado com a sua própria reação quando camisas pardas nazistas invadiram a biblioteca da corte de Berlim onde ele estava trabalhando e latiram: "Os não arianos devem deixar imediatamente o recinto". Um dos camisas pardas se aproximou de mim e perguntou se eu era "ariano".

> Um momento depois, tardiamente, senti a vergonha, a derrota. Eu respondera "Sim!", Bem, em nome de Deus, eu era de fato um "ariano". Eu não mentira, eu permitira que algo muito pior acontecesse. Que humilhação, responder à pergunta injustificada [...] com tanta facilidade, mesmo que o fato não tivesse importância para mim! Que desgraça comprar com uma resposta o direito de permanecer em paz com os meus documentos![26]

Com o tempo, Haffner deixou a Alemanha para trabalhar como um jornalista antinazista na Grã-Bretanha. A maioria dos seus colegas leitores na biblioteca ficara para trás — exceto os "não arianos".

Antes de 1933, a Alemanha, preocupada com o destino das minorias alemãs na Europa oriental, fora uma eloquente defensora dos direitos das minorias naquela região. Depois de 1933, ela foi de repente intimada a responder pelo tratamento que estava dando a uma minoria. A questão geral da perseguição alemã aos judeus foi levada diante do Sexto Comitê da Assembleia da Liga das Nações (que lidava com a proteção das minorias) no outono de 1933. O representante alemão negou que o comitê tivesse qualquer jurisdição, sustentando que "o problema judaico na Alemanha é um problema especial *sui generis* e não pode de modo algum ser tratado aqui simplesmente como uma questão de minoria comum".[27] De fato, era verdade que os judeu-alemães, de um modo geral, não se consideravam até então uma "minoria". Assim como os judeu-franceses, eles preferiam insistir nos seus direitos de cidadãos individuais em vez de em qualquer direito coletivo a um tratamento especial. No entanto, como expressou o representante francês na discussão do comitê, "A minoria judia como tal pode não ter existido na Alemanha. Ela é criada quando um tratamento discriminatório é concedido aos judeu-alemães".[28] Pouco depois, o diálogo foi retratado como acadêmico com a retirada da Alemanha da Liga e de todas as suas organizações afiliadas.

A única intervenção produtiva da Liga em uma reivindicação judaica contra a Alemanha teve lugar como resultado da "Petição Bernheim" em maio de 1933. O caso dizia respeito a um residente judeu da Silésia Superior na Alemanha que fora demitido do emprego por ser judeu. A petição foi vista como um caso que estabelecia um precedente da capacidade da Liga de impor o seu papel como garantidora do tratado. O Conselho da Liga obrigou a Alemanha a suspender as leis contra os judeus na região, alegando que ela violara a Convenção Alemã-Polonesa de 1922. O alívio foi de curta duração: quando a convenção expirou em 1937, a força total das leis antijudaicas nazistas foi aplicada na região.

A Liga, reduzida a pouco mais do que um clube de debates anglo-francês, havia nesse meio-tempo decidido nomear um "Alto Comissário para Refugiados (judeus e outros) oriundos da Alemanha". Esse novo órgão foi concebido para lidar com os problemas decorrentes da fuga de milhares de judeus da Alemanha depois que Hitler subiu ao poder. Mas o alto comissário não recebeu um orçamento adequado para cumprir a sua tarefa. Na realidade, ele simplesmente não recebeu recursos financeiros. O artigo 12 do Estatuto da Alta Comissão, adotado em dezembro de 1933, dizia o seguinte: "Os recursos da Alta Comissão são constituídos por fundos oferecidos como contribuição voluntária por fontes privadas e de outros tipos".[29]

A magnitude do desafio que a Alta Comissão estava enfrentando tornou-se clara em 1935, quando uma nova onda de refugiados fugiu da Alemanha devido ao endurecimento da política nazista com relação aos judeus. O decreto anunciado por Hitler em Nuremberg em setembro daquele ano reduziu o *status* dos "não arianos" de cidadãos para vassalos. As leis proibiam os judeus de contratar como criadas mulheres "arianas" de menos de 45 anos, não consentia que eles exibissem a bandeira alemã e propiciava uma base para posteriores regulamentações restringindo a contratação de judeus.

Pronunciamentos subsequentes estabeleceram uma classificação detalhada do ariano e do não ariano. O judeu era uma pessoa com três ou quatro avós que tivessem sido judeus por religião. As pessoas com uma proporção menor de ancestrais judeus eram categorizadas como "meio-judeus" ou "um quarto judeus". Essas categorias também foram refinadas, dependendo de outros fatores como o estado civil. As leis proibiam o casamento ou relações sexuais entre não arianos e arianos (os casamentos existentes eram tolerados, embora os cônjuges arianos fossem incentivados a pedir o divórcio). As leis causaram uma onda de suicídios, particularmente da parte de não arianos acusados de "poluição da raça".[30]

Alguns judeus se consolaram com o fato de que as Leis de Nuremberg, por mais censuráveis que fossem, pelo menos esclareceram o seu *status* e, depois de dois anos de ameaças, boicotes, exclusão e incerteza, lhes proporcionaram uma base fixa para o que Hitler chamava de "relacionamento tolerável com o povo judeu".[31]

"Uma força da natureza"

À medida que a ameaça do antissemitismo crescia, os judeus adotaram uma variedade de explicações para ela. Muitos deles, especialmente os sionistas, viam o ódio pelos judeus como endêmico em todas as sociedades europeias. Na Europa oriental, os judeus geralmente encaravam o antissemitismo não tanto como algo que requeria uma explicação e sim, como declarou Abraham Ascher, ao descrever a perspectiva dos seus pais judeu-poloneses na então cidade alemã de Breslau, "quase uma força da natureza, com relação à qual a única coisa que poderia ser feita era escapar".[32] Para alguns, o antissemitismo era não apenas inextirpável como também natural em um mundo que se baseava principalmente em políticas étnicas. Para os liberais otimistas, o antissemitismo era uma relíquia "medieval" que iria desaparecer com mais educação e esclarecimento. Os marxistas, por outro lado, não raro argumentavam que, assim como o nacionalismo, o antissemitismo era uma forma de falsa consciência, um mecanismo empregado pelas classes dominantes para dividir a classe trabalhadora e desviar para outro alvo a hostilidade proletária com relação à burguesia. Como os judeus estavam apenas sendo usados como bodes expiatórios, o antissemitismo automaticamente se evaporaria tão logo a sociedade sem classes fosse alcançada.

Alguns atribuíam a culpa aos próprios judeus ou, sendo mais preciso, a *outros* judeus. O filósofo francês Henri Bergson, o primeiro judeu a ser eleito para a Académie Française, por exemplo, atribuiu a ascensão do antissemitismo "em grande parte, infelizmente" a "um certo número de judeus inteiramente desprovidos de senso moral".[33] Bernard Kahn, o diretor europeu, nascido na Suécia, do American Jewish Joint Distribution Committee, atribuiu a responsabilidade, em parte, aos *Ostjuden*. Em uma teleconferência com líderes do Joint em novembro de 1936, ele declarou o seguinte: "Existe especialmente um sério e crescente movimento antissemítico na parte da Holanda chamada Maastricht. Trata-se de uma seção católica e um distrito de mineração onde judeus orientais que chegaram durante os últimos quatro ou cinco anos ocasionaram um sentimento antijudaico. Isso aconteceu porque eles fazem um comércio ambulante nesses distritos de mineração, oferecendo aos mineiros todos os tipos de mercadoria a crédito com preços mais elevados do que o normal, exigindo nestes tempos críticos e difíceis o pagamento do dinheiro que lhes é devido".[34]

Max Horkheimer, sociólogo de Frankfurt, um marxista de origem judaica, escreveu provocante e sucintamente em um ensaio sobre "Os Judeus e a Europa", concluído em 1º de setembro de 1939: "Aquele que não deseja falar sobre o capitalismo também deve se silenciar a respeito do fascismo". Ele zombou dos "bons europeus" que ainda se apoiavam em *slogans* liberais. O "interlúdio centenário do Liberalismo", declarou ele, tinha acabado. Ele tinha sido proveitoso para os judeus. No entanto, "o fato de que eles estavam em melhor situação durante o Liberalismo não garante a probidade deste último". ("Dass es ihnen im Liberalismus besser ging verbürgt nicht seine Gerechtigkeit").[35]

A ardorosa hostilidade de Horkheimer contra o nazismo não impediu que ele compartilhasse alguns elementos da análise dos nazistas do papel do judeu na sociedade, em particular a ênfase no papel do "capitalismo-financeiro" judaico. Ele encarava isso como o principal pretexto para a implementação do antissemitismo como arma de propaganda. Ele não estava sozinho nessa interpretação dos conceitos nazistas. A teórica política Hannah Arendt que, como Horkheimer, tinha fugido da Alemanha e estava no exílio desde 1933, se considerava uma sionista na década de 1930. Ela absorveu dos historiadores nazistas uma interpretação do antissemitismo que deixava transparecer muito a argumentação deles de que a causa do antissemitismo era a conduta dos próprios judeus.[36]

"Eu a amaria ainda mais"

As reações dos judeus ao antissemitismo variavam ao longo de um espectro que ia da resignação suspirante, passava pela crença no poder da argumentação fundamentada e ia até a defesa da resistência combativa. Os judeus rigorosamente ortodoxos eram os mais passivos nas suas reações, os liberais tinham mais esperança de que a ação política e diplomática poderia produzir resultados, e os esquerdistas e os sionistas eram os mais militantes ao exigir medidas como o boicote econômico da Alemanha nazista, greves de protesto na Polônia e até mesmo a resistência física à violência contra os judeus.

Os líderes dos judeus ortodoxos na Alemanha adotaram inicialmente uma atitude tranquila e suave com relação a Hitler. Em entrevistas com a imprensa em 1933, o rabino Jehiel Jacob Weinberg, reitor do seminário ortodoxo em Berlim, minimizou o antissemitismo nazista e expressou gratidão a Hitler por combater o comunismo e o ateísmo. Em outubro desse mesmo ano, importantes figuras ortodoxas, entre elas o rabino Esra Munk do Adass Jisroel, um grupo ortodoxo separatista, e Jacob Rosenheim, líder do movimento ultraortodoxo Agudas Yisroel, escreveram uma longa carta conjunta para Hitler. Eles censuraram "o materialismo marxista e o ateísmo comunista" e garantiram a sua oposição ao boicote econômico à Alemanha que estava sendo organizado por antinazistas em outros países. Ao mesmo tempo, se queixaram de que as medidas nazistas contra os judeus estavam condenando-os "a morrer lenta porém seguramente de inanição". Os autores declararam a sua convicção "de que o governo da Alemanha não busca a destruição do povo judeu-alemão", acrescentando: "Mas se estivermos errados, se chanceler do Reich e o Governo Nacional que o senhor dirige [...] tiverem de fato como objetivo erradicar o povo judeu-alemão do organismo político alemão, preferiríamos deixar de alimentar ilusões e tomar conhecimento da amarga verdade".[37] A carta nem mesmo foi favorecida por uma confirmação de recebimento.

O boicote econômico da Alemanha nazista pelos judeus nos Estados Unidos e em outros lugares, patrocinado pelo proeminente líder judeu-americano rabino Stephen Wise, foi polêmico no mundo judaico. A Reichsvertretung se opôs publicamente ao boicote. Em Czernowitz (capital da província de Bukovina na Romênia), comerciantes judeus continuaram a negociar clandestinamente com a Alemanha, usando nomes falsos.[38] O governo alemão astuciosamente conseguiu minar o boicote negociando o acordo *Ha'avara* (transferência) com a Organização

Sionista. Com base nesse acordo, os emigrantes judeus da Alemanha tiveram permissão para exportar uma parte limitada do seu capital depositando *reichsmarks* (moeda alemã de 1924 a 1948) na Alemanha em troca de mercadorias alemãs que seriam exportadas para a Palestina e lá trocadas por libras esterlinas.

Em resposta aos ataques antissemitas, muitos judeus que até então tinham permanecido à margem do envolvimento com a comunidade se sentiram compelidos a adotar uma postura mais afirmativamente judaica. Quando foram excluídos da associação com os seus vizinhos e privados da cidadania, os judeus, não raro pela primeira vez, se uniram com um objetivo comum através das fronteiras de classe, ideologia e afiliação religiosa. Na Alemanha, os primeiros anos do nazismo presenciaram uma entusiástica redescoberta da religião, da cultura e do crescimento judaicos em apoio ao sionismo.

Alguns judeus acreditavam que o bom senso era a melhor resposta para a insensatez. O chefe da comunidade judaica romena, Wilhelm Filderman, um membro liberal do parlamento, rejeitou a afirmação de que a massa da população era inerentemente antissemita. O ódio aos judeus, sustentou ele, era disseminado a partir de cima, e a melhor maneira de contrapô-lo era por meio da discussão racional. Por conseguinte, quando, em resposta a um artigo de Filderman em 1937, o proeminente intelectual e ex-primeiro-ministro Nicolae Iorga publicou um panfleto violentamente antissemita, *Iudaica*, Filderman respondeu com outros artigos escusatórios. Jean Ancel escreveu: "Filderman amava a Romênia e não conseguia compreender por que a Romênia não amava nem a ele nem os seus correligionários".[39] *Mutatis mutandis*, o mesmo poderia ter sido dito a respeito de muitos líderes e pensadores judeus em toda a Europa.

Enquanto os comunistas enfatizavam a sua fé em ideais internacionalistas, os judeu-burgueses procuravam enfatizar o seu patriotismo, esperando assim atenuar as acusações antissemitas de deslealdade. Às vezes, as suas afirmações assumiam formas surpreendentes. Em Paris, entre 1933 e 1936, cerimônias em homenagem aos mortos da guerra na sinagoga de Notre Dame de Nazareth incluíam um desfile pelas naves laterais de centenas de membros da Croix de Feu direitista e antiparlamentarista. Essa confirmação anual da *union sacrée* só terminou em 1936 com a dissolução da Croix de Feu, junto com outras "ligas" de direita, pelo governo da Frente Popular de Léon Blum.

Algumas das reações mais espontâneas ao antissemitismo, ilustrando como ele podia, de imediato, inspirar medo ou ser incorporado por suas vítimas, veio do jovem Hans Floersheim, um menino na pequena cidade de Rotenburg em Hessen, na Alemanha ocidental, que raramente se deparava com o antissemitismo na vida cotidiana. Ocasionalmente, os colegas de escola chamavam as crianças judias de "Judenstinker", em consequência do que estas respondiam "Christenstinker".[40] De qualquer forma, isso foi antes de 1933. Alguns meses depois da ascensão dos nazistas ao poder, contudo, o seu pai, um comerciante têxtil e social-democrata, foi expulso da cidade. A família se instalou em Leipzig, esperando, como muitos judeus de pequenas cidades, ser mais facilmente aceita no relativo anonimato de uma grande cidade. Em Leipzig, Hans experimentou muito pouco antissemitismo direto, porém, mais tarde, ele se lembrou de um episódio marcante. Assim como a maioria das crianças alemãs, ele devia usar um boné característico no trajeto de ida e de volta da escola, com um emblema que indicasse a sua escola e a sua turma. No entanto, Hans se sentia pouco à vontade usando um boné que mostrava que ele era aluno da Carlebach Realschule, uma escola judaica. Por conseguinte, ele convenceu os pais a procurar uma loja que lhes vendesse um boné genérico sem o emblema característico. Ou talvez esta tenha sido uma ideia preventiva dos seus pais; mais tarde, ele não conseguiu se lembrar exatamente de qual fora o caso.[41]

Outro exemplo mais do leste: o poeta judeu-polonês Aleksander Wat relembra a ocasião no final na década de 1930 em que o seu filho de 7 anos chegou em casa vindo da escola e relatou que a vitrine de uma lojista tinha sido estilhaçada "porque os judeus são terríveis, feios e sujos". A mãe do menino lhe revelou que ela era judia. "E então, você ama a sua mãe?" Eis o que o menino respondeu: "Eu a amaria ainda mais se ela não fosse judia".[42]

No material impresso, na plataforma, no palco, nas pinturas em tela, na música, em cartas particulares e em conversas, e, onde podiam fazê-lo com prudência, em declarações públicas, os judeus externavam um amplo leque de emoções em resposta à difamação e perseguição de que eram alvo. Algumas das expressões mais angustiadas eram em versos. Estes seguiam uma antiquíssima tradição literária judaica que, na sua forma moderna, tinha transmutado a lamentação em protesto e oposição. Depois do *pogrom* de Kishinev de 1903, Haim Nahman Bialik havia escrito um doloroso poema hebraico, "City of Slaughter" ["Cidade de Massacre"], no qual ele censurou não apenas os perpetradores mas também a passividade das vítimas e dos espectadores judeus. Em 1938, Mordkhe Gebirtig, um compositor popular de canções iídiches que estava mais próximo da consciência das massas judaicas na Polônia, teve problemas com o censor polonês quando escreveu "Unzer shtetl brent" (A nossa cidade está queimando):

S'brent! briderlekh, s'brent!

    Está em chamas, irmãos, está em chamas!

oy, unzer orem shtetl, nebekh, brent!

    A nossa pobre cidade, que tristeza, está em chamas!

Beyze vintn mit yirgozn

    Furiosas erupções de raiva

raysn, brekhn un tseblozn

    Despedaçam, estraçalham e atiçam

shtarker nokh di vilde flamen

    As frenéticas chamas cada vez mais fortes

alts arum shoyn brent!

    Tudo em torno está em chamas!

un ir shteyt un kukt azoy zikh

    E você fica parado olhando

mit farleygte hent

    de braços cruzados,

un ir shteyt un kukt azoy zikh.

    E você fica parado olhando.

Unzer shtetl brent![43]

    A nossa cidade está em chamas!

O texto encontrou problemas com o censor polonês. Esses ímpetos de indignação eram, infelizmente, mais comuns entre os judeus do que a difícil tarefa de conceber uma estratégia política coerente, que dirá unificada, para a defesa contra os seus atormentadores.

– 3 –

GRANDES E EXIBICIONISTAS

A política judaica

A desunião foi a marca característica da política judaica no período entreguerras. Dividida por fronteiras, ideologias e classe, a política judaica era altamente faccionada, turbulenta e intransigente. No entanto, sem o maquinismo de um Estado e com pouco no que dizia respeito a possíveis recompensas, ela era geralmente livre de corrupção. Na década de 1920, ela refletia em certa medida a política dos Estados e dos povos entre os quais os judeus viviam. Entretanto, quando a condição dos judeu-europeus se tornou mais precária na década seguinte, a sua política se transformou em uma luta existencial travada com um desespero cada vez maior e, em alguns casos, um entusiasmo que deslizava para o fanatismo.

Os modos políticos pré-democráticos não haviam desaparecido completamente. As tradições do *gvir* (manda-chuva local) e do *shtadlan* (grande que mediava com governos) não tinham se extinguido inteiramente. Figuras como Wilhelm Filderman na Romênia desempenhavam essa função de uma forma um tanto atualizada. Até mesmo na democrática França, a família Rothschild ainda continuava a exercer influência sobre muitas instituições comunitárias, embora plebeus inquietos, principalmente imigrantes e esquerdistas, desafiassem a dominância aristocrata.

A política judaica era conduzida em três esferas: comunitária, nacional e internacional. A vida política interna da comunidade não lidava apenas com os assuntos especificamente religiosos das *kehillot*, a manutenção das sinagogas e banhos rituais, a nomeação de rabinos, o controle do abate *kosher*, e assim por diante, mas também com a administração de escolas, hospitais, lares para idosos e outras instituições, bem como com a representação da comunidade na sociedade circundante.

Na diplomacia internacional, como não tinham um maquinismo de Estado-nação à sua disposição, os judeus só podiam se defender por intermédio de organizações não governamentais como a Alliance Israélite Universelle estabelecida em Paris, que apesar do nome era na verdade uma organização francesa-judaica, do Comité des Délégations Juives, um organismo de diplomatas não oficiais de uma dezena de países que haviam desempenhado um papel na Conferência de Paz em Paris por meio dos bons ofícios do número decrescente de governos nacionais amigáveis. O Comitê deu lugar, em 1936, ao World Jewish Congress (WJC), fundado sob a liderança de Stephen Wise e em grande medida organizado por Nahum Goldmann. O WJC almejava ser o "endereço permanente do povo judeu".[1] A sua primeira sessão plenária em Genebra reuniu 280 representantes de comunidades judaicas em 32 países — a maior delegação era, de longe, a dos Estados Unidos. A organização instalou o seu quartel-general em Paris e um escritório em Genebra. Com filiais e agências na maioria dos países onde viviam comunidades judaicas, com a exceção da União Soviética, o WJC desempenhava um papel na política judaica internacional. As suas pretensões representativas, contudo, eram inexpressivas: muitas organizações judaicas desconfiavam de que ele fosse uma organização sionista de fachada e se recusavam a se afiliar a ele.

No nível nacional, o caráter da política judaica diferia radicalmente nas quatro zonas do povo judeu-europeu. Na União Soviética, o seu escopo, assim como o da política em geral, foi gradualmente se estreitando. No início da década de 1920, quase todos os vestígios de políticas não comunistas foram eliminados. Em 1930, o fechamento das *Evsektsiia* tornou qualquer atividade política judaica, que não fosse na região autônoma de Birobidzhan, exposta à suspeita de "desvio nacionalista". No final da década de 1930, expurgos, julgamentos de fachada e o terror investiram contra os Velhos Bolcheviques, entre cujas principais personalidades os judeus haviam sido desproporcionalmente proeminentes. No final da década, todos os vestígios de política judaica na União Soviética haviam sido eficazmente extintos.

No Terceiro Reich, a criação do partido de um só Estado e a exclusão dos judeus da cidadania encerrou abruptamente a sua participação no que restava da política nacional. Não obstante, os nazistas permitiram que uma limitada atividade política prosseguisse dentro da comunidade judaica, consentindo, em particular, que os sionistas continuassem a distribuir propaganda e a recrutar e treinar possíveis emigrantes para a Palestina. Dentro da sua esfera, foi concedido à Reichsvertretung uma certa autonomia na administração de instituições judaicas. De qualquer maneira, até 1938, ela pôde negociar com o governo ou, mais exatamente, suplicar em benefício da comunidade judaica.

Nas democracias, tendo em vista o pequeno peso eleitoral das comunidades judaicas, a participação dos judeus na política nacional era geralmente individual e não coletiva. Os judeus apoiavam predominantemente o centro liberal ou a esquerda. Na França, a maioria apoiava a Frente Popular. Na Alemanha de Weimar, eles votavam principalmente no Partido Democrático Alemão (DDP) liberal ou nos sociais-democratas, sendo que no primeiro caso a participação deles era tão intensa que o partido ficou prejudicialmente identificado aos olhos do público como um partido judaico. Muitos judeus ascenderam a posições proeminentes nesses partidos. Ludwig Landmann, o prefeito do DDP de Frankfurt de 1924 a 1933, por exemplo, era judeu. Na Áustria, onde os liberais haviam quase desaparecido já em meados de 1920, a maior parte até mesmo dos judeus de classe média votava nos sociais-democratas.

No centro-leste da Europa, os judeus foram quase que, por definição, excluídos de três dos mais importantes agrupamentos políticos: os partidos dos camponeses, já que os judeus eram predominantemente urbanos; os partidos clericais, já que eles não eram cristãos; e os partidos nacionalistas, já que não eram considerados membros do grupo étnico ou nacional dominante.

Durante os anos de tumulto que se seguiram a 1917, os judeus haviam conquistado, por um breve período, o reconhecimento como uma entidade etnopolítica em partes da região. No entanto, experiências na autonomia judaica na Ucrânia independente, antes que ela fosse dividida entre a Polônia e a Rússia Soviética em 1921, e na Lituânia no início da década de 1920, foram efêmeras e não se repetiram em outros lugares.

Na Romênia, onde os judeus formavam 4% da população na década de 1930, um partido judaico desfrutou o sucesso durante um breve período. Em 1932, ele obteve uma maioria de votos judaicos e cinco cadeiras no parlamento. No entanto, o seu respaldo estava concentrado principalmente na antiga província húngara da Transilvânia. Ele não tinha um grande grupo de seguidores em nenhum outro lugar, e em eleições subsequentes não conseguiu ultrapassar o limite mínimo para poder reingressar no parlamento.

Na Tchecoslováquia, até a dissolução do país em 1938-1939, um partido judaico, composto principalmente por elementos sionistas, conseguiu obter uma representação no parlamento entre 1929 e 1938 (depois de 1935 em cooperação eleitoral com os sociais-democratas tchecos). No entanto, os judeu-tchecos estavam profundamente divididos nas suas concepções culturais, opiniões religiosas e afinidades ideológicas. O sionismo era alvo da oposição dos internacionalistas marxistas em Praga, dos assimilacionistas húngaros na Eslováquia e dos elementos ortodoxos dominantes na Rutênia Subcarpática. Tendo em vista o pequeno tamanho da comunidade judaica, o partido não foi capaz de exercer uma alavancagem eficaz na política nacional.

Na Polônia, não havia nenhum partido liberal importante como o da Alemanha de Weimar que poderia ter atraído os votos dos judeus da classe média. Além disso, o Partido Socialista Polonês, embora não fosse antissemita, tinha a tendência de encarar os seus membros judeus como uma espécie de obstáculo no seu empenho de conseguir apoio na classe trabalhadora mais ampla.

Herman Lieberman, advogado de Drohobycz na Galícia, que havia combatido na Legião Polonesa na Primeira Guerra Mundial, tornou-se o mais proeminente político judeu do Partido Socialista, representando-o no Sejm de 1919 a 1933. Um orador brilhante de grande força e *páthos*, ele se considerava primeiro polonês e judeu em segundo lugar. O seu mais profundo compromisso era com a classe trabalhadora polonesa. Ele disse certa vez à sua amante que, nas suas fantasias, ele se via como Cristo assumindo a cruz do sofrimento da humanidade.[2] Depois do golpe de Estado do marechal Piłsudski em 1926, que introduziu um regime semiautoritário no país, Lieberman tornou-se líder da oposição democrática Centrolew (Centro-Esquerda). Condenado a cumprir pena na prisão em 1933, ele fugiu para a Tchecoslováquia e depois para a França, onde se juntou à grande comunidade de exilados políticos ativos na Segunda Internacional democrática socialista.

Essas figuras, contudo, eram incomuns na vida política polonesa. Quase todos os políticos judeus na Polônia, exceto os comunistas, atuavam por intermédio de partidos especificamente judaicos, que conquistaram 34 cadeiras (de 444) no Sejm em 1922 e 12 (de 111) no Senado. Esses números nunca se repetiram, mas o voto dos judeus e os partidos judaicos permaneceram como figurantes no palco político da Polônia até 1939.

Durante o período entreguerras, portanto, a Polônia tornou-se o ponto focal da política judaica. Embora dividida entre muitos partidos, cada um dos quais, por sua vez, era subdividido em facções opostas, a política judaica na Polônia, refletida em uma certa medida em outros países, estava organizada em torno de três principais blocos: o ortodoxo, o sionista e o esquerdista, cada um deles competindo pela lealdade de um eleitorado altamente mobilizado, articulado e rebelde.

"Nós não nos envolvemos"

Os judeus ortodoxos na Europa buscavam tradicionalmente cultivar boas relações com a autoridade governante, de qualquer tendência, e evitavam a atividade política oposicionista. Na realidade, a predisposição deles era evitar completamente a atividade política. As modernas realidades, contudo, os obrigaram a se organizar para defender os seus interesses setoriais.

Fundado em 1912, o Agudas Yisroel afirmou não ser de modo nenhum um partido político, mas sim um movimento, dirigido por autoridades rabínicas, que representava o povo judeu ortodoxo. Ele buscava unir todos os judeus ortodoxos, hassídicos e *misnagdim*, ultraortodoxos e ortodoxos modernos, em uma oposição comum ao judaísmo reformista, ao secularismo e à assimilação, palavras que eram menosprezadas como obra do demônio. Os seus seguidores eram mais fortes no "Congresso da Polônia" anteriormente controlado pela Rússia, particularmente entre os hassídicos de Gur, seguidores do rabino Abraham Mordechai Alter de Gur (ou Góra Kalwaria).

Apesar de afirmar ser não político ou superpolítico, o Aguda jogava o jogo político com extrema habilidade. Na Polônia, ele obteve um considerável sucesso nas eleições para o Sejm e o Senado. Em outros países, os seus seguidores compensavam o seu menor número com uma ardorosa devoção à causa.

Embora apregoassem a sua hostilidade para com o nacionalismo judaico, os agudistas tinham uma grande estima pelo pequeno enclave de judeus ultraortodoxos residentes na Palestina, que eles consideravam seus protegidos e exclusividade peculiar, e buscavam certificados de imigração para o Lar Nacional Judaico com o mesmo empenho que os sionistas que eles difamavam.

Os agudistas consideravam o regime paternalista de Piłsudski depois de 1926 relativamente aceitável. O governo demonstrava uma certa presteza em acomodar as exigências e instituições dos judeus ortodoxos em comparação com as dos partidos judeus seculares. Em troca, os agudistas apoiaram o governo nas eleições de 1928 e 1930. Rabinos hassídicos publicaram folhetos antes das eleições com instruções aos seus seguidores sobre como votar. O *rebe* de Bobov, Ben-Zion Halberstam, por exemplo, emitiu esses decretos em 1930 e 1938.[3]

Nem todos os judeus ortodoxos apoiavam os Agudah. Os líderes rabínicos mais conservadores, liderados pelo *rebe* de Munkács, Hayim Eleazar Shapira, se opunham veementemente ao Aguda. Shapira descompunha os agudistas por admitir "miscigenações de aprendizado secular" nas suas escolas. Eles estavam "poluindo a mente e o coração das crianças com ideias insensatas que conduzem à leviandade e à heresia".[4] As ideias antiagudistas de Shapira, bem como as noções antissionistas, eram compartilhadas pelo *rebe* de Satmar, Yoel Teitelbaum, embora os dois homens tenham se desentendido por causa de uma disputa territorial.

O *rebe* de Belz, Aharon Rokeach, um dos principais líderes hassídicos da Polônia, permaneceu um tanto afastado dos agudistas. Em 1928, contudo, panfletos emitidos em nome do *rebe* convocaram todos os judeus a votar no "Bloco Não Partidário de Cooperação com o Governo", chefiado por Piłsudski. Esse, proclamou o *rebe*, era o "dever sagrado" deles, do qual não deveriam se afastar deixando-se seduzir por incrédulos e mentirosos que davam conselhos diferentes. No entanto, pouco antes das eleições, ele emitiu um novo pronunciamento, repudiando o anterior e insistindo em que "nós não nos envolvemos nesses assuntos".[5] O que instigou a mudança de posição (se é que houve uma mudança) ninguém sabe. Quer ambos fossem autênticos, quer não, os panfletos eram uma indicação da importância atribuída à aprovação do *rebe*.

A morte de Piłsudski em 1935 acabou com o aconchegante acordo entre o governo e os judeus ortodoxos e removeu um anteparo contra a discriminação aberta contra os judeus. A irrupção da Grande Depressão havia nesse meio-tempo acentuado o atrativo da direita antissemita para o eleitorado polonês. Sob o "regime dos coronéis" entre 1935 e 1939, a extrema-direita conquistou uma crescente influência no governo. Os judeus, inclusive os ortodoxos, tornaram-se cada vez mais alvos de ataque. Nessas circunstâncias, cresceu o apoio entre os judeus às posições mais vigorosas dos sionistas e da esquerda.

Trabalho aqui e agora

O sionismo, assim como todas as forças modernizadoras no povo judeu, baseava a sua ideologia em uma crítica não apenas ao mundo circundante, mas também à sociedade judaica existente. Não raro, a condenação era áspera e impiedosa, confinando com a autorrepugnância que estava às vezes apenas insignificantemente separada do antissemitismo. A vida das massas judaicas na Europa oriental, escreveu o crítico literário iídiche (e sionista) Bal-Makhshoves (Isidor Eliashev), "rechaça todo homem saudável... Elas vivem como um verme criado na calha de um telhado que depois cai dentro de um bueiro, mas por necessidade ele se adapta ao seu novo ambiente".[6]

Os sionistas encaravam a diáspora de uma maneira negativa e argumentavam que era impossível buscar a sua regeneração em qualquer lugar que não fosse na pátria ancestral. Ao mesmo tempo, eles se viam obrigados, a contragosto, a conduzir a maior parte da sua atividade política na diáspora na forma do que era chamado de *Gegenwartsarbeit* (trabalho aqui e agora).

O sionismo almejava se tornar uma força internacional, mas na realidade a sua área geográfica era seriamente limitada. O seu principal foco era no empreendimento de construir um estado na Palestina; no entanto, até o final da década de 1930, somente uma pequena fração do povo judeu (cerca de 2% do total) havia construído um lar naquele local. A sede da Organização Sionista Mundial era em Londres e ela dependia fortemente do apoio financeiro dos judeu-americanos; no entanto, tanto nas Américas quanto na Europa ocidental, ela só podia contar com o apoio ativo de uma pequena minoria de judeus. Na União Soviética, o sionismo estava totalmente proibido, e era impossível emigrar para a Palestina.

Entre os judeus falantes do alemão, onde o sionismo tinha até então sido o entusiasmo de um pequeno grupo exclusivo, ele começou a atrair o interesse na década de 1920 e conquistou vitórias nas eleições comunitárias de Berlim em 1925 e de Viena cm 1932. Depois de 1933, o sionismo conseguiu um apoio maior entre os judeus no Terceiro Reich, mais por oferecer uma rota de fuga extrema e não por razões ideológicas intrínsecas.

Com essas exceções, a base popular do movimento na década de 1930 estava, por conseguinte, em grande medida restringida ao centro-leste da Europa e aos Bálcãs. O seu maior centro era na Polônia. Dos 976 mil contribuintes *shekel** (membros da Organização Sionista que pagavam a pequena subscrição mínima de afiliação) no mundo em 1935, 406 mil estavam na Polônia. Além disso, o sionismo naquele país era uma força significativa não apenas na comunidade judaica como também na política nacional. Entretanto, os sionistas estavam longe de ser unidos. Dentro do movimento, um espectro de partidos da direita à esquerda disputavam a dominância.

Os Sionistas Gerais representavam a ampla corrente predominante. Eles eram dirigidos internacionalmente pela imponente figura de Chaim Weizmann. Nascido na Rússia, porém cidadão inglês, ele tinha um enorme prestígio como o líder cuja diplomacia conquistara para os sionistas a Declaração Balfour de 1917, prometendo o apoio britânico a um Lar Nacional Judaico na Palestina. Estadista mundial, habilidoso organizador e astuto manipulador político, ele era um negociador seguro de si, bastante conhecido nas chancelarias do poder. Eficiente orador em vários idiomas, ele dominava o movimento. A sua perícia foi reconhecida até mesmo entre 1931 e 1935, quando ele entregou temporariamente a presidência da Organização Sionista ao jornalista Nahum Sokolow.

Yitzhak Gruenbaum era o principal líder sionista na Polônia. Ele era editor de um jornal e liderava a política parlamentar judaica. Franco defensor dos direitos dos judeus, ele conseguiu compensar, pela força da sua personalidade, a relativa falta de coerência ideológica dos Sionistas Gerais. Mas a sua partida para a Palestina em 1933 deixou um vazio na chefia do movimento na Polônia.

---

* Historicamente, *shekel* era uma moeda de prata e unidade de peso usada na antiga Israel e no Oriente Médio. Hoje é a unidade monetária de Israel. (N.T.)

No início da década de 1920, os parlamentares judeus, liderados por Gruenbaum, haviam tentado por vários meios assegurar a anuência governamental ao tratado das minorias. Nem a conciliação, na forma de negociações com o governo, nem a oposição intensiva em um Bloco das Minorias junto com ucranianos conseguiram alguma coisa. As medidas alternativas do Ugoda (acordo de contemporização), negociadas em 1925 entre alguns sionistas e ministros do governo, desmoronaram em mútuas recriminações dentro de poucos meses.

A supremacia dos Sionistas Gerais dentro do movimento se desgastou na década de 1930, quando o sionismo tendeu a se polarizar, com o Partido Poalei Zion socialista e os revisionistas de direita ganhando terreno.

O sionismo socialista, que emergiu, em grande medida graças à sua proeminente posição na Palestina, como a principal força no movimento sionista mundial na década de 1930, se inspirou nas ideias do pensador judeu-russo Ber Borokhow (1881-1917). A sua ideologia sintetizava o sionismo com o marxismo, argumentando que havia uma conexão elementar que ligava o povo judeu à Palestina. Dentro do Poalei Zion, fundado em 1906, surgiram tensões entre os marxistas inflexíveis e aqueles que enfatizavam o elemento nacional na doutrina. Em 1920, em um congresso em Viena, o partido se dividiu. O Poalei Zion da Esquerda se uniu à Terceira Internacional (o Comintern) deixando de participar dos congressos sionistas. Essa decisão possibilitou que ele sobrevivesse como uma organização legítima na União Soviética até 1928, quando foi dissolvido naquele país. Ele permaneceu ativo na Polônia e em outros lugares, caminhando na corda bamba entre a diáspora e o sionismo, entre o hebraico e o iídiche, e entre o comunismo e o socialismo democrático. O apoio ao partido atingiu o auge no final da década de 1920; a partir de então, ele perdeu terreno para outros partidos sionistas e para o Bund e, em 1937, voltou a ingressar na Organização Sionista Mundial.

Os sionistas revisionistas constituíam a ala direita do movimento. Vladimir Jabotinsky, jornalista de uma família de língua russa em Odessa, que fundou e liderou o sionismo revisionista até a sua morte em 1940, atraiu ardorosos adeptos, particularmente entre os jovens sionistas da Polônia. Orador fascinante, com uma grande quantidade de efeitos retóricos, Jabotinsky conseguia reunir *páthos* e sarcasmo, bem como um esplendor de visão e lógica (embora, às vezes, uma lógica pedante). Ele carecia apenas de estatura física: com um metro e setenta e quatro, ele tinha menos treze centímetros do que o seu grande rival, Weizmann. Até mesmo um menino de 8 anos que o conheceu em 1938 o achou

pequeno; ele vestia um terno cinza com listras claras; parecia calmo e seguro de si, e mais interessado em nós do que eu esperara que ele estivesse. Mas o que mais me impressionou a respeito dele foi o fato de ele ter um pó no rosto. Imagino que fosse algum tipo de talco que ele aplicara depois de se barbear e não se dera ao trabalho de retirar; mas na ocasião, isso me pareceu bastante misterioso e nem um pouco embaraçoso.[7]

Mais exibicionista do que estadista, Jabotinsky nunca teve realmente êxito em transformar triunfos retóricos em verdadeiras realizações políticas.

Na Palestina, o movimento revisionista preconizava a fundação, sob os auspícios britânicos, de um Estado judaico nas duas margens do Jordão. Na diáspora, Jabotinsky recomendou com insistência a adoção de um programa de dez anos de uma emigração em massa organizada de 1,5 milhões de judeu-europeus para a Palestina.

O grande baluarte do Revisionismo estava na Polônia, mas o movimento também auferia apoio em outros lugares. Em Viena, o seu líder local no início da década de 1930, Robert Stricker, era uma das figuras mais exuberantes e polêmicas da política austríaca. Em 1919, ele havia conquistado um assento na Assembleia Nacional Constituinte como candidato do Partido Nacionalista Judaico em uma área fortemente judaica de Viena. Ele era um populista que dizia sem meias-palavras o que se passava na sua cabeça e na cabeça de outras pessoas. Stricker era um magnífico orador público e tinha um leal grupo de adeptos entre os judeu-vienenses.

Em 1935, Jabotinsky se separou da corrente predominante dos sionistas e fundou a Organização Nova Sionista, que não conseguiu, no entanto, suplantar o organismo controlador. Livres da sua âncora no movimento mais amplo, os revisionistas se afastaram da democracia e avançaram em direção aos ideais, métodos e símbolos da direita radical europeia. O seu imaturo abraço do racionalismo fora um erro, confessou Jabotinsky em 1939.[8] Os seus críticos condenaram a sua presteza em se envolver em negociações amistosas com antissemitas, nacionalistas ucranianos no início da década de 1920 e o "governo dos coronéis" da ala direita polonesa do final da década de 1930. Frequentemente acusados pelos seus oponentes de ter tendências fascistas, os revisionistas não descartaram completamente formas democráticas, mas compartilhavam o nacionalismo solipsista, o ódio ao socialismo, a ênfase em um único líder e o fascínio pelos uniformes, o militarismo e a violência do fascismo.

Atuando em uma dimensão diferente da de outros partidos sionistas estava o Mizrachi, o movimento sionista religioso. O Mizrachi agradava ao profundo anseio, profundamente arraigado na tradição judaica, de um retorno ao Sião. O seu fundador, o rabino Yitzhak Yaakov Reines, que faleceu em 1915, havia fundado uma *yeshiva* (faculdade talmúdica) em Lida que, de uma maneira chocante aos olhos dos tradicionalistas, havia incluído algumas matérias seculares no seu programa de curso. Condenado pelas autoridades ortodoxas mais respeitadas da época, o Mizrachi só mobilizou uma pequena fração do povo judeu religioso. Na Polônia, cerca de 10% dos rabinos, predominantemente os mais modernizados e menos influentes, o apoiaram.

A adesão ao movimento sionista não era geralmente interpretada como um compromisso pessoal de que a pessoa se fixaria na Palestina, assim como a adesão ao socialismo não envolvia a promessa de que a pessoa iria compartilhar a sua riqueza. O autor iídiche Melech Ravitch se lembrou de que quando conheceu o jovem historiador Emanuel Ringelblum, membro do Poalei Zion da Esquerda, no clube de escritores judeus em Varsóvia em 1928, ele o aconselhou a deixar a Polônia. "De um modo geral, eu aconselhava os jovens a deixarem a Polônia, especialmente os sionistas como Ringelblum." Mas este último insistiu em que permaneceria onde estava e "defendeu o seu entusiasmo e confiança no futuro do povo judeu-polonês".[9]

A beleza de mil estrelas

A esquerda europeia era, em grande medida, uma criação judaica. Na Alemanha, em meados do século XIX, Marx, Hess e Lassalle, todos os três de origem judaica, haviam fundado e moldado o movimento socialista. Na Rússia, no final do século, os judeus tinham se destacado entre os primeiros líderes do Partido Social Democrata, particularmente na sua ala menchevique, e tinham fundado o *Bund* como um partido separado, de idioma iídiche, dentro do movimento mais amplo. Os judeus se sentiam menos atraídos pelo bolchevismo, mas mesmo assim também eram proeminentes entre os seus líderes: um quarto dos membros do comitê central bolchevique de 1917 era de origem judaica.

Depois da revolução de outubro, mitos judaico-russos tomaram o partido da causa soviética. Em toda a Europa, no período entreguerras, os judeus desempenharam um papel desproporcional nos movimentos socialista e comunista. Eles estavam fortemente representados entre os intelectuais de esquerda e também entre os chamados marxistas de salão, como Felix Weil, o filho de um milionário que se tornou o principal benfeitor do Instituto de Pesquisas Sociais de Frankfurt de Max Horkheimer.

Os judeus, mais ainda do que a maioria dos partidários do socialismo da classe trabalhadora, consideravam especialmente atrativos o internacionalismo, o secularismo e o engajamento com valores de esclarecimento da esquerda. Ao contrário da direita nacionalista e clericalista, que excluía os judeus, a esquerda oferecia aos judeus um caminho em direção à integração, à aceitação e ao envolvimento na configuração dos destinos das sociedades em que viviam. Os judeus se sentiam particularmente atraídos pela visão milenar do socialismo de um futuro "vestido com a beleza de mil estrelas", segundo a descrição romântica do socialista judeu-austríaco Julius Braunthal.[10] Os judeus frequentemente ascendiam a posições de liderança nos partidos de esquerda. No entanto, no final da década de 1930, o relacionamento entre os judeus e a esquerda encontrava-se em uma profunda crise.

Na realidade, a aliança entre os judeus e a esquerda não era tão natural quanto poderia parecer. Afinal de contas, na sua maioria, embora altamente urbanizados, os judeus não eram proletários. A maioria deles pertencia à pequena burguesia de pequenos comerciantes e artífices, lojistas ou artesãos que trabalhavam por conta própria em pequenas oficinas, com frequência de propriedade da família. Mesmo quando um proletariado judeu estava no processo de formação, como, por exemplo, na indústria têxtil na ex-Polônia russa, os judeus ficavam frequentemente isolados dos seus colegas de trabalho por barreiras de linguagem e costumes que eram apenas lentamente derrubadas. Daí o atrativo especial dos partidos judaicos particularistas como o Bund e os sionistas socialistas. Além disso, a afinidade natural que os judeus europeus sentiam pelos sucessores da Revolução Francesa, a quem eles deviam a sua primeira libertação, era com frequência cruelmente posta à prova pela confrontação com a dura realidade da esquerda antissemita, como na França na época do Caso Dreyfus.

Muitos judeus socialistas tomavam cuidado para evitar parecer explicitamente defensores dos judeus contra o antissemitismo. Na Áustria, por exemplo, os líderes do Partido Social-Democrata, que eram principalmente judeus, evitavam, na medida do possível, o envolvimento com assuntos judaicos, receosos de que essa identificação pudesse ricochetear eleitoralmente em prejuízo do partido. Essa atitude defensiva não era universal. Na Holanda, onde o proletariado judeu de Amsterdã estava mais alegremente integrado na classe trabalhadora, Henri Polak, o líder socialista holandês, expressava abertamente, pelo menos na década de 1930, a sua condenação do antissemitismo. E Léon Blum, o líder socialista francês, não hesitou desde os seus primeiros dias como defensor de Dreyfus em declarar a sua condição judaica ou o seu apoio ao sionismo. Embora o seu partido não pareça ter sofrido por causa disso, os seus inimigos da direita não tinham escrúpulos em chamar atenção para a sua condição judaica (e as sinistras consequências desse fato). No clima político febril da década de 1930, eles o atacavam implacavelmente: "Voilà un homme à fusiller, mais dans le dos!", escreveu Charles Maurras, o principal porta-voz intelectual da extrema-direita.[11]

Embora a maior parte dos esquerdistas tenha abandonado a religião, eles não eram todos necessariamente assimilacionistas, e tampouco, como os seus inimigos às vezes afirmavam, "odiavam a si mesmos". Muitos tinham vindo da classe trabalhadora falante do iídiche e retiveram grande parte da bagagem cultural da sua formação. De um modo geral, eles seguiam Lenin na rejeição da ideia de uma nação judaica separada. No entanto, alguns exibiam atitudes ambíguas ou conflitantes com relação à sua tradição judaica.

David Wijnkoop, fundador e líder do Partido Comunista Holandês, filho de um rabino, embora rejeitasse a crença e a prática religiosas, conservava o tradicional *mezuzah* (amuleto) na ombreira da porta da sua casa.[12] Marcel Pauker, líder comunista romeno, disse o seguinte em uma declaração autobiográfica que escreveu para os seus interrogadores quando estava preso em Moscou em 1937: "Eu censurava o meu pai pelo fato de ele ter vergonha da sua origem judaica, algo que só poderia ser atribuído à influência do prevalecente antissemitismo".[13] E o jovem polonês trotskista Isaac Deutscher, que anos mais tarde popularizou o conceito do "Judeu não judeu", escreveu: "Passei os meus melhores anos, os meus anos politicamente ativos, entre trabalhadores judeus. Eu escrevia em polonês e iídiche, e sentia que a minha identidade estava amalgamada com o movimento trabalhista da Europa oriental de um modo geral e da Polônia em particular". E acrescentou o seguinte: "como marxistas, tentamos teoricamente negar que o movimento trabalhista judaico tinha uma identidade própria, mas apesar de tudo ele a tinha".[14]

Elos na corrente dourada

A maioria dos judeus não era comunista e a maioria dos comunistas não era de origem judaica. No entanto, o movimento comunista em quase toda parte era, para sua grande contrariedade, frequentemente identificado com os judeus. A associação tinha uma aparência de verossimilhança pelo fato de que os judeus estavam, de fato, desproporcionalmente representados na afiliação do Partido Comunista em todo o centro-leste da Europa. O partido era ilegal na maioria dos países do Leste Europeu, e é difícil estimar o tamanho do seu componente judaico. Percentuais esparsos estão disponíveis. Na Polônia, a afiliação judaica flutuava entre 22 e 35% do total. Os judeus estavam ainda mais fortemente representados na liderança do partido: em 1935, ao que se consta, eles constituíam 54% da "liderança de campo" e 75% da *technika* (responsável pela propaganda).[15]

Essa grande participação judaica causou tensões internas. Moshe Zalcman, um comunista judeu que ficou preso durante algum tempo na Polônia, recorda que prisioneiros comunistas não judeus se recusavam a dividir a sua comida com os camaradas judeus. Ele comenta que o partido, obviamente ansioso com relação à proporção superdimensionada de membros judeus, conduziu um sistema de ação afirmativa, promovendo não judeus a posições de responsabilidade sem submetê-los a um período de teste. Isso proporcionou, segundo Zalcman, uma abertura para que a polícia infiltrasse agentes provocadores no partido.[16]

Na União Soviética, depois da revolução, os bolcheviques conseguiram conquistar para o seu modelo um número significativo de membros de outros partidos socialistas. Um congresso *Bund* em 1920 causou uma cisão nesse partido, com um grupo de "membros da esquerda" ou "*Com-Bund*" passando para o lado dos bolcheviques. No final de 1920, contudo, muitos membros deste último grupo foram removidos em expurgos. Depois de 1926, a campanha de Stalin contra Trotsky encerrava um cheiro inconfundível de antissemitismo. Durante o terror do final da década de 1930, muitos dos judeus remanescentes nos níveis mais elevados da liderança do partido, com destaque para Grigory Zinoviev e Lev Kamenev, foram presos e fuzilados. Funcionários de nível médio que haviam sido anteriormente membros do Bund ou de partidos sionistas de esquerda caíram sob suspeita especial, e um grande número deles também foi preso. Das 24 figuras importantes nas *Evsektsiia* na ocasião do seu fechamento em 1930, dezoito foram presas nos expurgos.

Os judeus, enquanto judeus, não eram um alvo direto do Grande Terror. Eles apareciam proeminentemente tanto entre os perseguidores quanto entre as vítimas. Alguns eram primeiro um e depois o outro, como no caso de Genrikh Yagoda, chefe da polícia secreta de 1934 a 1936, que foi preso em 1937 e fuzilado como traidor um ano depois.

Embora a proporção de judeus em posições de liderança tenha declinado no final da década de 1930, eles não foram automaticamente excluídos por causa da sua origem. Mikhail Koltsov, um jornalista judeu que fora franco nas suas críticas ao antissemitismo, foi nomeado redator-chefe do *Pravda* em dezembro de 1938 (embora ele também tenha sido preso pouco depois). Em 1929, 10% da afiliação do comitê central do Partido Comunista da União Soviética ainda era de judeus. De acordo com Sheila Fitzpatrick, que examinou o registro dos visitantes oficiais ao gabinete de Stalin na década de 1930, entre 75% e 90% dos visitantes tinham nomes judaicos.

Por outro lado, os judeus sofriam fortemente por causa da sua representação desproporcional entre os membros da elite intelectual que estavam entre as principais vítimas do Terror. Os judeus também apareciam amplamente entre as vítimas estrangeiras de Stalin, mesmo que apenas por causa da sua proeminência nos partidos comunistas europeus.

Na França, poucos judeus eram membros formais do Partido Comunista. Um relatório secreto do partido em 1934 estimava um total de apenas 700 judeus entre os membros do partido em toda a França, dos quais apenas 250 eram membros da *sous-section* judaica.[17] Uma explicação parcial para essa estatística sem eficácia é que os não cidadãos, entre os quais os comunistas faziam uma forte propaganda, estavam proibidos por lei de ingressar em partidos políticos. Mesmo assim, imigrantes do Leste Europeu se inscreviam em grande quantidade nas várias organizações de fachada do partido. E os comunistas eram o único partido político francês com uma *sous-section* especificamente judaica, mais adequadamente uma seção iídiche, já que ela não estava baseada na afiliação étnica, sendo uma de uma série de seções de língua estrangeira.

Alguns judeus eram encontrados na liderança do partido francês. Charles Rappoport, nascido em uma *shtetl* perto de Kovno, havia crescido em um ambiente judaico tradicional. Na sua juventude, ele escreveu artigos para a imprensa hebraica emergente. Depois de cursar a universidade na Suíça, ele se mudou para a França, onde tornou-se um dos membros fundadores do Partido Comunista em 1920. Ele desempenhou um importante papel nas relações do partido com o Comintern e na mobilização de apoio entre os judeus falantes do iídiche em Paris. Moshe Zalcman, que o conheceu nessa cidade no início da década de 1930, admirava a sua vivacidade e humor. Para o jovem Zalcman, Rappoport, que conhecera Engels, Plekhanov e Jaurès, era um imponente pai do movimento e um comunista modelar. No entanto, em 1938, Rappoport se demitiu do partido em protesto contra os julgamentos de Moscou. A sua filha, que permaneceu fiel ao comunismo, o repudiou. Rappoport se manteve firme na sua decisão.

O autor Jean-Richard Bloch seguiu um caminho diferente através do comunismo. Nascido em Paris em 1884 em uma família judaica assimilada da Alsácia, ele era sobrinho do ilustre orientalista Sylvain Lévi e cunhado do escritor André Maurois. Para Bloch, assim como para muitos outros da sua geração, o Caso Dreyfus foi um gatilho para o engajamento político. Já em 1911, o seu caminho em frente estava claro: "Judaísmo? Não, socialismo!".[18] Mas ele permaneceu envolvido com questões judaicas e os seus primeiros romances abordaram temas da assimilação e da alienação judaicas. Bloch ingressou no Partido Comunista em 1921, mas depois se desviou para uma posição esquerdista, não comunista. Ao mesmo tempo, ele conheceu o sionismo. Em 1925, ao visitar a Palestina para a cerimônia de fundação da Universidade Hebraica de Jerusalém, ele vivenciou um choque emocional: "Vi um povo se constituir — o meu próprio povo", escreveu ele.[19] Mas depois dos distúrbios antijudaicos na Palestina em 1929, ele se afastou do sionismo.

Em 1934, ele visitou a União Soviética para o primeiro Congresso de Autores Soviéticos. Com a ajuda do amigo e escritor Ilya Ehrenburg, que atuou como intérprete, ele discursou para a reunião de escritores comunistas e autores visitantes do mundo inteiro, apresentando um apelo heterodoxo para o pluralismo e advertindo contra as "vulgares concepções de massa".[20] Ele ficou favoravelmente impressionado com o que viu da União Soviética. Nesse meio-tempo, a ascensão das "ligas" fascistas na França e a guerra civil na Espanha, que ele noticiou de Madri, cimentou a sua adesão ao Partido Comunista. Ele fundou com Louis Aragon o jornal vespertino comunista em Paris, o *Ce Soir*, em 1937. Logo depois do pacto de Munique, ele reingressou no Partido Comunista. A partir de então, as colunas do seu jornal seguiram as reviravoltas das diretivas impostas por Moscou, inclusive o pacto Ribbentrop-Molotov, até que o *Ce Soir* foi proibido pelo governo em 25 de agosto de 1939.

Talvez a figura mais importante na determinação da política do Partido Comunista Francês na década de 1930 tenha sido um estrangeiro, quase desconhecido do público — Eugen Fried (ou "Camarada Clément", um dos seus vários "nomes de partido"). Nascido na Eslováquia de pais judeus, ele chegou a Paris em 1931 como representante do Comintern. Ele se tornou o "olho de Moscou" no Partido Comunista Francês na década de 1930.[21] Ana Pauker, esposa de Marcel Pauker, filha de um precentor, ex-professora de hebraico e ex-alta-funcionária do Comintern romeno (em 1947 ela se tornaria ministra do Exterior da Romênia), deu à luz uma filha de Fried em 1932. A influência de Fried, poderosa embora invisível, ajudou a garantir que a política do partido obedecesse às exigências de Moscou.

Em 1934, os comunistas, junto com o Bund e o Poalei Zion da Esquerda preconizaram a formação de uma Frente Popular Judaica na França. No entanto, ela rapidamente se deteriorou e se transformou em uma fachada para o Partido Comunista, já que os outros dois partidos só auferiram apoio entre pequenos grupos de imigrantes do Leste Europeu na França. Já na primavera de 1936, a Frente Popular Judaica havia se desintegrado e um ano depois a seção judaica do Partido Comunista foi calmamente desmantelada. Mais ou menos nessa época, por razões que ainda são discutidas, Stalin determinou que o Partido Comunista Polonês fosse extinto.

Não obstante, o comunismo reteve o seu atrativo para alguns judeus por causa do seu suposto internacionalismo (quando, na verdade, todos os partidos comunistas eram completamente subservientes a Moscou) e do seu suposto antifascismo (mesmo quando, em 1939, Stalin avançou em direção a uma cooperação com Hitler).

Os esquerdistas judeus eram proeminentes entre os "antifascistas prematuros" que participaram da Guerra Civil espanhola. Voluntários de Paris apressaram-se em tomar parte na defesa da república ameaçada desde o início do conflito em julho de 1936. Muitos judeu-franceses, alemães e poloneses estavam entre os primeiros recrutas das Brigadas Internacionais alguns meses depois. A maioria era comunista, por exemplo Szaja Kinderman ("Jorge"), um alfaiate judeu de Cracóvia, que havia passado vários anos na prisão por participar de atividades comunistas na Polônia e fugira para a Espanha em 1933. Informava-se que ele era o único assinante na Espanha do *Literarishe bleter* iídiche, publicado em Varsóvia.

Em dezembro de 1937, foi formada na Espanha a Companhia Naftali Botwin como parte da brigada Dombrowski polonesa. Dizia-se que a companhia, que recebera o nome em homenagem a um herói comunista judeu-polonês de Lwów que foi executado em 1925 por matar um agente da polícia secreta, era "a primeira, última e única unidade militar que executava os seus exercícios em iídiche".[22] Ela publicava um boletim informativo, e um dos seus membros irradiava um discurso em iídiche na estação de rádio da república. Nem todos os seus membros, contudo, eram judeus, e ela incorporava uma pequena minoria dos voluntários judeus no exército republicano. Em 1938, ela realizou uma marcha cerimonial que passou pelo quartel-general do governo catalão em Barcelona e o presidente da Generalidad, Luis Companys, se dirigiu a eles: "Esta companhia, em cuja bandeira estão bordadas letras hebraicas, forja um elo na corrente de ouro da República Espanhola combativa para o glorioso capítulo judaico na nossa história que foi tão brutalmente interrompida pela Inquisição Católica".[23] O seu comissário político, Eugeniusz Szyr, havia se alistado aos 16 anos de idade, falsificando o passaporte. A companhia, que mais tarde se tornou um batalhão, combateu em várias frentes de batalha, mas depois de nove meses foi exterminada no campo de batalha.

Os judeus foram proeminentes entre as baixas estrangeiras da guerra. O último membro das Brigadas Internacionais a morrer em defesa da república foi Chaskel Honigstein de Lublin. O "último caído de las Brigadas Internacionales" recebeu um funeral de Estado em Barcelona, em outubro de 1938. Os voluntários não morriam apenas nas mãos dos fascistas. Entre aqueles assassinados por agentes soviéticos estavam Erwin Wolf, ex-secretário de Leon Trotsky, e Mark Rein, filho do político bundista-menchevique Rafael Abramovich.

As melhores melodias

Fundado em 1897, o Bund foi o primeiro partido político judaico e o primeiro componente do que veio a ser o movimento revolucionário social-democrata no Império Russo. Como declarou Arkady Kremer, um dos seus fundadores, em um discurso na primeira reunião do partido, a ideologia do Bund se baseava na ideia de que "os trabalhadores judeus sofrem não apenas como trabalhadores, mas também como judeus" e no desejo de defendê-los simultaneamente nas duas frentes.[24] Esse propósito duplo permaneceu o tema principal do Bund ao longo de toda a sua existência. Impelido para a clandestinidade e, com o tempo, extinto na Rússia, o Bund se reagrupou em outros lugares, especialmente na Polônia. Ele fundou sucursais em outros países da Europa e das Américas. A seção de Bruxelas promovia reuniões na Salle Matteotti e na Maison des Huit Heures, nas quais os membros ouviam palestrantes, como Angelika Balabanov, que falava sobre o "Fascismo e a Classe Trabalhadora". Em Amsterdá e em Viena (até a tomada do poder pelos nazistas em 1938), as seções locais arrecadavam fundos para as escolas iídiche na Polônia. Mas essas coisas tinham mais a natureza de clube de partidários e *landsmanshaftn*. Somente em um país o Bund se tornou uma força política significativa no período entreguerras.

Na Polônia, o Bund disputou vigorosamente o terreno entre o comunismo e o sionismo socialista. Contra o primeiro, ele formulou o *slogan* "a ditadura do proletariado equivale à democracia do proletariado".[25] Com relação ao último, ele condenou "sonhos de um Estado judaico construído sobre areia e armas inglesas".[26] O Bund rejeitava a emigração para a Palestina ou qualquer outro lugar como uma solução para o problema judaico, insistindo no *dokayt* (o aqui e agora). O "pai do marxismo russo", Georgii Plekhanov, chamara certa vez os membros do Bund de "Sionistas que têm medo do enjoo do mar". No entanto, enquanto o *Gegenwartsarbeit* era uma tática para os sionistas, o *dokayt* era uma questão profunda de princípio para os partidários do Bund. "O destino nos colocou aqui na Polônia", declarou um dos líderes do partido, Wiktor Alter, em 1938, "e é aqui na Polônia que vamos lutar. Estamos ligados ao nosso país com tudo que nos é precioso na vida."[27]

O Bund compartilhava muitas das ideias dos socialistas austríacos que haviam se esforçado antes de 1918 para conciliar a solidariedade proletária com a composição multinacional do império de Habsburgo. No entanto, havia uma diferença crucial: os socialistas austríacos, cuja liderança era fortemente judaica, recusavam-se, exatamente por essa razão, a reconhecer os judeus como uma nacionalidade; o Bund insistia em que, como uma questão de realidade sociopolítica, esse reconhecimento era vital. Rejeitando a integração no Partido Socialista Polonês, o Bund buscou a autonomia cultural para os judeus na Polônia e, em particular, escolas separadas e o direito de usar o iídiche nos negócios oficiais.

A questão nacional estava na própria essência da autoconcepção do Bund. Antes da Primeira Guerra Mundial, Vladimir Medem, um dos principais ideólogos do partido, havia enunciado uma doutrina de "neutralidade" com relação às questões da sobrevivência ou assimilação dos judeus que tanto mobilizava outros movimentos políticos judaicos. Mais tarde, contudo, ele abandonou o "neutralismo" em favor de uma atitude mais positiva com relação à sobrevivência nacional judaica, embora permanecesse profundamente hostil ao sionismo. As tensões dentro do partido entre o nacionalismo e o internacionalismo causavam um constante debate interno e a frequente cisão de facções para o comunismo ou para o sionismo.

A concentração da maior parte do proletariado judeu em pequenas unidades de produção tornou tanto os sindicatos quanto a organização dos partidos políticos uma luta difícil e dificultou a capacidade do Bund de mobilizar trabalhadores judeus. Por outro lado, o relativo isolamento destes últimos do restante da classe trabalhadora tornava os elementos nacionais da doutrina do Bund atraentes para muitos judeus que poderiam em outros contextos ter se unido em uma causa comum com não judeus nos partidos Socialista Polonês ou Comunista.

A rígida insistência do Bund na prioridade da luta de classes impedia que ele cooperasse facilmente com outros partidos judaicos. Na ocasião da comemoração do seu quadragésimo aniversário, em 1937, Simon Dubnow reprovou o partido pelo "seu maior pecado [...] a sua tendência ao isolamento".[28] No entanto, a hostilidade do partido com relação ao que ele encarava como "chauvinismo" nacionalista geralmente excluía a cooperação até mesmo com os sionistas socialistas. As realidades políticas levaram-no a firmar um pacto temporário com o Poalei Zion nas eleições para o Sejm em 1930. Mas o bloco combinado deixou de conquistar cadeiras. Furioso com as atitudes dos bundistas, o Poalei Zion formou os seus próprios sindicatos na década de 1930. Cada lado culpou o outro pela falta de unidade.

Até mesmo mais do que outros partidos judaicos, o Bund estava aniquilado por divisões internas. A sua ala esquerda, que representava cerca de 40% dos membros na década de 1930, corria o risco constante de ser eliminada pelos comunistas, enquanto a direita estava mais próxima da democracia social da Europa central ou ocidental. Em 1930, depois de muitas altercações internas, o Bund decidiu aderir à Segunda Internacional, a federação social democrática dos oponentes do comunismo. No fundo, apesar de toda a sua fanfarrice revolucionária, o partido estava profundamente comprometido tanto com uma democracia interna quanto com um caminho parlamentar pacífico em direção ao socialismo. Mas ele considerava esse caminho bloqueado pelas forças da reação que transformaram o parlamentarismo polonês depois de 1926 na fachada de um regime quase ditatorial.

Os dois líderes mais conhecidos do Bund, Henryk Erlich e Wiktor Alter, eram sociais-democratas, fortemente hostis ao comunismo. Erlich, advogado, orador e editor do jornal do partido, *Folks-tsaytung*, "um homem que sentia a história nos ossos",[29] representava o partido no Conselho Municipal de Varsóvia. Alter, o teórico do partido, líder dos sindicatos bundistas, eterno otimista, e "alegre guerreiro", era "notavelmente bonito [...] o Cary Grant da força de trabalho judaica".[30] Ambos eram de origem burguesa, embora os partidários do partido viessem principalmente da classe trabalhadora urbana de grandes cidades como Varsóvia e Łódź.

O Bund nunca conseguiu garantir a eleição de um único membro no Sejm. Ele boicotou a eleição do primeiro Sejm (constituinte) em 1919. Em 1928, o ano do seu melhor desempenho em uma eleição parlamentar na Polônia, o partido obteve apenas 100 mil votos em meio milhão depositados nos partidos judaicos. A sua afiliação formal era minúscula: somente 12 mil em 1935. No final da década de 1930, ele ganhou terreno graças à sua resoluta oposição ao fascismo e ao antissemitismo. Em 1939, ele podia plausivelmente afirmar, com base nos resultados da eleição municipal, que era o maior partido judaico da Polônia.

Assim como a maioria dos partidos políticos, o Bund era algo mais: um movimento sociocultural que atuava como uma religião secular para os seus partidários. A sua rede de instituições afiliadas — sindicatos, escolas, grupos femininos, jornais, o clube esportivo Morgnshtern, a organização infantil SKIF, e a organização cultural e editora Kultur-Lige — constituía uma sociedade em miniatura que moldava a vida profissional e recreativa dos seus membros, bem como os seus valores e aspirações. O hino do partido, "Di Shvue" ("O Juramento"), cuja letra era de S. An-sky (Shloyme Zaynvl Rapoport), era uma convocação às armas à la "Marseillaise" com o seu coro:

Himl un erd vet unz oyshern,
   O céu e a terra nos ouvirão.
Eydes veln zeyn di likhtike shtern
   As estrelas prestarão testemunho,
A shvue fun blut un a shvue fun trern —
   Um juramento de sangue e um juramento de lágrimas

Mir shvern, mir shvern, mir shvern!

Nós juramos, nós juramos, nós juramos![31]

Independentemente das suas falhas em outras esferas, o Bund podia pelo menos afirmar que tinha as melhores melodias da política judaica.

No início da década de 1930, quando o Comintern decretou que a social-democracia era "fascismo social", o conflito entre comunistas e bundistas na Polônia se degenerou em insultos, brigas, tumultos e pelo menos um assassinato político — o de um jovem bundista de Varsóvia por pistoleiros comunistas. A troca para uma estratégia de frente popular em 1935 pelos comunistas em toda parte, por ordem de Moscou, não melhorou as relações. O Bund rejeitou a ideia de uma frente popular na Polônia. "Nós não mudamos as nossas convicções como luvas", escreveu Erlich no *Folks-tsaytung*.[32] A frente popular talvez fosse adequada à França, argumentou Erlich, mas não à Polônia. Nos últimos anos da década, chocado com os julgamentos de Moscou e a repressão stalinista, dos quais muitos ex-bundistas foram vítimas, o Bund se tornou ainda mais anticomunista.

Cada uma das três principais forças na política judaico-polonesa, o Aguda com outros elementos ortodoxos, os sionistas de vários matizes, e a esquerda (comunistas, o Bund e o Poalei Zion da Esquerda) controlava um apoio básico de cerca de um quarto da população judaica. Os restantes flutuavam nas suas opiniões ou apoiavam grupos menores. Três destes últimos, embora muito menores, representavam correntes importantes de opinião na sociedade judaica, tanto na Polônia quanto em outros lugares.

Folkistas

Simon Dubnow, o proeminente historiador judeu da época, era o principal expoente do nacionalismo da diáspora da ocasião, para o que ele fundou um veículo político, o Yidishe Fokspartey (Partido do Povo Judeu), no Império Russo em 1906. Dubnow era um liberal, um *maskil* moderno (pensador esclarecido), e propagou o conceito de uma *Kulturgemeinschaft* (comunidade cultural) judaica mundial. Dubnow compartilhava a concepção orgânica dos sionistas da condição de povo dos judeus, mas considerava utópica a ideia de um Estado judeu. Embora rejeitasse o marxismo do Bund, ele compartilhava a sua idealização das massas judaicas e da língua iídiche como a expressão natural da alma do povo.

Durante a Primeira Guerra Mundial, o partido Folkista renasceu na Polônia e passou a desempenhar um papel secundário na política do período entreguerras. Assim como o Bund, os folkistas foram influenciados pela concepção dos austro-

-marxistas da autonomia pessoal-nacional dentro dos domínios multinacionais de Habsburgo. O programa folkista preconizava a autonomia nacional para os judeus, um sistema educacional iídiche separado e direitos iguais para o iídiche na administração pública e nos tribunais. Ao contrário dos bundistas, que insistiam na base de classe da política, os folkistas enfatizavam a *klal yisroel* (unidade totalmente judaica).

O líder dos folkistas, Noyekh Prylucki, representava o partido no Conselho Municipal de Varsóvia e no Sejm. Um intelectual que fez contribuições significativas para a linguística iídiche, ele escrevia crítica dramática, tratados políticos e poesia erótica, colecionava canções folclóricas iídiches e editava o *Der moment*, um dos principais jornais diários em iídiche de Varsóvia. O dr. Tsemakh Szabad, o líder do partido em Vilna, onde presidia a comunidade judaica, ganhou eleições para a câmara municipal e, em 1928, para o Senado da República Polonesa. Graças a essas figuras, os folkistas exerceram uma ampla influência, embora do ponto de vista eleitoral nunca tenham conseguido ir além da sua estreita base formada principalmente por intelectuais iidichistas de classe média.

Freeland

Isolados em algum lugar atrás dos sionistas estavam os territorialistas. Eles compartilhavam o reconhecimento dos sionistas de que as perspectivas de uma integração bem-sucedida dos judeus na Europa oriental eram sombrias. Eles também concordavam em que era necessária a concentração dos judeus em uma colônia coesiva onde pudessem formar uma maioria e, por conseguinte, comandar o seu próprio destino. No entanto, eles consideravam os sionistas cegamente sentimentais na sua insistência de que a Palestina precisava ser o foco da construção do Estado judaico.

O territorialismo remontava as suas origens a tentativas como as do filantropo milionário barão Maurice de Hirsch por volta da virada do século de assentar judeus na Argentina. A ideia territorialista assumira forma política em 1905, depois que o Congresso Sionista rejeitou uma proposta do governo britânico de que os judeus se estabelecessem no Leste da África (o chamado projeto Uganda). Naquela época, o escritor anglo-judeu Israel Zangwill se separou da Organização Sionista e formou a Organização Territorial Judaica com o objetivo de procurar oportunidades para o assentamento dos judeus sob os auspícios da Grã-Bretanha em algum território fora da Europa. Enquanto a Palestina permanecesse sob o domínio otomano, os territorialistas poderiam justificar a sua posição apontando para a resistência das autoridades imperiais turcas a qualquer coisa que tivesse laivos de um governo autônomo judaico naquela região.

Na década de 1920, contudo, durante os primeiros anos do mandato britânico na Palestina, quando o apoio do poder imperial ao Lar Nacional dos Judeus parecia firme, a ideia territorialista perdeu grande parte do seu fascínio. Como Jacob Lestchinsky, que simpatizava com a causa, ressaltou, os territorialistas se viram em um dilema: eles nunca seriam levados a sério por governos que talvez pudessem lhes oferecer uma extensão de terra para colonização se eles não formassem um movimento de massa; mas era difícil para eles obter um apoio de massa enquanto nenhum país estivesse disposto a lhes oferecer esse território.[33] Depois de 1936, a oposição árabe ao sionismo, que se manifestou em uma revolta por todo o país que durou três anos, levou os britânicos a restringir a imigração dos judeus para a Palestina e, com o tempo, a reverter a política da Declaração de Balfour. Nessas circunstâncias, as ideias territorialistas uma vez mais se tornaram atraentes para os judeu-europeus.

O líder dos territorialistas na década de 1930, o dr. Isaac Steinberg, era um ex-revolucionário socialista da Rússia, que atuara como comissário de Justiça no efêmero governo de coalizão de Lenin de dezembro de 1917 a março de 1918. Ele renunciou em protesto contra o Tratado de Brest-Litovsk e deixou a Rússia em 1922. Um orador extraordinário, que geralmente combinava o socialismo revolucionário com a observância judaica ortodoxa, Steinberg foi descrito mais tarde na vida como tendo um "corpo pequeno e compacto", uma "barba negra que se eriçava em um rosto pálido e de textura fina" e "olhos perscrutantes debaixo de uma ampla testa". Ele "falava com grande paixão, ria de modo explosivo" e "dava vazão a abruptas demonstrações de raiva quando as suas ideias eram contestadas".[34]

Em 1934, Steinberg fundou a Freeland League for Territorialist Colonization, estabelecida em Londres. A Freeland era um pouco mais do que uma banda de um único homem, porém muito menos do que um movimento genuinamente popular. Ela tinha sucursais em vários países, bem como duas associações de jovens na Polônia, a Shparber ("Falcão") e a YUF (um acrônimo para "Young Freeland").

Um rico simpatizante fundou uma fazenda de treinamento agrícola perto de Vilna. O territorialismo, assim como o sionismo, o bundismo e o comunismo — e o judaísmo — eram capazes de inspirar energia e fé nos seus seguidores. Além de jovens (pardais), havia também homens mais velhos entre os *trainees* da fazenda, como Gershon Malakiewicz, um carregador, ex-revolucionário socialista e editor da revista socialista iídiche *Baginen* (alvorada). Um amigo seu, o jornalista iídiche de Vilna, Hirsz Abramowicz, também partidário da Freeland, recordou mais tarde que Malakiewicz

> estava sempre tão malvestido que quase poderia ser tomado por um mendigo. Ele era meio cego e usava óculos escuros (um dos olhos havia sido ferido por cossacos durante uma demonstração anticzarista), mas quando ele estava em um campo ou prado, o seu rosto reluzia de prazer... Lembro-me de um dia bonito de outono no meio da Sukkot [a festa dos Tabernáculos] em 1938, quando eu estava com um grupo visitando a fazenda [...] Gershon estava ocupado com as vacas. Ele limpou o estábulo e depois foi desenterrar batatas no campo... [Ele] parecia estar mais feliz do que todo mundo. Ele finalmente encontrara o seu propósito na vida.[35]

Mas enquanto os sionistas, nas suas mais numerosas fazendas de treinamento, preparavam os seus seguidores para a *aliya* (literalmente "ascensão") para a Palestina, a Freeland só podia oferecer a obscura perspectiva da emigração para... algum lugar.

A Freeland não disputou eleições mas, graças à vívida personalidade e diplomacia itinerante de Steinberg, ela foi levada mais ou menos a sério como participante da vida política judaica. Quando a pressão de refugiados no centro e no leste da Europa se intensificou no final da década de 1930, a mensagem territorialista se harmonizou com o pensamento de um pequeno segmento de opinião judaica e até mesmo de governos.

Descartando empecilhos

"Assimilação" era uma palavra carregada na polêmica judaica e continua a sê-lo na história judaica — de tal modo que, na verdade, alguns historiadores se abstêm completamente de utilizá-la. Se ela for aplicada mecanicamente como se referindo a um processo uniforme unidirecional, ela pode ser seriamente enganadora. No entanto, a palavra fazia parte do vocabulário da controvérsia judaica da época e evitá-la completamente significa desconsiderar uma importante dimensão no desenvolvimento social e autoentendimento dos judeus em uma época de rápida transição.

Em toda a Europa, muitos membros da classe média judaica no século XIX e no início do século XX abraçavam a ideia da assimilação à sociedade e à cultura circundante como um valor positivo. Eles podiam muito bem reter uma predileção por certos costumes, rituais, pratos ou ideais judaicos. Entretanto, enquanto adotavam a filosofia da sociedade aberta, na qual muitos haviam avançado ou esperavam avançar em uma base meritocrática, eles sentiam a obrigação de descartar o que encaravam como empecilhos que poderiam se erguer como barreiras entre eles e os seus concidadãos.

Na Europa oriental, a maioria dos assimilacionistas eram liberais que esperavam aplicar ali o modelo dos europeus ocidentais de integração cívica dos judeus como membros individuais de uma minoria religiosa dentro do Estado-nação. Por conseguinte, eles desejavam reformar a prática religiosa, adotar a língua nacional e moderar as diferenças sociais entre judeus e não judeus. A sua ênfase na lealdade ao Estado e na reforma religiosa frequentemente conduzia a acusações de que eles eram renegados, envergonhados das suas origens. Mas isso não era, de modo algum, sempre assim. Uma abordagem mais favorável é encará-los como "integracionistas" (usando um termo proposto por Ezra Mendelsohn).

Os assimilacionistas, em sua maior parte, não estavam organizados em um partido político separado, a não ser em algumas eleições comunitárias locais. Entretanto, eles contavam entre os seus membros com os elementos mais ricos e poderosos das comunidades judaicas em quase toda parte. Além disso, eles encontraram um certo denominador comum com setores da sociedade sob outros aspectos bem distantes. Por exemplo, eles compartilhavam com os agudistas a insistência em uma definição religiosa e não étnica da condição judaica, e também compartilhavam com os Agudah e a extrema-esquerda uma arraigada oposição ao sionismo, na verdade a qualquer forma de nacionalismo judaico.

"Liquidar indivíduos inconvenientes"

A política judaica, particularmente na Polônia, onde ela atingiu o seu mais pleno desenvolvimento, estava longe de ser decorosa. O debate dentro e entre os partidos era irrestrito, uma verdadeira luta de foice. As rivalidades pessoais eram não raro odiosas. Havia pouco espaço para concessões mútuas.

Antagonismos perversos entre os membros de diferentes partidos políticos não raro conduziam à violência. Os movimentos de jovens de vários partidos, entre eles os Sionistas Revisionistas e o Bund, organizavam milícias uniformizadas que não tinham escrúpulos com relação a usar a força contra os seus oponentes. Em 1923, quando os sionistas na Polônia celebraram a inauguração da Universidade Hebraica (Albert Einstein acabara de dar a sua primeira palestra pública em Jerusalém), os comunistas receberam instruções superiores para tumultuar os trabalhos. Mas Moshe Zalcman, que estava entre os perturbadores, se queixou tristemente: "havia apenas um punhado de nós enfrentando uma multidão extática de jovens e adultos; emergimos da luta física e moralmente machucados; embora tivéssemos obedecido às ordens dos nossos chefes, não conseguíamos entender por que tínhamos que nos opor a uma escola ou universidade judaica".[36]

Em 1930, o *Naye folks-tsaytung* bundista relatou que os comunistas haviam "pogromizado" (*hobn pogromirt* — uma expressão muito provocadora) a Escola Mikhalovitch (sob a proteção do sistema escolar iídiche TSYSHO, afiliado ao Bund) localizada em Mila 51, em Varsóvia. Pedras de calçamento foram atiradas nas janelas. Portas foram arrancadas e houve um "ataque homicida a um professor".[37] Este foi apenas um de muitos incidentes, entre eles a invasão pelos comunistas do sanatório de crianças Medem patrocinado pelos bundistas, perto de Varsóvia. Esses episódios dividiram a esquerda judaica em facções beligerantes.

A ascensão da Frente Popular na França fez com que os comunistas interrompessem os ataques contra os socialistas e os bundistas, e atenuassem a sua propaganda antirreligiosa. Foi divulgado que, no enterro de um jovem militante comunista, o finado camarada tinha sido homenageado com interpretações tanto do *kadish* (a oração pelos mortos) quanto da "Internationale".[38]

Apesar das mútuas cotoveladas e recriminações, o grande número de partidos políticos fazia com que coalizões fossem formadas, o que frequentemente levava a alianças incongruentes. Nas eleições para rabinos comunitários na Polônia, por exemplo, o Mizrachi poderia se unir aos sionistas seculares e a grupos hassídicos a fim de bloquear candidatos agudistas. Estes últimos tampouco deixavam de procurar, quando isso lhes convinha, a remoção das listas eleitorais de judeus antirreligiosos que negavam abertamente a religião. Nesses expedientes, eles às vezes desfrutavam um incentivo clandestino do governo. Uma circular "rigorosamente secreta" para autoridades provinciais, emitida pelo ministro do Interior polonês em 1936, sugeriu que embora "a aplicação em massa" de uma regulamentação permitindo a exclusão do voto em eleições da *kehillah* de "pessoas que publicamente se posicionam contra a fé mosaica" "não seria uma medida inteligente", a cláusula poderia ser utilizada para "liquidar certos indivíduos [...] inconvenientes".[39]

A complexidade extremamente variada da política dos judeu-europeus no período entreguerras refletia a estrutura social polimorfa e em rápida transformação deles. À medida que a sociedade tradicional desses judeus era abalada, eles buscaram um novo senso de orientação e agarraram os mais próximos anteparos de segurança disponíveis. A desorientação deles foi acentuada pela rápida urbanização e pelo fim de um estilo de vida arquetípico que havia muito tempo estava associado à sua residência em pequenas cidades rurais, particularmente na Europa oriental.

– 4 –

DA *SHTETL* À *SHTOT*

Um povo em movimento

No início do século XX, os judeus já eram as pessoas mais urbanizadas da Europa, mas durante o período entreguerras, eles ficaram ainda mais urbanizados. Eles também se tornaram mais metropolitanos, já que se concentravam não apenas nas áreas urbanas como também, cada vez mais densamente, nas capitais e grandes cidades de cada país: Moscou, Leningrado, Varsóvia, Budapeste, Bucareste, Paris e, até que os nazistas começaram a expulsá-los, Viena e Berlim.

As sucessivas catástrofes entre 1914 e 1921 da Primeira Guerra Mundial, da Guerra Civil Russa e da Guerra Russo-Polonesa haviam causado a perda de um grande número de judeus devido a mortes em combate, *pogroms* e doenças na área do antigo Império Russo. Os desastres também haviam aplicado algo próximo a um golpe mortal ao modo de vida judaico tradicional na região. Durante a guerra, populações inteiras de judeus em *shtetlakh* da Zona de Residência e da Galícia austríaca fugiram das suas casas com medo da depredação de exércitos indisciplinados. No final das hostilidades, muitos deles, tendo se fixado em outros lugares, decidiram não retornar. No todo, devido à morte e à emigração, a população judaica teve uma redução de até 600 mil membros na antiga Zona de Residência.[1]

A migração judaica para fora das pequenas cidades e aldeias era visível em todo o continente. Na Alemanha, especialmente na Baviera, Baden, Hesse e Würtemberg, os judeus estavam deixando as áreas rurais e se concentrando em Berlim e em outras grandes cidades. Basicamente como consequência disso, o número de comunidades judaicas na Alemanha declinou de 2.359 em 1899 para 1.611 em 1932.

Um processo semelhante estava em andamento na França. As pequenas cidades da Alsácia, em particular, tinham um dia abrigado muitas pequenas comunidades florescentes. Em Herrlisheim (Baixo-Reno), onde os judeus, assim como os não judeus, usavam tamancos de madeira, o número de habitantes judeus declinou de 202 em 1890 para 80 em 1936. Essas comunidades estavam quase desaparecendo. Um observador contemporâneo se lamentou dizendo: "O grande reservatório humano do povo judeu-alsaciano, a zona rural, está exaurido; restam lá, sobretudo, velhos esperando para morrer, zeladores das belas sinagogas que uma dia estiveram repletas da vitalidade da juventude".[2]

Os judeus das aldeias da Lituânia — vendedores ambulantes, administradores de propriedades (*arendarn*), estalajadeiros, ferreiros, funileiros, sapateiros, caieiros e trabalhadores de piche, carpinteiros de rodas e lenhadores — tinham começado na década de 1890 a se deslocar em grande número para cidades como Vilna e Kovno, e também para o exterior, particularmente para a África do Sul. "Quando irrompeu a Segunda Guerra Mundial", segundo nos dizem, "o aldeão judeu estava praticamente extinto na Lituânia."[3]

Na URSS e na Polônia entreguerras, o movimento de saída das *shtetlakh* alcançou grandes dimensões. No período entre 1917 e 1927, um milhão de judeus, particularmente jovens, deixaram as *shtetlakh* soviéticas e foram para as grandes cidades. O êxodo continuou na década seguinte. A proporção de judeu-soviéticos que moravam além da antiga Zona de Residência subiu de 32% em 1926 para 43% em 1939. O número de judeus residentes em Moscou aumentou de 28 mil em 1920 para 250 mil em 1939, e os de Leningrado de 52 mil em 1920 para 202 mil em 1939. Pelo menos 87% dos judeus na URSS viviam agora em áreas urbanas. Mais de um terço morava em cinco cidades: Kiev, Odessa, Carcóvia, Moscou e Leningrado. Apenas 442 mil judeus soviéticos ainda viviam nas *shtetlakh*.[4] Essa foi uma migração colossal que excedeu até mesmo a grande fuga dos domínios czaristas que havia transformado a comunidade judaico-americana nos anos entre 1881 e 1914.[5]

Uma das razões desse movimento era o desejo daqueles rotulados de *lishentsy*, ou ameaçados de assim serem rotulados, de escapar para o relativo anonimato da vida urbana. Lá havia uma probabilidade menor de eles serem comprometidos pela exposição de origens embaraçosamente "burguesas", embora "burguês" nesses casos talvez tenha envolvido não mais do que a mascateação, a venda de coisas miúdas ou a propriedade de uma pequena oficina. Em decorrência da "passaportização" da população soviética em 1932, contudo, quando todos os cidadãos passaram a ser obrigados a portar documentos de identidade, a migração interna não autorizada desacelerou e, com ela, o ritmo do movimento judaico para fora da antiga Zona de Residência.

O que foi alcançado por um sistema planejado na URSS foi reproduzido, se bem que mais lentamente, em um sistema de livre mercado. Na Polônia, as *shtetlakh* também ficaram rarefeitas à medida que os judeus se mudavam para as cidades. Embora a *shtetl* tivesse sobrevivido de uma forma reduzida na Polônia, na União Soviética e em algumas outras partes da Europa oriental, ela não era mais o modelo asquenaze judaico de povoação. Em vez disso, ela veio a parecer uma relíquia estática, obsoleta, de uma época passada.

Por que os judeus partiram e o que exatamente eles estavam deixando para trás?

Os mortos-vivos

É mais fácil descrever do que definir a *shtetl*. Ela não tinha um tamanho fixo, sendo menor do que uma cidade (*shtot*) e maior do que uma aldeia (*dorf*) ou um povoado (*yishuv*). A *shtetl* tinha uma geografia social característica, centralizada na *rynek* (praça principal). Esta última era o local do mercado semanal, uma manifestação da função essencial da *shtetl* como eixo da economia rural da Europa oriental. A sinagoga principal e a casa de banhos judaica ficavam nas proximidades. Os judeus viviam principalmente em casas ao redor da praça, na qual eles frequentemente tinham lojas ou tabernas. Os que possuíam uma situação financeira melhor construíam as suas casas de tijolos, as quais tinham, ocasionalmente, mais de um andar. A maioria das casas, contudo, tinha uma estrutura de maneira primitiva e um único andar; elas eram agrupadas desordenadamente em vias não pavimentadas perto da praça. Os incêndios eram frequentes. Muitas cidades tinham brigadas de incêndio voluntárias compostas apenas de judeus, mas devido à ausência do fornecimento de água encanada, a capacidade delas era muito limitada. Frequentemente cidades inteiras pegavam fogo, não raro várias vezes.

Toda *shtetl* tem o seu elenco de tipos característicos, entre eles os rabino, o *magid* (pregador itinerante) e o *melamed* (professor da escola primária hebraica, geralmente menosprezado por não servir para nada melhor). As funções frequentemente eram combinadas: o *hazan* (precentor) podia atuar como *shohet* (carniceiro) e, às vezes, também *mohel* (circuncidador). O *shames* (bedel da sinagoga), outra figura humilde, com frequência também era responsável por cuidar do *besmedresh* (sala de estudos religiosos) e da casa de banhos. O *shul-klaper* percorria a cidade às sextas-feiras antes de escurecer com um grande bastão, batendo três vezes na ombreira de cada porta para indicar que a hora de acender as velas do *Sabbath* estava iminente.

O *badkhn* era um bufão e mestre de entretenimento nos casamentos. No seu papel de mestre de cerimônias cômico, ele oferecia conselhos improvisados engraçados para a noiva e o noivo. Tradicionalmente, a primeira frase era "Chore, noiva, chore!" Uma antiga instituição judaica, o *badkhn* é mencionado do Talmude Babilônico (Ta'an 22a). *Badkhones* posteriores desenvolveram uma qualidade satírica e, às vezes, uma forte intensidade dramática. Embora estivesse desaparecendo já na década de 1930, o *badkhn* ainda podia ser encontrado se apresentando em casamentos nas regiões rurais. O cartão de visita de Jacob Zismor de Vilna, um dos últimos *badkhonim*, anunciava a sua disponibilidade para "concertos, casamentos, *bar mitzvahs* e todos os tipos de entretenimento, com ou sem música, sempre com preços moderados".[6]

O *shrayber* (escriba) ia de lugar em lugar atuando como redator de cartas e ensinando as crianças, especialmente as meninas que não frequentavam uma *heder* (escola primária hebraica), a escrever em hebraico, latim ou no alfabeto russo. O escritor iídiche Sholem Asch foi um desses redatores de cartas na sua juventude em Włocławek (Polônia russa) na década de 1890. A fim de complementar os seus escassos rendimentos, qualquer uma dessas figuras poderia também ter um pequeno negócio como atividade paralela.

A *shtetl* era um lugar tanto na imaginação quanto no mundo real. Nos quadros de Marc Chagall, ela parecia quase equilibrada a meio caminho entre o céu e a terra, com os seus habitantes flutuando nas nuvens. Foi escrito que "A *shtetl* é sempre uma síntese de fatos, memória e imaginação".[7] Recorrendo em quantidades variadas a componentes de nostalgia, idealização, mitificação e repulsão, autores iídiches de Shalom Aleichem a Sholem Asch retratavam a *shtetl*, dependendo da sua postura ideológica, como o símbolo familiar de virtudes tradicionais ou um ninho de vícios reacionários, como "uma pequena Jerusalém", um *habitat* paradisíaco, quase atemporal, no qual o judeu comungava intimamente com o seu Senhor, ou como um repositório estagnado de ignorância, depravação e atraso. O historiador literário Mikhail Krutikov assinala que embora o realismo fosse o estilo dominante da literatura iídiche entreguerras, "quando se tratava de descrever a *shtetl*, a clareza e a segurança da representação realista não raro eram toldadas pela nostalgia sentimentalista ou desfiguradas pela fragmentação expressionista".[8]

A história hebraica de Shmuel Yosef Agnon "Oreah natah lalun" ("Um Hóspede para a Noite"), baseada na visita de retorno que fez em 1930 ao seu lugar de origem, Buczacz, na Galícia oriental, notoriamente visualizou uma cidade dos mortos-vivos. Mais ou menos na mesma época, Isaac Babel, escrevendo em russo, descreveu a partida para Moscou de uma viúva recente de uma *shtetl* soviética. O seu filho, que chegou de Moscou tarde demais para o enterro do pai, perambula à noite pelo lugar onde nasceu: "A sua *shtetl* natal estava morrendo. O relógio dos séculos batia o final da sua vida desamparada. 'Isto é o fim, ou é um renascimento?" perguntou Boris a si mesmo". Assim como Agnon, Babel visualizou o declínio da *shtetl* com uma ambivalente mistura de tristeza e submissão resignada ao que pareciam ser forças sociais inevitáveis. "Ele caminhou para além das ruínas, para além das casas achaparradas, tortas e adormecidas, com um fedor indistinto de pobreza ressumando dos portões, e se despediu delas."[9]

Essas descrições não estavam restritas à ficção. Uma carta escrita em 1933 por um judeu empobrecido de Łódź, Wolf Lewkowicz, registra como, por desespero, ele momentaneamente pensou em se mudar para a pequena cidade próxima de Opoczno: "Mas o que vou fazer em Opoczno, quando 95% das pessoas são pobres e estão nuas e descalças? A cidade parece um cemitério; as pessoas se assemelham a cadáveres; as casas parecem pedras tumulares. O que farei lá? Afinal de contas, Łódź é uma cidade com uma população de 600 mil habitantes, com fábricas, e não consigo arranjar trabalho".[10]

Um homem que visitou Ostrog na Volínia (na Polônia oriental) em 1937 relatou as suas impressões. Os judeus viviam lá desde o século XV e constituíam mais da metade da população. A cidade tinha uma rica história judaica e fora o lar de famosos rabinos, prensas tipográficas hebraicas e *yeshivot*. No período entreguerras, o fato de Ostrog estar localizada perto da fronteira soviética acelerou o seu declínio econômico. O autor relatou que lojas estavam com as venezianas fechadas, os habitantes judeus estavam "famintos e eram pálidas sombras", e "meninas crescidas [estavam] caminhando sem sapato e vestido porque não têm nenhum". "Ostrog", escreveu ele, "está perecendo."[11] Essas descrições, sem sombra de dúvida, refletem uma faceta da realidade.

A *shtetl* polonesa típica na década de 1930, contudo, estava longe de se parecer com a cidade adormecida, pequena e insignificante retratada por esses autores. A *shtetl* podia estar em decadência, econômica e demograficamente, mas não se deitara e morrera. Jornais locais em iídiche em dezenas dessas cidades registravam a intensa vida associativa, as ardorosas polêmicas, as festividades, apresentações de teatro amador, palestras e eventos esportivos. No festival da primavera de Lag Ba'Omer, a banda da brigada de incêndio conduzia uma marcha pela cidade. No Dia do Trabalho, o Bund organizava a sua própria parada e manifestação. Muitas *shtetlakh* de tamanho médio e ainda maiores ostentavam um cinema que passava filmes em iídiche e polonês, além de filmes americanos. Por conseguinte, era inserido em cada uma dessas cidades um poderoso telescópio voltado para o céu secular e estrelado que estava sendo invocado pelas crianças da *shtetl* na distante Hollywood.

Cerca de metade de todos os judeu-poloneses ainda vivia em *shtetlakh* na década de 1930. Os judeus constituíam tipicamente de um quarto à metade dos habitantes, mas como moravam perto do centro da cidade e eram donos da maioria das lojas e hospedarias, eles tendiam a imprimir um caráter judaico à *shtetl*. Por exemplo, um levantamento socioeconômico de Probuzhna, uma pequena cidade no distrito de Tarnopol, no sul da Polônia, com uma população de 3.550 habitantes no início da década de 1930, relatou, de passagem: "Podemos também assinalar aqui que quando mencionamos a estrutura comercial da comunidade judaica estamos nos referindo à estrutura comercial da cidade inteira, já que existe apenas um único estabelecimento cristão em toda a cidade. Trata-se de uma loja de artigos de escritório da Biblioteca Pública". Os judeus também formavam a grande maioria de trabalhadores especializados em Probuzhna. Mas o relatório apontou para uma grave situação econômica. Uma grande categoria de pessoas na cidade era "o grupo de famílias que não têm nenhuma ocupação. Esse grupo inclui 44 famílias ou 14,4% do total da população judaica. Desse número, 10 são mendigos".[12]

Uma pessoa que visitou outra *shtetl* em meados da década de 1920, Wysoki Dwór, perto da fronteira da Polônia com a Lituânia, comentou:

> Pouca atenção era dedicada às regras de higiene. Somente 60% das mulheres utilizavam o *mikvah* [banho ritual]. Raramente era feita uma limpeza no *mikvah* ou na casa de banhos. A água no *mikvah* era trocada com pouca frequência e exalava um odor repugnante...
>
> O espírito religioso não pareceu particularmente forte na cidade. Era mais uma questão de tradição do que de religião... Cerca de 35% da população masculina rezava todos os dias... No entanto, todo mundo comparecia ao *Sabbath*, sem exceção, embora não se passasse nenhum *Sabbath* sem que uma controvérsia ocorresse na sinagoga...
>
> Nessa atmosfera provincial, qualquer tendência para a política de esquerda se evaporava. Isso podia ser percebido nos rapazes casados. No *Sabbath*, até mesmo aqueles que eram bundistas iam obedientemente à sinagoga portando a sua bolsa com o manto de orações.

Essa cidade também era desesperadoramente pobre. Das suas 65 famílias judaicas, 55 recebiam dinheiro ou algum outro tipo de ajuda do exterior. Mesmo assim a modernidade estava fazendo algum progresso: "Wysoki Dwór", segundo nos dizem, "havia caído sob a influência do mundo exterior e estava obcecada pelo futebol". Além disso, "recentemente, era possível avistar os homens mais jovens andando pela rua sem chapéu".[13]

Como ressaltou Samuel Kassow, a *shtetl*, banhada em um caloroso brilho nostálgico na memória coletiva judaica, podia ser um lugar inóspito e rancoroso, especialmente para aqueles nos degraus sociais mais baixos: sapateiros, aguadeiros ou moças solteiras de famílias pobres.[14] Na estação das chuvas ela era lamacenta, na estação seca empoeirada e fedorenta, e durante o ano inteiro imunda, pelo menos de acordo com os padrões burgueses da época.

A pequena escala e a natureza íntima das relações sociais não impediam as distinções de classes. Na verdade, as ampliavam. "Na nossa cidade [Gliniany], havia mais democracia, mas em Premishlan [Peremishliany] eles tinham castas desse tipo. O alfaiate não falava com um sapateiro, o sapateiro não falava com um atendente da casa de banhos, o atendente da casa de banhos não falava com um carpinteiro."[15] A bolsa de valores da opinião local, alimentada por fofocas maliciosas, podia ser impiedosa ao repreender os aberrantes e aqueles que cometiam pecadilhos. Apelidos cruéis, a ênfase nos defeitos pessoais, eram comuns. Certa mulher, ao recordar a sua *shtetl* na década de 1930, menciona nomes como "Faivel herpes", "Eli barrigudo", "Meishl Pick o gago", "Muleta o alfaiate de uma perna só" e "Yosl Latrina (o homem mais fedorento da cidade)".[16] Em Opoczno, um residente escreveu o seguinte para o seu sobrinho em Chicago: "Aqui [...] você encontra um Shmiel Pipil (umbigo) [...] Meyer Petzke (pequeno pênis), Yisroel Sralash (defecador)... É simplesmente horrível morar em uma cidade onde todo mundo tem um apelido".[17]

A frágil economia do judeu pobre na *shtetl* era até certo ponto amparada pela ajuda dos Estados Unidos e da Europa ocidental. Ela vinha do Joint, da ORT e dos *landsmanshaftn*, bem como de pessoas que ajudavam a sustentar os parentes. As sociedades de crédito eram uma característica tradicional da vida judaica em todo o centro-leste da Europa. Elas foram reavivadas no período entreguerras pela decisão do Joint de apoiar *gmiles khesed kassas* (fundos de empréstimos cooperativos) novos ou existentes na Polônia, na Lituânia e na Romênia. O Joint, entretanto, insistia em que metade do capital de cada fundo deveria vir da própria cidade. Alguns eram pequenas sociedades locais de ajuda mútua; outros se tornaram bancos cooperativos completos. Em meados de 1930, havia mais de oitocentos *kassas* apenas na Polônia. Os *kassas* ajudavam pequenos negócios e famílias a atravessar tempos difíceis. Nas palavras de um relatório de 1936, os empréstimos sem juros proporcionados por esses fundos eram, para muitos, "praticamente a última salvação da completa penúria".[18]

Até mesmo no ambiente tradicional da *shtetl*, a influência da religião ortodoxa estava começando a se desgastar na Polônia no período entreguerras. Embora as lojas judaicas permanecessem fechadas, a observância do *Sabbath* não era mais universal. Em abril de 1936, o jornal semanal iídiche local de Baranowicze, na Bielorrússia polonesa, anunciou a apresentação, no salão do cinema Apollo no primeiro dia do *Pessach*, de uma peça de Sholem Asch, estrelada pelo famoso ator iídiche Maurice Schwartz. Nos últimos dias do evento, o jornal anunciou uma "tômbola dançante" e outros eventos analogamente em desarmonia com a rígida observância da festa religiosa. Em julho do mesmo ano, o jornal anunciou espetáculos "hoje, sexta-feira e amanhã, *shabbes*", de uma trupe teatral visitante que ia apresentar "Di umgezetslekhe froy" (A Esposa Ilegítima), anunciada como "uma sensacional representação da vida em três atos".[19] O fato de esses espetáculos poderem não apenas ser encenados em uma festa religiosa importante e no *Sabbath*, como também obter um público (os espetáculos foram um grande sucesso) em uma cidade com uma reputação de ortodoxia, com duas grandes *yeshivot* e os tribunais de dois *rebes* hassídicos, é uma indicação da profunda mudança nos costumes tradicionais. Tampouco Baranowicze era excepcional nesse aspecto.

O declínio da observância religiosa na *shtetl* também foi registrado de outras maneiras. Em 1934, uma carta no jornal semanal iídiche em Wołkowysk, um pouco a oeste de Baranowicze, lamentou o "declínio espiritual" que levou a organização Maccabi local a marcar partidas de futebol no *Sabbath*. No entanto, o correspondente estava claramente em minoria, já que ele se queixou de que os líderes da comunidade pareciam não estar levando o assunto muito a sério, considerando-o semelhante à ofensa perdoável de não lavar as mãos antes de dizer a bênção depois das refeições, em vez de reconhecê-lo como um pecado capital, semelhante a "comer carniça e *treyf* [comida não *kosher*] no *Yom Kippur*".[20]

Na União Soviética, a *shtetl* era considerada primitiva e socialmente retrógada, um "tumor maligno no corpo do jovem e fraco país soviético".[21] Assim como os sionistas, os soviéticos queriam produtivizar os judeus da *shtetl* e afastá-los de ocupações que eram consideradas parasíticas. Os jovens judeus das pequenas cidades, por não terem um futuro nos ofícios que haviam sustentado as gerações anteriores, viram a sua salvação nas cidades, e se encaminharam para faculdades ou foram trabalhar como funcionários públicos ou em fábricas. As *shtetlakh* estavam agora desproporcionalmente habitadas por idosos, embora as autoridades bielorussas e ucranianas tenham tentado, na década de 1930, incentivar a criação de cooperativas de artífices como uma maneira de propiciar um fundamento lógico para que a *shtetl* continuasse a existir.

Impossibilitados, depois do fim na Nova Política Econômica, de continuar a negociar como vendedores ambulantes ou lojistas, os judeus que permaneceram na *shtetl* soviética se concentraram nas ocupações tradicionais dos artífices russos: alfaiates, peleiros, funileiros, trabalhadores em cobre, ourives, relojoeiros, chapeleiros e encadernadores. Ou então, em quantidades cada vez maiores, eles empacotavam as ferramentas do seu ofício junto com os seus miseráveis utensílios domésticos e se uniam aos seus irmãos no êxodo para a sua terra prometida — a grande cidade. O poeta iídiche soviético Dovid Hofshteyn registrou o perigoso fascínio desta última:

> *Shtot!*
> Cidade!
> *Du host mir fun vaytn gerufn*
> Você me chamou de longe.
> …
>
> …
> *Du host mir fun vaytn getsoygn*
> Você me trouxe de longe
> *mit tsvangen*
> Com fórceps
> *fun shayn un fun shimer.*
> De brilho e lustro.
> *Du host mikh farnart*
> Você me seduziu,
> *un du host mikh gefangen!*[22]
> Você me capturou!

Cativados pela cidade grande, os judeus não voltavam para a *shtetl*, exceto na sua imaginação.

Rus in urbe

Muita coisa mudou com a chegada à cidade. Os trajes tradicionais deram lugar ao vestuário moderno. A não ser na geração mais velha e nos rigidamente ortodoxos, o longo *kapote* (casaco de gabardine) preto foi substituído pela roupa do trabalhador, indistinguível da dos não judeus. Embora a maioria dos homens judeus na *shtetl* ainda usasse sempre alguma coisa que cobrisse a cabeça, somente os ortodoxos faziam o mesmo na cidade. Até mesmo muitos hassídicos se inclinavam a restringir o uso do *shtreimel* (chapéu adornado com pele) ao *Sabbath*, embora usassem, é claro, um *yarmulke* (solidéu) nas outras ocasiões.

Os ortodoxos se agarraram com determinação aos antigos costumes, receosos das influências corruptoras da cidade grande "com os seus fenômenos concomitantes que arrancaram os nossos jovens de suas raízes e os transformaram em 'pessoas do século XX' [...] que se deixam dominar pelos seus mais baixos instintos, e que desperdiçam os seus poucos anos de juventude no brilho momentâneo do 'prazer' exagerado" — como no editorial de uma publicação agudista em Antuérpia em 1936. Por conseguinte, eles erigiram "muros defensivos contra as tendências envolventes da vida social".[23] No entanto, as suas comunidades passaram a ser pequenas ilhas *shtetlakh* em um oceano urbano em expansão de modernização e secularização.

A maioria das pessoas que imigraram da *shtetl* para a cidade não transformou de imediato todos os seus hábitos sociais e culturais e as suas convenções. Onde não parecia haver uma necessidade premente de mudança, elas mantiveram muitas das atitudes, costumes e instituições dos seus lugares de origem.

Embora pudessem se tornar menos escrupulosos com relação às minúcias do *kashrut*,* a maioria dos judeu-europeus orientais continuou a preferir os pratos tradicionais: sopa de galinha com *lokshen* (macarrão) ou *kneydlach* (bolinhos de massa), *gefilte fish*, *kreplach* (triângulos de massa, recheados com carne moída), *varnitshkes* (bolinhos de massa recheados com queijo ou geleia), *tsimmes* (assado doce), *knishes* (bolinhos achatados de batata cobertos de massa), *blintzes* (panquecas), patê de fígado, arenque, carne bovina em conserva, picles de pepino, *challah* (pão branco trançado, comido no *Sabbath*), bem como pratos especiais para as festas religiosas, como *latkes* (panquecas de batata para o *Hanukah*), *hamentashen* (no *Purim*), e vários pratos à base de *matzah* no *Pessach*. Acima de tudo, até mesmo os judeus não religiosos se inclinavam a evitar a carne de porco.

O volume do afluxo para as cidades no período entreguerras foi tal que muitas delas se tornaram não menos judaicas do que as *shtetlakh* que os judeus tinham deixado para trás. Em Varsóvia, Lwów e Kiev, os judeus constituíam um terço da população. Em Białystok e Grodno, eles formavam quase uma maioria absoluta. Os imigrantes tendiam a se concentrar nas áreas das cidades nas quais os judeus já formavam uma grande proporção da população. Em Varsóvia, os judeus estavam concentrados no distrito de Muranów, que era 91% judaico em 1939, bem como em outras áreas de colarinho branco e de colarinho azul nas regiões do centro e do

---

* Corpo da lei dietética judaica que determina se um alimento está limpo ou é adequado para ser ingerido. (N.T.)

oeste da cidade. Por conseguinte, de acordo com Mordechai Altshuler, "o impacto assimilacionista da metrópole sobre os judeus [...] foi menos pronunciado do que nas grandes cidades fora da Zona de Residência. Assim sendo, a *shtetl* continuou a exercer uma influência nos judeus dessas cidades".[24]

Quase todas as cidades do centro-leste da Europa tinham um bairro judeu, geralmente perto do centro da cidade. Em Tomaszów Mazowiecki, uma cidade industrial da Polônia central, a rua principal no coração do bairro judeu tinha 625 habitantes, dos quais 565 eram judeus. Ali havia instituições, sinagogas e lojas judaicas. O cinema Odeon, de propriedade de Adolf Berstein, também estava presente; ele agradava a um público genérico, mas frequentemente exibia filmes de interesse judaico, como o que ele apresentou na cerimônia de inauguração da Universidade Hebraica em 1925. A casa de banhos ficava próxima (dezoito banheiras, uma sauna a vapor e cinco chuveiros: nove mil clientes por ano). Parte do motivo dessa concentração era um sentimento de maior segurança. No bairro de Karpathy de Tomaszów Mazowiecki, no qual os judeus eram uma pequena minoria, os desordeiros locais "tomavam conta dos seus próprios" judeus (ou seja, os que eram do distrito) mas, ao que constava, ameaçavam aqueles que não conheciam. Os judeus deixavam a área quando podiam.[25]

A fervilhante vida das ruas dos distritos judaicos introduziam os sons, imagens e aromas do mercado da *shtetl* no coração da cidade. O romancista iídiche Isaac Bashevis Singer recordou mais tarde a rua Krochmalna na área judaica de Varsóvia, onde passou os seus anos de infância: "As mulheres ainda mascateavam lenços, agulhas, alfinetes, botões e tecido a metro de calicô, linho — até mesmo retalhos de veludo e seda... As narinas sentiam o odor familiar de sabão, óleo e esterco de cavalo".[26] Outro observador assinalou como os vendedores de rua bradavam os méritos dos seus artigos em iídiche: "Oylem, oylem ests bikhinem, ests bekhinem! Fir beygl a tsenerl, fir tsenerl! fir tsenerl!" ("Venham todos! Venham todos! Venham comer de graça! Venham comer de graça! Quatro roscas por dez *groszy*!").[27]

As condições de moradia e de saúde nas áreas de imigrantes eram geralmente horríveis. A classe trabalhadora judia nas cidades da Europa central e oriental viviam, na sua maior parte, em favelas superpovoadas e insalubres. As condições do pobre urbano em Varsóvia podem ser avaliadas em um estudo feito dos candidatos a vagas no sanatório de crianças em Medem em meados da década de 1930. Mais de 80% das crianças requerentes viviam em lares com uma densidade de mais de cinco pessoas por quarto. Em um caso de quatro famílias, 24 pessoas estavam morando em um porão.[28]

Entre os formulários de inscrição de 1936 que sobreviveram está o de Nachme Rozenman. Nachme tinha 15 anos e morava com seis outras pessoas em um porão quase sem mobília. Um dos seus irmãos tinha morrido da "doença do pulmão", da qual ele também sofrera. O seu pai, um alfaiate, costurava roupas que a sua mãe vendia na rua. Ela era analfabeta. Nachme frequentara a escola apenas durante quatro anos e começara a trabalhar com o pai aos 10 anos de idade. O sanatório assinalou que ele era sujo, teimoso e revoltado, mas também tímido, soturno, preguiçoso e apático. Ele brigava com as irmãs e chorava muito.

Outro requerimento era o de Moshe Kotlorski, de 14 anos. Seu pai saíra de casa antes de ele nascer. Moshe só começou a falar aos 9 anos de idade. A mãe morreu quando ele tinha 12 anos. Depois da morte da mãe, o pai começara a se interessar por Moshe e, de tempos em tempos, lhe enviava pequenas quantias. No ano anterior, Moshe tivera tifo. Ele trabalhava como remendão e morava em um único cômodo com a tia, os sete filhos dela e dois inquilinos.[29]

A comunidade de judeus imigrantes do Leste Europeu em Paris na década de 1930, cerca de 90 mil em uma população judaica que totalizava 150 mil, ainda estava fortemente concentrada em certos distritos no coração da cidade, em particular no Pletzl (o Marais) e em Belleville. Quando Moshe Zalcman chegou à cidade vindo da Polônia em 1929, ele teve a impressão de estar de volta ao bairro judeu de Varsóvia: "as mesmas pequenas lojas, os mesmos restaurantes simples, o mesmo tumulto. O meu coração bateu mais rápido quando reconheci a minha língua materna. Da porta de uma loja emergiam as tristes melodias das canções populares iídiches".[30]

Alguns dos imigrantes de Paris eram vendedores ambulantes, lojistas ou artífices, mas a maioria trabalhava na indústria de roupas e estava empregada em pequenas oficinas. Outros eram *façonniers* semi-independentes ou *ouvriers à domicile* completamente independentes, frequentemente recorrendo aos membros da família para um trabalho suplementar. A maioria vivia à beira da miséria. Muitos tinham chegado recentemente da Polônia depois que os Estados Unidos haviam imposto sérias restrições à imigração em 1924.

Eles não tinham recebido uma acolhida favorável da comunidade judaico-francesa estabelecida, da qual, por causa disso, eles se sentiam profundamente separados. O mútuo ressentimento foi acentuado pela divisão política: de um modo geral, os imigrantes eram de esquerda, ao passo que os judeus mais burgueses, nascidos na França, tendiam para o centrismo político, particularmente o Partido Radical, ou até mesmo para a direita moderada. Também havia diferenças na prática religiosa: os imigrantes seguiam formas de prática mais tradicionais, não raro fazendo a sua devoção em pequenos *shtiblakh*. Eles consideravam os cerimoniais solenes das sinagogas sob o controle do Consistoire de Paris, como o grande templo da rue de la Victoire, austeros, frios e, apesar de toda a sua aparente ortodoxia, um tanto não judaicos. A *haute bourgeoisie*, em sua maior parte, respeitava apenas superficialmente a prática tradicional. Nos importantes dias religiosos, segundo consta, "as portas da sinagoga na rue de la Victoire ficavam bloqueadas [...] pelos motoristas dos congregados abastados que ficavam por ali fumando cigarros e conversando".[31]

Os imigrantes estavam muito mais propensos do que os nativos a se envolver estreitamente com instituições judaicas. Eles formavam redes de *landsmanshaftn* e sociedades de ajuda mútua, algumas das quais estavam aglutinadas na Fédération des Sociétés Juives de France. A Fédération, cuja orientação era principalmente sionista, e a sua rival comunista, a Union des Sociétés Juives de France, administravam bibliotecas iídiches bem como aulas noturnas, clubes de jovens e clubes esportivos. No final da década de 1930, inspirados pela Frente Popular, os esquerdistas formaram organizações com o Parizer Yidisher Arbeter-Teater (PYAT), que procurava representar no palco as necessidades das massas judaicas, "a tragédia da sua falta de direitos, protestos contra opressores, e a sua luta por pão, justiça e liberdade".[32]

Os judeus não se concentravam apenas em distritos particulares das cidades. Eles também se inclinavam a frequentar cafés, clubes e locais de veraneio específicos: em Munkács, o Csillag, perto do Tündérkertje ("Jardim das Maravilhas"); em Cracóvia, o Szmatka Kawiarnia; em Praga, o Slavia com um *design* Jugendstil,* os dois últimos redutos favoritos da intelectualidade. O café era um local de reunião de círculos literários, ponto de encontro dos amantes, um lugar para jogar cartas, ler o jornal, discutir política, observar e se exibir. Nas cidades maiores, cada profissão tinha o seu próprio local de reunião. O freguês habitual (em geral do sexo masculino) tinha a sua *Stammtisch* (mesa cativa), onde ele tomava o seu lanche todos os dias na mesma hora. Às vezes, um grupo reservava uma mesa, como no Europa em Czernowitz, onde os falantes do hebraico se reuniam em um canto especial. As salas dos fundos eram frequentemente alugadas para reuniões políticas.

Em Paris, cada um dos *landsmanshaftn* judeu-poloneses tinha o seu lugar designado. Atores e atrizes iídiches se reuniam no Espérance, na Place de la République. No outro lado da mesma praça, jornalistas iídiches tagarelavam no Thenint. Lá também os "Amis de Varsovie" realizavam o seu baile anual. Os imigrantes de Łódź se encontravam na Taverne de Paris. No Istamboul, judeu-sefarditas fofocavam no seu judeu-espanhol nativo. Os partidos políticos se reuniam nas salas

---

* Nome alemão para *art nouveau*. (N.T.)

dos fundos: o Bund em um café na rue des Francs Bourgeois, o Poalei Zion da Esquerda no primeiro andar do Le Georges, um bistrô na rue de Belleville.[33]

Trabalhadores unidos e desunidos

A Grande Depressão atingiu fortemente os judeus no centro-leste da Europa. Em Varsóvia, 34% dos judeus na força de trabalho estavam desempregados em 1931. O desemprego judaico era muito maior do que o não judaico, em parte devido à baixa participação dos judeus no serviço público, onde os empregos eram relativamente seguros. Em Lwów, por exemplo, 29% dos judeus estavam desempregados em 1931, em comparação com 16,5% dos não judeus. As economias do Leste Europeu desfrutaram uma hesitante recuperação no final da década de 1930, mas o desemprego judaico persistiu.

O proletariado judeu na Polônia, no sentido de trabalhadores empregados em grandes empresas industriais, era pequeno. Poucos judeus trabalhavam nas indústrias de extração como a de mineração do carvão e de produção do petróleo, ou nas indústrias pesadas como as siderúrgicas. No todo, somente 3% dos judeus assalariados trabalhavam na indústria em grande escala, ao passo que 83% estavam empregados em pequenas oficinas artesanais, com não mais de cinco empregados. No final da década de 1930, estas últimas eram cada vez mais empreendimentos familiares que funcionavam em casa. Mais da metade de todos os empregados judeus trabalhavam na indústria têxtil ou de artigos de vestuário. Certas profissões como a de fabricante de gorros, dono de armarinho, sapateiro, ourives e fabricante de perucas eram predominantemente judaicas. Os judeus também eram encontrados em grandes números em algumas outras indústrias, como a de impressão e de encadernação. Tanto na Polônia quanto em outros lugares, os judeus estavam muito mais propensos a ser economicamente independentes do que os não judeus. Quase metade das pessoas que trabalhavam por conta própria no país eram judeus. Essas condições não eram auspiciosas para a organização de sindicatos.

A maioria dos trabalhadores judeus pertencia a sindicatos exclusivamente judaicos. Os sindicatos bundistas, com 98.810 membros em 1939, cuja metade ficava em Varsóvia e Łódź, compreendiam pelo menos dois terços da afiliação dos sindicatos judaicos. A competição entre os sindicatos rivais era acirrada. Os sionistas socialistas acusavam fortemente os sindicatos bundistas de "terrorismo ideológico" e de "autointeresse ilimitado".[34] Da sua parte, os bundistas se queixavam de que os sionistas estavam "corrompendo" os trabalhadores com "falsas promessas de que eles iriam receber certificados [de emigração para a Palestina]".[35]

Em Varsóvia, havia sindicatos trabalhistas judaicos para carregadores, balconistas, marceneiros, costureiros, fotógrafos, funcionários de escritório, empregados de cabeleireiros e barbearias; trabalhadores das indústrias de metal, água gasosa, alimentos básicos e de couro; assim como para "os que trabalhavam em casa e os artesãos que não eram abastados". Adotando uma ampla definição do proletariado, o Bund organizava não apenas trabalhadores assalariados mas também os que trabalhavam por conta própria. Por exemplo, o sindicato dos trabalhadores em transportes recrutava grandes quantidades de carregadores, carroceiros, carreteiros, motoristas de táxi, motoristas e entregadores que, depois de repetidas greves, conseguiram estabelecer tarifas mínimas para os seus serviços.

Em Varsóvia, milhares de carregadores, mais frequentemente judeus do que cristãos, já que os comerciantes judeus preferiam recorrer a outros judeus para as suas entregas, carregavam cargas nas costas, em carrinhos de mão e, às vezes, em carroças às quais eles eram amarrados como cavalos. Esses homens em geral tinham pouca ou nenhuma instrução. Alguns tinham fracassado como vendedores ambulantes, mas quase todos trabalhavam como carregadores desde a infância. A concorrência política nos sindicatos dos carregadores era particularmente intensa. O sindicato de *playtse-tregers* (carregadores que transportavam a carga nas costas), por exemplo, mudou sucessivamente de afiliação dos comunistas, para o Bund e então para a facção da esquerda do Partido Socialista Polonês, depois do que ele se dividiu em três.

Em dezembro de 1936, o jornal do sindicato dos carregadores noticiou o drama dos *drozhkazhes* judeus (cocheiros de charretes) em Lublin. Eles haviam se associado ao sindicato na esperança de resistir ao que encaravam como pressão da parte dos concorrentes não judeus, auxiliados pelas autoridades locais, a expulsá-los do que um dia fora uma posição estratégica na profissão. O inspetor municipal, segundo alegavam, estava aplicando regulamentações contra eles de uma maneira discriminatória e impiedosa. Eles estavam sendo multados por estar dando voltas de uma maneira ilegal em busca de clientes, quando na verdade, segundo diziam, eles estavam apenas dando meia-volta na charrete. As suas licenças estavam sendo caçadas por períodos de punição sob a alegação de que as charretes estavam sujas — justamente no inverno, quando, segundo eles afirmavam, era difícil mantê-las limpas. Um boicote contra os judeus havia reduzido tão severamente os seus rendimentos, reclamavam eles, que eles mal tinham dinheiro para alimentar os cavalos, e muito menos as suas famílias.[36] É duvidoso que o sindicato tenha sido capaz de ajudá-los muito, mas o episódio ilustra como as pressões econômicas e o antissemitismo no final da década de 1930 estavam se combinando para impelir alguns judeus à autoajuda coletiva.

Embora os trabalhadores judeus na Polônia fossem mais sindicalizados e militantes (eles se envolviam em mais greves) do que os não judeus, as suas condições de trabalho eram geralmente piores. Como a maioria trabalhava em oficinas de tamanho reduzido, eles não estavam sob os auspícios da lei de oito horas de trabalho que protegia os trabalhadores das grandes empresas. Como consequência, eles frequentemente trabalhavam dez ou doze horas por dia, e na alta temporada trabalhavam ainda mais. Um estudo dos barbeiros judeus em Varsóvia em 1937 constatou que eles trabalhavam uma média de onze horas por dia, seis dias por semana.[37] Pela mesma razão, a maioria dos trabalhadores judeus não estava coberta pela lei do seguro-desemprego. Não raro, eles também não tinham seguro-saúde e viviam com medo de contrair uma doença longa ou incapacitante.

E havia ainda a camada mais baixa dos pobres judeus: os desempregados ou não empregáveis, os inválidos, as viúvas, as prostitutas e os moradores de rua. É claro que a sorte deles frequentemente não era pior do que a dos segmentos mais pobres da população circundante, com a importante diferença de que a pobreza judaica era principalmente urbana e a pobreza dos não judeus principalmente rural. A degradação da pobreza na grande cidade tinha um caráter diferente da do pobre rural: a fome urbana era menos prontamente mitigada; a sujeira e a poluição na cidade eram mais intensas; as doenças se transmitiam com maior rapidez.

Bildung

Apesar de toda a retórica retumbante do movimento trabalhista judaico, o povo judeu era, em sua maior parte, burguês, pelo menos no sentido que até mesmo os trabalhadores judeus em geral possuíam o que os marxistas chamavam de "meios de produção", isto é, os bens de capital e as ferramentas da sua profissão. Como a maioria trabalhava por conta própria, eles caíam mais naturalmente na pequena burguesia do que em qualquer outra classe. Além disso, tendo em vista a sua relativa independência econômica, alguns deles foram capazes de adquirir as duas condições essenciais para a mobilidade social ascendente: recursos para investimento e/ou instrução. Com o acesso mais fácil ao capital financeiro e social do que a grande massa de camponeses e operários à sua volta, números crescentes de judeus em todo o continente conseguiram avançar rapidamente na classe empresarial e na das profissões liberais.

Na Romênia, por exemplo, os judeus eram donos de quase um terço de quase todos os empreendimentos comerciais e industriais no final da década de 1930. A propriedade judaica era particularmente acentuada nas províncias de Bukovina (77%), Bessarábia (63%) e Moldávia (56%). A maior companhia industrial no país era a Uzinele de Fier şi Domeniile Reşiţa, dirigida por Max Ausschnitt. Ela empregava 17 mil pessoas, produzindo 90 mil toneladas de aço por ano, além de locomotivas, maquinismo, motores e armamentos. Analogamente, na Hungria, 40% das empresas industriais eram de propriedade judaica. Muitos industriais judeu-húngaros ricos haviam recebido patentes de nobreza durante a monarquia de Habsburgo. Entre eles estava Manfred Weiss, fundador de um gigantesco grupo da indústria pesada que produzia ferro, aço, aeronaves e veículos a motor. Os filhos de Manfred, Alfons e Eugene, ambos barões, passaram a dirigir a empresa depois da sua morte em 1922.

Os judeus também estavam fortemente representados nas profissões liberais. Em Viena, até 65% dos médicos na década de 1930 eram judeus. Na Polônia, mais da metade de todos os médicos particulares e advogados eram judeus. Também na Hungria, onde os judeus representavam 5% da população total, metade dos advogados e um terço dos jornalistas eram judeus.

À medida que os judeus avançavam na escala social, eles deixavam os distritos do centro das cidades e se dirigiam para locais mais saudáveis e refinados nos subúrbios. Em Berlim, em 1933, apenas 15% da população judaica, que na época perfazia 161 mil pessoas, moravam na velha área judaica de Scheunenviertel em Berlin Mitte e nos seus arredores. Um número maior havia se mudado para distritos como Wilmersdorf, Schöneberg e Charlottenburg: dos vintes distritos de Berlim, esses três agora abrigavam 44% da população judaica. Lá, no entanto, como em outros lugares, as pessoas continuavam, em sua maior parte, a viver entre os seus companheiros judeus. Um certo distanciamento continuava a caracterizar a vida social dos judeus, mesmo quando eles ingressavam na classe média.

A média e alta burguesia judaica se distinguia dos outros judeus não apenas pela escolha do local de residência, mas também pela linguagem e modo de vida. Quase todos abandonavam o iídiche e adotavam o idioma da alta cultura da sociedade circundante. Na Alemanha e na Áustria era o alemão; na Hungria, o húngaro. Na Europa oriental, a língua escolhida não era necessariamente a da maior parte da população circundante ou do Estado-nação. Na Transilvânia governada pela Romênia, na Eslováquia e na província Vojvodina da Iugoslávia, os judeus, especialmente a burguesia, falavam húngaro. Em Bucareste, as classes instruídas cultivavam o francês em vez do romeno. Na Ucrânia soviética, a classe de profissionais liberais judeus em ascensão, quando deixou o iídiche para trás, preferiu o russo ao ucraniano. Richard Pipes, que foi criado em uma família de classe média em Varsóvia nas décadas de 1920 e 1930, falava polonês com a mãe, mas se comunicava em alemão com o pai e as babás.

A burguesia judaica da Alemanha era, até 1933, a maior, em proporção ao resto da população judaica, e, considerada em grupo, a mais próspera da Europa. Ela dava o tom para as elites judaicas no continente como um todo pela sua mentalidade política e religiosa liberal, o seu patriotismo, a sua sofisticação cultural, as suas atividades beneficentes, e pelo sentimento de segurança e otimismo que ela sentia a respeito do seu lugar no mundo.

A atmosfera marcante da vida de classe média, como foi desenvolvida e refinada entre os judeus falantes do alemão em toda a Europa central, é transmitida nas centenas de memórias não publicadas de judeu-alemães (nem todos, é claro, da burguesia) que estão preservadas nos arquivos do Leo Baeck Institute em Nova York. Essas memórias documentam a preocupação deles com o ideal do *Bildung* (um conceito intraduzível, que envolve, entre outras coisas, a educação, civilização, tolerância e o cultivo das artes), o orgulho que tinham da sua respeitabilidade, a ênfase nas boas maneiras, a limpeza e o cuidado com a aparência pessoal, a sua formalidade, o profundo amor e afinidade pela literatura alemã, o respeito pelo aprendizado, a elevação da música às alturas de uma experiência religiosa, o horror que sentiam por todo e qualquer tipo de fanatismo, e seu desprezo pelo estilo de vida e pelo "jargão" (ou seja, o iídiche) dos *Ostjuden* de quem a maioria deles descendia. Esses relatos de vida nas décadas de 1920 e 1930 também prestam testemunho ao manto externo de dignidade e autoconfiança que a classe média judaico-alemã julgava importante manter em face da adversidade, bem como à sua desorientação interior e desilusão no final da década de 1930, quando o seu mundo material e psicológico desmoronou.

– 5 –

NOVAS JERUSALÉNS

Os judeus se sentiam em casa na maioria das grandes cidades da Europa continental, mas havia algumas com as quais eles tinham um relacionamento especial. Eram lugares que, sem que abandonassem necessariamente a fé na Jerusalém celestial (*Yerushalayim shel ma'lah*), eles transmutavam na sua imaginação em uma Jerusalém terrena (*Yerushalayim shel matah*) que poderia servir como um local de permanência temporária, enquanto aguardavam a sua volta ao verdadeiro Sião — para os irreligiosos entre eles poderia até mesmo ser um substituto para isso.

A Jerusalém do Ocidente

"Amsterdá é a cidade dos judeus e dos ciclistas", escreveu o jornalista Egon Erwin Kisch.[1] Assim como os ciclistas, os judeus se sentiam completamente à vontade na capital holandesa. Siegfried van Praag a chamou de a "Jerusalém do Ocidente" em um livro com esse título publicado em 1950, mas a frase era comumente usada antes disso.[2] Judeus e não judeus chamavam a cidade com a gíria Mokum, supostamente derivada da palavra iídiche/hebraica para "lugar".

Os judeus lá chegaram no final do século XVI, muitos como marranos (convertidos ao cristianismo que secretamente preservavam a antiga religião) da Espanha e de Portugal. Mais tarde, imigrantes asquenazes da Europa central e oriental se uniram aos sefarditas e com o tempo os excederam enormemente em número. Nos séculos XVII e XVIII, Amsterdá floresceu como um importante centro cultural judaico, o lar dos tipógrafos, eruditos, poetas e pensadores hebreus (embora o maior deles, Baruch Spinoza, tivesse sido expulso da comunidade). Havia muito tempo, os judeus em Amsterdá desempenhavam um papel significativo na vida cultural, econômica e política holandesa, e provavelmente encontravam menos hostilidade da parte dos seus concidadãos do que em qualquer outra cidade importante da Europa.

Em 1939, cerca de 79 mil judeus moravam em Amsterdá, constituindo mais da metade dos judeus da Holanda. No entanto, tanto lá quanto em outros lugares, a taxa de natalidade judaica estava declinando, a população estava envelhecendo e, como concluíram recentes historiadores, "as perspectivas demográficas para a população judaica [...] pareciam sombrias. Se as tendências evidentes na década de 1930 tivessem continuado, esse grupo populacional teria sido condenado à extinção".[3]

A maioria dos judeu-holandeses ainda era nominalmente ortodoxa, embora o secularismo estivesse progredindo resolutamente entre os judeus, particularmente na esquerda. Embora muitos judeus fossem não praticantes, as instituições da comunidade eram dominadas pelos ortodoxos, e o judaísmo tradicional tinha um poder maior do que na maioria das cidades europeias. As pequenas congregações liberais em Haia e Amsterdá, fundadas na década de 1930, obtinham apoio principalmente de refugiados da Alemanha e permaneciam na periferia da comunidade.

A substancial classe média judaico-holandesa "se caracterizava por uma espécie de mentalidade estolidamente burocrática" — a opinião de Benno Gitter, que foi criado em Amsterdá no período entreguerras.[4] A maioria dos judeus na cidade, contudo, pertencia à classe trabalhadora e era mais pobre do que o restante da população de Amsterdá. Em 1930, enquanto 18,5% dos contribuintes na cidade pagavam impostos sobre uma renda superior a 3 mil florins, no caso dos judeus a proporção era de apenas 8,9%. Em 1932, embora eles formassem menos de um décimo da população, representavam um quarto do total dos que recebiam auxílio por serem pobres.[5]

Como na maioria das cidades europeias, os judeus estavam fortemente concentrados no comércio varejista. Pelo menos um terço deles trabalhava nesse setor, em comparação com 21% da população em geral. Essa estatística, contudo, ocultava uma vasta amplitude de poder econômico e *status* social, do patriciado abastado, como os donos da elegante loja de departamentos de Bijenkorf, fundada pela família Goudsmit, à massa de pequenos negociantes de rua e mascates itinerantes.

O proletariado judeu, no rigoroso sentido do termo, estava concentrado, ali e em outros lugares, na indústria de confecção de roupas, na qual trabalhavam 20% dos judeus, em comparação com 5% da população em geral. Nos níveis mais baixos de qualificação e remuneração, as mulheres, em particular, com frequência trabalhavam longas horas em pequenas oficinas.

A aristocracia do trabalho em Amsterdá era encontrada em outra parte da classe trabalhadora especializada, na indústria do diamante, na qual os judeus vinham desempenhando um importante papel desde o século XVII. Assim como na alfaiataria, eles predominavam na indústria tanto como empregadores quanto como empregados. Os judeus tinham fundado a organização de empregadores de diamante, a Algemeene Juweliers-Vereeniging, e o Sindicato dos Trabalhadores de Diamante, criado em 1894. Esse foi o primeiro sindicato trabalhista holandês, e Henri Polak e outros entre os seus líderes se tornaram heróis da classe trabalhadora e desempenharam um importante papel no Partido Social-Democrata. O sindicato construiu uma imponente sede no Franschelaan, no abastado distrito de Plantage.

Antes da Primeira Guerra Mundial, mais da metade dos trabalhadores de diamante no mundo era holandesa. Na década de 1920, contudo, a indústria do diamante de Amsterdá sofreu uma grave crise econômica. A cidade cedeu a sua proeminência na indústria à Antuérpia, onde a mão de obra era mais barata. Ao contrário de Amsterdá, onde as pedras eram lapidadas em grandes fábricas, a Antuérpia desenvolveu um sistema de trabalhadores externos que faziam a lapidação em casa. A Grande Depressão diminuiu a produção e o comércio de diamantes em toda parte. Como consequência, o emprego em Amsterdá declinou ainda mais. Muitos trabalhadores de diamante desempregados eram levados a montar barracas de mercado no Waterlooplein, a grande praça perto do velho bairro judeu, ou a abrir lojas pequenas e miseráveis em outros lugares. Já na década de 1930, apenas 6% da força de trabalho judaica trabalhava na indústria.

O que sobreviveu da produção de diamantes em Amsterdá permaneceu predominantemente nas mãos dos judeus: pelo menos 80% dos empregadores e 60% dos trabalhadores eram judeus. A bolsa de diamantes ainda fechava aos sábados, como tinha feito desde os seus primórdios em 1890. Os membros podiam comparecer aos serviços *mincha* (tarde) em uma sala de oração especial reservada para essa finalidade. Um restaurante *kosher* no prédio oferecia iguarias judaicas de Amsterdá, como bolos de gengibre e tortas de marzipã. No *Pessach*, eram servidos *matzot* cobertos com manteiga espessa e açúcar mascavo.[6] Os comerciantes de diamantes de lá, assim como no mundo inteiro, ainda usavam a frase iídiche *a mazel un a brokhe* ("sorte e uma bênção") quando fechavam um negócio.

Com exceção dessa frase e de algumas outras que tinham sido absorvidas pelo dialeto judaico local da classe trabalhadora, o iídiche em Amsterdá, uma ramificação da variante ocidental da língua, estava morto desde o final do século XIX.

No período entreguerras, contudo, alguns imigrantes recentes do Leste Europeu o reintroduziram, agora na sua forma russo-polonesa. Quase todos os imigrantes eram esquerdistas — comunistas, bundistas ou sionistas trabalhistas — e eles estabeleceram a Sociedade Cultural An-sky dos Trabalhadores Judeus da Europa Oriental, com a sua própria biblioteca.

Esses imigrantes judeus, assim como aqueles da maioria das cidades europeias, se congregaram inicialmente no centro da cidade. O coração da Amsterdã judaica situava-se no mercado de quinquilharias de Waterlooplein e em volta dele, e uma grande proporção desses comerciantes era de origem judaica. *Heet iis te gèèf* (Estou *dando* de graça!") era um grito característico do administrador do estande. Os judeus eram proeminentes entre os vendedores de roupas velhas, bugigangas, frutas, peixe, flores, hortaliças e gelo. Dali trapeiros, mascates itinerantes de frutas e verduras, e vendedores ambulantes se irradiavam para o resto da cidade.

A área é relembrada nostalgicamente em fotografias pitorescas em sépia, mas a realidade da vida no local era inóspita:

> Waterlooplein. Um campo de batalha. Uma luta pela existência. Jamais um armistício. Não existe nada mais cruel. Desde cedo pela manhã até tarde à noite, eternamente... Todo mundo luta por si mesmo. A necessidade determina o violento ataque... Ouça esses gritos — um único som contínuo o dia inteiro. O fedor do lixo e o cheiro desagradável de decomposição; refugos mofados e a cor da deterioração... No campo de batalha de Waterloo aprende-se o valor do imprestável. Sapatos que você nem mesmo atiraria em um gato sarnento são disputados. Trapos que você não ousaria dar a um mendigo causam brigas.

E no entanto, com tudo isso, brotam centelhas do espírito humano: "Riso, riso! A luta pela existência tem, afinal de contas, o seu próprio humor".[7]

No Jodenbuurt, o velho bairro judeu próximo, estavam localizadas as principais instituições comunitárias e locais de devoção, inclusive a grande Esnoga portuguesa, concluída em 1675. Nas ruas adjacentes era possível comprar iguarias tradicionais: ovas fritas, pão doce de gengibre e peixe defumado. Em 1930, a cidade tinha oitenta lojas de alimentos *kosher*, inclusive 32 açougues e 24 padarias e confeitarias. O *volksrebbe* (rabino do povo), Meijer de Hond, em parte *magid* (pregador popular) da velha-guarda, em parte controversista populista, em parte assistente social moderno, tornou-se um tribuno da classe trabalhadora no distrito ou, de qualquer forma, daqueles entre os pobres com algum apego sentimental à tradição judaica.

A assistente social judeu-alemã Gertrude Cohn (posteriormente Van Tijn), que se estabeleceu em Amsterdã em 1915, era fascinada pelo Jodenbuurt:

As ruas lá eram aglomerados de coelhos; as casas incrivelmente velhas. Descobri mais tarde quanta pobreza, intercasamentos [ela se refere a casamentos entre parentes próximos] e doenças havia no gueto; mas essas coisas não saltavam à vista como em Londres. Não parecia haver favelas. Eu era fascinada pelos mercados judaicos, que aconteciam diante das duas belas antigas sinagogas. Tudo era vendido ali, desde velhos pregos enferrujados até roupa de baixo.[8]

As condições de moradia no bairro judeu na década de 1930 permaneciam superlotadas e insalubres. A área estava repleta de problemas sociais, inclusive a embriaguez e a prostituição.[9]

A essa altura, contudo, somente um resíduo, que consistia dos judeus mais pobres, ainda morava no distrito. Quase todos os outros haviam se mudado para partes do leste da cidade: as pessoas em melhor situação da classe trabalhadora tinham ido para o Transvaalbuurt, e a classe média abastada, para o Plantage.

Jonathan Israel ressaltou que a pilarização* da sociedade holandesa promoveu "tanto a aceitação de uma identidade judaica separada dentro da vida nacional holandesa quanto, ao mesmo tempo, uma quase segregação extraordinariamente suave da existência judaica da corrente predominante da política e dos negócios públicos holandeses".[10] Como não tinham o seu próprio "pilar", os judeus tendiam a se identificar politicamente com os liberais ou sociais-democratas. Já no início do século XX, a "quase segregação" havia diminuído, e os judeus estavam participando plenamente da vida pública holandesa, particularmente do movimento socialista. Quatro dos seis vereadores de Amsterdá (um liberal e três social-democratas) no início da década de 1930 eram judeus.

Ao mesmo tempo, o povo judeu-holandês tinha as suas próprias divisões internas, que neste formavam três grupos: sefarditas, asquenazes e, depois de 1933, imigrantes do Terceiro Reich. Os sefarditas encaravam com desprezo os asquenazes holandeses, e ambos adotavam uma atitude arrogante com relação aos refugiados da Alemanha.

Moderar a condescendência era um senso de responsabilidade. A comunidade ostentava um conjunto impressionante de instituições educacionais e de bem-estar social. Na maioria dos casos, contudo, elas estavam divididas não apenas de acordo com a função mas também entre sefarditas e asquenazes.

A população "portuguesa" de não mais de 4.500 pessoas tinha o seu próprio hospital no Plantage, dois orfanatos (um para meninos e outro para meninas),

---

* Termo usado para descrever a segregação sectária das sociedades holandesa e belga. Estas sociedades eram (e, em algumas áreas, ainda são) "verticalmente" divididas em diversos pequenos segmentos ou "pilares" conforme diferentes religiões ou ideologias, que operam separadamente uns dos outros em uma forma não racial de apartheid.

três lares para idosos (um para homens, um para mulheres e um para casais, desde que as pessoas estivessem casadas por menos vinte anos), bem como uma sociedade para doar quinze casacos de inverno por ano (somente para homens) e outra para dar blusas para mulheres com mais de 50 anos. Duas sociedades judaico-portuguesas ajudavam as mulheres depois do parto, uma depois do nascimento de um filho, a outra depois do de uma filha. Esses organismos "resistiam a qualquer tentativa de fusão e [mantinham] vigorosamente a sua independência".[11]

Dois outros hospitais judaicos eram destinados principalmente aos asquenazes. O principal, no Nieuwe Keizersgracht, tinha trezentos leitos. O Joodsche Invalide, um lar para pessoas idosas, cegas ou incapacitadas de alguma outra maneira, criado pela iniciativa de Maijer de Hond, conquistou reputação mundial e, em 1938, inaugurou um requintado prédio moderno, conhecido como Palácio de Vidro, no Weesperplein. Em grande medida custeado por doações particulares, ele era incomum entre as instituições judaicas por obter doações tanto de não judeus quanto de judeus. Ele arrecadava dinheiro por meio de caixas de coleta, da venda de calendários, de eventos sociais, da propaganda gratuita no *De Telegraaf*, de vários teatros de revista itinerantes com dançarinas, de discos para gramofone especialmente gravados e filmes. Ele também promovia loterias na estação de rádio AVRO, endossadas por personalidades de renome, inclusive pelo primeiro-ministro holandês, Hendrikus Colijn.[12] Como esse apoio não judeu indicava, os elos do povo judeu de Amsterdá com os seus vizinhos eram geralmente harmoniosos e não eram marcados pelas hostilidades que prevaleciam em grande parte do restante da Europa.

No entanto, a chegada ou a passagem pela Holanda entre 1933 e 1940 de 35 mil fugitivos judeus do Terceiro Reich pôs à prova esse relacionamento e revelou as suas limitações. Como J. C. H. Blom afirmou, os refugiados "eram tão indesejáveis na Holanda quanto na maioria dos outros países".[13] O ministro das Questões Sociais assinalou que os refugiados exibiam "uma mentalidade completamente diferente da dos judeus daqui".[14] O governo ofereceu pouca ajuda material para os hóspedes não convidados.

Em 1935, a pressão sobre o comitê de Amsterdá de refugiados judeus estava quase insuportável. Ele lidara com 5.400 que chegaram à Holanda desde 1933. Destes, 2.200 foram enviados para destinos no exterior, principalmente a Palestina. Cerca de mil foram mandados de volta para a Alemanha, supostamente partindo do princípio de que eles não estariam mais em perigo lá.[15] Em abril de 1935, a secretária do comitê, Gertrude van Tijn, escreveu para James G. McDonald, o alto comissário de refugiados da Liga das Nações, dizendo: "Teremos que encerrar as atividades daqui a aproximadamente dois meses, já que é praticamente impossível conseguir os recursos financeiros para este trabalho, quer local, quer internacionalmente".[16]

A maioria dos refugiados que permaneceu na Holanda vivia em Amsterdã. Entre eles estava Otto Frank, a sua esposa, Edith, e as filhas Margot e Anne. O seu negócio em Frankfurt já estava passando por sérias dificuldades em 1933 quando ele decidiu se fixar em Amsterdã, cidade que ele conhecera em uma breve permanência anterior. Ele fundou uma pequena companhia para a "produção e venda de produtos de frutas, especialmente a pectina" (um agente gelificante natural derivado das frutas e usado na fabricação de geleias e gelatinas).[17] Mais tarde, ele também passou a vender temperos usados na fabricação de salsichas. Esse empreendimento representava um declínio para um homem que fora um banqueiro particular razoavelmente próspero na década de 1920. A família Frank se fixou no distrito Rivieren, na área sul de Amsterdã, onde viviam muitos outros refugiados judeu-alemães.

Assim como os refugiados do mundo inteiro, os que chegavam a Amsterdã ficavam juntos, socializavam-se no seu próprio idioma, abriam lojas e fundavam clubes e locais de devoção. Já em 1939, um terço da população do distrito de Rivieren era judia. A Beethovenstraat próxima, um foco de lojas e cafés judaico--alemães, tornou-se conhecida como Brede Jodenstraat (um trocadilho com a Jodenbreestraat perto do Waterlooplein), e o bonde número 24 que passava por ali foi apelidado de "expresso de Berlim".

Historiadores judeu-holandeses têm debatido vigorosamente o grau de integração dos judeus na sociedade holandesa no período entreguerras. Observada em um contexto comparativo contemporâneo, a comunidade de Amsterdã parecia mais firmemente fixada do que praticamente qualquer outra comunidade judaica europeia. Sem dúvida, como alegaram alguns, havia elementos de autoilusão no sentimento geral judeu-holandês de segurança e aceitação na Holanda. Henri Polak declarou o seguinte em 1930: "O antissemitismo não tem nenhuma importância política no nosso país; ele não existe como um *slogan* político; ele não figura em nenhum programa partidário, e poucas pessoas admitirão que têm sentimentos antissemitas".[18] No entanto, em 1933, ele estava suficientemente preocupado para publicar uma extensa refutação do antissemitismo "científico", defendendo a criação de um centro de detenção para antissemitas.[19] O surgimento de um pequeno movimento nazista holandês, o NSB (Nationaal-Socialistische Beweging), que obteve 8% dos votos nas eleições provinciais em 1935, pareceu motivo para preocupação, mas não para alarme. Ele não era inicialmente antissemita, mas adotou uma política antijudaica em 1938, preconizando a remoção dos judeus para uma colônia como o Suriname.

Quando a pressão dos eventos no Terceiro Reich se intensificou, a perspectiva para o povo judeu de Amsterdá começou a ficar mais sombria.

Yerusholoyim d'Lite

Constava que a "Jerusalém do Norte", ou Yerusholoyim d'Lite (Jerusalém da Lituânia), tinha adquirido esse apelido devido ao comentário de Napoleão quando ele passou através de Vilna a caminho de Moscou em 1812: "Cavalheiros, acho que estamos em Jerusalém!". Ele não estava provavelmente se referindo ao aspecto físico de Vilna e sim ao seu caráter intensamente judaico (a sua população na época era mais fortemente judaica do que a de Jerusalém).

Assim como Amsterdá, Vilna (o nome russo; os poloneses conheciam a cidade como Wilno, os lituanos como Vilnius e os falantes do iídiche como Vilne) tinha orgulho da sua tradição judaica. Na década de 1930, ela permaneceu um centro de erudição religiosa e secular, mas, também como em Amsterdá, a comunidade estava vivendo em grande medida do capital cultural acumulado do passado.

O povoado judaico em Vilna recuava ao século XV, e no início do século XVI um quarto da população era judia. A fama da cidade no mundo judaico se originava principalmente da sua associação com a venerada figura rabínica do Vilna Gaon, que se opôs ao populismo extático do movimento hassídico com uma sobriedade mais racionalista e erudita. No século XIX, Vilna era um centro do *haskalah* (Iluminismo hebraico). Ela também era um eixo da publicação hebraica: a chamada Vilna Shas, a edição do Talmude publicada pela família Rom e concluída em 1886, tornou-se um bem precioso nos lares ortodoxos do mundo inteiro. Já em 1914, os judeus constituíam quase a metade da população da cidade. O prestígio de Vilna entre os judeus não se limitava à esfera religiosa. Referindo-se ao papel da cidade no início da história do socialismo russo, Semen Dimanshteyn, a proeminente autoridade do partido soviético responsável pelos assuntos judaicos, declarou o seguinte em 1919: "Para nós revolucionários judeus, comunistas, Vilna se tornou há muito tempo um centro histórico, o coração da libertação espiritual judaica".[20] Os judeus não sentiam ali, segundo um deles, "nenhum vestígio do sentimento mais profundo, bastante conhecido, da inferioridade judaica" tão comum em outros lugares.[21]

Durante e depois da Primeira Guerra Mundial, Vilna e os seus judeus sofreram uma série de vicissitudes, ocupações sucessivas, agitações civis e ondas de refugiados que entravam e saíam da cidade. A Lituânia proclamou a cidade a sua capital, mas em 1920 ela foi tomada por forças polonesas. Os poloneses permaneceram no controle até 1939. Eles afirmavam que eram o maior grupo étnico na cidade: em 1916, 50% da população havia informado que a sua primeira língua era o polonês, 42% declarou que era o iídiche, e somente 2,5% disse que o seu primeiro idioma era o lituano. Os lituanos se recusaram a aceitar o golpe surpresa polonês e as relações entre os dois estados foram contaminadas. A fronteira entre eles ficou fechada durante a maior parte do período entreguerras, com graves efeitos sobre a economia de Vilna, particularmente sobre a classe comercial judaica. O fechamento também afetou a vida cultural dos judeus: não apenas as pessoas, mas também livros e jornais estavam proibidos de transitar diretamente entre Vilna e Kovno e outros lugares da Lituânia.

Evacuações forçadas durante a guerra para o interior da Rússia haviam provocado uma redução de quase a metade do número de judeus em Vilna para apenas 47 mil em 1920. Oito mil emigraram entre 1926 e 1937, principalmente para a América do Sul, a África do Sul e os Estados Unidos (nessa ordem de magnitude). Mesmo assim, a população judaica se recuperou um pouco, chegando a 60 mil habitantes em 1939, mas nessa época os judeus representavam pouco mais de um quarto do total de residentes.

Os judeus de Vilna estavam fortemente concentrados em determinadas ocupações: eles eram alfaiates, encadernadores, funileiros, chapeleiros e carroceiros. Também ocupavam um lugar importante nas profissões liberais: três quartos dos médicos da cidade eram judeus. Em muitas linhas de trabalho, os judeus formavam os seus próprios sindicatos ou associações profissionais, entre elas de barbeiros, costuradores de calçados, garçons, e sindicatos de trabalhadores da construção e carpinteiros.

No período entreguerras, Vilna permaneceu uma cidade de cinco nacionalidades: poloneses, lituanos, bielorrussos, russos e judeus. Ela evocava nos seus habitantes um afeto especial e, em alguns, uma generosidade fora do comum. O poeta polonês Czesław Miłosz, que morou lá, recordou na sua imaginação

> Wilno do Iluminismo ou Romantismo. As pilhas de lixo fedorentas, a água do esgoto escorrendo pelo leito das ruas, a poeira ou lama que a pessoa tinha que atravessar... As estreitas vielas do bairro judeu [...] preservando a memória de Walentyn Potocki, um homem virtuoso, que se convertera ao judaísmo em Amsterdã e morrera queimado na fogueira em Wilno; e também, *sha sha*, falando sobre o Oficial Gradé, que fora escondido em um devoto lar judaico, e sobre como ele já se recuperara dos seus ferimentos e decidira se tornar judeu, submeteu-se à circuncisão, e pretendia se casar com a filha da casa. Esse era o homem cujo descendente seria um poeta na linguagem iídiche, Chaim Grade, membro do grupo de poetas Yung Vilne, que era semelhante ao nosso grupo de linguagem polonesa "Żagary".[22]

Na realidade, a história a respeito do nobre polonês Potocki é certamente falsa, e o suposto ancestral de Grade provavelmente não é menos lendário. Não importa: as pessoas acreditavam em tais histórias. Esses mitos se aglomeravam em Vilna. De um modo mais pertinente, Miłosz escreveu que as diferentes comunidades da cidade na sua juventude viviam "dentro dos mesmos muros e, no entanto, como se em planetas separados".[23]

Entre as duas guerras, os judeus de Vilna suportaram boicotes comerciais apoiados pela Igreja Católica Romana, a destruição de símbolos judaicos e distúrbios estudantis antissemitas. Em um desses tumultos, em 1931, um jovem polonês foi morto por um estudante judeu, Samuel Wolfin, que agiu em autodefesa. O tribunal do condado condenou Wolfin a dois anos de prisão por "ter participado do apedrejamento até a morte do estudante polonês".[24]

A principal figura política judaica, até a sua morte em 1935, foi o dr. Tsemakh Szabad, que atuou na câmara municipal e depois, a partir de 1928, como senador no parlamento polonês. Um homem de amplos horizontes culturais, Szabad tinha um grupo de adeptos que transcendia as suas associações com os folkistas.

Em sua maior parte, contudo, as lealdades políticas lá, como em outros lugares na Polônia, eram principalmente amparadas nos partidos. Os agudistas, os sionistas e a esquerda desfrutavam de apoio na cidade. Vilna era, em particular, um baluarte do Bund, que fora fundado lá em 1897 e era popular entre a classe trabalhadora muito pobre.

O velho gueto de Vilna era pitoresco aos olhos de algumas pessoas (e na memória folclórica sentimental de anos posteriores), mas para os visitantes contemporâneos ele não raro parecia "repulsivo e insalubre, a antítese da modernidade e do progresso".[25] Os seus prédios decrépitos, a aura geral de decadência, os moradores das favelas e das cavernas, e a população excessiva das ruas, formada por mascates, vagabundos, excêntricos, tocadores de realejo e mendigos deformados chocavam os turistas em vez encantá-los. Muitas instituições judaicas, entre elas várias sinagogas e *yeshivot*, bem como a famosa Biblioteca Strashun, estavam localizadas no Alte Kloyz (velho pátio) ou nos seus arredores. As faculdades de professores de hebraico e iídiche, a escola primária iídiche Leyzer Gurvitch, um museu e os escritórios da *kehillah* ocupavam outro pátio na 7 Azheshkove Gas (com *gas* significando "passagem").

Com as suas numerosas sinagogas, Vilna permanecia uma cidadela de ortodoxia não hassídica. Havia congregações separadas de limpadores de chaminés, tipógrafos e coveiros. O Vaad Hayeshivot de Vilna (comitê de *yeshivot*) presidia a educação judaica ortodoxa em uma vasta área do norte da Polônia e da Lituânia.

A influência dos principais rabinos se estendia por todo o povo judeu ortodoxo. No entanto, o poder dos ortodoxos estava declinando até mesmo em Vilna. Em 1928, uma coalizão de sionistas e esquerdistas, que já controlava a *kehillah*, capturara o *tsedoko gedoylo*, o principal organismo beneficente judaico, até então sob direção ortodoxa, e o apropriaram para uso comum geral.

Até o colapso do Império Russo, os judeus instruídos, modernizados, em Vilna tendiam a falar russo em vez de iídiche. Com o fim do governo imperial, o russo perdeu gradualmente o seu atrativo. Os judeus de Vilna, contudo, não adotaram o polonês, que eles tinham a tendência de usar somente em ocasiões formais ou oficiais.

Em vez disso, Vilna tornou-se a capital da *yidishkayt*, que o jornalista Hirsz Abramowicz chamava de "a cidade da mais íntima condição judaica do mundo" e "a cidade mais iidichista do mundo".[26] De acordo com o censo de 1931, 86% dos judeus residentes em Vilna declararam o iídiche como a sua língua materna. Os cheques bancários e as receitas dos médicos eram redigidos nesse idioma. O ginásio iídiche (escola acadêmica de ensino médio) competia com um hebraico. A organização de escoteiros iídiches Bin (abelha) organizava acampamentos de verão, celebrações esportivas de escoteiros, saraus e publicava o seu próprio livro de músicas. A VILBIG (Vilner Yidishe Bildungs Gezelshaft), "universidade do povo", organizava séries de palestras em iídiche sobre história, idiomas e literatura, geografia, física, química e sociologia. Ela também organizou um coro (de ambos os sexos) e uma orquestra de bandolins.

O YIVO, o Instituto de Pesquisas Judaicas [no sentido europeu de "acadêmico"], foi concebido por intelectuais falantes do iídiche em Berlim no início da década de 1920, mas estabeleceu-se em Vilna em 1925. Seu principal propósito era a pesquisa, mas ele tinha a ambição de atuar como uma academia nacional da linguagem iídiche e como instituição de ensino. Seus patrocinadores o viam como "o clímax da formação da cultura secular iídiche", um moderno "Sinédrio de eruditos".[27] Com a ambição de construir um instrumento intelectual para o autoentendimento coletivo do povo judeu do Leste Europeu, o YIVO montou departamentos de filologia, história, economia e estatística, e psicologia e pedagogia. Sua comissão etnográfica, com uma rede de várias centenas de voluntários *zamlers* (colecionadores), reuniu subsídios sobre o folclore judaico-asquenaze, baseando-se no trabalho anterior à Primeira Guerra Mundial de S. An-sky. O YIVO também criou uma importante biblioteca e arquivo. Resolutamente secularistas, os líderes da instituição mesmo assim foram inspirados pelo que tem sido descrito como uma "mistura de inspiração religiosa latente e conteúdo secular manifesto".[28] Como escreveu Joshua Karlip, os revivalistas iídiches do início do século XX "às vezes consciente, e às vezes inconscientemente [...] tomavam emprestada a sua crença no papel redentor da cultura da ênfase tradicional no estudo da Torá e no cumprimento dos *mitzvoth* [mandamentos/boas ações]".[29]

O *spiritus rector* do YIVO era Max Weinreich, "um homem baixo com um rosto altamente expressivo que estava desfigurado pela perda de um olho, suvenir de um *pogrom*".[30] Ele se casou com a filha de Tsemakh Szabad. Um erudito cosmopolita, progressista e eclético, Weinreich estudou nas universidades de São Petersburgo e Berlim, obteve um doutorado em linguística da Universidade de Marburg, viveu por um breve período em Viena e também passou um ano como visitante em Yale. Sob a orientação de Weinreich, o YIVO foi além de "um esforço de resgate em direção à pesquisa social interdisciplinar, [modificando] o foco da sua pesquisa do passado para um interesse pelo presente e o futuro".[31]

Embora o YIVO fosse nominalmente apartidário, a maioria das suas principais figuras tinha uma mentalidade que se aproximava do Bund (Weinreich), dos folkistas (Prylucki) ou do Poalei Zion da Esquerda (Ringelblum). Como consequência, o YIVO era encarado com suspeita pelos comunistas, agudistas e sionistas. O trabalho do instituto, embora refletisse a perspectiva esquerdista da sua liderança, tentava evitar o envolvimento político direto.

O YIVO — e a cultura secular iídiche em geral — vivia em um estado de crise financeira crônica. Em 1929, um jornalista iídiche deplorou a dificuldade que o YIVO encontrou para arrecadar os 3.500 dólares que precisava para construir o seu prédio em Vilna, assinalando que os judeus ortodoxos tinham conseguido levantar quantias muito maiores na Polônia e, além disso, 53 mil dólares no exterior, para a nova *yeshiva* de Lublin. "Onde", perguntou ele melancolicamente, "está o orgulho na construção da cultura secular judaica?" Na própria Lublin, acrescentou o autor, o prédio de uma escola iídiche secular não pôde ser concluído pela falta de uma quantia insignificante.[32] Os recursos financeiros que o YIVO conseguia reunir a duras penas vinham principalmente de pequenos contribuintes da Europa oriental, em vez das relativamente abastadas comunidades da América do Norte.

Contra todos os prognósticos, em 1933 o YIVO conseguiu arrecadar os 10 mil dólares necessários para reformar um prédio moderno e espaçoso no cume de um morro, além das ruas apinhadas do velho quarteirão judaico. Um jovem acadêmico americano visitante, Libe Schildkret, que foi passar um ano trabalhando no YIVO em 1938, descreveu-o posteriormente: "Tudo a respeito do YIVO — a sua localização, o seu ambiente ajardinado, o seu *design* moderno, a reluzente imaculabilidade do lugar — transmitia uma mensagem. Eu a interpretei como significando que o YIVO tinha classe, não era uma instituição decadente, e sim um lugar do qual poderiam brotar a distinção e a excelência. E ainda há mais: o YIVO não era uma relíquia descorada do passado; ele pertencia ao futuro".[33]

A partir da sua sede modernista, o YIVO buscava se estabelecer como líder de uma cultura iídiche de vanguarda. No entanto, embora desfrutasse de um considerável prestígio e respeito entre os intelectuais, o alcance do YIVO na sociedade mais ampla era limitado. Na década de 1930, ele conseguiu abrir sucursais em Paris e Nova York, e grupos de apoio em outros lugares. Mas como Simon Dubnow tristemente concluiu depois de uma visita em 1934, o YIVO em Vilna permaneceu "uma pequena ilha de cultura em um mar de pobreza".[34]

Vários jornais iídiches eram publicados em Vilna, notadamente o "apartidário, democrático" (na realidade, esquerdista, intensamente antissionista) *Vilner tog* (1919-1939, com breves intervalos), editado pelo filólogo e erudito literário Zalmen Reyzen, e o apartidário, sionista e anti-iidichista *Di tsayt* (1924-1939), também com intervalos ocasionais). O mais popular era o sensacional *Ovent-kuryer*, que, como muitos jornais iídiches, mantinha os leitores em uma terrível expectativa com os capítulos dos seus romances de suspense. Alguns eram traduzidos da imprensa marrom americana. Quando a importação de jornais estrangeiros foi de repente proibida no meio da história, o jornal encontrou uma solução: o elenco inteiro de personagens embarcou em um navio que afundou em uma tempestade sem deixar sobreviventes.

O grupo de escritores e artistas conhecido como Yung Vilne se reunia no Café Velekh, na esquina da Yidishe Gas e da Daytshe Gas, favoravelmente acolhidos pelo proprietário, Wolfie Wolf. Uma página especial no *Vilner tog*, em 11 de outubro de 1929, anunciou a *araynmarsh* (ingresso festivo) do grupo na literatura iídiche. Embora não fossem comunistas, os escritores do Yung Vilne se inclinavam para a esquerda. Eles se inspiravam na personalidade e nas obras de Moshe Kulbak, cujo poema "Vilna" (1927) era um hino de louvor às qualidades espirituais da cidade de um autor secular modernista: "Du bist a tehilim oysgeleygt fun leym un ayzn [...]" ("Tu és um salmo, escrito em argila e ferro...").[35]

O Yung Vilne incluía vários poetas e escritores que se tornaram figuras proeminentes da última fase de criatividade literária iídiche, entre eles Chaim Grade e Avrom Sutzkever. Ao contrário de outros grupos literários iídiches, o Yung Vilne não adotava nenhuma postura ou estilo programático uniforme. Um dos seus membros, Leyzer Volf, assegurou um recorde mundial em 1930 por escrever 1.001 poemas em um mês. Entre 1934 e 1936, o Yung Vilne produziu três edições de um anuário literário (a segunda foi confiscada pelo censor e teve que ser publicada em uma forma revisada). No final da década de 1930, Volf ajudou uma série de ambiciosos escritores adolescentes, entre eles Hirsh Glik (que mais tarde se tornaria conhecido pelo "Hino dos Partisans"), a formar outro grupo, o Yungvald (Jovem Floresta). Eles começaram por publicar a sua própria revista, da qual só apareceram quatro números (de janeiro a abril de 1939).

Em meados da década de 1930, os judeus de Vilna compartilhavam o sentimento geral de tristeza e mau agouro do povo judeu-polonês. Borekh "Vladek" Charney, um proeminente escritor iídiche em Nova York, que vivera em Vilna na juventude, escreveu o seguinte em 1934:

> Depois da guerra mundial, o nome de Vilna adquiriu um tom pesaroso. Quando alguém diz "Vilna", isso geralmente significa problema [*tsores*]. E até mesmo a pequena quantidade de satisfação [*nakhes*] que podemos extrair de Vilna, como as escolas iídiches ou o YIVO, é meramente uma satisfação espiritual. Ela tem laivos de um esforço de preservar, conservar e defender o pouco que resta dos ataques do ambiente hostil.[36]

Vladek deixara o velho país para trás havia muito tempo, e a sua impressão estava sem dúvida colorida pela nostalgia de glórias passadas do emigrante. Mas seu comentário refletiu o sentimento generalizado de depressão que contaminava sobre a população judaica da cidade.

Nova Jerusalém vermelha

Minsk, 160 quilômetros a sudeste de Vilna, era outro velho centro de erudição religiosa judaica, ex-baluarte do *haskalah* e, mais tarde, do radicalismo político. Embora fundado em Vilna, o Bund havia estabelecido a sua primeira sede em Minsk, e o primeiro congresso do Partido Operário Social-Democrata Russo tinha ocorrido ali em 1898. Naquela época, os judeus constituíam mais da metade da população da cidade. O sionismo também era forte lá. Nas eleições para a Assembleia Constituinte Russa em dezembro de 1917, para o soviete de Minsk e para a *kehillah* em 1918 e 1920, os sionistas e os seus aliados obtiveram maiorias decisivas de votos judaicos.

Nos estágios finais da Primeira Guerra Mundial e durante as guerras civil russa e russo-polonesa, Minsk, assim como Vilna, foi ocupada e reocupada várias vezes pelos bolcheviques, alemães e poloneses. Embora ideologicamente pouco atraídos pelos bolcheviques, os judeus de Minsk de um modo geral ficaram do lado dos soviéticos durante a guerra civil, por considerá-los um perigo menor do que os "Brancos" antissemitas ou os poloneses, já que ambos eram responsabilizados por *pogroms* nos territórios que conquistavam. Uma minoria de judeus ativistas — bundistas, mencheviques e bolcheviques (estes últimos, no início, em pequeno número) — desempenharam um papel significativo na atividade revolucionária em Minsk em 1917. No início da década de 1920, os judeus estavam bem representados na liderança e na afiliação do Partido Comunista na cidade. A partir de então, muitos foram expurgados como *lishentsy*, sionistas, bundistas ou trotskistas.

No governo bolchevique, Minsk se tornou a capital da República Socialista Soviética da Bielorrússia. A *kehillah* foi dissolvida. A maioria das sinagogas, *yeshivot* e *hadorim* (escolas do ensino fundamental hebraicas) foi fechada. O último congresso do Bund em solo soviético ocorreu em Minsk em março de 1921 e se decidiu por uma fusão com o Partido Comunista. Alguns grupos sionistas permaneceram ativos em Minsk até meados da década de 1920, quando a GPU (polícia secreta soviética) penetrou neles e dezenove ativistas foram presos e condenados a ser expulsos da União Soviética. No entanto, uma célula clandestina do Poalei Zion, com oito membros, ainda operava em Minsk em 1935.[37]

Nas décadas de 1920 e 1930, os judeus deixaram as *shtetlakh* circundantes e se mudaram para a cidade. Mas muitos abandonaram completamente a antiga Zona de Residência, indo especialmente para Moscou e Leningrado. A população judaica de Minsk (54 mil em 1926), em consequência disso, cresceu mais lentamente do que a bielorrussa, e no final da década de 1920, os judeus deixaram de ser o maior grupo étnico.

O tradicional bairro judeu, localizado no coração da cidade velha, permaneceu fortemente judaico até a Segunda Guerra Mundial, embora, como ele carecesse de muitas instituições do tipo que existiam em Vilna, o seu caráter judaico tenha se tornado menos visível.

Em Minsk, assim como em outras partes da URSS, os judeus, que estavam concentrados em ocupações mercantis, sofreram desproporcionalmente depois do fim da Nova Política Econômica no final da década de 1920. Mais de um quinto de judeus adultos na Bielorrússia em 1930 foram classificados como *lishentsy*. A maioria dos estabelecimentos comerciais em Minsk era judaica e foi obrigada a fechar. No seu estudo sobre os judeus da cidade entre as duas guerras, Elissa Bemporad relata que das 482 pessoas relacionadas no "quadro negro" dos *lishentsy* da câmara municipal em 1930, "quase todas tinham nomes judaicos".[38] Em meados de 1930 não restava, pelo menos oficialmente, nenhum negociante judeu em Minsk. A classe trabalhadora judaica da cidade estava fortemente representada nos setores especializados e semiespecializados das indústrias de artigos de vestuário, couro, impressão e carpintaria. Nesse meio-tempo, os judeus ingressavam em grande número nas profissões liberais, como medicina e direito.

Apesar de um decreto, publicado em 1922, proibindo aulas de religião judaica para menores, a não ser em casa, algumas escolas clandestinas hebraicas e uma *yeshiva* secreta continuaram a existir até o início da década de 1930, com apoio financeiro do Joint. Mas no final de 1930, somente um punhado das 120 sinagogas da cidade ainda permanecia aberta para orações e restavam apenas cinco rabinos.

Isolada dos seus vínculos tradicionais com a pulsação vital da vida judaica nos novos estados da Polônia e da Lituânia, a Minsk judaica do período entreguerras se valeu de seus próprios recursos e se tornou um campo de provas para a definição e criação de novas formas de cultura judaica, no estilo soviético. Sob a política da *korenizatsiia* (literalmente "enraizamento", ou seja, indigenização* ou nativização**), adotada em regiões não russas da URSS entre 1921 e 1933, as línguas e culturas locais foram promovidas. A política não deu rédea larga às culturas não russas. Mais exatamente, a esperança do governo era, ao trabalhar por intermédio de outros idiomas, implantar o comunismo com mais eficácia nos segmentos da sociedade soviética não falantes do russo.

Assim como em Vilna, na virada do século, a burguesia judaica havia abraçado o russo como o seu principal idioma de discurso cultural. No entanto, o iídiche continuou a ser a língua do dia a dia da classe trabalhadora judaica. Até 1938, ele era reconhecido como uma das quatro línguas oficiais da Bielorrússia. Uma grande placa na principal estação de trem em Minsk exibia o nome da cidade em bielorrusso, russo, polonês e iídiche. Os cidadãos tinham o direito — e o exerciam — de usar o iídiche nos tribunais e nos negócios oficiais. As escolas, sindicatos e células do partido usavam a língua. A estação de rádio local transmitia regularmente os seus programas em iídiche. Os intertítulos dos filmes mudos exibidos nos cinemas apareciam em iídiche. E, segundo consta, a Bielorrússia era "a única área da Europa Oriental onde as cartas podiam ser endereçadas em iídiche".[39]

Por conseguinte, Minsk se tornou o principal centro de cultura iídiche na URSS na década de 1920. Um teatro iídiche na antiga Sinagoga Coral na rua Volodarskaia, uma faculdade para treinar professores para as escolas iídiches (em uma ex-*talmud torah*), uma "Universidade de 'Trabalhadores Judeus'" (uma escola noturna) e uma Escola Judaica do Partido de Centro para o treinamento dos seus quadros foram criados na década de 1920. Também foi criada uma seção judaica do Instituto de Cultura Bielorrusso, mais tarde promovido a Instituto de Cultura Proletária Judaica da Academia de Ciências Bielorrussa. Uma cátedra

---

* *Indigenization* em inglês. Na terminologia antropológica, *indigenize* significa obrigar culturas locais a adotar outra cultura. (N.T.)

** *Nativization* em inglês. É o processo pelo qual uma linguagem adquire falantes nativos. (N.T.)

em iídiche, a primeira do mundo, foi inaugurada na nova Universidade Nacional Bielorrussa. Uma seção judaica da universidade ministrou durante algum tempo cursos de ciência e matemática — provavelmente a única ocorrência na história do ensino universitário que usou o iídiche como meio de comunicação.[40] A falta de livros-texto adequados e a preferência de muitos alunos judeus por estudar em russo, contudo, impediram que a inovação durasse muito tempo.

Vários escritores e intelectuais iídiches, alguns de outros países, se mudaram para a cidade e fundaram o periódico *Tsaytshrift* em 1926. Ele publicava artigos de alguns eruditos não comunistas, não soviéticos. O quinto volume, publicado em 1931, continha assuntos soviéticos convencionais, como "Estilo e Gênero na Literatura Proletária", mas também publicou textos de cartas do fundador da moderna literatura iídiche, Mendele Moykher Sforim (S. Y. Abramovitsh, 1835-1917). Mendele também é considerado um dos pais da moderna literatura hebraica, e entre as cartas estavam algumas escritas em hebraico. Esta foi uma ocorrência muito rara de publicação hebraica moderna na União Soviética — talvez a última. Certamente foi a última no *Tsaytshrift*, cuja publicação foi interrompida a partir de então.

O fim da NEP no final de década de 1920 produziu brutais ataques antissemitas contra supostos especuladores judeus.[41] As campanhas contra o bundismo e o trotskismo a partir de 1926, que eram em parte um reflexo de rivalidades nacionais entre bielorrussos e judeus na estrutura de poder local, também se degeneraram em Minsk em uma forma codificada de antissemitismo.[42] O bundismo e o trotskismo de fato auferiam um apoio significativo entre os trabalhadores judeus e membros do partido na cidade. Os judeus estavam fortemente representados tanto entre os acusados dessas heresias quanto entre aqueles que ousavam defendê-los, por exemplo se manifestando em defesa do Bund ou votando contra a expulsão de Trotsky do Partido Comunista.[43]

Na década de 1930, contudo, quando lhes foram oferecidas oportunidades de se integrar na cultura russa, à diferença da bielorrussa, os judeus de Minsk interiorizaram cada vez mais os valores da sociedade soviética — tendência retratada no romance *Di zelmenyaner* (1931-1935), de Moshe Kulbak, que se mudara de Vilna para lá em 1928.

A Jerusalém dos Bálcãs

Para os judeu-sefarditas de Salônica, a sua cidade também era uma Jerusalém, uma "cidade santa, onde as tradições e a linguagem trazidas da Espanha eram obstinadamente perpetuadas ao longo dos séculos, seduzindo pela sua pureza intacta", como escreveu nostalgicamente um ex-residente na década de 1950.[44] Os visitantes tinham uma impressão semelhante. Um jornalista italiano escreveu em 1914 que a cidade "dá a impressão de ser uma estranha Jerusalém, muito moderna, muito macedônica, um pouco internacional, mas Jerusalém com certeza, devido à grande quantidade de judeus que ela abriga, a ponto de eles tornarem todas as outras nacionalidades de importância secundária".[45]

Em 1913, a população judaica de Salônica era estimada em 61 mil habitantes de um total de 158 mil. Somente 37 mil residentes eram gregos, e os judeus correspondiam ao maior grupo individual na população. Os comerciantes judeus ricos, os donos de bancos e os empresários têxteis não precisavam se esforçar para entrar na elite social; eles *eram* a elite. A maioria dos judeus, contudo, era de pequenos comerciantes, artesãos ou trabalhadores manuais. Um levantamento realizado em 1918 constatou que a "pirâmide ocupacional" dos judeus de Salônica continha 750 profissionais liberais, 1.900 empresários, 6.100 pequenos lojistas, 7.450 auxiliares de escritório e balconistas, 7.750 artífices e trabalhadores, e 9.000 carregadores, estivadores, barqueiros e pescadores, estes últimos divididos entre *moros* (pescadores de águas profundas) e *gripari* (que pescavam em águas rasas).[46] O grande número de trabalhadores manuais era incomum para uma comunidade judaica. A maioria de trabalhadores do porto era de origem judaica, de modo que o sábado, e não o domingo, era observado como o dia de descanso.

A principal língua da comunidade era o judeu-espanhol ou ladino, embora a partir da década de 1870, em decorrência da educação nas escolas de língua francesa da Aliance Israélite Universelle, muitos jovens da nova geração, especialmente aqueles de procedência mais abastada, começassem a se voltar para o francês. Ao longo dos séculos, a comunidade havia obstinada e amorosamente preservado os seus costumes característicos. Havia diferentes sinagogas para as famílias cujos ancestrais se originavam de várias regiões da Espanha, como Aragão e Catalunha. Canções populares locais, conhecidas como *cantigas*, eram cantadas em eventos conhecidos como *caffé aman* ou *caffé chantant*. Durante o *Pessach*, as mulheres serviam *galettes d'azyme* (*matzot* redondos) aromáticos.

A vida cultural era menos intensa do que em comunidades asquenazes de tamanho semelhante. A imprensa judaica publicava pouca coisa do intelectualismo dos jornais judaicos mais sérios da Polônia. Não havia nenhum teatro judaico-espanhol profissional, embora as peças fossem ocasionalmente representadas no idioma, entre elas *Los Maranos* de T. Yaliz (pseudônimo de Alberto Barzilay), a adaptação da peça iídiche *Der dybbuk* de S. An-sky pelo dramaturgo francês Henry Bernstein, e, em 1938, "um evento sensacional — a primeira apresentação artística judaico-grega", *Ester* de Racine, adaptada para o judeu-espanhol como um musical.

Em Salônica, bem como em outras comunidades, as instituições judaicas proliferavam. Entre as dezenove (em 1938) envolvidas com alguma forma de assistência social estavam: o hospital, fundado como um presente da baronesa Clara de Hirsch em 1898, que tinha doze médicos (presumivelmente em tempo parcial, já que todos ofereciam gratuitamente os seus serviços) e 97 leitos, dos quais 55 eram para pacientes não pagantes; o Asilo de Locos (manicômio), com oitenta ocupantes, cinquenta dos quais eram mulheres, sustentado em grande parte por salônicos de Nova York; o Matanoth-Laévionim, que fornecia refeições gratuitas para 675 crianças e idosos; e o Tora Oumlaha, que distribuía livros escolares para crianças pobres.

Com pouca ajuda da municipalidade e enfrentando dificuldades cada vez maiores, a comunidade de algum modo sustentava o orfanato Allatini e o asilo de meninas Aboav (que abrigavam cinquenta *guerfanos* e 45 *guerfanas,* respectivamente), a ordem fraterna Bené Berit (que propiciava bolsas de estudos para 95 *protégéados* que estudavam em escolas de ensino médio e universidades), o Asilo de Viejos (lar de idosos, com 35 *protégéados*), a maternidade Benosiglio (que cuidou de 311 *mujeres povres* naquele ano), e a Bikour Holim (sociedade para visitação médica dos doentes e pobres, e um dispensário gratuito, fundado no século XVI).[47] A vida associativa secular da comunidade também incluía grupos de mulheres, sociedades sionistas, várias bibliotecas e clubes de jovens.

Os judeu-salônicos tinham se sentido à vontade com o regime turco otomano. A conquista da cidade pela Grécia em 1912, contudo, privou-os da proteção imperial que eles haviam desfrutado durante 482 anos. Essa foi a primeira de uma série de calamidades que se abateram sobre eles ao longo da geração seguinte. Em 1917, um terrível incêndio destruiu grande parte da área central da cidade, inclusive os bairros judeus densamente povoados. A conflagração deixou desabrigada metade da população da cidade, inclusive 52 mil judeus. Muitas instituições, entre elas 32 sinagogas (com 450 pergaminhos da Torá), dez bibliotecas rabínicas, oito escolas e cinco *yeshivot*, foram destruídas e outras ficavam extremamente danificadas. Os judeus não tiveram permissão para retornar aos seus antigos distritos no coração da cidade. Em vez disso, a maioria foi deixada para apodrecer em "barracões ou choupanas de zinco" na periferia.[48]

A sucessão de golpes provocou a emigração judaica em grande escala para a França, Itália, Américas e Palestina. Em Paris, os mais abastados entre os imigrantes se congregaram no IX.º *arrondissement*, onde formaram a Association Amicale des Israélites Saloniciens e, em 1932, fundaram a sua própria sinagoga.

Muitos dos emigrantes prosperaram nos seus novos lares. Entre estes, estava a família do jovem Daniel Carasso, que levou para a França em 1929 uma pequena empresa de fabricação de iogurte, a Danone, que, quando ele morreu aos 103 anos em 2009, crescera e se tornara a maior vendedora mundial de laticínios frescos.[49]

A composição demográfica de Salônica foi revolucionada na década de 1920 pelo suposto intercâmbio de populações, na realidade expulsões mútuas, entre a Grécia e a Turquia. Quase todos os muçulmanos, inclusive todos os Dönmeh (descendentes de judeus que se converteram ao islamismo no século XVII e que tinham retido uma identidade característica), foram expulsos para a Turquia. No seu lugar, 150 mil gregos da Turquia chegaram à cidade, impondo uma enorme pressão sobre a moradia e os recursos, e prejudicando as relações entre os residentes e os recém-chegados. De repente, os judeus se viram como a maior e mais ostensiva minoria em Salônica. Em uma atmosfera de sentimento nacionalista intensificado, eles se tornaram alvo para o ataque xenofóbico.

Como todos os estados nacionais da Europa oriental, a Grécia estava determinada a romper o que era considerado uma dominância estrangeira sobre o seu comércio e cultura. Embora a maioria dos judeus tivesse adquirido a cidadania grega, eles não eram plenamente aceitos como cidadãos gregos. Os empreendimentos comerciais não tinham mais permissão para manter livros contábeis nas línguas de sua preferência. Os navios de propriedade grega quando chegavam no porto procuravam estivadores gregos de preferência aos judeus, que ficavam restritos a trabalhar com as embarcações estrangeiras. Foi aprovada uma lei em 1924 que visava especificamente os judeu-salônicos, exigindo que o descanso dominical fosse respeitado pelas lojas, escritórios e fábricas, e proibindo qualquer exceção para os judeus. O porto também foi obrigado a trocar o dia de descanso de sábado para domingo. A helenização compulsória acarretava a secularização compulsória. "Todo mundo diz que não é possível viver trabalhando cinco dias por semana", comentou um observador. "Os estivadores e carregadores no porto, os cocheiros de carruagens e os trabalhadores das fábricas de tabaco, e os gerentes de lojas e até mesmo membros das famílias dos *dayanim* [juízes da corte religiosa] e dos rabinos — todos abrem os seus negócios ou vão trabalhar aos sábados."[50]

Em 1928, em um ato legislativo de criação de gueto, naquela época único na Europa, os cidadãos de origem judaica da Grécia foram colocados em um colégio eleitoral separado. Em dezembro de 1928, foi formada uma Associação de Assimilacionistas Judeus. Isso buscava revogar a lei eleitoral e harmonizar as relações entre judeus e cristãos fazendo oposição ao sionismo e incentivando as crianças judias a frequentar escolas gregas. A imprensa sionista local chamou a associação de "trabalho do demônio" e uma aliança profana de *"faubourgistes e je m'en fichistes"*.[51]

Depois da queda do primeiro-ministro liberal, Eleftherios Venizelos, em 1933, que havia apoiado o colégio eleitoral, este foi anulado. Venizelos, zangado, declarou: "Os gregos não querem que os judeus influenciem a política helênica... Os judeus de Tessalônica [Salônica] seguem uma política nacional judaica. Eles não são gregos e não se sentem como tal. Por conseguinte, eles não devem se envolver em assuntos gregos".[52]

Todas as escolas judaicas eram obrigadas a designar professores de grego para garantir que o corpo discente adquirisse uma completa proficiência na língua nacional. Isso deu origem a tensão. Cerca de metade das crianças judias frequentava escolas comunitárias, e a maioria das restantes frequentava as escolas francófonas da Alliance. Quando um inspetor de escolas públicas visitou a escola Talmud Torah em 1929, ele disse para o professor de grego da quarta série que achou a turma fraca na língua. O professor, presumivelmente um grego não judeu, retrucou: "Não conseguimos obter melhores resultados porque esses judeus só gostam de francês e não se empenham em aprender grego". O inspetor da escola da comunidade judaica ficou furioso e se queixou (em francês) da "odiosa calúnia" do professor. O principal problema, afirmou ele, não eram os alunos e sim os professores de grego, muitos dos quais não levavam a sua tarefa a sério e frequentemente não compareciam às aulas. Ele acrescentou que, com poucas exceções, eles não tinham o menor interesse nas atividades da escola a não ser nas suas próprias aulas, e todas as medidas disciplinares tinham que ser conduzidas inteiramente pelos professores judeus.[53] Em 1937, o diretor de uma escola comunitária judaica exigiu a expulsão de um professor de grego, o qual, afirmou ele, era preguiçoso, procurava enfraquecer a autoridade dos professores de francês e de hebraico, e "carecia de toda e qualquer conscientização profissional". Seus alunos não estavam aprendendo nada com ele "e até mesmo desaprenderam o que sabiam". Além disso, prosseguiu a queixa, "Preciso lhes dizer que o sr. Economides não gosta de nós" ("ne nous aime pas").[54]

No início da década de 1930, o grego tornou-se o veículo de instrução compulsório. As escolas mantidas por governos estrangeiros foram proibidas, a não ser para os que não eram cidadãos gregos, que constituíam apenas cerca de 10% da população judaica, e o ensino do hebraico como língua viva foi proibido durante algum tempo. Doze horas por semana era o período permitido para disciplinas judaicas. A direção das escolas da Alliance foi entregue à comunidade judaica, e o ensino do judeu-espanhol e do francês foi proibido. A partir de 1935, foi imposto um programa especificado pelo governo. Algumas crianças judias começaram a frequentar escolas públicas gregas em vez das judaicas: de 140 alunos em 1934--1935, o número aumentou para 836 em 1938-1939.[55] Em 1939, foi feita a sugestão de que o governo deveria assumir o controle total das escolas comunitárias.[56]

Em 1931, irrompeu a agitação antijudaica quando ultranacionalistas gregos promoveram um violento tumulto contra os judeus no distrito Campbell da classe trabalhadora. Em um julgamento subsequente de supostos desordeiros, o tribunal constatou que eles haviam praticado incêndio criminoso, mas que tinham sido motivados pelo patriotismo, de modo que os absolveu.[57] Esse último caso na sucessão de desastres precipitou grande parte da população judaica no desespero.

Nesse meio-tempo, a posição econômica dos judeus deteriorou-se ainda mais. Em 1933, 70% dos judeus em Salônica constavam de listas de auxílio. A pauperização e a violência levaram outros 10 mil judeus a emigrar entre 1931 e 1934.

O sionismo não fora muito forte durante o governo otomano em Salônica. Quando o futuro líder sionista David Ben-Gurion viveu lá em 1911, como estudante de direito, ele criticou severamente o que via como a ausência de espírito nacional dos judeu-salônicos.[58] Mas a série de golpes que se abateram sobre a comunidade a partir de 1912 alimentaram a ascensão do sionismo. Publicações sionistas em judeu-espanhol pintavam imagens idílicas da Terra Santa: "Yerushalayim! Que attraccion majica!" ("Jerusalém! Que sedução mágica!").[59]

O conselho comunitário tornou-se a arena de ardorosos conflitos entre sionistas, "moderados" (assimilacionistas) e comunistas. Em 1928, os sionistas obtiveram maioria absoluta de votos (61%). O conselho controlado pelos sionistas incentivou ativamente a emigração para a Palestina, esperando assim aliviar o desemprego na cidade. Quando o novo porto de Tel Aviv foi inaugurado em 1936, estivadores judeus de Salônica se mudaram para lá para possibilitar que o porto funcionasse. No entanto, a limitação da imigração judaica para a Palestina depois de 1936 reduziu o fluxo de saída da cidade.

O sionismo salônico, contudo, estava tão empenhado em reerguer os judeus da sua situação aflitiva na diáspora quanto em promover a emigração para a Palestina. Privados da válvula de segurança da emigração, a liderança comunitária em Salônica, bem como em outros lugares, tentou direcionar os judeus para o que eram consideradas ocupações produtivas. O programa do conselho recém--eleito em 1934, no qual os sionistas, com 21 cadeiras, eram o maior partido, mas dependiam do apoio de outros para ter a maioria, estipulava "o incentivo à população judaica de se envolver com carreiras produtivas: trabalhos agrícolas e artesanais etc., a fim de interromper a tendência em direção a ocupações comerciais".[60]

Ao contrário da maioria dos regimes autoritários da Europa oriental, a ditadura militar de Ioannis Metaxas, que tomou o poder na Grécia em agosto de 1936, era relativamente amigável com relação aos judeus, os quais, com exceção dos comunistas, geralmente retribuíam a atitude. No entanto, por trás de uma aparência de amizade, o governo debilitava as estruturas democráticas da comunidade, abolindo as eleições internas e impondo um novo conselho administrativo composto de homens subservientes.

Tanto cultural quanto ideologicamente, os judeus foram impelidos em várias direções: pelo sistema escolar da Alliance para a França; pelos comunistas e assimilacionistas para os gregos; e pelos sionistas para os hebreus. Ao contrário de Vilna com o seu movimento iidichista, não havia nenhuma força cultural poderosa atuando para manter e reviver o judeu-espanhol. Na década de 1930, o assimilacionismo parecia estar ganhando terreno. Um dos sinais disso podia ser visto nas notificações de nascimentos locais, nas quais nomes não judaicos, como Alberto e Sarina, começaram a substituir nomes judaicos, como Avram e Sara.

Na década de 1930 não restava um único seminário rabínico em Salônica. Quando o último rabino-mor sefardita da cidade, Ben-Zion Uziel, partiu para a Palestina em 1923 a fim de assumir a posição de Rishon le-Zion, ou rabino-mor sefardita da Terra Santa, Salônica, assim como comunidades sefarditas em outros lugares da Europa, achou necessário buscar a sua liderança espiritual na Polônia. Depois de um interregno de vários anos, Zvi Koretz, nascido na Polônia, foi nomeado rabino-mor em 1932. Graduado pela Hochschule für die Wissenschaft des Judentums em Berlim, ele tinha também doutorado pela Universidade de Viena. Koretz, uma figura orgulhosa e aristocrática, cultivava boas relações com Metaxas e com a família real, mas as suas relações com o seu rebanho eram tempetuosas.

Os asquenazes eram apenas uma minúscula minoria da população judaica da cidade — apelidados de *Mashemehas* (possivelmente, segundo se imagina, porque quando chegaram eles perguntavam em hebraico o nome dos judeus locais: *ma shimcha?*, que significa "Qual é o seu nome?") — e a nomeação de Koretz despertou controvérsias. Um arauto de problemas futuros era a objeção de algumas pessoas da comunidade à sua ausência de barba (rabinos alemães modernizados, ao contrário dos sefarditas e daqueles do Leste Europeu, frequentemente andavam de barba feita). Ele teve que prometer que iria deixar crescer a barba, como uma condição para a sua nomeação. Logo depois da sua chegada em 1933, teve início uma campanha de difamação contra ele, seguida por acusações na imprensa judaica. Ele foi acusado de arrogância, ostentação, ignorância, assimilacionismo e covardia.[61] Koretz se expôs à ira, em particular, da liderança sionista secular da comunidade devido à sua presteza em cooperar com o programa de helenização do governo. Argumentos por causa da disposição de imóveis comunitários na área que tinha sido destruída durante o grande incêndio envenenou as relações entre

Koretz e a liderança secular. Discussões entre rabinos e as suas comunidades eram frequentes em todo o mundo judaico, mas o fato de Koretz ser um asquenaze de fora não ajudava. "É de conhecimento geral", declarou o jornal *El Tiempo*, "que essas pessoas [asquenazes] têm um caráter difícil, autocrático e inflexível, enquanto nós, sefarditas, temos um temperamento meigo, flexível e agradável."[62]

A posição financeira desesperada da comunidade a levava a pedir à câmara municipal, todos os anos, auxílio para o seu trabalho de assistência médica e social, mas o peso político reduzido dos judeus na cidade enfraquecia o seu poder de persuasão. Em 1939, o governo da cidade concedeu uma subvenção de 612 mil dracmas (que na taxa de câmbio da época correspondia a cerca de 5 mil dólares).[63] A comunidade tinha solicitado 750 mil, mas mesmo essa quantia cobria apenas uma fração dos custos totais de manter essas instituições.[64]

Os judeus de Salônica se esforçavam cada vez mais para provar a sua lealdade à Grécia. Quando Metaxas visitou Salônica em janeiro de 1939, pouco depois do dia da celebração do santo com o seu nome, os jornais judaicos locais disputaram entre si para publicar as mais bajuladoras expressões de lealdade e admiração.[65] Em maio, a Bené Berit inaugurou uma nova biblioteca na cidade. O presidente da sucursal enfatizou que ela continha uma seção especial dedicada a obras em grego antigo e moderno. Ele também "fez questão de demonstrar que não poderia existir nenhuma incompatibilidade entre a assimilação da cultura grega pelos judeus e a conservação da sua personalidade étnica".[66] Em julho daquele ano, foi realizada uma cerimônia de entrega de prêmios no orfanato Aboav. O presidente fez um discurso em grego no qual expressou agradecimentos ao ministro da Higiene pela sua subvenção anual. Stela Masarano, uma formanda, falou então em nome dos alunos que estavam partindo.[67]

Um jornalista judeu local escreveu o seguinte: "A nossa assimilação ao helenismo não é notada apenas nas 1.001 manifestações da nossa vida pública e privada. Também a encontramos na nossa língua: até mesmo quando falamos *Judesmo* [judeu-espanhol], ainda é possível notar que somos helenos. O judeu-espanhol que um dia transbordou de palavras turcas [...] hoje mostra claros indícios de influências gregas".[68]

Em uma palestra em janeiro de 1939, o rabino-mor Koretz expôs a sua filosofia de simbiose judaico-grega. *L'Idépendant* noticiou que ele "aproveitou a oportunidade para falar em termos líricos sobre as possibilidades de cooperação que foram oferecidas no domínio cultural [...] por uma síntese feliz entre o espírito grego e o espírito judaico seguindo o exemplo do que fora alcançado na antiguidade pelos nossos correligionários em Alexandria".[69] A esposa do rabino, que não simpatizava com Salônica, suplicou a ele que aceitasse a oferta do rabinato-mor de Alexandria, mas enquanto a Europa avançava em direção à guerra, Koretz tomou a fatídica decisão de permanecer na Grécia.

Os judeus em cada uma dessas novas Jerusaléns tinham um profundo sentimento de enraizamento. Seus ancestrais tinham, em grande parte, vivido em cada uma das cidades durante muitos séculos, haviam construído sólidas instituições e tinham desempenhado um papel ativo na sua vida social, econômica e política. Em cada caso, os habitantes judeus tentaram um conjunto diferente de abordagens ao desafio de conciliar a sobrevivência coletiva com a modernidade. Em cada um deles, eles enfrentaram condições diferentes e adotaram expedientes distintos. Mas um vislumbre da trajetória com que cada um estava envolvido na década de 1930 poderia conduzir apenas — e em muitos casos conduziu — a uma conclusão comum e esmagadora: o futuro parecia sombrio.

Contra esse pano de fundo, até onde poderiam os judeus da Europa se valer de fontes tradicionais de inspiração espiritual para amparo nesses tempos de crise?

– 6 –

HOMENS SANTOS

Tohu-bohu

As centenas de milhares de judeus que serviram nos exércitos europeus durante a Primeira Guerra Mundial foram, como todos os conscritos, arrancadas abruptamente de suas comunidades. Quase todos os soldados judeus da Europa oriental também foram arrancados da sua cultura, não raro de uma maneira definitiva e irreparável. Independentemente do direito teórico à prática religiosa que eles pudessem possuir enquanto estivessem de uniforme, na prática, eles achavam difícil manter *mitzvot* básicos como a observância do *Sabbath* e do *kashrut* nos exércitos no campo de batalha. Quando conseguiam sobreviver, os soldados voltavam para casa como homens completamente mudados. As massas de civis judeus que abandonaram as suas casas nas partes ocidentais do Império Russo bem como na Galícia austríaca enfrentaram distúrbios diferentes, porém não raro dificilmente menos devastadores, que afrouxaram da mesma forma as amarras dos sistemas de valores que tinham herdado. O primeiro estágio da desjudaização dos judeus da Europa havia começado com o Iluminismo; o segundo começou aqui.

Na fuga acelerada dos judeus do judaísmo, os ortodoxos sofreram mais perdas do que outras correntes, primeiro porque havia uma quantidade maior deles e, consequentemente, o número a ser perdido era maior; segundo, porque a ortodoxia exigia mais dos seus adeptos do que as restantes, o que tornava mais difícil conciliá-la com as exigências da vida moderna, fosse esta militar ou civil. O judeu ortodoxo, uma vez que tivesse deixado de depositar os *tefillin* (filactérios) nas manhãs de todos os dias úteis da semana, rezar em um *minyan* (quórum de dez homens) três vezes por dia, celebrar o *Sabbath* e as festas religiosas, e obedecer aos 613 mandamentos positivos e negativos restantes, geralmente acharia mais difícil retomar as suas práticas anteriores do que um judeu liberal cujas observâncias teriam sido, de qualquer maneira, menos meticulosas desde o início.

A década que se seguiu a 1914, portanto, conduziu a um sentimento de crise na ortodoxia da Europa oriental. Não apenas os líderes ortodoxos, mas judeus comuns, sem nenhum interesse pessoal no assunto, viam a religião em rápido recuo. "As únicas pessoas que rezam são as da classe média, os pobres e os idosos", escreveu um observador em Łódź em 1928.[1] Já no final da década de 1930, muitas lojas na rua Nalewski, no coração da área judaica de Varsóvia, abriam no *Sabbath*.

Ben-Zion Gold, nas suas memórias sobre a sua juventude em Radom, relembra que o ambiente ortodoxo no qual ele cresceu era sentido, de um modo geral, como estando em um estado de decadência. As exigências prementes do mundo secular tinham afetado a cultura do *bet hamidrash*, a sala de estudos que fazia parte de toda comunidade judaica de um certo tamanho e na qual, na geração anterior, os leigos ocupavam o seu tempo livre com o estudo de textos sagrados. Antes da Primeira Guerra Mundial, esse "sistema voluntário exclusivo de instrução superior sem compromissos formais, salários, orçamento ou administração", como Gold o chama, estivera no centro da vida judaica ortodoxa e era frequentado dia e noite por autodidatas talmúdicos. No entanto, relembra Gold, "o que até recentemente era a norma tornou-se, na minha época, uma exceção". Na sua cidade natal, somente uma *shtibl* (sala de oração) em vinte era um local de estudo para jovens talmudistas; as outras eram usadas para orações, mas de resto ficavam vazias a maior parte do tempo. "Em cidades com uma grande população judaica como Varsóvia e Łódź", escreve ele, "ainda era possível encontrar *shtibls* repletas de rapazes estudando, mas no geral a comunidade tradicional estava na defensiva e perdendo terreno."[2]

Um mapa religioso judaico da Europa entre as duas guerras mostraria a ortodoxia como sendo ainda a tendência dominante em grande parte do centro-leste da Europa. Em outros lugares, contudo, ela estava enfraquecendo. Na União Soviética, a religião estava no processo de ser completamente eliminada. Na Alemanha, os ortodoxos representavam apenas um oitavo da comunidade nos anos entreguerras. Na Hungria, a forma dominante era o Neolog, uma variante do judaísmo liberal. Nas áreas em que a ortodoxia era nominalmente a principal corrente religiosa, ela estava como na França, assediada por forças secularistas ou, como na Itália e nos Bálcãs, era mais flexível do que a variedade polonês-lituana.

Até mesmo na Polônia, embora a ortodoxia predominasse naquele país, elementos não ortodoxos controlavam muitas instituições religiosas judaicas fundamentais. Em Varsóvia, por exemplo, a Grande Sinagoga na rua Tłomackie era conhecida, como o eram essas sinagogas em todo o continente, como a *"shul alemã"*, por causa do que era visto como a natureza modernizada e excessivamente formal dos seus serviços.

Na Europa ocidental os papéis estavam invertidos. Lá, a maioria dos judeus era não ortodoxa, mas os ortodoxos mantinham o controle nominal das principais instituições religiosas judaicas, com destaque para o Consistoire na França. A prática religiosa judaica estava se desvanecendo. Um escritor ortodoxo na Antuérpia em 1936 referiu-se aos ortodoxos como *she'erit ha-pleitah* ("os restantes sobreviventes") que tinham "se salvado do *tohu-bohu*, a frenética comoção da sociedade circundante".[3] Números crescentes de judeus lá, bem como na França e na Itália, desprezavam as minúcias da prática religiosa e, em alguns casos, abandonavam completamente a religião.

"A Torá proíbe qualquer novidade"

O termo "ortodoxia", aplicado aos judeus religiosos conservadores, recua apenas ao início do século XIX. Um dos ideólogos ortodoxos mais antigos foi Moses Schreiber (1762-1839) de Pressburg (Bratislava), conhecido como Hatam Sofer. Sua inflexível resistência à mudança, resumida na máxima *hadash asur min hatorah* ("A Torá proíbe qualquer novidade"), continuou a funcionar como uma estrela-guia para os judeus ortodoxos das gerações subsequentes.

O seu sábio mais venerado do início do século XX foi Yisrael Meir Hakohen (1838-1933), conhecido como Hafets Hayim, por causa de um livro que ele publicou em 1873, que tratava de leis judaicas relacionadas com a fofoca e a difamação. Uma figura proeminente no movimento agudista, ele se opunha ao sionismo e criticava ferozmente a emigração para os Estados Unidos, que ele encarava como um covil de iniquidades modernas.

Depois da morte de Hafets Hayim, o rabino mais influente da tendência *misnagdic* era Hayim Ozer Grodzenski de Vilna, que atuou como presidente do conselho rabínico do Agudas Yisroel. Reconhecido como um *ilui* (gênio) na sua juventude, Grodzenski era um oponente do sionismo, embora tenha tentado durante algum tempo um acordo com o partido Mizrachi. Ele também se opunha à educação secular, ao judaísmo reformista, na realidade, a qualquer forma de inovação religiosa. A assimilação e o judaísmo reformista, argumentou ele na resposta publicada em 1939 a uma pergunta que lhe foi apresentada, eram responsáveis pelos desastres que estavam se abatendo sobre o povo judeu.[4]

Líderes ortodoxos como Grodzenski sentiam que a única maneira de deter a tendência modernista era galgar os baluartes do conservadorismo inflexível. Isso os levou a delinear uma doutrina conhecida como *daas toyre*, pela qual eles se arrogavam o poder de ir além da mera recitação de fontes e precedentes talmúdicos e, com base na sua própria autoridade, expedir determinações que teriam força de lei. No entanto, na própria família de Grodzenski havia aqueles que se desviavam do caminho correto. Seu sobrinho abandonou os estudos na *yeshiva*, abraçou o secularismo e tornou-se editor do jornal *Ovent-kuryer* em Vilna.

O rabino Joseph Rozin de Dvinsk (1858-1936), conhecido como Rogatchover Gaon, enfrentou um constrangimento doméstico ainda mais doloroso. Renomado erudito, ele era célebre por conhecer todo o *corpus* da literatura rabínica de cor. Um embaraçoso dilema se apresentou a Rozin quando seu genro morreu e sua filha se viu obrigada a passar pela cerimônia do *halitzah*. De acordo com a lei judaica, isso precisa ser executado por um irmão sobrevivente, que renuncia ao direito de se casar com a viúva do falecido, deixando-a livre para se casar com quem ela desejar. O problema que Gaon teve de enfrentar era que, dos dois irmãos do falecido, um era um comunista que residia em Leningrado e o outro um convertido ao cristianismo que morava em Königsberg. Os talmudistas discutiram a respeito de qual dos dois deveria realizar a cerimônia. No final, o Gaon decidiu que, como os dois irmãos eram igualmente ruins, era melhor que ele escolhesse o comunista. O parecer, contudo, deu origem a uma controvérsia, já que ele pareceu abrir o caminho para estigmatizar todos os judeus não praticantes de apóstatas.[5]

Na Alemanha, uma interpretação radicalmente diferente da ortodoxia tinha se desenvolvido a partir do final de século XIX. As duas figuras dominantes na formulação dessa neo-ortodoxia alemã eram Esriel Hildesheimer (1820-1899) de Berlim e Samson Raphael Hirsch (1808-1888) de Frankfurt. Embora se considerassem rigidamente ortodoxos, eles abraçavam estudos seculares e religiosos, e buscavam conciliar o judaísmo com o pensamento esclarecido. Embora eles e os seus seguidores às vezes se envolvessem em uma amarga rivalidade, as suas perspectivas eram, na verdade, bastante semelhantes. Ambos abraçavam o conceito da *torah im derekh-eretz* (definido por Hirsch como "realização da Torá em uma unidade harmoniosa com todas as condições sob as quais as suas leis terão que ser observadas entre os acontecimentos dos tempos em constante transformação"). Hirsch tinha permitido algumas modestas inovações: coros (só de homens) poderiam cantar na sinagoga, e casamentos poderiam ser realizados lá; os rabinos poderiam usar mantos e pregar sermões em alemão.

Os epígonos de Hirsch no século XX fortaleceram a sua resistência à mudança. No entanto, a neo-ortodoxia alemã permaneceu diferente da ultraortodoxia do Leste Europeu. Ela tem sido chamada de "uma espécie de dualismo estabilizado" ou, como dizia Hildesheimer, "uma fiel aderência aos ensinamentos tradicionais combinada com um esforço eficaz de permanecer em contato com o espírito do progresso".[6]

"Não há espaço para nós dois"

Embora os hassídicos e os *misnagdim* cooperassem uns com os outros no Agudas Yisroel e em outras organizações desse tipo, e embora a maioria dos seguidores de cada um encontrasse dificuldade em identificar diferenças doutrinais rigorosas entre os dois campos, a histórica animosidade entre eles não havia de nenhuma maneira se suavizado. Os *rebes* hassídicos conservavam vastos grupos de adeptos, embora rudimentares, especialmente nas regiões central e sul da Polônia e em partes da Hungria, Romênia e Tchecoslováquia, bem como em terras de destino da emigração judaica, acima de tudo os Estados Unidos.

As duas dinastias com o maior apoio na região central da Polônia eram a de Gur e a de Aleksandrów. Na Galícia, os hassídicos de Belz predominavam. Outros grupos hassídicos variavam em número, indo de milhares a poucas dezenas. Eles geralmente não eram membros de nenhuma organização formal, a não ser pelos membros de um núcleo interno que poderiam se matricular como alunos na *yeshiva do rebe*. Seus seguidores mais dedicados se reuniam como um séquito leal na sua corte, geralmente na *shtetl* de origem da dinastia ou naquela para a qual o *rebe* da época tinha se mudado. Nas cidades para as quais muitos hassídicos haviam migrado das suas *shtetlakh*, cada grupo hassídico estabelecia a sua própria *shtibl* informal, não raro em uma casa ou apartamento particular, em vez de em uma sinagoga. Seguidores visitavam o *rebe* ou escreviam para ele, em busca de inspiração espiritual, conselhos sobre negócios, permissão para casar, soluções para problemas e curas para doenças.

Entre os líderes hassídicos, o que conquistou a reputação de religiosidade mais enfaticamente intransigente nesse período foi Hayim Eleazar Shapira, *rebe* de Munkács na Rutênia Subcarpática. Um homem excitável, com uma voz aguda e estridente, ele se tornou notório por suas vigorosas imprecações contra o sionismo, outros *rebes*, o comunismo, os Estados Unidos e todos os governos existentes, bem como trupes visitantes, esportes e "qualquer tipo de festividade".[7] Os agudistas tampouco estavam livres dos seus anátemas: "Di Agudisten, yimakh shmom vezikhrom, vos zenen erger als di klovim di Tsiyonisten [...]" ("Os agudistas, que o seu nome seja apagado, que são piores do que aqueles cachorros os sionistas [...]") — como ele se referiu a eles em um sermão em Marienbad, onde estava desfrutando a cura termal no verão de 1930.[8] Ele gozava de um apoio indiscriminado, às vezes frenético, dos seus seguidores. Quando ele se aventurava a aparecer em público, a sua carruagem era cercada por entusiastas que tinham que ser rechaçados por sua guarda de honra.

Enquanto a maioria das ideologias judaicas modernistas atribuía um valor elevado ao trabalho, muitas das que eram rigidamente ortodoxas conferiam a ele um *status* secundário: somente o estudo da Torá era digno do esforço humano, como preparar o caminho para a era messiânica. Como declarou o *rebe* de Munkács: "Não devemos nos apoiar em nenhum esforço natural ou na salvação material pelo trabalho humano. Não devemos esperar a redenção de nenhuma fonte que não seja Deus". Nesse mesmo espírito, ele se opunha a todas as formas de educação secular, bem como à medicina, tecnologia, engenharia e arquitetura modernas, já que, afinal de contas, o Templo revivido seria projetado pelo próprio Deus e "legado à terra totalmente construído e completamente decorado e equipado".[9]

O *rebe* era contra a emigração para a Terra Santa ou para os Estados Unidos, insistindo em que os seus seguidores permanecessem na Europa para esperar o messias, que chegaria na ocasião do apocalipse, que ele prognosticou que ocorreria em 1941 (o *rebe* morreu em 1937). "Que o Senhor o repreenda, Ó Satã, que escolhe Jerusalém!", escreveu ele.[10] Os muito procurados certificados de imigração para a Palestina eram *shmadtsetlakh* ou *toytnshayn* (certificados de apostasia ou morte).[11] O *rebe* visitou a Palestina em 1930, mas voltou ainda mais convencido do caráter satânico do empreendimento sionista. Quando os sionistas persuadiram a câmara municipal de Munkács a dar à rua principal do distrito judaico o nome de Yehuda Halevi, o poeta judeu-espanhol do século XII famoso pelos versos que expressavam o anseio pela Terra Santa, o *rebe* conseguiu reverter a decisão e a via foi batizada de rua dos Caminhos de Arrependimento, em homenagem ao título de uma obra do falecido pai do *rebe*.

A capacidade de fazer milagres e os poderes proféticos atribuídos aos *rebes* hassídicos eram ridicularizados pelos *misnagdim* e pelos neo-ortodoxos, judeus reformistas e seculares. Os casamentos entre os descendentes de diferentes dinastias eram celebrados como matrimônios reais entre os rebentos de monarcas absolutos. As festividades duravam vários dias, e milhares de pessoas compareciam a elas. Alguns costumes hassídicos despertavam um desprezo particular, como, por exemplo, a prática do *khapn shirayim* (apanhar restos) do prato do *rebe* nas refeições festivas.

Os *rebes* recebiam doações voluntárias (*pidyoynes*) dos seus seguidores e, em consequência disso, alguns se tornavam homens ricos cujas cortes adquiriam paramentos palacianos. O *rebe* de Munkács, por exemplo, desfrutava uma renda

140

tributável avaliada em 1928 de 621.500 coroas (equivalente na taxa de câmbio oficial a 18.833 dólares — na época, uma quantia considerável na Tchecoslováquia).[12] A sua receita era ainda mais impressionante porque, ao contrário de muitos outros *rebes,* que se sentiam à vontade recebendo contribuições de todo mundo, ele só aceitava dinheiro dos "fiéis à Torá" na sua estreita definição do termo.

Os judeus esclarecidos da Europa central encaravam o hassidismo com uma mistura de repulsa horrorizada e, mesmo assim, não raro no início do século XX, com uma atração fascinada. Nas regiões falantes do alemão, a maioria das pessoas tomava conhecimento dele apenas indiretamente por intermédio das obras de Martin Buber, cujo romantismo nebuloso e *völkisch* atraiu por curto tempo até mesmo o futuro marxista Georg Lukács.

Um caso excepcionalmente de amplas consequências foi o do escritor judeu-tcheco Jiří Langer, que abraçou entusiasticamente o hassidismo e, durante algum tempo, viveu em Belz na corte do *rebe.* Em Marienbad, em 1916, Langer apresentou o amigo Franz Kafka ao *rebe* de Belz. *Apresentou* talvez seja a palavra errada, já que o *rebe* era uma figura praticamente inacessível, mas Kafka teve permissão para acompanhar a comitiva do *rebe* quando o grande homem foi fazer a sua caminhada na floresta, o tempo todo recitando o Talmude para si mesmo (diziam que ele sabia de cor a obra inteira). De vez em quando, o *rebe* fazia uma pausa para conversar com gnomos de madeira ornamentais. Kafka achou divertida a compostura quase real que era exigida na presença do *rebe.* Ele ficou fascinado por esse encontro com o judaísmo hassídico, e escreveu e falou extensivamente a respeito dele. O *rebe* fez Kafka se lembrar do sultão de uma ilustração de Gustav Doré para o livro *As Aventuras do Barão de Münchhausen.*

Os hassídicos eram altamente territoriais e fanaticamente dedicados às suas respectivas dinastias. Alguns desaprovavam o casamento com seguidores de outros *rebes* rabínicos, brigavam fortemente com eles, empregando até mesmo a violência física e, o pior de tudo, impugnavam o *kashrut* da *tish* (mesa) *de um rebe* rival. Quando o terceiro *rebe* de Belz, Isachar Dov Rokeach, fugiu da Galícia para Munkács em 1920, o *rebe* de Munkács se recusou a respaldar a presença de um rival no seu território. "Não há espaço para nós dois neste lugar!"[13] Seguiu-se uma guerra de "excomunhões e proibições, calúnias e difamações, propaganda e até mesmo violência".[14] Com o tempo, o *rebe* de Munkács não apenas empurrou o concorrente para fora da cidade, como também conseguiu mobilizar a sua influência no governo para garantir a expulsão dele da Tchecoslováquia. Os moradores de Belz nunca se esqueceram dessa ofensa.

Herr Doktor ou Rov?

No judaísmo, o rabino não é, como o padre cristão, um mediador entre o homem e Deus. Ele é, mais exatamente, um erudito, um professor e (mas somente a partir do século XIX) um pregador. Às vezes, ele pode ser também um juiz (*dayan*) em uma corte rabínica; mas a autoridade dessa instituição já no início do século XX era bem mais restrita do que no passado. Nas condições modernas, o rabino, ortodoxo ou não, também tinha a responsabilidade de procurar garantir que o seu rebanho não se desgarrasse e se afastasse muito do aprisco.

Na Europa entreguerras, considerava-se de um modo geral que o *status* do rabino tinha declinado com relação ao século anterior. A não ser entre os rigidamente ortodoxos, os rabinos não eram mais geralmente encarados como líderes de suas comunidades. Eles tampouco eram vistos, na sua maior parte, como mentores intelectuais.

Os rabinos vinham em muitas formas e aparências. O tipo do *rebe* hassídico, venerado como fazedor de milagres pelos seus seguidores, mudou pouco com relação a épocas anteriores. Os rabinos liberais frequentemente usavam hábitos clericais, semelhantes aos do clero católico. Nos últimos tempos da Rússia imperial, o governo havia nomeado "rabinos da coroa", funcionários do governo que eram obrigados a saber russo, eram responsáveis por registros da população, recebiam uma educação secular e religiosa. Eles eram encarados pelos ortodoxos como religiosamente insatisfatórios e, por outros, como fantoches do governo. A suspeita perdurou: depois de 1917, os rabinos soviéticos, cuja nomeação dependia igualmente do governo, eram habitualmente encarados com uma intensa desconfiança pelos judeu-soviéticos que ainda se importavam com esses assuntos.

O cargo de rabino-mor existia em algumas cidades, regiões ou países, porém não em todos. Tanto Paris quanto a França tinham um rabino-mor, mas a Alemanha não tinha nenhum, embora algumas regiões tivessem um *Landesrabbiner* e algumas cidades um *Oberrabbiner*. Nos Bálcãs, o título de *haham bashi,* equivalente a rabino-mor, era conferido pelo governo imperial otomano e os seus sucessores aos chefes religiosos das comunidades judaicas. Para a maioria dos judeus, especialmente os ortodoxos, o prestígio de um rabino não dependia desses identificadores e sim da sua reputação de erudição.

Os judeu-sefarditas dos Bálcãs não conservavam, nessa época, muita vitalidade espiritual. Poucas *yeshivot* sefarditas eram capazes de rivalizar em prestígio com as grandes academias talmúdicas da Polônia e da Lituânia. O órgão da Union Universelle des Juifs Sépharadim se queixou em 1935 de que o rabinato sefardita, "que um dia fora tão florescente e produzira tantos homens eminentes", estava agora "diminuindo a cada dia, e os poucos rabinos dignos de mérito que permanecem estão ficando cada vez mais velhos". A publicação advertiu que "existe o perigo de que o rabinato possa desaparecer totalmente um dia".[15] A escassez de rabinos sefarditas treinados era tal que comunidades no sul da Europa eram obrigadas a importar rabinos asquenazes da Polônia. Israel Zolli (originalmente Zoller), por exemplo, nascido na Galícia austríaca, foi nomeado rabino de Trieste em 1929 e de Roma em 1939. Na Bulgária, os três principais rabinos entre 1889 e 1914 eram todos asquenazes. Um sefardita de Salônica foi nomeado entre 1920 e 1925, mas a Bulgária teve que ficar completamente sem um rabino-mor até depois da Segunda Guerra Mundial.

Nas regiões da Europa falantes do alemão, sob a influência do movimento do Iluminismo *Wissenschaft des Judentums,* um tipo moderno de rabino havia emergido. Diplomados de seminários rabínicos e universidades que não as *yeshivot,* os rabinos alemães eram profundamente influenciados pela tradição intelectual alemã, especialmente por Hegel e Goethe.

Tradicionalistas da velha escola se queixavam de que "Herr Doktor" não era um *rov* (rabino) e gracejavam dizendo que, desde que os rabinos tinham se tornado doutores, o judaísmo ficara doente.[16] Hayim Ozer Grodzenski comparou a combinação da universidade com estudos talmúdicos à mistura de veneno com água e sustentou que a Polônia "não estava necessitada de rabinos com doutorados".[17]

Uma combinação formidável de aprendizado secular e religioso era Hirsch Perez Chajes, rabino-mor de Viena de 1918 até a sua morte repentina em 1927, aos 51 anos de idade. De origem galiciana, ele se encontrava na difícil posição de ser o líder com inclinação ortodoxa de uma comunidade predominantemente liberal. Um homem de incansável energia e vasta cultura, abertamente sionista e também pacifista, ele exemplificava o moderno rabino político ativista. Chajes despertava tanto admiração quanto críticas devido aos seus sermões e discursos apaixonados. "Não falo o que quero falar e sim o que devo falar, aquilo que é imposto pelo meu ser interior", declarou ele.[18] Sua participação, em 1925, na cerimônia de inauguração da Universidade Hebraica de Jerusalém levou um dos seus colegas mais ortodoxos de Viena a proclamar um dia de jejum. Não obstante, Chajes desfrutava a invulgar distinção de ser reconhecido não apenas como líder religioso, mas também como líder secular dos judeu-austríacos. Quando morreu, foi aclamado, em uma abundância de metáforas variadas, como "uma chama tremulante, uma tocha incandescente, um estandarte e um brado de guerra".[19]

Mesmo antes da ascensão de Hitler ao poder, a ortodoxia judaica alemã mostrava inclinação a se submeter às autoridades rabínicas na Europa oriental. Um dos primeiros testes da autoridade relativa ocorreu em maio de 1933, quando o governo nazista, em uma das suas primeiras ações contra os judeus, restringiu o *shechitah* na Alemanha, exigindo que todos os animais fossem atordoados antes de ser abatidos. Na lei religiosa, a questão era discutível. Alguns rabinos alemães defendiam a anuência à nova regulamentação, temendo que os judeu-alemães se voltassem para a carne não *kosher*; a carne adequadamente abatida importada da Holanda ou da Dinamarca era dispendiosa e havia pouco suprimento dela. No entanto, Grodzenski temia que a anuência levasse outros países a seguir o exemplo nazista e aprovar leis semelhantes, como alguns, entre eles a Polônia, de fato fizeram. Por conseguinte, ele usou a sua influência para convencer os rabinos ortodoxos alemães a não divulgar uma decisão que autorizasse o cumprimento da nova lei.

Depois de 1933, rabinos como Joseph Carlebach em Hamburgo, Joachim Prinz em Berlim e, acima de tudo, Leo Baeck como chefe da Reichsvertretung, ofuscaram a desbotada liderança secular do povo judeu-alemão. Nos primeiros meses do governo nazista, as palestras de Prinz sobre o judaísmo atraíram um público de mais de 5 mil pessoas. Mas esse entusiasmo, que gerou conversas sobre uma renovação do judaísmo, não durou. Em 1937, em um artigo de despedida quando deixou a Alemanha, Prinz lamentou a superficialidade e a brevidade do fenômeno: "O 'retorno ao judaísmo'", escreveu ele, "não foi 'uma marcha orgulhosa dos honrados', mas sim uma procissão dos mancos e cegos, como descrito pelo profeta na sua visão do Retorno: *veshavu ligvulam* ['e eles retornarão às suas próprias fronteiras']".[20]

A heder

A educação judaica tradicional, fundamental para a prática e a perpetuação da religião, fora geralmente conduzida em três níveis: começava na *heder*, continuava na mais avançada *talmud torah*, e culminava na *yeshiva*, o ponto alto do aprendizado religioso.

Nenhuma instituição judaica sofria de uma pior reputação do que a *heder*. O *melamed* era uma figura patética, frequentemente com pouca capacidade intelectual (já que os talentosos buscavam posições mais respeitadas, como a de rabino), miseravelmente remunerado, e o alvo das peças pregadas pelos seus pupilos. A partir do Iluminismo, a *heder* passou a ser objeto de contundentes críticas sociais. Um tropo comum nas autobiografias era expô-la como um covil de crueldade, depravação e superstição. A memória fraca pode ter adicionado alguns adornos a essas histórias de horror literárias, mas a realidade era com frequência bastante apavorante. As turmas eram grandes e as aulas duravam várias horas, geralmente das oito da manhã às seis da tarde, com um intervalo de uma hora para o almoço. Os métodos pedagógicos eram antiquados, envolvendo o aprendizado de rotina e, às vezes, violência. As jovens mentes curiosas eram intimidadas e obrigadas a se submeter em vez de ser estimuladas ou inspiradas.

Os pupilos mais jovens, geralmente meninos, embora as meninas às vezes ingressassem nos níveis inferiores, estudavam o alfabeto hebraico, a leitura e orações, bem como a porção semanal do *humash* (Pentateuco). A partir dos 8 anos de idade, eles acrescentavam Rashi e outros comentadores bíblicos medievais e, logo depois, a *targum* (tradução) de Onkelos do Pentateuco para o aramaico.

Aos 10 anos, eles (somente meninos neste estágio) começavam a estudar o Talmude, iniciando com o sétimo tratado da ordem Mo'ed no Mishnah. Ele trata das leis que dizem respeito às festas judaicas e começa com as palavras "O ovo que nasceu em um *Sabbath*". O texto discute o que deve ser adequadamente feito com um ovo assim, o produto do trabalho de uma galinha, tendo em vista que todo o trabalho realizado tanto por pessoas quanto por animais é proibido no *Sabbath*. Dan Porat, que passou quatro anos da sua infância, depois de 1929, em Kuty, no sopé dos Montes Cárpatos, na fronteira entre a Polônia e a Romênia, frequentou lá uma *heder* no estilo antigo: "Fiquei amedrontado", escreve ele, "e nunca teria me ocorrido perguntar qual era a relevância desses tratados para a nossa existência cotidiana".[21]

Por volta da virada do século na Rússia, esforços para modernizar a educação fundamental judaica haviam produzido a *heder metukan* ("*heder* reformada"). Com orientação sionista, ela usava o hebraico em vez do iídiche como veículo de instrução. No entanto, essas inovações só alcançaram um progresso limitado, e as supostas melhoras eram superficiais. Pelo seu lado, os inimigos da religião encaravam a *heder* reformada como uma ameaça maior do que a versão tradicional.

Até mesmo os defensores da *heder* reconheciam a necessidade da reforma. Joseph Carlebach, diretor da escola judaica em Hamburgo no início da década de 1920, passara a conhecer e respeitar o povo judeu-europeu, quando serviu com um capelão militar no exército alemão na frente oriental na Primeira Guerra Mundial, ocasião em que ele fundara modernas escolas judaicas de ensino médio em Kovno e Riga. Em um panfleto publicado em Berlim em 1924, ele propôs um programa para uma reforma completa da *heder*: o espaço físico propriamente dito e as ferramentas educacionais; a separação da sala de aula da residência do professor; a preparação dos planos de ensino religioso e secular; a elevação do padrão dos *melamdim* por meio de um melhor treinamento e segurança no emprego; o fornecimento de uma literatura educacional judaica adequada; a proibição da punição corporal "e outros métodos disciplinares não pedagógicos"; e a permanente supervisão das *hadorim* por autoridades religiosas profissionalmente qualificadas.[22]

Mas a mudança se infiltrou lentamente na *shtetl*. A *heder* de Dan Porat era na casa do *melamed* que também era o rabino da cidade.

> Era uma estrutura de madeira muito modesta, com um teto tão baixo que até mesmo para uma criança ele parecia sufocante. O chão era de terra batida, e duas mesas toscas, quatro bancos e uma estante de livros complementavam toda a mobília. A esposa do *rebe* estava frequentemente lavando a roupa na sala adjacente, enchendo a casa com o cheiro de sabão de sebo, enquanto sua filha, que sofria de tuberculose, estava sempre trabalhando em um tear fazendo kilims.* Nós, as crianças da *cheder* [*heder*], presenciávamos essa cena diariamente desde que um grande buraco foi aberto na parede entre a sala de estudos e o cômodo que era ao mesmo tempo cozinha, sala de estar e sala do tear, para deixar que a luz vinda das únicas janelas da casa entrasse neste último.[23]

A educação de Porat foi multilíngue, refletindo a sociedade de diferentes grupos étnicos na qual ele cresceu. Sua instrução geral era em polonês, com todas as outras atividades diárias conduzidas em ucraniano. Ele aprendeu quatro alfabetos: o latino para o polonês, o cirílico para o ucraniano, o hebraico para o iídiche, aramaico e hebraico, e, na *heder*, gótico, "este último um vestígio do velho império austríaco [...] para tornar a população judaica letrada em alemão. O império austro-húngaro havia desmoronado uma década antes, mas o costume de ensinar as letras góticas continuou a fazer parte do programa da *heder*".[24]

A experiência de Porat já na década de 1930 era excepcional. A *heder* tradicional estava agonizando — e não apenas na União Soviética. Na Polônia entreguerras, a *heder* era rigidamente controlada pela legislação do governo. Por razões de higiene, ela não deveria mais funcionar em uma residência particular e sim em um prédio público. Em algumas áreas, ela foi modificada e passou a funcionar em tempo parcial à tarde e tornou-se também uma escola dominical. Em outras, ela continuou a ser uma escola de ensino fundamental em tempo integral, ainda com muitas horas de estudo. A legislação exigia que matérias seculares como história, aritmética, e a língua e a literatura polonesas fossem acrescentadas ao programa. Como o *melamed* raramente era qualificado nesses assuntos, outro professor, frequentemente um judeu não religioso ou um não judeu, as ensinava. Mas a educação religiosa permaneceu a essência do programa, ocupando pelo menos 27 horas

---

* Tapete de tecelagem baixa, com padrões decorativos, da Turquia, Curdistão e países vizinhos; também se diz kelim. (N.T.)

por semana em comparação com um mínimo de doze horas para as matérias seculares. Depois de 1932, quando a semana escolar foi restringida para 36 horas, o estudo religioso ficou mais limitado, mas ainda podia ocupar uma grande parte da semana escolar.

A legislação, contudo, nem sempre se traduzia em realidade. Em 1938, o relatório de um inspetor escolar sobre a *heder/talmud torah* frequentada por 1.200 meninos de Cracóvia reclamou de excesso de alunos, dependências danificadas, problemas hidráulicos, falta de eletricidade, e sujeira e imundície por toda parte.[25]

Em muitos lugares, a *heder* desapareceu por completo, a não ser como escola suplementar no período da tarde, já que os pais preferiam enviar os filhos para as escolas gratuitas do ensino fundamental do que pagar para colocá-los em uma *heder* em período integral. Em Varsóvia, de acordo com as estatísticas oficiais, o número de *hadorim* declinou entre 1931 e 1935 de 108 para 62.[26] Em Białystok, restou apenas uma *heder*.[27] Na *shtetl* de Wołkowysk, as treze *hadorim* que existiam antes da Primeira Guerra Mundial já estavam fechadas em 1920, deixando apenas uma *talmud torah* de sétima série "com um programa moderno mais atualizado, que incluía hebraico moderno, história, geografia, ciências naturais, polonês e aritmética".[28]

As propostas de reforma, quer inspiradas internamente, quer impostas externamente, provavelmente chegaram tarde demais para salvar a *heder*. Refletindo sobre a sua experiência da infância em Radom, Ben-Zion Gold escreve que o sistema conduzia a um relacionamento antagônico entre o *melamed* e os alunos, e a um afastamento da religião. O resultado era que "as crianças que vinham de lares que viviam de acordo com a tradição tinham desprezo pela *heder*, e aquelas que vinham de lares nos quais a tradição era negligenciada saíam da *heder* com desprezo pela tradição".[29]

A yeshiva

As mais ou menos duzentas *yeshivot* na Polônia na década de 1930 incluíam algumas instituições independentes, mas a maioria estava agrupada em duas federações. A primeira, o sistema Khoyrev na Polônia central, foi fundada em 1924 como uma sucursal do Agudas Yisroel. As suas 103 *yeshivot* receberam a matrícula de 10.200 alunos em 1934-1935. A segunda federação operava sob a égide do Vaad Hayeshivot, fundada em uma conferência rabínica em Grodno em 1924. O seu diretor executivo, e depois da morte de Hafets Hayim, também o dirigente titular, foi Hayim Ozer Grodzenski. A partir da sua base em Vilna, ele coordenava as atividades de 64 *yeshivot* nas cinco províncias orientais da Polônia, com 5.700 alunos.

O total de alunos *yeshiva* na Polônia na década de 1930 foi estimado em não mais de 20 mil, representando cerca de 14% dos adolescentes judeus do sexo masculino. Esses números, como assinalou Shaul Stampfer, indicam claramente que "a tradicional sociedade judaica na Polônia estava declinando na década de 1930".[30] Mais alguns milhares estavam estudando em outros países, particularmente na Lituânia, Hungria, Romênia e Tchecoslováquia, mas isso não modificava o quadro global.

Em épocas mais antigas, os hassídicos não tinham fundado *yeshivot*, que permaneciam uma exclusividade dos seus oponentes, os *misnagdim*. No entanto, a partir do início do século XX, muitos líderes hassídicos, particularmente os *rebes* de Gur, Aleksandrów, Bobowa e Lubavitch, fundaram *yeshivot* na Polônia e em outras partes, embora a dinastia de Belz continuasse a resistir.

O orgulho da ortodoxia polonesa era a *yeshiva* de Lublin do rabino Meir Shapiro, uma instituição hassídica, criada em 1930. Seu prédio de seis andares, com 120 salas, continha um grande dormitório, uma enfermaria, uma biblioteca com 40 mil volumes e uma maquete em escala do Templo. O programa de Shapiro para o estudo diário do Talmude, conhecido como *daf yomi* (página diária), atraía grande atenção e apoio do influente *rebe* de Gur. Milhares de estudantes do mundo inteiro estudavam a mesma página todos os dias em um ciclo de sete anos e meio (o segundo terminou em 1938). Isso era uma inovação, mas na pedagogia e na disseminação, não na essência. Mesmo assim, o *rebe* de Munkács declarou-a não permissível.

O movimento Musar inculcava uma intensa espiritualidade, ascetismo e experiência extática religiosa. Fundado pelo rabino Israel Lipkin (1810-1883), mais conhecido, no local onde morava, como Salanter. Musar, em uma descrição posterior de Ben-Zion Gold, "era dedicado a aprofundar a sensibilidade moral na prática religiosa e nas relações pessoais". Seus adeptos "praticavam exercícios que eram concebidos para refrear a luxúria, a arrogância e a indolência, bem como para alimentar a afabilidade, o destemor e a generosidade". Eles tentavam se libertar da corrupção da *di gas* (a rua).[31] A *yeshiva* Slobodka na Lituânia, fundada em 1881, era a cidadela do Musar. Os seus adeptos se distinguiam ainda mais de outros alunos da *yeshiva* pela maneira como se vestiam. Os habitantes do mundo da *yeshiva* possuíam a nada invejável reputação de ter uma higiene insatisfatória e se vestir de maneira desleixada, mas os seguidores do Musar "tinham que se arrumar e se vestir de maneira impecável, de acordo com a sociedade burguesa contemporânea".[32] Em contrapartida, alguns seguidores do Musar, iam para o outro extremo, insistindo na pobreza, apresentando-se em trajes esfarrapados, fazendo poucas refeições e cultivando uma doutrina de *prishus* (separação do mundo).[33]

O sistema *yeshiva* de educação não permitia um grande número de instrutores. Os 326 alunos da *yeshiva* de Lublin tinham dez professores em 1937, e os 477 alunos da *yeshiva* de Mir só tinham quatro. Na maioria das *yeshivot* havia muito pouca instrução direta e nenhum exame. Ocasionalmente, poderia haver uma palestra, mas geralmente os alunos estudavam sozinhos com colegas. Não havia um momento específico no qual os alunos tinham que deixar a *yeshiva*, e alguns permaneciam nela durante muitos anos. Na *yeshiva* de Telz na Lituânia, por exemplo, que era considerada uma das mais organizadas, a faixa etária dos alunos ia de 16 e 28 anos de idade.

A *yeshiva* não era apenas uma instituição educacional; ela também era distribuidora de assistência social. As *yeshivot* mais ricas ofereciam dormitórios e refeitórios para os alunos. Em outros lugares, os estudantes encontravam alojamentos nas proximidades ou até mesmo dormiam em bancos nas sinagogas ou nas de salas de estudo. Muitos "comiam *teg*", o que significava que eles recebiam refeições gratuitas em um dia específico da semana como um ato de benevolência das famílias devotas da cidade. A prática, no entanto, veio a ser desaprovada como ameaçando os alunos com a exposição a influências externas inconvenientes — outro sinal da postura defensiva da ortodoxia nesse período.

O maior item individual do orçamento da *yeshiva* de Lublin para 1939 não era, como na maioria das instituições educacionais, o salário do pessoal e sim o fornecimento de refeições para os alunos. Estes literalmente consumiam 39% dos custos da instituição. A *yeshiva* de Lubavitch em Otwock, cujo orçamento revelava um padrão semelhante, proporcionava aos alunos "comida, roupa e acomodação gratuitas, bem como assistência médica, convalescência etc".[34] A maioria dos alunos lá também tinha moradia gratuita. O que os alunos pagavam, contudo, equivalia apenas a 0,5% da receita. Outras *yeshivot* como as de Ponevezh e Slobodka tinham padrões semelhantes de renda e gastos.

Se, como afirmou-se certa vez, o Império Britânico era um gigantesco sistema de previdência social externo para os jovens filhos da aristocracia britânica, então a *yeshiva* poderia ser encarada, com a mesma plausibilidade, como um sistema em grande escala de previdência social interna para os rebentos da pequena burguesia judaica.

As *yeshivot* sempre haviam contado com o apoio financeiro dos ricos em várias formas. As perturbações dos anos posteriores a 1914 as tornaram fortemente dependentes do apoio externo, particularmente dos Estados Unidos. O início da

Depressão acentuou essa dependência. Muitas *yeshivot* estavam em uma situação financeira precária no final da década de 1930. A *yeshiva* de Ponevezh declarou uma renda de 10.279 dólares em 1938, mas gastos de 16.582 dólares.[35] A prestação de contas da *yeshiva* de Mir para 1937-1938 mostra uma renda equivalente a menos da metade dos gastos; compreensivelmente, a *yeshiva* estava fortemente endividada.[36] *Yeshivot* menos ilustres estavam em uma situação ainda pior, embora, como muitas não mantivessem uma prestação de contas adequada, seja impossível dizer quanto elas estavam afundadas em dívidas. Em 1938 e 1939, o Vaad Hayeshivot tinha uma dívida no valor considerável de metade dos seus gastos. A essa altura, todo o sistema *yeshiva* estava à beira da falência.

Os seminários

Antes da Primeira Guerra Mundial, os judeu-alemães ortodoxos não teriam sonhado em enviar os seus filhos para estudar em *yeshivot* do Leste Europeu, embora em 1918 alguns tenham feito isso. Gradualmente, o conceito da *torah im derekh-eretz* foi substituído ou misturado com o Musar e influências sionistas religiosas. Em 1937, 29 estudantes nascidos na Alemanha foram matriculados na *yeshiva* de Telz, na Lituânia.

Em sua maior parte, contudo, a ortodoxia alemã treinava os seus líderes religiosos em seminários rabínicos e não em *yeshivot*. Os seminários obtiveram permissão para funcionar depois de 1933, embora agentes da Gestapo comparecessem às reuniões dos seus conselhos supervisores.

Em Berlim, os dois principais seminários existiam havia muito tempo em um estado de permanente tensão religiosa com os seus arredores. A Hochschule (Lehranstalt) für die Wissenschaft des Judentums, que supostamente atendia a toda a comunidade judaica, na realidade agradava aos elementos mais liberais. Criada originalmente mais como uma instituição de ensino e pesquisa de nível universitário do que como um seminário, ela enfatizava a aplicação dos mais elevados padrões acadêmicos aos estudos judaicos. A exoneração de todos os professores universitários em decorrência das Leis de Nuremberg em 1935 levou a Hochschule a contratar vários membros do corpo docente que tinham se visto repentinamente desempregados. A equipe adicional possibilitou que a escola ampliasse o seu programa de maneira a proporcionar um ensino de nível universitário em um vasto leque de assuntos nas humanidades e ciências sociais. Esses cursos estavam abertos para estudantes judeus, todos os quais enfrentavam crescentes restrições à admissão nas universidades alemãs. O objetivo era "transformar a Hochschule gradualmente, de uma maneira não invasiva, em uma universidade judaica".[37]

Os neo-ortodoxos apoiavam o Rabbinerseminar für das Orthodoxe Judentum, popularmente conhecido como Seminário Hildesheimer, em homenagem ao seu fundador, Esriel Hildesheimer. Seus sucessores mantiveram a tradição da *torah im derekh-eretz*, combinando a aderência à *halachah* (lei judaica) com o respeito aos cânones da erudição contemporânea. Os estudos seculares eram uma parte obrigatória do programa. Por esse motivo, o seminário era encarado com suspeita pelos superortodoxos.

A nomeação de Jehiel Jacob Weinberg, nascido na Lituânia, como reitor do Seminário Hildesheimer em 1931 não trouxe a paz. Weinberg havia estudado em *yeshivot* lituanas e tinha um doutorado da Universidade de Giessen. Durante uma longa permanência na Alemanha, ele gradualmente se afastara do mundo fechado do judaísmo lituano e se voltara para a perspectiva intelectual mais sofisticada da moderna ortodoxia alemã. As desconfianças dos rigidamente ortodoxos aumentaram em 1937, quando, em um surpreendente exercício de cooperação, alunos do Seminário Hildesheimer se uniram aos da Hochschule para assistir a palestras conjuntas sobre temas não judaicos. Como uma concessão aos críticos, contudo, essas palestras não aconteciam nas dependências da Hochschule, e sim em um "local neutro".[38]

O Breslau Jüdisch-Theologisches Seminar, fundado em 1854, e o Seminário Rabínico de Budapeste, fundado em 1877, eram não ortodoxos porém tradicionalistas, de uma maneira parecida com o Judaísmo Conservador nos Estados Unidos. Eles ensinavam "judaísmo histórico positivo".[39] As regras de conduta nessas instituições eram bem diferentes daquelas das *yeshivot*. Raphael Patai, que estudou tanto em Breslau quanto em Budapeste na década de 1930, recordou que ele e outros estudantes iam regularmente ao cinema e até mesmo compareciam a bailes, atitudes que teriam sido encaradas como um comportamento escandaloso da parte de um *yeshiva bokher*.[40]

"Para tornar mais digerível"

A ortodoxia e a reforma eram dois campos profundamente arraigado mas, como ilustram os registros dos seminários, havia os mais diversos tipos de graduações entre eles e dentro deles, bem como variações regionais.

O judaísmo reformista havia se originado na Alemanha no início do século XIX. Ele buscava livrar o judaísmo do que eram consideradas agregações obsoletas. A *halachah* (lei religiosa) não era mais considerada imutável. A chegada do messias não era mais vista como iminente. O vernáculo substituiu o hebraico nos serviços. Coros, órgãos e sermões foram introduzidos nas sinagogas. Muitas observâncias rígidas foram relaxadas. Em alguns casos, o *Sabbath* foi deslocado para o domingo.

Os ortodoxos não apenas desprezavam a tendência acomodatícia dos reformistas alemães. Joseph Roth escreveu o seguinte a respeito deles com uma constatação desdenhosa: "Como eles não tiveram a coragem de se converter, *preferiram batizar toda a religião judaica*".[41]

Nos Estados Unidos, o judaísmo reformista tornou-se, com o tempo, a maior seita judaica. No entanto, na sua terra de origem, ele mal existia: em Berlim, havia apenas uma sinagoga reformista.

Em vez disso, a grande maioria dos judeu-alemães pertencia às *Einheitsgemeinde* ("comunidades unidas") que geralmente aderiam a uma forma liberal de devoção. Os judeus liberais, embora compartilhassem muitos dos princípios básicos do judaísmo reformista dos Estados Unidos, eram menos radicais na sua rejeição da tradição. As congregações liberais, embora mais comuns na Alemanha, espalharam-se para muitas outras partes da Europa. Congregações Neolog na Hungria, cerca de dois terços da comunidade daquele país, bem como nas antigas regiões húngaras como a Eslováquia, tinham um ponto de vista semelhante e, assim como na Alemanha, atraíam a classe assimilativa mais abastada, bem como aqueles que almejavam ingressar nela.

Não devemos imaginar que todos os judeus estavam igualmente preocupados com as diferenças entre essas várias seitas. A maioria, na verdade, pensavam em si mesmas simplesmente como judeus. Alguns adotavam posições que atravessavam linhas estabelecidas, por exemplo os sionistas ultraortodoxos, e muitos adaptavam a sua prática a exigências externas.

Poucos dedicavam muita atenção a questões de fé ou crença: o que contava no judaísmo era a prática, embora esta última também fosse, com frequência, flexível. O escritor Primo Levi relatou que na sua juventude em Turim, na década de 1920, seu pai, "um homem fundamentalmente secular, não comia carne de porco 'devido a uma espécie de medo supersticioso'; no entanto, comia presunto, 'embora com uma expressão culpada'".[42] Robert Kanfer relembra que no seu lar semiassimilado na Viena da década de 1930, embora a família comesse *matzot* no *Pessach*, seu pai, "para torná-lo mais digerível, o transformava em um sanduíche com manteiga e presunto".[43]

Creme de leite no balde de lavagem

Na Rússia soviética, toda atividade religiosa era submetida a uma intensa campanha oficial de propaganda antirreligiosa. Em 1917, calculava-se que havia 12 mil *hadorim* no Império Russo, com 170 mil alunos.[44] Mas em dezembro de 1920, a Divisão Central Judaica do Departamento de Educação Pública emitiu uma ordem para "o extermínio das *hadorim* e *yeshivot*": "As crianças precisam ser liberadas da terrível prisão, da total desmoralização espiritual e da deterioração física".[45]

No ano seguinte, um julgamento de fachada da *heder* ocorreu em Vitebsk. Como era apropriado, tendo em vista o seu caráter cênico, os trabalhos foram realizados em um teatro local e não em um tribunal. Entre os acusados estavam um ex-professor de *talmud torah*, um poeta iídiche e um ex-bundista de esquerda. O início do julgamento foi perturbado por uma multidão de judeus religiosos, que se reuniram para defender a *heder*. Depois de um adiamento de vários dias, o julgamento recomeçou no principal teatro da cidade, que ficou completamente lotado. Os dois lados levaram claques de partidários para o teatro, o qual ecoou o riso, os aplausos e os gritos de apoio das facções rivais no público.

A acusação declarou que investigações anteriores ao julgamento haviam descoberto a existência na cidade de 39 *hadorim* com 49 *melamdim*, a maioria idosos, e 1.358 alunos, cuja idade variava entre 5 e 17 anos. Quatrocentos destes também frequentavam uma escola pública; no caso dos restantes, a *heder* era a sua única fonte de instrução. A acusação retratou a *heder* como uma instituição que era defeituosa de acordo com todos os critérios — higiene, pessoal, pedagogia e programa de ensino. Os *melamdim* tinham uma mentalidade "medieval". As dependências eram imundas, verdadeiros chiqueiros. Constava que os alunos eram "aterrorizados" por espancamentos sádicos. A *heder* era prejudicial para o desenvolvimento físico e espiritual dos alunos. Ela inculcava o chauvinismo e o ódio aos não judeus. O promotor pediu a "pena de morte" para a *heder*.

No decurso dos trabalhos, conduzidos em iídiche, o tribunal ouviu o depoimento de testemunhas da acusação que citaram as obras de autores como Salomon Maimon, Peretz Smolenskin e Y. L. Peretz, relatando os horrores do sistema *heder*. Uma testemunha acusou um *melamed* de pederastia. Testemunhas da defesa tinham permissão para questionar as alegações do promotor e citaram, por sua vez, Philo e Maimônides, Froebel, Pestalozzi e outros, porém em vão. Quando uma testemunha tentou defender um *melamed* que estava presente no teatro, o promotor retorquiu com o velho ditado: "É impossível alvejar um balde de lavagem com uma colher de creme de leite".

O rabino Shmaryahu Leib Medalia, manifestando-se a favor da defesa, se queixou de que o julgamento era desigual, já que um dos lados, a acusação, tinha o apoio do poder político. Medalia, de acordo com a transcrição do julgamento, alcançou um estado de "êxtase religioso", declamando repetidas vezes em um tom retumbante: "Di toyre iz min hashomayim" ("A Torá vem do céu"), e invocando antigos mártires que haviam sacrificado a vida em defesa dela. O presidente do tribunal assegurou a ele que o Estado soviético reconhecia a liberdade de religião. Mas Medalia se recusou a ficar quieto. "Vocês acham que já condenaram a *heder* e a Torá, e que a Torá, Deus não permita, foi tornada nula e vazia, que vocês já rasgaram a Torá: não! *Di toyre hot gelebt un vet lebn!*" ("A Torá viveu e viverá!") A declaração de Medalia sem dúvida refletia uma parte significativa da opinião pública judaica na cidade, como é mostrado nas frequentes queixas da acusação, durante o julgamento, a respeito das manifestações de apoio aos acusados.

O resultado, contudo, não estava em dúvida. Depois de cinco dias de trabalhos, a sessão final durou de seis horas da tarde até as cinco horas da manhã seguinte. Um tribunal tenso e silencioso ouviu os juízes pronunciarem o veredicto de culpado. Eles determinaram que todas as *hadorim* fossem fechadas. Os *melamdim* foram obrigados a assinar declarações garantindo que não lecionariam mais. Os alunos deveriam ser transferidos para escolas iídiches seculares. O veredicto, recebido com a cantoria entusiástica em massa da "Internationale", foi aclamado como uma vitória sobre o "clericalismo judaico, o sionismo e o nacionalismo". Mas a transcrição concluiu que os advogados de defesa cantaram em uníssono a segunda estrofe do hino sionista, "Hatikva: Od lo avda tikvatenu..." ("Ainda não perdemos a esperança...").[46]

Em 1922, o código penal russo tornou o ensinamento da religião para grupos de mais de três crianças com menos de 18 anos um delito punível com até um ano de trabalhos forçados. *Melamdim* foram julgados e, pelo menos em um caso, em Polotsk, perto de Vitebsk, alunos foram chamados para testemunhar contra o seu ex-professor.[47] Algumas *hadorim* perduraram, especialmente nas *shtetlakh* da antiga Zona de Residência. Em 1928-1929, constava que elas ainda estavam ativas em 183 cidades.[48] Mas no final da década de 1930, elas haviam sido completamente eliminadas do território da União Soviética.

O julgamento de Vitebsk foi a primeira de muitas peças de moralidade antirreligiosa, quase judiciais, que foram organizadas naqueles anos. Em Minsk, em 1925, o julgamento de um *shochet*, acusado de tentar assassinar um rival, propiciou a ocasião para o ataque a outra instituição judaica fundamental: o abate *kosher*. Assistido por 3 mil pessoas, o julgamento foi amplamente noticiado na imprensa e tornou-se o tema de uma peça iídiche usada na propaganda antirreli-

154

giosa.[49] Outro julgamento, em Carcóvia, em 1928, colocou na agenda de processos outra característica da vida tradicional judaica, a prática da circuncisão. Esse julgamento foi brilhantemente satirizado por Isaac Babel na sua história "Karl-Yankel" (1931), uma vinheta povoada por vívidos grotescos.

Os julgamentos eram em parte propaganda vinda de cima. Mas eles também refletiam um verdadeiro conflito interior para o coração e a alma da população judaica. Os bolcheviques procuravam retratar isso como uma guerra entre ativistas revolucionários e defensores burgueses da ordem tradicional. Na realidade, tratava-se mais de lutas com relação a concepções rivais dos judeus aqui e agora do que entre protagonistas do passado e do futuro.

Esses episódios faziam parte de uma campanha mais ampla de uma guerra antirreligiosa travada pelas *Evsektsiia* no final da década de 1920. Festas eram realizadas nos dias de jejum e uma "*bris* vermelha" às vezes substituía a cerimônia da circuncisão, embora a maioria dos homens na década de 1920 provavelmente ainda fosse circuncidada. Os judeus religiosos reagiram às ordens do governo de fechar as sinagogas com protestos, petições e manifestações, mas com poucos resultados.

Em 1928-1929, os rabinos, assim como os padres, junto com as suas famílias, foram privados dos direitos de moradia, previdência social e instrução superior. Ao longo da década seguinte, quase todas as sinagogas e banhos rituais foram fechados, e a carne *kosher* tornou-se praticamente indisponível.

Na pequena cidade de Slutsk, na Bielorrússia, quase todas as instituições judaicas, com exceção das escolas, foram fechadas em 1926, e a sinagoga foi transformada em um depósito militar. O rabino da cidade, Yehezkel Abramsky, uma respeitada autoridade talmúdica e autor de *Hazon Yehezkel*, um comentário sobre a Tosefta ("Acréscimos" à Mishná), conseguiu publicar, em 1928, o único periódico rabínico a jamais aparecer na URSS, o *Yagdil Torah*, mas ele foi proibido depois de apenas dois números. Abramsky foi preso em Moscou em 1930 e acusado de ter fornecido informações a uma delegação eclesiástica visitante dos Estados Unidos que estava investigando a perseguição religiosa na URSS. Ele foi condenado, sem julgamento, a cinco anos de trabalhos forçados na Sibéria. Depois de rabinos alemães intercederem junto ao chanceler Heinrich Brüning, ele foi liberado em 1931 em troca de um comunista que estava preso na Alemanha, e foi enviado para a Letônia.

O fechamento das *Evsektsiia* em 1930 não acabou com a propaganda antirreligiosa, que foi abraçada ainda com mais intensidade por outros organismos, como a Liga de Militantes Ateus, que publicou a revista iídiche *Der Apikoyres* (O Herético) entre 1931 e 1935.

Uma *Antireligyezer literarisher layenbukh* (antologia literária antirreligiosa) apareceu em Moscou em 1930, com o objetivo, assim afirmavam os editores, "de ilustrar o fato de que a religião, em todas as suas metamorfoses históricas, mantém o seu caráter subversivo e canibalístico".[50] Os textos selecionados incluíam a sátira anti-hassídica de Yosef Perl; autores socialistas iídiches como Morris Winchevsky, Morris Rosenfeld e Dovid Pinski (todos residentes dos Estados Unidos); e o gênero familiar de terríveis memórias de violência e imundície na *heder*. Quando à literatura iídiche, os editores tiveram alguma dificuldade em identificar trechos adequados. A literatura iídiche clássica, com exceção da do jovem Peretz, explicaram eles, estivera quase desprovida de temas antirreligiosos, à diferença de anticlericais. Por conseguinte, eles procuraram mais adiante, em autores como Lucretius, Heine e Sinclair Lewis. O mais surpreendente é que eles incluíram trechos de dois dos fundadores da literatura hebraica moderna, Peretz Smolenskin e Yehuda Leib Gordon, cujas obras nesse período mal eram aceitáveis para publicação na URSS em qualquer outro contexto. Antevendo possíveis objeções a essa lista de conteúdos, os editores explicaram que, como alguns dos textos de autoria de autores "burgueses" tinham uma abordagem defeituosa, eles haviam omitido certas palavras, frases ou trechos. Com algumas exceções como Shmuel Halkin, Peretz Markish e Dovid Hofshteyn, e (traduzido do russo) Ilya Ehrenburg, escritores soviéticos estavam pouco representados. A literatura soviética, tanto iídiche quanto russa, lamentaram os editores, não havia atacado diretamente o assunto: havia uma necessidade urgente, declararam eles, de que ela o fizesse.[51] Um escritor soviético estava conspicuamente ausente: o ex-seminarista que agora governava o país.

Muitos judeus, sem dúvida, consideravam possível conciliar a constante observância judaica com a lealdade ou, de qualquer maneira, a aquiescência ao sistema soviético, como o Velho Gedali na história de Isaac Babel, que indaga: "Vamos supor então que digamos 'sim' para a Revolução. Mas isso significa que temos que dizer 'não' para o *Sabbath*?".[52]

Nesse meio-tempo, contudo, a introdução de uma semana de trabalho compulsória de seis dias em 1929 tornou a observância do *Sabbath* praticamente impossível para os judeus. A falta ao trabalho aos sábados ou em feriados judaicos tornou-se um delito passível de punição.

As práticas religiosas básicas como a observância do *Sabbath*, o abate *kosher* e a circuncisão continuaram mesmo assim a ser realizadas na União Soviética, embora, com frequência, clandestinamente e cada vez em menor escala, particularmente nas grandes cidades como Minsk e nas *shtetlakh* da antiga Zona de Residência. O jovem comunista polonês Moshe Zalcman, que imigrou para a

URSS em 1933, relata que no *Yom Kippur* em Kiev em meados da década de 1930, os operários de fábrica judeus iam trabalhar, mas se abstinham de fumar ou comer na cantina.[53] Quando visitou o tio em Moscou, ele o encontrou ensinando o *humash* para os seus dois filhos.

As *yeshivot* não eram, inicialmente, consideradas ilegais pelo regime soviético, desde que os alunos tivessem mais de 18 anos de idade. No entanto, na prática, elas foram perseguidas para que deixassem de existir. Já em 1928-1929, elas só funcionavam em doze cidades, com um total de apenas 620 alunos.[54] Destes, 150 estavam em Minsk, mas a única *yeshiva* que restava lá fechou no final de 1930. O último relato da exposição de uma *yeshiva* clandestina na URSS veio de Berdichev em 1938.[55]

O movimento Chabad do sexto *rebe* de Lubavitch, Yosef Yitshak Schneerson, que havia sucedido ao pai em 1920, estava ativo na URSS até o início da década de 1930. A família havia deixado Lubavitch em 1915; o *rebe* morou em Rostov até 1824, e depois em Leningrado. Ele foi eleito presidente em uma conferência de rabinos soviéticos em 1926 — embora não estivesse presente. Em 1927-1929, quando as *yeshivot* de Lubavitch em outras cidades foram fechadas, os seus alunos passaram a frequentar uma nova *yeshiva* clandestina em Vitebsk, cujas aulas ocorriam em prédios de sinagogas. O número de alunos chegava a 150, mas revelou-se difícil encontrar lares judaicos prontos a lhes oferecer as tradicionais refeições gratuitas, especialmente depois que as autoridades começaram a procurar o nome e endereço desses generosos chefes de família. No início de 1928, o chefe da *yeshiva* foi preso. Durante algum tempo, ela continuou a funcionar secretamente em casas particulares, mas pouco depois do *Pessach* de 1930, ela fechou completamente as portas e os instrutores remanescentes foram presos.

Os prisioneiros, com as suas longas barbas, *peyes* (cachos laterais), e *kapotes*, ficaram na prisão durante vários meses. Eles conseguiram fazer entrar clandestinamente *talesim* (xales de oração) e até mesmo um *shofar* (chifre de carneiro), para serem usados na celebração dos importantes dias religiosos. No entanto, no Ano-Novo, disseram-lhes, repentinamente, que eles poderiam ir embora, desde que assinassem um recibo para todos os seus pertences. Eles se recusaram a fazer isso em um dia santo. Por conseguinte, ficaram presos até o final da festa, quando então foram soltos. Doze alunos fugiram para a Geórgia, onde o controle soviético da atividade religiosa era mais relaxado.[56] Nesse meio-tempo, em 1927, o *rebe* de Lubavitch havia sido preso, mas depois da pressão internacional sobre as autoridades soviéticas, ele foi libertado e teve permissão para partir para a Letônia.

Alegações de uma atividade Chabad clandestina na União Soviética no governo de Stalin podem ser exageradas, mas temos pelo menos alguma evidência corroborante. Israel Joshua Singer, irmão mais velho de Isaac Bashevis Singer, em uma visita à URSS em 1926, esteve presente a uma "celebração secreta à meia-noite" de hassídicos Lubavitch e "ficou surpreso ao encontrar entre eles engenheiros, estudantes e outros homens esclarecidos" que tinham se tornado religiosos *depois* da revolução.[57]

Em Uman e Tul'chyn, na Ucrânia, remanescentes dos hassídicos de Bratslav continuaram a manter uma vida religiosa até o final da década de 1930. Essa era uma seita exclusiva de místicos que, ao contrário de todos os outros hassídicos, não tinham um líder vivo: em vez disso, eles seguiam os ensinamentos e exultavam a memória do seu fundador, Nahman de Bratslav (1772-1810), que morreu sem deixar filhos. Por conseguinte, eles eram conhecidos como os "hassídicos mortos". Os hassídicos de Bratslav consideravam Nahman o messias e aguardavam o seu iminente retorno dos mortos, um evento que anunciaria o despontar da era messiânica. Alguns se mudaram para a Polônia (principalmente para Lublin e Varsóvia) depois da Revolução Russa, mas, tendo em vista a importância fundamental para a seita da peregrinação anual ao túmulo do seu fundador em Uman, alguns optaram por lá permanecer. No entanto, a sua *kloyzl* (pequena sala de oração) foi confiscada em meados da década de 1930, e depois que uma denúncia foi feita às autoridades, vários dos hassídicos foram presos.

Dois ilustres rabinos, membros da dinastia hassídica Twersky, permaneceram ativos na União Soviética durante toda a década de 1930: Shlomo Ben-Zion Twersky, o *admor* (um elevado título rabínico) de Chernobyl, havia se mudado para os Estados Unidos depois da revolução, mas voltou para morar em Kiev porque, segundo se dizia, "a vida materialista dos Estados Unidos não combinava com ele".[59] As autoridades até mesmo devolveram-lhe o seu apartamento que havia sido nacionalizado. Ele faleceu em 1939. Na *shtetl* de Makhnovka (conhecida a partir de 1935 como Komsomolske), perto de Berdichev, Avraham Yehoshua Heschel Twersky, o *admor* de Makhnovka, mantinha uma corte hassídica, a última na União Soviética, embora a comunidade judaica local tivesse encolhido em 1939 para apenas 843 pessoas, um terço do seu tamanho em 1897. Esses dois casos, contudo, foram excepcionais.

Em 1936-1938, vários dos mais proeminentes rabinos remanescentes na União Soviética foram presos. Alguns foram soltos depois de um breve período. Mas o rabino Shmaryahu Leib Medalia, secretário da Bet Din (corte rabínica) em Moscou, que fora uma testemunha franca e objetiva da defesa no julgamento da *heder* de Vitebsk, foi preso com a sua família, acusado de atividades contrarrevolucionárias, e executado. Mordechai Feinstein, rabino de Shklov, que dirigira uma *yeshiva* nessa cidade até 1930, foi preso quando estava sentado na mesa festiva do

Shavuot (Pentecoste) e enviado para a Sibéria, onde morreu. Seu irmão, Moshe Feinstein, rabino de Luban, uma *shtetl* perto de Minsk, e que contribuiu com Abramsky para o *Yagdil Torah*, teve permissão para partir para os Estados Unidos. Em 1939, menos de 250 clérigos judeus permaneciam em toda a URSS.

A secularização do povo judeu-soviético foi parte integrante da sua rápida urbanização e modernização, e foi mais fortemente sentida entre os jovens. A prática da religião judaica tornou-se quase que exclusivamente privativa da geração pré-revolucionária. Qualquer forma de observância religiosa da parte de membros do partido era considerada, em meados da década de 1930, um comportamento aberrante.

Em 1937, aparentemente a fim de demonstrar o progresso da campanha antirreligiosa, uma pergunta a respeito da crença religiosa foi incluída no censo soviético. O resultado foi embaraçoso: nada menos do que 57% da população como um todo se declarou crente. No entanto nisso, assim como em outros aspectos, os judeus se revelaram a nacionalidade mais perfeitamente sovietizada: apenas 10% dos judeus se declararam crentes. O número de mulheres que assim se declararam foi o dobro do dos homens.[60]

No entanto, aqui se encontrava um duplo paradoxo, já que enquanto as mulheres eram, no judaísmo tradicional, cidadãs de segunda classe (na verdade, nem mesmo eram cidadãs), em grande parte do restante da Europa elas estavam na vanguarda da modernização e do aculturamento da sociedade judaica.

– 7 –

MULHERES PROFANAS

Mulheres acorrentadas

"O *status* inferior das mulheres não era meramente um preconceito popular e sim uma tradição enraizada no Talmude e nos Códigos, as origens sagradas do judaísmo."[1] O comentário de Ben-Zion Gold sobre a atitude dos círculos ortodoxos da sua juventude em Radom encontra apoio em fontes rabínicas. De acordo com uma máxima muito citada pelo sábio talmúdico rabino Eliezer, aquele que ensina a Torá para a sua filha está ensinando promiscuidade a ela.[2] Essa opinião era endossada, embora em termos menos pitorescos, por autoridades respeitadas como Maimônides no século XII e Joseph Karo no século XVI. Na sua forma mais extrema, ela foi forçada pelo *rebe* de Munkács em uma questionável interpretação do Talmude. Referindo-se a uma famosa passagem na qual Beruria, a esposa culta de um rabino, é elogiada por recomendar ao marido que orasse pelo arrependimento em vez de pela destruição dos malfeitores, o *rebe* declarou que como era "ao mesmo tempo óbvio e certo que o Talmude não levava a sério a opinião de uma mulher", o texto poderia ser posto de lado em segurança.[3]

A mulher na sociedade judaica tradicional na Europa oriental geralmente dependia durante a maior parte da sua vida do pai ou do marido. Ela era boa para ter filhos, para os trabalhos domésticos, às vezes também para ajudar a administrar o negócio da família, mas não para o departamento mais sério da vida judaica, a erudição religiosa. Versos burlescos folclóricos poderão expressar alguma ambivalência a respeito do exato *status* dela:

> *Finef finger hot a khap!*
> Cinco dedos em uma pega!

fir fislakh hot a betl,
    Quatro pés em uma cama
dray ekn hot a krepl,
    Três cantos em um bolinho de massa
tsvey ekn hot a shtekn,
    Duas pontas em uma vara
eyns iz a yidene
    É uma mulher judia
nit zi lebt, nit zi shvebt
    Ela não vive, nem flutua no ar
nit afn himl, nit af dr'erd.[4]
    Nem no céu, nem na terra.

Mas quanto a um filho e uma filha, não poderia haver nenhuma dúvida a respeito da preferência de um pai: "Beser a zun a beder, eyder a tokhter a rebbetzin!" ("Melhor um filho, mesmo que ele seja atendente de uma casa de banhos, do que uma filha, mesmo que ela seja a esposa de um rabino!"),

A menina podia frequentar as aulas dos níveis inferiores da *heder*, mas era impedida de seguir os níveis mais elevados dos estudos judaicos. Quando adulta, ela não podia ser contada como membro de um *minyan*, ou desempenhar qualquer papel ativo na sinagoga. Na realidade, as mulheres rigidamente ortodoxas na Europa oriental raramente compareciam aos serviços, a não ser em um número limitado de festas religiosas, como a Simhat Torah, e quando o faziam, ficavam confinadas atrás de um biombo ou, nas sinagogas maiores e modernas, em uma galeria. A cerimônia de confirmação *bat mitzvah*, iniciada nos Estados Unidos em 1922, só se tornou comum lá na década de 1940 e era praticamente desconhecida na Europa entreguerras, a não ser em casos isolados, como o da futura pintora Charlotte Salomon, em Berlim, por volta de 1929.

Entre os neo-ortodoxos na Alemanha e em outros lugares, era concedido ao sexo feminino um pouco mais de liberdade. As mulheres frequentavam a sinagoga com mais frequência, por exemplo na manhã do *Sabbath*, mas não na noite do *Sabbath* ou nas festas, pois ficavam em casa preparando a refeição festiva. Enquanto na Europa oriental as mulheres não cantavam *zmires* (*zemirot*, hinos do *Sabbath*) à mesa com os homens, nas famílias neo-ortodoxas da Alemanha elas o faziam com frequência.

Uma das maiores inovações das congregações não ortodoxas foi expandir o papel das mulheres, embora no período entreguerras elas ainda se sentassem separadas dos homens na maioria dos serviços liberais. A sinagoga Prinzregentenstrasse em Berlim, inaugurada em 1930, foi a primeira na cidade na qual homens e mulheres se sentavam juntos.

No século XIX, a principal finalidade na vida de uma jovem na *shtetl* e nas comunidades sefárdicas dos Bálcãs era o casamento, geralmente antes dos 20 anos de idade. Uma filha solteira no final da casa dos 20 anos era uma vergonha para a família e considerada digna de compaixão. Os casamentos arranjados eram comuns e o *shadkhan* (casamenteiro) desempenhava uma função social fundamental no início do século XX. Durante algum tempo, a profissão teve a sua própria revista, publicada em Vilna. Entre os romaniotas (descendentes de judeu-bizantinos falantes do grego) de Ioannina, no norte da Grécia, em 1939 "ainda era costume os pais escolherem os cônjuges para os filhos. Depois que os dois casais de pais chegavam a um acordo, geralmente por intermédio do casamenteiro (*proxenítis*), o pai anunciava o noivado para seu filho ou filha como um fato consumado".[5] Até mesmo no ambiente relativamente modernizado de uma cidade como Cracóvia, o casamenteiro ainda era "uma instituição indispensável" na década de 1930.[6] Os judeus migrantes da Galícia levaram com eles os seus costumes de casamento e, no período entreguerras, moças rigidamente ortodoxas em Viena frequentemente se casavam com cônjuges escolhidos para elas pelos seus pais. Nos novos ambientes, o *shadkhan* foi transformado em um equivalente modernizado, como na seção de encontros românticos do jornal iídiche de Paris, *Parizer haynt*.

Já na década de 1930, as mulheres judias, até mesmo na *shtetl*, estavam se casando mais tarde do que as da geração anterior, e os judeus estavam se casando mais tarde do que os não judeus em toda a Europa. Em 1931, a idade típica de a mulher judia na Polônia se casar era 27 anos.[7]

Em épocas anteriores, quase todos os judeus se casavam. No entanto, na década de 1930, este não era mais o caso. Na Europa oriental, uma crescente minoria de homens e mulheres permaneciam solteiros a vida inteira. O desequilíbrio numérico dos sexos depois da Primeira Guerra Mundial, particularmente na União Soviética, causou, pela primeira vez na história moderna da Europa oriental, a presença na sociedade judaica de grandes números de mulheres que nunca se casaram. Na Bielorrússia em 1939, para cada 1.000 homens judeus solteiros entre as idades de 20 e 29 anos, havia 1.687 mulheres judias solteiras.[8]

Depois do casamento, as mulheres judias asquenazes na Europa oriental tradicionalmente raspavam a cabeça e, a partir de então, usavam uma peruca (*shaytl*). Na realidade, a prática era relativamente moderna, datando provavelmente apenas do final do século XVIII, e tinha sofrido a oposição do Hatam Sofer como sendo uma inovação. Na década de 1930, ela ficou restringida às rigidamente ortodoxas. A forma de a mulher cobrir a cabeça variava de acordo com a localização, o meio e o grau de religiosidade. Para algumas, um véu que cobrisse todo o cabelo era considerado adequado. No caso das esposas dos rabinos hassídicos, as perucas eram consideradas insatisfatórias e um véu era obrigatório. A avó materna de Fritz Worms, filha de uma família ortodoxa de classe média em Frankfurt na década de 1930, usava uma *shaytl*, "um ninho de pássaro de cabeça para baixo, firmemente entrelaçada", mas a mãe dele não usava.[9]

O recurso regular ao *mikveh* (banho ritual), exigido às mulheres na preparação para o casamento, depois da menstruação e depois do nascimento de um filho, estava confinado a círculos semelhantes. Nas tardes do *Sabbath*, as mulheres ortodoxas na *shtetl* liam o *Tsene-rene* (literalmente "Siga Adiante e Veja", do Cântico dos Cânticos 3:11), uma adaptação iídiche popular de narrativas bíblicas, destinada "às mulheres e aos homens incultos", como estava escrito na primeira edição existente, publicada em 1622.[10] Algumas recitavam *tkhines* (orações suplicatórias em iídiche) em casa. No final do *Sabbath*, elas diziam a prece iídiche "Got fun Avrom" (Deus de Abraão) para saudar a nova semana.

Entre os hassídicos, a separação das mulheres permaneceu bastante rígida: os homens só dançavam com outros homens. Entretanto, na sociedade mais ampla, até mesmo na *shtetl*, esses costumes estavam mudando. Um memorialista da cidade de Piotrków-Trybunalski, na Polônia central, recorda que nas festas de casamento na década de 1930, embora os homens e as mulheres se sentassem em mesas separadas, não raro em salas separadas, eles dançavam juntos.[11] Às danças folclóricas tradicionais, o *freylekhs*, o *sher* e o *skotshne*, foram agora acrescentados o foxtrote, o charleston e a rumba. Até mesmo uma pequena cidade como Baranowicze ostentava uma "academia de dança".

Não existem evidências de que os homens judeus se comportassem pior do que outros homens com relação às mulheres. Tendo em vista que a embriaguez era muito menos comum entre os judeus do que entre os não judeus, as esposas judias provavelmente sofriam menos danos físicos do que as outras. No entanto, como mostravam a imprensa sensacionalista e os tribunais, elas não estavam de modo nenhum imunes à violência nas mãos dos maridos. O drama da esposa maltratada era um tema comum na literatura *shund* ("lixo") e nas canções populares:

> *A gut ovent, brayne*
> Boa noite, Brayne
> *di beste shkheyne, mayne!...*
> Minha querida vizinha!...
> *nekhtn hot er mikh geshlogn.*

> Ele ontem bateu em mim
> *broyn un blo hot er mikh gemakht...*[12]
> Me deixou marrom e azul...

Essas mulheres que sofreram maus-tratos tinham opções limitadas. O divórcio religioso estava totalmente nas mãos do marido. Era difícil conseguir o divórcio civil quase em todos os lugares, a não ser na União Soviética.

Mesmo assim, a taxa de divórcio aumentou rapidamente no período entreguerras. O aumento foi acentuado tanto na Europa oriental quanto na ocidental. Em Kovno, por exemplo, ele cresceu, como uma proporção dos casamentos, de 60 por cada mil em 1925 para 140 em 1937.[13] Esse número é apresentado com uma limitação: um *sofer* (escriba) com a competência para preparar um *get* (documento religioso de divórcio) não estava disponível em nenhum outro lugar da Lituânia, de modo que os aspirantes ao divórcio das províncias iam para Kovno para obter o documento, elevando assim as estatísticas para a cidade. Ainda assim, a tendência estava clara.

Na União Soviética, onde era mais fácil obter o divórcio do que em qualquer outro lugar da Europa, a taxa judaica aumentou substancialmente: em Leningrado, em 1936, ela chegou a 298 por mil de todos os casamentos judaicos.[14] Taxas como essa eram muito mais elevadas do que as dos não judeus e também mais altas do que as dos judeus em tempos mais antigos. Elas demonstram que a suposta coesão da família judaica era, a essa altura, um mito convencional e não a realidade social.

Uma forma singular de adversidade era vivenciada pelas *agunot*, "mulheres acorrentadas", que não podiam voltar a se casar porque eram incapazes de obter um *get*. Algumas dessas mulheres haviam sido abandonadas; outras eram viúvas de soldados que haviam tombado em guerras mas cuja morte não fora registrada; e, em alguns casos, os maridos eram incompetentes ou se recusavam obstinadamente a conceder um *get*. A lei judaica exigira que o marido estivesse comprovadamente morto ou concordasse com o divórcio para que a esposa pudesse se casar de novo.

Problemas semelhantes surgiam no caso de uma viúva cujo marido tivesse morrido sem deixar descendência. A lei rabínica exigia que o irmão do falecido (o *levir*) realizasse a cerimônia do *halitzah*, liberando a viúva da exigência de se casar com ele e assim possibilitando que ela se casasse com outra pessoa. Surgiam problemas quando o *levir* estava ausente, sofria de uma doença mental, era apóstata ou simplesmente se recusava a realizar a cerimônia.

Embora o problema do *aginut* afetasse mais severamente as ortodoxas, muitas viúvas moderadamente religiosas hesitavam diante da perspectiva de desafiar a lei judaica e a tradição desprezando flagrantemente essas exigências, tornando-se portanto não apenas inelegíveis para um novo casamento religioso, mas também marcando indelevelmente quaisquer filhos de um futuro casamento com o estigma da bastardia.

A palavra *mamzer*, geralmente traduzida como "bastardo", embora frequentemente usada como um termo genérico para "opróbrio", era, na lei judaica, reservada para as crianças de graus proibidos de casamento. As crianças simplesmente nascidas fora do casamento não eram tecnicamente consideradas *mamzerim*. O *mamzer* era, na verdade, um proscrito da comunidade judaica ("O *mamzer* não entrará na congregação do Senhor", Deuteronômio 23:3). Daí o horror peculiar das mulheres que se encontravam no terrível limbo do *aginut*. As autoridades rabínicas haviam se debatido com a questão, sem sucesso, durante séculos. Ela permanecia um extremo lembrete do *status* de segunda classe das mulheres no judaísmo ortodoxo.

Milhares de mulheres na Europa oriental foram afetadas, devido aos distúrbios ocorridos entre 1914 e 1921, e porque grandes números de rapazes haviam emigrado, principalmente para as Américas, prometendo voltar mais tarde para buscar as esposas, porém frequentemente deixando de cumprir a promessa. Em Vilna, um Comitê para a Defesa das Mulheres procurou aliviar esse problema tentando, em cooperação com organismos semelhantes em outras cidades e países, localizar maridos desaparecidos. Seu sucesso, no entanto, foi limitado.

A dificuldade em obter o divórcio de um marido recalcitrante deu origem a muitos casos trágicos e histórias sensacionalistas nos jornais. Mulheres desesperadas podiam recorrer a um "rabino de esquina" (*vinkl-rov*) que vendia os seus serviços para propósitos ambíguos. Em 1939, uma sessão especial da corte rabínica de Varsóvia ouviu um caso a respeito de um certo Yaakov Yagodnik. Alguns anos antes, quando era *yeshiva bokher* em Ostrów, ele se casara com uma jovem rica de Białystok. Ele contraiu uma doença crônica, e ela pediu a ele o divórcio, que ele se recusou a conceder. Ela e parentes seus supostamente o mantiveram em um quarto de hotel em Varsóvia com a presença de um clérigo corrupto. Lá, eles induziram Yagodnik a assinar um *get* sem que ele estivesse plenamente consciente do que estava fazendo. Subsequentemente, a validade do documento foi contestada pelo rabino de Ostrów. De qualquer maneira, esse foi o lado da história de Yaakov. Infelizmente, não temos a versão da esposa e nem a decisão da corte.[15]

Um número menor de mulheres judias do que de não judias tinha filhos fora do casamento. Em Budapeste, em 1929, somente 4% dos nascimentos judaicos ocorreram fora do casamento, em comparação com 22% entre os não judeus. A própria raridade da ilegitimidade judaica, no sentido de nascimentos de pais não casados, contudo, significava que os casos, quando ocorriam, particularmente na pequena comunidade da *shtetl*, eram uma fonte de escândalo e vergonha.

A mãe judia solteira que não conseguisse convencer o pai judeu do seu filho a se casar com ela antes do nascimento da criança dificilmente poderia permanecer na *shtetl* e seria forçada a procurar o refúgio do anonimato em uma cidade ou ir para os Estados Unidos. Antes de partir, ela poderia entregar a criança ilegítima a camponeses das proximidades (que poderiam encarar o presente como um par adicional de mãos para o trabalho) ou colocar a criança em um orfanato, se houvesse um disponível. Com um nome falso, talvez se dizendo uma tia, ela poderia enviar periodicamente dinheiro para cobrir as despesas da criação da criança.[16]

No entanto, se o pai não fosse judeu e ela se cassasse com ele (com as crianças ilegítimas sendo o catalisador mais comum desses, ainda relativamente infrequentes, casamentos com não judeus na *shtetl*), ela desonraria duas vezes a sua família: a exogamia, afinal de contas, dificilmente era uma desgraça menor do que a ilegitimidade. Com frequência, esses casais também se mudavam com a criança — e o nome deles aparecia, de tempos em tempos, nas listas de chegada de passageiros da terceira classe dos navios que atracavam em Ellis Island e em outros portos na América do Norte.

Mulheres liberadas

No início do século XX, as mulheres judias em grande parte da Europa arrancaram muitos dos grilhões que anteriormente as mantinham presas. Elas desempenhavam um papel bastante desproporcional ao seu número no movimento feminista em todo o continente. Elas ingressaram em esferas que eram antes completamente masculinas, adquiriram direitos políticos dentro e fora das comunidades judaicas e, não raro, precediam os homens judeus na abertura de portas para o aculturamento em sociedades não judaicas.

As razões disso estavam provavelmente relacionadas com o elevado nível de urbanização e o declínio da fertilidade dos judeus, que ocorreram mais cedo e mais rápido do que nas populações circundantes. A utilização precoce e difundida do controle de natalidade artificial entre os judeus foi ao mesmo tempo uma causa e um sintoma da capacidade das mulheres de se libertar das restrições da sociedade judaica tradicional.

Na Alemanha, em particular, as mulheres judias estavam muito mais mobilizadas do que as não judias nas organizações femininas. Bertha Pappenheim

(1859-1936), que dirigiu a moderadamente feminista Jüdischer Frauenbund, fundada em 1904, foi figura fundadora do feminismo judaico-alemão e internacional. (Mais tarde, ela ficou famosa como o caso clássico de Freud "Anna O.".) Sua organização combinava o feminismo com o ativismo comunitário judaico. Ela organizou a resistência à "escravidão branca"* e se empenhava na assistência social entre os enfermos, idosos, crianças, delinquentes, prostitutas e prisioneiras judias. Já em 1929, a Frauenbund tinha uma afiliação de 50 mil mulheres, oriundas principalmente da classe média.

Tanto Pappenheim quanto a organização eram bastante conservadoras nas suas atitudes sociais, abraçando o conceito da maternidade como uma função básica do sexo feminino. No terreno religioso, a Frauenbund rejeitava o controle da natalidade e o aborto, embora, tendo em vista os dados demográficos, não pode haver nenhuma dúvida de que muitos dos seus membros usavam anticoncepcionais artificiais. Ao mesmo tempo, a organização procurava abrir oportunidades de carreira para as mulheres. Embora formalmente neutra no que dizia respeito à política e à religião, a Frauenbund fazia campanha em defesa dos direitos das mulheres, combatia o antissemitismo e era solidária com o movimento feminista-pacificista internacional, no qual mulheres judias de vários países eram proeminentes participantes. A organização não era ativamente hostil ao sionismo, mas se mantinha afastada dele. O obituário de Pappenheim, escrito por ela mesma, supostamente para um jornal sionista, a chamou de "uma antiga e ativa inimiga do nosso movimento, embora não seja possível negar que ela tinha uma consciência judaica, e força. Ela se considerava alemã mas era assimilacionista. Que pena!"[17]

Ao contrário de muitas associações femininas, a Frauenbund não foi dissolvida quando os nazistas tomaram o poder, já que dificilmente poderia ser absorvida pela organização de mulheres nazistas, mas passou a funcionar depois de 1933 sob fiscalização policial. A partir de então e até 1938, quando, à semelhança da maioria das organizações judaicas, ela foi fechada pelo governo, a organização se concentrou em ajudar os judeus necessitados e em auxiliar os emigrantes em perspectiva a se preparar para a partida.

Alice Salomon, "a Jane Addams alemã", foi uma das pioneiras do trabalho de assistência social feminino na Alemanha e outra importante figura no movimento internacional das mulheres. Em 1908, ela fundou a Soziale Frauenschule em Berlim e, em 1925, a Academia Alemã para o Trabalho Social e Pedagógico das Mulheres. Salomon havia sido criada em um lar esclarecido e secularizado, onde a religião praticamente não desempenhava nenhum papel. "Nunca celebrávamos

---

* Tráfico de mulheres visando a prostituição. (N.T.)

nada além das festas cristãs em casa e desconhecíamos as leis e os costumes judaicos."[18] Em 1914, ela se converteu ao luteranismo — "a decisão mais importante que já tomei, decisão que tomei por convicção". Durante o período nazista, ela pertenceu à antinazista Bekennende Kirche (Igreja Confessional). Assim como muitos convertidos, ela continuou a se considerar em um certo sentido judia. Em 1933, o governo proibiu-a de entrar na sua escola. Diante das exigências de dispensar professores e alunos judeus, ela optou por fechar a academia. Ela irritou os nazistas por continuar a desempenhar um papel público nos assuntos internacionais das mulheres até a sua expulsão da Alemanha em 1937.

Também na Holanda, as mulheres judias eram proeminentes no movimento feminista, tanto por intermédio do Conselho de Mulheres Judias quanto de organizações femininas em geral. Aletta Jacobs (1854-1929), sufragista, pacifista e defensora do controle da natalidade, foi a primeira mulher a ingressar em uma universidade holandesa (Groningen, em 1871). Insistindo em que era uma "cidadã do mundo", Jacobs recusou a ajuda do Conselho de Mulheres Judias, "quer por convicção política, quer por convicção religiosa".[19]

A geração seguinte de feministas holandesas, contudo, estava menos inclinada, ou achou menos fácil, desprezar a identificação judaica, já que se tornara impossível evitar as questões do antissemitismo e da Palestina. Assim como alguns políticos judeus do sexo masculino, elas às vezes escolhiam deliberadamente permanecer em segundo plano, por medo de provocar reações antijudaicas. Mesmo assim, ocasionalmente, elas achavam necessário assumir uma posição com relação às questões judaicas. Em 1939, por exemplo, Rosa Manus, uma das líderes da Liga Internacional das Mulheres para Paz e Liberdade, fundada durante a Primeira Guerra Mundial, envolveu-se em uma discussão com uma delegada egípcia em uma reunião da Aliança Internacional de Mulheres em Copenhague sobre o tema da imigração de refugiados judeus para a Palestina.[20]

Assim como do lado de fora, dentro das comunidades judaicas as mulheres tinham que lutar arduamente para obter direitos iguais, inclusive o direito de votar. Quase todas as autoridades ortodoxas na Europa oriental e na Alemanha no período entreguerras se opunham fortemente a qualquer forma de envolvimento das mulheres na política, quer como eleitoras, quer como candidatas a cargos dentro ou fora da comunidade.

Na Polônia, somente aquelas que eram chefes de família pagantes de impostos podiam votar nas eleições da *kehillah*. A exclusão das mulheres da participação na vida política das *kehillot* era contestada por grupos de mulheres como o Farband fun Yidishe Froyen, uma organização sionista de esquerda, mas elas tiveram pouco sucesso em mudar a lei. Embora ambos os sexos pudessem votar nas eleições parlamentares na Polônia no intervalo entreguerras, o comparecimento das mulheres judias na primeira eleição geral, em 1919, foi menor do que o de homens judeus e o de mulheres não judias. Alguns *rebes* hassídicos permitiram que as mulheres votassem nas eleições para o parlamento polonês (se eles não permitissem, a influência dos ortodoxos teria sido grandemente reduzida) mas a abordagem ortodoxa geral permaneceu em princípio inalterada. Do total de 107 deputados e senadores judeus eleitos para as duas casas do parlamento polonês no período entreguerras, havia apenas uma mulher.

O movimento socialista estava teoricamente empenhado na igualdade dos sexos, mas, nesse período, raramente praticava o que pregava. Enquanto os homens de origem judaica desempenhavam um importante papel na liderança do Partido Social-Democrata Austríaco, as mulheres, judias ou não judias, ocupavam apenas funções secundárias. No Bund, que teoricamente estava comprometido com a igualdade de sexos, as mulheres permaneciam claramente secundárias. A sua organização feminina, Yidishe Arbeter-froyen Organizatsye, nunca representou grande coisa e, em 1939, apenas cerca de 10% dos membros do partido em Varsóvia eram do sexo feminino. A mulher mais conhecida na liderança do Bund depois da Revolução Russa, Ester Frumkin, ingressou no Com-Bund e mais tarde se tornou uma importante figura no Partido Comunista Soviético e nas *Evsektsiia*.

Na Alemanha, vigorosas campanhas de grupos femininos lhes conquistou o voto nas eleições comunitárias em todas as comunidades importantes, com exceção de Colônia até 1929. Mas as mulheres raramente desempenhavam mais do que um papel subordinado na vida comunitária, geralmente ficando confinadas no que era considerado a esfera feminina — atividades beneficentes, puericultura e assim por diante. Depois de 1933, a Jüdischer Frauenbund não teve sucesso no seu pedido de representação na liderança da Reichsvertretung. Seu chefe, Leo Baeck, explicou que as mulheres e os homens diferiam nas suas capacidades: "Enquanto os homens possuíam perspicácia e presciência, as mulheres tinham o dom de ser boas ouvintes [...] de ser capazes de reconhecer as necessidades do gênero humano [...] e de moldar uma noite com calor, dignidade e substância".[21]

As mulheres tinham o direito de votar dentro da Organização Sionista desde 1898, mas quase todos os líderes sionistas eram homens. Embora alguns mizrachistas achassem que a eleição de candidatas do sexo feminino fosse violar os muros da modéstia entre os sexos, o movimento sionista religioso decidiu apoiar o sufrágio feminino e o direito das mulheres de se candidatarem a cargos políticos. No entanto, as mulheres não desempenhavam nenhum papel importante na política do Mizrachi ou nos assuntos de outros partidos sionistas na Europa.

A Organização Sionista Internacional das Mulheres (WIZO),* fundada em 1920, tinha sucursais em todas as comunidades europeias. A sua afiliação era geralmente de classe média e ela empenhava os seus esforços principalmente para arrecadar recursos. As mulheres sionistas, embora ativas na sua própria esfera, eram frequentemente encaradas como intrusas exóticas quando se aventuravam em domínios mais amplos. Dora Gross-Moszkowski, que costumava percorrer as cidades polonesas na década de 1930, dando palestras em nome dos sionistas, recordou uma ocasião na qual, ao chegar a uma cidade para falar na sinagoga local, foi informada de que "como eu era mulher, não poderia fazer a preleção na plataforma, diante do altar [sic], sem a permissão especial do rabino. Esperei do lado de fora durante três horas pelo consentimento dele".[22]

Na União Soviética, a sujeição das mulheres era um item frequentemente expressado no formulário de queixa comunista contra o judaísmo. No julgamento da *heder* em Vitebsk, uma das testemunhas especializadas da acusação citou com satisfação a oração diária com frequência citada na qual o judeu ortodoxo agradece a Deus por não ter nascido mulher.[23] A Revolução Russa abriu a vida política para as mulheres. Ela também lhes proporcionou novas oportunidades educacionais e, em princípio, possibilitava que elas participassem em igualdade de condições com os homens na força de trabalho. Mulheres judias como Rosa Luxemburgo e Clara Zetkin haviam desempenhado um papel completo, na verdade desproporcional (em comparação com as mulheres não judias), no movimento revolucionário antes de 1917. Depois da revolução, contudo, elas desapareceram das posições de liderança. Ester Frumkin, uma das últimas representantes do tipo, foi marginalizada após a dissolução das *Evsektsiia* em 1930 e presa em 1937.

Apesar do trabalho de mulheres como Pappenheim, as tentativas de criar um movimento internacional de mulheres judias alcançou apenas sucessos intermitentes. O primeiro congresso mundial de mulheres judias se reuniu em Viena em 1923. Um segundo, que ocorreu em Hamburgo em 1929, contou com a presença de delegadas de quatorze países, sendo onze da Europa. O jornal ortodoxo judaico-alemão *Der Israelit* se opôs ao pedido do congresso de que as mulheres tivessem direito de voto nas comunidades, citando o adágio do salmista "*kol kevodah bat melekh pnimah*" (Salmos 45:13, "A filha do rei é toda esplêndida por dentro"), tradicionalmente interpretado como significando que a mulher não tinha lugar na vida pública.[24] O congresso resolveu formar uma Federação Mundial de Mulheres Judias, "para unir as mulheres judias do mundo inteiro, sem desejar

---

* A organização foi fundada na Inglaterra, e WIZO é a sigla do nome em inglês: Women's International Zionist Organization. (N.T.)

perturbar os sentimentos nacionais das pessoas ou a sua atividade prática na sua terra natal". A Depressão e a ascensão do nazismo, contudo, eliminaram qualquer perspectiva de concretizar a resolução.[25]

No entanto, embora o registro de realizações políticas das feministas judias fosse insignificante, as mulheres judias falavam mais alto e com mais confiança com a sua própria voz nesse período. Até mesmo as rigidamente ortodoxas começaram a se impor. Em 1938, a *yeshiva* de Lublin celebrou a *siyyum* (conclusão) do ciclo de sete anos e meio de estudos do *daf yomi* do Talmude. Milhares de rabinos, alunos de *yeshiva* e delegados devotos do mundo inteiro se reuniram para a festividade. Entretanto, uma nota sem precedente soou quando um grupo de mulheres tentou comparecer à cerimônia, despertando a oposição masculina. Elas acabaram obtendo permissão para entrar em uma varanda isolada. A multidão reunida aguardava, impaciente, que os trabalhos começassem. Passado algum tempo, o rabino que estava presidindo o evento subiu à plataforma e anunciou: "A *siyyum* não começará enquanto as mulheres não deixarem a *yeshiva*". Elas se recusaram a ceder. Finalmente, chegaram a um acordo: a cerimônia ocorreria ao ar livre. Depois das formalidades, soltaram fogos de artifício e houve canto e dança (homens apenas) até as quatro horas da manhã.[26]

Mulheres instruídas

"A assimilação de um povo", escreveu Joseph Roth em 1927, enquanto observava os imigrantes judeu-europeus em Paris, "sempre começa com as mulheres."[27] Roth, cujo ouvido estava peculiarmente afinado com as nuances sociais e as cadências culturais das terras de Habsburgo (ele nasceu em Brody, na Galícia oriental), expressou a opinião que, pelo menos no caso dos judeus, está de acordo com as constatações dos historiadores.

Em algumas sociedades, as mulheres podem resistir mais do que os homens às influências modernizadoras, mas entre os judeus do Leste Europeu, o inverso parece frequentemente ter sido o caso. Nos círculos ortodoxos, até o início do século XX, o fato de as mulheres serem automaticamente excluídas de muitas *hadorim,* da *talmud torah* e da *yeshiva* significava que era mais provável que a educação que as meninas recebiam incluísse elementos da cultura não judaica moderna e secular. Como resultado, tem sido argumentado que as mulheres judias na Europa oriental se transformaram em "instrumentos de aculturamento".[28] Isso continuou acontecendo mesmo depois de instituída a educação fundamental compulsória. Na Polônia, em particular, as mulheres judias, educadas em polonês e não em iídiche, frequentemente se envolviam ativamente com a cultura polonesa. O líder sionista Yitzhak Gruenbaum, por exemplo, relembrou que enquanto o seu pai se fechava no seu escritório para ler um jornal hebraico, a sua mãe "abria uma janela" para ele "para a literatura polonesa".[29]

Mesmo entre os ortodoxos, contudo, as atitudes com relação à educação das meninas estavam começando a mudar. Os pensadores neo-ortodoxos alemães Hirsch e Hildesheimer tinham aprovado a educação das meninas — dentro de certos limites; as meninas, por exemplo, não eram consideradas adequadas para aprender o Talmude. Em 1933, o venerado Hafets Hayim emitiu um parecer semelhante, embora ele tenha ido ao ponto de permitir que as meninas estudassem o Pirkei Avot, o tratado mais popular e acessível do Talmude (também um dos mais curtos).

O advento da educação fundamental compulsória universal apresentou um desafio para os ortodoxos. Se eles não fizessem nada, as meninas receberiam uma educação inteiramente secular. No entanto, a ideia de incorporar meninas ao sistema *heder/talmud torah/yeshiva* parecia impensável.

A solução foi a rede de escolas religiosas para meninas Beys Yankev (Bet Yaakov), a primeira das quais foi fundada em Cracóvia, em 1917. Sua fundadora, Sarah Schenirer, era tudo menos rebelde. Influenciada pelas ideias de Hirsch e abençoada no seu empreendimento pelo *rebe* de Belz, ela convenceu o movimento agudista a apoiar a criação de um sistema dessas escolas na região rural. As Beys Yankev se desenvolveram rapidamente na década de 1920 e, com o tempo, se espalharam para a Tchecoslováquia, Lituânia e Romênia. As professoras (eram todas mulheres) eram treinadas em um seminário em Cracóvia fundado em 1931. O principal foco de estudo nas escolas era a Bíblia, a religião judaica, e a língua e literatura hebraicas. O idioma usado no ensino dessas matérias era o iídiche. Assuntos seculares como literatura, história, geografia, música, artesanato e ginástica eram estudados em polonês (ou outra língua local). O programa também oferecia cursos vocacionais em escrituração contábil, datilografia, costura, puericultura, nutrição, economia doméstica e enfermagem — um comentário significativo a respeito das limitadas oportunidades profissionais disponíveis para a maioria das meninas, especialmente as dos lares ortodoxos. As alunas eram obrigadas a se vestir modestamente e a dizer orações duas vezes por dia. Algumas autoridades religiosas, particularmente o *rebe* de Munkács, desaprovavam o que consideravam a abordagem progressista demais das Beys Yankev da educação feminina, mas de um modo geral os ortodoxos tinham orgulho das realizações do movimento.

Muito valor tem sido atribuído à importância dessas escolas. Ben-Zion Gold, cujas irmãs as frequentaram, argumenta que as Beys Yankev "liberavam os seus membros da posição inferior que a tradição lhes tinha atribuído, alterando a diferença de gênero de inferioridade para singularidade".[30] Em 1937, dois anos depois da morte de Schenirer, as 250 Beys Yankev tinham 38 mil alunas. No entanto, nenhuma era um ginásio e somente quatorze eram escolas primárias plenas. As restantes ofereciam aulas no turno da tarde que protegiam as meninas judias em um ambiente ortodoxo depois que elas tinham encerrado o dia de estudo nas escolas primárias do governo. Muito poucas dessas meninas avançaram para um ginásio e somente um punhado delas foi para a universidade.

Em 1932, o *Beys Yaakov Journal* realizou um levantamento entre as suas leitoras, fazendo perguntas como "Qual o problema que mais a incomoda?", "Você gostaria de ser materialmente independente?" e "Você preferiria simplesmente não trabalhar e ser apenas uma dona de casa?". As respostas revelaram o grau em que, até mesmo nesse ambiente tradicionalista, muitas meninas tinham absorvido opiniões sociais avançadas.

> Sou a favor da emancipação das mulheres; portanto, temos que ser financeiramente independentes. A mulher precisa se preocupar com o seu destino, exatamente como o homem se preocupa.
>
> Depois do casamento, tanto o marido quanto a mulher precisam se esforçar para se realizar.
>
> Eu gostaria de ganhar a minha própria subsistência.

Com um realismo desesperador, a última entrevistada acrescentou: "mas o que eu quero tem importância?".[31]

Muitas jovens judias nesse período, embora principalmente de procedência não ortodoxa, conseguiram assumir o controle da própria vida, particularmente ao conseguir se matricular em faculdades ou universidades. Mesmo antes da Primeira Guerra Mundial, as mulheres judias tinham estado desproporcionalmente representadas nas universidades da Europa central. Já na década de 1930, o número delas tinha aumentado ainda mais — de qualquer maneira até serem excluídas da educação superior alemã no governo nazista e por serem limitadas pelo *numerus clausus* em outros lugares. Em 1928-1929, as mulheres representavam até 38% dos estudantes judeus nas universidades polonesas, enquanto a proporção de mulheres na população discente geral era de 27%. Não raro uma considerável perseverança se fazia necessária para que as moças conseguissem uma vaga na universidade, e depois uma enorme persistência para avançar em direção a uma carreira nas profissões liberais.

As mulheres que trabalhavam

Na sociedade tradicional da Europa oriental, não era comum que as mulheres judias trabalhassem fora, embora elas pudessem se envolver com alguma forma de atividade economicamente produtiva em casa. No período entreguerras, contudo, a força das circunstâncias obrigou até mesmo as mulheres dos lares ortodoxos a ingressar na força de trabalho, particularmente em várias ramificações da indústria do vestuário. Nas fábricas têxteis de Łódź, no início da década de 1930, um terço dos trabalhadores judeus era do sexo feminino. Lá, o salário das mulheres, como em quase todos os lugares, era inferior ao dos homens. Na URSS, apesar da igualdade nominal dos sexos, o salário das mulheres para o trabalho não especializado no final da década de 1920 variava entre 67% e 85% do salário pago aos homens em uma função equivalente.[32]

Na Europa oriental e central no período entreguerras, a maioria das mulheres judias casadas não trabalhava fora. Na Alemanha em 1925, por exemplo, somente 17% faziam isso. Não obstante, as mulheres judias fizeram um rápido progresso nas profissões liberais e constituíam uma grande proporção das advogadas e médicas na Alemanha até 1933. Algumas ocupações caracteristicamente judaicas, contudo, permaneceram fechadas para as mulheres. Em Amsterdã, por exemplo, somente homens podiam ser membros da bolsa de diamantes durante todo o período entreguerras.

Tampouco as mulheres judias conseguiram avançar muito em outra profissão que era tradicionalmente um domínio masculino: a literatura. De 49 escritores iídiche representados no destacado periódico literário, *Literarishe bleter*, em 1930, apenas cinco eram mulheres.[33] Somente cerca de meia dúzia dos 102 delegados oficiais do Congresso de Cultura Iídiche esquerdista em Paris em 1937 eram mulheres, e os escritores reunidos praticamente não prestaram nenhuma atenção às questões femininas.

Em maio de 1927, o escritor iídiche Melech Ravitch publicou um artigo deplorando a ausência de mulheres entre os autores iídiches. O artigo evocou uma resposta amarga e sarcástica da poeta Kadya Molodowsky.[34] Uma mulher jovem e frágil, porém intrépida, que suportava pesadamente nos ombros o fardo do mundo, ela obteve aplausos pelos seus primeiros poemas a respeito das mulheres pobres de Varsóvia. Molodowsky rejeitou, indignada, a condescendência implícita na categorização generalizada de "poesia feminina". Quando um jornalista iídiche apresentou Molodowsky à sua esposa como "uma boa poetisa", ela respondeu com um certo ardor: "Quero persuadi-lo a dizer 'uma grande poetisa'". Quando o jornalista respondeu com um sorriso: "Não sei se uma mulher jamais poderá ser uma grande poetisa", ela deu um tapa no rosto dele, embora rapidamente se arrependesse e acrescentasse três beijos. "Ela queria que fosse um tapa forte", recordou ele condescendentemente, "mas não conseguiu. Ela é uma *klayninke* [uma menina muito frágil] [...] e não consegue administrar um tapa. Ela é melhor como cantora."

Deslocando-se da pessoa para os versos dela, o mesmo crítico, escrevendo no *Literarishe bleter* em 1933, elogiou-a por expressar e exemplificar a "crise na psique da mulher judia" e pronunciou-a "defensora das mulheres judias e a poetisa delas". Ele detectou nos versos de Molodowsky o "ritmo do recitativo das *tkhines* e do *Tsene-rene*". Ela era uma iniciadora da revolta das mulheres judias, mas estava "sufocada de medo: a sombra da sua *bobe* [vovó] a aterrorizou".[35] Molodowsky encontrou um ouvido mais solidário no seu colega poeta Rokhl Korn, que afirmava que o papel subjugado das mulheres as colocava em contato mais estreito com as realidades do dia a dia, tornando-as mais capazes de alcançar, como no caso de Molodowsky, uma "síntese feliz de vida e poesia".[36]

As escritoras judias em outras línguas tiveram um pouco mais de sucesso ao abrir caminho através da comunidade literária dominada pelos homens. A poetisa expressionista alemã Else Lasker-Schüler, por exemplo, fazia parte de um grupo de artistas e escritores boêmios em Berlim nos primeiros anos do século XX que adotaram uma expressão contracultural modernista de protesto contra as convenções assimilatórias dos seus pais. Ela chamava seus amigos de "wilde Juden". Ela tinha 63 anos quando Hitler subiu ao poder, e foi espancada com uma barra de ferro por uma gangue de nazistas. Lasker-Schüler deixou imediatamente a Alemanha e passou os seis anos seguintes na Suíça.

Uma profissão permaneceu completamente fechada para as mulheres: o rabinato. A ideia de rabinos do sexo feminino era cômica e impensável aos olhos dos ortodoxos, embora os rabinos, ao contrário dos padres, não estivessem autorizados a administrar sacramentos ou cuidar de almas. O principal seminário judaico liberal em Berlim contava com 27 mulheres entre os seus 155 alunos em 1932, mas nenhuma delas recebeu a *semikhah* (ordenação) lá. A primeira rabina no mundo, Regina Jonas, que se formara na Hochschule em 1930, teve o *semikhah* recusado lá. Em 1935, contudo, ela o recebeu privadamente de um rabino liberal de Frankfurt. Embora nunca lhe tenha sido permitido servir como um rabino congregacional, ela pregou em sinagogas de Berlim em 1938-1939, substituindo rabinos que tinham sido presos ou fugido para o exterior.[37]

Contrastando com essa mais nova profissão para as mulheres, a mais antiga delas continuava, nas condições incertas e com frequência desesperadas nas décadas de 1920 e 1930, a admitir e atrair recrutas.

Mulheres da vida

O esforço de impedir a prostituição e o tráfico de moças judaicas, particularmente da Europa oriental para a América do Sul, recuava aos primeiros anos do século XX. Uma conferência internacional sobre o assunto havia ocorrido em 1910, mas a deflagração da Primeira Guerra Mundial e o caos político e social resultante na Europa oriental havia praticamente impossibilitado uma ação efetiva.

Uma segunda conferência se reuniu em Londres em 1927 com setenta delegados das comunidades judaicas de dezessete países, a maioria deles da Europa oriental e central, mas não da URSS, onde se afirmava que o sexo comercializado havia desaparecido. Os oradores se alternaram entre o desejo de enfatizar a seriedade do perigo moral representado pela prostituição judaica, e a ansiedade de que, ao pintar um quadro excessivamente alarmista, eles pudessem fornecer material para a propaganda antissemita. Assim sendo, um delegado de Łódź relatou que, de acordo com os registros policiais, somente 36 das 218 prostitutas registradas na cidade eram judias (um terço da população de Łódź era judia). No entanto, um delegado de Vilna ressaltou que a maior parte da prostituição na Polônia era clandestina e não registrada. O rabino Felix Goldmann de Leipzig afirmou que era "perigoso falar tanto a respeito do tráfico e proclamar incessantemente os nossos pecados para o mundo". Por outro lado, feministas como Bertha Pappenheim enfatizaram os efeitos inconvenientes da *agunah* e *shtile khupe* ("silencioso", ou seja, casamento religioso clandestino e/ou irregular, frequentemente organizado por recrutadores para a prostituição) e exigiram a reforma da lei religiosa. Os trabalhos logo se deterioraram em altercações entre partidários e adversários da ortodoxia.[38]

Os conferencistas tiverem que enfrentar o fato de que a prostituição era legal em vários países e tolerada em muitos outros. Havia pouca dúvida de que o tráfico transoceânico de moças judias não havia cessado. A conferência foi informada de que, em Czernowitz, o tráfico de escravas brancas "está nas mãos de três famílias que estão na profissão já há algumas gerações". Era impossível tocá-las. Tampouco as prostitutas judias tinham desaparecido das cidades europeias. A prostituição judaica talvez não tenha sido mais preponderante do que a não judaica, mas a sua própria existência fez outro buraco no mito dos valores familiares judaicos.

Uma explicação para a persistência da prostituição fora apresentada por um escritor em um periódico hebraico em 1901. Ele atribuiu o fato ao efeito pernicioso da "Literatura de um certo tipo que usa o jargão [ou seja, o iídiche]", bem como dos "romances americanos e, especialmente, as cenas repulsivas que eles apresentam no teatro que usa o jargão [que] subverteu profundamente os costumes das massas [...] [lançando uma] sombra sobre as filhas das nossas massas, apagando delas qualquer sentimento de vergonha ou modéstia".[39]

Questionável se levado a sério como análise dos efeitos da literatura sobre a sociedade, isso está certamente errado em um ponto. A vergonha não parece ter sido apagada: de que outra maneira explicar o fato de que os depoimentos das próprias mulheres foram perdidos para a história? Se quisermos ouvi-los, só poderemos fazê-lo de fonte indireta, com a mediação da ficção e da poesia. No entanto, as prostitutas que povoam os romances de Sholem Asch, as antigas histórias de Varsóvia de Isaac Bashevis Singer, a imprensa sensacionalista iídiche e o palco iídiche eram mais do que produtos da imaginação.

E às vezes irrompe uma voz que parece autêntica. Na canção "Di gefalene" ("A Mulher Caída"), de Mordkhe Gebirtig, uma prostituta deplora a sua sorte:

Ergets shlogt shoyn tsvey der zeyger
Em algum lugar o relógio está batendo duas horas,
s'iz shoyn lang nokh halber nakht
Já é noite profunda
un keyn groshn, keyn fardinstl
E nenhum tostão, nem um único trabalho
hot biz itst zikh nisht gemakht.[40]
Veio até agora para mim.

Essa mulher estava sozinha. Mas ela fazia parte de uma massa de pessoas que se desviaram das normas e valores convencionais da sociedade judaica, e era outro sinal de que estes estavam rachando sob as crescentes pressões vindas de dentro e de fora.

– 8 –

LUFTMENSHN

Vivendo de ar

Flutuando no ar, suspenso acima da *shtetl*, visível porém impotente, golpeado para lá e para cá por rajadas de vento vindas de todas as direções, o *Luftmensh* de Marc Chagall torna-se um arquétipo para a falta de peso judaica nesse período. Ele é, ao mesmo tempo, um termo genérico conveniente para os dissidentes, marginais e proscritos que constituíam uma parte secundária, porém reveladora, da sociedade judaica. O de Chagall era o arquetípico "violinista no telhado".

O *luftmensh* podia ser definido, nas palavras de Lewis Namier, como um homem "sem um solo firme debaixo dos [seus] pés, sem treinamento ou profissão, sem capital ou um emprego regular, vivendo no ar, e que parecia até estar quase vivendo de ar".[1] Quase poderia ser dito que o judeu, praticamente qualquer judeu, era por definição um *luftmensh*, já que, praticamente sozinho entre os povos da Europa, ele e o seu grupo não estavam radicados na terra, mas atuavam em uma estratosfera etérea, comercial. Esse era, na verdade, um ponto de vista compartilhado por antissemitas e muitos ideólogos judeus modernizadores, inclusive sionistas e socialistas.

O *luftmensh* pode ser mais especificamente localizado em certos setores da sociedade judaica. Vagabundos, vadios e hedonistas, empresários respeitados embora malsucedidos, estudantes de *yeshiva* que dependiam da caridade para sobreviver, inventores imaginativos porém pouco práticos, e especuladores financeiros, charlatães, vigaristas, contrabandistas, frequentadores do submundo do crime, prostitutas, vagabundas, mendigos, deficientes físicos, simplórios e lunáticos podem ser encarados, em certo sentido, como *luftmenshn*. O mesmo podemos dizer dos poetas que não conseguiram publicar os seus poemas, filósofos de botequim, menestréis errantes, tocadores de realejo, artistas de parques de diversão, artistas de circo, atores na fase "de descanso" e atletas amadores, embora todos eles provavelmente teriam se encolhido de horror diante da ideia da existência de qualquer semelhança.

Um estereótipo na ficção iídiche, o *luftmensh* também existia na vida real. Nas partes mais pobres da Europa, o fenômeno era generalizado. Na Rutênia Subcarpática, a província primitiva, mais a leste da Tchecoslováquia, na década de 1920, dizia-se que mais da metade da população judaica consistia de *luftmenshn*, pelo menos no sentido de que eles não tinham nenhuma fonte visível de renda.[2]

Alguns *luftmenshn* se aproveitavam do preceito religioso da *tsedakah*, particularmente o costume de convidar as pessoas errantes e os viajantes para compartilhar da refeição festiva no *Sabbath* ou nos feriados religiosos. Às vezes, esses convidados se apropriavam de direitos semipermanentes de visitação. Na casa de Ben-Zion Gold em Radom, uma presença crônica no *seder* do *Pessach* era um tal de Leibl "Shteklman". Ele sempre carregava uma longa bengala (*shtekl* em iídiche) — daí o seu apelido. Um homem baixo com barba grisalha e a tez avermelhada, ele tinha "um bigode cor de âmbar por fumar muito e aspirar rapé". Na ocasião da primeira visita de Leibl, ele chegou quando o *seder* praticamente já tinha terminado, bateu na porta e gritou: "Vocês já tiveram o seu *seder*, certo?" Por acaso lhes ocorreu perguntar se *eu* tive um *seder*?" A partir de então, ele vinha todo *Pessach*, ocupava o lugar que lhe estava reservado e deleitava os presentes com histórias hassídicas. Leibl não era exatamente um mendigo: geralmente ele trazia o seu próprio *matzah* (pão sem fermento) e vinho no *Pessach*; e no outono, ele podia aparecer com um presente, como um velho relógio ou pesos de cobre — o que levou Ben-Zion a deduzir que ele era uma espécie de "negociante de objetos usados".[3]

O *luftmensh* não era necessariamente pobre. Ele podia até viver com certo estilo. Gerhard Schreiber, um estudante na década de 1930, recordou o modo de vida da sua família em Czernowitz:

O meu pai, que não tinha realmente um emprego de verdade, mesmo assim vivia uma vida que dava a impressão de ser um constante lazer. Ele morava em um hotel, o seu café da manhã era servido por uma criada e ele saía por volta das nove horas. Todos os dias, mais ou menos às 11h30, ele se encontrava com amigos ou sócios comerciais para um segundo café da manhã. Havia restaurantes especiais (semelhantes às *delicatessens* de Nova York) que atendiam esse grupo exclusivamente masculino. A comida consistia de deliciosos petiscos variados, e as bebidas eram geralmente algumas doses de conhaque de centeio ou de ameixa, e no verão cerveja fria de barril. Um desses lugares, o "Lucullus", era famoso em toda a Romênia. Por volta de duas horas, almoçavam no restaurante do meu avô... Os hábitos sexuais eram bastante livres. Eu ouvia falar a respeito de diferentes casos extraconjugais que ocorriam no círculo dos meus pais e também entre parentes. Os abortos, que eram muito comuns, eu tinha que apenas deduzir. Depois do almoço, a rotina dos meus pais era sempre a mesma. A minha mãe atravessava a rua e ia para casa tirar um cochilo de duas horas enquanto o meu pai se encaminhava para um café "Leopoldstadt" para jogar cartas. Ele jogava um jogo chamado Tarok (com cartas de Tarô) durante cerca de duas horas. Depois, ele estaria "na cidade" até as oito horas, quando nós nos reuníamos para jantar no restaurante. Depois do jantar, me mandavam para a cama com a minha babá, enquanto os meus pais saíam com a minha tia e o meu tio. Quase sempre eles iam para o "Clube Russo" (um clube privado que atendia judeus falantes do russo que vinham da Bessarábia), onde o meu avô paterno se reunia a eles. A minha mãe jogava rummy e a minha tia, pôquer. O meu tio, o único que tinha grau universitário, jogava bridge... Esse estilo de vida totalmente irreal [...] de algum modo não era tão estranho na Europa central... Hoje, quase sessenta anos depois, ainda me pergunto como a minha família vivia, onde obtinham os recursos para sustentar o seu estilo de vida, aparentemente alheios ao mundo que os cercava.[4]

É claro que esse modo de vida não era nem peculiar aos judeus e nem comum entre eles. No entanto, esse segmento extremamente urbanizado e com mobilidade social da sociedade era excepcionalmente aberto a essa conduta.

O caos da guerra e da revolução na Rússia, seguido pelo período da quase liberal Nova Política Econômica, propiciou um campo fértil de atividade para os *luftmenshn*. A imposição de uma maior disciplina social no governo Stalin refreou alguns dos excessos deles. Lev Kopelev relembrou que o seu tio "Mishka o Bandido" tinha "servido nos exércitos Branco e Vermelho, comandado um forte em Sevastopol, roubado a filha de um ex-oficial czarista, desertado, sido um criminoso, se rendido mais tarde e conseguido um emprego em algum lugar... Com o tempo, ele 'recobrou o juízo', estudou e se tornou um engenheiro especializado em implementos agrícolas".[5]

Na União Soviética, o termo *luftmensh* adquiriu conotações específicas e, para aqueles a quem ele era atribuído, potencialmente perigosas, próximas do *status* de segunda classe dos *lishentsy*. O *luftmensh* na sociedade socialista era encarado implacavelmente como um parasita e elemento associal. Um relatório em uma *shtetl* na região de Mozyrsk na Bielorrússia em 1926, por exemplo, fez referência a "um grupo típico de pessoas na *shtetl* [...] sem ocupações definidas, as chamadas 'pessoas de ar'". Algumas eram "artesãos não qualificados" que perambulavam em busca de trabalho; outras eram ex-lojistas que se envolviam no comércio ilegal; e havia ainda os "vagabundos" que eram economicamente supérfluos na *shtetl* mas que careciam dos recursos necessários para partir.[6]

Impostores, traquinas e oportunistas

O *luftmensh* havia adquirido celebridade popular no final do século XVIII na pessoa de Hershele Ostropoyer, um homem com espírito humorístico e traquinas, *der freylekhster yid in der velt* (o judeu mais divertido do mundo), que se tornou bobo da corte de um *rebe* hassídico. Ele se transformou em um tema lendário, aparecendo repetidamente na literatura judaica até o período entreguerras, por exemplo no conto "Shabos Nakhamu" de Isaac Babel. Outro humorista da vida real que adquiriu uma quase imortalidade foi o *badkhn* Motke Chabad (um pseudônimo), que estivera ativo no final do século XIX, mas cujas bobagens ainda eram celebradas em coleções de histórias publicadas em Vilna em 1940. Não raro, fato e ficção se confundem inextricavelmente. Suspeitava-se de que Hershele e Motke eram invenções, enquanto supunha-se credulamente que impostores fictícios, como "Avreml o Trapaceiro" de Mordkhe Gebirtig (um *voyler yat* — um *playboy*), eram personagens da vida real.

Dois vigaristas em grande escala cujas proezas deixaram vidas em ruínas no seu rastro foram Serge-Alexandre Stavisky e I. T. Trebitsch Lincoln. Stavisky, um judeu nascido na Rússia que se tornou um financista desonroso na França no período entreguerras, quase pôs fim à Terceira República quando o seu império político-financeiro sem solidez entrou em colapso. A derrocada e o suicídio de Stavisky, acompanhados por revelações de corrupção nas altas esferas, forneceram, como observou o historiador do assunto, "uma mina de ouro para os antissemitas". Stavisky foi "o presente envenenado dos agitadores e fomentadores de escândalos".[7]

Trebitsch Lincoln (cuja bizarra história foi contada na íntegra em outro lugar)[8] era um judeu nascido na Hungria que se tornou sucessivamente um missionário presbiteriano no Canadá, um clérigo anglicano em Kent, membro do parlamento por Darlington em 1910, promotor de companhias de petróleo especulativas na Romênia, espião alemão na Primeira Guerra Mundial, fugitivo da justiça nos Estados Unidos, membro do governo de extrema-direita, de curta duração, do Kapp Putsch na Alemanha na década de 1920, consultor político para os líderes militares no norte da China, monge budista em Xangai e, finalmente, agente japonês na Segunda Guerra Mundial. A propaganda nazista sempre enfatizava a condição judaica de Trebitsch. Tanto ele quanto Stavisky foram explorados por Joseph Goebbels como excelentes objetos de exposição no bestiário nazista de impostores político-financeiros judeus.

Trebitsch e Stavisky eram, sem dúvida, tão atípicos dos judeus europeus entreguerras quanto o execrado membro do parlamento Horatio Bottomley era atípico dos ingleses ou o trapaceiro "rei do fósforo" Ivar Kreuger o era dos suecos. Mas, na década de 1930, os judeus geralmente tinham um arrepio de ansiedade quando qualquer pessoa de origem judaica era acusada de um grave delito. Eles temiam que os judeus *en bloc* (à diferença dos ingleses ou suecos) compartilhariam a difamação e, talvez, também a punição administrada pelas sociedades revoltadas.

Criminosos

É difícil atribuir muita credibilidade à maioria das avaliações contemporâneas da extensão dos crimes judaicos nesse período, associados como eles estavam com o antissemitismo por um lado e com a apologética judaica pelo outro.[9] Mas podemos construir uma espécie de quadro a partir de uma variedade de fontes. De acordo com as estatísticas oficiais, a taxa global da criminalidade judaica na Polônia no final da década de 1920 era mais ou menos a metade da dos não judeus. Os crimes contra pessoas ou propriedades eram raros entre os judeus. Em Varsóvia, por exemplo, os delitos contra pessoas eram cometidos com uma frequência nove vezes menor pelos judeus do que pelos não judeus. A diferença nas taxas de homicídio era ainda maior. As taxas de roubo e desfalque também eram desproporcionalmente baixas entre os judeus. O mesmo era verdade a respeito da maioria dos crimes sexuais — estupro, bigamia e "relações sexuais anormais", categoria que incluía a pederastia, a sodomia e o incesto. Por outro lado, mais judeus do que não judeus eram condenados como *souteneurs* (cafetões). Os únicos outros delitos para os quais a taxa registrada para os judeus era mais elevada do que para os não judeus eram a especulação ilícita, o contrabando, o contrabando de destilados, a fraude, a mendicância, evitar o serviço militar e "outros crimes contra a ordem social".

Surpreendentemente, e contrariando a opinião reconhecida na época, o crime político praticado por judeus na Polônia estava registrado como sendo de apenas quatro quintos do nível dos não judeus, apesar do elevado envolvimento dos judeus na atividade de esquerda ilegal, principalmente os membros do Partido Comunista. Parte da explicação pode residir no fato de que no segmento menor (em termos do número absoluto de condenações), porém mais grave, dessa categoria, a traição e a espionagem, a taxa judaica era mais elevada do que a geral, ao passo que era mais baixa para crimes como "resistência e insulto às autoridade".[10]

Todos esses percentuais precisam ser tratados com cautela. Eles estão relacionados apenas com o crime registrado e, presumivelmente, somente com casos que resultaram em condenações. Além disso, como ressaltaram os defensores dos judeus, os casos que envolviam a suposta fuga do serviço militar talvez possam ser parcialmente explicados pela notória prevalência de antissemitismo no exército polonês. E a taxa desproporcional de criminalidade econômica judaica poderia, sem dúvida, ser explicada pela elevada participação dos judeus no comércio.

Apesar disso, todas essas estatísticas provavelmente podem ser tomadas como indicativas, em linhas gerais, do povo judeu da Polônia e da Europa oriental como um todo. Um padrão semelhante, entre os judeus, de taxas baixas para crimes de violência e embriaguez, e mais elevadas para "especulação", contrabando ou comércio de produtos proibidos é indicado por uma análise de processos judiciais na Bielorrússia soviética na década de 1920.[11]

No caso de outras áreas, apenas informações esporádicas estão disponíveis. Em Amsterdã, no período entreguerras, os crimes registrados praticados por judeus nas categorias de "fraude, peculato e recusa em cooperar com as autoridades" eram mais numerosos do que os praticados por não judeus. Relatórios de 1934 no posto policial em Jonas Daniël Meijerplein, no coração do distrito judaico, lidava principalmente com a "criminalidade econômica comum", roubos de bicicleta e "uma quantidade considerável do que pode ser descrito como 'agressão verbal'".[12] O assassinato de uma jovem menina judia naquele ano, no distrito, inicialmente despertou o receio nos judeus de que o crime tivesse sido motivado pelo antissemitismo. A revelação de que o perpetrador era um judeu perturbado gerou sentimentos de "desalento e alívio ao mesmo tempo".[13]

Em Czernowitz, contudo, houve desalento, mas nenhum alívio, depois de um crime impressionante ocorrido na década de 1930. Dois mendigos judeus mataram uma prostituta judia e esquartejaram-lhe o corpo. Os jornais romenos noticiaram o caso durante semanas, declarando-o um "assassinato ritual judaico típico".[14]

É claro que as informações oficiais não contam toda a história. Para obter mais pistas da natureza e da extensão da criminalidade judaica, podemos nos voltar para a linguagem e a literatura. A gíria do submundo do alemão, holandês, inglês e russo incorporou palavras extraídas do iídiche, por exemplo, *ganef* (ladrão), que aparece em várias línguas europeias. Na Odessa russa, a palavra hebraico/iídiche *hevrah/khevre* (grupo, sociedade) denotava uma gangue. Essas apropriações são sugestivas, embora seja impossível determinar se elas foram adotadas diretamente de habitantes judeus desse meio ou com alguma distância.

Um raro caso de autobiografia criminosa judaica é a de "Urke Nakhalnik" (um cognome do submundo do crime que significa, em polonês, "ladrão descarado"). Nascido com o nome de Yitzhak Farberowic em 1897, em uma aldeia perto de Łomza, no nordeste de Varsóvia, filho de um abastado moleiro, Urke deixou de frequentar a *yeshiva* mais ou menos na ocasião do seu *bar mitzvah*. Depois de roubar a própria família, ele fugiu para Vilna, onde conseguiu um emprego como assistente de *shames* da congregação dos coveiros no pátio da velha sinagoga da cidade. Pouco depois, segundo um estudo recente, ele "ingressou no submundo do crime, onde passou pelos estágios de iniciação de *konik* ('pequeno cavalo', isto é, aprendiz) a criminoso experiente".[15] No decurso da sua carreira, ele cometeu um vasto leque de delitos, entre eles o assalto a um banco em Varsóvia.

Já em 1933, Urke passara mais da metade da vida em prisões russas, alemãs e polonesas. Atrás das grades, ele começou a escrever memórias. Seus originais chamaram a atenção de um professor visitante, que apresentou-os a um editor e também intercedeu por Urke junto ao marechal Piłsudski. Tendo recebido o perdão, Urke se retirou da vida criminosa e tornou-se um escritor em tempo integral. Sua autobiografia, escrita e publicada em polonês em 1933, foi um *succès de scandale*. A obra foi publicada em iídiche como *Mayn lebensveg: Fun der yeshive un tfise biz tsu der literatur* (Minha Vida: da *Yeshiva* e Prisão à Literatura). O segundo volume, *Leybedike meysim* (Os Mortos-Vivos), apresentou uma imagem realista da vida na prisão. Mais tarde, ele produziu mais memórias, um romance, contos e poesias. Suas obras foram publicadas em capítulos na imprensa iídiche em Varsóvia, Riga, Nova York e Buenos Aires.

Voltando a viver em Vilna, Urke visitou o Instituto YIVO e proporcionou valiosos acréscimos à coleção do jargão criminoso da sua divisão filológica. Ele conheceu uma enfermeira no hospital judaico e, apesar da hostilidade de sua mãe contra essa *shmendrik* (imprestável), casou-se com ela. Respaldado pelos seus rendimentos literários, ele se estabilizou na vida familiar em Otwock. Já em 1939, Urke havia se tornado uma espécie de celebridade. A história da sua vida foi adaptada para o teatro. Ele fazia aparições em público para promover os seus livros e frequentava o clube dos autores em Varsóvia. Os membros não sabiam bem o que pensar a respeito de Urke: eles estavam acostumados a ex-prisioneiros — mas do tipo político, não criminoso.

Não há dúvida de que Urke floreava as suas narrativas com partes fictícias. Muitos dos seus colegas escritores seguiram na outra direção, procurando retratar ficcionalmente a criminalidade de uma maneira realista. O romance de Sholem Asch (mais tarde dramatizado) *Mottke ganef* (Mottke, o Ladrão, 1916), uma mistura de comédia e melodrama social, contou a história picaresca de um jovem cafajeste de uma *shtetl* que comete assassinato, torna-se um cafetão em Varsóvia e finalmente é traído pela moça que ele ama. No romance *Shosha* (1974), Isaac Bashevis Singer retratou moradores do submundo da Varsóvia que ele conhecera na década de 1930. No setor mais polêmico da sua rua Krochmalna nativa, "As sarjetas pareciam ainda mais fundas, o fedor ainda mais forte".[16] Entre os notórios habitantes da área estavam "Itche Cego, chefe dos batedores de carteira, proprietário de bordéis, fanfarrão e portador de faca" e "Reitzele Gorda, uma mulher que pesava 136 quilos [e], segundo se acreditava, tinha negócios com traficantes de escravas brancas de Buenos Aires".[17]

Várias coleções de música folclórica iídiche incluíam um gênero de baladas do submundo, entre elas "canções de amor de ladrões" e "canções do abismo", horríveis lamentações da prisão, nas quais os prisioneiros se queixam da vida miserável e confessam seus pecados. Algumas se autojustificavam:

> *Dos ganevishe lebn*
> A vida de um ladrão
> *hot got mir gegebn . . .* [18]
> me foi dada por Deus...

Outras se autodramatizavam, como neste longo lamento, supostamente de autoria de um batedor de carteiras orfão em Vilna:

> *Der yold iz mir mekane.*
> O cara está com inveja de mim.
> *Der yold iz mir mekane.*
> O cara está com inveja de mim.
> *Der yold iz mir mekane mit mayn layd shtikl broyt*
> Ele está com inveja do meu miserável pedaço de pão.
> *Er vil fun keyn zakh visn*
> Ele não quer saber nada
> *Vi ikh ver oysgerisn*
> a respeito de como eu sofri,
> *Vi shver es kumt mir on mayn shtikl broyt!*
> Como foi difícil conseguir o meu pedaço de pão!
>
> *mayn mame un mayn tate*
> A minha mãe e o meu pai
> *zi zeynen geven blate*
> eram pessoas humildes.

far a rov tsu makhn mir geven iz zeyer farlang.
   Eles queriam que eu fosse um rabino.
fun zibn yor keseder
   Durante sete anos frequentei
bin ikh gegangen in kheyder
   regularmente a *heder*
biz draytsen yor hob ikh gekvetsht di bank!
   Até os 13 anos eu me contorci no banco!

mayn tate shikt mir esn,
   O meu pai me mandava comida,
mayn tate shikt mir trinkn,
   O meu pai me mandava o que beber,
shikt mir tsu a hipshe bisel gelt.
   Me mandava uma pequena quantidade de dinheiro.
geshtorben iz der tate,
   O meu pai morreu,
nakhher oykh di mame,
   Depois disso a minha mãe também.
geblibn bin ikh elnt oyf der velt!
   Fiquei sozinho no mundo!

a yerushe iz mir farblibn,
   Um legado me foi deixado.
a yerushe iz mir farblibn.
   Um legado me foi deixado.
a katerinke hob ikh mir gehat.
   Comprei um realejo.
farkoyft di katerinke
   Vendi o realejo
genumen bronfn trinkn,
   E comecei a beber,
un far a ganef hot men mir gemakht!
   De modo que as pessoas me tomaram por um ladrão!

Ikh gey aroys in markt,
   Lá vou eu para o mercado

derzeh a fetn kark,
　　E vejo um pescoço gordo,
a mise moyd mit dolarn hob ikh mir dertapt.
　　Tentei agarrar uma velha suja com dólares.
Do geyt farbey a yente
　　Mas uma mulher que ia passando
un firt mir tsu a mente,
　　Me delatou para um guarda,
un firt mir glaykh in tsirkl arayn!
　　Que me levou diretamente para prisão!

Ikh zits mir in di krates,
　　Estou sentado atrás das grades
ongeton in shmates,
　　Vestido com trapos.
zumer ze ikh regn geyn un vinter shney.
　　No verão vejo a chuva, no inverno a neve
Avek di yunge yorn!
　　Vá embora juventude!
Avek di yunge yorn!
　　Vá embora juventude!
A ganef tsu zayn iz dokh vind un vey![19]
　　Ser um ladrão é apenas aflição e desgraça!

Embora tenha sido apresentada como uma canção folclórica, não devemos imaginar que um prisioneiro de verdade, um Silvio Pellico falante do iídiche, tenha composto o deplorável canto fúnebre. Algumas baladas desse tipo tiveram origem no teatro musical iídiche, outras nos exércitos czarista e polonês, e algumas eram interpretações iídiches de canções populares em outros idiomas. Muitas foram preservadas por *zamlers* iídiches consciensiosos que percorriam as cidades e as *shtetlakh,* registrando o folclore que estava à beira do desaparecimento.

Contrabandistas e ladrões de cavalos

O contrabando oferecia atrações especiais para um povo itinerante e comercial que frequentemente se encontrava em regiões fronteiriças como a Alsácia ou a antiga Zona de Residência. No século XVIII, os ladrões judeus de cavalos eram tipos característicos na Alsácia.[20] A obra *Roman fun a ferd ganef* (História de um

Ladrão de Cavalos) de Joseph Opatoshu retrata o mundo do contrabando de cavalos através da fronteira nos limites orientais da Alemanha. Embora escrito em Nova York por um emigrante, o romance passou por várias edições na Europa oriental e permaneceu popular no período entreguerras, talvez porque refletisse a realidade (ele era baseado em uma história real).

Nas *shtetlakh* perto da fronteira da URSS com os seus vizinhos ocidentais, esse contrabando continuou até bem depois do início do período soviético. Em Probuzhna, uma pequena cidade no sul da Polônia, a 16 quilômetros da fronteira, na década de 1920: "Camponeses russos chegavam diariamente e compravam mercadorias, especialmente tecidos e couro, e as contrabandeavam através da fronteira com a URSS. Com a ajuda deles, grandes carregamentos de sacarina, potassa e fósforos eram contrabandeados para a Rússia, e cavalos eram contrabandeados para fora da Rússia. Os camponeses pagavam com rublos de ouro ou prata". Mais tarde, contudo, a segurança na fronteira ficou mais rígida e o contrabando tornou-se mais difícil. "Comerciantes [em Probuzhna] que tinham grandes estoques de mercadoria destinados apenas a essa finalidade ficaram completamente arruinados, perdendo o seu capital ou simplesmente dilapidando-o. Os que mais sofreram foram os negociantes de cavalos."[21] Analogamente, na fronteira entre a Romênia e a Tchecoslováquia na década de 1930, foi relatado que "os judeus aqui vivem do contrabando. Eles trazem seda e outros tecidos da Romênia e voltam com alimentos... São principalmente as crianças que estão envolvidas nessas atividades. Todas têm histórias de como foram alvo de tiros ou de como escaparam".[22]

Uma forma mais atualizada de contrabando, com um tom judaico, foi descoberta em 1938 em uma operação conjunta da Sûreté de Paris e o Departamento de Polícia de Nova York. Um judeu nascido na Polônia, Isaac Leifer, concebeu um esquema para contrabandear heroína e cocaína da França para os Estados Unidos. Fazendo-se passar por "rabino-mor do Brooklyn", Leifer, "de barba longa, usando óculos, com uma aparência um tanto lúgubre", convenceu um simplório encadernador judeu em Paris a inserir compartimentos secretos dentro dos *siddurim* e *makhzorim* (livros de oração).[23] Ele explicou que eles conteriam "terra santa de Israel", que seria enviada para os Estados Unidos como um remédio popular para doenças. O ingênuo artífice (pelo menos foi como ele se apresentou à polícia para se justificar) aceitou a explicação.

A prisão de Leifer e de um suposto cúmplice causou grande comoção no Pletzl. A busca de um "terceiro homem" que se dizia estar nas proximidades da rue de Rivoli aumentou o furor.[24] Vestido com um *kapote*, Leifer havia estabelecido as suas credenciais na área como um rabino ortodoxo frequentando um restaurante exclusivamente *kosher* mas comendo apenas peixe e compota de frutas: ele se recusava a tocar a carne, alegando estar insatisfeito com o padrão de *kashrut* da fiscalização do *shechitah* parisiense.

A imprensa mundial cobriu o caso com ávido interesse. Ele também foi acompanhado com fascinação pela imprensa iídiche em Paris, com alegria vingativa pelo antissemita *Action française* e com um interesse pseudoacadêmico no *Mitteilungen über die Judenfrage*, publicado em Berlim.[25] O rabino-mor de Paris informou ao *Le Petit Parisien* que não existia o cargo de "rabino-mor do Brooklyn". E a Associação de Rabinos na Polônia emitiu uma declaração negando que houvesse um rabino chamado Isaac Leifer no Brooklyn e informando que o preso era um impostor.[26]

Investigações subsequentes revelaram que Leifer tinha uma longa ficha de envolvimento em trapaças em Varsóvia, em Viena e na Palestina. Além disso, a sua ortodoxia evidentemente tinha diminuído e aumentado no passado. Diziam que ele desfrutara uma refeição no Hotel Bristol (não *kosher*) em Varsóvia. Por outro lado, durante um período em que residiu em Haifa, ele comprara um carro e o dirigira pessoalmente todas as sextas-feiras até o povoado ortodoxo de Kfar Hasidim para se banhar no *mikveh*: em Haifa, disse ele, não havia nenhum *mikveh* adequadamente *kosher*. Pessoas suspeitas foram vistas entrando e saindo da sua "mansão" em Haifa com embrulhos contendo, dizia ele, livros sagrados que ele estava despachando por conta própria para o mundo inteiro.[27] Leifer foi condenado a dois anos de prisão em junho de 1939. Em agosto, a Junta Judicial Francesa aprovou um pedido para a sua extradição para os Estados Unidos. Seu advogado anunciou uma apelação, mas esta ainda aguardava uma decisão em setembro de 1939, de modo que Leifer permaneceu em uma prisão francesa.[28]

A capital do *luftmensh*

Um submundo de gângsteres caracteristicamente judeu, com os seus próprios códigos, métodos de operação e modos de falar, desenvolveu-se em certas áreas de elevada densidade judaica. O historiador Arcadius Kahan, que cresceu em Vilna na década de 1930, relembrou que o submundo lá "tinha as suas formas organizacionais que funcionavam bem, e os sagazes observadores das ruas podiam notar a introdução de métodos de instrução e treinamento coletivo em bater carteira que substituiu o sistema anterior de aprendizado individual nesse ofício".[29]

De um modo geral, todos concordavam em que uma cidade era a primeira colocada nessa esfera. Odessa era a capital do *luftmensh* ou, na sua forma russificada, *liudi vozdukha*. A partir do final do século XIX, especialmente no período entreguerras em decorrência das histórias de Isaac Babel a respeito de bandidos e gângsteres judeus, a cidade se tornou notória na literatura e na mitologia populares como uma "cidade judaica de pecado". "Zibn mayl arum ades brent di gihenum" ("O fogo do inferno arde por sete milhas em volta de Odessa"), dizia a máxima iídiche. "Em Odessa", escreveu Babel em 1916, "os *luftmenschen* destituídos vagam pelas cafeterias tentando ganhar um ou dois rublos para alimentar a sua família, mas não há dinheiro a ser ganho, e por que alguém iria dar trabalho para uma pessoa inútil, um *luftmensch*?"[30] O personagem mandachuva do submundo de Babel, Benya Krik, tema de um filme russo em 1926, foi supostamente baseado no gângster da vida real Moisei Vinnitskii, vulgo Mishka Iaponchik ("Mike o Japa", assim chamado, dizem, por causa dos seus olhos puxados). Por volta de 1919, esse "Rei de Odessa" supostamente controlava, do seu escritório central no restaurante Monte Carlo, o *demi-monde* do vício e do crime organizado da cidade. Ele liderou um destacamento de 2.400 bandidos que lutaram do lado bolchevique durante a guerra civil; mais tarde, ele foi fuzilado pelos bolcheviques.[31] Não há dúvida de que há elementos fictícios na história, mas recentemente um historiador confirmou que "existe uma ampla documentação que demonstra o papel de liderança deles [dos judeus] no submundo da cidade" no final do período imperial e no início do governo soviético.[32]

Odessa era sinônimo de *bosyakes*, *hultayes*, *zhulikes*, *karmantshikes* e *sharlatanes* (vagabundos, tratantes, trapaceiros, batedores de carteiras e charlatães).[33] Judeus falsários e negociantes de mercadorias roubadas, falsificadores e vigaristas eram figuras típicas do submundo de Odessa, especialmente no distrito fortemente judaico de Moldavanka da cidade, conhecido como "lata de lixo moral de Odessa".[34] A análise de relatórios de crimes, pelo menos para o período até 1917, indica que a atividade criminosa na cidade na ocasião pode de fato ter sido desproporcionalmente judaica.[35]

A cidade produzia canções divertidas da criminalidade judaica, principalmente no dialeto odessano-russo, alguns em uma mistura macarrônica de russo e iídiche. O imensamente popular músico de jazz e artista de cabaré Leonid Utesov transportou a criminalidade judaica de Odessa para a lenda nas décadas de 1920 e 1930. Um crítico puritano de Leningrado se queixou: "Não existe nada mais vulgar, nada mais obsceno, do que as narrativas judaicas e os romances ciganos de terceira classe dos bares. E Utesov é mestre nesses dois gêneros. Ele é um mestre da vulgaridade e da obscenidade".[36] Utesov, contudo, desfrutava do proveitoso apadrinhamento de Lazar Kaganovich, "amigo dos folgazões" e o último judeu na liderança de alto escalão da URSS.[37] Utesov e a sua música prosperaram, e ele até mesmo interpretou a sua canção "Da Prisão de Odessa" (livremente baseada em um poema de Heine que foi musicado por Schumann) em um concerto privado no Kremlin, na presença de Stalin.[38] Somente no final da década de 1930, quando o jazz perdeu a popularidade, ele foi obrigado a suavizar o seu estilo musical e as suas letras.

Mendigos

A mendicância era uma das poucas áreas do que era visto na época como criminalidade na qual os judeus provavelmente excediam em número a maioria dos outros segmentos da sociedade. Uma das razões era, sem dúvida, o imperativo da religião judaica da caridade. Outro motivo era a elevada urbanização da sociedade judaica e a concentração dos judeus pobres no centro urbano, onde eles tinham a esperança de entrar em contato com as pessoas em melhor situação.

Nesse mundo de pobreza onipresente e incessantes ataques à dignidade humana, pequenas distinções de vocabulário ajudavam as pessoas a levantar a cabeça. *Proste yidn* (as pessoas comuns) não eram necessariamente *kaptsonim* (pobres); tampouco os *batlonim* (vadios) eram sempre *betlers* (pedintes) ou *schnorrers* (mendigos). Um *treger* (carregador) ou *medinegeyer* (vendedor ambulante) poderia parecer quase indistinguível de um *shleper* (vagabundo), mas este último, por não ter nenhuma ocupação, estava embaixo da pilha.

O mendigo poderia ser um artista de cabaré fracassado, como no caso do cantor de rua cego, E. Weissman, de 82 anos, encontrado em Kiev em 1932 pelo etnógrafo musical Moisei Beregovskii. Weissman viajou por cidades se apresentando nas ruas e, às vezes, em residências particulares. Ele aprendera o seu repertório com Peretz Volekh, um cantor folclórico de Odessa da década de 1880 que cantava as próprias composições em adegas, festas e casamentos.[39]

Na sociedade soviética, a mendicância, assim como o desemprego, era considerada oficialmente como tendo sido eliminada. Mas na Rússia e na Ucrânia, depois da revolução, um grande número de órfãos se tornou mendigo. Na antiga Zona de Residência, muitos deles eram judeus. "Você os encontra por toda parte nas cidades grandes e pequenas, e também nas aldeias, nas estações de trem, com fome [...] nus, sem sapatos... Eles perambulam primeiro com uma expressão desnorteada e desamparada, depois com a mão estendida para uma esmola, e finalmente em um campo de pequenos criminosos, amargurados, degenerados", informou o jornal diário iídiche de Moscou *Emes*.[40] Em resposta, as autoridades soviéticas organizaram o Campo-Escola Judaico da Terceira Internacional para Órfãos de Guerra em Malakhovka, perto de Moscou. Chagall trabalhou lá durante algum tempo como professor de desenho. Mais tarde, ele narrou a miséria dos seus pequenos protegidos. "Eles tinham visto a barba de seus pais ser barbaramente arrancada, as suas irmãs estupradas, estripadas. Esfarrapados, tremendo de frio e fome, eles vagaram pelas cidades, agarrados aos para-choques dos trens até que, finalmente — alguns milhares entre muitos, muitos outros — eram levados para abrigos de crianças."[41] Com o fim da guerra civil e a gradual restauração da estabilidade da Rússia, o problema dos mendigos órfãos se abrandou. Mas alguns anos depois, quando a NEP (Nova Política Econômica) chegou ao fim, uma nova onda de mendigos judeus apareceu, composta por ex-homens-NEP agora expulsos do pequeno comércio e, sem uma ocupação ou recursos, marginalizados e difamados como *lishentsy.*

Os mendigos judeus eram mais visíveis no centro-leste da Europa. Eles se aglomeravam nas ruas principais dos velhos distritos judaicos de cidades como Vilna e Munkács, congregando-se especialmente nos cemitérios, onde imploravam *tsedoko* aos enlutados. Eles se reuniam do lado de fora das sinagogas e salas de orações nas noites de sexta-feira, esperando ser convidados para uma refeição gratuita. Em algumas cidades, as *besmedresh* ficavam abertas a noite inteira, e os desabrigados podiam dormir nos bancos duros. Certas regiões especialmente atingidas pela pobreza eram consideradas como particularmente terra de origem de mendigos. A Rutênia Subcarpática, por exemplo, veio a ser conhecida como a "Terra dos Schnorrers". Um historiador do povo judeu nessa área observa que a mendicância lá era "uma maneira aceita e até mesmo honrosa de ganhar a vida".[42]

Os mendigos não raro eram mestres do insulto verbal, e não era prudente hostilizá-los levianamente, como descobriu uma mulher na história de Vasily Grossmann a respeito de Berdichev, a sua cidade natal, quando, "arrancando a menor cebola da sua enfiada," ela a atira na vasilha de "um mendigo cego com a barba branca de um bruxo". "Ele a apalpou, parou de rezar, e declarou zangado: 'Que os seus filhos sejam igualmente generosos com você na sua velhice'".[43]

O mendigo era um tipo clássico na ficção, no drama e na poesia iídiches. O poeta popular iídiche Itzik Manger escreveu o refrão do mendicante errante:

> *Oremkayt, du mayn kinigraykh!*
> Pobreza, tu és o meu reino!
> *Du bist i di verbe i der taykh.*
> Tu és o salgueiro e o rio.
> *Du bist mayn opru un du bist mayn ol,*
> Tu és o meu descanso e és o meu fardo,
> *mayn likhtik gezang oyf a tunkl kol.*
> Minha canção luminosa em uma voz escura!

Du bist di tfile in krey funem hon
  Tu és a oração no cacarejo da galinha
un di goldene bin oyfn roytn mon.[44]
  E a abelha dourada na papoula vermelha.

Aqui está uma voz de autorrespeito e integração no mundo natural. O mendigo esperava, e frequentemente lhe era concedido, um certo respeito na sociedade judaica. Também podemos ver e ouvir isso em uma famosa cena do clássico filme iídiche de 1937 *Der dybbuk,* no qual mendigos dançam com abandono caótico, mas também com acentuada dignidade.

De tempos em tempos, as comunidades judaicas tomavam medidas contra a mendicância, por exemplo, criando abrigos noturnos. Mas o problema não desaparecia. Em 1935, planos estavam em andamento em Vilna para publicar um jornal, *Der yidishe schnorrer*, que representaria os interesses dos mendigos.[45] Parece que o jornal nunca apareceu, presumivelmente devido à falta de apoio. Tentativas no ano seguinte de remover os mendigos das ruas da cidade levaram um jornal solidário a fazer o seguinte comentário: "Ninguém abordou a questão de como esses seres vivos devem existir quando não são capazes de trabalhar, quando não lhes é permitido mendigar e quando nem as instituições beneficentes nem a comunidade estão dispostas a sustentá-los".[45]

Meshugoim

Tanto na sociedade judaica quanto em outras, a mendicância era frequentemente associada à incapacidade física e mental. Na ausência de uma assistência social adequada para os incapacitados, muitos deles eram obrigados a mendigar como um modo de vida. As atitudes judaicas com relação aos doentes mentais, contudo, eram provavelmente um tanto mais humanitárias do que as de muitas outras sociedades, tendência acentuada pelo papel pioneiro dos judeus na psiquiatria moderna.

Acreditava-se amplamente que os judeus sofressem uma incidência mais elevada de certas doenças mentais, especialmente a depressão, a esquizofrenia e a paranoia, do que os não judeus, embora houvesse poucas estatísticas confiáveis que respaldassem essa crença. No entanto, os judeus eram encontrados com mais frequência como pacientes em hospitais psiquiátricos. Na Holanda, por exemplo, o número de pacientes judeus era duas vezes e meia maior do que o de não judeus. É claro que isso não refletia necessariamente taxas diferenciais de doenças mentais. Pode simplesmente indicar um nível de cuidado mais elevado com os judeus mentalmente doentes, pelo menos em comunidades mais ricas como as da Holanda.

O Het Apeldoornsche Bosh, o "Asilo Central Judaico para os Doentes Mentais" na Holanda, foi fundado em 1909. Ele ocupava um grande prédio em um espaçoso terreno perto da aldeia de Apeldoorn e tinha uma reputação de excelência profissional e cuidados progressivos. Em 1934-1935, os seus 664 pacientes recebiam os cuidados de seis médicos e 192 enfermeiros. A chegada à Holanda na década de 1930 de um grande número de judeus refugiados vindos da Alemanha, alguns dos quais sofriam de problemas psicológicos em decorrência da sua experiência com o governo nazista, provocou um acentuado aumento no número de pacientes, que chegaram a mais de 800 em 1938. Uma escola correlata para crianças judias mentalmente perturbadas ou retardadas, a Paedagogium Achisomog, foi inaugurada em Apeldoorn em 1925, tendo cerca de 74 alunos em 1938.

O Het Apeldoornsche Bosch era uma instituição-modelo do seu tipo. A Alemanha, com estimados 2.500 a 3.000 judeus mentalmente doentes em 1939, tinha hospitais semelhantes. Mas nos países muito mais pobres da Europa oriental, o tratamento dos doentes mentais era menos generoso. Essas instituições, quando existiam, eram geralmente inadequadas, e muitas pessoas perturbadas permaneciam na sociedade com pouco apoio. Quase toda aldeia tinha o seu *dorf nar* (idiota da aldeia) e cada cidade possuía os seus *eygene shtetl-meshugoim* (os malucos da cidade). Em Vilna, uma figura bastante conhecida na década de 1930 era *Rokhel di meshugene* (Rachel Maluca), "uma figura delicada com a cabeça coberta por um estranho chapéu".[47] Na *shtetl* romena de Ștefănești, havia uma "sinagoga dos *meshugoim*" — literalmente "lunáticos", mas aqui talvez denotando "excêntricos" ou hassídicos.

Na terra dos surdos

Assim como no caso da doença mental, acreditava-se nesse período que os judeus eram especialmente susceptíveis à surdo-mudez. As principais causas eram consideradas como sendo a endogamia e os consequentes defeitos congênitos. Os judeus surdos-mudos na Europa no período entreguerras sofriam mais do que os não judeus com o mesmo problema. Na infância, eles atraíam provocações redobradas das outras crianças devido à sua condição judaica. Na idade adulta, na Alemanha nazista e em grande parte do centro-leste da Europa, eles eram vítimas de uma dupla exclusão da sociedade em geral, e a sua capacidade de resistir ou prover a própria subsistência era limitada.

Os surdos-mudos hereditários eram tradicionalmente agrupados, pelo judaísmo, com os doentes mentais. Os judeus ortodoxos não os reconheciam como membros plenamente responsáveis da comunidade. Eles não eram convocados para a leitura da Torá; consequentemente, não podiam celebrar o *bar mitzvah* e não podiam ser contados como membros de um *minyan*. Independentemente dos seus atributos mentais, eles eram considerados retardados, estavam sujeitos a regras especiais com relação ao casamento e ao divórcio, não podiam mover ações ou ser processados em cortes judaicas, eram tratados como crianças do ponto de vista da responsabilidade criminosa e não podiam ser aceitos como convertidos. Essas atitudes nada esclarecidas só mudaram lentamente, embora a sua aplicação prática pelo judaísmo ortodoxo tenha começado a relaxar no período moderno.

Os judeus estavam entre os pioneiros da educação especial para os deficientes auditivos. A primeira escola judaica para os surdos, fundada em Nikolsburg na Morávia em 1844, mudou-se para Viena em 1852. Ela definiu um padrão para estabelecimentos posteriores em Varsóvia, Cracóvia, Berlim e Budapeste. A escola de Viena fechou por razões financeiras em 1928, mas outras continuaram.

O Israelitische Taubstummenanstalt (Instituição Israelita para os Surdos-Mudos) em Berlin-Weissensee, em particular, adquiriu uma reputação elevada como um centro progressista para a educação dos surdos. Na ocasião da sua fundação em 1873, da população de 672 pessoas consideradas surdas em Berlim, apenas 52 eram de origem judaica. A necessidade de uma escola judaica surgiu do fato de que as instituições existentes para os surdos na Alemanha eram todas de base confessional. A escola alcançou tanto sucesso, que atraiu alunos não apenas de toda a Alemanha, como também de outros países. Ela era sustentada por uma sociedade beneficente que tinha 8 mil membros em 1929. O fundador da escola, o dr. Markus Reich, permaneceu na direção da escola até a sua morte em 1911. Seu filho Felix assumiu o controle em 1919 e ficou no cargo até 1939. A escola tinha a sua própria sinagoga, com um precentor que ficava de frente para a congregação em vez de, como em outras sinagogas, ficar de frente para Jerusalém. Na década de 1930, contudo, a Depressão e o Nazismo afetaram adversamente a instituição. Alunos estrangeiros foram embora. A afiliação da sociedade mantenedora encolheu para 4.500 em 1936. O número de alunos caiu de 58 em 1930 para 38 em 1938.

Uma conferência de sociedades dos judeus poloneses surdos-mudos em Varsóvia em 1931 recebeu a informação de que apenas na capital polonesa havia pelo menos trezentos surdos-mudos judeus. As sociedades judaicas tinham feito parte originalmente de uma Associação Polonesa dos Surdos geral, mas os judeus foram excluídos em 1925. Mesmo assim, na conferência de 1931, foi aprovado um acordo experimental de cooperação entre judeus e não judeus. Fora das grandes cidades da Polônia, oportunidades educacionais para as crianças surdas-mudas eram limitadas, como resultado disso, muitas delas permaneciam analfabetas. A proposta apresentada por um delegado de Vilna de que uma escola da língua iídiche para surdos-mudos fosse fundada naquela cidade deu origem a uma "animada discussão" e houve a decisão unânime de que esse empreendimento só seria possível diante da exclusiva responsabilidade do grupo de Vilna.[48] Mas a sucursal do lugar se encontrava em uma situação precária. Em 1937, os seus responsáveis informaram que 90% de seus membros eram analfabetos e a maioria era pobre demais para pagar uma taxa de afiliação.[49]

Os Reich foram pioneiros de um movimento internacional para os direitos dos judeus surdos. Em 1931, um Congresso Mundial dos Judeus Surdos em Praga despertou críticas de uma organização dos surdos alemães que censurou o separatismo dos surdos judeus. Dois anos depois, contudo, todos os judeus foram expulsos da sociedade alemã dos surdos. Tentativas de criar uma organização internacional dos judeus surdos não deram certo. A partir de então, os judeus surdos, isolados e indefesos, enfrentaram um mundo de silêncio sinistro e ameaçador.

O esporte

Havia ainda outro tipo de *luftmensh*, que, como Ariel de Shakespeare, desafiou o mundo físico esforçando-se "para nadar, mergulhar no fogo, flutuar nas nuvens onduladas". Os judeus nesse período eram encarados como sendo fisicamente fracos, incapazes de praticar atividades atléticas que exigiam grande perícia e esforço. Muitos dos próprios judeus compartilhavam essa ideia. A rainha da beleza judeu-polonesa "Miss Judeia 1929", por exemplo, deplorou o fato de que "a nação judaica situa-se em uma posição inferior à das outras nações no que diz respeito ao preparo físico".[50] Como declarou em 1935 o ex-editor esportivo do jornal berlinense *Vossische Zeitung*:

> É lamentável porém verdadeiro e característico que um grande atleta é hoje não menos e sim mais proveitoso para o seu povo do que um grande poeta ou cientista. Isso não envolve um valor duradouro e sim o benefício imediato da geração atual. Se, no entanto, quisermos aplicar o padrão mais elevado, precisamos também admitir que a cultura física é na realidade um complemento necessário da cultura espiritual, tão necessário, na verdade, que a cultura espiritual por si só talvez não apresente qualquer direito ao nome de cultura.[51]

Como espectadores, os judeus se interessavam praticamente pelos mesmos esportes que os não judeus nesse período, especialmente pelo futebol e pelo ciclismo em recinto fechado. No entanto, como jogadores em vez de fãs, eles exibiam características especiais.

Buscando revolucionar a autoimagem fraca do judeu, o literato e sionista da virada do século Max Nordau preconizou a criação de um *Muskeljudentum* ("judeu muscular"), um *slogan* que despertou uma ávida resposta, especialmente entre os sionistas revisionistas. Os judeus tinham um orgulho especial das realizações esportivas que exigiam demonstrações de destreza física.

O lutador de luta romana Zishe Breitbart, conhecido como "o homem mais forte do mundo", tornou-se um herói entre os judeus da Europa oriental. Filho de um ferreiro, ele se apresentava no palco e no picadeiro do circo, arqueando barras de ferro e rompendo correntes. Ele também "pregava pregos em tábuas com o punho". Ele teve uma morte infeliz em 1925, aos 42 anos, quando contraiu septicemia por causa de um prego enferrujado.[52]

O sucessor ao título de *Shimshn-hagibr* (Poderoso Sansão) foi Szymon Rudi, nascido em Białystok, que, segundo afirmavam, era capaz de desmontar correntes com os dentes. Ele emigrou para a Palestina mas voltou para a Europa para uma turnê de exibição em 1938. Esses homens eram mais atrações de parque de diversões do que atletas, mas eles atendiam a uma evidente necessidade psicológica dos judeu-europeus na década de 1930.

O boxe, um esporte com antigas conexões judaicas, não despertava menos entusiasmo. Salamon Arouch, nascido em uma família de estivadores de Salônica, foi treinado como pugilista pelo pai e ganhou a sua primeira luta aos 14 anos de idade. Posteriormente, o atarracado peso médio de 1,71 metro de altura e 61 quilos desfrutou uma carreira amadora bem-sucedida na Grécia e mais além. Ele compensava o seu tamanho com a velocidade, saltitando ao redor de adversários muito mais altos e adquirindo o apelido de "bailarino". Em 1939, ele já tinha a seu favor 24 nocautes.[53] As proezas de Arouch levantaram o ânimo dos judeus de Salônica em um período em que estavam sofrendo uma grave crise do moral.

Assim como outros esportes preferidos pelos judeus, o boxe esbarrou em uma série de problemas políticos. A organização esportiva bundista Morgnshtern, formada em 1926, inicialmente desaprovou o boxe, tanto por causa da sua violência quanto por motivos ideológicos: os esportes de competição, particularmente os que envolviam a competição individual em vez da competição em equipe, eram considerados como transgressores dos princípios socialistas. No final de década de 1930, contudo, a Morgnshtern cedeu. Depois de fazer uma investigação, ela chegou à conclusão de que o boxe era, afinal de contas, permissível, já que não era nocivo à saúde, ensinava os lutadores a se defender e (um estranho argumento, talvez, na boca de socialistas do século XX) tinha sido praticado pelos antigos gregos.[54] No entanto, em 1938, a política se impôs vinda de outra direção, quando os boxeadores da Morgnshtern se viram excluídos da Federação de Boxe da Varsóvia por antissemitas poloneses.

Szapsel Rotholc, um campeão nacional de boxe da Polônia, se deparou com outras dificuldades políticas. Na ocasião dos Jogos Olímpicos de 1936, realizados em Berlim, ele enfrentou pressões conflitantes de organizações judaicas, que se opunham a ter alguma coisa a ver com jogos promovidos pelos nazistas, e do exército polonês no qual ele estava servindo. Ele decidiu participar. Mais tarde, ele competiu contra vários lutadores alemães e foi aclamado pelo público polonês com gritos de "Szapsel, derrube o alemão, derrube-o na suástica!". Em abril de 1939, contudo, ele foi retirado da equipe polonesa no campeonato europeu em Dublin, aparentemente porque era judeu.

Entre os judeus da Europa oriental, outros esportes populares incluíam *glitshn* (patinação no gelo), tênis de mesa (todos os campeões nacionais poloneses no período entreguerras foram judeus) e o halterofilismo (o clube Bar Kochba em Łódź produziu quatro campeões nacionais na década de 1920).

Outro esporte no qual os judeus se destacavam era o xadrez. Os judeus constituíram uma maioria de grandes mestres no período entreguerras. Entre os mais notáveis estava Andor Lilienthal, nascido em Moscou de pais húngaros em 1911. Sua família se mudou para a Hungria em 1913, mas ele emigrou para a URSS em 1935 e se tornou cidadão soviético em 1939. A intelectualidade e a qualidade não física do xadrez pareceu marcá-lo como uma atividade peculiarmente judaica. Exatamente por essa razão, os entusiastas esportivos judeus tinham a tendência de preteri-lo por ser um jogo ou *hobby*, em vez de um esporte genuíno. Mas a sua popularidade entre os judeus transcendia divisões ideológicas e sociais.

Várias organizações de jovens judeus eram dedicadas principal ou parcialmente ao esporte. A maior era a Maccabi, de orientação sionista, que tinha sucursais em todos os países. Em 1936, na Polônia, ela tinha 40 mil membros organizados em 150 clubes. Em 1933, o escritório central da Maccabi World Union se mudou de Berlim para Londres. A partir de então, a organização suspendeu qualquer contato com clubes alemães, inclusive os clubes judaico-alemães, proibição à qual ela aderiu durante toda a década de 1930.

A Morgnshtern mal tinha um décimo do número de membros da Maccabi. Sua ideologia socialista a levava a preferir a ginástica não competitiva, a natação e o ciclismo. Escrúpulos semelhantes fez com que ela desaprovasse durante algum tempo o futebol. Em 1929, ela propôs sem sucesso, no Congresso Internacional do Esporte Socialista, que as regras do jogo deveriam ser alteradas de maneira a atribuir pontos não apenas para os gols mas também para o desempenho "estético" e para o "jogo limpo". Com o tempo, no caso do futebol, assim como no do boxe, a opinião popular a obrigou a colocar de lado essas reservas.

Na Europa oriental, o esporte era com frequência organizado dentro de moldes étnicos. Em Czernowitz, o pronunciado caráter multinacional da cidade se refletia nos seus clubes esportivos romenos, ucranianos, alemães, poloneses e judaicos. Estes últimos eram o Maccabi, que agradava principalmente à classe média, e o Jask, um clube socialista-sionista, que mais tarde mudou de nome em homenagem ao teórico marxista-sionista Ber Borokhov. Ocasionalmente, esses clubes, geralmente de esquerda, aceitavam não judeus como membros: o time de futebol Morgnshtern de Lublin, por exemplo, tinha jogadores não judeus do movimento juvenil do Partido Socialista Polonês.

Alguns times de futebol judaicos, como o Bar Kochba em Berlim e o Hakoach em Viena, alcançaram renome geral. Os dias de glória do Hakoach foram na década de 1920, quando ele venceu duas vezes o campeonato de futebol nacional austríaco. Em meados de 1930, contudo, ele teve dificuldade em encontrar jogadores de alto nível. Depois de uma temporada desastrosa em 1937, que culminou com uma derrota de 6 a 0 no último jogo, o time até mesmo pensou em promover a sua liquidação. Ele decidiu continuar, embora depois da anexação da Áustria à Alemanha em março de 1938 ele só pudesse jogar contra outros times judaicos. No entanto, a limitação não impediu os jogos contra times não judaicos no exterior. No verão de 1938, o Hakoach visitou Varsóvia para jogar contra o time de futebol da Polônia. Os visitantes venceram por 3 a 0, marcando um gol no último segundo da partida. O apito do árbitro no final do "amistoso" foi o sinal para um violento ataque dos fãs poloneses contra os espectadores judeus presentes no estádio.

Um dos motivos da existência de clubes judaicos era a prevalência do antissemitismo em muitos esportes. Havia três irmãos na família Klein de Czernowitz, todos bons atletas. O primeiro, um corredor de meia distância, foi apedrejado quando corria para a unidade militar em que prestava o serviço militar; ele foi obrigado a sair da corrida. O segundo irmão, que assistiu ao incidente da arquibancada, ficou tão indignado que naquele momento tomou a decisão de emigrar: pouco depois ele se fixou no Peru. O terceiro, o mais talentoso, competiu pelo Maccabi nos campeonatos nacionais em Bucareste e recebeu uma medalha de bronze das mãos do rei. Como o seu nome parecia alemão, o jornal alemão pró-nazista local aclamou o triunfo do atleta "alemão". No entanto, depois da primeira edição o assunto morreu, presumivelmente porque o "pedigree racial" insatisfatório de Klein se tornou conhecido.[55]

Em 1936, os judeus celebraram a ofensa feita a Hitler quando treze judeus (pelo menos assim definidos pelos padrões nazistas) ganharam medalhas nas Olimpíadas de Berlim. Algumas dessas vitórias, contudo, tiveram aspectos contraditórios. Quatro das medalhas foram para esgrima, modalidade na qual Endre Kabos ganhou a medalha de ouro tanto na categoria individual quanto na de equipe. O esporte tinha adquirido um fascínio entre os judeus na Hungria e na Áustria devido às suas origens aristocráticas e à sua ligação com o duelo, mas os antissemitas consideravam os judeus adversários indignos. Kabos ofendia tanto por sua origem judaica quanto por sua procedência pequeno-burguesa (ele era dono de uma mercearia), e por causa disso foi discriminado e humilhado.

Outro triunfo ainda mais espetacular em Berlim também foi da Hungria. Ibolya Csák tornou-se a primeira mulher húngara a conquistar uma medalha de ouro. Sua principal rival no campeonato de salto em altura, a alemã Gretel Bergmann, foi retirada da equipe alemã pouco antes do evento por ser judia. Ela foi substituída por uma "ariana", Dora Ratjen. Dois anos depois, nos jogos europeus em Viena, Ratjen derrotou Csák pela coroa europeia. No entanto, pouco depois, os juízes desqualificaram Ratjen sob a alegação de que ela era hermafrodita. Csák foi declarada vencedora e manteve o recorde de salto em altura húngaro nos 24 anos seguintes. Depois da guerra, Hermann Ratjen anunciou que era homem e afirmou que os nazistas o tinham obrigado a se fazer passar por mulher.[56]

Fazer-se passar por um sexo diferente era sem dúvida perigoso. Mas muitos judeus empreenderam o que era, no período entreguerras, a não menos difícil iniciativa de tentar passar por gentios.

– 9 –

JUDEUS NÃO JUDEUS

"Passar por"

O orgulho e a vergonha se misturavam de uma maneira incongruente e desagradável na atitude de muitos judeus diante da sua herança judaica. Em nenhum lugar essas contradições internas eram mais evidentes do que na Alemanha. Martin Stern, filho de um rico industrial judeu em Essen, relembrou o lar da sua família na década de 1930:

> Mamãe sempre nos exortava a ser e agir como "judeus orgulhosos". Isso não fazia muito sentido para mim. Afinal de contas, nós nascemos judeus. Era a nossa herança, não a nossa escolha, e por conseguinte não era nossa obra e portanto não tínhamos que ter orgulho disso; era apenas um fato da vida. Isso não parecia compatível com a atitude da parte dos meus pais de querer se manter discretos, de parecer imperceptíveis, a fim de não atrair atenção ou o antissemitismo.[1]

Manter-se discreto, contudo, nem sempre era fácil. Os judeus, portanto, recorreram a uma variedade de estratagemas a fim de evitar se destacar na multidão.

Um dos mais comuns, particularmente na Alemanha e na Hungria, era a mudança do nome. Em grande parte da Europa na década de 1930, os ouvidos estavam sutilmente sintonizados para detectar a condição judaica ou não dos nomes. A divisão tripartida dos judeus em sacerdotes (*cohanim*), Levitas e Israel (o resto) deu origem a sobrenomes como Cohen, Cohn, Kagan e Katz (forma abreviada de *kohen tsedek*, "santo sacerdote"), bem como Levy, Loewensohn e Isserlis (filho de Israel). Todos eram reconhecidamente judaicos, embora alguns não judeus na Alemanha, para o seu desconforto, se chamassem Kohn. Outros nomes judaicos comuns eram derivados de ocupações: por exemplo, Cantor (precentor),

Sofer (escriba), Dayan (juiz) ou Schneider (alfaiate). De um ancestral feminino: Dworkin (descendente de Dvorah), Rivkin/Rifkind (de Rivkah/Rebecca) e Sorkin/Serkin (de Sarah). Do nome de flores, animais ou minerais preciosos: Rose, Wolf, Wolfsohn, Silber, Gold, Goldman, Perl e Diamant. Ou de lugares: Ashkenazi (da palavra hebraica para Alemanha; mas o nome também podia ser encontrado entre os sefarditas), Pollak (polonês), Litvak, Frankfurter, Wilner, Prager, Shapiro e Spiro (de Speyer).

No período moderno, muitos judeus recebiam dois conjuntos de prenomes, um hebraico, usado para fins religiosos (*shemot ha-kodesh* hebraico, *oyfruf-nemem* em iídiche), o outro secular (*kinuyim, rufnemen*). Os primeiros eram principalmente nomes hebraicos bíblicos como Abraham, Isaac, Jacob e Moses. Quanto aos últimos, Abraham poderia se chamar Arnold, Isaac poderia ser Ignaz, e Moses, Moritz. Na União Soviética, nomes russos vieram a substituir completamente os nomes hebraicos: por exemplo, Arkadi em lugar de Aron.

A mudança de nome não era nova na história judaica. O Talmude registra que "a maioria dos judeus na Diáspora tem nomes não judaicos".[2] Não raro a mudança era comercial: a cantora judeu-alemã Paula Levi, por exemplo, decidiu em 1926 adotar o nome artístico Lindberg. Um novo nome poderia ser politicamente vantajoso: Moshe Faintuch, por exemplo, uma figura importante no departamento do Partido Comunista Francês para ajuda à causa republicana na Espanha, se galicizou como Jean Jérôme.

Na Hungria, onde a mudança de nome era particularmente comum, Joseph Lőwinger, um banqueiro, mudou de nome, ao ser nobilitado, para Lukács de Szeged. Seu filho, György, nascido em 1885, era portanto conhecido como Von Lukács. Em 1919, quando serviu por um breve período como subcomissário no regime comunista de curta duração de Béla Kun, ele abandonou o *von*. Escrevendo principalmente em alemão, foi como Georg Lukács que ele se tornou o mais conhecido crítico literário marxista da época.

O teórico social da Escola de Frankfurt Theodor Adorno, cujo pai, Oscar Wiesengrund, tinha nascido judeu e se convertido ao protestantismo, foi registrado como Wiesengrund-Adorno ao nascer, porém mais tarde passou a se chamar Theodor W. Adorno (do sobrenome de solteira de sua mãe Calvelli-Adorno dela Piana — ela afirmava descender da nobreza corsa). Ele foi batizado como católico, embora não praticasse nenhuma religião. Alguns estudiosos do seu pensamento detectaram o que Martin Jay chama de um "impulso judaico atenuado, mas mesmo assim palpável" dentro dele, inclusive ecos do filósofo Franz Rosenzweig.[3] Mas Hannah Arendt zombava de Adorno por causa do que ela e outros viam como um esforço arrogante (e inútil) de ocultar a sua origem judaica.

Os antissemitas não raro se queixavam de que os judeus adotavam novos nomes a fim de esconder a sua condição judaica. Na Polônia, o Sejm aprovou uma moção limitando essas mudanças. Mesmo assim, elas continuaram a ocorrer: por exemplo, o diretor de teatro iídiche Mark Arnshteyn, que também dirigia peças em polonês, usava para esta última finalidade o nome Andrzej Marek.

Nem todas as mudanças de nome visavam o encobrimento: Béla Presser, um estudante rabínico em Budapeste, magiarizou* o seu sobrenome para Béla Berend e se tornou um rabino. Ocasionalmente, a mudança de nome podia até mesmo constituir um ato de desafio. Em 1932, Günther Stern, jornalista do importante jornal liberal alemão *Frankfurter Zeitung*, foi abordado pelo seu editor, que sugeriu que, tendo em vista a crescente influência dos nazistas, o jornalista mudasse o sobrenome, para o jornal evitar a acusação de que ele era um porta-voz dos judeus: "Warum nennen Sie sich nicht etwas anders?" ("Por que você não se chama de uma maneira diferente?"). Stern aceitou o conselho literalmente: ele mudou o sobrenome para Anders.**[4]

Convertidos

A apostasia era uma característica significativa da vida judaica na maior parte da Europa desde o Iluminismo. Até mesmo na Polônia, a conversão em pequena escala foi registrada pelo menos a partir do século XVI. À medida que os judeus se aculturaram, à medida que subiam na escala social, e especialmente à medida que a exogamia crescia, as conversões aumentavam. A adoção do cristianismo podia ser uma questão de conveniência social, de convicção religiosa ou uma mistura das duas coisas. Independentemente do motivo, era um passo carregado de consequências e raramente dado de forma leviana.

O poeta e pintor surrealista francês Max Jacob decidiu se tornar cristão em 1909 depois de uma série de visões, aparentemente precipitadas pela leitura de uma tradução da obra mística judaica medieval o *Zohar*, na Bibliothèque Nationale em Paris. Em certa ocasião, ele presenciou o que acreditou ser uma aparição de Cristo na parede do seu quarto. Jacob sentiu que a sua deserção do judaísmo causaria dor à sua família: ao revelar ao seu primo Jean-Richard Bloch em 1915 que, depois de um longo período de instrução, ele estava prestes a ser batizado, ele insistiu com Bloch para que não sussurrasse uma única palavra para a sua família: "o meu pai morreria se soubesse".[5]

---

* Referência a magiar, ou húngaro. Ele tornou húngaro o seu sobrenome. (N.T.)

** *Anders* é um advérbio em alemão que significa "de outra maneira, diferente". (N.T.)

A conversão de Jacob foi certamente de fé; no entanto, assim como a de muitos outros autênticos convertidos, ela prosseguiu com um autoconceito intenso e prolongado da condição judaica, que se expressou nos seus textos posteriores. Essa ausência de qualquer sentimento de contradição entre o judaísmo e o cristianismo, um sentimento de *anima naturaliter Christiana*, era um tropo comum dos convertidos judeus.

Jacob, boêmio e homossexual, retirou-se para o isolamento eremítico na década de 1920, enquanto continuava a escrever e pintar. Na década seguinte, ele foi alvo de perversos ataques antissemitas, especialmente do seu antigo amigo, o escritor Marcel Jouhandeau. Em janeiro de 1939, o poeta judeu-egípcio Edmond Jabès pediu a Jacob que falasse abertamente contra o racismo. Ele declinou, dizendo que a questão estava nas mãos do papa, dos cardeais e dos bispos que interfeririam junto a Hitler e Mussolini. De qualquer modo, disse ele, sofrer sozinha era o que preservava uma raça ou uma sociedade. Era necessário reencontrar "o mártir cujo sangue revive" (*le martyre dont le sang féconde*). Quanto a si próprio, asseverou ele, "Estou preparado para isso tanto como judeu quanto como católico fervoroso".[6]

A maioria das conversões, especialmente na Europa central, era mais uma questão de facilitar a mobilidade social. Alguns judeus, embora não fossem mais crentes, desdenhavam o chamado batismo de carreira (*die Karrierentaufe*), afirmando um rebelde *Trotzjudentum*, uma recusa por orgulho de se converter meramente por conveniência. Alguns, como Heine, se converteram às pressas e se arrependeram lentamente. Mas a maioria dos convertidos tentava deixar o seu passado judaico para trás e seguia com a vida, mesmo quando seus inimigos posteriormente desenterravam as suas origens para usá-las contra eles ou os seus descendentes. Nos casos dos casamentos mistos, as conversões eram geralmente do cônjuge judeu para o cristianismo, e não na outra direção.

Na Alemanha, na Áustria e na Hungria, havia muito tempo a conversão era comum como um meio de avanço social. O tio-avô do crítico Walter Benjamin, Gustav Hirschfeld (1847-1895), por exemplo, se converteu a fim de se qualificar para o cargo de professor de arqueologia clássica na Universidade de Königsberg. Benjamim escreveu o seguinte a respeito de outro tio-avô, o matemático Arthur Moritz Schoenflies (1853-1928), que se tornou um professor em Göttingen em 1892: ele era o "tipo de judeu com uma forte inclinação germano-cristã".[7] Outro conhecido intelectual alemão, o jornalista Maximilian Harden (1861-1927), adotou o cristianismo com "o modo de vida que corresponde à cultura superior".[8] Essa atitude era comum entre os convertidos alemães.

O povo judeu-alemão, em particular, sofreu perdas em grande escala para o cristianismo durante todo o início do século XX. Até mesmo o proeminente pensador religioso judeu-alemão do período, Franz Rosenzweig (1886-1929), havia considerado seriamente o batismo até que teve uma crise espiritual durante o serviço da sinagoga no *Yom Kippur* em 1913.[9] Em 1933, as conversões na Alemanha atingiram um nível sem precedente: foram registradas 1.440 conversões. Sem dúvida o clima político antissemita foi uma causa importante. Evidentemente levou algum tempo para que fosse assimilada a dura realidade de que, no novo governo, o batismo não trazia nenhum alívio para os efeitos da legislação racista.

Em outras partes da Europa central, a taxa de conversões também aumentou em resposta ao crescimento do antissemitismo. Como a religião em toda essa região era uma questão de *status* civil, registrado com o Estado, temos números exatos no que tange às mudanças de credo. Na Hungria, no final da década de 1930, quando o antissemitismo tornou-se parte da política oficial do Estado, milhares pensaram em escapar da perseguição deixando o judaísmo. Fora dos escritórios rabínicos em Budapeste, aqueles que buscavam a documentação preliminar necessária formavam longas filas. O prejuízo líquido para o judaísmo devido às conversões em 1938 chegou a 8.486, quando dez anos antes ele tinha sido de 318.[10] O censo de 1941 encontrou nada menos do que 61.548 pessoas que se encaixavam na categoria de "Cristãos de Ascendência Judaica".[11]

Não era incomum na Hungria constatar que alguns membros de uma família haviam se convertido e outros não. Por exemplo, na abastada família Hatvany, proprietários de grandes empresas industriais e patronos das artes, o barão Lajos, famoso escritor, entre cujos principais temas literários estava a questão da assimilação social judaica, e o seu irmão, o barão Ferenc, um colecionador de arte, eram batizados. Suas primas, as baronesas Lili e Antonia, ambas também escritoras, eram igualmente batizadas. No entanto, o irmão das baronesas, o barão Bertalan, permaneceu judeu e expressava simpatia pelo sionismo.

Na Polônia e na Lituânia, as conversões permaneceram raras. Uma estimativa para a Polônia considera o número de batismos no período entreguerras como não mais de 2.000 a 2.500 por ano.[12] Em Varsóvia, em 1928, somente 97 judeus abandonaram formalmente o judaísmo.[13] No entanto, até mesmo na Polônia, muitos judeus na década de 1930, particularmente nas regiões ocidentais menos tradicionais, optaram por deixar a comunidade, embora sem necessariamente mudar de religião. Entre os convertidos estavam várias figuras proeminentes, como Benjamin Mond, o único general judeu no exército polonês. O jornal diário judaico-polonês de Cracóvia, *Nowy Dziennik*, causou sensação quando publicou o nome de todos os judeus da cidade que tinham deixado a religião, entre eles "médicos, advogados, artistas [...] e uma longa lista de mulheres judias que tinham se tornado freiras".[14] Em Katowice, na Silésia polonesa, uma única edição do jornal local em 1933 continha as declarações formais de dezessete pessoas que tinham deixado a comunidade judaica, que somava na época cerca de nove mil.[15]

Até mesmo na mais tradicional sociedade sefardita nos Bálcãs, a conversão, particularmente para facilitar os casamentos mistos, estava aumentando. Em Bitolj (Monastir), na Macedônia iugoslava, uma canção em judeu-espanhol lamentou na década de 1920:

Laz fijiques di ağore
   As moças hoje em dia
no querin noviu ğidió.
   Não querem um noivo judeu.
Cuandu salin a la puerte
   Quando saem pela porta
in todos miren pur conesir.[16]
   Olham para todos para conhecer alguém.

Em Salônica, *L'Indépendent* noticiou em janeiro de 1939 que uma jovem judia, Riqueita Benveniste, tinha desaparecido de casa e que havia a suspeita de que ela tinha fugido com o namorado cristão com a finalidade de se casar com ele depois de se converter ao cristianismo ortodoxo.[17] Em julho daquele ano, foi noticiado que outra jovem, Renata Beraha, tinha sido batizada, adotado o novo nome de Marina, e se casado em seguida com um cristão.[18] (O casamento civil entre judeus e cristãos se tornou legal na Grécia em 1934, mas permaneceu muito raro; daí essas conversões antes dos casamentos.) Essas notícias não eram incomuns na imprensa judaica no sul e no leste da Europa; na Europa ocidental e central, por outro lado, esses eventos raramente chegavam à imprensa: eles eram tão comuns que dificilmente mereciam ser noticiados nos jornais — e a moça, nessas circunstâncias, poderia muito bem não sentir nenhuma necessidade de fugir da família.

Na Itália, onde a comunidade judaica se sentia relativamente relaxada nas suas relações com os não judeus, as conversões eram raras, porém não incomuns. Primo Levi contou que um dos seus tios se converteu, supostamente a fim de escapar de uma esposa insuportável, tornou-se padre, e foi para a China como missionário. A avó de Levi, assim como outros membros da família, casou-se com um cristão e, na velhice, "ficou dividida entre o judaísmo e o cristianismo, a tal ponto que, às vezes, ela ia à sinagoga, e, às vezes, à igreja paroquial de Sant' Ottavio, onde ia se confessar".[19]

Poucos convertidos voltavam ao rebanho. No entanto, acontecimentos externos às vezes conduziam ao abandono dos mantos de marrano. Dizem que na Rússia, em 1917, assim como em Amsterdá três séculos antes, a nova liberdade concedida aos judeus resultou em pelo menos cem retroversões ao judaísmo, somente em Petrogrado.[20] Às vezes a reversão era um ato público praticado a fim de enfatizar uma intenção política. Por exemplo, o autor alemão de *best-sellers* Emil Ludwig, que fora batizado aos 21 anos, retornou ao judaísmo depois do assassinato, em 1922, do seu amigo Walther Rathenau.

A conversão ao judaísmo de pessoas com nenhuma conexão prévia com a religião e sem que um dos cônjuges fosse judeu era muito incomum e, na década de 1930, praticamente desconhecida. Talvez o caso mais extraordinário desse tipo tenha sido a conversão em massa de uma comunidade inteira de camponeses italianos da aldeia de San Nicandro Garganico, nas montanhas de Apulia. Oitenta seguidores de um visionário local abraçaram o judaísmo, desafiando a hostilidade dos eclesiásticos e das autoridades do governo, leis fascistas antijudaicas e o ceticismo de líderes judeu-italianos, entre eles o rabino-mor de Roma (que mais tarde se converteu ao cristianismo). Este não era um caso de proselitismo, já que os convertidos não tinham tido praticamente nenhum contato com judeus ou com o judaísmo. Os camponeses, analfabetos primitivos, parecem ter encontrado o próprio caminho para Sião e, tendo chegado lá, emperraram com extraordinária pertinácia e se recusaram a se mexer.[21]

Os missionários cristãos, eles próprios frequentemente convertidos, eram imensamente impopulares entre os judeus. A discussão do assunto na imprensa judaica frequentemente relembrava o papel dos apóstatas em polêmicas medievais contra o judaísmo. Acusados de seduzir predatoriamente os judeus a se afastar da sua religião, os missionários eram às vezes submetidos à violência. Em Vilna, eles ofereciam xícaras de cacau com açúcar para as crianças pobres no inverno, patrocinaram uma colônia de férias para as crianças no verão e, de acordo com Max Weinreich, eram "detestados por todos os membros da comunidade judaica".[22]

A maioria dos judeus, fossem eles religiosos ou seculares, encarava os convertidos com aversão, quase como traidores. Isaac Babel, na primeira história que publicou, "Old Shloyme" (1913), descreve como um velho judeu de uma *shtetl*, ao ouvir que o seu filho decidira "deixar o seu povo por um novo Deus", se enforca à noite do lado de fora de casa. Em 1938, em Roterdá, quando foi informado que duas judias estavam pensando em se converter em troca de uma oferta de moradia, um residente judeu da cidade convenceu um policial a intervir e perguntar a elas se estavam sendo batizadas por vontade própria. No entanto, como escreveu tristemente o rabino-mor de Roterdã, "foi inútil fazer essa pergunta na igreja".[23]

A integração dos convertidos ao cristianismo não ocorria sem obstáculos. Na Polônia, eles nem sempre eram bem-vindos na Igreja. Uma corrente de opinião católica recomendava cautela na aceitação dos judeus, advertindo que os motivos dos aspirantes à conversão deveriam ser cuidadosamente examinados para garantir que o batismo não estava sendo buscado por razões oportunistas.

Muitos convertidos, especialmente os mais recentes, raramente mencionavam as suas origens judaicas, geralmente encarando-as, se não como vergonhosas, pelo menos como algo que desejavam esquecer e deixar para trás. Jacob Bock, por exemplo, era um professor socialista austríaco que se converteu ao catolicismo com a mulher pouco depois do casamento. O filho do casal, Rudolf, nascido em Viena em 1915, só veio a tomar conhecimento dos seus antecedentes judaicos aos 16 anos de idade.

Com frequência, os ex-judeus recorriam a elaboradas medidas para ocultar as suas origens, mas raramente conseguiam fazê-lo com total sucesso. Como comentou Gustav Mahler, o judeu convertido permanecia um objeto de suspeita. Ele próprio se sentia "três vezes sem lar: como um nativo da Boêmia na Áustria, como austríaco entre alemães e como judeu no mundo inteiro. Um intruso em toda parte, nunca bem recebido".[24]

Nem todos os ex-judeus, contudo, desejavam abandonar todos os vestígios das suas origens. Vínculos de família, interesses e gostos comuns, bem como a falta de aceitação da sociedade não judaica frequentemente os puxava de volta para estruturas sociais judaicas. Mesmo depois de duas ou três gerações como cristãos, alguns continuavam a se misturar em grande medida com judeus e descendentes de judeus, como no caso da família de Felix Gilbert em Berlim. A família, que descendia de Moses Mendelssohn pela linha materna, era cristã desde o início do século XIX, mas permanecia "consciente e orgulhosa de sua herança judaica".[25]

Dora Israel, nascida em Viena em 1894 de pais judeus, foi convertida ao protestantismo em 1897 junto com os irmãos, já que seu pai "estava muito preocupado com a possibilidade de que fôssemos submetidos ao antissemitismo quando crianças, especialmente por causa do nome 'Israel'". Ao mesmo tempo, o nome da família foi alterado para Iranyi, que não soava judaico. A família nunca pôs os pés em uma sinagoga e montou uma árvore de Natal em casa todos os anos até 1938. No entanto, eles continuaram a participar de círculos sociais quase totalmente judaicos. Dora não se lembra de nenhum amigo não judeu da família, exceto alguns conhecidos literários do seu pai, que era escritor e tradutor.[26]

A conversão, na realidade, não era incompatível com um profundo sentimento de afinidade com os judeus. Poucos autores judeus do período entreguerras conseguem igualar a sensibilidade com que Joseph Roth escrevia a respeito da mentalidade dos judeus de pequenas cidades como a sua Brody natal. Ele retratava com perfeição o enraizamento deles na *shtetl* e a instabilidade que sentiam nas grandes cidades da Europa para as quais tantos deles, como ele, migraram. Seus romances, narrativas de viagens e *feuilletons* (ele era um mestre dessa forma literária *mitteleuropäisch*) rememoram nostalgicamente a dupla monarquia de Habsburgo e o mundo tradicional do povo judeu da Europa oriental, particularmente o das terras de Habsburgo. Ele admirava os sólidos valores herdados dos *Ostjuden* e desprezava o que encarava como a hipocrisia dos assimilacionistas. Uma melancolia elegíaca e uma suave ironia impregnam os seus textos.

Já no final da vida, parece que Roth se converteu ao catolicismo, possivelmente devido a uma profunda identificação com a causa da restauração de Habsburgo. Ele faleceu em Paris, em maio de 1939, de um ataque do coração causado pela notícia do suicídio, em Nova York, do seu amigo e colega de exílio, o dramaturgo Ernst Toller — ou, de acordo com outros relatos, o ataque foi uma consequência de um número excessivo de copos de Pernod. "Conheci muitos judeus e conheci muitos beberrões", comentou o médico que o atendeu, "mas nunca conheci um beberrão judeu."[27]

Como nenhuma testemunha pôde confirmar definitivamente o batismo de Roth, ele teve um funeral católico "condicional". Amigos judeus causaram comoção entre os legalistas de Habsburgo, comunistas, autores exilados e antigos companheiros de bebida do falecido que estavam reunidos, ao recitar orações hebraicas junto ao túmulo. A lápide, no setor católico de um cemitério nos subúrbios de Paris, não ostenta nem uma cruz nem uma estrela de davi.

Os judeus, de um modo geral, até mesmo em países predominantemente católicos, preferiam se converter ao protestantismo e não ao catolicismo. Dora Israel comenta que, "como o catolicismo era a religião oficial da Áustria, teria feito muito mais sentido se nos convertêssemos ao catolicismo, como o tio dos meus pais [...] fizera com a sua família. Meu pai não conseguiu fazer isso". Desse modo, Dora constatou que trocara uma forma de exclusão por outra: "em vez de pertencer a uma minoria judia na escola, pertencíamos a uma minoria protestante. Nunca havia mais do que um ou dois protestantes nas nossas turmas, e eles nunca nos aceitaram".[28]

Alguns judeus se convertiam a fim de escapar do antissemitismo; para outros, a apostasia envolvia abraçá-lo. A filósofa Simone Weil, nascida em Paris de pais judeus abastados, ambos livres-pensadores, superou Simone de Beauvoir no exame de admissão à École Normale Supérieure em 1928, obtendo o primeiro lugar. Ela simpatizou com o marxismo no início da década de 1930 e serviu por um breve período como voluntária com os combatentes republicanos na Guerra Civil Espanhola. Em 1937, ela teve uma visão mística na capela de São Francisco de Assis e se aproximou do cristianismo, embora nunca o tenha adotado formalmente. Ela escreveu no início de abril de 1938 que preferiria a hegemonia alemã sobre a França à guerra. Se o preço disso fosse "certas leis de exclusão contra comunistas e judeus", Weil, em comum com a maioria da nação, pensava ela, não faria nenhuma objeção.[29] A interpretação de Weil das atitudes públicas na França no final da década de 1930 provavelmente estava correta. Ela vivia "um vida absurda nos seus exageros e grau de automutilação", como Susan Sontag mais tarde descreveu.[30] O que era ao mesmo tempo absurdo e desprezível não era a sua presteza em atrair o martírio para si mesma, e sim a sua disposição de arrastar outros em massa para a sua pira sacrificial.

Um tipo de autossacrifício diferente e mais impressionante foi buscado por outra convertida, Edith Stein. Nascida em Breslau, em 1892, em uma família de comerciantes judeus, Stein também teve uma brilhante carreira universitária como filósofa. Ela foi batizada em 1922, alguns meses depois de ler a autobiografia de Santa Teresa de Ávila, fundadora da ordem das irmãs carmelitas. Enquanto Weil escreveu que se sentira cristã a vida inteira, Stein declarou: "Eu desistira de praticar a minha religião judaica quando eu era uma menina de 14 anos, e só comecei a me sentir judia novamente quando voltarei para Deus".[31] Em 1930, ela escreveu o seguinte: "Depois de cada encontro no qual eu me conscientizo do quanto somos impotentes para exercer uma influência direta, tenho um sentimento mais profundo da urgência do meu próprio *holocaustum*".[32] (É claro que a palavra encerrava na ocasião um significado mais restrito, transmitindo o antigo sentimento de uma oferenda sacrificial.) A conversão de Stein causou profunda dor à sua mãe. Em 1933, insistindo na sua unidade de destino com os judeus perseguidos, Edith ingressou na comunidade enclausurada das irmãs carmelitas descalças em Lindenthal, Colônia.

Nem todas as conversões judaicas eram para o cristianismo. Em alguns casos famosos (ou vilipendiados), os judeus eram atraídos por outras religiões, como o budismo ou o a crença Baha'i. Um dos apóstatas mais interessantes do período foi Leopold Weiss. Nascido em uma família judaica em Lwów, ele viajou como jornalista no Oriente Médio na década de 1920, escrevendo artigos para o *Frankfurter Zeitung*. Em 1926 ou 1927, ele se converteu ao islamismo e passou a ser conhecido como Muhammad Asad, vivendo grande parte da década de 1930 na Arábia Saudita. Ele tem sido chamado de "o mais influente muçulmano europeu do século XX".[33] Seu livro *The Road to Mecca* (1954) tornou-se a obra mais famosa de um prosélito muçulmano da sua época.

Meio-termo

Os convertidos faziam uma escolha consciente de não ser judeus. Mas havia aqueles que não tinham escolha; eram os chamados meio-judeus, nascidos de mães ou pais não judeus. De acordo com a lei judaica, os primeiros não eram reconhecidos como judeus pela religião. Segundo a taxonomia racial nazista, contudo, a humanidade estava dividida em arianos, não arianos e *Mischlinge* (pessoas de raça mista), ou seja, pessoas com um dos pais não ariano ou que tinha de um a três avós não arianos. Em muitos países, mesmo antes de leis explicitamente racistas serem postas em prática, um certo estigma social era frequentemente anexado às pessoas cuja origem era parcialmente judaica. Na Alemanha, durante o governo nazista, elas formavam as suas próprias associações, na esperança de escapar da extensão total de perseguição imposta aos chamados judeus plenos.

Antes do advento dos nazistas, muitos *Mischlinge* nunca tinham pensado em si mesmos como judeus. Gerhard Langer, cujo pai era não judeu e cuja mãe era "$^3/_4$ judia", era adolescente em Jena na década de 1930. Apesar da sua procedência contaminada, que foi ocultada ou desconsiderada, ele foi aceito na Juventude Hitlerista, foi designado para uma unidade de comunicações, e tomou parte em uma *Aufmarsch* em Weimar na qual, junto com os seus companheiros, ele passou em revista antes de visitar os dignitários nazistas Rudolf Hess e Heinrich Himmler. Em agosto de 1939, depois de ser liberado da Juventude Hitlerista, ele partiu com a mãe para os Estados Unidos, pretensamente em uma visita de turismo.[34]

Tanto os nazistas quanto os próprios "meio-judeus" concebiam várias gradações de afiliação dos *Mischlinge* à condição judaica. Gerhard Neuweg, filho de pai judeu e mãe protestante, nasceu em 1924 em Landsberg an der Warthe, uma pequena cidade na província de Brandenburgo. Embora seu pai não observasse os costumes judaicos, frequentando a sinagoga apenas nos feriados religiosos importantes, Gerhard foi circuncidado e teve aulas de hebraico durante alguns anos. Na escola, ele recebeu o apelido ofensivamente sarcástico de Itzig e foi submetido a um (de acordo com os padrões da época) brando abuso antissemita por um dos seus professores. Os maus-tratos nazistas dessas crianças levou organizações de assistência humanitária a tratá-las também como se fossem judias. Gerhard tornou-se portanto qualificado para um programa que enviava crianças judeu-alemãs para certos internatos particulares britânicos. Mas os vários procedimentos necessários para a obtenção da permissão para deixar a Alemanha eram muito demorados e, no final de agosto de 1939, Gerhard ainda estava esperando o sinal verde para partir para a Inglaterra.

Judeus sem judaísmo

Em países como a França e a União Soviética, que oficialmente prestavam pouca ou nenhuma atenção à religião dos seus cidadãos, os judeus podiam deixar de praticar o judaísmo sem dar nenhum passo formal para fora da comunidade judaica. Mas na Alemanha, na Áustria e em outros estados da Europa central, as questões eram mais burocraticamente organizadas. Uma religião era atribuída pelos pais a cada cidadão quando ele nascia. Com base nessa informação, uma pequena *Kirchensteuer* (taxa da Igreja) era arrecadada e compartilhada entre as instituições de cada religião. A pessoa podia se declarar *konfesionslos*, optando por não fazer parte da comunidade judaica. Esse ato demonstrativo de dissociação era uma escolha minoritária, mas o número de pessoas que o escolheu aumentou na Alemanha para cerca de 60 mil (mais de 10% da comunidade) no período Weimar.

Marie Jahoda, socialista e agnóstica de classe média nascida em Viena (mais tarde psicóloga social de vanguarda), decidiu renunciar à comunidade judaica em 1933, aos 16 anos de idade. Ela falou por muitos quando declarou: "A minha identidade judaica só se tornou real para mim com [a ascensão de] Hitler. Não antes. Ela dificilmente desempenhava qualquer papel nos meus pensamentos e sentimentos".[35] A resignação de Jahoda foi um ato afirmativo, baseado na sua Weltanschauung secular de esquerda. Outros deixaram a comunidade por razões oportunistas, esperando facilitar o seu ingresso na sociedade em geral e evitar ao mesmo tempo o *status* de renegado atribuído por muitos judeus àqueles que se submetiam ao batismo.

Na Europa ocidental e na União Soviética, onde essa retirada formal não era requerida, um número crescente de judeus estava optando pelo casamento civil e se abstendo de circuncidar os seus filhos. No caso de muitos judeus em todo o continente, os feriados cristãos, frequentemente com uma aparência secular, acompanhavam ou superavam os feriados judaicos. O Natal era amplamente celebrado entre os judeus não ortodoxos. Richard Koch, que cresceu em Frankfurt nas décadas de 1880 e 1890, relembrou que o Natal "deixara de ser um feriado exclusivamente cristão, tendo se tornado uma festa realmente cosmopolita".[36] Sua família comia pudim de ameixa e trocava presentes. Na Páscoa, havia ovos coloridos e um coelho de pão-de-ló. Em contrapartida, "o *Pessach* quase não era um evento. Havia um pouco de carne salgada, um pacote de *Mazoth* bem como sopa de *Matzoball*". No dia do Perdão, somente a sua avó jejuava, embora toda a família se juntasse a ela para as refeições celebratórias antes e depois do jejum.

No entanto, até mesmo os judeus completamente secularizados não raro sentiam um puxão regressivo para os antigos costumes e lealdades. Em dezembro de 1930, em Viena, Sigmund Freud escreveu no prefácio a uma planejada edição em hebraico do seu livro *Totem und Tabu* [Totem e Tabu]:

> Nenhum leitor [da edição hebraica] deste livro achará fácil se colocar na posição emocional de um autor que desconhece a linguagem da Sagrada Escritura, que está completamente afastado da religião dos seus pais — bem como de qualquer outra religião — e que não consegue participar de ideais nacionalistas, mas que no entanto nunca repudiou o seu povo, que sente que ele é, na sua natureza essencial, um judeu e que não tem nenhum desejo de alterar essa natureza. Se lhe fosse feita a seguinte pergunta: "Já que você abandonou todas essas características comuns dos seus compatriotas, o que resta em você que é judaico?", ele responderia: "Muita coisa, e provavelmente a sua própria essência". Ele não poderia agora expressar essa essência claramente em palavras; mas algum dia, sem dúvida, ela se tornará acessível para a mente científica.[37]

Outro judeu-vienense, Franz Bienenfeld, um advogado, expressou um ponto de vista semelhante em uma palestra que apresentou na Sociedade Sociológica de Viena em 1937: os judeus não religiosos, argumentou ele, apesar de terem abandonado a crença religiosa, conservaram uma "atitude mental" comum que os separou dos não judeus e os ligou a outros judeus: "A maioria deles, e especialmente a intelectualidade, apresenta ao mundo um semblante comum, já que as bases da sua vida espiritual são idênticas".[38] Em apoio a essa teoria, Bienenfeld citou, entre outros, os exemplos de Marx e Rathenau, em cada um dos quais, sustentou ele, "os princípios da religião judaica, visíveis nas suas doutrinas sem o seu conhecimento e contra a sua vontade, abriram caminho através da nuvem da memória inconsciente".[39]

Pode ser difícil sustentar essa proposição reducionista, mas é inegável que até mesmo muitos judeus completamente secularizados na década de 1930 aderiram aos principais ritos de passagem do judaísmo: a circuncisão, o casamento religioso e o enterro.

Outro componente obstinadamente conservado da cultura tradicional era a comida. Helene Ziegelroth, filha de um precentor em Varsóvia e que se tornou uma das primeiras médicas na Alemanha, se declarou *konfessionslos* quando jovem, foi batizada quando se casou em 1904, e a partir de então recusou-se a discutir o judaísmo e aconselhou à filha que não se associasse com crianças judias. No entanto, segundo consta, ela assava "pão de ovo" (*challah*) às sextas-feiras e comia "pão sem fermento" (*matzot*) na época da Páscoa até o dia em que morreu. Sua filha foi batizada mas voltou ao judaísmo mais tarde na vida.[40]

As atitudes dos judeu-soviéticos com relação à condição judaica eram frequentemente um emaranhado complexo e incoerente. Lev Kopelev, que em 1932 era um trabalhador de uma fábrica de locomotivas em Carcóvia, mais tarde se lembrou de que o secretário do seu comitê Komsomol (organização juvenil comunista) local ficou atônito ao descobrir que Kopelev, ao receber o seu primeiro passaporte interno, o qual a partir daquele ano tinha que mostrar a nacionalidade do possuidor, havia se registrado como judeu. O homem ressaltou que ele poderia ter igualmente se registrado como russo, evitando com isso (prosseguiu a implicação velada) muitos problemas. Mas Kopelev insistiu em que "desde que eu soubesse que iria ouvir a censura: 'Aha! Você está com vergonha, você a está escondendo', eu me consideraria judeu". No entanto, Kopelev estava longe de ser qualquer tipo de "chauvinista nacionalista", como eram frequentemente chamados os judeu-soviéticos que enfatizavam muito a sua nacionalidade. Em seu papel de editor do jornal da fábrica, Kopelev insistia em que ele deveria ser publicado apenas em ucraniano: "Eu estava absolutamente convencido da necessidade da ucranização — a cultura socialista deveria ter 'uma forma nacional'". Quando um colega de trabalho pediu para publicar uma página em iídiche, ressaltando que 1.500 dos funcionários da fábricas eram judeus, Kopelev opôs-se fortemente à ideia, sustentando que muitos deles provavelmente não sabiam iídiche e, de qualquer modo, "por que uni-los artificialmente e separá-los dos outros camaradas? Puramente por causa da nacionalidade? Ridículo!". O solicitante, que afirmou ter incontestáveis credenciais proletárias, censurou-o furiosamente como um intelectual burguês, em consequência do que Kopelev "perdeu o autocontrole e emitiu um rugido tão forte que na reunião seguinte da célula Komsomol [...] recebi uma repreensão por 'fazer declarações de natureza antissemita'".[41]

Judeus antijudaicos

Poderia um judeu ser antissemita? No início do século XX, muitos judeus, através de todas as fronteiras sociais e ideológicas, interiorizaram elementos do discurso antissemita. Não poucos sucumbiram ao que Theodore Hamerow chamou de rendição psicológica. "O resultado mais destrutivo do antissemitismo", escreve ele, "foi que um número enorme de suas vítimas, embora discordassem veementemente dos infratores em público, concordavam plena ou parcialmente com eles na intimidade."[42] Em alguns casos, a concordância não era tão secreta. O crítico cultural conservador judeu-francês Julien Benda, por exemplo, embora fosse *um ex-dreyfusard*, era capaz de escrever a respeito dos judeus e do relacionamento deles com a cultura e a sociedade francesa de uma maneira mais comumente associada a antissemitas como Charles Maurras.[43]

O antissemitismo judaico era frequentemente denominado "ódio do judeu por si mesmo", uma frase popularizada, embora não inventada, pelo filósofo e sexólogo judeu-alemão Theodor Lessing, que escreveu o clássico estudo do assunto, *Der Jüdische Selbsthass*, em 1930. No início da vida, o próprio Lessing, que se converteu ao cristianismo em 1895, exibiu muitos dos sintomas da patologia que mais tarde diagnosticou nos outros.

Talvez o caso mais conhecido dessa doença fosse o do escritor vienense Otto Weininger (1880-1903), que se converteu ao protestantismo em 1902. Sua obra *Sexo e Caráter* (1903) é uma mixórdia de misoginia, antissemitismo e penetrantes observações psicológicas. Um homossexual com sentimento de culpa, Weininger deu o passo supremo lógico do judeu antissemita militante: cometeu suicídio aos 23 anos de idade.

Enquanto Weininger desprezava tanto as mulheres quanto os judeus, Lessing buscou regenerar ambos e se tornou feminista e sionista. Arthur Trebitsch (1880-1927), também vienense, era um seguidor de Weininger. Ele se converteu ao cristianismo e se tornou um violento propagandista antissemita. Tanto Weininger quando Trebitsch foram questionados por Hitler e forneceram elementos proveitosos para as teorias nazistas antijudaicas.

Os judeus que odiavam a si mesmos sem dúvida existiam, mas o livro de Lessing conferiu ao conceito uma aceitação popular que sobrepujou a realidade. Muitos judeus afligidos por alguma forma de antissemitismo odiavam mais *outros* judeus do que a si mesmos. Não raro, eles atribuíam a outras pessoas características que eles temiam que trouxessem para todos os judeus, inclusive eles mesmos, uma má reputação imerecida. Entre os casos mais complexos e polêmicos desse tipo estavam os dois mais odiados escritores alemães da época.

O violento e inspirado satirista vienense Karl Kraus renunciou ao judaísmo e à comunidade judaica em 1899, foi recebido na Igreja Católica em 1911, mas depois a deixou em 1923. Sua atitude para com os judeus e o judaísmo era sempre atormentada e não raro contraditória. Ele atacava a "imprensa judaica" e zombava do alemão com sotaque iídiche. No entanto, assim como Kafka, ele expressava admiração pelo "teatro de jargão" iídiche, como a Budapester Orpheum, uma trupe cômica que se apresentava em hotéis nos distritos judaicos de Viena. *Die Fackel*, a revista que ele editou de 1899 até a sua morte em 1936 (nos últimos anos ele a redigiu sozinho) era repleta de afrontosas piadas, zombarias e imagens antissemitas. Kraus era influenciado pelas doutrinas racistas de Houston Stewart

Chamberlain e ajudou a rascunhar um artigo antissemita de Chamberlain que publicou em *Die Fackel*.[44] Ele zombava de nomes que soavam judaicos e dos judeus que mudavam de nome para ocultar melhor a sua origem; no entanto, ele deplorava a resistência judaica à assimilação. Ele atacava a solidariedade judaica, como na época do Caso Dreyfus; entretanto, ele lamentou o "indescritível horror" do assassinato de Walther Rathenau. Kraus foi um dos primeiros oponentes do nazismo, e ele próprio foi difamado como um "judeu-sifilítico".[45]

As expressões de Kraus de antissemitismo têm sido frequentemente interpretadas como ódio por si mesmo, embora ele rejeitasse o conceito. "As suas críticas aos judeus", escreve Ritchie Robertson, "encerram uma qualidade incoerente, descontrolada, que sugere que elas se originam não da observação e do discernimento, e sim de uma fonte pessoal excessivamente íntima e arraigada para que Kraus jamais venha a examiná-la."[46] O biógrafo de Kraus, Edward Timms, interpreta a perspectiva dele não como um ódio por si mesmo, mas antes como "o desejo de liberar o eu de afiliações conciliatórias".[47] Na qualidade de um cáustico crítico da sociedade burguesa, Kraus conquistou a profunda admiração de intelectuais judeus como Elias Canetti e Walter Benjamin.

Kraus se opunha ao sionismo, que, dizia ele, iria apenas criar um novo gueto. O escritor sionista Max Brod escreveu o seguinte: "Estou indignado e desgostoso com tipos da minha raça como Karl Kraus, porque eu os encaro como a personificação de tudo o que degradou o meu povo durante milhares de anos".[48] No entanto, o sionista alemão Gershom Scholem detectou na obra de Kraus ecos de prosa e poesia hebraica (embora Kraus não soubesse hebraico), e considerou que "esse judeu" havia descoberto "províncias judaicas não sonhadas" na língua alemã.[49] Mesmo que a avaliação pareça inconvincente, já que vem dessa fonte, deve ser seriamente considerada.

Questões semelhantes são levantadas pela carreira e textos do outro grande satirista da língua alemã da época. O antimilitarista, antirreligioso, antiquase-tudo Kurt Tucholsky era o mais temido escritor alemão do período. Ele atacava o nacionalismo, o filistinismo, a respeitabilidade e muitas outras coisas, entre elas os judeus. Ele também havia abandonado o judaísmo em 1911, embora, como ele disse: "Eu sei que ninguém jamais pode fazer isso".[50] Em 1918, ele se submeteu a um batismo luterano. No período Weimar, ele foi violentamente atacado por antissemitas de direita como um caso típico de subversão judaica venenosa da cultura e da sociedade alemãs.

A atitude de Tucholsky com relação às "coisas judaicas" tem sido intensamente debatida. No caráter de Herr Wendriner, que aparece em uma série das suas histórias e historietas, ele criou um modelo do transigente burguês judeu-alemão desprezível e inculto. Em um texto profético que escreveu em 1930, ele anteviu a reação dos Wendriners a uma tomada do poder pelos nazistas. Um grupo deles se reúne em um cinema com homens da SA (camisas pardas) do lado de fora e conversa em sussurros. Os judeus precisam usar a estrela amarela. Mas, afinal de contas, as coisas não são tão ruins. Pelo menos agora eles sabem qual é a sua posição. Um deles chama atenção para um homem que eles tomam por um *Ostjude*. O antissemitismo direcionado para aquele tipo, concordam eles, certamente é justificado. "Que tipo repulsivo! Estou surpreso por ele ainda estar aqui e por eles ainda não o terem expulsado!"[51]

Scholem considerava as historietas de Wendriner "uma documentação sinistra da realidade judaico-alemã" e Tucholsky "um dos mais talentosos, mais convincentes e mais ofensivos judeus antissemitas".[52] Para essa crítica houve uma resposta óbvia que fora externada anos antes por Theodor Lessing na fase "em que odiou a si mesmo". Acusado de ter escrito uma diatribe antissemita, ele escreveu o seguinte para Martin Buber: "Estou alarmado com as fraquezas do nosso grupo. O que deveria ser feito com esta raça de heróis de gueto que se sentem incapazes de se colocar nus diante de um espelho?".[53]

Tucholsky, contudo, fez mais do que bater instantâneos sociais embaraçosos. Ele demonstrava um inesgotável desprezo pela submissão, como ele a via, dos judeus, um "povo escravo", diante dos seus perseguidores: "Agora eu entendo", escreveu ele no seu diário no início de 1935, "como essa raça tem sido capaz de sobreviver por tanto tempo: eles ingerem avidamente a sua própria merda."[54]

Aparentemente reprimindo a lembrança dos caluniosos ataques que havia sofrido, ele afirmou, na sua última carta, escrita em Hindås na Suécia para Arnold Zweig, no dia 15 de dezembro de 1935, que nunca experimentara pessoalmente o antissemitismo. Ele atacou a covardia dos judeus, a sua falta de dignidade e a sua "absoluta incapacidade de até mesmo compreender o que é heroísmo". Também não era verdade, prosseguiu, que os judeus estivessem revidando. "Eles simplesmente não lutam." Ao contrário do insípido alimento intelectual que frequentemente lhes era oferecido, os judeus não devem se consolar com o fato de que foram "atacados, porém não derrotados". "O povo judeu está derrotado — não menos derrotado do que merece."[55]

A carta foi chamada de "testamento político".[56] Marcel Reich, um jovem judeu-polonês estudioso (que mais tarde veio a ser o mais importante crítico literário na Alemanha depois da guerra), leu uma versão abreviada dela em um jornal nazista em Berlim alguns meses depois: "Não conseguimos acreditar que esses comentários implacáveis e ocasionalmente repletos de ódio, que se transformavam de vez em quando em uma ofensa manifesta, possam ter sido escritos por

Tucholsky... Essa carta foi escrita por um homem em cuja vida a dor da condição judaica, e um sinistro ódio por si mesmo, desempenhavam um papel importante, possivelmente decisivo".[57] Tucholsky cometeu suicídio dois dias depois. A notícia foi recebida pelos propagandistas nazistas com um coro de ofensa malévola: *hebräischer Schmutzfink, jüdischer Paralytiker*.[58]

Apesar de tudo isso, o historiador Walter Grab argumentou que, ao contrário de Weininger e Rathenau, Tucholsky era desprovido de qualquer sentimento de vergonha ou mancha proveniente do seu nascimento judaico. É verdade, argumenta Grab, que ele criticava os judeus, mas ele recriminava os alemães com muito mais intensidade. Quanto às suas reconhecidamente ríspidas palavras contra os judeu-alemães nas suas últimas semanas de vida, Grab as encara como oriundas do seu desprezo pela reação frouxa da comunidade judaico-alemã à ascensão do nazismo. De acordo com Grab, as palavras de Tucholsky expressaram "tristeza e dor, desespero e resignação, porém nenhum ódio judaico por si mesmo".[59]

O satirista fala com muitas línguas bifurcadas, e o primeiro erro do leitor é interpretá-lo ao pé da letra. Kraus e Tucholsky não podem ser classificados em simples categorias. Eram os seus ataques violentos a torto e a direito aos ícones contemporâneos, bem como a sua violação de todos os tipos de tabus e convenções corteses do discurso civilizado, que os tornavam tão poderosos como críticos sociais — e tão cativantes particularmente para os intelectuais judeus entre os seus leitores. Pelo menos ambos eram inabaláveis na sua aversão ao nazismo — o que não era de modo algum verdadeiro a respeito de todos os judeus.

Judeus nazistas?

Otto Rudolf Heinsheimer, de 25 anos, estudante judeu em Berlim, ouviu um discurso de Hitler no rádio em maio de 1933. Ele o considerou "chocante, esmagador — e no entanto, ao mesmo tempo, edificante... Não existe realmente nenhuma possibilidade de um judeu tomar parte nesta coisa aqui?".[60] Heinsheimer logo compreendeu que não existia: algumas semanas depois, ele partiu para a Palestina.

O historiador de arquitetura Nikolaus Pevsner havia se convertido ao luteranismo em 1921, mas, como outros convertidos, foi categorizado pelos nazistas como "não ariano". Na primavera de 1933, ele declarou o seguinte: "Eu amo a Alemanha. É o meu país. Sou um nacionalista, e apesar da maneira como sou tratado, quero que esse movimento seja bem-sucedido... Existem coisas piores do que o hitlerismo".[61] Pevsner tomou o partido de Goebbels contra o maestro Wilhelm Furtwängler, que queria empregar músicos judeus. Tudo isso de nada lhe serviu: o seu requerimento para ser admitido na Reichskulturkammer (a "câmara cultural" organizada pelos nazistas e controlada pelo Estado) foi recusado e ele foi obrigado a deixar a Alemanha.

A atração de alguns "não arianos" pelo nazismo podia assumir uma forma erótica. Werner Warmbrunn, um adolescente em Frankfurt, relembra que

> o meu antissemitismo depois de 1933 era em grande medida uma "identificação com o agressor". Eu aceitava/compartilhava algumas das opiniões nazistas a respeito dos judeus que os consideravam comerciais, não soldadescos, espertos, covardes, fisicamente pouco atraentes etc. (Nunca aceitei a ideia de que os judeus eram maus ou insetos que deveriam ser exterminados.) Eu extraía um grande prazer do fato de que eu não parecia judeu, que eu podia "passar" (e fazia isso), que o meu passaporte emitido em 1933 especificava "dunkel blond" (louro escuro) como a cor do meu cabelo. Louro, de olhos azuis e atlético tem sido a minha ideia de beleza... Eu teria dado muita coisa para me tornar um oficial do exército alemão.

Seu melhor amigo era membro da Juventude Hitlerista, e ele o levou para cavalgar na academia de equitação da SA. Esse amigo se tornou o seu "primeiro amor", e Werner tinha "devaneios eróticos" a respeito dele.[62] Outro conhecido, Hans-Joachim Schoeps, um jovem teólogo judeu, monarquista, ultranacionalista e homossexual, tomou Warmbrunn sob sua proteção, acompanhando-o em passeios de bicicleta e em uma visita ao seu amigo Martin Buber.

O nacionalismo exagerado era uma característica judaica comum em toda a Europa. O que conferia um caráter especial aos superpatriotas judeu-alemães não era tanto a sua devoção exagerada ao seu país natal e sim o fato de que alguns deles conservavam a fé mesmo quando o Estado alemão se voltou decididamente contra eles. A Verband nationaldeutscher Juden, fundada em 1921, era uma de uma série de organizações que tentaram conciliar a condição judaica com o ultranacionalismo alemão. Seu líder, Max Naumann, um advogado de Berlim e ex-oficial do exército, considerava os judeu-alemães como sendo uma das "tribos" que faziam parte do *Volk* alemão. Ele atacava Tucholsky como um sargento de recrutamento para os antissemitas. No seu auge, o Verband não ostentou mais do que 3.500 membros, oriundos principalmente das classes dos profissionais liberais, particularmente em Berlim. Ativamente patriótico, ele se recusava a aceitar o *Ostjuden* e se opunha ao sionismo. Naumann lamentava a "enxurrada [de *Ostjuden*] que ameaça nos devorar".[63] Os *Ostjuden* eram "criaturas deploráveis [...] que não estavam inteiramente no nível humano".[64] Ele culpava o estilo de vida ostensivamente judaico deles por despertar o antissemitismo e preconizava a sua expulsão do país. Naumann rejeitava o Deus de Israel, pregando, em vez disso, a fé em um "Deus alemão". Em 1932, ele aclamou o "movimento popular", do qual o Partido Nazista fazia parte, como prometendo o "renascimento do *Deutschtum*".[65] Depois de 1933, o seu movimento tentou, sem sucesso, agradar os nazistas por meio do *Verständigungsarbeit* (trabalho para entendimento). Tudo isso não conferiu nenhuma vantagem ao Verband depois da ascensão dos nazistas ao poder. Embora o Verband procurasse se posicionar como uma "oposição leal" ao novo regime, a sua ênfase na assimilação fez com que ele fosse considerado perigoso pelos ideólogos nazistas empenhados na separação racial. Como consequência, em 1935, essa foi uma das primeiras associações judaico-alemãs a serem interditadas.

Outra organização ultrapatriótica era a Deutsche Vortrupp (Vanguarda Alemã), um movimento de jovens criado por Schoeps em fevereiro de 1933, que na ocasião tinha 24 anos de idade. O movimento era antidemocrático, antimarxista, antiliberal e antissionistamas, ao contrário de outros organismos desse tipo, tinha uma atitude positiva com relação à religião judaica. Schoeps considerava o antissemitismo periférico ao programa nazista, com o qual ele simpatizava em grande parte. Em novembro de 1935, vários meses depois da promulgação das Leis de Nuremberg, Schoeps escreveu que ainda se sentia mais próximo de Hitler do que de Mussolini, Laval ou Baldwin. "Eu preferiria passar fome aqui do que em outros lugares", escreveu. Ele deplorou o *Jammergeschrei* (lamentação) dos seus companheiros judeus.[66] O *slogan* da organização era *Bereit für Deutschland* ("Preparado para a Alemanha"). Homens como Naumann e Schoeps ficaram mortificados quando, em março de 1935, os judeus foram excluídos das forças armadas alemãs. Apesar do encontro em um restaurante com Ernst Roehm, chefe da SA, Schoeps, assim como Naumann, foi repelido a cada passo nas suas tentativas de convencer os nazistas de que os judeus podiam ser bons alemães.

Pertenciam os judeus como Naumann e Schoeps, à semelhança de Milton, "ao partido do diabo, sem sabê-lo?". Talvez — com a diferença fundamental de que Satã em *Paraíso Perdido* era um produto da imaginação, ao passo que Adolf Hitler era de carne e osso.

"Um fardo para a França"

O ultranacionalismo judaico não era exclusivo da Alemanha. Ele podia ser encontrado em todo o continente. Na França, por exemplo, a Union Patriotique des Français Israélites enfatizava que os judeu-franceses precisavam ter uma única lealdade — para com a França. O líder da união, Edmond Bloch, era quase uma imagem especular de Naumann: advogado e *ancien combattant* que recebera a Croix de Guerre na Primeira Guerra Mundial, ele era próximo de círculos de direita e um adversário declarado do comunismo, da Frente Popular e do sionismo. Quanto mais era registrado um aumento no antissemitismo, mais o seu grupo insistia em que os judeu-franceses precisavam demonstrar um patriotismo incondicional. A união reunia apenas cerca de quinhentos membros (embora afirmasse ter muito mais), mas as suas ideias eram representativas de uma massa maior da opinião judaico-francesa.

Essas opiniões, pelo menos no que dizia respeito aos imigrantes judeus, não estavam restritas à direita. O proeminente jornalista judeu-francês Emmanuel Berl era esquerdista, ardoroso pacifista e "Munichois".* Em um artigo publicado em novembro de 1938, duas semanas depois de ter ocorrido o *pogrom* conhecido como Kristallnacht** na Alemanha, ele insistiu em que a França não poderia receber todos os refugiados judeus que poderiam desejar ir para lá. Havia na Polônia nada menos do que 3 milhões de judeus, "dans l'ensemble peu désirables" ("tomados como um todo pouco desejáveis"), que afluiriam em massa se a fronteira fosse aberta para eles.[67] Berl atacou a "louca generosidade" de conceder apressadamente a naturalização aos refugiados. "Considero incompreensível que imigrantes que há três anos nem mesmo pensavam na possibilidade de se tornar franceses, alguns dos quais nem mesmo aprenderam o idioma, desfrutem os mesmos direitos políticos de um camponês francês." Os imigrantes judeu-alemães, declarou ele, eram de "baixa qualidade" e "um fardo [*un fardeau*] para a França".[68]

Em um ataque a financistas internacionais fomentadores de guerras, em março de 1939, Berl aventurou a seguinte reflexão histórica: "Vejo muito poucos milionários entre as vítimas das guerras do século XX. Nenhum Rothschild austríaco morreu em 1866. Nenhum Rothschild francês morreu em 1870. Nenhum Rothschild inglês, até onde eu saiba, morreu em 1914" — embora ele tenha rapidamente acrescentado: "O mesmo é verdade com relação à família Morgan e à Vanderbilt".[69] Implacável com os plutocratas judeus, Berl exibiu mais tolerância com relação aos antissemitas literários. Ele conseguiu perdoar até mesmo Céline, anunciando que estava preparado para "passar uma esponja sobre *Bagatelles pour un massacre*, a fim de conservar apenas o inventor de uma nova linguagem".[70]

A atitude de Berl tem sido interpretada como masoquista e produto do ódio por si mesmo.[71] Mas ele nunca procurou ocultar a sua condição judaica. As suas

---

* Partidário dos Acordos de Munique, assinados pela Alemanha, França, Itália e Reino Unido, representados, respectivamente, por Hitler, Édouard Daladier, Benito Mussolini e Neville Chamberlain. (N.T.)

** "Noite dos Cristais." *Pogrom* no qual os judeus foram fisicamente atacados e mortos, e instituições judaicas foram destruídas. (N.T.)

declarações podem ser mais plausivelmente encaradas como um produto de autoapreço e autoproteção a título de se separar dos *outros* judeus e difamá-los.

Tanto na França quanto em outros lugares, o antissemitismo literário se propagou das obras de não judeus para as de judeus. A escritora francesa Irène Némirovsky nasceu em Kiev em 1903 e se mudou para a França com os pais em 1919. Seu abastado pai era banqueiro. Sua família lembrava a de Zachary Mirkin, um dos protagonistas da trilogia *Três Cidades* de Sholem Asch, passada em São Petersburgo, Varsóvia e Moscou antes e durante a Revolução Russa. Enquanto Asch, apesar de toda a sua hostilidade para com o socialismo, demonstrava uma profunda solidariedade pelo *amkho* (o povo [judeu]), Némirovsky sentia uma aversão quase compulsiva por ele, pelas suas próprias origens judaicas, e pela sua família, especialmente a sua mãe.

No seu romance quase autobiográfico *Le Vin de solitude* (1935), Némirovsky pintou um retrato impiedoso de seus pais, observado através das lentes da fúria adolescente: uma mãe interessada apenas nos seus casos amorosos e um pai que só se interessava por ganhar dinheiro. Tudo na filha se revolta contra os pais e tudo o que eles representam. "Tenho passado a vida lutando contra uma odiosa linhagem, mas ela está dentro de mim. Ela circula dentro de mim."[72] A raiva aqui é dirigida para a sua mãe, mas os críticos também discerniram um mal-estar com relação à sua origem judaica, o qual se expressou claramente no seu primeiro romance, *David Golder* (1929). O personagem do título, um empresário judeu inescrupuloso, tendo levado um sócio comercial a cometer suicídio, é retratado impiedosamente como um misantropo obcecado pelo lucro. O romance, um *succès fou*, foi adaptado para o teatro e para o cinema. Némirovsky foi comparada a Balzac e Proust. Durante a década de 1930, seus romances subsequentes desfrutaram uma contínua aclamação.

Ao mesmo tempo, contudo, e mais ainda depois da sua redescoberta em anos recentes, eles foram atacados por sua nada lisonjeira descrição de personagens judeus. Némirovsky foi acusada de "antissemitismo afrontoso", de criar "retratos de judeus descritos de uma maneira extremamente cruel e pejorativa, que ela observa com uma espécie de fascinação horrorizada, embora reconheça que compartilha com eles um destino comum".[73] Em sua defesa, Frederic Raphael argumentou persuasivamente que "a inclemência dirigida ao "seu próprio povo" ocultava um desprezo muito maior. O tema subjacente era a interação da emoção e da insensibilidade, o revezamento da vaidade e do desespero, em todos os participantes do jogo do mundo".[74] A controvérsia ecoa os debates semelhantes a respeito de Kraus e Tucholsky, com a diferença de que a margem de manobra que talvez seja concedida ao satirista não pode prontamente ser reivindicada para

222

Némirovsky, uma romancista convencional. A própria Némirovsky admitiu, em entrevista para um jornal judaico em 1935, que "se tivesse havido um Hitler [na época], eu teria abrandado enormemente *David Golder*".[75]

Em novembro de 1938, Némirovsky e o marido, também um judeu-russo, sem dúvida alarmados pelo crescente clamor anti-imigrante na França, solicitaram a cidadania francesa, à qual tinham direito em virtude dos seus longos anos de residência. Nunca receberam uma resposta. Em fevereiro de 1939, o casal e as filhas se batizaram. O motivo de Némirovsky parece ter sido, pelo menos em parte, espiritual, embora a conversão simultânea de seu marido e suas filhas também sugira prudência.

Independentemente do ponto de vista que possa ser adotado a respeito da conduta pessoal de Némirovsky ou das suas estratégias literárias, está claro que ela não considerava a sua condição judaica algo a ser confirmado ou celebrado. Para ela, assim como para muitos outros na década de 1930, isso era algo a ser ocultado, minimizado ou descartado, uma fonte de ansiedade e não de inspiração, um fardo e não um distintivo de orgulho.

– 10 –

A MATRIZ LINGUÍSTICA

Línguas sagradas e profanas

"Fui criado com três línguas mortas — hebraico, aramaico e iídiche", relembra o narrador do romance semiautobiográfico *Shosha* de Isaac Bashevis Singer, passado em Varsóvia no final da década de 1930.[1] A Europa judaica era então um mundo multilíngue no qual a maioria dos judeus falava um judaico vernáculo, geralmente o iídiche ou o judeu-espanhol, além de pelo menos mais um idioma da sociedade não judaica circundante, tendo também pelo menos os rudimentos do hebraico e do aramaico. Além de todas essas, muitos judeus também falavam uma das línguas consideradas condutoras da elevada cultura secular. Em grande parte do antigo Império Russo, inclusive nos estados bálticos, essa língua era o russo. Em outros lugares, era o alemão ou o francês.

Na Romênia, por exemplo, os judeus estavam divididos em vários grupos linguísticos. Os do Regat ou Antigo Reino (Moldávia e Wallachia) geralmente falavam romeno na comunicação diária. Em Bucareste, os intelectuais falavam francês, assim como romeno. A maioria dos judeus na Transilvânia, culturalmente magiarizados em decorrência do domínio de Budapeste até 1918, falava húngaro. Nas pequenas *shtetlakh* da Bessarábia, o iídiche ainda prevalecia. Em Czernowitz, quase todos os judeus instruídos falavam alemão vienense, embora o "amassassem" com uma mistura de palavras em iídiche e ruteno. Os judeus lá se viam como os portadores "da cultura alemã para o coração da Europa oriental".[2]

Tomando o continente como um todo, uma língua não judaica era proeminente como a língua franca dos judeus na década de 1930. Era a principal *Kul-*

tursprache, o alemão. "Do Báltico aos Bálcãs", escreveu o poeta iídiche Itzik Manger, "a intelectualidade judaica tinha fé na palavra poética e teórica alemã, quando ela falava com eles a respeito da Europa."[3] O alemão era a linguagem da ciência, da filosofia — e do sionismo. O primeiro órgão oficial da Organização Sionista, *Die Welt*, publicado entre 1897 e 1914, foi divulgado em alemão. Theodor Herzl, fundador do movimento, não falava hebraico e escreveu o seu programático *Der Judenstaat* em alemão, que ele predisse que seria o idioma do Estado judaico. Nos Congressos sionistas até a década de 1930, o alemão, e não o hebraico ou o iídiche, era a língua geralmente mais usada, embora em uma forma altamente influenciada pelo iídiche que veio a ser zombeteiramente conhecida como "alemão de congresso". Ela era frequentemente mal distinguível do *Daytshmerish* que fora usado no teatro judaico na Rússia czarista depois que o iídiche foi proibido, em 1883, nos palcos daquele país.

Muitos judeus, especialmente na Alemanha, rejeitavam e desprezavam o iídiche como o "jargão" dos *Ostjuden*. No século XVIII, Moses Mendelssohn havia escrito: "Receio que a contribuição desse jargão para imoralidade do povo não tenha sido pequena".[4] No século XIX, Herzl o chamou de "jargão atrofiado, contraído [...] a língua furtiva dos prisioneiros".[5] Durante a Primeira Guerra Mundial, quando as autoridades da ocupação alemã na Polônia usavam o iídiche na sua propaganda entre os judeus na Polônia, um líder judeu-alemão declarou o seguinte: "Considerar esse jargão um produto cultural alemão é um insulto à cultura alemã".[6]

Uma maneira característica judaica de falar em outros idiomas recebeu um nome depreciativo em vários deles. Em alemão, ela era chamada de *mauscheln* (que significa "tagarelar", em alemão de estilo iídiche, com implicações de trapaça e fraude), em polonês, era conhecida como *żydłaczyć* ou *szwargotać*. Esses termos eram usados tanto por judeus quanto por não judeus. Na realidade, como assinalou Edith Stein, "essa entonação desagradável comum nos judeus orientais sem instrução [...] irritava os 'assimilacionistas' alemães ainda mais do que os 'arianos'".[7] Em russo, algumas pessoas partiam do princípio de que os judeus eram incapazes de pronunciar a letra *r*. Depreciadores do iídiche frequentemente criticavam a entonação de "cantilena" dos seus falantes. A mesma queixa era feita com relação ao judeu-espanhol: "Esse tipo de cantilena deixava uma impressão desagradável naqueles que ouviam pela primeira vez o judeu-espanhol".[8]

Visto que as línguas judaicas ainda faziam parte da experiência cultural, para muitos o principal veículo de comunicação, da maioria dos judeu-europeus, por que o *alter ego* literário de Singer se referiu a essas línguas como mortas? Essa não foi uma mera visão retrospectiva em um romance escrito na década de 1970.

Refletia a realidade da década de 1930. Um século antes, quase todos os judeus na Europa falavam um idioma judaico: iídiche, judeu-espanhol, hebraico (usado então apenas como uma linguagem de oração e erudição religiosa), ou um dialeto como o judeu-grego ou o judeu-italiano. Na década de 1930, todos eles estavam em decadência na Europa.

Embora todos os judeus religiosos e também muitos outros soubessem um pouco de hebraico, a maioria não teria conseguido manter uma conversa nesse idioma. Alguns ávidos sionistas o falavam em casa, mas eram uma minúscula minoria. De resto, a não ser pelos alunos da rede relativamente nova e pequena de escolas secundárias de hebraico moderno, poucos conseguiram lidar com facilidade com o hebraico moderno que estava se desenvolvendo na Palestina. Além disso, como ressalta Iris Parush no seu estudo sobre a leitura das mulheres judias no século XIX na Europa oriental, o hebraico era visto na sociedade tradicional como "uma língua exclusivamente masculina".[9]

Uma das inovações dos sionistas e dos revivalistas do hebraico moderno foi a troca da pronúncia asquenaze do hebraico, recendente de iídiche, pela pronúncia sefardita supostamente mais pura, considerada como estando mais autenticamente radicada no modo de falar do hebraico antigo. As diferenças entre as duas eram pequenas (*shabbat* em vez de *shabbes*, *adon olam* em vez de *adoyn oylem*, e assim por diante), mas a maioria dos ortodoxos rejeitou a mudança e amargas discussões irromperam por causa das tentativas de mudar a prática nos rituais das sinagogas ou nas escolas.

Embora o hebraico moderno estivesse mais próximo da sua antiga forma do que o grego moderno do antigo, ele permaneceu uma língua estranha e, no entanto, intimamente familiar, para a maioria dos judeus. O melhor indicador disso é a publicação e a circulação de livros e jornais hebraicos. A publicação de livros em hebraico moderno nunca realmente decolou. Até mesmo na Polônia, com os seus 3 milhões de judeus, um enorme movimento sionista e uma vigorosa rede de educação hebraica, as sucessivas tentativas de implantar um jornal diário em hebraico fracassou por falta de leitores. O hebraico continuou a ser uma língua sagrada, mas, assim como o aramaico, a língua na qual grande parte do Talmude foi escrita, ela permaneceu, no que dizia respeito à sua utilização para outras finalidades que não o estudo e a oração, escassamente viva.

Mameloshn

Se o hebraico, como língua falada, lutava por sua existência na Europa, embora no processo recente de nascer na Palestina, o que dizer do iídiche — "essa língua que estala com inteligência e confusão", como Irving Howe encantadoramente a descreve, "irônica na sua essência [...] essa linguagem de rua, essa criatura desalinhada que veste o avental da semana judaica, esse idioma desorganizado e irresponsável?".[10] Como pôde Singer, que viveu no iídiche e pelo iídiche, encará--lo como já estando "morto"?

Afinal de contas, quase todos os judeus da Europa oriental falavam iídiche na década de 1930. A língua ostentava uma imprensa dinâmica, uma esplêndida atividade literária e teatral e, no Instituto YIVO em Vilna, uma instituição especializada dedicada à preservação e regeneração do idioma. De acordo com alguns parâmetros, o iídiche estava crescendo, e não declinando. O censo polonês de 1931 informou que 80% dos judeu-poloneses declaram que o iídiche era a sua língua materna (*mameloshn*) em comparação com 70% em 1921. No entanto, o personagem de Singer vislumbrou além de tudo isso o caminho descendente que o iídiche já tinha começado a trilhar.

O censo polonês de 1931 sem dúvida exagerou o número de falantes do iídiche. Ao elaborar o questionário do censo, o governo, por não desejar promover nacionalismos minoritários, decidiu que nesse censo específico, ao contrário do anterior, não indagaria a etnia ou "nacionalidade" dos entrevistados. O questionário, no entanto, perguntou qual era a "língua materna" e a religião de todos os entrevistados, especificando que esta última não era uma questão de crença e sim de adesão formal. A decisão de excluir qualquer pergunta sobre a nacionalidade despertou protestos de todas as minorias nacionais. O governo anunciou que, para fins do censo, cada entrevistado tinha a liberdade de declarar uma língua materna pela qual ele tinha preferência, independentemente de ele falar ou não a língua nas conversas do dia a dia. Na ausência de uma pergunta sobre a nacionalidade, os partidos políticos judaicos pediram aos entrevistados que declarassem uma língua judaica, o hebraico ou o iídiche, como a sua língua materna. Muitos judeus atenderam ao pedido. Na Polônia como um todo, 8% dos judeus informaram o hebraico. No entanto, esse idioma praticamente não era falado nas interações normais em nenhum lugar da Europa. As informações do censo, que têm sido frequentemente citadas como uma evidência da sobrevivência, na verdade do ressurgimento, do iídiche, precisam, portanto, ser encaradas com suspeita como um guia da prática linguística efetiva. Essas informações são mais uma evidência da extensão na qual, diante da rejeição geral por parte da sociedade polonesa, os judeus se sentiram impelidos a confirmar o seu particularismo étnico, do que de qualquer suspensão do processo existente de assimilação linguística.[11]

Na Europa ocidental, o iídiche só sobreviveu entre grupos de imigrantes e na forma de palavras, frases e variações no modo de falar, constituindo um patoá usado pelos judeus entre eles mesmos. Mas isso também estava em declínio. Na Alsácia e na Lorena, por exemplo, os remanescentes do dialeto iídiche estavam se extinguindo. No que dizia respeito à Holanda, um judeu de meia-idade em Haia, escrevendo na década de 1930, relembrou que na sua juventude "o uso do iídiche ainda era bastante comum, especialmente entre os judeus das classes mais baixas", mas agora ele estava limitado ao emprego de algumas expressões, principalmente pelos judeus de Amsterdã.[12]

Na Hungria, o iídiche falado estava limitado aos ultraortodoxos. Na Tchecoslováquia, ele só era corrente nas pequenas cidades da Eslováquia oriental e entre os judeus tradicionais da Rutênia Subcarpática. Na *shtetl* romena de Ştefăneşti, ao que consta, "os jovens mais bem-educados do período que se seguiu à Primeira Guerra Mundial tinham orgulho da sua incapacidade de falar o iídiche e da pureza do seu sotaque romeno".[13]

Os judeus com aspirações sociais e que estavam em ascensão não raro tentavam elevar o seu iídiche para algo que soava mais como alto alemão. Benno Gitter, cuja família falava alemão na sua casa em Amsterdã, escreve: "Qualquer judeu que tivesse a intenção de se encaixar no modo de vida europeu procurava expandir o seu conhecimento da língua [alemão] e aprimorar a sua pronúncia, no esforço de apagar todos os vestígios da entonação de cantilena iídiche".[14]

Antes da Primeira Guerra Mundial, o iídiche e o polonês já coexistiam entre os judeus. O jornalista Bernard Singer relembrou o *Sabbath* em Varsóvia na sua juventude: "Em Muranowska, Mila e Nalewki, os casais falavam exclusivamente o iídiche. Em Bielańska, esses mesmos caminhantes misturavam o polonês com o iídiche, e no Jardim Saxão e em Marszałkowska falavam exclusivamente polonês. Perto do anoitecer, eles voltavam para o seu bairro. E novamente em Bielańska o polonês se misturava com o iídiche, e em Nalewki o iídiche reinava".[15] A questão, portanto, não deve necessariamente ser vista como *ou* iídiche *ou* polonês. O povo judeu-polonês no início do século XX vivia em um ambiente trilíngue no qual a maioria dos judeus conhecia até certo ponto o polonês, o iídiche e o hebraico, e cada língua atendia a uma função específica.[16]

Na década de 1930, contudo, o iídiche, assim como as pessoas que o falavam, estava na defensiva, como emerge da vigorosa determinação de um ex-líder do sistema escolar iídiche secular da Polônia que insistiu em que para ele e os seus colegas, "o iídiche era mais do que apenas uma língua [...] ele era uma arma para instruir as pessoas, para provê-las de uma nova consciência nacional. O iídiche era o símbolo da firme determinação de viver e lutar na *golus* (a diáspora)".[17] O polonês, contudo, estava avançando até mesmo entre os judeus rigidamente ortodoxos. Um tom defensivo pode ser ouvido em um artigo de 1931 da líder educacional das mulheres ortodoxas Sarah Schenirer, recomendando com insistência que as jovens ortodoxas falassem apenas o iídiche em vez do polonês. O iídiche, ressalta ela, é uma língua sagrada, já que foi falado por muitos sábios da Torá ao longo dos séculos: "Mostrem que vocês são, de fato, filhas judias. Não tenham vergonha, em lugar nenhum, da sua língua iídiche e, com a ajuda do Santíssimo Abençoado seja Ele, isso certamente acelerará a redenção!".[18]

Apesar das exigências do tratado das minorias, o governo polonês havia declarado em 1921 que, embora o hebraico fosse receber um grau de reconhecimento, "o chamado 'jargão' não será reconhecido como uma língua separada e sim [meramente] como uma espécie de dialeto local".[19] Contrariando as cláusulas do tratado, nenhuma escola primária do governo operava em iídiche. O polonês, como resultado, progrediu rapidamente entre os jovens judeus. Em 1926, um levantamento dos livros retirados das bibliotecas judaicas na Polônia constatou que 44% eram em iídiche e 41% em polonês.[20] Como os judeus assimilados tenderiam a usar bibliotecas não judaicas [ou, como eram mais abastados, a comprar os seus próprios livros), esses percentuais sugerem que os judeus já estavam lendo mais polonês do que iídiche. Até mesmo em Vilna, a cidadela do iídiche, apenas 8% dos empréstimos da Biblioteca Mefitsei Haskalah em 1934 foram de livros em iídiche.[21] O declínio do iídiche também foi registrado nas ruas judaicas. Em 1937, o *Vilner tog* deplorou a tendência das placas de rua do iídiche para o polonês no distrito judaico. Na Daytshe Gas, somente 17 em 129 letreiros de lojas eram em iídiche.[22]

De qualquer maneira, o iídiche não era de modo algum a língua de todos os judeu-poloneses ou russos. O etnógrafo e dramaturgo S. An-sky, criador do *Der dybbuk*, escreveu em russo a maior parte dos seus primeiros trabalhos, adotando o iídiche como o seu modo principal de expressão literária somente mais tarde na vida. Vladimir Medem e John Mill, dois dos líderes mais respeitados do Bund nas primeiras décadas do século, falavam russo, e não iídiche, na infância. Erlich e Alter, que lideraram o partido na década de 1930, analogamente só dominaram o iídiche na idade adulta. Nenhum dos dois falava o iídiche em casa. A primeira língua do erudito iídiche Max Weinreich era o alemão, não o iídiche, língua que ele só aprendeu quando ingressou no movimento juvenil bundista no final da adolescência. Bella (Rubinlicht) Bellarina, uma das principais atrizes do teatro iídiche na década de 1920, "se sentia mais à vontade falando em polonês, na verdade, do que em iídiche".[23]

Até mesmo em Vilna, o Bund, que prezava o idioma iídiche como a força e o vigor da cultura da classe trabalhadora judaica, achou necessário produzir a literatura eleitoral em polonês e iídiche no final das décadas de 1920 e de 1930.

Joseph Opatoshu, autor americano que escrevia em iídiche, em uma visita de retorno à Polônia em 1938, notou que quando foi a um teatro iídiche em Varsóvia, esse idioma ressoava do palco para a parte de trás do teatro, mas o público nas primeiras filas e os atores nos bastidores sussurravam entre si em polonês.[24]

No período entreguerras, o iídiche recebeu, pela primeira vez, uma espécie de *status* acadêmico. As origens do iidichismo, uma ideologia que buscava defender, aprimorar, revivificar e codificar a língua, recuavam a uma conferência em Czernowitz em 1908 que declarou o iídiche "uma língua nacional do povo judeu". (Em deferência aos sionistas e outros, foi usado o artigo *in*definido.) Embora o iídiche fosse o idioma da maioria dos judeus ortodoxos na Polônia e nos estados bálticos, o iidich*ismo* era basicamente um movimento secular, frequentemente, embora nem sempre, com uma orientação esquerdista. Os iidichistas estavam ávidos para provar que a sua língua não era o *Kauderwelsch* (fala ininteligível) que era alvo de zombaria tanto dos assimilacionistas quanto dos sionistas. Eles queriam mostrar que ela era mais do que um dialeto degradante do alemão e sim um idioma por legítimo direito, com uma ampla linhagem e uma vicejante tradição literária. Eles foram ainda mais longe. Para os iidichistas, a língua não era apenas um veículo; ela foi elevada para o que o sociolinguista Joshua Fishman chamou de "um valor e uma causa por legítimo direito".[25]

Em 1936-1937, o YIVO emitiu um conjunto de regras ortográficas para a língua que fora adotada pela maioria das escolas iídiches na Polônia, embora muitos autores, editoras e jornais as tenham desconsiderado. O YIVO estava particularmente interessado em reduzir os *daytshmerizms* (germanismos) na língua. Ironicamente, devido aos conflitos iidichistas com os sionistas, os especialistas do YIVO enfatizaram as origens semitas da língua, que eles valorizavam como evidência do seu caráter judaico.

Mas a capacidade do YIVO de fazer cumprir as suas determinações era limitada. Já na década de 1930, o centro de gravidade no mundo cultural iídiche estava se deslocando rapidamente para Nova York, que tinha uma população judaica cinco vezes maior do que a de Varsóvia. Um sinal dessa mudança foi a absorção pelo iídiche, inclusive pelo iídiche da Europa oriental, de uma série de termos ingleses.

O iídiche soviético

Nesse meio-tempo, surgiu outro polo de atração para o iídiche, polo esse que, durante algum tempo, pareceu oferecer brilhantes perspectivas para a língua. Enquanto o iídiche na Polônia não recebia praticamente nenhum reconhecimento ou incentivo do Estado, ele desfrutava um apoio em larga escala no governo da União Soviética. Na verdade, a URSS foi o único país na história a fazer um investimento substancial em instituições iídiches, entre elas escolas, editoras, jornais, departamentos acadêmicos e o teatro.

A promoção soviética do iídiche deveria ser vista no contexto de uma política geral, inaugurada por Lenin, de apoio aos idiomas das minorias nacionais. Ao contrário das atitudes oficiais polonesas no mesmo período, a política soviética desaprovava o hebraico enquanto promovia o iídiche. Livros em hebraico não apareceram na URSS depois de meados da década de 1920 — um dos últimos foi uma edição de 1926 de histórias traduzidas por Isaac Babel, que, como conhecia a língua, verificou pessoalmente as provas. A partir de então, o hebraico "burguês--clerical-nacionalista", considerado triplamente perigoso por causa do seu suposto caráter de classe, conotações religiosas e conexão com o sionismo, alcançou a distinção de ser a única língua nacional que foi praticamente proibida na URSS na década de 1930, enquanto, ao mesmo tempo, idiomas obscuros com um número minúsculo de falantes, como o budukh e o kryts, falados no Daguestão, teve o uso imposto nas escolas e nas repartições públicas locais.

A língua judeu-tat dos mais ou menos 30 mil "judeus da montanha", reconhecidos como um dos cinco grupos nacionais do Daguestão, também foi fomentada pelos soviéticos: apareceram jornais em judeu-tat, um círculo literário foi formado e uma trupe dramática estava ativa no final da década de 1930. Mas assim como outras línguas não europeias na URSS, o judeu-tat foi obrigado a mudar o seu alfabeto, primeiro para o latino em 1929, e depois, em 1938, para o cirílico.

A luta entre o hebraico e o iídiche era retratada pelo Partido Comunista como uma "luta de classes" entre o "judeu-burguês" e "as aspirações das massas proletárias de se libertarem da escravidão espiritual", como declarou o advogado de acusação no julgamento da *heder* em Vitebsk.[26] Os burocratas soviéticos abraçaram o iídiche como a "língua das massas trabalhadoras judaicas". Ao mesmo tempo, eles tentaram, de uma maneira sutil e não tão sutil, modificá-lo.

Desde o início de 1920, eles planejaram uma reforma ortográfica do iídiche. Ela decretou que as palavras de origem hebraica deveriam a partir de então ser soletradas foneticamente em vez de na sua forma tradicional hebraica. Em 1932, as formas especiais de certas letras hebraicas no fim das palavras foram eliminadas em prol dos seus equivalentes regulares. Também da década de 1930, os planejadores de linguagem soviéticos procuraram substituir palavras de origem hebraica em iídiche por vocábulos eslavos. Essas iniciativas tinham motivos antissionistas e antirreligiosos transparentes, embora possam ser inseridos no contexto dos esforços soviéticos gerais nesse período de padronizar as línguas das minorias nacionais.

Ao contrário do YIVO, que não tinha meios de impor os seus esforços de padronização linguística, os iidichistas soviéticos podiam garantir que as suas determinações seriam obedecidas, de qualquer modo com o tempo (a anuência foi inicialmente irregular). As reformas foram pouco observadas, contudo, fora da União Soviética. Embora o YIVO também considerasse seriamente a de-hebraização do iídiche, Weinreich se opôs intensamente a essas mudanças: "a grafia naturalizada", escreveu ele, "significa que alguém está exterminando a tradição judaica, está arrancando a língua da sua fonte judaica".[27] Os defensores soviéticos da nova ortografia contra-atacaram com o *slogan* stalinista de que a reforma era "socialista em conteúdo e nacional na forma".

Nokhem Shtif, que fora o iniciador e a figura mais importante entre os fundadores do YIVO, mas que posteriormente se mudou para a União Soviética e se tornou chefe de um centro acadêmico iídiche em Kiev, criado em 1926, declarou:

> Esta não é uma reforma comum. É uma reforma soviética. Ela está imbuída do espírito de outubro, o espírito que conduz uma revolução cultural [...] [sem] temer a tradição... No campo especializado iidichista [...] [eles têm] medo de tocar na "delicada" grafia das "elevadas" palavras [hebraicas], eles têm medo de tocar até mesmo em um aborrecimento tradicional diário como as letras finais... Com os primeiros passos da reforma — soletrar as palavras hebraicas da maneira iídiche — atingimos a reação e o oportunismo como um raio. Isso, toda a virtuosa reação hebraicista-iidichista não consegue nos perdoar até hoje.[28]

Até mesmo no pequeno mundo argumentativo dos intelectuais iídiches, Shtif era excepcionalmente irascível. Delatando seus ex-colegas do YIVO, Shtif não apenas recomendou com insistência a de-hebraização do iídiche, como também atacou a forma lituana *balebatish* (burguesa) da língua usada nas escolas iídiches na Polônia, defendendo, em vez disso, o que ele afirmava ser o dialeto bielorrusso mais *ameratsish* (classe trabalhadora).

No caso do iídiche, bem como no de outros idiomas, alguns linguistas soviéticos propuseram a romanização do alfabeto. Anatoly Lunacharsky, o primeiro comissário soviético para o esclarecimento, havia sugerido a romanização do russo, de modo que a ideia tinha credenciais progressistas. Ayzik Zaretski, membro do grupo de iidichistas soviéticos de Kiev, também considerava essa questão uma forma de luta de classes: "o alfabeto romano está ideologicamente mais próximo do comunismo; as letras iídiches estão repletas de associações nocivas com a religião, com o hebraico e com o isolacionismo nacional".[29] Mas no início da década de 1930, a latinização nos alfabetos cirílicos foi condenada como contrarrevolu-

232

cionária, e a ideia de aplicá-la ao iídiche foi abandonada. Novas contingências políticas conduziram à reprovação de qualquer ênfase nas raízes alemãs do iídiche como "servindo aos interesses do fascismo alemão".[30]

Essas disputas tinham pouca importância para os falantes comuns do iídiche, os quais, sem dúvida, as observavam com o divertido desapego de simples monges medievais que contemplavam os apaixonados debates dos escolásticos a respeito de abstrusas questões doutrinais. O conflito ortográfico, contudo, se revelou apenas a primeira salva em uma guerra encarniçada de palavras entre os iidichistas da União Soviética e os da Polônia. O conflito chegou a um ponto crítico em 1930, quando o departamento judaico da Academia Bielorrussa censurou o YIVO em um panfleto intitulado *Fashizirter yidishizm un zayn visnshaft* (O Iidichismo Fascistizado e a sua Erudição).

Os iidichistas soviéticos, ao contrário do YIVO, puderam contar, pelo menos durante algum tempo, com um substancial apoio do Estado. O centro de Shtif em Kiev, que recebeu o novo nome de Instituto da Cultura Proletária Judaica da Academia Ucraniana de Ciências, tornou-se uma réplica vermelha do YIVO, com as suas seções históricas, literárias, filológicas, pedagógicas, etnográficas e bibliográficas. Ele atraiu alguns eruditos marxistas do exterior. Entre estes estavam Meir Wiener, escritor iídiche nascido em Cracóvia que morou em Viena, Berlim e Paris como intelectual comunista antes de se estabelecer na URSS em 1926, e Kalmon Marmor, conhecido intelectual comunista americano. Em 1929, o historiador literário Max Erik se mudou de Vilna, onde havia ganho precariamente a vida como professor de iídiche do ensino médio, para o Instituto de Cultura Proletária Judaica em Minsk e, mais tarde, para o seu correspondente em Kiev. Depois da morte de Shtif em 1933, Erik tornou-se a principal figura do instituto.

Em 1934-1935, o instituto afirmava ser o maior empreendimento judaico especializado do mundo, com cem pesquisadores. A mudança de correntes ideológicas, contudo, o desestabilizou e deixou alguns dos seus projetos sem perspectiva de progresso. Shtif fora rebaixado quando propusera convidar Simon Dubnow para comparecer à cerimônia inaugural do instituto (o convite foi recusado). Wiener foi obrigado a admitir erros metodológicos na sua crítica literária. Marmor voltou para casa dois anos depois. Um dicionário russo-ucraniano-iídiche, preparado para publicação foi proibido devido à "sabotagem no trabalho terminológico ucraniano".[31]

Embora o iídiche tenha desfrutado uma breve popularidade acadêmica na URSS, ele estava em declínio como língua falada na maior parte do país. Em 1926, 70% dos judeu-soviéticos haviam declarado uma língua judaica como idioma materno. Em 1939, somente 40% fizeram isso.[32] Como esse percentual incluía a Geórgia e as repúblicas da Ásia central, onde os judeus ainda viviam em um ambiente tradicional e falavam línguas judaicas entre eles, a proporção de judeus que falavam o iídiche nas repúblicas europeias da URSS deve ter sido ainda menor. No censo de 1939, nenhuma cidade importante registrou uma maioria de judeus declarando o iídiche como a sua língua materna. Em Moscou, 81% dos judeus informaram que essa língua era o russo. O percentual mais elevado de falantes do iídiche foi em Minsk: 50%.

O iídiche já era em grande medida o idioma da geração mais velha dos judeus soviéticos. Somente 20% dos recrutas judeus do Exército Vermelho em 1939 declararam uma língua materna judaica. Precisamos tomar cuidado, de qualquer modo, para não pressupor que as declarações de língua materna significam que o idioma era usado regularmente no discurso do dia a dia. No caso do iídiche, em particular, esse não era necessariamente o caso. Em Kiev, por exemplo, embora 93% dos judeus tivessem declarado o iídiche como a sua língua materna em 1917, somente 70% o informaram como o seu "idioma do dia a dia".[33]

David E. Fishman sustentou que "já em 1939, a cultura iídiche soviética era alvo de uma progressiva liquidação oficial".[34] É verdade que no final da década de 1930, o entusiasmo oficial pelo iídiche decididamente esfriou. Vários autores iídiches foram enviados para campos de prisioneiros. Em 1938, o Departamento de Iídiche do Instituto Nacional Pedagógico de Moscou foi fechado depois de acusações de "isolacionismo" e "sabotagem".[35] No mesmo ano, a língua usada para lecionar nas escolas iídiche em Minsk foi alterada para o bielorrusso. Isso exigiu alguns ajustes, já que muitos alunos ainda não conheciam o idioma. Desse modo, inicialmente, os professores se dirigiam à turma em bielorrusso, mas os alunos tinham permissão para responder em iídiche.[36]

No entanto, a repressão oficial não foi a principal causa do declínio da língua na URSS. Esse foi um período em que a cultura soviética de todos os tipos operava debaixo de várias restrições. Existem poucas evidências de que a cultura iídiche tenha sido, naquela época, selecionada para receber um tratamento hostil especial. Até os últimos anos da década de 1930, os soviéticos tinham feito mais para promover o iídiche do que qualquer outro governo na história. Entretanto, o substancial esforço de incentivar o iídiche nas décadas de 1920 e 1930 parece, quando muito, ter retardado um processo de declínio natural, cujas raízes recuam aos últimos anos do império czarista.

A pressão para o abandono do iídiche parece ter vindo mais de baixo do que de cima. Os judeus da União Soviética, na maioria dos casos, preferiam o russo, que lhes oferecia perspectivas econômicas e sociais mais favoráveis e horizontes culturais mais amplos. Um sinal significativo da natureza do aculturamento dos judeus na União Soviética era o fato de os judeus preferirem se aculturar ao russo do que à maioria das línguas das repúblicas da união, como o ucraniano ou o bielorrusso. Nisso, eles seguiram a prática dos judeus ao longo da história, como em Bizâncio, nos domínios de Habsburgo e na Índia britânica, que acharam mais sábio adotar a língua do poder imperial do que a de seus vizinhos colonizados.[37]

Na primavera de 1939, o Estado soviético ofereceu um considerável apoio à celebração do octogésimo aniversário de Shalom Aleichem. Na Ucrânia, duzentos comitês locais trabalharam para organizar as festividades. Foram lançadas novas edições das obras do escritor e estudos críticos e uma memória de autoria do seu irmão foram publicados. A Academia Ucraniana de Ciências em Kiev montou uma exposição em homenagem ao aniversário. No dia 19 de abril, na Sala das Colunas da Casa dos Sindicatos (o antigo Clube dos Nobres) em Moscou, Shlomo Mikhoels e outros atores do Teatro Nacional Iídiche representaram cenas de uma peça, e vários dos mais famosos autores e poetas iídiches do país, entre eles Peretz Markish, Itsik Fefer, Dovid Bergelson e Dovid Hofshteyn, proferiram discursos e fizeram leituras públicas.[38] Milhares de pessoas compareceram. A ocasião foi um sinal de que o apoio do governo soviético ao iídiche não tinha sido completamente eliminado, mesmo que os seus falantes nas antigas terras centrais asquenazes o estivessem abandonando em massa.

O declínio do iídiche em toda parte era basicamente uma consequência de decisões tomadas pelos próprios falantes do iídiche, e não de políticas vindas de cima. A tendência declinante era semelhante na Europa oriental, na Polônia e na União Soviética. É impressionante que no censo dos Estados Unidos de 1940, a proporção da população judaica estimada que declarou o iídiche como língua materna, 43%, foi apenas levemente superior à proporção de judeu-soviéticos que observamos respondendo à mesma pergunta em 1939.[39] Stalinismo soviético, capitalismo americano e nacionalismo polonês, ao que parece, fazia pouca diferença nessa frente.

Los españoles sin pátria

O judeu-espanhol (também conhecido como judezmo ou ladino, embora alguns linguistas insistam em que este último nome deve ser reservado para a forma da língua usada nas obras sacras), a língua dos descendentes de judeus expulsos da Espanha e de Portugal no final do século XV, ainda era falado da década de 1930 nas comunidades sefarditas dos Bálcãs e da Turquia. Ele era tradicionalmente impresso na forma rashi do alfabeto hebraico e não com as letras quadradas normalmente usadas no hebraico moderno. Ele era escrito em letra cursiva em solitreo, uma forma especial de escrita hebraica. Já na década de 1930, contudo, ele era frequentemente impresso e escrito em caracteres latinos, particularmente na Turquia depois da década de 1920, quando Kemal Atatürk determinou a troca do alfabeto árabe para o latino no turco.

Enquanto o iídiche passava por um processo de contínua evolução, absorvendo elementos do ambiente linguístico circundante, fosse na Holanda, na Lituânia ou, mais tarde, nos Estados Unidos e na Argentina, o judeu-espanhol era considerado como tendo preservado, em algo próximo de uma forma fossilizada, a linguagem da Península Ibérica do século XV, em variantes castelhanas ou portuguesas: "Essa língua arcaica, agradável, sempre se mostrou resistente a palavras estrangeiras e, além disso, era falada com as inflexões moduladas cantantes e melodiosas nas quais palpitava a ardente melancolia da distante Andaluzia", expressou entusiasmado um romântico.[40]

Um grupo de escritores espanhóis que visitou Salônica na década de 1880 ficou fascinado ao descobrir judeu-sefarditas que ainda usavam muitas expressões espanholas arcaicas que haviam desaparecido da linguagem na sua terra natal. O autor e senador liberal espanhol Angel Pulido, em uma série de livros e artigos que escreveu entre 1904 e 1923, promoveu a concepção dos sefarditas como uma espécie de tribo perdida de compatriotas, *los españoles sin pátria* ("os espanhóis sem pátria", que também era o título de um dos seus livros). Ele visitou Salônica e outros centros sefarditas, e recomendou com insistência que o seu governo proporcionasse apoio oficial para a língua "desse povo irmão que preserva no mundo algo da possível soberania do nosso idioma".[41] Em 1931, o governo espanhol enviou uma delegação, chefiada por Ernesto Giménez Caballero, editor de *La Gaceta Literaria* e "o primeiro fascista espanhol", a Salônica, Constantinopla, Skopje e outros lugares dos Bálcãs. Pretensamente, o seu propósito era investigar maneiras de apoiar o judeu-espanhol; na realidade, ele foi incumbido de examinar as possibilidades de explorar os sefarditas para promover vínculos comerciais com a Espanha e a influência política espanhola. No entanto, a missão não parece ter conduzido a nenhuma ação da parte do governo.

Na realidade, o judeu-espanhol estava longe de ser a língua imortalizada de Fernando e Isabel. Ele absorveu elementos sintáticos e expressivos de outros idiomas. Termos arcaicos que haviam sido abandonados no espanhol moderno tinham sido, de fato, preservados no judeu-espanhol, mas a suposta pureza da língua era uma lenda ou, na melhor das hipóteses, um exagero que fora cultivado por razões separadas de egoísmo coletivo, tanto pelos sefarditas quanto pelos espanhóis.

236

O judeu-espanhol evoluiu ao longo dos séculos, principalmente no seu último século. Sob a pressão do discurso dos povos vizinhos, ele estava aberto à incorporação de palavras estrangeiras ao vernáculo e à mudança morfológica, à tradução direta de expressões e a construções híbridas. Os judeus de cada cidade ou região na qual ele era falado, tinham o seu próprio dialeto da língua, refletindo realidades sociopolíticas locais. Os falantes de Monastir e de Skopje tinham menos elementos eslavos na sua fala do que os de Belgrado e Sarajevo. O dialeto de Sarajevo continha mais elementos turcos do que o de Belgrado. A presença em Salônica de uma elite comercial judeu-livornense impregnou a língua local de italianismos.

Do hebraico, a língua absorveu frases bíblicas associadas ao ritual e palavras religiosas como *sedakah* (caridade), *edut* (testemunha), *ani* (pobre) e *safek* (dúvida). *Brit,* a palavra hebraica para circuncisão ritual, cujo significado estrito é "contrato", tornou-se em judeu-espanhol, por um processo conhecido pelos linguistas como metonímia, *biri* (pênis), frequentemente usada com um sufixo diminutivo, *biriniki.* Algumas palavras hebraicas adquiriram prefixos ou sufixos espanhóis, às vezes ambos: por exemplo, *malmazalozú* (que significa "infortunado"), da palavra hebraica *mazal*, que significa "sorte"). Algumas palavras espanholas adquiriram terminações hebraicas, por exemplo, *ladrones* (ladrões) se tornou *ladrunim*. Algumas das mesmas palavras hebraicas que se introduziram no iídiche também eram encontradas no judeu-espanhol, por exemplo *sehel* (inteligência). Ocasionalmente, palavras hebraicas mudavam de significado no judeu-espanhol, por exemplo, a palavra *hamotsi* (que significa literalmente "aquele que gera"), extraída da bênção feita ao pão ou ao bolo, como na frase do judeu-espanhol "Daki un hamotsi" ("Dê-me um pedaço de bolo").

Do turco-otomano, o judeu-espanhol adotou grande parte do vocabulário do governo (*vali, paša* e assim por diante), o nome de algumas ocupações como *kasap* (açougueiro) e *berber* (barbeiro), bem com expressões do cotidiano como *bashtiné* (com prazer, de *başüstüne*) e *mutla* (absolutamente, de *mutlaka*). Do alemão ou do iídiche vieram palavras como *móler* (pintor) e *šnajder* (alfaiate). Do grego, *clise* (igreja — εκκλησια). E do árabe *alhá* ou *alhád* (domingo), encontrada não apenas nas comunidades sefarditas no mundo árabe como também nos Bálcãs, por exemplo, em Monastir. O inglês parece ter fornecido apenas duas palavras: *penéz* (*penny*) e, curiosamente, *winć* (*winch/Guincho*), sem dúvida refletindo conexões comerciais e de engenharia britânicas.

O processo de mutação e naturalização se acelerou a partir de meados do século XIX quando os sefarditas, assim como os asquenazes, se integraram em sociedades nacionais emergentes. Nos estados balcânicos independentes, as línguas locais substituíram o turco no uso oficial e nas escolas públicas. A evolução do judeu-espanhol refletiu essas novas realidades. Na Bulgária, não apenas palavras búlgaras foram absorvidas pela linguagem cotidiana do judeu-espanhol, como também as raízes eslavas receberam inflexões românicas e vice-versa. Em Sarajevo, segundo consta. Influências servo-croatas "começaram a penetrar todas as esferas do judeu-espanhol bósnio, o seu léxico, morfologia, fonologia, sintaxe e até mesmo a gramática". A chegada da educação compulsória acabou com "quatrocentos anos de autonomia educacional na Bósnia" e reduziu o judeu-espanhol "à linguagem da intimidade, falada apenas em casa ou nos ambientes judaicos".[42]

As influências francesas predominaram a partir de meados do século XIX, o que foi refletido na adoção de palavras como *randavu* (*rendezvous*), *malorozo* (*malheureux*) e *suetar* (*souhaiter*). Já na década de 1880, dizia-se que a atividade da Alliance Israélite Universelle tinha "alcançado sucesso na difícil tarefa de *espanholizar* a juventude judeu-oriental".[43] Em Salônica, as escolas da Alliance, a presença de uma força expedicionária francesa entre 1915 e 1918, e uma influência cultural francesa mais genérica ajudaram a injetar um vocabulário tipicamente francês no judeu-espanhol. Tornou-se chique usar palavras como *restorán* (*restaurant*), *mayonés* (*mayonnaise*), *kilotas* (*culottes*), *manikyur* (*manicure*), *foburgos* (*faubourg*)* e *apremidis* (reunião vespertina de amigos). Os cabeleireiros agora ofereciam às clientes um *permanent* ou uma *ondulasyon*. Surgiu uma linguagem híbrida que alguns chamavam de "judéo-fragnol".[44]

Enquanto o iídiche se tornou, para muitos judeus na Europa oriental, um veículo para a modernização social, cultural e política, o judeu-espanhol nunca deu o salto em direção ao modernismo. Max Nordau o chamava de "um dialeto degenerado, anêmico e atrofiado do castelhano [...] uma ramificação morta do castelhano que se tornou corrompida e lamacenta".[45]

Ao contrário do iídiche, o judeu-espanhol não desenvolveu uma rica literatura secular, embora alguns romances e contos tenham aparecido na língua até a década de 1930. Alguns historiadores recentes, contudo, o retrataram como uma força modernizadora sob a alegação de que ele levou a literatura ocidental para os judeu-sefarditas na tradução.[46] Traduções de obras populares de outros idiomas, como *Mystères de Paris* de Eugène Sue, começaram a aparecer no judeu-espanhol no final do século XIX. No todo, um número estimado de 150 dessas traduções foram publicadas em judeu-espanhol entre 1901 e 1938.[47] Obras iídiches, inclusive as de Shalom Aleichem, Peretz e Asch, estavam entre elas. Jornais na língua eram publicados em todos os países dos Bálcãs, especialmente em Salônica. No entanto, o

---

* Subúrbios. (N.T.)

volume de publicações em judeu-espanhol, quer de livros, quer de periódicos, era apenas uma minúscula fração do número de publicações em iídiche.

Já na década de 1930, o judeu-espanhol era considerado, até mesmo por muitos de seus falantes, como incorrigivelmente antiquado, uma manifestação de atraso cultural da qual a geração mais jovem procurava se desfazer.

Ele ainda retinha alguma vitalidade criativa, contudo, expressada, por exemplo, nos *cantes populares,* poemas cantados compostos em Salônica por Sadik Nehama Gershón ("Maestro Sadik") e Moshé Cazés (com o pseudônimo comum Sadik y Gazóz), que eram executados em cafés e em celebrações em família.[48] Entretanto, os segmentos francófonos cultos da sociedade sefardita nos Bálcãs encaravam o judeu-espanhol de uma maneira semelhante à que os judeu-alemães desprezavam o iídiche: como um jargão vulgar das massas.

Já no final da década de 1930, o judeu-espanhol, mais ainda do que o iídiche, estava perdendo terreno para as línguas nacionais dos estados onde os judeus viviam. Na Bulgária e na Bósnia, somente cerca de metade dos judeus falava judeu-espanhol, e na Sérvia menos de um terço o fazia. Até certo ponto, isso era resultado de pressões nacionalistas sobre a educação e os negócios.

Na Romênia, na virada do século, o judeu-espanhol ainda era a língua franca da pequena comunidade sefardita. Mas quando uma pesquisadora acadêmica inglesa, Cynthia Crews, visitou Bucareste em 1930, ela não conseguiu encontrar uma única família que falasse o idioma no cotidiano, e apenas alguns judeus que a conheciam. Não apenas a língua, mas também grande parte do folclore associado fora esquecida. Os sefarditas locais não conheciam mais nenhuma das *romanses* (baladas) ou *konsenzas* (histórias) tradicionais. Quando Crews visitou outras cidades romenas onde a língua outrora fora corrente, como Ploiești, Constanta e Craiova, descobriu que o idioma também havia praticamente desaparecido. Sua extinção foi acelerada pelo fato de ele ser próximo o bastante do romeno para excluir o seu uso, a exemplo do que ocorreu em outros lugares nos Bálcãs, como uma forma íntima, semissecreta, de comunicação entre os judeus.[49]

Analistas contemporâneos na década de 1930 estavam pessimistas a respeito do futuro da língua. "Quanto ao *judéo-espagnol,* que conheceu tantas glórias e desventuras, ele está agonizando", escreveu certo observador.[50] A descida para o *rigor mortis* pode ser observada nos arquivos sobreviventes da comunidade salônica, na qual, até 1932, a correspondência entre o conselho comunitário e a instituição beneficente Matanoth-Laévionim era em grande medida conduzida em judeu-espanhol, escrita no alfabeto solitreo; de 1932 a 1939 ela ainda era realizada em judeu-espanhol, porém escrita em caracteres latinos; a partir de 1939, ela passou a ser conduzida totalmente em grego.[51]

No final da década, *El Mesajero*, publicado em Salônica, foi o último jornal em judeu-espanhol que restava nos Bálcãs e a sua circulação se reduzira para cerca um milhar. Reconhecendo que a língua estava provavelmente nas últimas, o jornal anunciou em 1939 a publicação de "UM VERDADEIRO TESOURO! Uma coleção de *romansos* e histórias em judeu-espanhol é um verdadeiro tesouro que todo leitor deve ter em casa. Isso é ainda mais importante, porque não será possível publicar novas edições, e as coleções existentes serão as últimas".[52]

Linguagens secretas

O hebraico, o aramaico, o iídiche e o judeu-espanhol eram as únicas línguas judaicas correntes na Europa. Mas elas não esgotavam as formas características de discurso que os judeus usavam em quase todos os lugares.

Embora o iídiche-holandês tivesse se extinguido havia muito tempo, os judeus de Amsterdã, particularmente a classe trabalhadora, ainda falavam o seu próprio patoá, do qual a gíria holandesa em geral extraiu uma série de palavras e expressões. Benno Gitter se lembrou de casos dos seus anos de adolescência em Amsterdã na década de 1930, como *Het majimt* (Está chovendo — do hebraico *mayyim*, que significa "água") e *jajim* (bebidas alcoólicas — do hebraico *yayin*, "vinho"). Uma derivação mais sutil era a frase *oisseh sholem*: Gitter relata que ouviu a expressão sendo usada por um instrutor de direção não judeu com o significado de "dê ré um pouco": essas palavras hebraicas, apresentadas aqui com a pronúncia asquenaze, ocorrem em um ponto na prece *Amidah*, recitada pelo judeu devoto três vezes por dia, quando ele dá três passos simbólicos para trás.[53]

Outro dialeto que sobrevivia precariamente era uma variante judaica do grego. Antes da chegada dos refugiados sefarditas no Império Otomano depois de eles terem sido expulsos da Espanha e de Portugal na década de 1490, as comunidades romaniotas que falavam grego tinham vivido por toda parte nas antigas terras bizantinas. Gradualmente, contudo, a maior riqueza e a cultura mais dinâmica dos sefarditas sobrepujou os romaniotas, cuja maioria se mesclou com os recém-chegados. Já no início do século XX, somente um punhado de comunidades romaniotas sobreviviam. As maiores estavam em Ioannina, a capital de Epirus no noroeste da Grécia, e nas ilhas de Euboea, Corfu e Zante.

Em Ioannina, a incessante predominância dos romaniotas havia resultado na assimilação dos imigrantes sefarditas e italianos à comunidade existente. Com a incorporação da região norte da Grécia ao território nacional em 1912-1913, os romaniotas daquela área "se tornaram uma minoria dentro de uma minoria, ao mesmo tempo que faziam uso da língua da maioria".[54] No entanto, no início do

240

século XX, a singularidade dos romaniotas estava lentamente desaparecendo. Em 1904 havia 4 mil judeus em Ioannina, "tão pobres que os cristãos gregos os chamavam de *spangoraménous* ("amarrados com cordas"), porque eles usavam cordas para amarrar os sapatos".[55] Na década de 1930, a emigração para a Romênia, Alexandria, Istambul, Jerusalém e Nova York havia reduzido o número deles para a metade.

O dialeto judaico-grego era uma forma de grego demótico, com algumas palavras e frases hebraicas e aramaicas, escrito em caracteres hebraicos (nos tempos modernos também em letras romanas ou gregas). Na sua forma escrita, ele não era usado para fins seculares: de qualquer maneira, não existem textos publicados de caráter não religioso. Algumas palavras de outras línguas lhe foram incorporadas, como do árabe, do turco, do italiano e do judeu-espanhol. Um exemplo era *kassátes* (tortinhas de queijo) do italiano *cassata*: esta, segundo somos informados, "parece ser a única palavra italiana usada pelos judeu-gregos e não por outros falantes do grego".[56]

O falecido Rae Dalven, erudito americano nascido na Grécia em uma família romaniota, estudou a comunidade de Ioannina e a sua língua, e registrou as suas expressões características. Entre elas, havia palavras com radicais hebraicos e sufixos gregos (*Sabbathiou*), frases que eram meio-hebraicas e meio-gregas (*i psychí't sto ganéden*, "Que esta alma vá para o Jardim do Éden"), e algumas com palavras hebraicas e turcas ou árabes (*inshalláh na s'ríkso to taleth*, literalmente "Se for a vontade de Deus, jogarei sobre você o xale de oração", em outras palavras, verei você se casar).

Várias expressões hebraicas eram usadas apenas entre judeus de Ioannina, como uma espécie de linguagem secreta quando eles não queriam que os cristãos entendessem o que eles estavam falando: por exemplo, *ayin ara* (o mau-olhado), e *mi ditzers dibourim* (querendo dizer "não fale" — com *mi* sendo a negativa grega; a segunda palavra era derivada do francês *dire*; e a terceira da palavra hebraica para "palavras").[57] Analogamente, os judeus de Ioannina usavam blasfêmias e palavras de insulto como *kelev* (cachorro), *hamor* (burro), *zona* (prostituta), *shakran* (mentiroso), *goy* (não judeu) e *mamzer* (bastardo), todas palavras que vieram do hebraico.

Os judeu-romaniotas incorporaram alguns elementos judaico-gregos na sua liturgia, chamados *minhag Romania*, ou seja, a liturgia da Roma [oriental], a saber, Bizâncio. Na terceira refeição do *Sabbath*, sábado à tarde, os judeus de Ioannina cantavam canções judeu-gregas de autoria de hinistas locais: "Vós Filhos de Israel" ("Eseís, Paidiá tou Israel") e os treze dísticos de "Deus É Grande" ("Megalos Einai O Theós"). No Dia de Ano-Novo eles cantavam em casa "A Criação do Mundo" ("I Demiourghia tou Kósmou"), consistindo de 64 dísticos. E na tarde do Dia do Perdão, eles, assim como outros judeus, liam o livro de Jonas na sinagoga — mas na sua própria tradução judaico-grega.[58]

O judeu-italiano no período moderno era mais uma série de variações judaicas de dialetos locais do italiano em áreas onde os judeus viviam do que propriamente um dialeto do italiano. No final do século XIX, o Ghettaiolo dos judeus em Ferrara, o Lason Akodesh dos ancestrais de Primo Levi em Piedmont, o Bagito de Livorno e o jargão do gueto de Roma eram tão mutuamente incompreensíveis quanto os dialetos da população geral dessas áreas.

Primo Levi e Dan Vittorio Segre recordam nas suas memórias o dialeto judaico-piemontês que os mais velhos falavam quando eles eram crianças e adolescentes nas décadas de 1920 e 1930. Levi tinha prazer em colecionar o vocabulário judaico-piemontês. Muitas palavras eram derivadas da liturgia ou da prática religiosa cotidiana, e eram comuns entre os judeus em toda a parte. Outras palavras vindas do hebraico incluíam *ruah* (odor desagradável, flatulência), *khumayom* (calor opressivo) e *besim* (testículos, do hebraico *betzim*, ovos). Levi também registrou algumas palavras e expressões de origem mais obscura, como *meruzav* (casamenteiro).[59] O dialeto incluía expressões nas quais palavras hebraicas eram tratadas morfologicamente, como se fossem piemontesas, por exemplo pela adição de prefixos ou sufixos piemonteses. Levi e Segre fizeram parte da última geração a ouvir essa conversa usada com naturalidade e sem inibições.

Na década de 1930, o poeta judeu-romano Crescenzo del Monte (1868-1935) publicou sonetos no arcaico dialeto do gueto romano.[60] Mas esse foi um exercício autoconsciente de resgate cultural, e não a manifestação de uma língua viva. Já em 1939, os dialetos judaico-italianos estavam à beira da extinção.

O submundo judaico também gerou o seu próprio jargão. Em Czernowitz, por exemplo, a palavra *bombien* era usada no sentido de "cafetinagem" ou "tráfico de escravas brancas". "É possível ouvir pessoas, quando indagadas a respeito de algumas das melhores casas no centro da cidade, dizerem o seguinte a respeito das suas propriedades: 'De onde vem o dinheiro dele?' 'De *bombien*, é claro'". Diziam que a palavra derivava de Bombaim, o suposto destino de muitas das vítimas do tráfico das escravas brancas.[61]

Finalmente, palavras judaicas em outras línguas às vezes funcionavam como sinais de mútuo reconhecimento. Apenas uma frase ou uma inflexão sutil poderiam servir ao propósito. Isso era importante na década de 1930, particularmente em contextos, como na União Soviética, onde era considerado falta de educação fazer referência aberta a esses assuntos.

A língua era a matriz a partir da qual a cultura judaica na Europa foi formada. À medida que as línguas judaicas declinavam, a vitalidade da cultura à qual elas davam expressão também diminuía. Quando os judeus abandonavam as suas próprias línguas pelos idiomas das populações majoritárias circundantes, eles ingressavam na cultura de seus vizinhos, não raro com uma paixão e intensidade que despertava suspeita e antagonismo em vez de uma acolhida favorável. No período entreguerras, o povo judeu-europeu encontrou-se, portanto, em um ponto de transição delicado entre sustentar a própria cultura e abraçar a de outros. Em nenhum lugar a tensão resultante estava mais claramente registrada do que na imprensa judaica.

– 11 –

O PODER DA PALAVRA

Judenpresse

Os antissemitas acusavam os judeus em todos os países de controlar a imprensa. A acusação tinha pouca solidez na França, onde fora ruidosamente expressa pelo menos desde a época do escândalo do Canal do Panamá na década de 1880. Na Europa central, entretanto, os problemas eram outros. Antes da ascensão do Terceiro Reich, a imprensa na língua alemã em Viena, Berlim, Budapeste e em outras cidades importantes da Europa central era, em um grau considerável, de propriedade judaica e produzida por judeus — embora não *pelos* judeus, já que os jornalistas judeus não agiam de comum acordo.

O principal exemplo de um desses jornais era o *Neue Freie Presse,* o principal jornal diário de Viena desde o final do século XIX até 1938. Moritz Benedikt, o redator-chefe desde 1881 até a sua morte em 1920 (nos últimos anos, também o proprietário), transformou o jornal no principal órgão da burguesia liberal vienense. Consta que Benedikt era capaz de causar o sucesso ou o fracasso de ministérios austríacos e, em 1917, foi nomeado para a câmara alta do parlamento austríaco. O liberalismo do jornal despertou a ira de Karl Lueger, o prefeito de Viena do Partido Social Cristão antissemita na virada do século. "Quem criava principalmente o antissemitismo austríaco", disse ele, "era a imprensa judaico--liberal com a sua depravação e terrorismo."[1]

A influência do *Neue Freie Presse* não estava restrita à política. No apogeu da eflorescência cultural vienense entre a década de 1880 e 1914, o jornal também era um árbitro lendário do bom gosto em literatura, ópera, teatro, música e arte. O fundador do movimento sionista, Theodor Herzl, trabalhou para o jornal como correspondente estrangeiro e como editor da sua muito admirada seção *feuilleton*. Stefan Zweig, que quando ainda era um ambicioso escritor, ficou emocionado ao ser convidado por Herzl para contribuir para o jornal, chamando este último de "oráculo dos meus pais e templo de sumos sacerdotes".[2]

O *Neue Freie Presse*, segundo constava, era escrito por judeus para judeus. Hitler, que adquirira uma aversão pelo jornal na época que passou em Viena privado de recursos antes da Primeira Guerra Mundial, o chamava de "Judenblatt" (jornal dos judeus). Quase 80% da equipe editorial no período entreguerras era judia. Sigmund Freud o lia diariamente. Havia a seguinte piada vienense: um judeu disse para outro: "Então você não observa mais o *Shabbes* ou nenhum outro feriado religioso. Você ainda endossa alguma coisa judaica?". "Ora, certamente", veio a resposta, "o *Neue Freie Presse*."

No entanto, esses jornais não se consideravam publicações judaicas. Apesar de seus proprietários, equipe e público leitor serem predominantemente judeus, eles se atinham a uma perspectiva universalista e liberal, buscavam um público leitor genérico e faziam um sério esforço para evitar fazer reivindicações especiais em benefício dos interesses judaicos. O envolvimento de Herzl com o jornal levou Benedikt a tomar um cuidado adicional para evitar qualquer argumento nas suas colunas a favor do sionismo.

Mesmo assim, o *Neue Freie Presse* tornou-se um alvo importante não apenas dos antissemitas, mas também das penas satíricas envenenadas de Kraus e Tucholsky. Eles acusaram Benedikt de hipocrisia, covardia, autossatisfação e convencimento, e também de ser parcialmente responsável pela deflagração da Primeira Guerra Mundial. O trabalho brilhante e expressivo de Kraus, *Die letzen Tage der Menschheit* (Os Últimos Dias da Humanidade) consistiu em grande medida de recortes textuais do jornal.

O colapso da dupla monarquia de Habsburgo e o rebaixamento de Viena de uma grande *Weltstadt** imperial para a capital de uma república secundária e insignificante da Europa central privou o *Neue Freie Presse* de grande parte da sua importância anterior. Assim como outros jornais, ele perdeu circulação e publicidade na Grande Depressão e, em 1934, o editor proprietário, Ernst Benedikt, filho de Moritz, foi obrigado a vendê-lo para o governo austríaco. A partir de então, ele definhou e se tornou um porta-voz da propaganda oficial e, em 1936, seus novos donos se humilharam diante dos nazistas, oferecendo-se para demitir todos os funcionários judeus.

Em Budapeste, o venerável *Pester Lloyd* publicado no idioma alemão ocupava uma posição análoga à do *Neue Freie Presse* em Viena. Apesar de ser escrito

---

* "Cosmópolis", em alemão. (N.T.)

em alemão, o *Lloyd* era o principal jornal da Hungria e uma voz política liberal respeitada. Depois de 1933, ele publicou artigos de uma série de autores alemães antinazistas, inclusive de judeu-alemães exilados. Mas em 1937, o editor do *Lloyd*, Josef Vészi, membro da câmara alta do parlamento húngaro, foi obrigado a renunciar à direção do jornal devido à sua condição judaica.

Esses jornais, e outros como eles em todo o centro-leste da Europa, eram mais do que apenas porta-vozes liberais. Nos países onde a maior parte da imprensa era controlada pelo governo e/ou altamente influenciada por considerações político-partidárias e/ou corrupta, e na qual as transmissões de rádio estavam inteiramente sob a direção do Estado e as ondas aéreas fechadas para opiniões não convencionais, a existência de jornais independentes, pró-democráticos, era de grande importância para aqueles que buscavam uma cobertura noticiosa objetiva. Precisamente por essa razão, esses jornais se tornaram alvos odiados pelas forças nacionalistas de direita, cuja animosidade se estendia além dos produtores dos jornais e se dirigia para os judeus em geral.

O que Goebbels chamava de "Judenpresse", portanto, tinha uma certa base na realidade. E em nenhum lugar isso era mais verdadeiro no que na própria Alemanha, onde, como escreveu Joseph Roth em 1933, "as revistas e os jornais eram editados por judeus, administrados por judeus e lidos por judeus".[3] E na Alemanha também, precisamente porque eles não queriam ser identificados, ou melhor, estigmatizados, como jornais judaicos, os grandes órgãos liberais se abstinham de assumir posições ostensivamente fortes com relação a questões de interesse judaico.

O *Frankfurter Zeitung*, que havia muito tempo era considerado o jornal mais sério da Alemanha, tinha uma enorme influência, embora a sua circulação não ultrapassasse 70 mil, principalmente entre empresários e profissionais liberais. Durante a maior parte da sua história, o jornal tinha sido de propriedade da família Sonnemann-Simon e por ela administrado. Heinrich Simon, neto do fundador do jornal, fora batizado quando criança, mas posteriormente deixou a Igreja, sem, contudo, retornar ao judaísmo. Um culto patrono das artes e um liberal convicto, ele mantinha a enorme reputação do jornal. No entanto, em face de graves dificuldades financeiras na década de 1920, o controle da família enfraqueceu. Em 1930, eles se viram obrigados a entregar 49,5% das ações do jornal para a liderança do grupo de indústrias químicas I. G. Farben. Depois de janeiro de 1933, o jornal rapidamente se submeteu à nova ordem. Em 27 de março de 1933, Goebbels escreveu exultante no seu diário: "A imprensa judaica está choramingando alarmada e temerosa. Todas as organizações judaicas estão proclamando a sua lealdade ao governo".[4] Em junho de 1934, Simon foi forçado a vender as ações restantes do jornal que ainda estavam com a família.

Hans Lachmann-Mosse, chefe do conglomerado de imprensa e publicidade Mosse, que era proprietário de vários grandes jornais, entre eles o liberal *Berliner Tageblatt*, deixou a Alemanha pouco depois de Hitler subir ao poder. Ele foi induzido a voltar algumas semanas depois por uma garantia pessoal de salvo-conduto de Hermann Goering. Quando retornou a Berlim, o magnata da imprensa foi obrigado sob a mira de armas a ceder todos os seus ativos alemães para uma suposta fundação, a fim de beneficiar veteranos de guerra. Ele foi então escoltado até a fronteira com a França pelo chefe da Gestapo.

A família Ullstein foi analogamente expulsa à força da posição dominante na sua companhia, a maior empresa editorial da Alemanha. Entre os principais títulos do grupo Ullstein estavam o *Berliner Zeitung*, o *Berliner Morgenpost*, o deficitário *Vossische Zeitung* (apelidado de "Tante [Tia] Voss", o jornal mais antigo do país), e o imensamente lucrativo *Berliner Illustrirte Zeitung*, o qual, com uma circulação de 1,5 milhão no final da década de 1920, era o jornal ilustrado mais vendido da Alemanha.

Esses jornais atendiam a um amplo mercado não judeu e também judeu. Todos estavam comprometidos com uma visão de mundo liberal e apoiavam a constituição de Weimar. Eles não perderam uma fatia significativa do mercado para os jornais nazistas antes da ascensão ao poder de Hitler. Em 1933, a imprensa nazista na Alemanha mal atingia 2,5% dos leitores de jornais. No entanto, como Hermann Ullstein escreveu mais tarde: "Embora os nossos leitores parecessem superficialmente permanecer leais a nós, havia pouca dúvida de que, no fundo, eles não estavam mais do nosso lado. Interiormente, cerca de metade deles, convencidos de que 'as coisas não podem continuar como estão', já estavam no campo de Hitler. Dia após dia nós criticávamos o ídolo deles [...] mas isso não os afetava nem um pouco".[5]

Na realidade, independentemente do seu pessoal e do seu público leitor, a imprensa liberal na língua alemã na Europa central era judaica em outro sentido mais profundo. Apesar de todos os protestos dos seus proprietários, a adesão dos jornais deles aos valores democráticos representava um compromisso com o tipo de sociedade na qual os judeus poderiam prosperar melhor, uma sociedade baseada no primado da lei, em que as minorias não precisam temer a tirania da maioria, na qual a mobilidade social poderia prosseguir em uma base meritocrática, e na qual os direitos da liberdade de expressão, associação e consciência eram respeitados. Foi o fato de a imprensa liberal não ter se erguido e lutado por esses valores que lhe granjeou o desprezo de Kraus e Tucholsky. A pusilanimidade desses jornais na sua agonia estava longe de ser impressionante. Ela era parte integrante do fracasso mais amplo do liberalismo alemão e europeu na década de 1930, em uma luta que os judeus não poderiam ter a esperança de travar e vencer sozinhos.

Em outubro de 1933, um decreto-lei na Alemanha proibiu os judeus de trabalhar em jornalismo, a não ser em jornais judaicos. No entanto, mesmo antes disso, a maioria dos jornalistas judeus tinha sido demitida. Muitos escritores fugiram para o exterior, inicialmente para lugares onde se falava alemão, e depois, à medida que o império nazista se expandia, para Moscou, Paris, Londres, Nova York, Tel Aviv e Cidade do México. Entre os exilados estavam vários dos grandes nomes da literatura alemã contemporânea como Lion Feuchtwanger e Arnold Zweig. Eles não podiam mais publicar nada na Alemanha, a não ser que usassem pseudônimos em publicações judaicas ou nos poucos periódicos remanescentes que não estavam diretamente sob o controle nazista. Se eles ainda desejassem imprimir suas obras na sua própria língua, eles só poderiam fazê-lo em jornais no exílio ou em editoras alemãs na Suíça. Mas as suas vendas foram amplamente reduzidas, e a remuneração ou royalties que podiam esperar receber foram igualmente diminuídos.

A imprensa em língua alemã no exílio em cidades como Praga e Paris era dotada de autores requintados e experientes, mas não tinha um grande público leitor. "Hoje estamos escrevendo em um vácuo. Para começar, as pessoas que nos leem têm a mesma opinião que nós, e nós não atingimos aquelas que não têm opinião ou que estão hesitantes", lamenta um jornalista judeu-alemão em 1935, um personagem do romance *Paris Gazette* de Feuchtwanger.[6] A não ser pelas publicações dos refugiados, a imprensa em língua alemã não apenas na Alemanha, mas em toda a Europa tinha sido em grande medida "arianizada" já 1939.

Sufocando no mar fedorento

Os primeiros jornais judaicos, entre os primeiros de qualquer tipo, tinham aparecido em Amsterdã: a *Gazeta de Amsterdam*, publicada em judeu-espanhol entre 1675 e 1702, e o iídiche *Dinstagishe un Fraytagishe Kurant* em 1686-1687. Os seus sucessores modernos, especialmente o *Nieuw Israelietisch Weekblad*, penetrava na maioria dos lares judaicos na Holanda e proporcionava um fórum para as ardentes controvérsias que caracterizavam essa e todas as comunidades judaicas europeias.

No início do século XX, a imprensa judaica desempenhou um papel vital, atuando como uma cola que unia comunidades espalhadas, como uma força mobilizadora para movimentos políticos e religiosos, como um veículo para a importação de ideias do mundo não judaico para o discurso judaico e como uma fonte de entretenimento, conforto e notícias de especial interesse para os judeus, por exemplo da Palestina.

A dispersão dos judeus tornou os jornais uma ferramenta de coesão necessária, mas ao mesmo tempo enfraqueceu a capacidade da imprensa de sobreviver financeiramente. Os jornais judaicos proliferavam, mas, como o lírio-de-um-dia, não raro floresciam por um breve período e depois murchavam. A censura e o frequente assédio do governo em toda a Europa central e oriental aumentavam as suas dificuldades.

Apesar de tudo isso, a imprensa judaica era um reflexo vibrante, multilíngue, da vida dos seus milhões de leitores em todos os países onde os judeus viviam. Pelo menos 854 publicações, que variavam de jornais diários a periódicos especializados, eram impressas em iídiche, hebraico e judeu-espanhol, bem como nas línguas nacionais de cada país entre os Urais e os Pirineus.[7]

A imprensa iídiche era uma força importante na comunidade judaica. Em Varsóvia, onze jornais diários em iídiche competiam incansavelmente por leitores em meados da década de 1930. Eles variavam de jornais vespertinos sensacionalistas, como o *Der varshever radio* (Rádio de Varsóvia), ao *Haynt* (Hoje), um jornal matutino que estava próximo dos Sionistas Gerais, e o *Der moment*, que, no seu período final, tendia para os sionistas revisionistas.

O *Haynt* era um jornal sério, com elevados padrões intelectuais e uma perspectiva cosmopolita, que conseguiu alcançar uma circulação de massa. Seu editor até 1933, quando ele emigrou para a Palestina, foi o destacado político sionista Yitzhak Gruenbaum, que ajudou a transformá-lo no mais influente jornal iídiche da Europa. O *Haynt* veiculava não apenas matérias de jornalistas iídiches, mas também artigos de personalidades como André Maurois e Winston Churchill, publicados simultaneamente em outros jornais. No entanto, como a maioria dos jornais iídiches, ele dependia dos romances publicados em capítulos como impulsionadores de circulação, e frequentemente lançava histórias sensacionalistas com manchetes como "Quatro meses 'depois da morte' o homem de repente volta" (um velho padrão jornalístico), ou (inserindo um ângulo judaico) "Quem é o jovem hassídico que se suicidou?".[8]

Noyekh Prylucki, editor de *Der moment*, era uma figura conhecida e popular na Varsóvia judaica. Filólogo, etnógrafo e bibliófilo iídiche (ele tinha a maior biblioteca privada de livros em iídiche do país), ele foi eleito para o primeiro Sejm como um dos representantes do Partido Folkista. Ele também serviu na câmara municipal de Varsóvia durante vários anos. *Der moment* foi o primeiro jornal diário iídiche a publicar notícias regulares sobre esportes. Seu repórter esportivo, que vinha de uma família hassídica, chamava atenção no banco da imprensa nos eventos esportivos (o esporte era uma ocupação incomum nos círculos hassídicos).

Tanto o *Haynt* quanto o *Der moment* afirmavam vender mais de 100 mil exemplares quando estavam no auge, mas no final de 1930 a circulação de ambos estava em declínio. De acordo com os registros da polícia polonesa, o *Haynt* vendeu uma média de apenas 27 mil exemplares em 1932-1938, e o *Der moment*, 23 mil. Já no verão de 1939, ambos os jornais estavam em sérias dificuldades financeiras. O *Haynt* precisou pedir um empréstimo à Organização Sionista para quitar as suas dívidas.[9]

A interferência oficial e as pressões econômicas abalaram a estabilidade da imprensa iídiche. Vários jornais menores, particularmente aqueles que as autoridades suspeitavam possuir inclinações comunistas, tinham uma existência instável. Os grandes títulos de Varsóvia estavam perto de ser jornais nacionais: na década de 1930, até metade da circulação era fora da cidade. Em muitos casos, edições especiais eram publicadas para cidades provinciais, como Vilna e Lwów. Jornais semanais apareciam em cidades menores.

As polêmicas na imprensa judaica, especialmente nos jornais iídiches, eram travadas sem luvas e com atiçadores em brasa. Às vezes, os conflitos eram ideológicos. Não raro, no que era em grande medida uma imprensa comercial, elas eram batalhas de circulação violentamente competitivas. Até mesmo em uma *shtetl* como Baranowicze, não havia limitações na luta entre o *Baranovitsher kuryer* e o rival *Baranovitsher vokh*. Em 1936, os dois jornais travaram uma guerra encarniçada de palavras a respeito de se uma agência de notícias, aparentemente ligada ao *Vokh*, deveria distribuir um jornal antissemita polonês, e se o ginásio judaico local deveria ensinar alemão, "o idioma de Hitler e Goebbels". O editor do *Kuryer* poderia deplorar a "falta de cultura e diplomacia" dos participantes na esfera pública e condenar a personalização de conflitos.[10] Mas o mesmo escritor não teve nenhum escrúpulo, em uma edição subsequente, em fazer uma crítica injuriosa contra os "balbucios desprezíveis, feios, mentirosos e mal-intencionados daquela pessoa [o seu concorrente] com a sua perniciosa ambição de 'apoiar a cultura' apesar do seu mais do que semianalfabetismo".[11] Baranowicze (com uma população de 10 mil judeus na época, mais ou menos a metade da população total da cidade) era pequena o bastante para que os protagonistas dessa luta épica, sem dúvida, passassem regularmente um pelo outro na praça central.

Pelo menos em alguns casos, parece ter sido mais fácil colocar de lado as cisões ideológicas do que as pessoais. Quando se tratava de questões práticas, podia haver uma extraordinária cooperação entre fronteiras políticas. Desse modo, o *Togblat* agudista de Varsóvia era impresso nas máquinas do *Folks-tsaytung* bundista, mesmo enquanto este último travava uma guerra de palavras contra os *frumakes* (ortodoxos) — que reagiam com uma aspereza igualmente intensa contra os *apikorsim* (hereges). O *Togblat* sempre aparecia com as letras hebraicas ב׳ה (que significam "com a ajuda do Todo-Poderoso") na parte de cima do jornal; o *Folks-tsaytung* costumava aparecer com slogans como "Abaixo o clericalismo". Em certa ocasião, um erro de impressão (ou uma pegadinha) os levou a trocar os dois, causando consternação e regozijo.[12]

A imprensa judaica, mais do que a polonesa, estava sujeita à censura oficial, como em muitos outros países, depois, e não antes, de o jornal ser impresso. As prensas eram fechadas sob a alegação de que "as máquinas estão com defeito" ou por nenhuma razão declarada. Os editores aprenderam a antever o lápis azul oficial e exercer um grau de autocensura. O *Folks-tsaytung*, em particular, de vez em quando aparecia com espaços em branco e achou prudente mudar de nome várias vezes. Em 1937, toda a tiragem do jornal foi confiscada oitenta vezes. Os três censores da impressa iídiche em Varsóvia eram dois sionistas de direita, "patéticos oportunistas que imploravam aos editores para aceder aos seus pedidos e poupar a *hartsveytok* (dor de cabeça) de todo mundo", e um bêbado permanente, que era quem causava menos problemas.[13]

Os jornais iídiches populares publicavam muitas notícias sensacionalistas, especialmente sobre crimes e atividades clandestinas, frequentemente com um toque judaico: as notícias típicas incluíam o suposto casamento de Goering com uma judia, um bordel que empregava meninas de 14 anos e a supostamente incurável doença de Hitler. Esses jornais também dedicavam espaço considerável a competições, rifas, piadas, quebra-cabeças e colunas sobre grafologia.[14] Mas o principal atrativo de toda a imprensa iídiche era a ficção: quase todos os principais jornais traziam contos e romances em capítulos, frequentemente publicando um ou mais desses episódios em cada edição. Alguns eram obras importantes da literatura; a maioria era o que veio a ser chamado de *shund* — termo depreciativo que derivava de uma palavra alemã usada nos matadouros para denotar o fedor de uma carcaça esfolada. Os escritores sérios não raro escreviam ficção às pressas em um padrão de frases prontas, publicando os textos com pseudônimos para que a sua reputação não sofresse por causa da associação com o lixo literário. Entre esses últimos autores estava Isaac Bashevis Singer, na ocasião ainda pouco conhecido. A popularidade dessas obras produzidas para fins comerciais despertou preocupação e um sério debate entre autores iídiches.

Kadya Molodowsky era uma entre aqueles que preconizavam sanções contra os escritores que degradavam a literatura iídiche produzindo às pressas um lixo descarado. É preciso evitar, insistia ela, que o leitor iídiche "sufoque no mar fedorento" do *shund* que o tornou "incapaz de escolher um bom livro". Será que a imprensa que buscava o lucro não conseguia encontrar lugar para romances literários sérios, quem sabe para um poema ocasional? Pelo menos, ressaltou ela, eles não publicavam poemas *shund*: "toda a honra para os poetas!". Exatamente como seria possível determinar a sutil distinção entre o que passava por literatura e o *shund*, ela não se dignou a explicar.[15]

Um grande número de publicações judaicas de interesse especial, principalmente em iídiche, surgiu na Polônia no intervalo entreguerras. Quase toda profissão liberal e ocupação tinha o seu próprio jornal, como o *Leder un shikhtsaytung* (o jornal da indústria do couro e dos sapatos). Várias revistas satíricas em iídiche apareciam e desapareciam em Varsóvia. Até mesmo os ortodoxos, temendo a poluição da imprensa secular, se sentiram obrigados a fundar jornais; algumas *yeshivot* produziam as suas próprias publicações.

Entre as publicações para mulheres estava um semanário em polonês que era um desdobramento do *Nasz Przegląd*, chamado *Ewa: Tygodnik,* que começou a ser publicado em Varsóvia em 1928. Com um tom levemente feminista, ele fazia campanha a favor do sufrágio feminino nas eleições da *kehillah*, e do planejamento familiar, do direito ao aborto e contra a prostituição.[16] No entanto, a sua circulação só chegou a cerca de 2 mil, e ele fechou depois de cinco anos. A estratégia de injetar ideias feministas na mistura popular de ficção serializada e matérias sobre a casa e a família foi experimentada, por exemplo, pelo *Di froy*, publicado em Vilna em 1925 — mas o jornal durou apenas algumas edições.[17] Na Holanda, o *Ha'Ischa* (A mulher, e, apesar do seu nome hebraico, era um jornal em língua holandesa) era o órgão do Conselho das Mulheres Judias. Ao contrário de muitos periódicos femininos, ele não restringia o seu conteúdo a assuntos relacionados com a esfera doméstica, imprimindo artigos sobre um vasto leque de questões políticas, religiosas, culturais e sociais judaicas.

O *Folks-tsaytung* bundista era o único jornal diário em iídiche com uma seção regular para crianças. As publicações infantis iídiches incluíam *Grininke beymelekh* (por causa de um poema de Bialik). Para as crianças mais velhas, *Der khaver*, uma revista mensal publicada em Vilna, oferecia histórias, poemas, canções e piadas. As duas publicações estavam alinhadas com o sistema escolar secular iídiche. A rede educacional rival, Tarbut, publicava revistas em hebraico. Cada movimento juvenil publicava a sua própria revista, por exemplo, o budista *Der yugnt-veker* (A Sentinela da Juventude). Mas essas publicações, apesar de toda a sua abertura com relação à autoexpressão juvenil, eram em grande medida controladas e editadas por adultos. O jornal infantil de Janusz Korczak, *Mały Przegląd,* publicado de 1926 a 1939 como suplemento semanal do *Nasz Przegląd,* adotou uma conduta diferente: ele era escrito exclusivamente pelas próprias crianças e publicava histórias, artigos, notas e cartas.

No coração do cenário jornalístico-cultural iídiche estava o semanário *Literarishe bleter*, publicado em Varsóvia de 1924 até 1939. Sob a editoria de Nakhmen Mayzel, ele se tornou o principal órgão da literatura iídiche nos seus últimos anos de florescimento. Com um perdoável autoelogio, o jornal afirmava ser o "autêntico centro pulsante" do empreendimento cultural iídiche.[18] Ele era aberto para o mundo. As contribuições literárias provinham não apenas da Polônia, mas também dos Estados Unidos, Canadá, Palestina, Bélgica, França, Alemanha e Romênia. No início, alguns autores iídiches da URSS também apareceram no jornal, mas depois de algum tempo as autoridades soviéticas os dissuadiram de escrever em uma publicação não comunista. Em 1929, um desses autores confessou o seguinte: "Enquanto eu morava em uma cidade provinciana, não me dei conta do que o *Literarishe bleter* é... Mas agora [eu sei] que o *Literarishe bleter* é uma publicação burguesa, que certamente não é o lugar para o nosso tipo de povo; eu admito o meu erro".[19] Assinantes eram encontrados bem longe: em Grenoble, Czernowitz, Tel Aviv, Nova York, Rio de Janeiro, Montreal, Viena, Buenos Aires e Chicago. Não havia praticamente nenhum na URSS, a não ser por uns poucos em Moscou e Minsk (provavelmente instituições e não pessoas).[20]

Não partidário, embora simpatizante da esquerda na década de 1930, o *Literarishe bleter* era um importante microfone para a poesia iídiche do mundo inteiro. Em 1936, 79 poetas iídiches tiveram os seus versos publicados no jornal, dos quais 42 eram da Polônia, 12 dos Estados Unidos e o resto de outros lugares. No ano seguinte, 38 eram da Polônia, 22 dos Estados Unidos, 4 da Palestina, 4 da Romênia e 4 da URSS (neste último caso não está claro se foi com ou sem o consentimento do autor), bem como alguns de outros lugares. O crescente número de autores americanos, também refletido nas contribuições em prosa, era mais um sinal da medida em que, no final da década de 1930, Nova York estava substituindo Varsóvia como o fulcro da vitalidade cultural iídiche. Mayzel se mudou para Nova York em dezembro de 1937. O jornal continuou claudicando sem ele até a sua última edição em julho de 1939.

Apesar do crescimento do apoio ao sionismo, a imprensa hebraica na Europa levava uma existência repleta de altos e baixos. O jornal de Varsóvia *Hatsfirah*, fundado como um semanário em 1862, tornou-se diário em 1910, parou de ser publicado em 1914, foi revivido em 1920, mas não durou. Ele apareceu novamente na forma diária a partir de 1926, mas encontrou apenas um modesto público leitor e finalmente acabou para sempre em 1931. O semanário *Baderekh* tornou-se uma leitura compulsória nas escolas de língua hebraica, mas mesmo com uma base tão garantida ele não teve dinheiro para cobrir as despesas. Com o seu fechamento em 1937, a balbuciante imprensa de periódicos hebraicos na Polônia chegou ao fim.

Cartola e luvas brancas

Mais formidável era a imprensa judaica em língua polonesa, particularmente os jornais diários *Nasz Przegląd*, publicado em Varsóvia, o qual, de acordo com números da polícia, venderam uma média de 22 mil exemplares na década de 1930, *Chwila* em Lwów, e *Nowy Dziennik* em Cracóvia, os dois últimos com uma circulação menor. Todos os três tinham uma orientação moderadamente sionista. Ao contrário da maior parte da imprensa iídiche, esses jornais circulavam no *Sabbath*. Eles foram fundados com a intenção de promover boas relações entre judeus e não judeus e, pelo menos inicialmente, eram dirigidos a ambos. O público leitor desses jornais, contudo, era principalmente formado por judeus, geralmente oriundos da classe média assimilada. A circulação tanto dos jornais judaicos em polonês quanto dos diários em iídiche declinou no final da década de 1930, ao passo que a dos outros jornais poloneses aumentou acentuadamente, indicando que os leitores judeus estavam se voltando da imprensa judaica para uma imprensa mais geral.

O conteúdo da imprensa judaico-polonesa estava adaptado para os interesses judaicos, a respeito dos quais, ao contrário dos jornais liberais alemães, eles eram bastante sinceros. Bernard Singer, que escrevia tanto para a imprensa polonesa quanto para a iídiche com o pseudônimo mal disfarçado Regnis, era um dos mais influentes comentadores políticos na Polônia. Um antissionista, ex-folkista, porém simpatizante da esquerda, ele punha de lado as suas opiniões particulares quando escrevia na imprensa burguesa. Os jornais judaico-poloneses, contudo, não conseguiram melhorar muito a maneira como os poloneses entendiam os judeus.

Em vez disso, um dos seus principais efeitos, embora não tenha sido, de modo algum, a intenção original, foi afastar o leitor judeu do iídiche e levá-lo para o polonês. Essa mudança foi tão marcante que, em 1929, o editor do *Literarishe bleter*, Nakhmen Mayzel, se queixou de que esses jornais em Lwów e em Cracóvia tinham "desalojado o iídiche". Os judeus galicianos não estavam "nacionalmente" mais assimilados do que antes da Primeira Guerra Mundial, afirmou ele. Não obstante, "a polonização tinh[a] avançado a passos largos nos últimos dez anos — e isso graças à imprensa judaico-polonesa". Mayzel recordou que o fundador do *Chwila*, o dr. Gershon Cyper, que também era um dos fundadores do *Lemberger togblat* iídiche, havia declarado: "Depois do *pogrom* de Lemberg [de 1918], fundei o *Chwila* em sinal de luto. Quando os tempos melhorassem, e os judeus se sentissem mais livres, eu rasparia a barba e voltaria à imprensa judaica". Mas a "doença temporária" que deu origem à imprensa judaico-polonesa se tornara uma "doença permanente". Antes da guerra, apenas alguns judeus tinham sido polonizados. Agora, "não apenas a intelectualidade, mas até mesmo os judeu-hassídicos, os comerciantes, os empresários, os vendedores ambulantes e os trabalhadores leem e confiam no jornal polonês como se fosse um jornal judeu".

Empolgando-se com esse tema, Mayzel lamentou que o resultado tivesse sido a polonização da vida social judaica como um todo. As instituições judaicas na Galícia conduziam agora os seus assuntos em grande medida em polonês, embora seus escritórios centrais em Varsóvia ainda pudessem usar o iídiche na comunicação com pessoas e organizações. A imprensa judaico-polonesa, concluiu ele com um floreio, não era portanto apenas *folksfeyntlekh* (inimiga do povo); ela estava amputando membros vivos das massas judaicas.[212]

Ao longo da década seguinte, o processo do declínio linguístico se acelerou. Em uma conferência de jornalistas iídiches em 1937, Zalmen Reyzen, editor do *Vilner tog*, propôs que os membros da equipe da imprensa em língua polonesa deveriam ser excluídos da afiliação no sindicato dos jornalistas judeus. Pouco depois, outro escritor iídiche, Yoshue Perle, fez uma crítica desenfreada contra a imprensa judaico-polonesa. Ela equivalia, escreveu ele, a nada menos do que "uma forma disfarçada de destruir toda a cultura iídiche moderna". Os líderes dessa imprensa não eram extraídos do núcleo do povo, e sim dos "salões semiassimilados ou completamente assimilados". Eles usavam "cartola e luvas brancas". Não eram expoentes adequados do pensamento judaico. Eles praticamente não publicavam textos de autores iídiches e, quando o faziam, pagavam a eles apenas um valor irrisório. Eles empregavam "semiconvertidos, convertidos efetivos e *goyim*, sim, sim, não existem escritores iídiches trabalhando na imprensa judaico-polonesa hoje, somente *goyim*!". E assim por diante.[22]

Os jornais judaico-poloneses, contudo, insistiam em que representavam uma necessidade social. "Não é possível", declarou um dos seus autores, "lutar contra as leis da natureza... O judeu-polonês está destinado a conhecer três línguas: o iídiche, o hebraico e o idioma do estado."[23]

"Moyli, o Pássaro Fedorento"

A imprensa iídiche soviética (praticamente não havia no país publicações judaicas em outras línguas da URSS) era uma pálida sombra da polonesa, quer mensurada pela circulação, quer pelo número de publicações. Já na década de 1920, relatórios oficiais assinalaram que, até mesmo nas *shtetlakh,* os leitores demonstravam uma preferência pelos jornais russos em vez dos iídiches, pois os primeiros eram considerados como mais abalizados.[24]

Depois de uma comoção inicial no início da década de 1920, a publicação soviética de jornais em iídiche declinou rapidamente no período entreguerras. Em 1931, a circulação total dos dezessete principais jornais e periódicos soviéticos em iídiche era de menos de 150 mil.[25] Sem dúvida, alguns exemplares tinham múltiplos leitores. Por outro lado, alguns assinantes, em particular os diversos assinantes institucionais na URSS, provavelmente recebiam múltiplos jornais. Já em 1935, um total de apenas 41 jornais e periódicos iídiches circulavam na União Soviética. Está claro, portanto, que na década de 1930, somente uma pequena minoria de judeus soviéticos era composta de leitores regulares da imprensa iídiche. Até mesmo em Minsk, onde os falantes do iídiche se concentravam, a circulação do jornal iídiche local declinou para apenas 8.350 no final de 1933.[26] Na União Soviética, os níveis de circulação eram estabelecidos centralmente, mas existe pouca dúvida de que a demanda por jornais em iídiche na URSS, assim como em outros lugares, estava caindo rapidamente.

Nesse meio-tempo, Minsk alcançava proeminência como um eixo cultural iídiche soviético para Carcóvia e Kiev. Carcóvia, que não caíra dentro da Zona de Residência czarista, até então não tinha sido um centro judaico significativo. No entanto, como capital da Ucrânia entre 1919 e 1934, a sua população judaica, que era de apenas 11 mil em 1897, aumentou rapidamente, alcançando 130 mil em 1939. Um diário iídiche, *Der shtern,* começou a ser publicado lá a partir de 1925, com uma circulação de 12 mil exemplares, a maior de qualquer jornal iídiche soviético na época.

Vários outros jornais e revistas iídiches surgiram em Carcóvia ao longo da década seguinte, inclusive uma publicação literária, *Di royte velt.* Embora ele tivesse uma tiragem pequena (nunca maior do que 2 mil exemplares, exceto em uma edição especial sobre coletivização em 1930), ele atraía contribuições literárias de vários autores importantes. Em 1925, ele declarou a deflagração de uma "guerra civil" na literatura iídiche soviética.[27]

Embora caracterizado por uma grande quantidade de posicionamento ideológico, o conflito parece ter sido basicamente uma luta entre diferentes panelinhas em Moscou, Kiev, Minsk e Carcóvia pela dominância no pequeno mundo da literatura iídiche soviética. Um ponto crítico na guerra de palavras foi o retrato feito pelo poeta Leyb Kvitko do editor do diário de Moscou, *Emes*, Moyshe Litvakov, como "Moyli, o pássaro fedorento", pousado em um telhado e envenenando as vidas à sua volta.[28] Kvitko foi posteriormente repreendido pela sua "pasquinada anticomunista", e enviado para trabalhar em uma fábrica de tratores. Litvakov retribuiu na mesma moeda, denunciando "rebeliões literárias contra a orientação comunista".[29] Kvitko, contudo, sobreviveu, e milhões de exemplares da tradução de seus livros, principalmente infantis, foram vendidos.

Em 1933, o *Di royte velt* foi incorporado a um periódico publicado em Kiev. No ano seguinte, a capital da Ucrânia foi transferida para Kiev, e muitos escritores iídiches de Carcóvia, entre eles Kvitko, também se mudaram para lá. Mas em 1936, tanto o instituto iídiche de Kiev como outras instituições judaicas na URSS, entre elas o instituto em Minsk, foram vítimas dos expurgos e fechadas. *Der shtern* continuou a circular, mas em 1939 ele era um dos poucos jornais iídiches que restavam na União Soviética.

O diário iídiche de Moscou, o *Emes*, sempre dependeu dos caprichos das diretivas soviéticas com relação às minorias nacionais. Sua circulação, que era de apenas 12 mil em 1927-1928, era limitada pela relativamente pequena proporção de falantes do iídiche na capital, bem como pelas dificuldades de distribuição para os assinantes mais distantes. Em 1937, o editor, Litvakov, foi preso, acusado de terrorismo e de ser um agente da Gestapo, e fuzilado. O jornal fechou em 1938.

O destino de Litvakov e do seu jornal talvez esteja vinculado a uma investida geral contra as culturas minoritárias na ocasião. No entanto, apesar da sinistra atmosfera política, a extinção do *Emes* não precisa ser atribuída a nenhuma outra coisa que não as forças de mercado, que operavam em um grau residual mesmo na economia socializada. Já no final, a demanda pelo jornal era tão pequena que era impossível encontrá-lo nas bancas. Os jornais diários em iídiche continuaram a circular em Minsk, Kiev e Carcóvia por um pouco mais de tempo, mas em 1939, não mais do que sete jornais iídiches, com uma circulação combinada de 38.700, permaneciam na URSS.[30]

Wolf Wieviorka, um dos redatores do *Parizer haynt*, escreveu um obituário sarcástico porém não injusto para o *Emes*, o qual, prognosticou, não seria muito pranteado. O jornal fora um "rabino da coroa bolchevique" (referindo-se aos rabinos nomeados oficialmente na Rússia czarista) ou um "Magid Kelmer vermelho" (com o nome de um famoso *magid* do terror" do século XIX que havia criticado todos os tipos de vícios). O *Emes* tinha "desmascarado" trotskistas e outros "inimigos do povo". Era escrito em um estilo repugnante (*otz-kotzik*) e não "sonhou os sonhos" das massas judaicas na URSS. Pelo contrário, alegou Wieviorka, a principal tarefa do jornal fora capacitar os leitores a "analisar" os últimos discursos e cartas de Stalin. Mas "isso em si era bastante para que o mundo iídiche desse as costas" para o *Emes*. Afinal de contas, em breve não haveria judeus na URSS que não entendessem russo e, se desejassem, eles poderiam "analisar" os ensinamentos de Stalin no original, sem a ajuda de um professor de iídiche de escola maternal. No final, de acordo com Wieviorka, o jornal se tornara pouco mais do que uma câmara de ressonância para a linha do partido, a qual ele propagava para os jornais comunistas iídiches no mundo inteiro. Eles aprenderam com o *Emes* quanta sujeira tinham que lançar nesta ou naquela direção e "quanto veneno e bile deveriam misturar nas suas sátiras".[31]

Pequenos frankitos

Essa última acusação foi implicitamente apontada para um alvo mais perto de casa. Havia em Paris três jornais diários em iídiche que atendiam à comunidade imigrante. Todos estavam em uma situação financeira precária e contavam fortemente com as contribuições de seus patrocinadores. O menor e de mais curta duração foi o bundista *Unzer shtime*, que circulou entre 1936 e 1939. O pró-sionista *Parizer haynt*, fundado em 1923 e que foi diário a partir de 1926, era um rebento do jornal de mesmo nome em Varsóvia. Seu primeiro editor, Shmuel Yatzkan, fora o editor e proprietário do *Haynt* em Varsóvia. Um jornal pequeno e dinâmico que, como o seu progenitor, publicava simultaneamente com outras editoras artigos de escritores famosos, o *Parizer haynt* vendia diariamente 10 mil exemplares.

Seu principal concorrente era o jornal comunista *Naye prese*, fundado como um semanário em 1923. Ele foi obrigado a mudar de nome dez vezes para derrotar o censor antes de se estabilizar como um diário em 1934. O primeiro editor do diário, Leo Katz (cujos pseudônimos incluíam Joel Ames, Franz Wich, Leo Weiss e "Maus"), era o ex-editor *feuilleton* do órgão do Partido Comunista Alemão *Rote Fahne* (Bandeira Vermelha). Nesse meio-tempo, a sua mulher trabalhava como uma agente do Comintern em Paris. Depois da sua expulsão da França em 1938, ele foi substituído por Louis Gronowski (que escrevia sob o pseudônimo Lerman) e Abraham Rajgrodski (Adam Rayski), refugiados, respectivamente, de Radziejów (Polônia central) e Białystok. O jornal extraía a sua linha editorial diretamente do órgão francês do·partido, *l'Humanité*, nas reuniões editoriais diárias nas quais o editor do *Naye prese* ou algum membro da sua equipe estava geralmente presente. A circulação do *Naye prese* talvez tenha atingido 8 mil no auge do entusiasmo do público pela Frente Popular em 1936, porém, mais tarde, para 5 mil ou menos. Ainda assim, tanto ali quanto em outros lugares, a influência dos jornais iídiches era provavelmente maior do que as suas circulações poderiam indicar.

Graças à grande imigração judaico-polonesa para Paris na década de 1920, a imprensa iídiche na capital da França durou mais do que em qualquer outra cidade europeia. Mas o seu público leitor envelheceu e encolheu, e a segunda geração, educada em escolas francesas, abandonou a língua e abraçou a cultura francesa.

Na outra extremidade da Europa, nas comunidades sefarditas dos Bálcãs, as influências francesas escreveram *finis* para quatro séculos de experiência cultural judaico-espanhola na região. Os jornais judeu-espanhóis nunca alcançaram a importância ou influência obtida pela imprensa iídiche em outros lugares da Europa. A maioria já tinha se extinguido antes da Primeira Guerra Mundial. Uma das razões eram as concentrações relativamente menores de judeus sefarditas na Europa. Salônica era o único lugar onde havia uma massa demográfica importante que poderia suportar uma imprensa judaica em uma língua judaica.

Já na década de 1930, contudo, a imprensa judaico-espanhola em Salônica estava sendo ultrapassada por jornais franceses. Três jornais judaico-espanhóis, o antissionista *El Tiempo*, o socialista *Avanti* e o sionista *El Pueblo*, tinham fechado já em 1935. Dois jornais diários na língua continuaram até o final da década de 1930. O *Acción*, que circulou de 1929 até 1941, foi inicialmente esquerdista e, posteriormente, sionista. Sua circulação máxima era de 3 mil (com mil adicionais para os assinantes no exterior). *El Mesajero*, o último jornal judaico-espanhol na cidade (e o último em qualquer lugar a ser publicado em caracteres hebraicos rashi) foi fundado em 1935 e durou até 1941, porém com uma pequena e declinante circulação. Em 1939, a circulação combinada dos jornais judaicos salônicos remanescentes, *L'Indépendent* e *Le Progrès* em francês e o *Acción* e *El Mesajero* em judeu-espanhol, havia encolhido de mais de 25 mil em 1932 para cerca de 6 mil.[32] A moda agora entre a geração mais jovem era falar francês ou, entre os mais novos de todos, falar grego, não judeu-espanhol. Os idosos que desaprovavam tudo isso escarneciam dos *frankitos* (pequenos franceses) ou *musyús* (*messieurs*).[33] Mas em 1939 em Salônica, assim como em Paris, o afastamento dos judeus das línguas judaicas parecia inexorável.

Use-a com orgulho, a estrela amarela!

Antes de 1933, o povo judeu-alemão tinha uma imprensa florescente. Talvez o seu melhor momento tenha ocorrido pouco depois da ascensão dos nazistas ao poder, no órgão sionista bissemanal, *Die Jüdische Rundschau*. Seu editor, Robert Weltsch, não era no início exatamente um militante antinazista. Alguns meses antes, o seu jornal até mesmo sugerira que os sionistas poderiam, apesar de tudo, ser capazes de encontrar uma linguagem comum com os chamados *Edelnazis* ("nobres nazistas!): "O povo judeu com a consciência nacional será capaz de encontrar o caminho para um *modus vivendi* com um nacionalismo alemão fortalecido a partir de dentro e aliviado da escória do antissemitismo".[34]

No entanto, em abril de 1933, Weltsch conferiu ânimo aos judeu-alemães com o que se tornou um famoso artigo de primeira página com a desafiadora manchete: "Tragt ihn mit Stolz, den gelben Fleck!" ("Usem-a com orgulho, a estrela amarela!"). O artigo concluiu: "Elas nos fazem lembrar que somos judeus. Nós dizemos sim, e a usamos com orgulho".[35] O artigo foi escrito em resposta ao boicote dos nazistas aos negócios judaicos, quando foi determinado que estrelas amarelas fossem afixadas na frente das lojas de propriedade judaica. Esse se revelou um dos raros momentos entre 1933 e 1939 em que Hitler sofreu um revés, já que o boicote fracassou. Apesar de todas as violentas declarações do Führer, ainda parecia inconcebível naquele estágio que, em uma década, os judeu-alemães seriam obrigados a usar esse emblema de humilhação na sua própria pessoa. O artigo causou sensação e o jornal teve que imprimir uma edição extra. A circulação do *Rundschau* aumentou de 5 mil para 38 mil no final de 1933. Weltsch e o seu jornal são principalmente lembrados, quando o são, por causa dessa única e intrépida declaração — da qual ele posteriormente se arrependeu.[36] Como ele mais tarde relembrou, a reação foi uma "extraordinária e única manifestação de euforia psíquica em uma trágica situação".[37]

Ao contrário dos grandes jornais regionais e nacionais que antes tinham sido de propriedade de judeus, a imprensa especificamente judaica não foi nem controlada nem fechada pelos nazistas em 1933. Além do *Rundschau*, dois outros jornais importantes, ambos semanais, procuraram preservar o ânimo do povo judeu-alemão entre 1933 e 1938: o *C. V. Zeitung*, órgão do Centralverein Deutscher Staatsbürger Jüdischen Glaubens ou, Associação Central dos Cidadãos Alemães de Fé Judaica (antes de 1933, um corpo assimilacionista — mas agora não restava muita coisa à qual se assimilar), e o jornal independente, estabelecido em Hamburgo, *Israelitisches Familienblatt*, que fora o jornal judaico mais amplamente lido na Alemanha pré-Hitler.

Como um todo, a imprensa judaico-alemã nesses anos consistia de 120 publicações. É interessante comparar esse número com o total de 47 jornais e periódicos judaicos publicados na época na União Soviética para uma comunidade cinco vezes maior do que o povo judeu-alemão. Como um índice do grau comparativo de repressão, essas estatísticas rudimentares não devem ser aceitas sem uma análise mais completa. Tampouco as centenas de jornais que circulavam na Polônia devem ser encaradas, apenas em virtude do seu número, como uma medida de liberdade dos judeus naquela democracia atrofiada. Ainda assim, pode ser dito que, graças à sua imprensa, o povo judeu-alemão, entre 1933 e 1938, conservou uma área limitada de debate público e, dentro de certos limites, a capacidade de externar expressões autênticas de opiniões individuais e coletivas.

Os jornais judaicos, é claro, como todos os outros na Alemanha nazista, tinham que se curvar ao lápis azul do censor — a rigor à pós-publicação *Nachzensur*. Em 1935, o *Jüdische Rundschau* foi longe demais e teve a ousadia de responder a uma crítica de Goebbels com um artigo intitulado "Der Jude ist auch ein Mensch".[38]* O *Rundschau* foi proibido de funcionar durante seis semanas, e as autoridades ministraram uma severa advertência a Weltsch. Quatro semanas depois, o Ministério da Propaganda determinou que as publicações judaicas não poderiam mais ser vendidas em bancas de jornais.

Em novembro de 1938, a última forma da *Nachzensur* foi imposta: o selo oficial na porta. O *Jüdische Rundschau*, junto com toda a imprensa judaico-alemã, foi sumariamente fechado. Praticamente o único periódico judaico permitido na Alemanha a partir de então foi um boletim de informações fino, bissemanal, o *Jüdisches Nachrichtenblatt*. Ele era publicado no antigo escritório do *Rundschau* mas divulgado sob os auspícios da Jüdische Kulturbund, uma das poucas organizações judaicas que ainda tinham permissão para funcionar. O primeiro número, que foi protelado por um dia devido à intervenção do censor, apareceu no dia 23 de novembro de 1938. O editor, Leo Kreindler, havia sido anteriormente responsável pela edição de Berlim do *Israelitisches Familienblatt*. As duas principais funções do jornal eram propagar ordens oficiais que afetavam os judeus e fornecer informações a respeito de oportunidades de emigração. O jornal também publicava anúncios pessoais e análises críticas de eventos organizados pela Kulturbund. Era como um boletim de prisão, com a diferença de que, até outubro de 1941, os prisioneiros eram exortados a escapar. Sua tiragem de 76 mil era distribuída para

---

* O judeu também é um ser humano. (N.T.)

assinantes dos jornais que haviam sido fechados, cujos ex-funcionários supriam a sua equipe de quarenta pessoas.

Se a imprensa judaica tinha, a partir de 1933, ajudado a manter o moral dos judeu-alemães, a repentina extinção em novembro de 1938 dessa área semiautônoma de um discurso semilivre teve um efeito depressivo e acentuou os sentimentos de desorientação e desamparo. Com a extinção dos seus jornais, os judeu-alemães que valorizavam a palavra escrita (e tomados como um todo eles eram provavelmente a parte da população culturalmente mais sofisticada e culta) foram reconduzidos ao último refúgio de uma intelectualidade perseguida — o livro.

– 12 –

UM POVO DE MUITOS LIVROS

O livro judaico

A palavra escrita estava na essência da vida tradicional judaica. Na sinagoga, os objetos mais sagrados eram os pergaminhos manuscritos da lei. Os volumes impressos do Talmude, os Shas, ocupavam um lugar de honra no *talmud torah* e, quando ele tinha condições de comprar o seu exemplar particular, na casa do judeu ortodoxo.

Nos séculos XVIII e XIX, os editores de livros hebraicos, principalmente sobre temas religiosos, desenvolveram um sistema de subscrição de pré-publicação, pelo qual eles podiam cobrir os seus custos com antecedência. As listas de subscritores, impressas nesses livros, informa o nome e a cidade de residência deles. Eles mostram que os colecionadores de livros podiam ser encontrados até mesmo nas menores *shtetlakh*, afastadas dos centros culturais.

Em quase toda parte, os judeus eram o segmento mais letrado da população. A discrepância entre a alfabetização judaica e a não judaica era particularmente acentuada no centro-leste da Europa, onde entre um quarto e um terço da população em geral ainda era analfabeta na década de 1930. Na União Soviética em 1939, 94% dos judeus eram alfabetizados, o percentual mais elevado para qualquer nacionalidade soviética. A taxa elevada era em parte função da urbanização, mas mesmo quando comparados com outros habitantes da cidade, os judeus eram muito mais letrados.

Os números do censo polonês de 1921 que mostraram níveis de analfabetismo mais elevados nos judeus do que nos não judeus não podem ser considerados sem um exame mais profundo, já que os recenseadores poloneses, assim como os seus predecessores russos, não incluíam a capacidade de ler ou escrever iídiche ou hebraico como evidência de alfabetização.[1] Na realidade, a maioria dos homens judeus na Europa oriental era duas vezes alfabetizada, já que sabia ler e escrever em hebraico/iídiche e em pelo menos uma outra língua; a maioria das mulheres judias também podia fazer o mesmo, embora grupos de analfabetismo feminino sobrevivessem na geração mais velha.

Tendo em vista a sua elevada taxa de alfabetização e a sua participação despro-porcional no comércio, dificilmente é de causar surpresa que os judeus desempe-nhassem um papel importante tanto na publicação de livros quanto na de jornais. Firmas como S. Fischer na Alemanha, Calmann-Lévy na França e Emilio Treves na Itália estavam na vanguarda da publicação literária no início do século XX. Essas firmas publicavam obras na língua nacional dos seus respectivos países. Na Europa oriental, os judeus também estavam fortemente envolvidos nas indústrias editorial e de impressão. Lá, no entanto, eles produziam livros não apenas em línguas como o polonês e o romeno, mas também em iídiche e hebraico (e, em uma quantidade muito menor, em judeu-espanhol).

O advento do *haskalah* havia ampliado o âmbito da literatura hebraica e causado uma onda de publicações seculares de ficção e não ficção sobre temas culturais, sociais e políticos. Nesse meio-tempo, a imprensa iídiche no final do século XIX produziu continuamente edições baratas de literatura popular.

Na *shtetl*, livreiros itinerantes vendiam *sforim* (livros religiosos em hebraico e aramaico), calendários, *mayse-bikhlekh* (coleções de histórias), o *Tsene-rene*, os romances e contos clássicos de Mendele Moykher Sforim, Shalom Aleichem e Y. L. Peretz, ficção popular de autores como Ayzik Meyer Dik, e perenes favoritos como o *Centura Ventura*, uma tradução iídiche das aventuras de Simbad o Maru-jo. Como resultado, com exceção dos mais pobres, todos os lares judaicos tinham pelo menos alguns livros.

A leitura começava cedo. A crianças judias liam os mesmos livros que os vizinhos, exceto, talvez, as histórias bíblicas cristãs, mas como estavam perto de ser 100% alfabetizadas e membros de uma civilização que apreciava a leitura, elas liam mais. Não raro, também liam livros especificamente dirigidos aos judeus, en-tre eles obras em iídiche: versões simplificadas das histórias de Shalom Aleichem, lendas populares judaicas, biografias de figuras como Nansen e Caruso, traduções dos contos de fadas dos irmãos Grimm, *Dos Shternkind* (O Filho da Estrela) de Oscar Wilde ou a fantasia da Idade da Pedra de Lucy Fitch Perkin, *The Cave Twins* (a versão em iídiche foi publicada em Vilna em 1939).[2]

Esses livros permeavam todos os níveis da sociedade judaica. Eles até mesmo despertavam reações profundamente emocionais. Era uma prática comum en-tre os jovens amantes dos livros ter um diário de leitura no qual anotavam as impressões e reações ao que tinham lido. Os pobres não raro gastavam quantias significativas com livros. E quando não tinham condições de comprá-los, eles os pegavam emprestados.

Bibliotecas

No início do século XX, até mesmo as pequenas comunidades judaicas da Europa oriental tinham bibliotecas. Às vezes, elas era promovidas pela *kehillah* e anexada à sinagoga ou casa de estudos, como em Buczacz na Galícia oriental. Lá, Shmulik Czaczkes (mais tarde conhecido como Shmuel Yosef Agnon, nome com o qual escreveu, em iídiche e hebraico, as obras que lhe conquistaram o Prêmio Nobel de Literatura), aos 12 anos de idade, foi incumbido pelo *gabai* (diretor da escola) de organizar e catalogar os livros, tarefa que, segundo consta, ele executou com grande profissionalismo.[3] Mas ele também cometeu o pecado capital do bibliotecário excessivamente entusiástico: escreveu comentários nas margens dos livros.[4]

Outras bibliotecas estavam associadas a sociedades ou movimentos, ortodoxos, sionistas ou esquerdistas/iidichistas. Na Polônia, a Kultur-Lige, afiliada ao Bund, afirmava operar não menos de novecentas bibliotecas em meados da década de 1930. A rede escolar hebraísta Tarbut operava outras 370. Comunidades nas grandes cidades fundavam as suas próprias bibliotecas de grande porte. Em 1936, por exemplo, a Biblioteca Central Judaica em Varsóvia, fundada mais de meio século antes e que tinha 35 mil livros, inaugurou um novo prédio ao lado da Grande Sinagoga na rua Tłomackie.

Essas instituições se tornaram as universidades dos homens pobres e inspiravam uma profunda afeição nos seus leitores. O poeta Avrom Sutzkever escreveu o seguinte a respeito da Biblioteca Strashun em Vilna, um importante repositório de livros e manuscritos hebraicos e iídiches: "Existem muitas bibliotecas na Polônia, mas a Biblioteca Strashun, com o seu calor e amabilidade, e a simpatia de seu bibliotecário, Khaykl Lunski, [...] [era] sem igual".[5] A biblioteca recebia uma média de 230 visitantes por dia, mas só tinha cem cadeiras. Não raro os leitores precisavam compartilhar um assento. Assim como muitas outras bibliotecas judaicas, a Strashun ficava aberta no *Sabbath*, embora não fosse permitido escrever nada nesse dia.

Talvez não se deva exagerar a importância das bibliotecas em função do seu grande número. Algumas duravam apenas alguns anos e tinham um estoque de livros lastimosamente pequeno e desgastado, os quais tratavam principalmente de ficção popular. Poucas tinham condições de comprar novos livros, e muitas ficavam reduzidas a pedi-los em doação. Em 1929, por exemplo, a Biblioteca Y. L. Peretz em Czortków, na Galícia, escreveu para um editor iídiche em Chicago, implorando por doações de livros, alegando que os preços em dólar eram "tão exorbitantes que não podemos nem mesmo sonhar em comprá-los".[6] Muitos presentes foram, de fato, recebidos do exterior.

Um relatório emitido pela biblioteca de Czortków em 1937 fornece evidências da evolução do uso da língua e preferências literárias. A essa altura, a biblioteca havia reunido 2.500 livros. Ao contrário de muitas bibliotecas judaicas seculares, esta só adquiria livros em iídiche, citando a existência de outras bibliotecas, privadas e públicas, que ofereciam livros em polonês. No entanto, ao que constava, o interesse pela cultura iídiche na Galícia era fraco. O relatório ressaltou que, ao contrário de outras bibliotecas, nas quais os leitores eram, na sua maioria, crianças em idade escolar e mulheres, nesta, 78,5% dos usuários eram homens adultos. A explicação apresentada foi que as crianças da cidade que frequentavam escolas polonesas do governo estavam "afastadas do iídiche". Quanto às mulheres, muitas não sabiam ler o idioma.

A biblioteca havia conduzido uma pesquisa com outras bibliotecas da cidade, para determinar o grau da demanda por livros em iídiche e polonês, e constatou que os leitores de livros poloneses eram 2,4 vezes mais numerosos. Quase um terço dos livros da biblioteca era traduzido para o iídiche de outras línguas. O livro mais popular, avaliado em função do número de empréstimos de um título individual, em 1934, 1935 e 1936, era uma coleção de contos de um autor pouco conhecido, estabelecido em Chicago, Moisey Ghitzis (talvez o seu editor em Chicago tenha, como solicitado, fornecido gratuitamente o livro). A biblioteca também contou o número de empréstimos por leitor: o campeão havia lido, pelo menos retirado, 206 livros em 1934.[7]

Um índice revelador da preferência linguística é proveniente de um levantamento dos inventários das bibliotecas judaicas em Varsóvia em 1934. Um pouco mais da metade do total de livros estocados era em polonês. O iídiche vinha muito atrás, com apenas pouco mais de um quarto.[8] Aqui estava outra indicação significativa do declínio do iídiche, até mesmo no seu maior centro na Europa.

Não devemos imaginar que o principal objetivo de todas essas bibliotecas era promover uma busca desinteressada pelo conhecimento. Quase todas elas tinham uma tendência ideológica que governava a seleção dos textos que elas disponibilizavam. Mesmo um erudito extremamente tolerante como Emanuel Ringelblum, embora aprovando condicionalmente a decisão do seu partido, o Poalei Zion da Esquerda, em 1931, de acabar com a censura nas suas bibliotecas, estabeleceu limites: a propaganda bundista e antissoviética não deveria ser permitida.[9]

Um caso mais dramático da tentativa de censurar uma biblioteca, caso que expôs a profundidade da aversão mútua entre judeus religiosos e seculares, ocorreu na *shtetl* de Radin, perto de Vilna. Em 1926, alunos da *yeshiva* de Hafets Hayim removeram todos os livros de uma biblioteca judaica secular na cidade. Eficientes como gatos levando camundongos pela cauda para a sua ama, eles arrancaram todas as capas dos livros e as depositaram na "sala do trono" do sábio. Em seguida, atearam fogo às páginas em fornos da *yeshiva*. Uma investigação policial, quando divulgou esses fatos, deixou de revelar o nome dos culpados. Longe de criticar os perpetradores, Hafets Hayim emitiu um decreto proibindo que os seus seguidores divulgassem o nome deles aos detetives.[10]

Secularistas na cidade e bem além condenaram os "vândalos" e prometeram reconstituir a biblioteca. Pessoas contribuíram com dinheiro e livros, entre estes uma edição em iídiche de *O Capital* de Marx. Da sua parte, os seguidores de Hafets Hayim rejeitaram furiosos a acusação da queima dos livros como uma difamação politicamente motivada de pessoas decididas a desacreditar "a nossa antiga cultura judaica, a mãe de todas as culturas do mundo".[11] Max Weinreich do Instituto YIVO, que foi a Radin investigar a questão, descobriu que o incidente tinha sido o clímax de uma longa luta dos alunos da *yeshiva* na *shtetl* contra a biblioteca, contra uma moderna escola hebraica Tarbut, contra um grupo dramático amador, "em resumo, contra tudo o que não se encaixa no espírito do Aguda".[12]

A comoção foi incitada além de Radin por secularistas que viram o incidente como uma dádiva divina (por assim dizer) para a propaganda antirreligiosa. As opiniões na cidade parecem ter sido mais apáticas. Um relatório publicado nove anos depois declarou: "A juventude local recebe poucos benefícios dessa biblioteca. Devido à crise e às sombrias perspectivas para o futuro, os jovens se mostram geralmente apáticos e demonstram pouco interesse pela literatura ou pelo estudo".[13]

Na União Soviética, os livros em hebraico continuaram disponíveis em algumas bibliotecas públicas no início da década de 1920, mas a partir de então eles foram retirados de todas elas, exceto as coleções especializadas. Em Kiev, no início da década de 1930, Moshe Zalcman descobriu uma biblioteca pública judaica, mas havia poucos leitores, principalmente "idosos ou eruditos envolvidos em pesquisas históricas ou literárias". "Os catálogos estavam sendo continuamente revisados: o número de livros lícitos diminuiu. As pessoas tinham medo de sair para procurar um livro. Quem poderia garantir que este não seria proibido no dia seguinte? E depois haveria um documento confirmando que tal e tal pessoa tinha lido o livro que agora era ilegal."[14] Em Minsk, a biblioteca Y. L. Peretz recebeu ordens para remover a sua coleção de 2.900 livros em hebraico, embora ela só tenha feito isso efetivamente três anos depois.[15] No final da década de 1930, até mesmo a propriedade privada de livros em hebraico, particularmente de autores considerados antissoviéticos, tornou-se perigosa.

Bibliotecas judaicas também podiam ser encontradas na maioria dos grandes centros judaicos na Europa. Paris tinha seis, cada uma associada a um grupo político diferente, além da substancial biblioteca da instituição Alliance Israélite Universelle. Em Salônica, muitas das antigas bibliotecas foram incineradas no grande incêndio de 1917. No entanto, novas foram fundadas, entre elas a Biblioteka Sosyalista, que tinha edições de clássicos marxistas em judeu-espanhol. As comunidades sefarditas menores eram bem menos providas. Uma pessoa que visitou Monastir em 1927 comentou: "A superstição e a ignorância predominam... Os livros são raros, e não existe nenhuma biblioteca mantida pelos judeus".[16]

Quem usava as bibliotecas, com que frequência e com que finalidade? Temos a informação de que, com exceção de poucas meninas, os leitores da Biblioteca Y. L. Peretz em Minsk em 1926 eram exclusivamente do sexo masculino.[17] Dez anos depois, um levantamento dos usuários descobriu que 1.016 pessoas tinham visitado a biblioteca no decurso de um mês. Elas leram os clássicos iídiches e os grandes autores iídiches soviéticos, bem com as obras de Shakespeare e Nansen.[18]

Na Polônia, as bibliotecas eram muito frequentadas pelos jovens. Foi estimado que os adolescentes judeus de Varsóvia liam, em média, um livro por semana.[19] Para esses jovens, de acordo com um analista, "a leitura abria um caminho para a comunhão com o eu, mas também conduzia à separação da comunhão com a família e com a comunidade".[20] Os livros e os seus personagens frequentemente se tornavam os melhores amigos dos seus leitores, revelando horizontes mais amplos, sugerindo novos valores, introduzindo assuntos que eram tabu, e promovendo mundos proibidos porém sedutores.

Quando os livros se tornaram mais baratos, mais prontamente disponíveis, e de propriedade pública em vez de privada, as atitudes com relação a eles se modificaram. A atitude tradicional dos judeus diante da palavra hebraica escrita era de reverência: os livros religiosos nunca eram destruídos, e nem se escrevia neles; quando um caía no chão, ele era apanhado e beijado; quando não eram mais úteis, eram decentemente retirados e queimados como seres humanos. Mas o judeu moderno parecia tratar os livros de uma maneira diferente. O diretor da Biblioteca Grosser em Varsóvia se queixou em 1933 "da atitude terrivelmente desregrada dos leitores iídiches com relação aos livros. A condição física de um livro em uma biblioteca iídiche não pode ser comparada com a de um livro em nenhum outro lugar. O livro fica rasgado, manchado de gordura e denegrido por rabiscos de pessoas que ou amaldiçoam o autor ou atacam um adversário político".[21]

No entanto, essa brutal intimidade com o livro, deplorável aos olhos do bibliotecário preservacionista, talvez fosse um barômetro da paixão investida na literatura pelos judeus de todas as classes, perspectivas, regiões e idades.

Sovetish

Como ressaltou o crítico Shmuel Níger em 1939, a guerra e a revolução no período 1914-1921 destruíra "a unidade e homogeneidade que fora característica da literatura iídiche", antes da Primeira Guerra Mundial.[22] O que veio a ser encarado, em retrospecto, como a "idade de ouro" da literatura iídiche chegara ao fim com a morte de Peretz, Shalom Aleichem e Mendele durante a guerra. A partir de então, houve três principais centros de publicações em iídiche: a Polônia, os Estados Unidos e a URSS, com esta última se isolando dos outros.

Durante um breve período na década de 1920, pareceu que a União Soviética oferecia as mais brilhantes perspectivas para a sobrevivência e regeneração da literatura iídiche. As dificuldades de fazer o dinheiro cobrir as despesas no restrito e fortemente competitivo mercado literário nos países capitalistas levou vários importantes escritores a voltar do exílio para a União Soviética. Eles foram seduzidos a voltar pela promessa de uma renda garantida, moradia com baixo custo em acomodações privilegiadas, e garantias de publicação e ampla disseminação das suas obras. Quanto à censura, ela também não existia na Polônia, o único país europeu com uma população comparável que lia em iídiche? E não estava a URSS mais livre de antissemitismo do que a Polônia? Entre aqueles que jogaram a sua sorte com os soviéticos com base nesse raciocínio estavam quatro figuras importantes, e todas pagaram com a vida por essa decisão.

O poeta Dovid Hofshteyn deixara a Rússia em 1924 depois de ter sido submetido à crítica oficial por ter defendido o ensino do hebraico. Ele viveu no exterior durante dois anos, primeiro em Berlim e depois na Palestina. Em 1926, ele voltou para a URSS. Por via de regra, ele se sujeitava à linha oficial, e o seu trabalho era amplamente admirado. No entanto, a sua excelência não o protegeu, ou o seu trabalho, da interferência. Em 1929, ele se viu atacado como nacionalista. No ano seguinte, quando recebeu de presente dos Estados Unidos uma máquina de escrever hebraico-iídiche da marca Corona, ela foi levada pela polícia secreta para uma semana de inspeção. Poemas antigos seus reapareceram com os hebraísmos excluídos. Uma dedicatória a Bialik foi removida. "Mais tarde", escreveu a sua viúva, "todas as dedicatórias foram removidas. Não havia como saber o que poderia acontecer no dia seguinte a um homem a quem um poema tinha sido oferecido na véspera..."[23]

Dovid Bergelson, nascido em Okhrimovo, uma *shtetl* na Ucrânia, tinha perdido os pais em tenra idade e fora criado em Kiev por irmãos mais velhos. Ele começou a publicar histórias em iídiche antes da Primeira Guerra Mundial. Em 1921, ele se mudou para Berlim, onde se tornou uma figura central no pequeno círculo de autores iídiches. Embora simpatizasse com o comunismo, ele permaneceu na Alemanha até segunda ordem. A ascensão dos nazistas, contudo, tornou a sua posição naquele país incômoda e potencialmente perigosa. Como uma medida temporária, ele se mudou para a Dinamarca em 1933. Bergelson brincou com a ideia de emigrar para os Estados Unidos, mas não surgiram oportunidades. Ele poderia ter ido para a Palestina: conhecia bem o hebraico e, na juventude, cogitara se tornar um escritor hebraico em vez de iídiche. Mas a perspectiva do iídiche na Palestina era ainda menos promissora do que nos Estados Unidos.

Em 1934, ele voltou com a família para Moscou. A decisão foi em parte ideológica e em parte prática. Bergelson tinha sido correspondente em Berlim para o *Emes* jornal diário iídiche de Moscou, e a sua esposa trabalhara para a missão comercial soviética em Berlim. Ela se opôs incansavelmente ao retorno deles para a Rússia. Quando chegaram à estação de Moscou, ela disse: "Para onde viemos? Vamos todos morrer aqui".[24]

O poeta, romancista e dramaturgo Peretz Markish, nascido em uma *shtetl* em Volínia, tinha trabalhado em Kiev nos primeiros anos depois da revolução, mas se estabelecera em Varsóvia, onde se tornou um dos fundadores do *Literarishe bleter*. Ele se mudou para Moscou em 1926. Um escritor popular em traduções, assim como em iídiche, ele se tornou um fiel adepto e eloquente porta-voz do sistema soviético, recebendo a Ordem de Lenin em 1939.

O último dos quatro talvez fosse o maior escritor: Pinhas Kahanovich, que escrevia poemas e ficção em prosa em hebraico e iídiche com o pseudônimo Der Nister (O Oculto). A explicação desse nome tem sido muito debatida. Pode ter surgido por causa da sua evasão do serviço militar na Rússia czarista, ou pode ter tido um significado quase cabalístico na mente de um escritor cujas primeiras obras, às vezes rotuladas de simbolistas, eram repletas de alusões místicas. Der Nister deixara a Rússia em 1921 e, como os outros, morara durante vários anos em Berlim. Em 1926, voltou para a URSS e se instalou em Carcóvia.

A saga familiar de Der Nister, provavelmente inacabada, *Di Mishpokhe Mashber* (A Família Mashber), cujo primeiro volume apareceu em Moscou em 1939, tem sido descrita como "uma das obras máximas de toda a ficção iídiche" e "a mais não soviética, e internamente a obra mais livre de prosa iídiche na União Soviética".[25] Passado na década de 1870, o romance descreve as relações mútuas e os conflitos espirituais de três irmãos, um dos quais, retratado com uma perspectiva

270

solidária, é um seguidor dos hassídicos de Bratslav. Não se sabe exatamente por que Der Nister se sentia atraído por eles (como ele claramente se sentia). Talvez fosse devido ao misticismo deles. Ou então ele pode ter achado que os hassídicos de Bratslav seriam mais aceitáveis para o censor soviético, já que eles, singularmente livres de uma lealdade a uma dinastia ou corte, tinham permanecido mais perto das origens democráticas da fase inicial do movimento do que qualquer outra seita hassídica. (Ilya Ehrenburg, líder dos limites do aceitável nos círculos literários soviéticos, admirara os hassídicos de Bratslav quando visitou a Polônia em 1927.)[26] O fato de um romance com esse tema ter sido escrito e publicado na Rússia de Stalin, no auge dos expurgos, é extraordinário. Der Nister desfrutava do apoio e da proteção do editor do *Emes*, Moyshe Litvakov. Mas depois que Litvakov foi fuzilado em 1937, essa ligação se transformou em uma perigosa desvantagem. O fato de Der Nister ter sido capaz de sobreviver e continuar a escrever (durante algum tempo) foi quase milagroso.

Tem havido uma tendência, nos anos recentes, de redescobrir e celebrar os autores iídiches soviéticos da década de 1930. Intrinsecamente, existe muito a ser dito a favor disso: esses quatro estão entre os gigantes da era de prata da literatura iídiche. E houve outros. No entanto, a posição, o público leitor e o impacto dos escritores iídiches soviéticos não devem ser exagerados. Como ressalta Mordechai Altshuler, dos 6.376 escritores de prosa, poetas, jornalistas e editores judeus registrados no cento soviético de 1939, "apenas uma minúscula fração trabalhava em iídiche".[27] A grande maioria escrevia em russo para a população soviética como um todo e não para os seus companheiros judeus.

O ano do apogeu da publicação iídiche na URSS foi 1932, quando surgiram 668 livros e livretos. Em 1935, o número declinou para 437. Destes, contudo, 213 eram traduções do russo. Muitos dos livros eram literatura política soviética ou livros escolares. A literatura imaginativa publicada no original era um componente relativamente pequeno da publicação iídiche soviética. Deixando de lado a ficção, praticamente não havia livros sobre assuntos judaicos. Por exemplo, de 36 obras sobre história lançadas em 1932, apenas três eram sobre temas judaicos.

Em 1934, 24 autores iídiches participaram do primeiro congresso de autores soviéticos, que foi precedido pelo primeiro congresso apenas soviético de autores iídiches. Itsik Fefer, ex-editor do *Di royte velt* em Carcóvia e do jornal que o substituiu em Kiev, proferiu um discurso caracteristicamente da linha do partido. Um expoente de valores supostamente proletários e *proste reyd* (modo de falar simples), ele aproveitou a ocasião para denegrir Sholem Asch e outros autores judeus não soviéticos, entre eles Bialik, que falecera recentemente. Coube a Maksim Gorki, a intocável eminência parda da literatura soviética, homenagear a memória de Bialik, "um poeta que era quase um gênio".[28] Joseph Opatoshu, que viera dos Estados Unidos para uma visita, compareceu à reunião preliminar, mas, de resto, autores iídiches do exterior foram notados pela sua ausência, um sinal do crescente isolamento do iídiche soviético — e dos judeu-soviéticos. Na década de 1920, os escritores iídiches soviéticos frequentemente se envolviam em uma vigorosa correspondência com colegas de outros países. Já em meados da década de 1930, eles mal se aventuravam a enviar ou receber um cartão-postal.

Esse era um mundo cultural lacrado e autônomo, já que autores não soviéticos iídiches, a não ser membros do Partido Comunista ou companheiros de viagem, praticamente não podiam agora ter os seus livros publicados na URSS. Tampouco as suas obras normalmente podiam ser importadas. Nem mesmo a publicação na União Soviética indicava necessariamente uma fácil disponibilidade. Um redator da publicação literária iídiche *Sovetish* se queixou em 1939 que a principal editora iídiche na Ucrânia era tão incompetente na publicidade e na distribuição que "raramente se vê até mesmo um simples anúncio nos nossos jornais e periódicos, sem mencionar catálogos, boletins, folhetos ou pôsteres".[29] A essa altura, a publicação de livros, como a publicação de jornais, em iídiche estava desaparecendo gradualmente. O total de livros em iídiche publicados na URSS em 1939 foi de 339.

O isolamento dos iidichistas soviéticos foi demonstrado em 1937 quando um congresso cultural iídiche internacional se reuniu em Paris. Ele atraiu 102 delegados de 23 países. Quatro mil pessoas compareceram à sessão inaugural na Salle Wagram. Embora tenha sido organizado principalmente por esquerdistas (mas não o Bund, o qual, em uma demonstração característica de purismo ideológico, boicotou o evento), em uma ocasião em que a esquerda ainda estava supostamente comprometida com o conceito da Frente Popular, um país foi notado pela sua ausência: a URSS. Quando Wolf Wieviorka se queixou de que um "véu misterioso" havia descido sobre a assembleia a respeito do assunto, o presidente por duas vezes tentou fazer com que ele se calasse.[30]

O congresso anunciou a criação de uma organização internacional, a IKUF (Alveltlikher Yidisher Kultur Farband). Encarada por alguns como uma organização comunista de fachada, os seus líderes contavam com não comunistas como Zalmen Rayzen, editor do *Vilner tog*. Na sua proclamação da unidade do povo judeu, a sua afirmação de que nenhuma lei poderia negar a existência nacional judaica, e a sua declaração de que "a atual cultura judaica é a continuidade de todas as tradições humanas e progressistas do povo judeu, cuja língua é o iídiche", a IKUF soou quase sionista (a não ser pela última palavra).[31] O *Forverts* (ou *Jewish Daily Forward*) de Nova York descartou a IKUF como uma "manobra comunista para controlar almas judaicas".[32] Mas o comunismo sem o apoio soviético não era uma proposição viável na década de 1930. A IKUF não durou muito tempo.

A casa de cachorro

Nesse meio-tempo, o outro eixo europeu da atividade literária iídiche também estava em declínio. Até a década de 1920, a Polônia tinha sido o centro da produção de livros em iídiche e hebraico. No entanto, a indústria editorial na Polônia foi gravemente afetada pela Depressão, e o número de livros produzidos em iídiche caiu para 222 em 1932. Uma limitada recuperação nos anos seguintes se refletiu no aumento para 443 em 1939. Assim como na União Soviética, muitos livros eram traduções para o iídiche: um dos últimos a aparecer foi *Der gelibter fun lady chatterly*.*

No entanto, títulos produzidos não significavam necessariamente livros vendidos, e o mundo editorial iídiche na Polônia permaneceu em crise: as tiragens diminuíram enormemente e várias editoras faliram. Nova York estava ofuscando Varsóvia como a capital da cultura iídiche, ao mesmo tempo que o principal centro de criatividade hebraica estava se mudando para a Palestina.

Em 1933, o poeta Elias Sheps, que escrevia sob o pseudônimo A. Almi, deu uma entrevista ao *Literarishe bleter* na qual ele deplorou o estado da cultura iídiche ao voltar a Varsóvia depois de uma ausência de vinte anos: "Ouço aqui os mesmos suspiros de resignação que escuto nos Estados Unidos [...] aqui também os livros em iídiche jazem se deteriorando nas prateleiras, aqui também o ceticismo, a falta de fé e a apatia assumiram o controle". Ele descreveu a situação sem nenhum constrangimento como um *khurbn* (um termo radical utilizado para denotar uma catástrofe ou um holocausto): "Vamos chamar as coisas pelo seu verdadeiro nome", insistiu.[33] A entrevista evocou uma réplica furiosa, defensiva, de Kadya Molodowsky: no entanto, dois anos depois, ela própria decidiu deixar Varsóvia, esperando encontrar coisas melhores nos Estados Unidos.

Ela não estava sozinha. Muitos autores iídiches proeminentes tinham se mudado para a América do Norte já no final da década de 1930, com destaque para os irmãos Israel Joshua Singer e Isaac Bashevis Singer. Cada vez mais, os colaboradores do *Literarishe bleter* não estavam escrevendo na Polônia, e sim de Nova York, Los Angeles, Denver, Montreal ou Toronto.

---

* O famoso livro de D. H. Lawrence, *Lady Chatterley's Lover*, publicado no Brasil com o título *O Amante de Lady Chatterley*. (N.T.)

O coração palpitante da literatura iídiche, contudo, permaneceu na Europa. Mais especificamente, ele residia na rua Tłomackie 13, em Varsóvia. Essa era a *bude* ("cova" ou "casa de cachorro"), a sede do clube dos autores iídiches. Situado no centro da Varsóvia judaica, contíguo a um bordel, o clube era um local de encontro para fofocas, rumores, brigas encarniçadas e incessantes discussões entre os seus quatrocentos membros. O seu recôndito, dominado por um retrato de Y. L. Peretz, foi mais tarde transmutado em lenda literária pela repetida evocação das obras de Isaac Bashevis Singer. Melech Ravitch, que aprendera técnicas organizacionais por ter trabalhando durante dez anos em um banco em Viena, ocupou o cargo de secretário do clube de 1924 até a sua emigração da Polônia, em meados de 1930. Um considerável escritor por direito próprio, ele impôs alguma ordem à turba literária briguenta e sem espírito comercial. Outros escrevinhadores inexperientes se juntavam a Singer, nas visitas deste último ao clube,

> cada um com os seus próprios planos, queixas, inquietações. Um tinha sido deixado de fora por um crítico que havia compilado uma lista de autores de prosa da geração mais jovem em uma publicação literária. Um segundo obtivera a promessa de um editor de ter o seu poema publicado, mas meses tinham se passado e o poema continuava na gaveta do editor, ou possivelmente ele o perdera.[34]

A afiliação ao clube estava limitada a autores reconhecidos. O critério convencional para o reconhecimento era mais numérico do que estético: dez poemas publicados, dois contos, cinquenta artigos de jornal ou a tradução de um livro. Uma vez escolhidos, os membros se acomodavam em uma vida de conforto. A sacada do clube se tornava a sua "residência de verão". A comida era barata e o jovem Singer conseguia obter uma extensão do seu crédito por meio de uma amável garçonete.

Os autores iídiches na Polônia e em outros lugares atribuíram uma considerável importância à decisão do PEN Clube Internacional de que os escritores instituíssem um "Centro Iídiche" — o único grupo não territorial do seu tipo na organização. O centro foi originalmente estabelecido em Vilna, aparentemente para evitar despertar a inimizade da Associação de Autores Poloneses em Varsóvia. Mas ele logo estabeleceu uma presença em Varsóvia, na rua Tłomackie 13. O reconhecimento foi uma vitória ao mesmo tempo agradável e dolorosa, já que exacerbou as já difíceis relações dos autores iídiches com o PEN Clube polonês, do qual eles foram efetivamente excluídos.

A maioria dos escritores iídiches importantes do período falava no clube dos autores em um ou outro momento. Um visitante que causou sensação foi Itzik Manger, provavelmente o poeta iídiche mais popular da década de 1930. Ele nasceu em Czernowitz em 1901 — ou melhor, como ele disse: "Nasci em uma estação, entre uma cidade e a seguinte. Provavelmente é daí que deriva o 'demônio errante' que existe em mim".[35] Manger tem sido chamado de "o último trovador iídiche".[36] Em 1929, ele visitou Varsóvia e foi festejado no clube como a nova voz da *yidishkayt* romena. Entrevistado pelo *Literarishe bleter*, ele deplorou a falta de contato entre os mundos literários iídiches polonês e romeno. "O primeiro *salta mortalis* [salto mortal] sobre esse feitiço mítico-fantástico", disse ele, "é a minha atual visita à Polônia."[37] Ele gostou tanto, que passou a maior parte do nove anos seguintes na Polônia.

A atmosfera no clube raramente era plácida. Isaac Bashevis Singer, por exemplo, se envolvia em discussões acaloradas com o jornalista Isaac Deutscher, um marxista que escrevia para o jornal burguês, moderadamente sionista, *Nasz Przeglad*. Deutscher fora expulso do Partido Comunista Polonês em 1932 por defender a unidade da esquerda contra o perigo do fascismo, tornando-se assim um dos primeiros "antifascistas prematuros". Mais tarde, ele passou para o trotskismo e defendeu a sua posição em uma reunião turbulenta no clube dos autores.

> Os stalinistas tentaram gritar mais alto do que ele. Eles o chamaram de renegado, fascista, vendido, puxa-saco dos capitalistas, assassino imperialista e provocador. Mas Deutscher tinha uma voz poderosa. Ele socou o pódio e o seu público de trotskistas o incentivou com aplausos ensurdecedores. Ele lançou enxofre e cinzas sobre os stalinistas e socialistas de direita, sobre os fascistas e sobre as supostas democracias dos Estados Unidos, Inglaterra e França.[38]

Em 1939, Deutscher se refugiou em uma das "supostas democracias", vivendo satisfeito pelo resto da vida na Inglaterra.

No final da década de 1930, o clube se viu à beira do colapso, à medida que irrompiam conflitos entre escritores esquerdistas e burgueses. Os mais velhos ficavam aborrecidos quando fervorosos jovens radicais lhes diziam para desligar o *patephon* (gramofone) porque ele estava interferindo nas suas discussões políticas. O restaurante fechou porque os escritores preferiam comer no café Piccadilly. No verão de 1938, o clube se mudou para um novo local na rua Graniczna 11. A inauguração da nova sede foi uma festa com artistas famosos. A estrela de cinema Molly Picon e a atriz Ida Kaminska emprestaram *glamour* à ocasião. No entanto, poucos meses depois, o clube estava novamente em sérias dificuldades financeiras e à beira da dissolução.

O erudito bibliográfico Brad Sabin Hill tinha pesquisado os últimos livros judaicos publicados na Polônia em 1939 imediatamente antes da deflagração da guerra. A última obra de erudição rabínica, informa ele, foi *Barukh she-amar*, uma coleção de estudos litúrgicos hebraicos, que incluía um comentário sobre o tratado talmúdico *Avot*, publicado em Pinsk por Baruch Epstein, um dos principais sábios talmúdicos do período. Quanto às obras de literatura secular em iídiche, provavelmente a última a ser publicada foi uma coleção de ensaios literários intitulada *Kritishe minyaturn*, a primeira publicação de um jovem crítico nascido na Alemanha, Joseph Wulf. Impressa em Varsóvia no verão de 1939, aparentemente destinada a uma distribuição posterior, ela tem a data de 1940. Um exemplar enviado antecipadamente para um escritor iídiche nos Estados Unidos parece ter sido o único que sobreviveu.[39]

Villa Shalom

O autor iídiche mais popular do período era, de longe, Sholem Asch. Na biblioteca de Czortków, as suas obras, tomadas como um todo, foram as mais requisitadas ao longo da década até 1937.[40] Ele era um dos poucos escritores iídiches cujos *royalties* possibilitavam que ele vivesse confortavelmente do que escrevia. Em decorrência disso, ele foi o único que pôde comprar uma mansão na Riviera Francesa (chamada Villa Shalom), onde, vestindo o seu florido roupão, ele recebia as suas visitas matutinas no jardim que dava para o mar. Na realidade, ele era o único autor iídiche que era considerado uma celebridade na década de 1930.

A vida de Asch exemplificava a transição da sociedade judaica tradicional para a modernidade. Ele começara a escrever em hebraico, tinha sido posteriormente (pelo menos é o que diz a lenda) persuadido por Y. L. Perez a se voltar para o iídiche, e acabou sendo lido principalmente nas traduções para o alemão e para o inglês. Seu primeiro conto, publicado em 1904, se chamou *A Shtetl* (cidadezinha). Romances e peças posteriores exploraram temas mais ousados (alguns diziam obscenos). Sua peça *Got fun nekume* (Deus de Vingança), produzida por Max Reinhardt em Berlin em 1907, retratatou o lesbianismo e a prostituição, causando escândalo em vários países. "Queime-a, Asch, queime-a!" fora a primeira reação de Peretz quando Asch a leu para ele.[41]

O texto de Asch tinha um tremendo ímpeto narrativo; caracterizações vívidas, embora às vezes ásperas; um olho para distinções sociais; e um ouvido para variações no modo de falar. Talvez por causa da sua imensa popularidade, alguns críticos menosprezavam Asch, considerando-o sensacionalista, moralizador e um peso-médio literário. Diziam que ele escrevia em iídiche como se a língua fosse sua inimiga pessoal.[42] Isaac Bashevis Singer o considerava "um rústico" cujas histórias "personificavam o *páthos* do provinciano a quem o mundo maior tinha sido mostrado pela primeira vez".[43] Segundo Irving Howe, "Asch reunia dois elementos da tradição judaica: a tendência de conferir um caráter idílico ao passado, banhando-o em uma luz sabática, e a tendência de expandir o *páthos* do romantismo". Howe o despreza como um autor de "narrativas de nível médio com o tipo de 'poder' que o torna infalivelmente benquisto entre as massas" e acrescenta que, "na arguta mão do seu tradutor, Maurice Samuel, ele frequentemente lia melhor em inglês do que em iídiche".[44]

Asch também foi atacado por outros motivos. Os ortodoxos ficaram furiosos por ele condenar o rito da circuncisão (embora ele não estivesse sozinho nesse ponto de vista — Simon Dubnow, por exemplo, o compartilhava e não esteve presente no *bris* do próprio filho). Moshe Zalcman, que certa vez visitou Asch na França com um grupo de jovens comunistas, censurou a sua "glorificação" do regime Piłsudski e o fato de ele não endossar a luta proletária na sua ficção. Asch, que tinha mau gênio, ficou ofendido e contra-atacou: "Eu não o conheço e não quero conhecê-lo. Não o vejo e não quer vê-lo".[45] Zalcman foi acompanhado nas suas críticas por Isaac Deutscher, que se queixou no *Miesięcznik Literacki* (Mensário Literário) que "o culto da burguesia judaica [estava] se formando ao redor de Asch". De acordo com Deutscher, isso seria explicado "não apenas pelos valores fascistas da sua ficção", mas também pelas atividades de Asch "na esfera das supostas relações judaico-polonesas".[46]

Em 1938, Asch se mudou para os Estados Unidos e, no ano seguinte, publicou *O Nazareno*, o primeiro volume de uma trilogia sobre os fundadores do cristianismo. O romance foi amplamente elogiado na imprensa em geral e se tornou um enorme *best-seller* em inglês. No entanto, a sua receptividade entre os judeus foi profundamente hostil. O *Haynt*, que havia anteriormente serializado a maioria dos romances de Asch, rejeitou este. O *Forverts* de Nova York parou de publicá-lo na metade, e o editor do jornal conduziu uma cáustica campanha contra Asch que causou um dano permanente à sua reputação. Asch foi acusado de cristianizar tendências e praticamente de traição em uma época de extremo perigo para o povo judeu. Asch, cuja ingênua intenção era promover uma reunião vaga, ecumênica, de credos, ficou extremamente magoado. Ele considerava o livro "a sua obra suprema" e chamou ele próprio de "sacrifício à minha produção literária".[47] Alguns críticos iídiches, com destaque para Shmuel Niger, compartilhavam essa avaliação, mas as suas vozes foram abafadas pela tempestade de insultos.

Algo mais estava em ação aqui do que a mera atitude defensiva religiosa. Nem *Jesus de Nazaré* de Joseph Kausner, publicado pela primeira vez em hebraico em 1922, nem *Jésus raconté par le Juif Errant* (1933) do autor judeu-francês Edmond Fleg tinham despertado uma reação tão violenta. Tampouco o quadro *Crucificação Branca* de Chagall, criado quase simultaneamente com o romance de Asch provocou algo parecido. A maioria dos difamadores de Asch eram judeus não religiosos. Foi sugerido que o veneno deles surgiu mais do sentimento de que ele traíra a *yidishkayt* ao publicar o livro primeiro na tradução inglesa e não de que tinha traído o judaísmo.[48]

Asch, contudo, insistiu em afirmar que ele não era apenas um artista judeu e sim universal. Pelo menos do ponto de vista do seu grande público leitor internacional em muitos idiomas, ele podia fazer essa afirmação com mais justiça do que qualquer outro escritor judeu do período. No entanto, tanto as críticas quanto a defesa levantam a questão mais ampla de o que era exatamente um autor judeu e que responsabilidades especiais, se é que existiam, poderiam estar agregadas a esse rótulo.

A fuga para o moderno

Os poetas e romancistas em línguas judaicas como o hebraico e o iídiche foram, em certo sentido, os construtores da cultura judaica. Mas poderia um escritor que não usava a língua judaica também ser considerado um desses trabalhadores? Esse escritor de origem judaica que escrevia sobre temas não judaicos fazia parte da equipe ou era considerado um trabalhador de outro canteiro de obras? A pessoa precisava ser judia para ser um autor judeu?

Esses enigmas teóricos, que atormentavam extensamente eruditos e críticos, nem sempre produtivamente, tornam-se mais fáceis de ser resolvidos se encarados no contexto biográfico e histórico. A ideia de uma sensibilidade judaica especial é uma miragem que não raro conduziu críticos por caminhos que não chegavam a lugar nenhum. Os autores judeus do período que não escreviam em línguas judaicas eram geralmente considerados escritores judeus, embora, como Asch, a maioria não endossasse uma interpretação estreita ou exclusiva desse rótulo, e alguns preferissem não se considerar autores judeus.

O maior deles declarou no seu diário em janeiro de 1914: "O que eu tenho em comum com os judeus? Mal tenho alguma coisa em comum comigo mesmo e deveria ficar bem quieto em um canto, satisfeito por poder respirar".[49] No entanto, a vida e a obra de Franz Kafka são incompreensíveis se não forem relacionadas com o seu autoentendimento da sua condição judaica, o seu envolvimento com questões judaicas e as suas ideias sobre a condição judaica em geral. Em 1923 (provavelmente — não temos uma data exata), ele escreveu para a sua amante Milena Jesenská:

Passei a tarde inteira nas ruas, chafurdando no antissemitismo. "Prašivé plemeno" — "ralé imunda" ouvi alguém chamar os judeus no outro dia. Não é a coisa natural deixar o lugar onde você é tão odiado? (Para isso, o sionismo ou sentimento nacional não é necessário.) O heroísmo que consiste em permanecer apesar de tudo é o das baratas que não podem ser exterminadas do banheiro.[50]

Kafka não estava sozinho ao comparar o judeu a um inseto gigante. A imagem era um lugar-comum da propaganda antissemita. A diferença era que Kafka, ao contrário dos antissemitas e de outros autores que escreviam em alemão e que às vezes usavam esses termos para se referir aos *Ostjuden*, estava completamente do lado das baratas. Como escreveu Nahum Glatzer: "O judeu da Europa ocidental se desvencilhou do fardo da tradição. Mas Kafka, pelo menos com parte do seu ser, não se considera membro dessa comunidade sem tradição e desarraigada".[51] Ele se identificava muito mais com os *Ostjuden*. Certa ocasião, ao se deparar com cem judeus da Europa oriental, refugiados de guerra, na Câmara Municipal Judaica em Praga, ele escreveu: "Se tivessem me dado a escolha de ser o que eu queria, eu teria escolhido ser um pequeno menino judeu da Europa oriental no canto da sala".[52]

O espírito de Kafka pairava sobre os autores judeus modernistas na Europa na década de 1930, talvez mais do que todos sobre o mordaz visionário Bruno Schulz, cujos textos quase autobiográficos em polonês são escritos em grande medida a partir do ponto de vista de "um pequeno menino judeu da Europa oriental no canto da sala". Professor, artista e autor de histórias como *A Rua dos Crocodilos*, na qual ele construiu uma versão mágica, imaginária, de sua cidade natal na Galícia, Drohobycz, Schulz transmuta o mundo no exótico e depois faz a transmutação inversa. Embora Schulz raramente faça referência direta a questões judaicas, as suas obras estão repletas de alusões aos problemas dos judeu-poloneses das pequenas cidades e às grandes questões existenciais que os judeus tinham pela frente na década de 1930. De todos os escritores judeu-poloneses, de qualquer idioma, do período, a sua obra, assim como a de Kafka, evoca uma imagística que é ao mesmo tempo judaica e universal.

Schulz era um de vários importantes escritores judeus na Polônia que preferiam escrever em polonês e não em iídiche. Na realidade, o principal semanário cultural de Varsóvia, o *Wiadmości Literackie*, tinha um número tão grande de colaboradores de origem judaica que, às vezes, era descrito como um jornal judaico.

Três outros autores poloneses do período se viram obrigados, quer gostassem, quer não, a abordar a questão da sua condição judaica. O poeta e satirista Julian Tuwim também apareceu com frequência no *Wiadmości Literackie*. Ele criticava a "ralé hassídica negra" e no entanto atacava os estereótipos antijudaicos.[53] "Não nego que sou judeu, mas somente [por] origem", declarou ele em um artigo no *Nowy Dziennik* em 1935.[54] "A minha maior tragédia — o fato de eu ser judeu", escreveu ele, embora mais tarde, no mesmo poema, declarasse o seu orgulho por ser "um filho do povo mais antigo — do embrião do messianismo."[55] Isso era ironia ou ambivalência? Como em muitos casos, provavelmente uma mistura de ambos.

Aspectos mais contraditórios podem ser sentidos na obra de Bruno Jasieński, poeta e romancista futurista que se converteu ao cristianismo e depois se tornou marxista. Em 1925, ele emigrou para Paris, onde se associou a Ilya Ehrenburg e outros esquerdistas no Café du Dôme. Embora escrevesse em polonês, ele tinha simpatia pelo iídiche, declarando que fora "afastado do [iídiche] pelo meu pai".[56] Expulso da França em 1929, ele não teve permissão para voltar para a Polônia e se refugiou na URSS. Em 1937, contudo, ele foi preso nesse país e fuzilado em 1938.

Aleksander Wat, assim como como Jasieński, era um membro importante de um grupo de jovens poetas de vanguarda na Polônia na década de 1920 que desafiavam as convenções literárias predominantes. Wat fora criado em uma família moderadamente praticante, mas recebeu pouca educação judaica. Embora ele escolhesse a assimilação à cultura polonesa, os seus primeiros poemas, blasfemos e grotescos, contêm vestígios de misticismo cabalístico, e parte da sua ficção inicial era sobre temas judaicos. Mais tarde, ele resumiu sua atitude com relação às suas origens: "Nunca me senti um judeu-polonês ou um polonês judeu [...] eu sempre me senti um judeu-judeu e um polonês-polonês (como dizem na França). É difícil de explicar, mas é verdade. Sempre me senti orgulhoso (se nos for permitido sentir orgulho de pertencer a este ou àquele grupo) de ser polonês, de ser judeu. E ao mesmo tempo ser levado ao desespero por ser polonês, por ser judeu. Que falta de sorte!".[57]

Uma confissão semelhante poderia ter sido feita por Ilya Ehrenburg, que era, com exceção de Isaac Babel, o mais conhecido autor judeu-soviético do período. Ehrenburg gozava do raro privilégio de poder viajar com relativa facilidade entre Moscou e Paris, onde passou a maior parte do tempo entre 1921 e 1940. Na década de 1930, ele atuou como correspondente para o *Izvestia* em Paris, e durante a guerra civil enviou as notícias da Espanha. Quando o seu amigo o poeta Osip Mandelstam foi preso em 1934, Ehrenburg, junto com Boris Pasternak, ajudou a impedir a sua execução. Em vez ordená-la, Stalin enviou Mandelstam para o exílio interno com a instrução de que ele fosse "isolado porém preservado".[58] A intervenção de Ehrenburg certamente não foi um ato de solidariedade judaica (os três escritores eram de origem judaica). Até que ponto Ehrenburg arriscou o pescoço é um assunto que tem sido debatido, embora Joshua Rubenstein tenha defendido habilmente Ehrenburg. À medida que ele tentou usar a sua influência para suavizar as arestas do terror de Stalin, ele o fez como escritor, não como judeu. Mas não existe nenhuma dúvida de que a intensidade da aversão de Ehrenburg pelo fascismo estava associada à sua forte identificação judaica.

Ehrenburg, que não sabia iídiche, escrevia exclusivamente em russo. Assim como Babel, ele escrevia para um público genérico, não para um público judeu. Somente um dos seus romances, *Burnaia zhizn' Lazika Roitshvanetsa* (1928), tem um tema especificamente judaico, narrando a história de um desafortunado judeu de uma cidade pequena nos seus encontros com o comunismo, o hassidismo e o sionismo. Lazar Kaganovich considerou o livro uma expressão de "nacionalismo judaico burguês" e ele foi proibido na URSS.[59]

Ehrenburg, ao contrário de Babel, sobreviveu ao terror, e sua reputação sofreu em decorrência disso. Ele veio a ser encarado como um transigente sem princípios. Abraham Brumberg escreveu a respeito dele que "o seu cinismo era tão cáustico quanto o seu sentimentalismo era pungente".[60] Mas a sua dualidade judaico-russa era aberta e contumaz. Apesar de todas as suas manobras políticas, o complexo de Ehrenburg com relação à sua condição judaica parece ter sido menor do que o da maioria dos autores judeus da sua época.

Um caso bastante diferente era o do escritor romeno Mihail Sebastian. Educado como advogado em Paris, ele voltou para a terra natal, onde alcançou sucesso na década de 1930 como romancista e dramaturgo. À semelhança dos intelectuais romenos em geral, ele admirava a cultura francesa e considerava Paris a capital intelectual do mundo. Mas como a maioria dos escritores judeu-romenos, ele escrevia em romeno e buscava a integração e o reconhecimento dentro da cultura de seu país. Ele escolheu como pseudônimo o nome que soava mais romeno pelo qual ele é lembrado. Como era o destino de muitos intelectuais judeus nos estados altamente nacionalistas do centro-leste da Europa no período entreguerras, ele tropeçava repetidamente em ressentimento e hostilidade por parte daqueles que se consideravam guardiães da cultura nacional.

Suas reações, registradas com franqueza em seu diário, publicadas somente depois da sua morte, eram de perplexidade e, às vezes, contraditórias. Sebastian era um democrata que de vez em quando flertava com o comunismo. No entanto, ele permanecia próximo de intelectuais da direita radical como o filósofo Nae Ionescu e o pensador religioso Mircea Eliade, cujas atitudes eram fortemente influenciadas pelo antissemitismo e que estavam próximos do movimento fascista romeno. "Sob todas as circunstâncias, e especialmente as atuais, o autor judeu, bastante consciente da realidade, se agarra a uma integração imaginária na vida nacional, enquanto sabe que a efetiva integração lhe foi negada", foi o comentário, depois de um encontro com Sebastian, do seu colega escritor e cronista judeu Emil Dorian em fevereiro de 1938.[61]

O último dos moicanos

Confinando com o reino literário, mas separado dele, estava a esfera da erudição. No período entreguerras, pesquisadores de questões judaicas aplicaram as metodologias das ciências sociais ao estudo histórico dos judeus. A tentativa de criar um entendimento geral das sociedades e culturas judaicas do passado e do presente deu origem a dois grandes empreendimentos acadêmicos, a *Encyclopaedia Judaica*, da qual vários volumes chegaram a ser publicados em alemão antes que o projeto fosse abortado pela ascensão dos nazistas, e a *Algemeyne entsiklopedye* em iídiche, que claudicou até ser concluída depois da Segunda Guerra Mundial.

O chefe deste último projeto foi Simon Dubnow, o mais influente historiador judeu da época, um erudito versátil cujo livro *Weltgeschichte des Jüdischen Volkes* [História Universal do Povo Judeu], publicado em muitas línguas, moldou a autoconsciência histórica judaica na sua geração a além dela. Ele não tinha instrução universitária e o único cargo acadêmico que ocupou foi em uma "Universidade do Povo Judeu" de curta duração em Petrogrado, em 1919-1920. Dubnow preconizou um novo foco na história judaica. Enquanto os eruditos da *Wissenschaft des Judentums* do século XIX haviam pesquisado o judaísmo, e outros tinham escrito a respeito de indivíduos exemplares e a sua relação com homens de poder, ele e seus seguidores iriam pesquisar o "povo".[62]

Dubnow, que morou em Berlim e depois em Riga durante o período entreguerras, serviu de inspiração para os fundadores do YIVO. Ele também influenciou o grupo de jovens estudantes em Varsóvia, liderados por Emanuel Ringelblum, que formou um seminário que recolhia subsídios sobre a história judaico-polonesa. Esse "Círculo de Jovens Historiadores" pretendia, escreveu Ringelblum, "transmitir um novo espírito à redação da história judaica", libertando-a de "atitudes nacionalistas e religiosas" e aplicando os métodos do materialismo histórico.[63] O empreendimento conquistou o apoio de acadêmicos em língua polonesa como Majer Bałaban, diretor do Instituto de Estudos Judaicos em Varsóvia, fundado em 1927, e a partir de 1936 ocupante da cadeira de história judaica da Universidade de Varsóvia, a única cátedra no assunto em uma universidade polonesa.

Na União Soviética, a intelectualidade judaica pré-revolucionária ou estava bolchevizada ou foi para o exílio. O "último moicano" da erudição judaica não marxista na Rússia foi o historiador literário Yisroel Tsinberg. Químico por profissão, ele fora um ardoroso iidichista nos seus primeiros anos. Entre 1929 e 1937, ele conseguiu publicar em Vilna oito volumes da sua *Di geshikhte fun der literatur bay yidn* [História da Literatura Judaica], uma façanha extraordinária para um cidadão soviético. Seu lar em Moscou se tornou um "posto cultural avançado" de eruditos e intelectuais judeus seculares. Mas ele foi preso em abril de 1938 e morreu em um campo de trânsito em Vladivostok no final do ano.[64]

Eruditos e poetas, modernistas de vanguarda e charlatões jornalísticos, visionários, pedantes e fornecedores de contos de fadas — esses escritores reagiram de um modo variado à aflição judaica, a aflição *deles*, mas, considerados coletivamente, a sua vida e a sua obra expõem o coração negro da experiência judaica na Europa na década de 1930.

– 13 –

MASCARADAS DE MODERNIDADE

Dizem que "Toda a renascença cultural da Europa Central tornou-se possível pela emancipação e urbanização do povo judeu da Europa Central".[1] Se havia alguma coisa especialmente judaica a respeito da cultura que eles produziam é outra questão. Os componentes judaicos na cultura europeia no início do século XX não podem ser isolados como elementos químicos. Isso não significa, contudo, que eles não estivessem presentes. Não podemos falar de uma imaginação judaica coletiva, e muito menos de uma mente judaica. No entanto, havia ambientes, mentalidades, relacionamentos, obsessões, hipocrisias, ilusões e preocupações que eram exibidas não apenas nas páginas impressas, mas também nas artes visuais, plásticas e cênicas, particularmente no palco, na tela do cinema, no palco do concerto e nas telas pintadas.

A escola da fama

"A escola da fama que os jovens judeus de Viena frequentavam", de acordo com Hannah Arendt, "era o teatro."[2] Como indivíduos e não como coletividade, os judeus desempenhavam um papel fundamental em grande parte da Europa central e oriental.

Max Reinhardt, o gênio dominante do teatro europeu no início do século XX, nascido de pais judeus ortodoxos em Viena, se tornou conhecido como diretor do Deutsches Theater em Berlim. Nas décadas de 1920 e 1930, ele dirigiu peças e óperas em Berlim, Viena e Salzburgo, onde reviveu o festival anual de música e teatro, e em Hollywood. Seu campo de ação se estendia de pequenas *performances* íntimas em estúdio a espetáculos gigantescos, como a sua produção de

Dantons Tod [A Morte de Danton] de Büchner em um anfiteatro que comportava 5 mil espectadores. Reinhardt foi um entre centenas de dramaturgos, diretores, atores, artistas de cabaré e críticos de origem judaica que transformaram o teatro da Europa na *Kulturraum** naqueles anos.

Também em outro aspecto essencial o teatro naquelas terras era desproporcionalmente judaico. Constava que, na Polônia, sem o público judeu, o teatro "poderia se poupar do custo de acender as luzes".[3] Os antissemitas acusavam os judeus de dominar e perverter o teatro das nações da Europa central e oriental para os seus próprios propósitos. O grau em que componentes judaicos podem ser detectados no teatro alemão, austríaco, húngaro, polonês e romeno naqueles anos tem sido muito debatido. No entanto, quanto à condição judaica de uma das divisões do teatro, a qual, por meio de várias conexões ocultas, impregnou muitas das outras, não pode haver nenhuma dúvida.

Desde as suas origens, no festivo *purimspiel* e durante muito tempo depois do estabelecimento do primeiro teatro iídiche tradicional em Jassy, na Romênia, em 1876, o teatro iídiche floresceu em um relacionamento direto com a seu público popular, evitando qualquer pretensão à sofisticação artística ou literária. Mas o repertório convencional, desenvolvido no final do século XIX e no início do século XX, incluía peças com temas bíblicos, históricos, sociais ou nacionalistas que repercutiam em uma população que, à medida que perdia a fé absoluta na religião tradicional, buscava significado em outro lugar.

"Tudo o que era nobre, e grande parte do que era vulgar e decadente na cultura deles", de acordo com Irving Howe, "encontrou o seu reflexo no palco." O teatro iídiche, escreve ele, se inspirou "no dramatismo do *hazan*, na eloquência do *magid*, nas palhaçadas do *badkhn*" e "nas profundezas do passado judaico". E ele reivindica para o teatro iídiche uma singularidade, de qualquer forma nas suas manifestações mais sérias: "Era um teatro espontaneamente expressionista, porque ele definia como o seu objetivo não o escrutínio dos relacionamento pessoais ou o exame profundo dos destinos pessoais, ambos os quais têm sido interesses dominantes dos teatros modernos e clássicos do Ocidente, mas antes uma ordenação mítica do destino judaico, quer por meio do espetáculo histórico, quer por intermédio do drama familiar".[4]

A precária economia do teatro iídiche o impediu de pôr em prática essas pretensões ambiciosas. Na Europa central e oriental, ela conduziu a uma existência de subsistência. Em Viena, o teatro iídiche, às vezes em um nível intelectual, havia florescido na primeira quarta parte do século. Dois teatros iídiches, o Jüdische

---

* "Espaço cultural" em alemão. (N.T.)

Bühne e o Jüdische Künstlerspiele, continuaram a funcionar até 1938, apresentando o repertório iídiche clássico bem como operetas populares e melodramas, peças traduzidas de Strindberg, Arnold Zweig e Ernst Toller, bem como comédias recém-escritas com temas contemporâneos, como *On tsertifikat ken palestina* (Sem um Certificado para a Palestina). Embora esses teatros iídiches funcionassem a alguma distância do palco vizinho em língua alemã, figuras importantes deste último, como Arthur Schnitzler, frequentemente assistiam às peças iídiches.

Na Europa oriental, o teatro iídiche sofreu restrições políticas e econômicas. A censura do teatro na Polônia e na Romênia, embora não estivesse entrelaçada com o terror como na URSS, era um fator limitador, particularmente para o teatro de esquerda. A maioria das companhias tinha vida curta, e as pressões financeiras causavam intermináveis brigas entre os atores, proprietários, diretores e sindicatos, sem mencionar os críticos e o público. Algumas companhias seguiram lutando mesmo assim: a que mais durou, em Lwów, foi fundada por Yankev-Ber Gimpel em 1889 e continuou ativa sob o controle de sua família até 1939.

Em Varsóvia, o centro do teatro iídiche no período entreguerras, quatro companhias dramáticas, bem como vários teatros populares de variedades competiam pelo público. A principal companhia séria no início da década de 1920 era a Vilna Troupe. Fundada durante a Primeira Guerra Mundial em Vilna, ela mais tarde estabeleceu a sua base em Varsóvia. No seu auge, ela se destacava pelas apresentações de grupo. Ela não tinha um diretor permanente e não seguia uma direção artística clara. Em vez disso, ia do realismo para o naturalismo, e do misticismo romântico de volta para o realismo social. A Troupe era bem recebida nas turnês pela Polônia, Romênia, Alemanha, Europa ocidental e Estados Unidos. Dizem que "Quando Einstein assistiu a uma apresentação dela em Berlim, ele mudou sua opinião a respeito da gravidade".[5] Reinhardt foi aos bastidores depois de uma apresentação da trupe de *Der dybbuk* de An-sky, em Viena, e disse ao elenco: "Das ist nicht ein Schauspiel. Das ist ein Gotte[s]spiel!" ("Esta não é uma mera atuação; é divinamente inspirada!").[6] Em Nova York, contudo, a trupe se desintegrou e, embora alguns dos membros tenham voltado para a Europa e reconstituído a companhia, ela nunca recuperou o brilho original, dispersando-se totalmente em 1935.

Der dybbuk (Entre Dois Mundos) não foi apenas o maior sucesso da Vilna Troupe, mas também a peça iídiche mais apresentada e conhecida jamais escrita. Sua versão original não foi em iídiche. Com o incentivo de Stanislavsky, An-sky a escreveu em russo antes da Revolução Russa, e somente depois que ela foi proibida pelos censores russos é que foi traduzida para o iídiche. A primeira produção, pela Vilna Troupe, foi encenada em dezembro de 1920, pouco depois da morte de An-sky. Ela apresentou mais de trezentos espetáculos apenas em Varsóvia, foi traduzida em muitas línguas e amplamente apresentada em toda a Europa.

A companhia de teatro Habimah apresentou uma tradução para o hebraico de Bialik, em Moscou, em 1922. Um crítico a considerou "um amálgama muito estranho de fúria profética e disciplina, do espontâneo e do artificial, de fantasia e observação".[7] Depois que a companhia deixou a Rússia em 1926, eles fizeram uma turnê com a produção no mundo inteiro. Quando chegaram a Paris, Chagall a assistiu encantado. Em uma idade extremamente avançada, Hanna Rovina, que desempenhara o papel principal na produção de Moscou, ainda a apresentava na década de 1970 para Habimah (naquela altura o teatro nacional de Israel).

Chamada de "peça misteriosa" pelos contemporâneos, *Der dybbuk* reunia imagística hassídica e cabalística com o expressionismo moderno. Os judeus ortodoxos a boicotaram devido ao que consideravam ser o retrato insultuoso dos hassídicos — mas de qualquer modo, eles raramente iam ao teatro. O sucesso da peça em si tornou-se um constrangimento para a Habimah e a Vilna Troupe, já que o público clamava por repetidas apresentações, mas não parecia interessado em nada mais.

Na década de 1930, a principal companhia iídiche em Varsóvia era dirigida por Ida Kaminska. Ela era membro de uma famosa família teatral, filha de Ester-Rokhl Kaminska (1870-1926), conhecida como a "Duse Judia"* ou "Di Mame Ester-Rohkl". Nascida em um camarim de teatro em Odessa, Ida estreou no palco em uma comédia shakespeariana aos 5 anos de idade e começou a atuar como diretora aos 16 anos. Com o seu primeiro marido, Zygmunt Turkow, descendente de outra dinastia do teatro, ela dirigiu o Teatro de Arte Iídiche de Varsóvia de 1923 até 1931.

A partir daí, ela dirigiu o Esther Kaminska Ensemble, que frequentemente se apresentava no amplo Teatro Nowości. Construído em 1926 no coração da área judaica de Varsóvia, ele acomodava 2 mil espectadores e apresentou produções de companhias iídiches, entre elas a de Kaminska, até 1939. A companhia era, como o seu ex-cunhado mais tarde escreveu, "no sentido mais amplo Ida Kaminska, concentrando tudo em torno da sua individualidade artística, [...] no entanto, ao mesmo tempo, apresentando harmoniosos espetáculos de grupo".[8] Sua apresentação no papel principal de Glückel de Hamlyn, de Max Baumann, traduzida para o iídiche do original em alemão, foi um enorme sucesso, com a peça tendo

---

* Referência a Eleonora Duse, italiana, uma das maiores atrizes de todos os tempos. (N.T.)

sido apresentada mais de 150 vezes em Łódź, Cracóvia, Lwów e em outros lugares antes de chegar a Varsóvia em 1938.

Ao contrário de muitos atores iídiches, Kaminska era adepta do minimalismo e não do exagero. Um obituarista mais tarde relembrou:

> Ela não trovejava na tradição declamatória tão frequentemente associada ao teatro iídiche. Ela não raro falava em uma voz firme, muito baixa, tão baixa a ponto de fazer com que o público se inclinasse para a frente em um silêncio inabitual para captar o poder de suas palavras. Embora ela não tivesse uma voz extraordinariamente alta, ela se erguia a pináculos de paixão e raiva que geravam a sua própria eletricidade. Ela podia adular e persuadir com um charme que testemunhava uma rara presença no palco.[9]

No inverno de 1938-1939, ela se apresentou em *Flamen*, baseada em um romance de Yoshue Perle, e em uma versão em iídiche de *Fuente Ovejuna* (A Fonte da Ovelha), de Lope de Vega. Esta última, uma produção ambiciosa e dispendiosa, com um enorme elenco, foi um estrondoso sucesso.

O Teatro Jovem experimental, fundado por Michał Weichert, nasceu de um estúdio de atores que ele criou em 1929. Ele se apresentou pela primeira vez em fevereiro de 1933 no salão da guilda dos alfaiates de Varsóvia. Weichert, que treinara sob a direção de Reinhardt em Berlim, reuniu um grupo de trinta jovens estudantes de teatro. Eles prescindiam da cortina e das luzes inferiores do palco. Os atores frequentemente desciam do palco para atrair o público para o meio da ação. Em 1936, contudo, a companhia foi fechada por ordem do governo, aparentemente por razões políticas.

O mundo teatral iídiche estava lacerado pelo conflito: brigas encarniçadas, ardorosas discussões ideológicas, casos amorosos inconsequentes e rancorosas rivalidades pessoais. Os atores adejavam de um teatro, cidade, país e companhia para outro, raramente estabelecendo uma base financeira segura. Aqueles que pretendiam encenar um drama iídiche moderno sério se ressentiam do sensacionalismo barato do *shund* teatral.

Essas miscelâneas descaradamente divertidas, que misturavam teatro de variedades, café-concerto, casa noturna e cabaré, faziam frequentemente um tremendo sucesso junto à massa sem discernimento dos frequentadores de teatro, embora elas pudessem ser desaprovadas por aqueles com princípios morais mais elevados. O *Folks-tsaytung* bundista declarou em 1933: "Não temos nenhum interesse em avaliar peças *shund*. Ocasionalmente fazemos uma exceção, mas somente para advertir os trabalhadores judeus contra esse contrassenso que apenas deforma o gosto deles e os desvia do teatro iídiche de qualidade".[10] No entanto, por mais que fosse "advertido", o público judeu continuava a afluir para as comédias grosseiras, os musicais vulgares e os melodramas afrontosos que as elites sociais e culturais consideravam estar além do desprezo.

O teatro iídiche enfrentava uma luta pela existência, já que era encarado com desaprovação pelos ortodoxos e com desprezo pelos assimilacionistas. Mesmo assim, ele era muito popular e, de acordo com a estimativa impressionista do crítico Nakhmen Mayzel, atraía uma audiência em Varsóvia três ou quatro vezes maior do que o público leitor da imprensa iídiche.[11] O público era, em geral, a classe trabalhadora, já que a burguesia judaica avançava rapidamente em direção à cultura polonesa.

Havia pouca ligação direta entre o teatro iídiche e o teatro em língua polonesa, embora muitos atores, produtores e grande parte do público do teatro polonês, assim como o teatro iídiche, fossem judeus. Excepcionalmente, o diretor Mark Arnshteyn produziu peças iídiches em polonês, em Varsóvia, no final da década de 1920. Suas produções de *Der dybbuk* e do popular *Mirele Efros* de Jacob Gorin foram sucessos comerciais e da crítica, mas seus outros exercícios de tradução do iídiche encontraram resistência. O sonho de Arnshteyn de construir "uma ponte entre as sociedades polonesa e iídiche" por meio do teatro se revelou irrealizável, em parte por causa da oposição de iidichistas militantes à produção de peças iídiches em outra língua.[12] "O teatro iídiche na Polônia", escreveu Mayzel, "vive separado, como o mundo cultural iídiche em geral, isolado em um verdadeiro gueto!"[13] Um raro e quixotesco "gesto de solidariedade judaico-polonesa" foi a produção em 1938-1939, em Varsóvia e Łódź, de uma versão iídiche de *A Tempestade* de Shakespeare com um elenco judeu, dirigida pelo diretor modernista Leon Schiller, um esquerdista não judeu.

Na União Soviética, os teatros iídiches, subsidiados pelo Estado, eram encontrados em doze cidades no final da década de 1930. Sob a liderança de Shlomo Mikhoels, o Teatro Nacional Iídiche de Moscou conseguiu sobreviver aos expurgos da década de 1930. Fundada em Petrogrado em 1918, a companhia foi fortemente influenciada pelas tendências modernistas do teatro russo, em particular pelo expressionismo de Eisenstein e a "biomecânica" de Vsevolod Meyerhold. Em 1928, a companhia fez uma turnê na Europa ocidental da qual o seu diretor fundador, Aleksandr Granovsky, decidiu não voltar. A partir de então, as autoridades aplicaram uma disciplina mais rígida, refreando os desvios do Realismo Socialista. Comportando-se com muita cautela, Mikhoels, que dirigiu o teatro a partir de 1928, manteve a integridade artística do empreendimento. Sua interpretação como Rei Lear em 1935 foi aclamada como um triunfo tanto do teatro soviético quanto do iídiche, e a peça foi encenada mais de duzentas vezes. Gordon Craig escreveu no *The Times* de Londres: "Somente agora, depois de ter voltado do Festival do Teatro em Moscou, entendo por que não temos nenhum Lear que mereça o nome na Grã-Bretanha. A razão é bastante simples: não temos nenhum ator como Mikhoels".[14]

A encenação de *Boytre, o Ladrão* de Moshe Kulbak, baseada em *Die Räuber* [Os Bandoleiros] de Schiller, que girava em torno de uma figura semelhante a Robin Hood que chefiava uma gangue de ladrões, teve problemas. Mikhoels explicou que a produção se esforçou "para mostrar a acumulação da raiva e do ódio sentido para com os opressores". A peça foi acolhida favoravelmente pela imprensa, mas o judeu mais velho da liderança do partido, Lazar Kaganovich, visitou o teatro, expressivamente deixou de aplaudir, e depois do espetáculo passou uma descompostura no elenco: "É uma vergonha para mim, uma vergonha!... Olhem para mim, para o que eu sou [...] um Judeu. Meu pai também era judeu: elevado, radiante, saudável... Por que vocês arrastam esses judeus para baixo no seu palco? Deformados, incapacitados, mutilados?... Eu quero que vocês evoquem sensações de orgulho do hoje e do ontem com as suas peças. Onde estão os macabeus? Onde está Bar Kochba?... Onde estão os judeus de Birobidzhan que estão construindo uma nova vida?".[15] Pouco depois, Kulbak foi preso, submetido a um julgamento de fachada e fuzilado.

Mikhoels aceitou literalmente a orientação de Kaganovich. Ele encomendou uma peça sobre Bar Kochba a Shmuel Halkin, que alterou sutilmente o tema nacionalista judaico subjacente, transformando o herói em um modelo de homem socialista. A revolta dos judeus palestinos do século II contra os romanos foi transformada em uma rebelião proletária. Para evitar qualquer indício de desvio sionista, o local da execução da peça, a Terra de Israel, não foi mencionado no texto de Halkin.[16] O notável é que o rabino Akiva foi retratado com simpatia, uma aparência rara para uma figura religiosa no palco soviético. Um crítico elogiou "o lirismo sincero, característico de um avô — e, onde necessário, a severidade e rispidez" que Benjamin Zuskin introduziu no seu retrato do rabino.[17] *Bar Kochba* fez uma turnê pela União Soviética na primavera e no verão de 1939, conseguindo um acolhimento entusiástico de plateias judias. Nesse meio-tempo, o teatro preparou a produção de uma peça antifascista e antissionista por Peretz Markish, *O Juramento*. Mas como a Alemanha e a URSS avançaram para a reconciliação diplomática, a peça ficou fora de sintonia com o espírito da época e nunca foi produzida.

Sabe-se agora que Mikhoels quase foi expurgado em 1939. Isaac Babel, que foi preso em maio daquele não, foi induzido a implicá-lo em uma confissão forçada que ele revogou antes de ser fuzilado.[18] Mas a essa altura os expurgos estavam se tornando menos intensos e, até segunda ordem, Mikhoels permaneceu livre. O preço da sobrevivência era um grau mais elevado de conformismo. A coletividade do teatro condenou aqueles que tinham sido desmascarados como "inimigos do povo", e Mikhoels emitiu denúncias rituais da religião, embora ele mantivesse uma Bíblia na sua escrivaninha e viajasse com outra no bolso.[19] Jeffrey Veidlinger, cuja história do teatro se baseia no seu arquivo, que anteriormente se imaginava ter sido destruído, argumenta que "embora compartilhando muitos aspectos dos ideais educacionais do Estado e uma visão de mundo baseada em classes, o teatro iídiche resistiu com êxito a todas as tentativas de transformar o seu palco em apenas outra plataforma da propaganda soviética".[20]

Cinema dourado

Tanto no cinema quanto no teatro, o papel dos judeus como empresários, diretores e artistas era enorme. A indústria do cinema europeia e, particularmente, a alemã, eram uma criação quase tão judaica quanto Hollywood. Diretores como Ernst Lubitsch e Billy Wilder, perdidos para os Estados Unidos graças a Hitler, criaram um gênero de comédia leve que estava profundamente impregnada do humor judaico. A marca judaica era tão difundida que alguns a enxergavam quando ela não estava presente: o *páthos* do retrato do pequeno vagabundo de Charlie Chaplin induziu erroneamente Hannah Arendt, entre outros, a pressupor que Chaplin fosse judeu e incluí-lo na sua "linha de tradição judaica".[21] No filme, assim como no palco, pisamos em solo mais firme ao buscar a imagística judaica se nos concentrarmos nas produções iídiches.

A breve vida do cinema iídiche mal durou três décadas. Ele sofreu limitações financeiras ainda maiores do que o teatro iídiche. Os custos de produção não eram menores do que os dos filmes em idiomas com maiores audiências. As legendas poderiam ajudar, mas a atratividade potencial dos filmes iídiches estava limitada não apenas pela língua, mas também pelo assunto, já que os temas judaicos raramente agradavam aos não judeus.

Alguns dos primeiros filmes iídiches, versões mudas de espetáculos teatrais encenados por Ester-Rokhl e Ida Kaminska e outros, foram feitos antes da Primeira Guerra Mundial, mas foram perdidos. Em 1912, *Got fun nekume* de Sholem Asch foi filmado em Moscou, também sem som. Mas já em 1913-1914, uma série de experiências foi feita na Rússia com o filme sonoro, entre elas um filme falado de cem metros, *Yidl mitn fidl*.

Na década de 1920, filmes mudos iídiches foram produzidos na Áustria, na Polônia e na Rússia soviética. Em 1925, pouco antes de deixar a União Soviética, a Habimah filmou *Der mabul* (O Dilúvio) de Shalom Aleichem. Consideráveis recursos foram gastos no empreendimento e cenas foram filmadas no local onde se passava a história, no bairro judeu de Vinnitsa e em Litin, uma *shtetl* próxima. Mas problemas ideológicos e disputas de personalidade surgiram no decurso da produção, que não foi considerada um sucesso artístico.[22]

O primeiro filme sonoro iídiche, *Nosn beker fort aheym* (Noson Beker Vai para Casa), no qual Mikhoels estrelou, foi lançado na União Soviética em 1932. Baseado em um roteiro original de Peretz Markish, o filme retratava um judeu retornando à sua *shtetl* vindo dos Estados Unidos e participando da construção da usina de força Dneprostroi. Embora a película necessariamente glorificasse as realizações industriais do primeiro plano quinquenal soviético e enfatizasse a obsolescência do estilo de vida da *shtetl*, ela incluía um retrato afetuoso de temas tradicionais judaicos. Mas esse foi o único filme de longa-metragem sonoro iídiche jamais produzido na URSS.

A primeira atriz a se tornar uma estrela tanto no teatro quanto no cinema iídiche foi Molly Picon. Embora nascida nos Estados Unidos e possuindo, inicialmente, um vago domínio do iídiche, ela se tornou imensamente popular na Europa. Ela foi mandada para lá, relembrou mais tarde, "antes de tudo para aperfeiçoar o meu iídiche que não era muito bom... Durante três anos perambulamos pela Europa para aprender iídiche".[23] Ela deixou de ser uma atriz do teatro de variedades e se tornou uma estrela. Em 1936, recebeu 10 mil dólares (uma enorme quantia na época) para aparecer em uma nova versão de *Yidl mitn fidl*, o primeiro filme musical de longa-metragem iídiche. A produção custou 50 mil dólares, e ele foi o filme iídiche comercialmente mais bem-sucedido de todos os tempos. Itzik Manger compôs as músicas. As cenas ao ar livre foram filmadas no local em que a história se passava, Kazimierz, o bairro judeu de Cracóvia.

Os puristas condenaram esses filmes como *shund*. Mas durante o seu breve apogeu na década de 1930, o cinema iídiche também produziu filmes com maiores pretensões à seriedade. "O primeiro filme artístico falado em iídiche feito na Polônia", *Al kheyt* (Para o Pecado), foi produzido em 1936 por um grupo cooperativo chamado Kinor (*Kino-or*, cinema dourado; como palavra hebraica, significa "harpa"), com atores que vieram do palco iídiche de Varsóvia.[24] Várias pessoas envolvidas, entre elas o diretor Aleksander Marten, eram refugiados da Alemanha. O filme que extraiu o título de um hino solene recitado no Dia do Perdão, era um melodrama a respeito de uma jovem de *shtetl* engravidada por um oficial judeu-alemão baseado na sua cidade durante a Primeira Guerra Mundial. Ele promete se casar com ela, mas é morto em combate. Ela abandona a criança e foge para os Estados Unidos. Vinte anos depois ela volta, redescobre o seu pai e o filho, e se reconcilia com eles. A trama, embora comumente usada, sensibilizou o público.

A versão em filme de *Der dybbuk* foi lançada em 1937. Dirigida por Michał Waszyński, a película foi estrelada por Lili Liliana e muitas outras figuras proeminentes do teatro iídiche. O simbolismo místico da peça foi traduzido com eficácia para a tela, e o filme foi um sucesso artístico e de bilheteria. Uma nota dissonante, contudo, foi tocada pela proeminente crítica polonesa (judia) Stefania Zahorska, que escreveu no *Wiadmości Literackie* que o filme deixou "um resíduo tão insípido de cafonice patética que todas as tradições nas quais ele se baseia não deram à luz nem mesmo uma única cena de qualidade".[25] Apesar dessa crítica, *Der dybbuk* veio a ser de um modo geral reconhecido como a suprema realização da indústria cinematográfica iídiche e uma obra-prima do cinema europeu.

O último filme de longa-metragem produzido na Polônia antes da guerra, *On a heym* (Sem um Lar), lançado na primavera de 1939, foi dirigido por Aleksander Marten, que também atuou nele. Baseado em uma peça clássica de Jacob Gordin, o filme lida com as dificuldades dos imigrantes que foram para os Estados Unidos na virada do século. O principal papel feminino foi interpretado por Ida Kaminska, e o elenco incluía a dupla cômica Szymon Dzigan e Yisroel Schumacher. Mas o filme não foi um sucesso. Um crítico se queixou no *Literarishe bleter*: "Qual o judeu, se conseguir um visto para os Estados Unidos, que vai se queixar de que não tem um lar?".[26]

A presença do Senhor

Na música, talvez mais do que em qualquer outra forma de expressão artística, a questão da condição judaica foi muito debatida. O livro *Os Judeus na Música* de Wagner, publicado anonimamente pela primeira vez em 1850, afirmava que os judeus eram incapazes de ter criatividade musical genuína, alegava que o controle que eles tinham da imprensa havia impedido que o reconhecimento adequado fosse concedido a importantes compositores como ele, e recomendava com insistência que eles fossem completamente removidos da vida cultural e tivessem revogados os seus direitos civis. A posição central de Wagner no panteão da ideologia *völkisch* alemã e o abraço de Hitler desse legado conferiu às ideias wagnerianas uma considerável aceitação na década de 1930.

No entanto, os judeus nesse período tinham poucos escrúpulos com relação a executar ou ouvir a música de Wagner. Marcel Reich-Ranicki relata que a marcha nupcial de *Lohengrin* foi tocada no casamento dos seus pais em Posen (situada na época na Alemanha) em 1906. "Entre os judeus na Polônia, pelo menos entre os mais instruídos", escreve ele, "isso não era nada incomum; na realidade, fazia parte do ritual."[27] Edith Friedler, uma criança em Viena na década de 1930, "cresci ouvindo a minha mãe falar em quantas vezes ela e a sua prima Lilly [...] quando adolescentes, ficavam na fila na ópera, durante horas, para assistir a apresentações de Wagner".[26]

Acontecia na música o mesmo que no teatro: os judeus eram o núcleo da audiência dos concertos orquestrais e da ópera em toda a Europa central e oriental. Para os judeu-alemães em particular, a música clássica veio a ocupar um lugar em sua vida espiritual que equivalia a uma religião substituta.

Em certo sentido, Wagner quase acertou: a música judaica, no estreito sentido do termo, era muito menos importante do que o papel dos judeus na música em geral. Os apresentadores populares judeus, com exceção daqueles associados ao teatro iídiche, geralmente evitavam temas judaicos. Na Holanda, por exemplo, onde mais da metade dos membros da Nederlandse Artiesten Organisatie era de origem judaica, praticamente o único intérprete conhecido por ter um repertório judaico era Louis Contran, com músicas como "Moppen van Isaac". Entre os apresentadores mais populares, Louis Davids gravou "Het Jodenkind" (baseado na música inglesa "What's the Matter with Abie") e Sylvain Poons lançou "Isaac Meijer's Wiegelied", mas essas foram exceções.[29]

Sem cair nas armadilhas do contribuicionismo, podemos afirmar que na ausência de compositores, regentes, intérpretes, cantores e empresários artísticos judeus, a música na Europa no início do século XX teria sido um modo de expressão extremamente reduzido.

O suprassumo do instrumento judaico era o violino. O número de judeus que o tocavam nas grandes orquestras do continente era desproporcional, a não ser naquelas que tinham sido racialmente expurgadas pelos nazistas. Desde o final do século XIX, por intermédio de figuras como Joseph Joachim e Eugène Ysaÿe, os judeus haviam personificado, e frequentemente chegavam perto de monopolizar, a tradição do virtuose. Na década de 1930, Fritz Kreisler, Jascha Heifetz, o jovem David Oistrakh e inúmeros outros ratificaram o relacionamento especial entre o judeu e o violino. No seus anos mais avançados, Isaac Stern costumava expressar assombro pelo fato de tantos mestres do instrumento terem nascido nos estreitos limites da antiga Zona de Residência russa (ele era um deles).

O célebre professor Petr Solomonovich Stolyarsky, que veio de uma família de intérpretes de *klezmer*,* treinou uma série de crianças-prodígio, entre elas Oistrakh, um dos alunos de Stolyarsky que ganhou quatro dos seis principais prêmios

---

* Tipo de música folclórica judaica originária do Leste Europeu. (N.T.)

na Competição Internacional de Violino Eugène Ysaÿe em 1937. Isaac Babel foi outro aluno antigo, embora, no caso dele, malsucedido: ele escreveu uma história, "O Despertar", a respeito dessa "fábrica de *Wunderkind*".*[30]

Na sociedade tradicional da Europa oriental, a música instrumental não era muito respeitada ou ouvida, a não ser pelas bandas klezmer nos casamentos. O gênero musical proeminente entre os judeus religiosos era o *hazanut*. No decurso do século XIX, o cargo do *hazan* (precentor) se tornara profissionalizado, especialmente nas terras de Habsburgo. Os congregados tinham um enorme orgulho da qualidade dos seus precentores. Alguns participavam do *Vergnügungsabende*, eventos sociais nos quais eles cantavam melodias sagradas e profanas para arrecadar dinheiro para caridade ou para complementar os seus salários que eram em geral escassos.[31] Nas congregações não ortodoxas, o *hazan* era acompanhado por um órgão. Cantores de ópera em Viena e em outros lugares iam para a sinagoga para cantar solos. O famoso precentor Moshe Koussevitsky era a estrela da Grande Sinagoga em Varsóvia, acompanhado por um excelente coro de meninos. Diziam que poloneses cristãos, especialmente emigrantes visitantes, iam à sinagoga apenas para ouvi-lo cantar.

No século XIX, surgiu uma tradição de coro sinagógico. "Sinagogas corais" foram fundadas em Bucareste (1857), São Petersburgo (1893), Vilna (1902), Minsk (1904) e em outras cidades. Nos templos liberais, os coros eram mistos, nos mais ortodoxos eram apenas masculinos. Julius Braunthal, que cantava quando menino no coro do Seitenstättentempel em Viena antes da Primeira Guerra Mundial, não gostava das três horas por dia que ele precisava passar ensaiando de segunda a quinta-feira, todas as semanas:

> O diretor do coro era na época o professor Joseph Sulzer, um dos violoncelistas da renomada Orquestra Sinfônica Vienense, e filho de Salomon Sulzer, que foi o primeiro a compor e introduzir a música litúrgica no serviço judaico reformado. O professor Sulzer era obcecado por produzir execuções perfeitas das obras do seu pai. Ele era impiedosamente exigente; ensaiava incansavelmente cada cântico, gritando, e batendo nos nossos dedos e cabeça com a batuta quando o desapontávamos. Ele nunca permitia que nós, pobres crianças, mal-alimentadas, tivéssemos um momento de descanso, embora sempre houvesse uma sombra de pena nos seus grandes olhos quando, totalmente exausto, ele finalmente nos dispensava.[32]

Os meninos do coro também tinham que estar presentes em quatro serviços no *Sabbath*, no *kabbalat shabbat* das noites de sexta-feira e, frequentemente, em casa-

---

* "Criança-prodígio", em alemão. (N.T.)

mentos aos domingos. Os meninos mais novos cantavam "para a glória de Deus"; os mais velhos ganhavam um estipêndio muito pequeno.

O canto não estava restrito às esferas formais ou religiosas. Como em outras nações pequenas e oprimidas, os judeus da Europa oriental eram um povo musical. "Jovens criadas e aprendizes de alfaiate, moças de classe média e rapazes hassídicos, donas de casa virtuosas e rudes meninos vendedores de rua — todos cantavam."[33]

Entre os hassídicos, músicas sem palavras ajudavam os devotos a alcançar momentos elevados de exaltação. Ben-Zion Gold relembra as *nigunim* (melodias) lituanas, "repletas de anseio, recordatórias de canções folclóricas bielorrussas", diferentes "das *nigunim* hassídicas da Polônia central, que eram influenciadas pelas danças folclóricas polonesas".[34] Noyekh Prylucki descreveu o típico estilo de cantar hassídico: "Com as mãos e com os pés, com a cabeça, os olhos, os lábios, cada músculo se move, cada veia bate no ritmo, absorvendo o conteúdo sagrado das palavras, formando através de todo o organismo a disposição comovente que liga o homem ao divino".[35]

Não menos importante para os hassídicos do que música como um caminho para os sentimentos mais intensos de espiritualidade era a dança. Nakhmen Mayzel testemunhou uma dança em uma visita à *shtetl* dos hassídicos de Bratslav em Varsóvia no final da década de 1930:

> A essência da coisa era a dança, que aconteceu depois das orações. Eles mal tinham acabado o serviço da tarde ou da noite quando um deles começou a cantar a conhecida melodia do *rebe* Nachman [de Bratslav, Ucrânia, fundador da seita]. Ele começou de uma maneira muito tranquila, lenta e tímida. Imediatamente outros o acompanharam e, logo, todos o fizeram. Mãos se juntaram a mãos nos ombros dos vizinhos. Eles já formavam um círculo, como anéis em uma corrente, em volta da mesa de leitura, e a dança começou. A dança de Bratslav é bastante incomum. Eles não giram repetidamente. O círculo não se move. Cada pessoa dança no lugar. O êxtase fica ainda maior, mais ardente, mais flamejante. Ouvimos gritos de alegria, suspiros. É como se as pessoas tivessem se livrado de todos os fardos pesados, todos os tormentos. Velhos e jovens, saudáveis e frágeis — todos dançam a sua alegria mais profunda e o seu amor e a sua devoção pela santa memória do *rebe* Nahman.[36]

Esses momentos eram encarados pelos devotos como o ponto mais alto do *dvekut* (ligação com Deus).

O depósito de música hassídica continuou a cescer no período entreguerras. A dinastia de *rebe* Kuzmir-Modzits, em particular, havia manifestado talentos musicais durante várias gerações. Constava que o *rebe* de Modzitser, Shaul Yedidyah Eliezer Taub, havia composto pelo menos setecentas *nigunim*, muitas das quais se tornaram populares bem além dos limites do mundo hassídico. Sua *tish* no resort de verão de Otwock, perto de Varsóvia, atraía visitantes de perto e de longe. Entre eles, no festival de Shavuot (Pentecostes) em 1939, estava o jovem Ben-Zion Gold. Ele encontrou um lugar que lhe proporcionou uma boa visão e observou quando, na metade da refeição, o *rebe* deu pancadinhas com o dedo na sua caixa de rapé e todo mundo ficou em silêncio:

> Passados alguns momentos, ele começou a cantar uma nova *nigun.* A composição consistia de quatro partes. A primeira e a terceira eram meditativas, enquanto a segunda e a quarta eram rítmicas e animadas. O canto era pura melodia sem palavras, e os hassídicos que estavam atrás da cadeira do *rebe* o acompanharam. Eles soavam como um coro poderoso e bem treinado. O efeito foi fascinante. Quando terminaram a *nigun*, tive a impressão de que eu tinha acordado de um sonho maravilhoso.[37]

Outro visitante, um *hazan*, descreveu o impacto sobre o público: "Um silêncio mortal, místico, caiu sobre toda a sala. Até mesmo as velas festivas que tinham tremulado simetricamente o tempo todo ficaram imóveis". O *rebe* começou a cantar *pianissimo*. As pessoas na multidão, que conheciam a melodia, quiseram participar, mas o *rebe* as silenciou com um olhar dominador. "Sua voz se elevou, e fiquei estupefato: um tenor dramático, heroico [...] a *shekhinah* (a presença do Senhor) desceu sobre ele."[38]

A alma da nação

A música judaica não estava limitada à esfera religiosa. As canções folclóricas eram populares na região central falante do iídiche e entre as comunidades dos Bálcãs falantes do judeu-espanhol. Elas eram de todos os tipos: canções de ninar, marchas e outros tipos comuns a todas as nacionalidades — somente as canções báquicas eram difíceis de encontrar entre essa raça sóbria.

As primeiras transcrições da música folclórica judaica na Europa oriental só foram feitas no final do século XIX, a não ser que consideremos a ocasião na década de 1860, quando o jovem Mussorgsky compôs uma melodia (incorporando-a depois à sua ópera *Salammbô*) que ele tinha ouvido os seus vizinhos judeus cantarem durante a festa do *Sucot* (Tabernáculos). No início do século XX, os etnólogos judeus fizeram esforços intensivos para transcrever e gravar músicas antes que elas caíssem no esquecimento. O YIVO desempenhou um importante papel nesse empreendimento, e o seu trabalho foi copiado por folcloristas na União Soviética. Esta última, contudo, enfatizou canções com temas "proletários" e atribuiu prioridade a elementos eslavos e germânicos na música judaica, assim como no folclore iídiche em geral.

Entre os intérpretes mais populares das músicas folclóricas iídiches estava o tenor Menachem Kipnis. Órfão de uma família de precentores, ele começou como um cantor menino acompanhando *hazanim* itinerantes. Mais tarde na vida, ele publicou análises críticas muito temidas de precentores proeminentes. Aos 16 anos, ele entrou para o coro da ópera de Varsóvia. Produziu coleções de músicas folclóricas, escreveu contos e uma coluna humorística no *Haynt* com vários pseudônimos, e publicou ensaios fotográficos a respeito de personagens de rua em Varsóvia. Seus recitais itinerantes na Polônia, na Alemanha e na França, com sua esposa cantora, Zmira Seligfeld, conquistou o coração dos ouvintes.

Exatamente o que transformava uma canção em uma canção folclórica, quanto mais uma judaica, era uma questão polêmica. "Cada termo expressivo que alguém proferiu por aí deve ser chamado de criação folclórica?", indagou o teórico socialista-sionista Ber Borokhov.[39] Alguns especialistas atribuíam um elevado respeito à antiguidade, encarando a canção folclórica como o repositório da alma da nação. Noyekh Pryłucki, que, além das suas funções de político, editor de jornal e bibliófilo, foi um dos principais colecionadores de canções populares iídiches na Polônia no período entreguerras, situava as raízes dessas canções "na mais profunda obscuridade da antiga sociedade".[40] Ainda na década de 1970, um autor que escrevesse sobre o assunto ainda poderia afirmar, com imperturbável primordialidade, que trava-se de uma música que não "vinha de cima", que era "um derramamento espontâneo de sentimento das vastas massas judaicas, uma música cujas raízes se estendiam ao passado distante e cresciam no solo da vida judaica vigorosa, original".[41] Yehuda Leib Cahan, chefe da comissão de folclore do YIVO até a sua morte em 1937, expressou a sua opinião de uma maneira mais simples: o que tornava uma canção uma canção folclórica, disse ele, era o fato de o povo cantá-la.*[42]

Nem todas as canções folclóricas eram anônimas ou antigas, e tampouco explosões espontâneas do corpo das pessoas. Novas composições de poetas e compositores de canções profissionais podiam ser "folclorizadas". Entre os principais praticantes em iídiche no período entreguerras estavam Mordkhe Gebirtig e Itzik Manger. As canções de Gebirtig uniam os mundos do *badkhn* e do artista de cabaré, agradando a pessoas sofisticadas e sentimentalistas, e obtendo aprovação até

---

* Como *folk* em inglês significa "povo", a frase no original fica mais interessante (a palavra *folk* está entre aspas no original), porque canção folclórica em inglês é *folk song*, "canção do povo". Assim o *folk* canta a música. (N.T.)

mesmo no *Literarishe bleter*. Não raro, noites inteiras eram dedicadas a concertos das suas canções. No entanto, apesar da enorme popularidade dessas canções, havia ruídos do mundo mais vasto do entretenimento de massa. Ouvimos mais do que uma alusão a isso no elogio de Kipnis a Gebirtig em 1936: "Agora, quando o ritmo vazio e o som quebrado do tango, do foxtrote e da música negrada invadem o ar, as almas reprimidas da canção e do folclore são encarnadas em Mordekhai Gebirtig".[43]

Os iídiches soviéticos também geraram o que passava por novas canções populares. A pressão ideológica no auge dos anos stalinistas requeriam que as canções compostas pelo "folk", ou seja, autênticos proletários, recebessem o mais elevado respeito, independentemente da sua qualidade. Fragmentos que sobreviveram do arquivo do Instituto de Kiev para a Cultura Proletária Judaica, por exemplo, contêm a seguinte letra desprezível de Kherson na Ucrânia em 1939:

A yortsayt, khevre, kumt oprikhtn
>Um aniversário, camaradas, marca

nokhn vistn doles
>Outra triste sorte

lomir danken dem khaver stalin
>Vamos agradecer ao Camarada Stalin

far frayhayt un far ales
>Pela liberdade e por tudo

...

>...

Kumt a tentsl, khevre, fraylekh
>Venham dançar uma jiga alegre, camaradas

Un a krenk di sonim
>E abaixo os inimigos

Zoln zay tsepiket vern
>Que eles sejam expostos

Zay hobn shoyn a ponim![44]
>Eles já têm uma face!

Fossem elas canções folclóricas ou *pièces d'occasion*, essas composições de poetastros proletários eram consideradas dignas de publicação nos jornais soviéticos iídiches.

Nem todas as canções folclóricas judaicas soviéticas eram tão desprezíveis. Na década de 1930, o dedicado etnomusicólogo soviético Moisei (Moyshe) Beregovskii, trabalhando no instituto cultural judaico em Kiev, gravou apresentações de canções folclóricas na Ucrânia e na Bielorrússia. Os cantores eram costureiras, pessoas que trabalhavam com cerdas, alfaiates, professores, sapateiros, um ator, um colegial, "três jovens assalariadas em Belaia Tserkov", um tocador de bandura [um instrumento de cordas semelhante a uma guitarra] cego, e assim por diante.

O primeiro dos cinco volumes planejados de Beregovskii foi lançado em 1934. A introdução criticou as abordagens "burguesas, clericais e sionistas" do assunto com base no conceito da "alma da nação", citou respeitosamente Lenin, e afirmou representar um novo estágio avançado do folclore revolucionário dos "trabalhadores".[45] A obra reunia canções de trabalhadores e artesãos, incluindo itens como "Oy, ir narishe tsiyonistn" (Oh, Vocês Sionistas Malucos), hinos revolucionários e militares, bem como baladas familiares. Beregovskii evitava uma grande quantidade de música hassídica ou religiosa, embora alguns temas religiosos, extraídos da liturgia tradicional, se infiltrassem, como no "Av horakhamim" (Pai de Misericórdia, as primeiras palavras da oração para os mortos). Um segundo volume foi impresso em 1938, mas, provavelmente por razões políticas, não foi publicado. Uma compilação desse e de outros volumes não publicados foi lançada na URSS depois da sua morte em 1962. Ela incluía sete melodias dos hassídicos de Bratslav. Em que medida essas músicas ainda estavam sendo cantadas na URSS na década de 1930 é uma questão de conjectura, mas, como vimos, os hassídicos de Bratslav ainda mantinham presença na União Soviética naquela época.

A canção folclórica era um dos componentes de um gênero mais amplo da música folclórica. Elementos de *badkhones* subsistiam no cabaré iídiche de Varsóvia e Cracóvia, nas canções do músico de jazz e artista de cabaré soviético Leonid Utesov, e no repertório de intérpretes de *klezmer* na Polônia e na URSS no período entreguerras.

As bandas de *klezmer* (a palavra deriva do termo hebraico *klei zemer*, "instrumentos musicais") viajavam pelas *shtetlakh* apresentando-se em casamentos e nas festas judaicas mais alegres, como o *Purim* e o *Hanukah*. A música de *klezmer* era encarada por muitos habitantes da cidade como irremediavelmente antiquada e, já na década de 1930, tinha dado lugar, na maioria dos casamentos judaicos na Polônia, a "peças clássicas leves ou até mesmo a canções populares em polonês ou iídiche, inclusive novas canções de autores judaicos que usavam temas judaicos porém em polonês".[46] Mesmo assim, os *klezmorim* continuaram a tocar em toda a antiga Zona de Residência russa e também na Galícia, Bucovina, Transilvânia e Rutênia Subcarpática.

As bandas tinham as próprias hierarquias, costumes e jargão. A *klezmer-kapel-ye** de cada cidade tinha o seu território, no qual um rival entraria por seu próprio risco. Alguns intérpretes eram profissionais em tempo integral; a maioria tocava em tempo parcial porque tinha outras ocupações, especialmente, por tradição, a de barbeiro. Tipicamente, a banda compreendia violinos, flauta, clarinete, trompa, pandeiro e tambor; às vezes, também tinha címbalo (saltério que se toca com baquetas), alaúde, contrabaixo e trompete. A música *klezmer* era influenciada por estilos folclóricos da vizinhança, especialmente turcos e ciganos, e algumas bandas tinham intérpretes ciganos. Nas cidades, eles tocavam em teatros, salões de dança, restaurantes, tabernas e bordéis. No território soviético, os músicos *klezmer* tocavam em restaurantes de propriedade privada no período da NEP e em casamentos na Ucrânia e na Bielorrússia até a década de 1930.

Como a maior parte da música folclórica não era registrada por escrito (muitos intérpretes *klezmer* não sabiam ler a notação musical), grande parte dela foi perdida, embora Beregovskii tenha gravado algumas bandas *klezmer*. Junto com o violinista M. I. Rabinovich, ele também ajudou a organizar o Grupo Nacional de Músicos Folclóricos Judeus em Kiev. Na ocasião *klezmer* já no final da casa do 60 anos, Rabinovich tinha aprendido a sua técnica com o pai, um famoso músico de meados do século XIX, nascido nos idos de 1807.[47] O grupo começou em 1937 como uma banda antiquada, mas foi dissolvido alguns meses depois, aparentemente em decorrência de distúrbios políticos na comunidade comunista ucraniana.

Em 1938, contudo, ele foi reorganizado em uma grande orquestra que fez turnês pela Crimeia e Ucrânia. Os músicos se apresentavam no palco com atores recitando *badkhones* de modo responsivo. Quando eles se apresentaram em Odessa, um crítico do *Emes* elogiou o "verdadeiro temperamento popular" do grupo, mas criticou a tentativa deles de "foxtrotizar este ou aquele tema folclórico".[48] O *Der Shtern* noticiou o seguinte a respeito de sua visita ao "distrito nacional" judaico de Naye-Zlatopol em 1939: "centenas de pessoas das fazendas coletivas do distrito foram juntas em automóveis e carroças. O teatro de verão ficou superlotado. No outro lado da cerca, um tipo peculiar de assentos de camarote foram improvisados nos caminhões".[49] O grupo apresentou pelo menos oito concertos de rádio e lançou discos de música *klezmer* que foram vendidos na Feira Mundial de Nova York em 1939-1940.

---

* *Kapelye* é "banda" em iídiche. (N.T.)

As tradições folclóricas musicais também sobreviveram e evoluíram nos Bálcãs. Em Salônica, o intérprete cego de *oud** Sadik Nehama Gershón (Maestro Sadik) se apresentava em judeu-espanhol e alcançou popularidade, particularmente com as canções de Moshé Cazés. A cantora grega Roza Eskenazi, que se tornou a mais aclamada intérprete de *rembetika* (canções do *demi-monde* grego), começou a sua carreira no palco do Grand Hotel em Salônica. Ela fez turnês em tabernas por todos os países dos Bálcãs, cantando melodias pungentes, orientais, jazz ordinário em grego, turco, judeu-espanhol e outras línguas, acompanhada por *bouzouki*,** cítara ou *baglama* (pequeno alaúde).

"Música degenerada"

Ao contrário da sabedoria antissemita convencional que afirmava que qualquer talento musical que os judeus pudessem ter era meramente interpretativo e não criativo, os judeus também estavam entre os compositores mais inovadores da época. Ernest Bloch, filho de um relojoeiro de Genebra, se destacou como "incontestavelmente um dos compositores contemporâneos cuja arte pode ser descrita com extrema legitimidade como autenticamente judaica", de acordo com o redator de um jornal judeu-francês em 1939.[50] Bloch tinha se mudado para os Estados Unidos durante a Primeira Guerra Mundial, mas voltou para a Europa em 1930. Ele morou na fronteira entre a França e a Suíça até dezembro de 1938, quando, alarmado com a ascensão do nazismo, voltou para os Estados Unidos, onde, com o tempo, foi proclamado "o mais famoso compositor de Oregon".

A música de Bloch frequentemente emprega formas litúrgicas, textos bíblicos e temas hassídicos ou outros temas folclóricos. Entre as suas composições sobre temas judaicos estão *Schelomo* (Salomão, 1916) para o violoncelo e *Avodath Hakodesh* (Serviço Sagrado), um arranjo da liturgia do *Sabbath* para barítono, coro e orquestra (1930-1933). Bloch negou que tivesse a intenção de "reconstruir" a música judaica "ou basear o meu trabalho em melodias mais ou menos autênticas. Não sou arqueólogo. É a alma judaica que me interessa, a alma complexa, ardente e agitada, que eu sinto vibrar em toda a Bíblia; o frescor e a ingenuidade dos Patriarcas, a violência que é evidente nos livros Proféticos, o amor selvagem do judeu pela justiça, o desespero do Pregador em Jerusalém, a tristeza e a imensidão do Livro de Jó, a sensualidade do Cântico dos Cânticos".[51] De qualquer modo, o próprio Bloch não tinha nenhuma dúvida da condição judaica da sua música.

---

* Espécie de alaúde ou bandolim tocado nos países árabes. (N.T.)
** Bandolim grego. (N.T.)

O caso de Arnold Schoenberg é mais complexo e, em virtude da sua importância para o modernismo musical, mais significativo. Schoenberg se tornara protestante em 1898. Ao contrário da conversão de muitos dos seus contemporâneos intelectuais vienenses, contudo, a de Schoenberg parece ter sido de consciência e não de conveniência.[52] Na realidade, enquanto o antissemitismo induziu alguns judeus a optar por deixar o judaísmo, no caso de Schoenberg, o conflito com o preconceito antijudaico causou o efeito oposto. Em 1921, ele e a família foram obrigados a sair de um *resort* só para não judeus situado na região de um lago austríaco. Dois anos mais tarde, depois de descobrir que o seu amigo íntimo, o pintor Wassily Kandinsky, havia expressado sentimentos antissemitas, Schoenberg escreveu para ele dizendo que "Nunca me esquecerei novamente [...] de que não sou alemão, não sou europeu, na verdade talvez eu mal seja um ser humano [...] mas sou um judeu".[53] A resposta de Kandinsky, na qual ele confirmou a sua amizade mas declarou, "Eu o rejeito como judeu", magoou Shoenberg e, embora eles tenham voltado a se encontrar uma ou duas vezes, permaneceram afastados pelo resto da vida.[54]

Em maio de 1933, antevendo a purificação racial da Academia Prussiana de Artes, onde ele era diretor de uma cadeira de composição musical, Schoenberg deixou Berlim. Dois meses depois, em uma cerimônia da sinagoga Liberal na rue Copernic em Paris, formalmente presenciada por Marc Chagall, ele foi readmitido na comunidade judaica. "Agora que voltei oficialmente para a comunidade religiosa judaica", escreveu ele para seu amigo e aluno Anton Webern, "é minha intenção [...] não fazer mais nada no futuro além de trabalhar para a causa nacional judaica".[55] Ao longo dos anos seguintes, Schoenberg dedicou uma considerável energia à formulação de propostas para a criação de um "Partido Judaico Unido", com uma programa não democrático, ultranacionalista. Ele se via como o seu profeta e, talvez, líder. Nada surgiu dessas ideias, mas elas são a prova do seu compromisso político judaico repentinamente inspirado, um envolvimento que também estava claramente registrado na criatividade artística de Schoenberg.

Os nazistas condenaram a música de Schoenberg, assim como a de todos os "não arianos", como "não alemã" e proibiram que ela fosse executada. Schoenberg reagiu com provocação. Na época da sua partida da Alemanha, ele estava trabalhando na ópera *Moses und Aron*, a qual, escreveu ele, confirmava a sua concepção de si mesmo como judeu.[56] Sua *Kol Nidre*, baseada na mais solene oração judaica, cantada com uma melodia tradicional no *Yom Kippur*, foi composta em 1938 no exílio em Los Angeles. Composta para coro, vocalização (*Sprechgesang*) e orquestra, ela foi escrita como reação ao que Schoenberg via como a excessiva sentimentalidade da *Kol Nidre* de Max Bruch (não judeu). Esta última permaneceu a interpretação mais famosa da melodia. Música judaica? Certamente aos olhos dos nazistas que enviaram ambas para a esfera da *entartete Musik* (música degenerada).

Não nebbish

Entartete Kunst (Arte Degenerada) foi o título de uma exposição patrocinada por Goebbels, que foi inaugurada em Munique em 1937. Supostamente ilustrativa dos efeitos corrosivos do espírito judaico e bolchevique sobre a arte, ela incluía obras de muitos artistas não judeus e não comunistas, inclusive um ou dois que tinham tentado bajular os nazistas. Os 650 itens da exposição foram pendurados ao lado de *slogans* zombeteiros nas paredes. Ela fez uma turnê pela Alemanha durante os três anos seguintes e acabou sendo vista por 4 milhões de pessoas. Entre as estrelas do espetáculo estavam artistas cuja vida e obras eram profundamente influenciadas por suas origens judaicas e outros cuja condição judaica só era detectável pelos taxonomistas raciais nazistas.

Se rejeitarmos o critério nazista, como poderíamos definir o artista judeu? Assim como na música e na literatura, a tentativa de especificar uma sensibilidade judaica exclusivamente judaica levou a conclusões palpavelmente absurdas. O artista judeu-alemão Hermann Struck declarou audaciosamente que Rembrandt era um artista judeu sob a alegação que o "sentimento que está na base [dos seus quadros] é judaico" e Struck inseriu *en passant* que "ele deve ter ascendência judaica".[57] "Uma vez além do representativo", escreve Irving Howe, "a 'condição judaica' da arte dos pintores judeus torna-se praticamente uma questão quase inexpressiva, dissolvida como está agora nas categorias do moderno."[58] O escultor Jacques Lipchitz, recordando a época que passou em Paris nas primeiras décadas do século, relembrou discussões apreensivas em torno da questão: "Em Paris [...] tínhamos uma sociedade de artistas judeus à qual eu pertencia [...] Frequentemente tínhamos reuniões para discutir a questão do que é a arte judaica. Ela existia? Chegamos à conclusão de que a arte judaica era um pouco *nebbish** — você sabe, decaída e melancólica... Eu disse que não era *nebbish* e que estava na hora de os outros superarem esse sentimento".[59] Independentemente do ponto de vista que possa ser adotado com relação ao problema da definição, não deve haver nenhuma dúvida a respeito da condição judaica da obra de pelo menos um grande artista do período.

---

* A palavra é também uma gíria em inglês, mas deriva do iídiche. Como o autor a colocou em *itálico* no original, ele está se referindo à palavra em iídiche. (N.T.)

A estrela de Marc Chagall subiu e caiu no decorrer do século passado. Chagall participou com Lipchitz e outros de uma exposição de artistas judeus em Paris em junho de 1939: ele exibiu *Ma maison natale*, na qual um crítico encontrou "uma graça, uma simplicidade de arte popular, realidade modificada pelo sonho poético". O quadro lembrou ao crítico as primeiras obras de Chagall, nas quais ele havia iniciado "um estilo judaico na pintura moderna".[60] Um crítico mais recente, contudo, considera o trabalho de Chagall como original apenas no tema, não na forma.[61] Essa é uma avaliação mesquinha e inexata.

Em Paris, entre 1911 e 1914, Chagall descobriu e ingressou no mundo do modernismo artístico. Ele estava profundamente influenciado pela sua formação hassídica e, no "caos mágico" das suas telas, ele voltava incessantemente à sua cidade natal, Vitebsk.[62] Na realidade, ele não era de modo algum o primeiro artista judeu a adotar a vida da *shtetl* tradicional do povo judeu como tema para a pintura. Maurycy Gottlieb (1856-1879), de Drohobycz, foi um dos vários precursores nesse aspecto. O que era original no trabalho de Chagall não eram de modo algum os seus temas e sim, pelo contrário, o que ele fazia com eles.

Os primeiros quadros de Chagall incluíam várias versões de *Sobre Vitebsk* (1914-1918), nos quais um velho mascate judeu, literalmente um *luftmensh*, flutua sobre a cidade deserta, coberta de neve; *Die Erinnerung* (1914), no qual o velho mascate reaparece carregando nas costas não um fardo e sim a sua casa inteira; *O Vendedor de Jornais* (1914), no qual um homem barbado pálido, de rosto magro, com um boné de pala exibe um conjunto de textos, entre eles o *Moment* iídiche; e *Portões do Cemitério* (1917), no qual o que parece ser o anjo da morte paira como um morcego sobre os portões gravados em hebraico do cemitério. Desenhos como *O Casamento Judaico* (depois de 1910) e *O Rabino de Vitebsk* (1914) são valiosos para o historiador como documentos sociais dos momentos finais da *shtetl* antes dos golpes abaladores que começaram com a Primeira Guerra Mundial. "Que esse 'buraco judaico', sujo e fedorento, com as suas ruas tortuosas, as suas casas cegas e as suas pessoas feias, curvadas pela pobreza, possa ser assim adornado de charme, poesia e beleza aos olhos do pintor — é o que ao mesmo tempo nos encanta e nos surpreende", foi o veredicto do crítico Alexandre Benois.[63]

Chagall, contudo, era mais do que um fabricante nostálgico de esquisitices populares e fantásticas, embora ele também fosse capaz de produzi-las, em enormes quantidades, e frequentemente em um alto nível, como nas suas ilustrações das histórias de Der Nister (1916) e nas suas numerosas representações de músicos *klezmer*. Em 1918, tendo abraçado fervorosamente a revolução, Chagall voltou para Vitebsk depois de onze anos de ausência e foi nomeado comissário de assuntos artísticos. Esse período de florescimento artístico liberado e experimental na Rússia soviética foi o mais tumultuado, mas também o mais criativo da vida de Chagall. Ao inaugurar a Escola de Arte do Povo na cidade, ele declarou que "as portas do santo dos santos científico e artístico" estariam abertas para todos os trabalhadores, "esses antigos proscritos da vida".[64] O próprio Chagall dirigiu e lecionou na escola durante dois anos até que discussões políticas e estéticas o levaram a partir. No início da década de 1920, ele projetou cenários para o teatro iídiche em Moscou que ainda existem e que até mesmo os seus críticos reconhecem como estando provavelmente entre as suas maiores realizações.

Em 1923, ele voltou para a França, onde permaneceu até a Segunda Guerra Mundial. Os anos 1930 talvez tenham sido a década mais intensamente judaica de Chagall. Em 1931, ele viajou para a Palestina na companhia de Bialik e se envolveu com temas bíblicos. Em 1935, visitou Vilna, onde compareceu a uma conferência do YIVO, conheceu poetas iídiches e desenhou a Grande Sinagoga. Em 1938, ele publicou um longo poema autobiográfico (não muito bom) em iídiche no *Literarishe bleter*.[65]

Também em 1938, ele pintou *Crucificação Branca*, obra na qual um judeu, com uma espécie de tanga semelhante a um *talles* (xale de oração), é martirizado na cruz, enquanto ao seu redor existem cenas de *pogrom*, incêndios criminosos, caos, pilhagem e sacrilégio, dos quais refugiados estão fugindo por terra e por mar. Embora Chagall tivesse se inspirado em eventos contemporâneos que estavam ocorrendo na Alemanha, as figuras são claramente de *Ostjuden*, semelhantes àquelas de Vitebsk nos primeiros quadros de Chagall. Benoir chamou merecidamente essa obra colérica, eloquente e aterradora de "um documento da alma da nossa época".[66]

Mundo, boa noite

Depois de 1933, os judeus no Terceiro Reich foram expulsos da cultura alemã mesmo antes de ser obrigados a deixar o território alemão. Os autores judeus não podiam mais publicar livros em alemão; os atores e músicos judeus não podiam mais fazer apresentações, a não ser os seus companheiros judeus; os dramaturgos e acadêmicos também foram silenciados. Muitos foram enviados para o exílio.

No noite do domingo da Quinquagésima (o último antes da Quaresma) de 1933, a noite da véspera da entrada em vigor da proibição das apresentações públicas de judeus, a contralto judia Paula Lindberg participou de um concerto, transmitido da Thomaskirche em Leipzig, da cantata 159 de Bach, "Sehet, wir geh'n hinauf gen Jerusalem". O concerto de uma série que foi transmitida ao vivo para toda a Alemanha. A igreja, na qual Bach fora maestro de coro e onde ele está enterrado, estava lotada. Os meninos de coro usavam braçadeiras com suásticas. A ária para baixo "Es ist vollbracht" (Está Realizado), que termina com as palavras "*Welt, gute nacht*" ("Mundo, boa noite"), relembrou Paula Lindberg mais tarde, "não deixou apenas a mim, mas muitos, muitos que ouviram a cantata no dia 19 de março de 1933 no rádio, em particular os ouvintes judeus, com a clara sensação de que esse era um *Menetekel*, uma espécie de sinal do perigo que ameaçava os judeus".[67] "Muitos, muitos" — mas de modo nenhum todos, como ela refletiu posteriormente com tristeza.

Para propiciar a produção cultural exclusivamente apresentada por judeus e para judeus, o governo alemão permitiu, em junho de 1933, a formação de uma organização especial, a Kulturbund Deutscher Juden (mais tarde, ela foi obrigada a mudar o nome para Jüdische Kulturbund, já que os judeus não tinham permissão para chamar a si mesmos de "alemães"). Ela operou durante a maior parte da sua história sob o controle do Ministério do Reich para o Esclarecimento Popular e Propaganda de Goebbels mas obteve certa autonomia, desde que seguisse as diretrizes gerais. A organização foi fundada em uma reunião na Sinagoga Fasanenstrasse em Berlim em agosto de 1933, à qual compareceram centenas de artistas, atores, músicos e os mais diversos tipos de trabalhadores da área cultural, tendo sido presidida pelo proeminente crítico dramático Julius Bab. Cada cidade importante com uma comunidade judaica significativa tinha a sua própria sucursal da organização. Foram estabelecidos departamentos separados para teatro, música, palestras, sessões de cinema e outras atividades. No seu auge, a Kulturbund patrocinava três trupes teatrais, uma companhia de ópera, duas orquestras sinfônicas, coros e grupos de música de câmara. Ela também organizava palestras e exposições de arte. Ela empregava, em determinado momento, 2.500 artistas para um público de 70 mil pessoas (provavelmente cerca da metade dos judeus adultos remanescentes no país no final da década) em cerca de cem cidades.[68]

O chefe da organização de 1933 a 1938 foi Kurt Singer. Um homem baixo de cabelos prateados com uma inclinação para o sarcasmo, ele se formara em medicina antes de se tornar superintendente do teatro lírico de Berlim-Charlottenburg. O diretor musical de 1936 a 1941 foi o vienense Rudolf Schwarz, ex-maestro de orquestras de ópera em Dusseldorf e Karlsruhe. Junto com outros, esses homens, em condições quase impossíveis, criaram um dos fenômenos culturais mais intrépidos da época.

Nos primeiros anos, as seções de ópera e de música da Kulturbund executavam Mozart e Richard Strauss, bem como os oratórios de Handel *Judas Maccabaeus, Israel no Egito* e *Saul*. "Por motivos de diplomacia", como disse Singer, eles se abstiveram de apresentar Wagner.[69] Em anos posteriores, a Kulturbund não teve mais permissão para executar "música alemã". No entanto, exatamente o que era incluído ou excluído sob essa rubrica era uma questão de delicada interpretação. Com o tempo, Bach, Mozart e Beethoven foram colocados na lista proibida. Mendelssohn, contudo, não ariano pelos padrões nazistas embora cristão desde o nascimento, aparecia frequentemente nos programas da Kulturbund. Canções de Schubert com textos de Heine eram considerados suficientemente judaicos para que pudessem ser incluídos nos programas da Kulturbund. E Handel, que não tinha nenhum sangue judeu, nunca foi proibido.

Gravações de alguns desses concertos subsistem. A qualidade do som não raro é sofrível, mas existe uma tensão palpável que as torna únicas na história da música gravada. Cada intérprete e cantor parece se apresentar (o que qualquer intérprete e cantor sempre deve fazer, embora poucos consigam) como se fosse tanto a primeira quanto a última vez que estava interpretando a composição. E o público, cuja reação frequentemente pode ser detectada até mesmo nas gravações sonoras, transmitem a sensação, particularmente depois de novembro de 1938, de que essas ocasiões eram os poucos momentos preciosos de liberdade espiritual que lhes restavam no que era, sob outros aspectos, uma existência enjaulada.[70] É impossível para qualquer pessoa sensível ouvir essas gravações sem ficar profundamente emocionada.

A sessão de teatro era dirigida por Bab, que, em uma carta particular em junho de 1933, insistiu em que as apresentações da organização tinham que ser tão magníficas "que os alemães teriam que ficar envergonhados de si mesmos".[71] Em outubro de 1933, o Jüdisches Kulturtheater da Kulturbund apresentou, como a sua primeira produção em Berlim, *Nathan der Weise* de Lessing. Ao longo dos anos seguintes, o repertório incluiu Shakespeare, Molière, Shaw e Ibsen, bem como peças de autores judeus (Stefan Zweig, Sholem Asch, S. An-sky e outros) e/ou temas judaicos. Gradualmente, a censura endureceu. Primeiro, obras de comunistas e outros antinazistas foram proibidas. Em seguida, dramaturgos como Schiller foram proibidos sob a alegação de que a encenação de suas obras por judeus era um sacrilégio. Com o tempo, todas as obras de "arianos" foram vetadas.

A Kulturbund proporcionou um meio para que os judeus continuassem a explorar esferas da mente e do espírito. O isolamento forçado das correntes mais amplas da cultura alemã na qual eles tinham desempenhado um papel tão significativo era doloroso. No entanto, em certo sentido, era liberador, já que as musas em geral estavam sendo envenenadas pelos seus novos amos.

Em todas as artes, como na vida, os judeus estavam sendo impelidos para o exílio ou de volta para o gueto.

– 14 –

OS JOVENS

Mundos secretos

Os judeus eram como todas as outras pessoas, costumava dizer Chaim Weizmann, só que um pouco mais. As crianças judias também eram superficialmente semelhantes às não judias. No entanto, no momento em que cavamos debaixo da superfície, encontramos diferenças que surgiram das prolongadas influências da cultura judaica tradicional, da natureza predominantemente urbana da sociedade judaica e das condições socioeconômicas que impeliam os judeus a buscar a mobilidade ascendente por meio da educação.

Embora a vida diária das crianças judias fosse semelhante à das outras, ela ainda se expressava com frequência em uma linguagem diferente — o iídiche ou o judeu-espanhol. Assim como as outras, elas recebiam um beliscão na bochecha (*a knip in bekl*) e um afago no cabelo (*a glet ibern kepl*). Elas ouviam contos populares semelhantes, como "Babele-ber" (Vovó Ursa, uma versão de "Chapeuzinho Vermelho"), e brincavam as mesmas brincadeiras — mas na sua própria língua.

As crianças judias na Europa oriental, como as do mundo inteiro, tinham seus próprios mundos secretos de rimas, charadas e cânticos, como na canção de contar iídiche de Varsóvia:

> *Eyns-tsvey, politsey.*
> Um-dois, polícia.
> *Dray-fir, ofitsir.*
> Três-quatro, oficial.
> *Finef-zeks, alte heks.*
> Cinco-seis, velha bruxa.

Zibn-akht, a gute nakht.
    Sete-oito, boa noite.
Nayn-tsen, shlofn geyn.[1]
    Nove-dez, pegar no sono.

Não raro, elas eram simplesmente versões em iídiche de rimas infantis comuns em muitas línguas, como "Patshe, patshe, kikhelekh" (brincadeira de bater as mãos no ritmo da música) ou "Rode, rode rane", cantada com a música de "Ring a Ring a Roses".[2] Outras eram compostas em iídiche, como um poema para crianças muito apreciado de Bialik, "Unter di grininke beymelekh" (Debaixo das Pequenas Árvores Verdes):

Unter di grininke beymelekh
    Debaixo das pequenas árvores verdes
shpiln zikh Moyshelekh, Shloymelekh.
    Moyshes e Shloymes estão brincando.
Tsitsis, kapotelekh, payelekh,
    *Tsitsis,** casacos longos, cachos laterais,
yidelekh frish fun di eyelekh.[3]
    Pequenos judeus que acabam de sair dos ovos...

"O direito da criança de morrer"

Dando um desconto para o caráter frequentemente romântico e mitológico associado à família judaica, provavelmente é verdade que a maioria das crianças judias encontrava em casa uma atmosfera particularmente carinhosa e solidária. Até certo ponto, isso pode ser medido nas estatísticas médicas. A mortalidade infantil era mais baixa entre os judeus do que nas populações urbanas circundantes, até mesmo considerando as diferenças no grau de urbanização e de classe social. Em Budapeste, na década de 1930, as crianças da classe trabalhadora judaica estavam muito menos propensas a morrer no início da infância do que as não judias; analogamente, o mesmo acontecia no caso dos burgueses judeus e não judeus.[4] Consta que as crianças judias tinham uma mortalidade especialmente baixa, "no que dizia respeito às infecções gastrointestinais e respiratórias que eram evitáveis ou receptivas ao tratamento com os métodos e as terapias conhecidos na época, de modo que os maiores cuidados dos judeus para preservar e restaurar a saúde das

---

* Roupas íntimas orladas usadas por homens judeus devotos.

crianças podiam ser, em grande medida, considerados responsáveis pelos diferenciais de mortalidade observados".[5]

Outros dados contam uma história semelhante. A taxa de infanticídio era bem mais baixa do que a da população em geral.[6] O número de mães judias que amamentavam os filhos era maior do que o de não judias. As taxas de ilegitimidade eram mais baixas entre os judeus. O castigo corporal das crianças, embora ainda difundido tanto no lar quanto na escola, era provavelmente menos predominante e menos brutal entre os judeus.

Por que os judeus tinham esse tipo de comportamento? A atribuição popular dessa conduta a normas morais supostamente tradicionais é dúbia, considerando-se que eram exatamente nos setores menos tradicionais da sociedade judaica que essas tendências mostravam-se particularmente em evidência. Outras possíveis explicações sugerem a si mesmas. O uso mais difundido do controle da natalidade entre os judeus, especialmente os mais modernizados, que resultavam em famílias menores, significava que as crianças judias podiam receber mais atenção dos pais. Como já mencionamos, um número menor de pais judeus costumava ficar habitualmente embriagado, especialmente em países como a Rússia, onde o alcoolismo era um importante mal social entre os não judeus. Possivelmente as poderosas tendências entre os judeus urbanizados, secularizados, em direção à mobilidade social e à gratificação retardada também se estendiam ao longo de gerações e os levava a dedicar um cuidado maior aos filhos como um investimento no futuro.

Embora as crianças judias da Europa oriental tivessem uma taxa de mortalidade infantil mais baixa do que a da população em geral, elas sofriam de muitos males associados à extrema pobreza urbana. Há informações de que mais da metade dessas crianças na Polônia, em 1922, estavam com verminose. Na Lituânia, em 1928, mais de um quarto exibia sintomas de raquitismo entre as idades de 4 e 6 anos.[7] O ambiente predominantemente urbano dos judeus encarcerava muitas crianças judias em condições densamente apinhadas, não raro em cortiços miseráveis. Em Kovno, no final da década de 1930, somente 21% das crianças judias dormiam sozinhas na cama; as restantes tinham que compartilhar o leito.[8]

A pior posição era a dos órfãos, particularmente na URSS e na Polônia no início da década de 1920. Muitos orfanatos eram repugnantes, pouco mais do que locais de despejo para crianças abandonadas, frequentemente com um nascimento ilegítimo. Outras instituições faziam o melhor que podiam, mas, com minúsculos orçamentos, enfrentavam dificuldades quase impossíveis. O orfanato Allatini em Salônica, por exemplo, tinha que recusar várias crianças por ano por causa do seu déficit acumulado, que se tornou ainda mais crítico depois que a subvenção municipal foi reduzida à metade a partir de 1934.[9]

Um dos pioneiros dos cuidados progressivos dos órfãos foi Zinovy Kisselgoff, que dirigia um Lar para Crianças Judias em Leningrado e uma Escola Nacional Judaica afiliada. Durante algum tempo, a escola usou o iídiche como o veículo de instrução, mas logo o abandonou porque poucos alunos o sabiam bem o bastante. A dedicação de Kisselgoff e a sua atitude liberal com relação aos tutelados eram amplamente admiradas. Na Rússia stalinista, isso não o salvou. Ele foi preso em 1937. Foi solto um ano depois, e Shlomo Mikhoels o enalteceu em uma festa comemorativa, na qual, infelizmente, Kisselgoff pegou uma gripe, vindo a falecer quinze dias depois. De qualquer modo, essa foi a explicação oficial da sua morte. Outro reformador social foi Vita Levin, diretor de uma escola para crianças judias mentalmente doentes ou com problemas de aprendizado, que foi fundada em Vilna em 1928 para cuidar de um grupo a quem o governo da Polônia prestava pouco auxílio.

As mais famosas experiências no desenvolvimento da criança judia ocorreram na rua Krochmalna 92, em Varsóvia, onde Janusz Korczak dirigia o lar de órfãos Dom Sierot. Korczak fundou o orfanato em 1912 e projetou o seu prédio, onde morava em um quarto no sótão. Tendo se especializado em medicina e psicologia infantil em Varsóvia, Berlim, Paris e Londres, Korczak articulou o que tem sido chamado de "reverência exaltada, quase religiosa, pelos direitos das crianças".[10] "A criança", escreveu ele, "é como um pergaminho repleto de minúsculos hieróglifos, e só somos capazes de decifrar uma parte dele."[11]

Korczak preconizou uma "Magna Carta" dos direitos das crianças, cujos "três direitos básicos" eram os seguintes:

1. O direito da criança de morrer.
2. O direito da criança ao dia de hoje.
3. O direito da criança de ser o que ela é.[12]

O primeiro deles, impressionante e chocante à primeira vista, na realidade indica a sua confiança na capacidade das crianças de enfrentar a realidade. Ele queria dizer que as crianças com doenças terminais não deveriam ser enganadas a respeito da natureza do seu estado (Korczak escreveu esse texto anos antes de conduzir os seus tutelados em uma marcha em direção ao campo de extermínio).

Na sua ênfase nos direitos das crianças, Korczak seguia outros psicólogos infantis avançados, mas levava as ideias deles adiante nos seus textos e os colocava em prática nas diversas instituições infantis com as quais estava associado. No orfanato de Varsóvia, as crianças eram incentivadas, desde uma tenra idade, a assumir a responsabilidade de cuidar de si mesmas, de limpar e ajudar na cozinha, na sala de jantar (onde Korczak também trabalhava, tirando a mesa), na biblioteca ou tomando conta de crianças mais fracas, mais novas ou doentes. Um parlamento eleito das crianças formulava regras disciplinares. As violações eram julgadas por um tribunal de crianças. Embora nunca tenha sido membro de um partido político, Korczak desenvolveu uma simpatia pelo sionismo e, em 1938, proferiu palestras em um seminário do movimento de jovens marxista-sionista Hashomer Hatsair (Jovem Guarda). Suas ideias e seu exemplo exerceram grande influência nos judeus e na sociedade polonesa mais ampla.

Arop dem rebbn!

Desde o Iluminismo, os judeus olhavam para a educação secular como um meio de ingressar na sociedade não judaica e de avançar nela. A emancipação levou os judeus a abraçar as oportunidades, agora disponíveis para eles, de saltar para as elites tecnocráticas e das profissões liberais. Com o início da Grande Depressão e a consequente limitação das economias domésticas dos pequenos negociantes e artesãos, a instrução foi agarrada como a via de escape mais promissora em direção à sobrevivência social. Em todos os níveis, os judeus se tornaram muito mais instruídos do que os não judeus, até mesmo do que os outros habitantes urbanos, mas no decorrer do processo de aprendizado, os judeus começaram a perder muitos dos seus traços anteriormente característicos.

Quase todas as crianças judias na década de 1930 frequentavam a *heder* (escola primária judaica) somente em tempo parcial ou a abandonavam totalmente em prol das escolas seculares do Estado. Na França, praticamente todas fizeram isso. Na Polônia, pelo menos 70% recebiam a educação primária nas escolas públicas (percentuais mais baixos, às vezes citados, estão baseados na dupla contagem de alunos que frequentavam à tarde escolas judaicas suplementares).[13] Níveis mais elevados de matrícula em escolas judaicas eram encontrados na Lituânia, onde mais de 90% das crianças judias se matriculavam nessas escolas, e também na região eslovaca da Tchecoslováquia, onde cerca de metade das crianças judias frequentava as mais ou menos setenta escolas elementares judaicas sectárias na década de 1920. No entanto, em ambos os países, as escolas judaicas declinaram na década de 1930, embora desfrutassem do apoio financeiro do Estado. Na Romênia, as escolas iídiches se extinguiram totalmente até 1939, embora houvesse sessenta escolas hebraicas afiliadas à rede Tarbut. No entanto, essa rede estava tão abalada por problemas financeiros, e a obstrução do governo era tão difundida, que o seu copresidente na Romênia declarou em 1937 que eles estavam começando o novo ano escolar "com desespero".[14]

O único país da Europa no período entreguerras a adotar uma política sistemática, em grande escala, que promovia as escolas judaicas sob o patrocínio do Estado foi a União Soviética. Pelo menos metade das crianças judias na Bielorrússia e uma proporção ainda maior na Ucrânia frequentavam escolas em idioma iídiche no início da década de 1930. No todo, estima-se que 1.800 escolas usando o iídiche como o veículo de instrução na URSS em 1931 educavam cerca de 130 mil alunos.[15]

A base dessa política não era, é claro, uma sensibilidade com relação à religião judaica (ou qualquer religião, por sinal). Essas escolas eram estritamente seculares. Na verdade, elas surgiram como um subproduto da política da *korenizatsiia*, por meio da qual o regime soviético buscava se tornar agradável para as regiões não russas do país incentivando línguas e culturas locais.

As escolas iídiches eram fundadas principalmente nas *shtetlakh* e nas cidades da antiga Zona de Residência com grandes populações judaicas. Em Minsk, na década de 1920, a frequência nessas escolas não era completamente voluntária: na realidade, em 1924, as crianças falantes do iídiche na cidade eram obrigadas a frequentar escolas iídiches, embora nem todas concordassem.[16] Cerca de metade das crianças judias na cidade frequentava escolas iídiches no final da década de 1920; os pais das restantes preferiam enviá-las para escolas russas (não bielorrussas), que eles achavam que iria melhorar as chances delas na sociedade soviética.

A principal força motriz no crescimento das escolas iídiches soviéticas era, na verdade, menos o entusiasmo dos judeus pelo iídiche em si do que a extrema relutância dos pais judeus na Bielorrússia e na Ucrânia em confiar os filhos a escolas nas quais o veículo de instrução era o bielorrusso ou o ucraniano, já que os judeus aparentemente consideravam os dois idiomas línguas camponesas incivilizadas. Na Rússia, onde as escolas em língua russa estavam agora irrestritamente abertas aos judeus, escolas iídiches eram encontradas apenas na Crimeia (naquela época parte da Federação Russa) e na Região Judaica Autônoma de Birobidzhan.

As aulas nas escolas iídiches soviéticas ocorriam no *Sabbath* e nas festas religiosas, embora em Minsk, no final da década de 1920, muitas crianças se abstivessem de escrever aos sábados, e a frequência declinasse notadamente nos dias religiosos importantes.[17] Depois de 1929, contudo, a pressão antirreligiosa se intensificou: as crianças eram proibidas de levar *matzah* para a escola durante o feriado do *Pessach* e recebiam *bagels* para comer.

O programa dessas escolas continha pouco conteúdo judaico. A propaganda e os *slogans* antirreligiosos eram comuns: "Arop dem rebbn!" ("Abaixo o *rebe*!"),

"Contra o *matzoh*, contra o *seder*, contra as roupas do *Pessach*!".[18] A história judaica foi dissolvida em história geral e apresentada dentro de uma perspectiva marxista-leninista. A língua e a literatura iídiches eram ensinadas, mas o número de horas por semana dedicadas a elas ia diminuindo a cada série — de nove na primeira série para quatro na sexta. Da sétima a décima série, o iídiche ainda era usado como veículo de instrução, mas a língua e a literatura não eram simplesmente ensinadas, sendo totalmente substituídas pelo ucraniano ou bielorrusso.

Os textos predefinidos incluíam os escritores iídiches clássicos, Shalom Aleichem, Mendele e Peretz, bem como autores vivos, principalmente soviéticos ou esquerdistas, como Dovid Bergelson, Dovid Hofshteyn e Moshe Kulbak, mas também alguns outros, como Sholem Asch — pelo menos até ele ser acusado de "mediocridade fascista". Elye Falkovitch perdeu o cargo de docente no Instituto Pedagógico de Moscou em 1938 por defender a inclusão de Bialik e Asch na tradição literária.[19]

As escolas tomavam cuidado para evitar qualquer implicação de separatismo nacionalista. Moshe Levitan, diretor do Departamento de Educação Judaica de *Evseketsiia* até a sua dissolução em 1930, enfatizou que a educação iídiche na URSS era fundamentalmente diferente da oferecida pelos iidichistas "pequeno-burgueses" de outros lugares. No entanto, historiadores chegaram à conclusão de que as escolas iídiches da União Soviética "tinham um efeito nacionalizante" e que os seus alunos "sentiam mais a sua condição judaica do que as crianças judias que não frequentavam escolas iídiches".[20]

A partir do início da década de 1930, contudo, a rede de escolas iídiches soviéticas declinou. Uma série de razões foram apresentadas: a liquidação da *Evsektsiia*, que privou as escolas iídiches de patrocinadores dentro da elite dominante; o contínuo deslocamento dos judeus das *shtetlakh* para grandes cidades fora da antiga Zona de Residência, especialmente Moscou e Leningrado; e os expurgos do final da década de 1930.

Uma das razões, contudo, parece ter sido a mais importante: a relutância de um grande número de pais judeus em enviar os filhos para escolas iídiches. Em 1936, um visitante da URSS, nascido na Rússia,

> viu como os seus tios e primos, cuja língua era o iídiche, falavam com os filhos e netos em russo. Quando lhes perguntava o motivo, eles respondiam: "Se falarmos com as crianças em iídiche, elas serão enviadas pelas autoridades escolares locais para escolas de língua iídiche, mas se falarmos com elas em russo, elas poderão afirmar que a sua língua materna é o russo e poderão ir para uma escola de língua russa. Existem mais *takhles* [benefícios materiais] em uma escola russa do que em uma escola iídiche".[21]

Essa falta de entusiasmo pelo iídiche era ao mesmo tempo racional e natural. O caminho para o sucesso na sociedade soviética, particularmente para aqueles que almejam ascender nas novas elites, era predominantemente por intermédio da língua russa. Depois do abandono da *korenizatsiia* a partir de 1933, as escolas em língua russa se tornaram amplamente disponíveis na Bielorrússia e na Ucrânia. Consequentemente, os judeus, especialmente nas grandes cidades, abandonaram as escolas iídiches. Em Kiev, por exemplo, três delas fecharam em 1935 porque os pais optaram pela educação na língua russa.

Em julho de 1938, o Soviete Supremo da Bielorrússia encerrou abruptamente o *status* oficial do iídiche na república e fechou todas as escolas e instituições sociais iídiches. Em Minsk, o jornal iídiche local, até então um defensor das escolas iídiches, de repente começou a se queixar de que os "inimigos do povo" vinham "tentando impor a iidichização artificial" e "obrigando os pais judeus a enviar os filhos para escolas judaicas".[22] No ano escolar 1938-1939, cerca de 75 mil alunos permaneciam em escolas iídiches na URSS, o que equivale, segundo as estimativas, a 20% das crianças judias soviéticas em idade escolar na época. No entanto, os planejadores educacionais na Ucrânia parecem ter enxergado algum futuro para elas, já que os livros escolares continuaram a ser publicados no idioma até 1941.[23] Institutos pedagógicos iídiches ainda funcionavam em Kalinindorf e Dnepropetrovsk no sul da Ucrânia, assim como seções dos institutos em Moscou e Odessa. Mas, a essa altura, a educação iídiche na União Soviética já estava com os dias contados.

"A Polônia providenciará"

A programação educacional judaica mais altamente desenvolvida — embora, assim como no sistema iídiche soviético, ela atendesse a uma minoria de crianças judias — era encontrada na Polônia. No entanto, ao contrário do sistema soviético, ela surgiu sem o apoio do governo, em grande medida como resultado de iniciativas privadas e comunitárias.

Na realidade, a educação judaica na Polônia enfrentava uma considerável obstrução da parte do governo. Isso acontecia apesar do artigo 9 do Tratado das Minorias, imposto, em 1919, pelos Aliados ao Estado renovado, que declarava que "A Polônia providenciará no sistema educacional público, em cidades e distritos nos quais uma proporção considerável de cidadãos poloneses falantes de outra língua que não o polonês sejam residentes, instalações adequadas para assegurar que, nas escolas primárias, os filhos desses cidadãos poloneses recebam a instrução por intermédio do veículo da língua deles".[24] Na questão das verbas para a escola minoritária, assim como em outras esferas, o tratado era mais violado do que respeitado. O único passo em direção à implementação concedido pelo governo foi a criação de escolas primárias *szabasówki* ou *shabasurka* nas áreas de elevada concentração judaica, as quais, ao contrário das outras escolas públicas, ficavam fechadas no *Sabbath*. O ensino nessas escolas era em polonês, não em iídiche, e o programa era idêntico ao do sistema geral. Indistinguível, em quase todos os aspectos, das outras escolas, as *szabasówki* aceleraram a polonização da juventude judaica em vez de promover uma cultura minoritária. Elas foram desativadas na década de 1930; em 1938, restavam apenas cerca de sessenta delas.[25]

Nesse meio-tempo, em 1934, o governo polonês anunciou na Liga das Nações que iria, a partir de então, se recusar a cooperar com organizações internacionais no sistema de proteção das minorias. Embora a Grã-Bretanha e a França declarassem que esse repúdio unilateral do tratado era inválido, não havia nada que elas pudessem ou se dispusessem a fazer, de modo que dali para a frente o tratado ficou, na prática, extinto.

Pelo menos dois terços das crianças polonesas em idade escolar (ensino fundamental e médio) em meados da década de 1930 estudavam em escolas públicas. Na Galícia, onde a população judaica, especialmente em Cracóvia, era altamente polonizada, o percentual chegava a 95%. Os níveis mais baixos de frequência judaica nas escolas públicas eram encontrados nas partes menos polonizadas do país, no Kresy (províncias orientais), embora até mesmo lá uma maioria frequentasse as escolas do governo.

Em resposta ao pedido de muitos pais de que fossem oferecidas formas judaicas de educação, três tipos principais de escolas emergiram na Polônia e na Lituânia: religiosas, iídiche-seculares e sionista-hebraicas. Cada uma era associada a uma perspectiva ideológica particular, e cada uma estava dirigida para um setor específico da sociedade judaica.

O maior dos três sistemas era o sistema religioso associado aos agudistas: Khoyrev para meninos e Beys Yankev para meninas. Em 1937-1938, as 462 escolas Khoyrev (sem contar as *yeshivot*) tinham 57 mil alunos matriculados, e as escolas Beys Yankev, 35 mil alunas.[26] No entanto, elas eram todas escolas dos primeiros anos do ensino fundamental ou com aulas vespertinas, não raro pouco mais do que *hadorim* disfarçadas. Temas religiosos judaicos, inclusive a Bíblia, o Talmude, a história judaica, a liturgia, todos ensinados em iídiche, dominavam o programa, embora devido à pressão do governo, algumas matérias seculares também fossem lecionadas, geralmente em polonês. O sistema Khoyrev era relativamente descentralizado, e o controle financeiro coordenado era pequeno. Depois de 1929, as escolas sofreram devido ao colapso do apoio financeiro dos Estados

Unidos. Tanto o sistema Khoyrev quanto o Beys Yankev gastavam menos por aluno do que os sistemas das escolares seculares. Uma indicação significativa da importância relativa que os ortodoxos atribuíam à educação das meninas é o fato de que a média de gastos *per capita* nas escolas Khoyrev para meninos era mais de 60% superior à das escolas Beys Yankev.[27]

O segundo maior sistema era o Tarbut hebraísta, com 543 escolas e 48 mil alunos em 1937-1938. Como no caso dos grupos religiosos, um grande número dessas escolas (276) tinha apenas aulas à tarde. O Tarbut estava voltado principalmente para os Sionistas Gerais. O idioma das aulas era o hebraico, mas, por insistência do governo, a língua, a literatura e a história polonesas eram ensinadas em polonês. O programa incluía aulas sobre a Bíblia ministradas por professores seculares que tinham a tendência de acentuar os aspectos nacional-históricos da escritura. Ao contrário das escolas religiosas, o Tarbut enfatizava o treinamento físico, refletindo o valor que os sionistas atribuíam ao efeito regenerativo do trabalho. Enquanto o modelo de emulação proposto pelas escolas religiosas era o rabino/erudito, o Tarbut apresentava como tipo ideal o *halutz* (o "pioneiro" na Terra de Israel). As crianças nessas escolas tendiam a vir de lares com uma condição melhor, refletindo a base de bastante apoio para o sionismo da classe média. Consequentemente, as escolas Tarbut extraíam uma parte maior da sua receita das anuidades pagas pelos alunos do que outras escolas judaicas.

O terceiro sistema em tamanho era a rede iidichista-secular TSYSHO (*Tsen*trale *yidishe shul organizatsye*), associada ao Bund e ao Poalei Zion da Esquerda. Suas 169 instituições, das quais 65 eram escolas vespertinas, educavam 16 mil alunos. O iídiche era a língua usada para lecionar quase todas as matérias, mas o idioma e a literatura polonesa ocupavam um lugar proeminente no programa. O hebraico era uma disciplina eletiva nas séries mais adiantadas. Matérias religiosas como o estudo da Bíblia e do Talmude não eram oferecidas, e o Tsysho rejeitava os pedidos dos inspetores oficiais de que a religião fosse incluída no programa.[28] A primeira escola secundária iídiche na Polônia, o Realgymnasium em Vilna, que contava com trezentos alunos em 1938-1939, era o maior orgulho do TSYSHO. Em Varsóvia, com os seus 375 mil judeus no final da década de 1930, o TSYSHO deixou de fundar uma escola iídiche de ensino médio. O historiador do TSYSHO, um de seus ex-líderes, culpa as autoridades da cidade por se recusarem repetidamente a dar a permissão necessária.[29] Como resultado, a única escola secundária na capital polonesa na qual o iídiche era ensinado era o estabelecimento independente Ginásio Zofia Kalecka para Moças.

O sistema TSYSHO enfrentava hostilidades por todos os lados. A ala esquerda Com-Bund se opunha às escolas iídiches sob a alegação de que a classe trabalhadora judia não deveria se separar dos seus confrades proletários poloneses. Os ortodoxos desprezavam o TSYSHO como um ninho de irreligião, os sionistas o encaravam como um perigoso rival e o governo o temia como um viveiro de revolução. Os representantes sionistas no parlamento e nas municipalidades às vezes votavam contra verbas para escolas iídiches, já que as consideravam emanações do Bund. Os inspetores oficiais frequentemente rejeitavam as qualificações de professores, determinavam que fossem feitos reparos dispendiosos nos prédios, exigiam que os conselhos diretores conduzissem as suas reuniões em polonês em vez de em iídiche, e até mesmo fechavam completamente algumas escolas.

As escolas TSYSHO sofriam cronicamente de dificuldades financeiras, já que atendiam principalmente os segmentos mais pobres da população. Enquanto o Tarbut extraía 86% da sua renda de taxas escolares, a renda do TSYSHO dessa mesma fonte equivalia apenas a 30% da sua receita. A Grande Depressão agravou a situação financeira do TSYSHO e, em 1932, a faculdade para formação de professores em Vilna, que treinara os instrutores do sistema na década anterior, teve que fechar permanentemente as portas (ela já fora fechada anteriormente pelo governo durante algum tempo sob o pretexto de que era um local de incubação para o comunismo).

Assim como os *melamdim* de gerações anteriores, os professores eram precariamente remunerados em todas as escolas judaicas. Os salários eram frequentemente pagos de forma parcial ou com atraso. Os arquivos sobreviventes contêm cartas comoventes de professores implorando por um salário regular, mínimo, que evitasse que eles caíssem na miséria. Nos centros maiores, como Varsóvia, eles conseguiam se organizar em sindicatos e fazer ameaças em vez de súplicas, mas os resultados raramente eram satisfatórios. Os professores do TSYSHO, em particular, recebiam uma ninharia e não raro quase passavam fome.[30] Havia às vezes uma troca de palavras exasperadas entre professores comunistas que acusavam os administradores bundistas do TSYSHO de usar contribuições estrangeiras para forrar o próprio bolso.[31]

Até mesmo nas escolas nas quais o iídiche ou o hebraico era o principal idioma de ensino, existem indícios de uma progressiva polonização. Um ex-aluno do Ginásio Hebraico de Cracóvia, por exemplo, recorda que o polonês era, na realidade, a língua dominante da escola. Nessa escola particular, que não fazia parte da rede Tarbut, o hebraico era o veículo de ensino apenas para as matérias judaicas. Os alunos falavam exclusivamente polonês uns com os outros.[32]

Embora a frequência à escola na Polônia fosse compulsória entre as idades de 7 e 14 anos, uma minoria considerável de crianças não ia nunca à escola ou o fazia esporadicamente. Muitos milhares de crianças judias no final da década de 1930 estavam entre os não frequentadores. Em Ostrog, por exemplo, um levantamento realizado em 1937 constatou que de 262 crianças em idade escolar, somente 109 frequenta a escola. Das restantes, 117 estavam ausentes devido à extrema pobreza, já que, segundo o relatório, elas não tinham roupas ou sapatos.[33]

A pobreza obrigou muitas crianças judias na Europa oriental a trabalhar em uma tenra idade. Na Rutênia Subcarpática, os meninos viravam aprendizes aos 12 anos, trabalhando às vezes de doze a quinze horas por dia. Em Varsóvia e outras grandes cidades da Polônia e da Lituânia, as crianças judias não raro labutavam durante longas horas costurando ou fazendo entregas e levando recados para pais que trabalhavam em casa como alfaiates ou costureiras.

Na Polônia, como em outros lugares na Europa oriental, a vida escolar geralmente terminava aos 14 anos. Embora um número maior de judeus do que de não judeus recebesse instrução secundária, ainda assim apenas uma pequena minoria o fazia: cerca de 20% em 1939. As escolas de ensino médio em língua polonesa era a escolha da maioria dos judeus. Até mesmo em Vilna, somente 873 crianças judias frequentavam escolas de ensino médio judaicas em 1930, ao passo que 1.940 estavam matriculadas em escolas particulares e públicas polonesas.[34] O Tarbut operava dez escolas de ensino médio na Polônia em 1937-1938, o *Tsysho* apenas duas. O Khoyrev não tinha nenhuma, a não ser que contemos as *yeshivot*. Embora houvesse várias escolas de ensino médio judaicas particulares, quase todas também lecionavam em polonês e seguiam um programa com pouco conteúdo judaico. Essas estatísticas ressaltam os limites da educação de ensino médio judaica na Polônia no período entreguerras.

No todo, estima-se que 172 mil alunos estivessem recebendo alguma forma de educação religiosa judaica (nas escolas religiosas, *hadorim* e *yeshivot*) na Polônia no final da década de 1930.[35] Esses números estão sujeitos a um grau de incerteza e interpretação, mas, como o total de crianças judias em idade escolar era de cerca de meio milhão, é certo que a maioria delas não recebia nenhuma educação religiosa judaica fora de casa. Para os judeus religiosos, a educação era *a* garantia decisivamente importante da sobrevivência do judaísmo. De acordo com esse critério, o judaísmo no seu principal baluarte europeu estava claramente em decadência.

Missão civilizante

Fora da Polônia, as escolas hebraicas desfrutavam pouco sucesso e eram frequentemente alvo da oposição dos ortodoxos. Quando o Reformrealgymnasium hebraico foi fundado em Munkács em 1925, o *rebe* de Munkács realizou uma cerimônia especial com velas negras a fim de anatematizar todos os que estavam associados a ele. Sua campanha de maldições contra a escola continuou durante anos. Quando uma epidemia de tifo irrompeu na cidade em 1934, o *rebe* declarou que o Realgymnasium era responsável por ela. Os diretores da escola moveram uma ação contra ele e, depois de um longo litígio, o *rebe* perdeu. Ele faleceu pouco depois.

Nos Bálcãs, a educação judaica tradicional era mais fraca do que nas áreas asquenazes da Europa. As condições físicas e os métodos de ensino da *meldar*, a análoga sefardita da *heder*, eram igualmente precários. Ela também estava em declínio na década de 1930. A educação religiosa de nível mais elevado tinha decaído e só era encontrada em alguns centros.

A força educacional judaica dominante na região no início do século XX era o sistema secular da Alliance Israélite Universelle, a organização filantrópica estabelecida em Paris, supostamente internacional, mas na realidade predominantemente francesa. Suas escolas nos Bálcãs, no Oriente Médio e na África do Norte representavam uma espécie de *mission civilisatrice* imperialista dos judeu-franceses entre os seus confrades orientais. Os judeu-franceses, embora organizassem escolas judaicas para os outros, não acreditavam nelas para si mesmos: a maioria dos judeu-franceses frequentava escolas públicas.

"O mundo ouvirá o 'Shema Yisrael' por mais tempo do que 'Heil Hitler'"

Na Alemanha, a maior parte da educação pública elementar estava organizada de uma maneira confessional (católica ou protestante). Muitas famílias judaicas, portanto, enviavam os filhos para as oitenta escolas particulares judaicas, as quais, em 1932, recebiam cerca de um quarto das crianças judias em idade escolar. Várias dessas escolas alcançavam elevados padrões acadêmicos, por exemplo, a Philanthropin em Frankfurt, fundada em 1804, que proporcionava instrução desde o jardim de infância até o *Abitur* (exame de admissão à universidade). Em 1936, as escolas públicas do ensino fundamental receberam ordens para segregar as crianças judias das não judias. Já em 1937, mais da metade das 40 mil crianças judias em idade escolar remanescentes na Alemanha estavam sendo educadas em escolas judaicas. Até março de 1939, essas escolas continuaram a ser subsidiadas pelo Estado.

Na Áustria, a Chajes Realgymnasium, que tinha esse nome em homenagem ao seu fundador, o ex-rabino-mor de Viena, adquiriu a reputação de ser uma das melhores escolas da capital. No sistema educacional da Europa central, o Realgymnasium tinha um programa mais moderno do que o ginásio clássico, buscando alcançar um equilíbrio entre as humanidades e as ciências. A única escola secundária judaica em Viena, a Chajes, ao contrário da maioria das escolas públicas, era mista.

Dan Porat, cuja família se mudou para Viena em 1933, frequentava a escola. Ela estava a um mundo de distância da sua *heder* em Kuty. As aulas eram em alemão, e Porat também teve que aprender latim, sua quinta e sua sexta línguas (o iídiche, contudo, era desaprovado lá). A escola tinha um forte espírito sionista. O *Jahrzeit* (aniversário de morte) de Theodor Herzl era celebrado todos os anos. A educação musical incluía estimulantes marchas sionistas.

Embora não fosse uma escola secular, e apesar dos *mezuzot* nas portas, a instrução religiosa era limitada. Otto Hutter, outro ex-aluno, mesmo assim se lembra de ter estudado passagens bíblicas de Josué, Juízes, Samuel e Isaías, de ter aprendido a liturgia e de ter cantado canções religiosas tradicionais como "Shomer Yisrael, shemor she'erit Yisrael" e "Elijahu hanavi, Eliyahu Hatishbi, bimherah yavo elenu".[36] A atmosfera predominante na escola era "Jeder soll nach seiner eigenen Façon selig werden" ("Que todo mundo alcance a bem-aventurança celestial da sua própria maneira").[37] Certo menino levava sanduíches de presunto para a escola todos os dias.

A língua e a literatura hebraica modernas eram enfatizadas, embora o conselho municipal, que, junto com o Ministério da Educação e Religião, tinha autoridade fiscalizadora sobre as escolas particulares, tenha tentado durante algum tempo restringir as aulas de hebraico sob a alegação de que elas exigiam "um esforço excessivo" dos alunos.[38] A escola teve que se esforçar bastante para ter permissão de continuar a ensinar o hebraico durante quatro ou cinco horas por semana. Embora ela tenha conseguido o queria, um terceiro ex-aluno, Moses Aberbach, afirmou que nessa área "a escola nunca ficou à altura das realizações das escolas Tarbut na Polônia e na Lituânia".[39]

Nessas escolas judaicas, os alunos se sentiam protegidos da ameaçadora atmosfera antissemita da sociedade em geral. No verão, elas iam alegres para o acampamento no lago Keutschachersee em Carinthia, onde participavam de jogos, nadavam e dançavam a *hora* em volta de uma fogueira. Otto Hutter relembra afetuosamente: "Para crianças judias urbanas de 12 anos, que viviam protegidas, se ver diante de um catre de cânhamo e uma pilha de palha para usar como colchão sobre camas-beliche primitivas de madeira nas pequenas cabanas de madeira, era uma experiência que nos ensinava o que era viver de uma maneira primitiva".[40] Para muitas crianças, essas eram as únicas férias que elas jamais tiveram.

Assim como a maioria das escolas judaicas, a Chajes sofria intermináveis dificuldades financeiras. Apesar da emigração judaica, as turmas eram grandes, tendo às vezes entre quarenta e cinquenta alunos, especialmente depois da anexação da Áustria pela Alemanha em março de 1938 e a subsequente expulsão de alunos judeus das escolas não judaicas. De acordo com Sonia Wachstein, professora da Chajes no final da década de 1930, a vida escolar, por causa disso, "era difícil e carecia de compaixão pelos alunos mais fracos ou problemáticos".[41]

O diretor da escola, dr. Viktor Kellner, dedicava-se de corpo e alma à escola, mas professores e alunos criticavam a sua dura personalidade. Um deles relembrou que a sua doutrinação idealista de valores judaicos era "combinada com ataques implacáveis e cruéis aos alunos, os quais eram frequentemente insultados durante a aula".[42] O "Direx" lutava contra crescentes adversidades para equilibrar o orçamento da escola. As condições adversas sem dúvida trouxeram à luz o autocrata que existia nele. O crescente empobrecimento da comunidade judaica tornou cada vez mais difícil para os pais pagar uma mensalidade de quarenta xelins. As famílias pobres recebiam um desconto, mas até mesmo elas tinham que pagar alguma coisa. Em alguns casos, isso se revelava estar além dos recursos delas. Aberbach descreve uma ocasião, no meio de uma aula, em que um menino cujos pais não tinha pago a mensalidade reduzida de cinco xelins foi humilhado e mandado para casa por Kellner.[43] Wachstein relatou que, por outro lado, se Kellner estivesse lidando com um aluno de família rica, "ele sempre enfatizava que esse aluno [...] tinha que pagar mais do que a taxa mais elevada, que ele chamava de 'dinheiro de estupidez'".[44]

Na última cerimônia de graduação da escola, em 1938, em um prédio que agora era obrigado a hastear bandeiras com a suástica e era policiado por camisas pardas nazistas, Kellner se redimiu com um corajoso discurso, declarando: "Não sei o que o futuro encerra para vocês. Mas posso lhes garantir uma coisa. O mundo ouvirá 'Shema Yisrael' por mais tempo do que 'Heil Hitler'".

Numerus nullus

Em todo o continente, a universidade oferecia ao mesmo tempo brilhantes oportunidades e frustrantes obstáculos para os judeus. Na Rússia, onde em 1917 a instrução superior se tornara aberta para todos, pela primeira vez, em função do mérito, os judeus afluíram para as universidades tanto como alunos quanto como professores. Já em 1935, havia 74.900 alunos judeus em instituições soviéticas de nível superior, um número muitas vezes maior do que na Polônia, que tinha uma população judaica de tamanho semelhante. Os judeus, embora formassem apenas 1,78% da população soviética, constituíam 15,5% daqueles que tinham grau universitário em 1939. Eles formavam 11% do corpo discente das universidades soviéticas, sendo encontrados particularmente nas de maior prestígio na Federação Russa.[45]

Em contrapartida, na Alemanha, um *numerus clausus* para "não arianos" de 1,5% de admissão foi estabelecido nas universidades em 1933, e professores judeus foram demitidos. Depois de 1935, os judeus foram proibidos de fazer doutorado. E em 1938 foram completamente impedidos de cursar a universidade.

Na Polônia, uma campanha ativa feita pelos antissemitas procurou limitar o acesso dos judeus à instrução superior. Em 1938-1939, apenas 4.113 alunos judeus estavam estudando em universidades, menos da metade do número de cinco anos antes. A proporção de judeus na população de estudantes havia declinando desde 1921-1922 de 25% para 8%.[46] Em algumas universidades, houve uma drástica queda tanto absoluta quanto relativa no número deles: na Universidade Stefan Batory em Vilna, por exemplo, de 1.192 em 1930-1931 para 400 em 1938-1939.

As restrições ao ingresso dos judeus nas universidades polonesas obrigaram alguns deles a estudar no exterior. Condições semelhantes na Hungria levou a comunidade judaica desse país a criar um fundo especial para subsidiar cerca de 250 alunos que estavam estudando em outros lugares. Mas quando esses estudantes voltavam para seus países de origem, descobriam com frequência que tinham que enfrentar um complexo processo burocrático de "nostrificação" (reconhecimento das suas qualificações estrangeiras). Na Polônia em 1937-1938, somente quarenta nostrificações foram concedidas a estudantes judeus.

O cumprimento do *numerus clausus* era agravado pela perseguição ao número reduzido de estudantes judeus que conseguiam ser aceitos nas universidades. Em 1935, a faculdade de engenharia Politechnika em Lwów anunciou que os judeus teriam que se sentar em bancos especialmente designados. Apesar de amargos conflitos, esses "bancos de gueto" haviam se tornado difundidos na Polônia em 1938-1939.

Os bancos de gueto refletiam uma realidade social mais ampla: um jovem acadêmico judeu em Varsóvia na década de 1930 relembrou mais tarde que "não havia praticamente nenhum contato entre judeus e não judeus, especialmente na vida social... Conduzi uma pesquisa de opinião entre os meus alunos com um amigo 'ariano'... O resultado foi que os meus alunos judeus não conheciam nenhum polonês além do zelador do prédio... E os resultados foram os mesmos para o lado polonês... Nenhum dos meus colegas 'arianos' compareceram ao meu exame de doutorado [tradicionalmente um evento público solene nas universidades europeias]".[47]

Embora muitos alunos judeus viessem da classe média, outros viviam em uma horrível pobreza. Um levantamento dos alunos judeus realizado pela organização de auxílio mútuo na Politechnika de Varsóvia em meados de 1930 revelou que quase metade deles morava com a família; um terço dividia um quarto alugado; outros 9% "aluga[vam] um canto no quarto de alguém"; e 12% eram os chamados voadores, que não tinham um lar em lugar nenhum: "Eles dormem como podem, cada noite em um quarto diferente que pertence a algum colega".[48] Contra esse fundo de "crescente empobrecimento das massas acadêmicas", um observador detectou uma atmosfera de pessimismo obsessivo. "As condições de estudo são muito difíceis e, além disso, eles não enxergam nenhuma esperança no futuro, nenhuma perspectiva."[49]

Pequenos ninhos

Nesse redemoinho de incerteza econômica, hostilidade generalizada e confusão ideológica, o conflito entre gerações aumentou, a autoridade parental declinou, e os valores, em vez de serem estabelecidos pela família ou por fontes tradicionais de moralidade, eram frequentemente buscados em outros lugares. Os movimentos de jovens, um fenômeno social ainda relativamente recente, oferecia aos jovens desorientados um refúgio seguro e um espaço para autoexpressão. Não raro os pais incentivavam os filhos a ingressar nesses movimentos, encarando-os como uma maneira produtiva de canalizar a energia vigorosa deles. No entanto, os tradicionalistas estavam preocupados. Em 1933, o rabino da pequena cidade de Szydłów, no sul da Polônia, escreveu para as autoridades locais "em nome dos pais queixosos e de toda a comunidade judaica" para pedir ajuda para lidar com o descaramento dos jovens" e solicitando medidas para impedi-los de ingressar no movimento Hehalutz (trabalhista-sionista), "pois ele conduz à corrupção dos jovens, o que é proibido pela nossa religião".[50]

Em princípio, os movimentos de jovens podem ser uma maneira de transmitir os valores da geração dos pais para os filhos ou um veículo para a revolta dos jovens — ou uma mistura de ambos. No entanto, na década de 1930, de acordo com Jeff Schatz, "era mais a regra do que a exceção que os jovens judeus pertencessem a movimentos políticos diferentes dos de seus pais". E ele acrescenta: "a linha divisória entre filhos e pais estava se aprofundando em um abismo".[51] Ele está se referindo aqui especificamente à Polônia, mas o mesmo era verdade em toda a Europa.

Assim como muitas outras coisas nessas sociedades, os movimentos de jovens estavam geralmente organizados dentro de um espírito religioso, político e, frequentemente, étnico. Na Komsomol soviética e entre movimentos esquerdistas em outros países, os judeus participavam em igualdade de condições com os não judeus. Na Itália também, até 1938, eles eram bem recebidos no movimento fascista de jovens, no qual muitos judeus ingressaram. Em outros lugares, contudo, as barreiras estavam ficando mais elevadas.

Na Alemanha, o modelo para a maioria dos movimentos de jovens fora o Wandervogel, fundado no final do período imperial como um grupo romântico, amante da natureza, que enfatizava a caminhada e o *camping*. Os Wandervogel eram sexualmente segregados e ex-membros às vezes falam de "traços homoeróticos do movimento e de relacionamentos entre os seus membros".[52]

Durante a Primeira Guerra Mundial, movimentos *völkisch* (nacionalistas) de jovens se inclinavam a excluir os judeus da afiliação. Como resultado, os jovens judeus buscaram refúgio em um movimento judaico, o Blau-Weiss (Azul-Branco). Fundado em Breslau em 1908, ele se espalhou pela Alemanha. Era romântico, idealista, antimaterialista e voltado para o sionismo. Seus fundadores afirmavam que os jovens judeus enfrentavam problemas especiais: eles eram "em geral fisicamente menos capazes e mais nervosos do que os jovens em geral. Uma parte relativamente maior sofre das influências prejudiciais da vida na grande cidade".[53] Assim como o Wandervogel, o Blau-Weiss enfatizava as virtudes do contato com a natureza e organizava excursões para o campo. Depois da Primeira Guerra Mundial, alguns de seus membros planejavam emigrar em grupo para a Palestina, esperando, nas palavras de Norbert Elias, um dos seus líderes, se tornar "o germe [...] da tradição, costumes e cultura futuros" de uma nova nação judaica.[54] Embora o Blau-Weiss tenha sido extinto em 1927, seu exemplo afetou muitos outros movimentos de jovens judeus na Alemanha e em outros lugares.

Depois de 1933, quando quase todos os movimentos de jovens na Alemanha estavam amalgamados na Juventude de Hitler, os movimentos judeus tiveram permissão para continuar, já que "não arianos" não tinham permissão para pertencer à organização nazista. Os grupos de jovens sionistas desfrutaram um forte crescimento na afiliação, embora suas reuniões frequentemente ocorressem debaixo dos olhos de agentes da Gestapo entediados.

No final da década de 1930, mesmo quando os judeus eram aceitos em movimentos não judaicos, eles eram frequentemente discriminados. Na Romênia, por exemplo, o Straja Țării, fundado pelo rei Carol, foi o único movimento de jovens com permissão para funcionar depois de dezembro de 1938. Todos os alunos do ensino médio eram automaticamente inscritos no movimento. Um membro judeu recordou mais tarde:

Usávamos uniformes e éramos organizados de uma maneira paramilitar. Cada classe era uma "centúria" (baseada no nome de uma unidade militar romana) dividida em "ninhos" de seis e "pequenos ninhos" de três. Na nossa classe de mais de quarenta havia apenas seis romenos, três poloneses, um ucraniano, um alemão e os restantes eram judeus. O chefe da centúria tinha que de ser de etnia romena, os chefes dos ninhos, cristãos; somente os chefes dos pequenos ninhos podiam ser judeus... Consegui chegar a chefe de um pequeno ninho, e tinha bastante orgulho disso.[55]

Mas à medida que a nuvem venenosa do antissemitismo se instalou sobre o continente, chegando à Itália em 1938, os jovens judeus passaram a ter a tendência de procurar refúgio nos seus próprios movimentos.

Cada partido político judaico tinha o seu próprio movimento de jovens (às vezes mais de um): Bachad (ortodoxo), Betar (revisionista-sionista), Bnei Akiva (Mizrachi), Dror, Gordonia e Habonim (sionista trabalhista), Hashomer Hatsair (socialista-sionista marxista), Tsukunft (bundista) e muitos outros. Não raro novos recrutas ingressavam nos movimentos por razões diferentes da ideologia, especialmente a atração pelo sexo oposto (até mesmo alguns movimentos ortodoxos misturavam rapazes e moças).

Estamos a caminho!

Muitos movimentos jovens, bem como as organizações médicas OSE e TOZ organizavam acampamentos de verão para onde as crianças eram enviadas a fim de praticar esportes, entrar em contato com a natureza e respirar ar puro. O sucesso desses acampamentos deu origem à ideia de criar uma instituição permanente para uma população rotativa de pessoas doentes ou necessitadas. O sanatório Medem, fundado pelo Bund em Miedzeszyn em 1926, não muito longe de Varsóvia, destinava-se inicialmente a crianças judias que estivessem sofrendo ou ameaçadas de tuberculose, mas ele passou a aceitar crianças pobres em geral, inclusive algumas de famílias de trabalhadores não judeus. O sanatório atraía admiração geral: "um verdadeiro Jardim do Éden para crianças", foi como o chamou o jornal *Moment* de Varsóvia.[56] Em 1937, ele cuidava de um total de 695 crianças, cada uma durante um período de três a quatro meses, embora muitas outras solicitassem o ingresso na instituição. O sanatório era parcialmente sustentado pelo Joint. Durante algum tempo, a Câmara Municipal de Varsóvia e o governo polonês também contribuíram, mas já em 1937 praticamente todo o apoio oficial tinha sido retirado.

Em 1936, o sanatório foi divulgado em um filme documentário, *Mir Kumen On* (Estamos a Caminho), dirigido por Aleksander Ford, com um roteiro da autora esquerdista, polonesa, não judia Wanda Wasilevska. O filme comparava a sorte desprezível das crianças de rua nas cidades polonesas com as instalações modernas e higiênicas do sanatório, o autogoverno democrático das crianças, as suas aulas e recreações, e o seu espírito socialista. O título e o tema musical foram extraídos do empolgante hino da organização infantil bundista, SKIF.

A yontev makht oyf ale merk,
    Que os mercados se encham de festas,
un fayern tsint on oyf berg!
    E fogueiras sejam acesas em cada pico.
Mir kumen—shturems on a tsam,
    Estamos a caminho — tempestades sem fim
fun land tsu land, fun yam tsu yam.
    De mar a mar, de terra a terra.
Mir kumen on, mir kumen on!
    Aqui vamos nós, sim, aqui vamos nós!
Un fest un zikher undzer trot,
    Nossa marcha é firme, forte e segura,
Mir kumen on fun dorf un shtot.
    Procedemos de aldeias, de cidades.
mit hunger fayern in blik,
    Com vislumbres de fome nos olhos,
mit hertser oysgebenkt nokh glik!
    Com corações que anseiam por dias felizes,
Mir kumen on, mir kumen on.
    Aqui vamos nós, sim, aqui vamos nós!
Mir geyen ale fest un greyt,
    Marchamos com vigor e disposição,
vi likhtik flatert undzer freyd;
    Nossas bandeiras tremulando com alegria,
mir shlogn fayer oys fun shteyn
    Fabricamos fogo a partir da pedra,
un ver s'iz yung muz mit undz geyn!
    E todos os jovens precisam se juntar a nós.
Mir kumen on, mir kumen on!
    Aqui vamos nós, sim, aqui vamos nós![57]

O filme foi proibido na Polônia devido ao seu conteúdo supostamente subversivo, em particular uma cena que mostrava filhos de trabalhadores não judeus em greve sendo bem recebidos no sanatório. Uma campanha de protesto na imprensa não conseguiu reverter a decisão. No entanto, a película foi exibida no exterior e recebida com entusiasmo. Nos Estados Unidos, ele foi lançado com o título *Children Must Laugh*.* No entanto, o censor em Nova York também interferiu no filme, se bem que por um motivo diferente do de seu colega polonês: ele determinou que todas as cenas de uma mãe amamentando um bebê fossem eliminadas, sob a alegação de que elas eram indecentes.[38]

As crianças no filme sem dúvida falavam e cantavam em um vocabulário, uma ideologia e um roteiro que foram em grande medida determinados para elas pelos mais velhos. No entanto, temos outras declarações de jovens que falam conosco, sem mediação, emitindo a sua própria opinião.

Falando por nós mesmos

As opiniões das crianças podem ser ouvidas por intermédio de uma extraordinária coleção de redações compostas em fevereiro de 1939 por alunos, com idade entre 7 e 15 anos, de uma escola hebraica em Jagielnica, uma *shtetl* no distrito de Tarnopol, na Galícia oriental. Os ensaios foram reproduzidos e encadernados na forma de um livreto para ser apresentado ao presidente da *landsmanshaft* da cidade nos Estados Unidos. Escritos à mão em letras hebraicas infantilmente claras, os temas das redações variavam entre heróis bíblicos como Abraão, Samuel ou Jeremias (pelos autores mais jovens) e temas históricos ou literários como "A Idade de Ouro na Espanha" e "Haim Nahman Bialik". Algumas das crianças mais velhas optaram por escrever sobre problemas contemporâneos. Shimshon Tauber abordou a questão "Qual é a causa do antissemitismo?". Bat-Sheva Shapira escreveu sobre "Os Judeus no Período Contemporâneo". As observações delas ecoavam temas comuns do mundo adulto que as cercava, mas o impressionante é o tom desanimado das redações. Esses dois jovens de 15 anos evidenciaram um profundo sentimento de pessimismo a respeito das perspectivas de uma vida coletiva para os judeus livre do ódio dos povos circundantes.[59]

Uma enunciação pessoal mais rudimentar da melancolia adolescente é encontrada no arquivo com trezentas redações autobiográficas que sobreviveram das novecentas originais que foram entregues ao YIVO em concursos realizados

---

* Tradução literal: *As Crianças Precisam Rir*. (N.T.)

na década de 1930.[60] A maioria era da Polônia, mas foram recebidas redações de pelo menos sete outros países. Os concorrentes compunham um grupo autosselecionado, marcado por certas características especiais: quase todos tinham a tendência de ser psicologicamente introspectivos, intelectualmente ativos, secularistas e politicamente esquerdistas ou sionistas. Embora as redações tenham sido apresentadas ao YIVO iidichista, um quarto das que sobreviveram foram escritas em polonês, o que é outro indicador da rápida polonização dos jovens judeu-poloneses no período.

O formato deve ter induzido os concorrentes a produzir o que achavam que iria impressionar melhor os juízes. Não obstante, depois de dar todos os descontos possíveis, a impressão deixada pela maioria dessas narrativas é de registros ingênuos, improvisados, da infância e da adolescência. Algumas narrativas são mais sofisticadas e outras se empenham em obter um efeito, porém de um modo geral são relatos naturalmente inocentes de relações familiares, da vida escolar, de amizades, anseios românticos, interesses intelectuais, envolvimentos sociais e políticos, relações entre judeus e não judeus, o esforço de encontrar trabalho, e reflexões sobre o propósito da existência e do sofrimentos humanos. Não raro apresentadas semianonimamente, as declarações se desviam do modo confessional para a autoanálise, a autocrítica, a constante reclamação e, em alguns casos, bramidos de angústia. A simplicidade das narrativas lhes confere autoridade como evidência histórica, bem como uma dignidade humana que as autobiografias de autores maduros dificilmente podem esperar alcançar.

Os temas predominantes são a dor, o conflito, a pobreza, a doença, a fome, as ambições frustradas, a vida atrofiada. No entanto, o mais impressionante e comovente é a força vital explosiva que impregna a maioria desses jovens: eles planejam, têm esperanças, sonham com um futuro mais brilhante. São trabalhos juvenis de possíveis intelectuais — "possíveis" porque, de um modo geral, a sede deles de uma vida da mente era constantemente cerceada pelo pai ultraortodoxo que não deixava a filha ler livros seculares, pela mãe que dizia que a filha teria um emprego melhor se aprendesse a usar a máquina de costura, pelo diretor da escola de ensino médio polonesa que insistia em que todos os alunos tinham que frequentar as aulas aos sábados, ou pelas forças econômicas cruéis que transformavam jovens que poderiam, em outras circunstâncias, tempos e lugares, ter se tornado acadêmicos, professores ou bibliotecários em moradores de rua ou refugiados

As narrativas lançaram uma luz chocante sobre as adversidades que esses jovens enfrentavam na sua breve vida: fragmentos de naufrágio nas ondas das maciças revoltas sociais do período posterior a 1914, os autores se esforçavam para manter o equilíbrio mental. Muitos passaram por sucessivas conversões ideológicas. Na realidade, uma conclusão a ser tirada dessas redações é que o que contava para os autores era mais o sentimento de entrosamento que o compromisso com um grupo podia oferecer do que o conteúdo de uma ideologia particular. Somente assim podemos explicar a propensão de tantos desses jovens profundamente ponderados e idealistas de adejar de um lado para o outro, do comunismo para o Poalei Zion para o bundismo para o sionismo revisionista.

Esses são jovens que buscam significado na vida com uma sinceridade e uma seriedade de propósitos que dissimulam a degradação da sua existência do dia a dia. Eles leem com voracidade, às vezes secretamente à luz de vela, os grandes clássicos da literatura iídiche e da ficção europeia contemporânea traduzida para o iídiche e o polonês. *Jean Christophe* de Romain Rolland é a obra mencionada com mais frequência e claramente a mais querida dos memorialistas. O grande Bildungsroman* é obviamente, em alguns casos explicitamente, um modelo e inspiração.

Algumas das redações pareciam contos de Tolstoi. Uma jovem de 17 anos, "Hanzi", cega de um dos olhos, compartilha com o leitor os seus pensamentos femininos sobre o amor que sentia pelo filho de um precentor:

> Assim como eu, ele não permaneceu o ano inteiro na cidade, tendo ido estudar em um *gymnasium*. Quando o conheci, eu tinha nas mãos o livro de Nemilov *A Tragédia Biológica da Mulher*. Lemos partes dele juntos e depois discutimos individualmente cada parte. Ele era muito maduro e talentoso, e eu o amava mais pelos seus talentos do que pela sua aparência. E procurava oportunidades de me encontrar com ele "por acaso". Ele nem desconfiava disso, e certamente não tinha interesse por mim. Eu era tão desprezível aos meus próprios olhos que não conseguia imaginar ninguém se apaixonando por mim.[61]

Outro concorrente, que usou o pseudônimo "o Incrível", escrevendo na primavera de 1939, descreve a sua longa jornada para o porto romeno de Constança no Mar Negro, a sua prisão lá, a experiência de ser despejado de volta sobre a fronteira romeno-polonesa, e a volta forçada para casa. "A minha jornada", reflete ele, "deixou uma impressão mais profunda na minha vida do que qualquer outra coisa [...] estou agora procurando uma maneira de emigrar da Polônia. Mas todos os meus esforços se chocam com um muro de tijolo... O meu futuro é tão sombrio quanto uma noite sem luar."[62]

---

* Romance de formação que narra o desenvolvimento físico, psicológico e moral do personagem principal. (N.T.)

Na muito debatida questão das relações entre poloneses e judeus, as redações oferecem um marcante depoimento: da devoção à literatura, história e ideais nacionais poloneses que os jovens judeus educados nas escolas públicas polonesas eram capazes de sentir; da rejeição que a maioria encontrava da parte da sociedade não judaica, particularmente no final na década de 1930; do seu sentimento de amor não correspondido e da consequente mágoa e amargura; da crescente alienação, desespero e do sentimento da falta de um lar que resultaram de tudo isso.

– 15 –

UTOPIAS

Hachsharah

À medida que a vida para os judeus na Europa central e oriental ficava mais perigosa, utopias que ofereciam a perspectiva de livrar uma grande quantidade deles da sua situação aflitiva se tornavam cada vez mais sedutoras. O sionismo, o comunismo e o territorialismo afirmavam, individualmente, oferecer uma solução para o problema da falta de um lar dos judeus. Cada um conquistava seguidores dedicados, ardendo com zelo e determinação para realizar seu sonho.

Na década de 1930, o movimento sionista mudava de direção a toda hora, como uma montanha-russa, indo do sucesso ao fracasso, do otimismo entusiástico ao desalento rancoroso. A chegada à Palestina de 164 mil imigrantes judeus entre 1933 e 1936, principalmente oriundos da Polônia e da Alemanha, aumentou a *yishuv* (a comunidade judaica na Terra de Israel) para mais de 400 mil pessoas, o que equivalia a quase um terço da população. Uma contínua afluência nessa escala teria produzido uma maioria de judeus já no final da década. Em 1936, contudo, os árabes palestinos se levantaram em uma revolta contra o governo mandatário e o Lar Nacional Judaico. A Rebelião assumiu grandes proporções e representou um grave desafio para a autoridade britânica no país.

Os britânicos reagiram com o recurso consagrado pelo tempo dos governos que se veem diante de um grave dilema político: designaram uma comissão de inquérito. A Comissão Real sobre a Palestina, dirigida por pelo conde, informou em 1937 que o mandato era impraticável. Os árabes palestinos não aceitariam mais nenhuma imigração judaica e exigiam a independência imediata. Os sionistas estavam determinados a continuar com as imigrações, na expectativa da breve fundação de um Estado judaico. A única solução, de acordo com os membros da comissão, era dividir a Palestina em um Estado judaico e um árabe.

O governo britânico aceitou inicialmente o relatório em princípio. Mas todos os partidos políticos árabes palestinos o rejeitaram. Os sionistas, divididos entre si, temporizaram. Muitos deles, particularmente os seguidores de Jabotinsky, rejeitaram cabalmente a divisão: eles queriam um Estado judaico no país inteiro. Outros, entre eles o presidente da Organização Sionista, Chaim Weizmann, e muitos membros do Partido Trabalhista Sionista, eram a favor da divisão mas buscavam uma base territorial maior do que o minúsculo microestado judaico proposto pela Comissão Peel.

Impressionado pela escala e persistência da revolta árabe, o governo mandatório começou, em 1936, a limitar a imigração judaica a um "nível político elevado". O número de imigrantes caiu abruptamente, de 66 mil em 1935 (o maior número em qualquer ano antes de 1948) para menos de 11 mil em 1937. Grandes reforços de tropas foram levados para a Palestina, e os britânicos recorreram à força bruta na tentativa de reprimir a rebelião. Com nuvens de guerra assomando sobre a Europa, eles começaram a reconsiderar a funcionalidade da divisão, temendo que a tentativa de implementá-la contra a vontade da maioria árabe palestina instigaria todo o mundo árabe contra a Grã-Bretanha.

As condições para os judeus na Europa se tornaram mais desesperadas, a frustração sionista com a restrição britânica à imigração judaica aumentou. Os sionistas revisionistas se envolveram em ataques de represália contra os árabes na Palestina e, junto com empreendedores *freelance*, começaram a organizar a migração ilegal de judeus da Europa para a Palestina. O tráfico havia começado de uma maneira pequena em 1934, mas se tornou maior a partir de 1937. Os sionistas da corrente predominante inicialmente desaprovaram essas atividades, defendendo uma política de *havlagah* (autodomínio) na Palestina. Eles exortaram os britânicos a implementar a divisão, exigiram insistentemente aumentos nos programas de imigração e organizaram os mais dedicados dos seus jovens seguidores na Europa em escolas-fazenda *hachsharah* (de treinamento) na Alemanha e em outros lugares, para que se preparassem para uma vida futura como pioneiros agrícolas na Palestina.

O governo alemão, longe de se opor a isso, incentivou ativamente as *hachsharot* na esperança de estimular a emigração judaica. As autoridades de Berlim persistiram nesse ponto de vista apesar da frequente hostilidade do povo rural na vizinhança dessas fazendas, que, doutrinado pela propaganda nazista, temia que os judeus levassem sífilis e impureza racial para a zona rural. Mais de vinte dessas fazendas estavam em operação na Alemanha em 1938, treinando mais de 5 mil homens e mulheres.

As *hachsharot* foram instituídas em mais de uma dúzia de outros países europeus, proporcionando educação agrícola para mais de 40 mil estudantes em 1939. Tendo em vista o clima antissemita em grande parte do continente, os sionistas consideraram prudente situar as escolas principalmente em democracias como a Grã-Bretanha, Holanda, Dinamarca e Suécia. Mas algumas foram criadas em outros lugares. Na Iugoslávia, por exemplo, cerca de duzentas *hachscharisten* estavam trabalhando em 1935 em seis fazendas-escola e duas oficinas de treinamento artesanal, uma em Zagreb e outra em Osijek.

Embora a maioria dessas escolas fosse de orientação sionista, outros partidos políticos e organizações judaicos, que variavam de territorialistas a agudistas, também as estabeleceram. No verão de 1938, a ORT inaugurou um campo em Stadlau, nos arredores de Viena, onde 350 alunos faziam cursos industriais e agrícolas visando emigrar para o Paraguai (mas eles não conseguiram chegar ao seu destino). A ORT planejava, em 1939, expandir essas atividades na Polônia, Lituânia, Romênia e França.

Uma fazenda de treinamento não sionista, apoiada por elementos assimilacionistas no povo judeu da Alemanha, foi inaugurada em 1936 em Gross-Breesen, uma propriedade rural ao norte de Breslau na Silésia. Os nazistas locais fizeram objeção ao estabelecimento da "fazenda judaica", mas as autoridades neutralizaram a oposição e a aprovaram.[1] Cerca de cem *trainees* chegaram, a maioria deles meninos. Os pais das meninas estavam relutantes em inscrevê-las, embora a abstinência sexual fosse uma das "leis de ferro" de Gross-Breesen.[2] Assim como as fazendas sionistas, Gross-Breesen ensinava pecuária, rotação de culturas, carpintaria e assim por diante, com o objetivo de transformar habitantes sofisticados da cidade em camponeses. As meninas executavam alguns trabalhos agrícolas, mas eram incumbidas principalmente das tarefas domésticas, como cozinhar, fazer a limpeza, assar pães e bolos, cuidar da roupa suja e fazer consertos nas roupas.

Ao contrário dos seus concorrentes sionistas, Gross-Breesen evitava o nacionalismo judaico, inculcando um espírito que combinava orgulho pela tradição judaica e respeito pela cultura alemã. A comida não era *kosher* e a prática religiosa era "liberal e mínima".[3] Refletindo o profundo apego do povo judeu-alemão ao *Bildung*, cada dia terminava com uma pequena apresentação de música clássica. Havia concertos semanais, bem como a leitura de peças teatrais e palestras de visitantes, inclusive, em certa ocasião, Martin Buber, que conduziu uma discussão sobre o tema "Ama o teu próximo".

Os fundadores de Gross-Breesen esperavam organizar a emigração coletiva de todos os alunos da escola para um novo povoado no exterior. Eles estavam contando com a região do Paraná no Brasil, mas, depois de longas negociações, não conseguiram obter a aprovação do governo brasileiro para o seu plano. Um ex-aluno, contudo, conseguiu chegar ao local e fundou uma colônia, chamada Nova Breesen. Outros, como a ajuda do Joint, se mudaram para uma fazenda na Virgínia e para um povoado da Jewish Colonization Association, em Avigdor, na Argentina. Os restantes se espalharam para outros destinos, entre eles a Austrália, Quênia e as Índias Orientais Holandesas.

Em 1934, o Comitê de Refugiados Judeus de Amsterdá fundou a Werkdorp [aldeia de trabalho] Nieuwesluis em um pôlder, terra resgatada do mar, em Wieringen no Zuider Zee. A terra foi disponibilizada, livre de aluguel, pelo governo holandês, e companhias holandesas doaram equipamentos. O principal objetivo da Werkdorp era oferecer educação agrícola, treinamento em horticultura, construção, fabricação de mobília e trabalho em metal, bem como economia doméstica para as meninas, a fim de preparar jovens refugiados, com idade entre 16 (posteriormente 15) e 25 anos, para emigração para a Palestina. Com o tempo, 360 hectares de terra foram disponibilizados. O empreendimento contou com contribuições financeiras da comunidade judaica holandesa, do Joint, do Conselho para o Povo Judeu-Alemão e, nos primeiros anos, com pagamentos do povo judeu-alemão.

Em março de 1934, o primeiro grupo de onze rapazes e quatro moças chegaram aos barracões de madeira da paisagem abandonada, "pequenas manchas escuras no vasto novo pôlder desarborizado e ainda escassamente habitado", como Gertrude van Tijn, do comitê de Amsterdá para refugiados judeus, descreveu o novo *habitat*. Com o tempo, a "desoladora coleção de prédios austeros, delineados contra um imenso horizonte" se transformou em "uma cidade-jardim em miniatura, cercada por árvores em crescimento, cada prédio sendo o centro de canteiros e flores e arbustos multicoloridos".[4]

Depois de alguma discussão, foi acordado pelo comitê supervisor que a cozinha seria exclusivamente *kosher*. As condições de vida eram espartanas. Inicialmente, as meninas eram orientadas para o trabalho doméstico, mas sob a influência de um emissário sionista da Palestina, a política mudou: os meninos passaram a ter que dividir as tarefas domésticas e as meninas a trabalhar no estábulo.

Wieringen mantinha uma rígida separação entre os alojamentos dos dois sexos e uma chamada "zona sexual" de cinquenta quilômetros era imposta ao redor da fazenda. Mas os jovens emancipados se recusavam a se sujeitar a essas restrições. Como recordou uma jovem de Berlim, "todos estávamos com vinte e poucos anos e encontramos uma solução. Trocamos endereços de hotéis baratos em Amsterdá onde jovens casais podiam se encontrar nos fins de semana".[5] No todo, pelo menos mil refugiados judeu-alemães receberam treinamento em Wieringen, geralmente com cerca de dezoito meses de duração.

Ao contrário das fazendas *hachsharah* sob o controle direto dos sionistas, Wieringen recrutava refugiados de todas as tendências. A língua da comunicação diária era o alemão, não o hebraico. A atividade política era proibida, e os alunos eram obrigados a assinar um documento prometendo se abster de quaisquer manifestações. Apesar da regra, discórdias ideológicas, até mesmo brigas, irromperam na Werkdorp entre sionistas e não sionistas, especialmente comunistas. Gertrude van Tijn relembrou mais tarde que "a presença de uma célula comunista ativa na Werkdorp representava uma verdadeira ameaça à própria existência da aldeia, em virtude das rigorosas regras formuladas pelo governo anfitrião e pelas políticas oficiais holandesas anticomunistas. No entanto, é claro que expulsar os membros do grupo era uma ideia inconcebível, já que teria significado a deportação deles para a Alemanha e a sua morte quase certa".[6] O problema se resolveu sozinho quando os comunistas decidiram deixar Wieringen para lutar na Guerra Civil Espanhola.

Na ocasião em que o primeiro grupo de aspirantes à emigração estava pronto para partir em 1936, as restrições à imigração já estavam tornando difícil para eles conseguir uma autorização para entrar na Palestina. Os preciosos certificados eram distribuídos preferencialmente para os jovens sionistas considerados como estando correndo um perigo maior; os que estavam livres na Holanda dificilmente se qualificavam. Mesmo assim, 85 estudantes conseguiram obter autorização para ir para a Palestina em outubro daquele ano, e um número semelhante emigrou para as Américas, África, Austrália e outros lugares.

O insucesso dos sionistas em persuadir os britânicos a relaxar as restrições de imigração na Palestina depois de 1936 deixou muitos membros das *hachsharot* no limbo no final do seu curso. Eles eram treinados para um futuro como *halutzim* (pioneiros sionistas) com o qual eles estavam agora proibidos de se envolver. Em muitos casos, sua aceitação nos países onde as *hachsharot* estavam localizadas tinha sido condicionada à sua partida quando concluíssem o treinamento, mas um grande número deles não tinha para onde ir. Se os sionistas estavam com dificuldades para conseguir o ingresso no Lar Nacional Judaico até mesmo para esse número limitado de jovens dedicados e qualificados, como poderia o movimento plausivelmente afirmar oferecer uma solução para o problema das grandes massas de judeus na Europa?

KOMZET

Os comunistas compartilhavam com os czares, os sionistas e muitos outros o diagnóstico de que a concentração judaica no comércio era socialmente prejudicial e que a solução era o assentamento na terra. No Império Russo antes de 1917, somente 2% dos judeus estavam envolvidos com a agricultura. O regime soviético decidiu corrigir o equilíbrio do que via como uma estrutura social judaica anormal deslocando judeus das *shtetlakh* para colônias agrícolas. Na mesma ocasião em que o restante da sociedade soviética estava prestes e empreender um grande êxodo forçado do campo para a cidade, os judeus estavam, portanto, sendo oficialmente encorajados a se deslocar na direção oposta.

A partir de 1924, o Joint se uniu à ORT no que se tornou conhecida como a Agro-Joint. Em parceria com o governo soviético, a Agro-Joint promovia a povoação agrícola judaica, parcialmente em áreas de agricultura judaica existentes na Bielorrússia e parcialmente em fazendas cooperativas recém-estabelecidas no sul da Ucrânia e na Crimeia. O governo soviético criou dois organismos, o KOMZET (o Comitê para Repovoamento Rural dos Judeus) e a OZET (Sociedade para Estabelecer os Trabalhadores Judeus na Terra), para dirigir o empreendimento. Em 1926, no primeiro congresso da OZET, Mikhail Kalinin, o chefe de Estado soviético, declarou: "O povo judeu está diante de uma grande tarefa: preservar a sua nacionalidade". Com essa finalidade, argumentou ele, uma parte substancial da população judaica precisa ser transformada em um povoamento agrícola, compacto, de várias centenas de milhares de almas.[7]

Os novos povoamentos foram com o tempo organizados em cinco "distritos nacionais judaicos" (*evreiskie natsional'nye raiony*): Kalinindorf, Stalindorf e Naye-Zlatopol no sul da Ucrânia, e Fraydorf e Larindorf na Crimeia (consulte o mapa 2). O apoio externo às fazendas na Bielorrússia cessou em decorrência do impulso de coletivização, mas a Agro-Joint teve permissão para continuar a apoiar os povoamentos da Ucrânia e da Crimeia até 1938.

Uma ex-colona relembrou as deploráveis condições que a sua família encontrou ao chegar a Fraydorf:

> Era uma área desolada, desabitada, uma estepe interminável de capim alto. No centro da estepe erguia-se um barraco decaído solitário, cheio até a metade com a água que tinha gotejado através dos buracos no telhado. Era o único abrigo disponível para passarmos a noite... Fizemos camas com capim novo e palha, e nos deitamos para dormir no chão... No meio da noite, a minha mãe emitiu um grito de terror. Um camundongo tinha se emaranhado no seu cabelo. Foi assim que nosso grupo de dez pessoas passou a primeira noite na nova casa.[8]

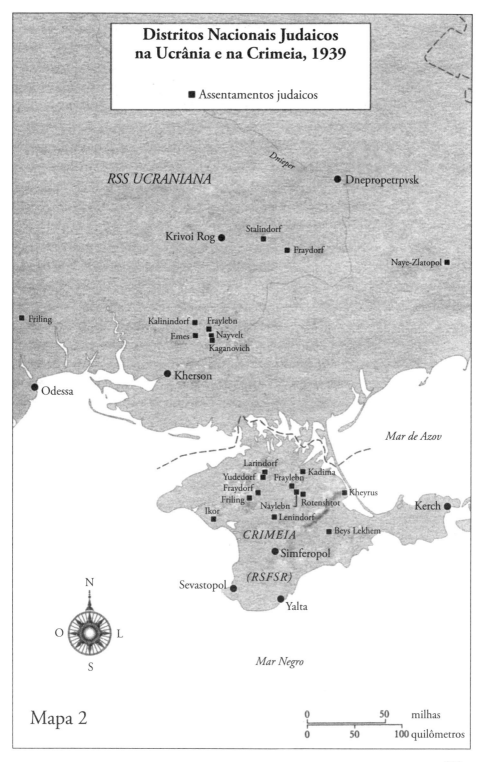

Mapa 2

Cada família recebia um barraco, duas vacas, galinhas e porcos. Com o tempo, elas construíram pequenas cabanas com *saman* (tijolos de barro misturados com palha picada que tinha sido posta para secar ao sol). Quase todos os colonos eram judeus, embora houvesse alguns alemães e ucranianos entre eles, alguns dos quais aprenderam a falar iídiche. A principal cultura agrícola era o grão, mas eles também cultivavam vinhas e pomares.

Escolas iídiches foram inauguradas nas principais cidades dos distritos nacionais. Apareceram jornais iídiches e trupes de teatro amador fizeram apresentações. "O nosso povoamento era uma verdadeira ilha de judaísmo [*sic*], que funcionava totalmente na língua iídiche. As aldeias judaicas eram permeadas por uma calorosa atmosfera judaica", escreveu a mesma colona.[9] Em quatro dos cinco distritos, contudo (Kalinindorf era a exceção), os judeus permaneceram uma minoria e a utilização do iídiche, em decorrência disso, era limitada.

A expressão religiosa não era incentivada nas fazendas. O *kashrut* raramente era observado e a criação de porcos era especialmente encorajada. Nenhum dos povoamentos tinha uma sinagoga. Por outro lado, os colonos mais velhos frequentemente acendiam velas nas noites de sexta-feira. Todos os povoamentos observavam o *Sabbath*, e em muitos lugares um *minyan* informal se reunia para os serviços do *Sabbath*. Um ativista antirreligioso se queixou em 1931 do "elevado percentual de resistência religiosa" entre os colonos do distrito de Dzhankoi na Crimeia.[10]

Kalinindorf tinha a sua própria banda *klezmer* e os agricultores judeu-soviéticos, como os *halutzim* sionistas, tinham as suas canções, porém em iídiche, não em hebraico:

Kegn gold fun zun, geyt oyf mayn gold fun veytsn.
    Em direção ao sol dourado salta o meu trigo dourado.
Kegn gold fun zun, geyt oyf mayn goldn glik.
    Em direção ao sol dourado salta a minha alegria dourada.
Naye horizontn rufn mikh un reytsn,
    Novos horizontes me chamam e acenam,
naye lider zing ikh, yidisher muzik.
    Canto novas canções, música judaica.

Geyt di arbet freylekh, fun gantsfri biz ovent.
    O trabalho avança feliz de manhã à noite.
Zun iz mayn hudok un feld iz mayn fabrik.
    O sol é a minha lira, o campo é a minha fábrica.

Nekhtn shkheynim vayte, haynt shoyn azoy noent,
Ontem vizinhos distantes, hoje tão próximos,
ukrayner poyer, yiddisher muzhik.[11]
Agricultores ucranianos, camponeses judeus.

Até mesmo nesse ambiente protegido, o iídiche estava desaparecendo. Assim como nas grandes cidades, os colonos preferiam enviar os filhos para escolas russas em vez de iídiches. Na Crimeia, eles liam o órgão do partido regional, em língua russa, o *Krasnyi Krym* (que oferecia uma boa cobertura das notícias judaicas locais),[12] em vez de jornais locais em iídiche, que começaram a desaparecer no final da década de 1930.

Os povoamentos judaicos estavam entre as poucas seções da agricultura soviética que, na maior parte, abraçaram a coletivização no final da década de 1920, em vez de resistir a ela. Em geral, a coletivização das cooperativas de fazendas judaicas prosseguia de uma maneira relativamente suave. Depois da coletivização, cada família tinha permissão para manter alguns animais de fazenda e um pequeno pedaço de terra, frequentemente com até 1,2 hectares, como horta e pomar. Em muitos casos, ex-cooperativas totalmente judaicas simplesmente se transformaram em fazendas coletivistas totalmente judaicas. Na Bielorrússia, vários povoamentos já eram, de qualquer modo, coletivos desde o princípio. Em outros lugares, surgiram conflitos entre judeus e não judeus em recém-formadas fazendas coletivistas mistas onde os judeus se recusavam a trabalhar aos sábados.

Em 1929, o grupo do partido de Odessa enviou Gershon Shapiro para trabalhar como um funcionário do partido em uma colônia agrícola judaica, Friling (Primavera), no *oblast* a cem quilômetros de Odessa. Shapiro tinha uma procedência desesperadamente pobre de uma pequena cidade em Volínia. Entre 1919 e 1926, ele havia servido no Exército Vermelho e em uma unidade de guarda na fronteira soviética. Em 1920, fora expurgado do Partido Comunista, acusado de ter "idealizado o Poalei Zion".[13] No entanto, ele expressou um remorso apropriado e conseguiu ser absolvido. Em 1922, ele foi readmitido no partido como candidato a membro e, em 1925, como membro pleno. Depois de passar um ano treinando em uma escola do Partido Comunista em Odessa, conseguiu emprego em uma metalúrgica. Lá, ele foi nomeado responsável, como membro do partido, por lidar com as questões dos funcionários "minoritários". Cerca de um terço dos oitocentos ou novecentos trabalhadores era de origem judaica. Ao contrário dos operários não judeus, eles eram principalmente funcionários novos, ex-vendedores ambulantes e pequenos negociantes. Eles falavam iídiche entre si, liam jornais em iídiche, e frequentavam o teatro iídiche. Shapiro organizava eventos culturais, recitais de música, palestras e recitações para eles.

A missão de Shapiro em Friling fazia parte do grande programa de coletivização para a agricultura soviética iniciado por Stalin. Ele era um dos 25 mil trabalhadores urbanos de confiança e socialmente conscientes do partido que foram enviados para a região campestre para superar a resistência rural à coletivização. Eles eram conhecidos como os *dvadtsatipiatitysiachniki* (os 25 mil).

Shapiro foi instruído a assumir o controle de uma cooperativa de crédito que lidava com os assuntos de Friling e dez povoamentos circundantes. Ele foi informado de que, na qualidade de único membro do partido em Friling, seria responsável por toda a vida política, econômica e cultural do povoamento. Embora lhe garantissem que a missão era inteiramente voluntária, ele sabia que só havia uma resposta possível.

Quando chegou a Friling, Shapiro encontrou condições primitivas. A única construção substancial no lugar era uma escola primária. Os colonos tinham se mudado de três *shtetlakh* decadentes para Friling em meados da década de 1920. Cada família recebera entre dez e quinze hectares de terra, mas quase todas estavam endividadas. O banco de crédito cooperativo que ele deveria dirigir se revelou sem recursos prontamente disponíveis, a não ser os fornecidos pela ORT. Todas as casas da colônia, bem como os animais de fazenda, cavalos e máquinas agrícolas, tinham sido comprados com dinheiro da ORT. Os agrônomos da ORT tinham ajudado os colonos a operar de uma maneira produtiva. Dois anos antes, eles tinham concordado em formar uma cooperativa que usaria tratores e combinaria ceifadeiras de uma Estação de Máquinas e Tratores vizinha. A tarefa de Shapiro, assim como a de outros trabalhadores do partido enviados para a região rural, era levar a cabo a completa coletivização do povoamento.

O relato autobiográfico, escrito na década de 1970, de suas experiências e atividades em Friling exibe certa ambivalência retrospectiva. Por um lado, Shapiro tem orgulho do que foi realizado. Por outro, ele revela um mal-estar com relação ao que francamente admite ter sido o grau de coerção envolvido. Em Friling, a coletivização evidentemente encontrou alguma oposição da parte de uma truculenta minoria de individualistas. "Eu tenho o meu pequeno pedaço de terra e o meu próprio negócio. Eu sei quando preciso arar e semear", insistia um deles. Shapiro tentou responder com um argumento fundamentado. Mas, no final, ele admitiu que havia "outros métodos": pressões econômicas e sociais de vários tipos.[14] Em Friling, assim como nos outros povoamentos judaicos, a oposição foi superada com relativa facilidade e a força não foi usada.

Certo dia, em um estágio avançado da campanha, Shapiro visitou o editor do jornal iídiche em Odessa e conversou com ele a respeito da vida na colônia. Durante a conversa, o editor lhe perguntou quantos *kulaks* (camponeses ricos) tinham sido desmascarados em Friling. Quando Shapiro respondeu que não havia nenhum, ele foi aconselhado a voltar e encontrar alguns. Ele fez o que lhe tinha sido determinado. Ao voltar, assembleias comunitárias ocorreram e dois homens tidos como exploradores foram denunciados e expulsos da colônia. Durante a escassez de produtos que se seguiu à coletivização, Friling recebeu ordens para entregar a maior parte dos seus produtos agrícolas para o Estado. Em decorrência disso, os colonos foram reduzidos praticamente à inanição. Quase todos os 481 colonos (a partir de 1931) perseveraram, apesar de todas as dificuldades, e ainda estavam em Friling uma década depois.

Embora alardeado como um triunfo do planejamento soviético, todo o projeto de assentamento agrícola judaico na URSS dependia fortemente do apoio externo, principalmente do Joint e da ORT. Já em 1938, a Agro-Joint tinha gasto 17 milhões de dólares em 218 fazendas coletivas, que abrigavam 13.250 famílias, na Ucrânia e na Crimeia. O empreendimento também contava com o apoio de uma rede de organizações de frente comunistas em vários países. A mais importante era a IKOR (Idishe Kolonizatsie Organizatsie), que arrecadava fundos nos Estados Unidos e em outros lugares, inclusive em vários países europeus.

Graças à ajuda do exterior, os povoamentos tinham técnicas relativamente avançadas, eram altamente mecanizados e, de acordo com os padrões soviéticos, produtivos: 150 deles eram eletrificados. Alguns dos residentes, particularmente as mulheres, se envolviam com um trabalho artesanal em pequena escala, como a confecção de chapéus e boinas, tricotagem e a produção de brinquedos de pelúcia e escovas.

No final da década de 1930, contudo, a iniciativa de assentar agricultores judeus na Ucrânia e na Crimeia se reverteu. Uma das razões foi a extinção da categoria dos *lishentsy*: os que tinham sido anteriormente incluídos nessa categoria deixaram de estar sujeitos a restrições ao avanço social, e muitos ex-*lishentsy* estavam entre os que migraram dos distritos rurais de volta para as áreas urbanas. A população dos distritos nacionais judaicos declinou em decorrência do total da emigração. Nos três distritos da Ucrânia, o número de judeus residentes caiu de 30.700 em 1931-1932 para 19.730 em 1939.

Em 1938, os acordos com o Joint e a ORT foram finalizados pelo governo soviético. Essa não foi exatamente uma decisão unilateral, já que o Joint decidira dois anos antes encerrar as suas atividades na URSS. Mas a essa altura, no auge do terror stalinista, nenhum político soviético que desse valor à sua cabeça ousaria defender uma contínua cooperação com organizações beneficentes estrangeiras estabelecidas em países capitalistas. Em abril de 1938, Jacob Tsegelnitski, um cidadão soviético que tinha servido desde 1923 como representante plenipotenciário da ORT na URSS, foi preso pelo NKVD.* Dentro de poucos meses, toda a atividade do Joint e da ORT na União Soviética havia cessado.

O assentamento agrícola na URSS tem recebido recentemente uma séria atenção acadêmica e uma avaliação mais favorável do que no passado.[15] Com base em um padrão comparativo, ele poderia ser considerado um sucesso. No seu auge, a iniciativa comunista podia alardear 150 mil judeus assentados em 250 povoamentos agrícolas: isso era muito mais do que o número de judeus assentados na Palestina, que correspondiam a apenas 89 mil em 1936. A área total de propriedade judaica na Palestina em 1939 era de 155.137 hectares; o governo soviético a essa altura havia designado mais de 405 mil hectares para o assentamento judaico.

Saída, perseguido por um tigre

Nesse meio-tempo, em 1928, o governo soviético tinha ido além e designado a área remota de Birobidzhan, no rio Amur, adjacente à fronteira com a Manchúria, para o assentamento judaico. Com uma área de cerca de 36 mil quilômetros quadrados, Birobidzhan era ligeiramente maior do que a Palestina mandatória. Os primeiros 628 colonos chegaram em 1928 e se fixaram em plantações de arroz. Já em 1934, 12 mil judeus estavam morando em Birobidzhan, cuja população total era de 52 mil habitantes.

Naquele ano, o território foi elevado à condição de Região Autônoma Judaica. O objetivo, declarou Semen Dimanshteyn, a autoridade do partido responsável pelas questões judaicas, era "fortalecer a produtivização do judeu pobre".[16] Outros 20 mil colonos chegaram no decorrer dos quatro anos seguintes. Mas depois da longa viagem na Ferrovia Transiberiana, muitos ficavam desalentados diante da falta de preparação ou planejamento que encontravam ao chegar. Na ausência de uma habitação permanente, eles moravam em *zemlianka* (abrigos subterrâneos) ou casebres de barro. As cidades não tinham redes de esgoto ou iluminação pública. A fome e a doença eram desmedidas. A maioria dos pioneiros partiu, desanimada, depois de alguns meses.

Durante os expurgos do final da década de 1930, a maioria das principais figuras relacionadas com o projeto foi presa, acusada de conspiração trotskista,

---

* Comissariado do Povo de Assuntos Internos, o maior organismo de segurança e espionagem da URSS. (N.T.)

espionagem, sabotagem ou "nacionalismo burguês". O chefe do partido local, Matvei Khavkin, havia conquistado a estima de Stalin, que, ao que consta, anunciou depois de tê-lo conhecido: "Este judeu é mais inteligente do que a maioria".[17] Mas em 1937, Khavkin foi obrigado admitir em uma sessão de autocrítica que fora membro da oposição trotskista na década de 1920. Ele teria supostamente realizado banquetes suntuosos em meio a uma escassez geral e foi acusado de "bajulação, pomposidade, arrogância política e intriga".[18] Seu estilo de liderança foi comparado ao de "um ancião da sinagoga de uma *shtetl* insultado".[19] Talvez o mais incriminador de tudo tenha sido o fato de ele ter sido denunciado como tendo cumprimentado um camarada com as palavras *Gut shabbes* (Bom *Sabbath*).[20]

Khavkin foi destituído do seu cargo, expulso do partido, declarado inimigo do povo e preso pela polícia secreta. Sua esposa foi acusada de tentar envenenar o chefe do partido em Moscou, Kaganovich, com *gefilte fish* caseiro quando ele foi jantar na casa dela durante sua visita a Birobidzhan em 1936. Ela também foi presa e enviada para um hospício.

Em 1938, o KOMZET e a OZET foram extintos e a organização do assentamento em Birobidzhan foi colocada sob o controle direto de um departamento da polícia secreta. No todo, dos 319 delegados presentes no segundo Congresso de Sovietes de Birobidzhan em 1936, 227 tinham sido presos no final de 1938 e, destes, 116 foram fuzilados. Segundo consta, como foi informado em 1937, o único policial judeu da região foi comido por um tigre siberiano.[21]

A eliminação da liderança Birobidzhan coincidiu com a prisão das três figuras mais proeminentes relacionadas com questões judaicas no Partido Comunista Soviético: Moyshe Litvakov, Semen Dimanshteyn e Ester Frumkin. Esses eventos não precisam necessariamente ser interpretados como evidência de uma política de antissemitismo patrocinada pelo Estado. Os judeus eram um entre muitos grupos nacionais minoritários que se viram vitimados durante o Grande Terror. Ainda assim, o destino desses três comunistas judeus ofereceu uma dura advertência com relação aos perigos de qualquer tipo de política especificamente judaica na URSS e demonstrou que a utopia soviética, assim como a sionista, enfrentava um caminho acidentado para a sua realização.

Apesar dos expurgos, a região autônoma continuou a existir, um jornal em iídiche continuou a ser publicado e um teatro iídiche se apresentava na principal cidade. A revista literária local trombeteou, de uma maneira surpreendentemente semelhante à da propaganda sionista contemporânea, que a região estava transformando "alfaiates, sapateiros e carroceiros" em trabalhadores agrícolas fisicamente preparados, politicamente conscientes e culturalmente envolvidos.[22]

O terceiro plano quinquenal soviético havia previsto a imigração de 130 mil judeus para Birobidzhan entre 1936 e 1940. No entanto, chegaram muito menos e muitos foram embora depois de um breve período. O governo alocou uma quantia recorde de 46,5 milhões de rublos para o trabalho de colonização em Birobidzhan em 1939.[23] Entretanto, naquele ano, os judeus não totalizaram mais de 18 mil dos 109 mil habitantes, e somente 8 das 64 fazendas coletivas da região eram judaicas. Os colonos que permaneceram gravitaram das fazendas coletivas para as cidades. Em 1939, três quartos dos judeus em Birobidzhan moravam nas cidades. Apenas 4.400 viviam em povoamentos rurais.

Um número tão grande de colonos tentava voltar para a Rússia europeia, que a polícia secreta adotou medidas especiais para evitar esse êxodo. Um relatório oficial de 1940 explicou que, entre os colonos, havia pessoas que "não atendiam aos padrões de qualidades físicas e morais requeridos para uma área escassamente povoada: doentes, inválidos, pessoas cobiçosas e egoístas, e assim por diante".[24] Stalin mais tarde se queixou de que os judeus eram "comerciantes naturais" e que os colonos judeus em Birobidzhan tinham permanecido lá apenas dois ou três anos e depois se espalhado para as cidades.[25]

Birobidzhan despertou ardorosas controvérsias entre os judeus fora da União Soviética. Ela foi severamente criticada pelos sionistas. O Joint se recusou a fornecer qualquer apoio. Por outro lado, a World ORT Union decidiu contribuir com recursos para a construção de fábricas de mármore, mobília, roupas masculinas e tijolos, uma serraria e oficinas de cestaria. Comunistas judeus no mundo inteiro celebraram a fundação da "pátria judaica" soviética. Nos Estados Unidos, foi formado um órgão de apoio, conhecido como Ambidjan (American Birobidzhan Committee). Na Grã-Bretanha, o chefe de bancada do Partido Trabalhista na Câmara dos Lordes, lorde Marley, tornou-se um ardoroso defensor da região autônoma. Ele visitou Birobidzhan, publicou relatos laudatórios sobre o que vira, repletos de fotografias de sorridentes criadores de porcos judeus, e fez uma turnê pelos Estados Unidos para arrecadar dinheiro para a causa. No entanto, em 1938, o Ambidjan e a IKOR se viram obrigados a interromper as suas atividades na URSS por medo de colocar em risco os seus contatos lá.

Esta terra é nossa terra

Alguns comunistas estrangeiros, seduzidos pela perspectiva da pátria judaica autônoma, emigraram para a União Soviética com o objetivo de se instalar em Birobidzhan. E não foram apenas comunistas que fizeram isso. Na Rutênia Subcarpática, em 1935, "centenas de famílias" de judeus carentes se inscreveram para se mudar para Birobidzhan — como assinalou com desprazer a Organização Sionista.[26]

A World ORT Union ajudou os refugiados judeus com requerimentos às autoridades soviéticas para o assentamento. Para 1936, estas concordaram em permitir que a ORT organizasse a imigração para o exterior de duzentas famílias. Os soviéticos impuseram três condições: os imigrantes teriam que assumir a cidadania soviética ao cruzar a fronteira; eles teriam que prometer permanecer em Birobidzhan durante pelo menos três anos; e ao receber um visto de entrada soviético, cada requerente teria que pagar duzentos dólares. Em troca, cada família imigrante receberia passagens da fronteira soviética para Birobidzhan. Ao chegar lá, as autoridades locais providenciariam moradia e todas as ferramentas de trabalho necessárias.[27]

Foram apresentados requerimentos para 269 imigrantes em 1936. A maioria era de graduados de escolas da ORT na Polônia ou na Lituânia. Alguns eram de refugiados alemães e outros de trabalhadores desempregados da Europa ocidental e de outros lugares. O processo de aprovação era laborioso e, em particular, as verificações de segurança do NKVD demoravam um longo tempo. Oitenta imigrantes partiram da França e outros se candidataram a ir. Trinta e duas famílias saíram de Los Angeles. Outros chegaram da Argentina.

No todo, estima-se que 1.500 imigrantes vindos do exterior tenham chegado à União Soviética, mas em 1938 a região foi fechada para o assentamento de fora da União Soviética. De qualquer forma, a maioria dos imigrantes vindos do exterior deixaram Birobidzhan depois de uma breve permanência. Dos que permaneceram, muitos foram presos e enviados para campos de trabalhos forçados e outros foram fuzilados. O escritor iídiche Dovid Bergelson, ao voltar para a Rússia em 1934, cogitara inicialmente viver em Birobidzhan, mas ele nunca se fixou lá, embora tenha escrito vários trabalhos elogiando o projeto.

Entre os imigrantes em 1932, junto com a esposa e três filhos, estava Abraham Koval, natural de uma pequena *shtetl* perto de Minsk, que havia emigrado para os Estados Unidos em 1910 e se fixado em Sioux City, Iowa. Tão logo se instalou como carpinteiro em Birobidzhan, ele se tornou um trabalhador Stakhanovite (hiperprodutivo). Ele escreveu para partidários nos Estados Unidos que "não tinha palavras para expressar a alegria que sentimos quando recebemos a escritura da nossa terra, transferindo esta terra para a nossa fazenda coletivista como propriedade perpétua... Temos orgulho dessa escritura que está impressa em letras douradas na nossa língua iídiche". A irmã de Abraham foi visitar a família em Birobidzhan e consta que ela voltou para Iowa City transbordando de entusiasmo" com o que vira.[28] Um dos filhos de Abraham tornou-se motorista de trator campeão em Birobidzhan. Os outros dois não ficaram muito tempo no Extremo Oriente, seguindo um caminho judaico-soviético mais característico de mobilidade ascendente. Eles se matricularam como alunos no Instituto Mendeleev de Tecnologia Química em Moscou. Um deles, George, foi recrutado, quando se formou, pelo serviço de inteligência soviético e, em 1939, ele estava nos últimos estágios do treinamento especializado para se tornar um espião.

Os colonos do exterior eram particularmente suspeitos para as autoridades soviéticas, e vários sofreram em consequência disso durante os expurgos. Ilya Blecherman, natural de Brisk (o nome iídiche para Brest-Litovsk), que havia emigrado para a Argentina e chegado a Birobidzhan em 1931, teve sorte. Um policial do serviço secreto que conhecera a família de Blecherman em Brisk o avisou de que ele estava prestes a ser preso. O policial o aconselhou a desaparecer e ir trabalhar em uma serraria na floresta onde ninguém saberia, seu paradeiro. Ele sobreviveu.

Diretamente para o Muro das Lamentações

Nem todos os imigrantes judeus para a União Soviética tomaram o rumo de Birobidzhan. Um grande grupo de judeus de extrema-esquerda da Palestina havia voltado para a Rússia na década de 1920, muitos deles se fixando nas colônias judaicas na Crimeia. Gershon Shapiro se lembra de ter conhecido um deles que chegou em 1928 e se tornou presidente de uma *kolkhoz**não muito longe de Friling. Depois de 1933, alguns refugiados não comunistas da Alemanha nazista buscaram ser aceitos na URSS. Em 1934-1936, a Agro-Joint organizou a imigração de setenta médicos judeu-alemães. A operação foi facilitada pelo Comissariado para a Saúde Pública, cujo chefe, Grigory Kaminsky, era cunhado do dirigente americano da Agro-Joint, nascido na Rússia, Joseph Rosen. O renomado historiador e teórico médico Richard Koch, avisado da sua iminente captura em Frankfurt em 1936, aceitou um convite no ano seguinte para se mudar para a URSS. Ele não era comunista, mas adotou a cidadania soviética e permaneceu na União Soviética pelo resto da vida. Até 1935, todos os estrangeiros que se estabeleciam na URSS automaticamente recebiam a cidadania soviética. Dali em diante, em meio a uma crescente onda de paranoia e xenofobia, foram erigidas barreiras burocráticas contra a naturalização até mesmo para absolutos partidários políticos.

O comunista judeu-polonês Moshe Zalcman estava entre os que emigraram por motivos ideológicos para a União Soviética. Em 1933, ele ficou eufórico ao

---

* Fazenda coletiva na antiga União Soviética. (N.T.)

tomar conhecimento de que recebera permissão formal tanto do Partido Comunista Francês quanto das autoridades soviéticas para morar na URSS. Em uma festa de despedida em Paris, um camarada sul-americano, que voltara havia pouco tempo de uma visita à União Soviética, chamou-o à parte e delicadamente sugeriu que ele reconsiderasse a sua decisão. Zalcman, perplexo, meramente sorriu. "Espero que você nunca se arrependa", foram as palavras de despedida do homem.[29]

Munido de um passaporte francês forjado, Zalcman atravessou a Europa de trem, e derramou lágrimas de alegria ao chegar à fronteira soviética. Em Moscou, ele visitou o Mausoléu de Lenin, "como um judeu devoto", escreveu ele mais tarde, "recém-chegado à Terra Santa que ruma diretamente para o Muro das Lamentações".[30]

Em Moscou, ele encontrou um pequeno grupo de camaradas comunistas da sua região da Polônia. Como os judeus de cidades pequenas que se encontram em Paris, Nova York e outras grandes cidades de emigração, eles formaram uma espécie de *landsmanshaft*, embora de uma maneira informal e discreta, já que esse tipo de associação poderia automaticamente se tornar suspeita na Rússia stalinista.

Muitos anos depois, Zalcman narrou as histórias de alguns dos seus amigos: um deles, um comunista veterano que desempenhara um importante papel na formação do Partido Comunista Polonês, fora enviado pelo partido em 1927 para estudar na URSS. Posteriormente, ele foi designado para administrar uma gigantesca estação de tratores. Nesse cargo, ele viu de perto o terror da coletivização agrícola. Ele disse ao recém-chegado Zalcman: "É mais difícil ser um comunista aqui do que no exterior".[31] Sua esposa o aconselhou a ser mais discreto. Mas ele foi preso em 1937 e assassinado pelo NKVD. Sua mulher, levada embora pouco tempo depois, também foi morta.

Outro membro do grupo, que tinha fundado a sucursal local do partido na cidade natal de Zalcman, se mudara para a URSS para evitar ser preso na Polônia. Ele permaneceu fiel à causa. Não obstante, em 1937 foi expulso do partido, preso e fuzilado. Sua mulher foi enviada para um campo na Sibéria, onde morreu. Nesse meio-tempo, o irmão dele foi enviado para trabalhar em um jornal provincial. Ele também ficou horrorizado com o que presenciou da coletivização forçada. Voltou para Moscou e insolentemente entregou a sua carteira do partido. Ele também foi preso e fuzilado.

Outro membro do grupo tinha sido designado para trabalhar na Ucrânia. Ele foi acusado de nacionalismo ucraniano e teve o mesmo destino. No final, quase todos os membros do círculo de Zalcman de Moscou foram devorados pelo sistema ao qual haviam dedicado a vida.

Depois de passar alguns meses em Moscou, deram a Zalcman um emprego em uma fábrica de roupas em Kiev, onde ele notou, para sua surpresa, que os operários recebiam um salário muito inferior ao das vítimas da exploração capitalista em fábricas semelhantes na França. Ao lado da esposa, que viera com ele de Paris, e do filho recém-nascido do casal, ele se adaptou às tristes condições de vida do proletariado russo no período da "acumulação primitiva" stalinista de meados da década de 1930. Ele se ofereceu como voluntário para lutar na Brigada Internacional da Espanha, mas não foi aceito. À medida que a União Soviética afundava no massacre do terror stalinista, ele começou lentamente a se desfazer de algumas das suas ilusões juvenis.

Um manual de conversação suaíle

O territorialismo nunca recebeu o apoio em massa desfrutado pelo sionismo e pelo comunismo. No entanto, a aparente lógica do seu argumento de que um lar *em algum lugar* precisava ser encontrado para um povo sem lar o manteve vivo. O líder incansável da Liga da Freeland, Isaac Steinberg, conduziu uma diplomacia *freelance* itinerante ao redor do mundo e conseguiu, pelo menos, ser levado a sério pelos ministérios do Exterior de vários países.

Em 1938, Steinberg procurou o governo australiano para solicitar a aprovação para o povoamento de refugiados judeus na região de East Kimberleys da Austrália ocidental, onde fora oferecida à sua organização, para compra, uma grande extensão de terra. Uma conferência internacional da Freeland em Paris em março daquele ano autorizara Steinberg a visitar a Austrália para negociar com o governo.

Quando ele chegou a Perth em maio, foi recebido pelo chefe do governo da Austrália ocidental, J. C. Willcock, que expressou apoio condicional ao projeto. Steinberg visitou a área de assentamento proposta, que se estendia a mais de 26 mil quilômetros quadrados (mais ou menos do mesmo tamanho da Palestina mandatória) entre os rios Ord e Victoria. Steinberg achou que até 75 mil judeus poderiam se instalar lá em ranchos e fazendas. Depois de conversas adicionais com as autoridades, Steinberg acreditou que tinha assegurado a aprovação deles para o projeto. No dia 1º de setembro de 1939, ele enviou um cabograma para os escritórios da Freeland em Londres e Varsóvia: "Mazl-tov! Hoje governo aceitou oficialmente ideia colonização judaica Kimberley. Propõe discutir condições depois aprovação comunidade das nações [em outras palavras, o governo federal australiano em Camberra]. Informem amigos".[32] A interpretação de Steinberg da

350

posição do governo, contudo, foi excessivamente otimista e foi sobrepujada por eventos mundiais mais importantes na data do telegrama.

Outros projetos para o assentamento judaico no exterior encontraram destinos semelhantes. Em Londres, a Plough Settlement Association, formada por membros de famílias anglo-judaicas consagradas, procurou organizar a migração e colocação na África de agrônomos judeus treinados da Alemanha. Os colonos em potencial eram principalmente homens na casa dos 20 anos, muitos deles provenientes das fazendas de treinamento em Gross-Breesen e Wieringen.

Em junho de 1938, proponentes do projeto tiveram uma conversa preliminar com o coronel C. F. Knaggs, um colono que fora nomeado agente do governo do Quênia em Londres. Knaggs não foi desfavorável à ideia. Ele chamou atenção para os altos custos envolvidos, mas disse que não "antevia nenhuma oposição racial, desde que pessoas adequadas sejam escolhidas e ensinadas a viver como cidadãos respeitáveis".[33] O governo britânico aprovou planos para 150 colonos irem para a África Oriental, foi arrecadado dinheiro para subsidiar o seu transporte, equipamento e subsistência por até um ano. Os migrantes seriam aprendizes de agricultores brancos no Quênia durante um ano, depois do que eles receberiam ajuda para se estabelecer em terra própria.

Em janeiro de 1939, um grupo de reconhecimento de quinze pessoas deixou a Inglaterra rumo ao Quênia. Walter Fletcher da empresa de borracha Hecht, Levis & Kahn, e *chairman* do grupo patrocinador, prometeu que um comitê de recepção local forneceria todo o equipamento necessário, embora tenha recomendado que, além disso, um traje de algodão cáqui ou branco [...] óculos escuros, um capacete de sol ou um Terai* duplo" seriam úteis no barco perto do Equador. Ele aconselhou ainda que o uso de "sapatos de lona com sola de corda e roupas de baixo de algodão fino" seria fundamental e "um dicionário inglês-suaíle e um manual de conversação também seriam aconselháveis".[34] O secretário colonial, Malcolm MacDonald, enviou "bons augúrios de sucesso e felicidade". Os organizadores prometeram ao governo "que nenhum enclave puramente racial será formado".[35] Eles também prometeram que os colonos não se mudariam para cidades. Um representante da Plough Settlement Association anunciou: "Prometemos ao governo não formar comunidades judaicas no Quênia, acomodando os refugiados em diferentes lugares para que eles possam se incorporar à comunidade em geral. Com o tempo, teremos uma fazenda de treinamento central".[36] Assim como os sionistas na Palestina e os comunistas em Birobidzhan, a ideia de redimir

---

* Chapéu de feltro com aba larga. (N.T.)

os judeus dos males da vida urbana dominava o pensamento dos benfeitores da Plough Settlement.

No grupo emigrante havia quatro rapazes que tinham passado pelo Gross-Breesen. Entre eles estava Gerald G. Frankel (anteriormente Gerhardt Fraenkel), que escreveu entusiasticamente do Quênia em 1939 para o seu patrocinador em Londres, informando que "não temos nenhuma dúvida de que seremos capazes no final deste ano de administrar nossas próprias fazendas, porque aprendemos a trabalhar com o piretro [um inseticida natural], gado e porcos, e porque sabemos desde a Alemanha como cultivar os diferentes tipos de cereais, linho e batata". Ele indagou tristemente se seria possível trazer os seus pais da Alemanha para o Quênia: "Eles não teriam mais essa horrível ameaça de uma guerra sobre a cabeça o tempo todo e nos ajudariam muito na construção de nossa fazenda".[37] Muitas cartas semelhantes, pleiteando o ingresso de membros da família no Quênia, chegaram a Londres.

A influente comunidade de colonos brancos no Quênia, contudo, não acolheu favoravelmente a perspectiva de um influxo judaico em grande escala. Uma geração antes, em 1903-1904, a oposição deles havia frustrado a proposta de Joseph Chamberlain para o assentamento judaico no Quênia (o chamado projeto Uganda). Em março de 1939, o governador do Quênia assinalou que o capital social subscrito da Plough Settlement Association de 10 mil libras era "claramente inadequado" para permitir a admissão de mais refugiados.[38] No mês seguinte, o Conselho Legislativo Queniano formado apenas por brancos aprovou uma lei para regulamentar a chegada dos refugiados: ela especificava que os imigrantes tinham que ser capazes de voltar para os seus países de origem ou fornecer uma obrigação de quinhentas libras. Além disso, os fiadores desses imigrantes precisariam ser residentes da colônia.[39] O empreendimento do Quênia não avançou mais.

E nem uma iniciativa semelhante que estabelecia um assentamento piloto no distrito paraguaio de Itauguá. E tampouco um projeto financiado por filantropos judeus e aprovado pelo ministro francês (e judeu) para as colônias, Georges Mandel, pelo qual um grupo de dez refugiados iriam partir para a Guiana Francesa.[40] O banco Rothschild em Paris propôs a compra de uma grande extensão de terra em Mato Grosso no Brasil ou, alternativamente, um projeto para assentar judeus no Vale do Alto Nilo no Sudão, entre Makalal e Bor — "um enorme território [...] sem nenhuma população [...] onde os judeus poderiam organizar uma importante colônia para si mesmos.[41] Essas ideias brilhantes não levaram a nenhum lugar. Um após o outro, projetos territorialistas, como uma planta exótica, floresciam durante uma hora e depois murchavam.

Em 1937, uma comissão de inquérito polonesa, chefiada por um especialista colonial, o major Mieczysław Lepecki, que incluía dois judeus, viajou para a colônia francesa de Madagascar para investigar possibilidades de assentamento naquele local. O governo polonês defendeu a emigração judaico-polonesa para lá tanto como uma maneira de reduzir a população judaica quanto como uma forma de promover a pretensão da Polônia às colônias. Da sua parte, o ministro francês para as colônias, Marius Moutet, simpatizava com a ideia de fornecer uma saída no território colonial francês para "vítimas de discriminação política e preconceito racial".[42] As opiniões dos membros da comissão estavam divididas com relação à adequabilidade da ilha para a colonização judaica. Lepecki era favorável; seus dois colegas judeus não ficaram impressionados, mas foram proibidos de publicar a sua opinião na imprensa polonesa. Nesse meio-tempo, um novo governo francês ficou mais frio com relação à ideia. Mesmo assim, a perspectiva de despejar o excedente de judeus da Europa em Madagascar continuou, durante vários anos, a exercer um estranho fascínio nos antissemitas poloneses e nas autoridades do Ministério do Exterior alemão.

Durante algum tempo, as possibilidades na Guiana Inglesa pareceram mais realistas. Uma Comissão Anglo-Americana entre cujos membros estava Joseph Rosen, ex-chefe da operação Agro-Joint na União Soviética, relatou que, embora o país, cuja maior parte era formada por florestas ou pântanos inabitáveis, reconhecidamente "não fosse um lugar ideal para refugiados", um assentamento experimental em pequena escala deveria mesmo assim ser planejado.[43] O governo inglês aprovou a proposta, mas nenhum assentamento jamais foi estabelecido.

As manchetes dos jornais refletiam os surtos de esperança e desespero na busca de asilo. "Perspectivas para os judeus no Equador" (*World Jewry*, 23 de agosto de 1935); "O Fim de uma Ilusão: Explicações Polonesas com relação ao Projeto Madagascar" (*Jüdische Rundschau*, 31 de dezembro de 1937); "Assentando Judeus em Tanganica: Formação da Comissão" (*The Times*, 14 de setembro de 1938); "Alasca como Lar para os Judeus" (*Daily Telegraph*, 25 de novembro de 1938). Um jornal judeu-francês recomendou o território francês da Nova Caledônia no Pacífico: "O clima lá é ideal [...] um país muito saudável [...] florestas ricas e diversificadas [...] recursos minerais em abundância".[44] A Guiana Holandesa, Angola, Chipre, as Filipinas, o Congo Belga, a República Dominicana, México, Haiti, Etiópia — cada um deles foi levantado, pesquisado e aclamado como um refúgio em potencial. Em cada um dos casos foram descobertos obstáculos, e globos giraram novamente, até que olhos se fixaram mais uma vez na mais recente, eternamente improvável, terra de redenção.

– 16 –

NA JAULA, TENTANDO ESCAPAR

"Completa aniquilação"

O refugiado judeu, por longo tempo uma figura familiar na Europa, se transformou na década de 1930 em um grande problema social e político, e uma catástrofe humana. A ausência de um lar judeu chegou a uma situação mais crítica do que nunca. Em vez da "terra natal portátil" sobre a qual Heine escrevera um século antes, um número cada vez maior de judeus europeus descobriu que não tinha nenhuma terra natal.

O *Anschluss* (anexação) da Áustria à Alemanha, em 12 de março de 1938, colocou mais 180 mil judeus sob o domínio nazista (220 mil "não arianos", de acordo com o critério nazista), aumentando a população judaica do Reich para pelo menos 540 mil. As Leis de Nuremberg foram estendidas para a Áustria. "Lojas judaicas" foram expropriadas. Os judeus foram obrigados a declarar todos os seus bens. Muitos foram presos e enviados para campos de concentração. Alguns abandonaram a comunidade religiosa, embora isso não os tenha ajudado em face da legislação racial nazista. Cenas de humilhação pública dos judeus tornaram-se corriqueiras. Sonia Wachstein, que ainda lecionava no Chajes Realgymnasium, constatou que a atmosfera estava "mais envenenada cada dia que passava. Não ocorria nenhuma troca de palavras ou contato visual com os nossos vizinhos. A alienação não envolvia apenas ódio do lado deles, mas também medo".[1]

A taxa de suicídio judaica subiu para alturas sem precedente: pelo menos 96 judeus vienenses cometeram suicídio nos dez dias que se seguiram ao *Anschluss*. Em resposta à pergunta da sua filha sobre se não seria uma boa ideia cometer

354

suicídio, Sigmund Freud respondeu: "Por quê? Porque é o que eles gostariam que fizéssemos?"[2] Pouco depois, eles emigraram para Londres.

As crianças judias foram expulsas das escolas públicas, e o Chajes foi obrigado a aceitar muitas delas. O único professor não judeu da escola, que ensinava inglês na série mais adiantada, "expulsou a si mesmo". Sonia Wachstein teve que assumir a turma dele, que havia aumentado para mais de cinquenta alunos.

> Os recém-chegados estavam mais confusos e traumatizados pela situação na qual se encontravam do que os alunos do Chajes Gymnasium, cuja identificação judaica e cujo sentimento de inquietude existencial faziam parte deles. Os recém-chegados estavam perplexos com a situação que lhes tinha sido imposta... Eles frequentemente vinham de famílias completamente assimiladas. [Para eles] o terrível infortúnio que se abatera sobre os judeus era um fardo mais difícil, mais inesperado.[3]

As medidas do governo eram de muito mais longo alcance do que as que haviam sido tomadas até então na "Altreich" — Alemanha pré-*Anschluss* —, levando o diretor da escola, Viktor Kellner, a antever em junho de 1938 uma iminente "liquidação" do povo judeu-austríaco, e outro observador a escrever que os novos senhores da Áustria talvez estivessem com a intenção de realizar "uma completa aniquilação" dos judeus do país.[4]

Um dos efeitos do Anschluss, e da implacável perseguição dos judeus que se seguiu, foi iniciar uma grande onda de emigração da Áustria. No intervalo de um ano, pelo menos 70 mil judeus, mais de um terço da comunidade, fugiram. Adolf Eichmann, enviado para Viena pela SS para assumir o controle dos assuntos judaicos, montou um Escritório Central para Emigração Judaica a fim de coordenar os procedimentos burocráticos. As autoridades consulares britânicas estavam inundadas de requerimentos de pedidos de visto para o ingresso na Grã-Bretanha. O chefe da Repartição de Controle de Passaportes em Viena informou que os membros da sua equipe estavam "tão extenuados que rompiam em lágrimas à menor provocação".[5]

O sionismo, até então fraco na Áustria, de repente conquistou um grande número de novos recrutas. Tanto os revisionistas quanto os sionistas da corrente predominante organizaram mais grupos de refugiados em navios que rumavam para a Palestina, não raro ajudados por operadores suspeitos do mundo do crime. Eles também encontraram uma cooperação motivada em outra parte: depois do *Anschluss*, a SS ajudou os emissários a organizar partidas de judeu-austríacos para a Palestina, quer eles tivessem certificados de imigração, quer não. Dos 40.147 imigrantes que chegaram à Palestina em 1938 e 1939, 17.240 eram ilegais.

Muitos judeus na Áustria, especialmente em Viena, eram originários do que se tornou a Tchecoslováquia em 1918 e ainda tinham parentes próximos ou outras ligações com os seus locais de origem. Depois do *Anschluss*, portanto, um grande número deles buscou refúgio em sua terra natal. Nada menos do que 60 mil solicitações de residência na Tchecoslováquia foram recebidas de judeu-austríacos. No entanto, o governo de Praga endureceu as exigências para o visto e apenas um pequeno número foi aprovado. Mesmo assim, cerca de 6 mil judeu-austríacos encontraram refúgio na Tchecoslováquia no ano que se seguiu ao *Anschluss*, a maioria deles como imigrantes ilegais.[7]

Entre esses refugiados estava Hugo Jellinek, um cidadão tchecoslovaco residente em Viena. No dia 6 de junho de 1938, ao tomar conhecimento de que estava sendo procurado pela Gestapo, ele partiu no trem da tarde de Viena para Brno (Brunn), capital da província da Morávia. Brno tinha uma comunidade judaica substancial e um forte movimento sionista. Jellinek foi um entre muitos dos que saltaram do trem na cidade nessa ocasião, e as autoridades locais bem como a comunidade judaica estavam se esforçando para lidar com o influxo. No início, ele recebeu uma cama infestada de insetos em um barracão para refugiados — uma "cova de ladrões", como ele descreveu o lugar.[8] Nas suas primeiras semanas em Brno, ele "se desintegrou".[9] Ele estava com problemas financeiros e parecia subnutrido. Queixava-se amargamente da altiva indiferença dos judeus da localidade: "É escandaloso como a sociedade [judaica] em Brunn se comporta com relação a nós, pobres refugiados. Como eles vivem no mesmo perigo que nós, na sua mentalidade estreita, nem mesmo têm consciência desse fato".[10]

Na noite do mesmo dia em que Hugo Jellinek fugiu para Brno, sua filha mais velha, Nadja, partiu para a Palestina com um passaporte ilegal. Assim como o pai, ela apoiava os sionistas revisionistas, tendo ingressado no movimento de jovens deles, Betar. Pouco depois da sua chegada a Brno, as duas filhas mais novas de Hugo, Bertha e Anna, se juntaram a ele. Ambas arranjaram emprego e se estabeleceram na cidade. Ele estava confortado com a presença das filhas, mas aborrecido com Bertha por se associar com socialistas. Relatos em agosto sobre concentrações de tropas alemãs perto da fronteira com a Tchecoslováquia o preocuparam, mas ele opinou, esperançoso: "A Boêmia é uma noz dura de partir que quebrará os dentes desse monte de criminosos".[11]

Pingue-pongue de refugiados

O acordo de Munique no final de setembro de 1938 teve consequências horripilantes para os 25 mil judeus que habitavam a "Região dos Sudetos" que a

Tchecoslováquia foi obrigada a ceder à Alemanha. Mais da metade deles fugiu de imediato, com a maioria exercendo o seu direito de optar pela cidadania e pela residência tchecas.

O restante do país, hoje conhecido como "Tcheco-Eslováquia", caiu sob a influência alemã. O governo foi dividido em três, com governos regionais autônomos nas terras tchecas, na Eslováquia e na Rutênia Subcarpática. A Eslováquia, com 137 mil judeus, era controlada por um governo abertamente antissemita. Os funcionários judeus foram demitidos. Em Bratislava, vitrines de lojas judaicas foram estilhaçadas e muros foram pichados com expressões antissemitas.

Em Mikulov (Nikolsburg), na Morávia, cuja comunidade judaica, celebrada como uma fortaleza de ortodoxia, recuava pelo menos ao século XV, os aproximadamente quatrocentos judeus residentes lutaram para escapar durante os quatro dias que antecederam a chegada das tropas alemãs. A maioria colocou seus pertences móveis em carroças puxadas a cavalo e se retirou para o que esperavam que seria a segurança de Brno. Alguns dias depois, alguns atravessaram a nova fronteira para tentar salvar outros bens. No entanto, quando chegaram, descobriram que suas casas já estavam ocupadas por alemães. Eles receberam ordens de partir imediatamente. Mal tinham começado a se estabelecer em Brno, foram atingidos por um novo golpe: o governo decretou que eles não tinham mais direito à cidadania tcheco-eslovaca. Eles foram obrigados a arrumar as suas coisas de novo e se mudar para um campo para deslocados de guerra, apátridas, em Eibenschütz (Ivančice), perto de Brno.[12]

Na Rutênia Subcarpática, cujos 103 mil judeus constituíam 14% da população, o governo prometeu proteger as minorias. No entanto, em novembro de 1938, a Hungria, com a aprovação da Alemanha, anexou parte da província, inclusive Munkács, bem como o sul da Eslováquia. Por conseguinte, os judeus nesses distritos se viram sujeitos à lei antijudaica da Hungria, aprovada em maio anterior. As licenças dos judeus donos de pequenas empresas foram revogadas. Os judeus profissionais liberais foram submetidos ao *numerus clausus*. Cidadãos não húngaros receberam ordens para partir. Os que não as cumpriram foram enviados para campos ou expulsos. No inverno de 1938-1939 alguns foram deportados de um lado para o outro através da nova fronteira entre a Hungria e a Rutênia. Desesperados, eles fugiram através da Polônia e foram para a União Soviética.

Os judeus que fugiam dos nazistas e não conseguiram permissão para entrar na Tchecoslováquia passavam semanas em fossos em campos abertos ao longo da nova fronteira do Terceiro Reich. No posto fronteiriço de Mischdorf, refugiados inválidos se abrigaram em quatro furgões de mudança fornecidos pelos judeus de Bratislava.

Em Brno, Hugo Jellinek observava tudo isso com crescente melancolia. A sua confiança de que os tchecos resistiriam a Hitler se revelara falsa devido aos eventos que se seguiram ao acordo de Munique. "Todos nós judeus ao redor do mundo estamos terrivelmente preocupados e desalentados", escreveu ele para a filha Nadja na Palestina. Os sionistas lá, declarou ele, eram "a única estrela de esperança para todos os intrépidos judeus realmente decididos a lutar."[13]

À medida que o ímpeto de emigrar do Terceiro Reich se tornava uma frenética debandada, dezenas de milhares de judeus eram ricocheteados através das fronteiras, no que veio a ser chamado de "pingue-pongue de refugiados". Eles escapavam de qualquer jeito possível. O principal nadador do clube esportivo Hakoach nadou de Viena até Bratislava pelo Danúbio, chegando lá apenas com o calção de banho.[14]

Outro jovem judeu-vienense, Paul Winckler, decidiu caminhar de Viena até a fronteira tcheco-eslovaca. Ele recebeu *permis de séjour* temporária na Tchecoslováquia, mas depois de três meses foi preso como residente ilegal e conduzido à fronteira húngara. Os guardas o orientaram a nadar através de um rio para a Hungria. Ele foi apanhado do outro lado por uma patrulha da fronteira húngara e obrigado a nadar de volta. Os guardas tchecos estavam esperando por ele. Winckler nadou cinco vezes de um país para o outro. Finalmente, obteve permissão para entrar na Hungria e viajou para a fronteira romena, onde se entregou à polícia e recebeu um passe temporário. Ele foi para Constanta para tentar embarcar em um navio para a Palestina, mas foi preso como espião. Inocentado dessa acusação, ele foi condenado a vinte dias de detenção por ter entrado ilegalmente na Romênia, mas foi mantido na prisão por mais dois meses. Liberado sob a condição de deixar a Romênia, ele embarcou como clandestino em um vapor de carga que ia para a Palestina. Ao chegar em Haifa, foi preso e passou dois dias na prisão de Haifa, depois do que foi colocado no mesmo navio de volta para Constanta. Ele foi proibido de desembarcar e permaneceu no navio, que voltou para a Palestina. Lá, ele foi novamente entregue à polícia e, uma vez mais, encarcerado. Em janeiro de 1939, foi determinada a sua deportação, mas um relatório médico desfavorável o salvou e ele foi enviado para um hospital.[15]

Surgiu um mercado negro de vistos americanos e latino-americanos, bem como de certificados de imigração para a Palestina. O Serviço Secreto de Inteligência Britânico descobriu três casos de tráfico de documentos no Departamento de Controle de Passaportes na embaixada em Varsóvia. Em Breslau, o vice-cônsul dos Estados Unidos aceitou uma propina de 500 marcos (equivalente a 200 dólares na época ou a cerca de 3 mil dólares em valores de 2011) a fim conceder um visto de visitante ao pai de Abraham Ascher, um menino de 10 anos. O menino foi enviado para entregar o envelope, já que o cônsul, presumivelmente para evitar ser observado por olhares abelhudos, havia especificado uma manhã de sábado para a transação, e o Ascher mais velho, que era rigorosamente ortodoxo, não lidaria com dinheiro no *Sabbath*. Abraham Ascher, hoje um historiador nos Estados Unidos, realizou uma pesquisa sobre as atividades do cônsul, concluindo que, em troca de incentivos financeiros, ele provavelmente emitiu uma grande quantidade desses vistos, não apenas para os Estados Unidos mas também para as Filipinas, na ocasião sob domínio americano. Esse foi apenas um dos numerosos casos de benevolência em interesse próprio da parte de cônsules de muitas nacionalidades, cuja conduta Ascher qualifica com a frase "a banalidade da virtude".[16]

A Grã-Bretanha, os Estados Unidos e a Palestina receberam o maior número de refugiados. No entanto, a demanda por vistos de entrada sobrepujaram enormemente a oferta. No decorrer de 1938, a Hebrew Immigrant Aid Society de Nova York recebeu 590.963 cartas pedindo informações ou ajuda para conseguir entrar nos Estados Unidos.[17] Somente uma pequena fração dessas pessoas conseguiram permissão para entrar no país antes da deflagração da guerra na Europa.

O "presente" de Hitler para as democracias de cientistas conduzidos ao exílio que mais tarde auxiliaram o esforço de guerra é bastante conhecido. A lista conhecida de nomes, que começa por Albert Einstein, que estava no exterior na época em que Hitler subiu ao poder e sabiamente decidiu não regressar à Alemanha, não será repetida aqui. Menos conhecidos são aqueles que não conseguiram partir e cujos nomes permanecem obscuros, talvez por não terem sobrevivido para chegar à maturidade pessoal ou científica.

Quando o antissemitismo tornou-se a ordem do dia no Terceiro Reich expandido, outros países da Europa, onde o antissemitismo tinha raízes ainda mais profundas, se uniram ao que pareceu ser a onda do futuro. Em dezembro de 1937, o rei Carol II da Romênia convidou Alexandru Cuza e Octavian Goga, proeminentes intelectuais de direita e líderes conjuntos do Partido Nacional Cristão, para formar um governo. Ambos eram antissemitas declarados, e o novo regime anunciou um exercício chamado eufemisticamente de "exame de cidadania". O governo caiu seis semanas depois, sendo substituído por uma ditadura real. No entanto, a revisão da cidadania continuou. Pelo menos 150 mil judeus romenos se tornaram apátridas por causa disso. Como somente cidadãos tinham permissão para trabalhar em certas profissões e negócios, a lei teve o efeito de fazer com que milhares de judeus se vissem, de repente, desempregados. Na província de Bukovina, 60% dos artesãos judeus foram afetados. Foram impostas restrições aos advogados, médicos, corretores de valores e farmacêuticos judeus. As licenças dos estalajadeiros judeus para vender destilados foram revogadas. Em maio de 1938, o cronista Emil Dorian comentou: "Todos os judeus estão pensando sem parar em uma ideia: deixar a Romênia. No entanto, isso é apenas uma obsessão, um sintoma neurótico de impotência e desespero, já que, na realidade, ninguém se mexe — já que não há para onde ir e nenhuma salvação à vista!... Não existe nenhuma saída. Nós gritamos, gememos, o sangue se mistura com a terra, e uma geração inteira está destruída".[18] O flagrante desespero manifestado nessas explosões era compartilhado pelos judeus em outros lugares.

Em abril de 1938, o vice-primeiro-ministro e ministro das Finanças polonês, Eugeniusz Kwiatkowski, em um discurso proferido em Katowice, declarou que "a fim de alcançar a unidade interna, dentro de um período relativamente curto, metade da população deveria viver em cidades cujo caráter deveria se tornar predominantemente polonês".[19] O discurso foi interpretado como emprestando apoio ao ponto de vista, por muito tempo externado pela direita nacionalista, de que a Polônia sofria da praga de uma "superpopulação" de judeus, cuja emigração em massa era uma urgente necessidade. Kwiatkowski era um especialista econômico e não um agitador racista. O fato de um político com a sua tendência relativamente moderada poder expressar esses sentimentos era um presságio perturbador.

A crescente tendência da agressão verbal contra os judeus na Polônia em 1938-1939 alimentou o crescimento da violência física homicida, cujo único motivo aparente era o antissemitismo. Pelo menos 242 judeus foram feridos e quatro mortos em ataques em um único mês entre 15 de junho e 15 de julho de 1938. No Jardim Saxão, o bem frequentado parque público no centro de Varsóvia, dificilmente um dia se passava nessa época sem que ocorressem vários ataques não provocados a judeus que estavam passando.[20]

O efeito de transbordamento do antissemitismo alemão foi sentido diretamente nas regiões fronteiriças ocidentais da Polônia. A expiração da Convenção Polono-Alemã na Silésia Superior em maio de 1937 deixou o governo alemão livre para aplicar a plena força das medidas antijudaicas na parte do território controlada pela Alemanha. Já em 1938, ela foi além e iniciou expulsões sumárias de judeus, todos residentes havia muito tempo na área, afirmando que eles eram cidadãos poloneses. Durante algum tempo, os expulsos foram obrigados a permanecer em uma terra de ninguém entre as fronteiras da Alemanha e da Polônia, já que os poloneses não os deixavam entrar e os alemães não os deixavam voltar. Com o tempo, a maioria obteve permissão para entrar na Polônia.

À medida que os sinais do sentimento antijudaico proliferavam, até mesmo as democracias europeias ocidentais que tradicionalmente acolhiam fugitivos da opressão começaram a criar obstáculos. Na França, um decreto-lei de maio de 1938 restringiu severamente os direito de permanência temporária dos estrangeiros. Prédios no centro de Vichy foram cobertos por *slogans* antissemitas, e judeus que estavam aproveitando a estação de águas no verão de 1938 se viram alvo de molestamento da parte de desordeiros. A polícia interveio, e o prefeito prometeu evitar uma nova ocorrência. No entanto, em todo o país, as hostilidades contra os imigrantes judeus se espalharam e passaram a ameaçar todos os judeus.

Na Bélgica, a associação médica do país, citando o perigo de uma invasão estrangeira da profissão, tomou medidas para proibir estrangeiros de exercer a medicina. A Associação Flamenga de Advogados na Antuérpia impediu a afiliação de judeus. Quando os nazistas despacharam 44 judeus através da fronteira entre a Holanda e a Alemanha em uma barcaça do Reno, eles foram devolvidos pela polícia holandesa.

No início de outubro de 1938, o governo alemão, em uma aquiescência cordial a um pedido das autoridades suíças, que estavam ansiosas com relação à chegada de um grande número de alemães que afirmavam ser turistas, determinou que os passaportes de todos os judeu-alemães teriam que ser carimbados com um grande *J* vermelho. Essa fatídica decisão assegurou que, até mesmo antes da instituição da estrela amarela, todos os portadores desses documentos se tornassem pessoas marcadas, não apenas na Alemanha como também em todos os lugares do mundo para onde viajassem — ou tentassem fazê-lo.

Interlúdio em Evian-les-Bains

Onze dias depois do *Anschluss*, o presidente Franklin Roosevelt, pressionado para tomar alguma medida que aliviasse o drama dos judeu-alemães e austríacos, mas sem nenhuma esperança de persuadir o Congresso a afrouxar as leis de imigração dos Estados Unidos, convocou uma conferência internacional para tratar da crise dos refugiados. Apesar da urgência do problema, contudo, os preparativos para o encontro avançaram em um ritmo vagaroso, durando mais de três meses.

A conferência finalmente se reuniu no dia 6 de julho de 1938, no agradável *resort* francês de Evian-les-Bains, no Lago Genebra. Roosevelt não compareceu pessoalmente. Vinte e nove países enviaram representantes de níveis relativamente baixos, e uma série de organizações voluntárias obtiveram permissão para apresentar propostas.

O nível de oratória foi elevado. Hélio Lobo, representando o Brasil, afirmou que o seu país estava pronto "a responder favoravelmente ao nobre apelo do governo americano [...] dentro dos limites da sua política de imigração". O delegado da Bélgica, "um país pequeno com uma população muito densa", chamou atenção para a "sua tradicional reputação como um povo hospitaleiro e um país de refúgio", enfatizando ao mesmo tempo que "a Bélgica considera um ponto de honra não assumir novas obrigações internacionais cujas consequências o país não pode avaliar". O representante da Austrália ressaltou que seu país tinha "suas próprias dificuldades peculiares": a imigração até então "fora, como era natural, predominantemente britânica; tampouco é desejável que nos afastemos muito disso quando colonos britânicos estão para chegar". Ele acrescentou que "como não temos nenhum verdadeiro problema racial, não estamos desejosos de importar um". "As estatísticas", explicou o porta-voz argentino, "provam que nenhum país tem feito mais do que a Argentina no bom acolhimento aos imigrantes, independentemente da sua nacionalidade de origem, convicções políticas e crenças religiosas." Seu governo, portanto, se propunha "colaborar no estudo e na resolução do problema".

Outros delegados expressaram semelhantes combinações de solidariedade, restricionismo e falta de precisão: o Equador, "um país essencialmente agrícola", não conseguia imaginar "um influxo tão grande de trabalhadores intelectuais". O México se via incapaz de "ir além da ação oficial que assume a forma, no momento, de incluir anualmente no orçamento nacional uma quantia de mais 10 mil pesos (cerca de 3 mil dólares) para o trabalho da Junta de Imigração". A Irlanda confessou que "não poderia fazer nenhuma contribuição genuína". A Suíça considerava "essencial exercer um controle muito rigoroso sobre a aceitação de quaisquer estrangeiros adicionais". O Peru, embora consciente de que "a influência judaica, como a levedura ou o fermento, é valiosa para todas as nações", se via obrigado a "fixar limites ao seu entusiasmo".[21]

Tudo isso era mais ou menos esperado. A conferência ficou surpresa, contudo, com a declaração do representante da República Dominicana de que o seu governo estava disposto a aceitar 100 mil refugiados. As expectativas despertadas por essa declaração se revelaram exageradas: o primeiro ato do governo dominicano com vistas à implementação foi a imposição, em dezembro de 1938, de uma "taxa de ingresso" de quinhentos dólares para todos os imigrantes. Em 1942, um total de 472 judeus tinham sido aceitos pela república para o assentamento, a um custo de 3 mil dólares cada um, pagos pelo Joint Distribution Committee.

A conferência decidiu criar um Comitê Intergovernamental sobre Refugiados para negociar com a Alemanha um êxodo ordenado de judeus do Reich.

O trabalho do comitê ao longo do ano seguinte produziu uma montanha de memorandos mas quase nenhuma ação eficaz. As verdadeiras decisões, na forma de um entendimento entre os governos dos Estados Unidos e da Grã-Bretanha, haviam sido tomadas antes da conferência de Evian. Os britânicos insistiam em que a questão da imigração para a Palestina não deveria ser levantada. Os americanos impuseram um obstáculo semelhante contra qualquer interferência nas restrições de quotas existentes à entrada nos Estados Unidos. O resultado foi que a conferência, longe de aliviar as atribulações dos refugiados, endureceu as barreiras existentes à sua aceitação. Como comentou uma pessoa espirituosa e cínica, Evian é "naive" soletrado de trás para a frente.

A expulsão

Aproximadamente 20 mil judeus residentes na Áustria na época do *Anschluss* tinham nacionalidade polonesa, a maioria deles era natural da Galícia ou descendente destes. Foi durante o período que passou como artista fracassado em Viena nos anos que antecederam a Primeira Guerra Mundial que Adolf Hitler concebeu a sua repugnância obsessiva pelo *Ostjude* e especificamente pelos judeus da Galícia (na ocasião uma província da Áustria), que estavam se mudando para Viena em grande número.

Imediatamente depois do *Anschluss*, muitos destes, receosos pelo seu futuro no Terceiro Reich, fugiram para a Polônia. O governo polonês, já irritado com a expulsão dos judeus da parte alemã da Silésia Superior, reagiu com assombro. No dia 18 de março, cinco dias depois do *Anschluss*, o governo apresentou um projeto de lei ao Sejm que propunha que os poloneses que tivessem vivido no exterior durante mais de cinco anos poderiam ser privados da sua cidadania. Por conseguinte, essas pessoas não teriam mais o direito automático de voltar para a Polônia. O projeto de lei passou por todos os estágios necessários no parlamento no prazo de onze dias. Um comunicado oficial emitido pela agência de notícias oficiosa Iskra explicou que o objetivo da lei era "fazer com que todos os cidadãos poloneses residentes no exterior compreendam que o estado polonês precisa que eles mantenham uma atitude ativamente favorável e não uma atitude passiva ou indiferente com relação a ele".[22] O chefe do departamento consular do Ministério do Exterior polonês explicou abertamente para uma conferência de cônsules poloneses em Berlim que "o objetivo do projeto de lei era elevar a dignidade do cidadão polonês excluindo todos aqueles que não vinham sendo dignos, [...] acima de tudo, [...] representantes de minorias nacionais, especialmente judeus, que são elementos destrutivos".[23]

A legislação polonesa foi obviamente uma reação aos eventos na Áustria e era claramente dirigida aos judeus. Embora isso não fosse óbvio para todos, os poloneses ficaram evidentemente um tanto constrangidos com relação ao acolhimento da lei no exterior, já que um funcionário do Ministério do Exterior, em conversa com um diplomata britânico, "negou que houvesse qualquer ligação entre os eventos na Áustria e a decisão do governo polonês de levar adiante essa lei, que ele descreveu como apenas a realização de uma revisão das leis polonesas de nacionalidade que já estava bastante atrasada". Ele admitiu que a nova lei "poderia se aplicar, entre outras pessoas, àquelas de cidadania nominalmente polonesa residentes na Áustria, mas negou que a lei tivesse qualquer significado antissemita específico". De qualquer modo, acrescentou ele, "a intenção do governo era aplicar a nova lei, se e quando ela entrasse em vigor, com moderação".[24] Essa declaração seria em breve posta à prova de uma maneira inesperada.

Na noite de 28 de outubro de 1938, a polícia alemã prendeu abruptamente 18 mil judeus de cidadania polonesa em cidades de todo o Reich. Entre eles estavam muitos que tinham nascido na Alemanha, já que a cidadania não era automaticamente adquirida pelo nascimento em território alemão. Em Breslau, duzentos judeus buscaram asilo no consulado polonês, até que o cônsul lhes disse que fossem embora, caso contrário ele chamaria a polícia. Marcel Reich, de 18 anos, estava entre os que foram capturados em Berlim.

> Eu só tive permissão para levar cinco marcos comigo, bem como uma pasta de documentos. Mas eu não sabia bem o que colocar nela. Na pressa, coloquei um lenço sobressalente e algo para ler. Eu estava lendo *A Mulher de Trinta Anos* de Balzac — de modo que coloquei o livro na pasta [...] Não demorou muito para que o policial e eu chegássemos ao nosso destino: a delegacia de polícia do distrito. Eu me vi imediatamente entre dez ou talvez vinte de idênticas vítimas... Todos falavam um alemão perfeito e nem uma palavra de polonês. Eles tinham nascido na Alemanha ou tinham vindo para a Alemanha bem pequenos e frequentaram a escola lá. Mas assim como eu, como logo descobri, tinham passaportes poloneses.[25]

Os prisioneiros foram embarcados em trens cujo destino era a Polônia. Os trens de Berlim só levavam homens. Os de outras cidades conduziam mulheres e crianças. A Gestapo até mesmo arrebanhou crianças em orfanatos. Quando chegaram à fronteira, os judeus fora expulsos da Alemanha com baionetas e chicotes. O governo polonês recusou-se a aceitá-los, de modo que a maioria ficou encalhada em uma terra de ninguém entre as duas fronteiras.

Um relatório diplomático britânico, baseado em informações de fontes judaicas, descreveu a cena na fronteira:

364

As piores condições eram em Zbąszyń na linha principal de Berlim para Poznan. Chegaram aqui cerca de 6.500, dos quais uma parte eram mulheres e crianças. Eles foram obrigados a descer do trem na estação fronteiriça alemã e seguir a pé através da fronteira. Consta que os alemães dispararam uma metralhadora para o ar, causando grande confusão e pânico, de modo que as famílias se espalharam e perderam os poucos pertences que tinham conseguido trazer consigo. As autoridades polonesas locais demonstraram boa vontade, mas não tinham acomodações e muitos dos judeus não tinham, é claro, a menor ideia de onde poderiam ir, já que tinham poucas ligações com a Polônia. Depois de uma certa demora, as autoridades militares providenciaram barracas. Entendo que 1.500 partiram para vários destinos, mas que 5 mil ainda permanecem no local, já que as autoridades polonesas esperam que as negociações com a Alemanha possam resultar na permissão de eles voltarem para as suas casas.[26]

A embaixada americana em Varsóvia informou o seguinte a Washington: "Soubemos que os refugiados foram tratados com muita dureza e que, por causa disso, chegaram à Polônia em grande desordem. Muitos haviam perdido os poucos pertences que tinham conseguido trazer consigo, inclusive os documentos de viagem. Muitos estavam histéricos, consta que alguns morreram de medo, e vários casos de insanidade temporária foram relatados".[27]

No dia seguinte, a agência de notícias alemã emitiu uma declaração oficial explicando que a expulsão fora precipitada pela decisão do governo polonês de recolher passaportes para um endosso especial. Se esse endosso fosse recusado aos estimados 150 mil poloneses no Terceiro Reich, "eles se tornariam um fardo permanente para a Alemanha, e o governo alemão não poderia mais se valer da possibilidade, que é um direito legítimo de todos os estados, de expulsá-los como estrangeiros indesejáveis".[28]

Na Polônia, o episódio evocou reações variadas. Os judeus poloneses se reuniram para oferecer socorro aos refugiados encalhados na fronteira. Por outro lado, um artigo no *Kurier Poznański,* um jornal antissemita alinhado com o partido nacionalista Endecja, declarou: "A população conta com as autoridades do governo para não permitir que outros 10 mil judeus, ou mais, entrem na república polonesa".[29] Temendo que a extrema-direita explorasse o episódio, o governo censurou grande parte do que a imprensa noticiou sobre o assunto.[30]

As deportações tiveram amplas consequências. O governo polonês protestou vigorosamente contra as deportações alemãs. Ele prendeu mil alemães em Łódź com a intenção de impressionar o governo alemão com a perspectiva de uma contradeportação — mas essa ideia foi logo abandonada. A brutalidade competitiva não era uma política produtiva nas negociações com os nazistas. A suposta ameaça a cidadãos alemães na Polônia tornou-se um tema ameaçador da propaganda alemã ao longo dos dez meses seguintes.

Entre os deportados estava a família de Herschel Grynszpan, um jovem judeu-polonês, que morara em Hanôver a vida inteira e que estava em Paris na ocasião das deportações. Angustiado com a injustiça feita à sua família, Grynszpan foi à embaixada alemã em Paris no dia 7 de novembro, conseguiu acesso ao conselheiro da embaixada, Ernst vom Rath, e atirou nele. O diplomata morreu no hospital dois dias depois.

O assassinato foi condenado pelos nazistas como uma intolerável provocação. Na noite de 9-10 de novembro, a chamada *Kristallnacht* (Noite dos Cristais), sinagogas em toda a Alemanha foram incendiadas, lojas, negócios e casas de propriedade de judeus foram saqueadas; e pelo menos 20 mil judeus foram presos e jogados na prisão ou em campos de concentração. Quase todas as organizações e publicações judaicas foram fechadas. A desculpa foi a de sempre, ou seja, que a violência foi uma revolta espontânea; na realidade, ela foi diretamente organizada pelo governo alemão e pelo Partido Nazista.

Como punição pelo assassinato de Vom Rath, foi cobrada da comunidade judaico-alemã uma enorme multa coletiva de um bilhão de *reichsmarks*. Além disso, os judeus foram privados da indenização pelo gigantesco dano causado durante a *Kristallnacht*, já que as suas apólices de seguro foram confiscadas pelo Estado alemão. Antes da *Kristallnacht*, as propriedades e os negócios judaicos, grandes e pequenos, já estavam sendo "arianizados", com a ajuda de um decreto "sobre a eliminação dos judeus da vida econômica alemã". As contas bancárias dos judeus foram bloqueadas. A grande coleção de arte da família Rothschild em Viena foi confiscada. Lojas de departamentos de propriedade judaica foram expropriadas. Os grandes nomes da comunidade empresarial judaico-alemã desapareceram da vida econômica. Quase duzentos bancos privados, entre eles o M. M. Warburg em Hamburgo, o Rothschild em Viena e o Mendelssohn & Company em Berlim, foram obrigados a transferir a propriedade para "arianos" ou fechar as portas. Seus antigos donos debandaram.

Outras medidas discriminatórias foram introduzidas. Os judeus foram proibidos de possuir carros. Foram proibidos de usar os vagões-restaurantes ou os vagões-leitos nos trens. Todas as crianças judias que ainda permaneciam em escolas não judias foram expulsas. Os órfãos judeus, inclusive os que tinham sido batizados, foram transferidos de lares de crianças do governo e da casa de pais adotivos não judeus para instituições judaicas.

Os judeus foram proibidos de frequentar cinemas, teatros ou qualquer outro espetáculo público, exceto os da Kulturbund. Seu chefe, Kurt Singer, estava visitando os Estados Unidos em novembro de 1938 e foi convidado a ficar lá. Ele insistiu em voltar. No entanto, ao fazer escala em Amsterdá, foi convencido de que seria perigoso para ele retornar e decidiu permanecer em Amsterdá.

A partir de novembro de 1938, os não judeus geralmente mantinham distância dos judeus. As crianças judias descobriram que antigos companheiros de brincadeiras não iam visitá-las em casa. Agora, na verdade, como declarou um judeu-vienense, "todos nos tornamos *Luftmenschen*".[31]

Diplomatas e jornalistas estrangeiros das democracias relataram detalhadamente a *Kristallnacht*, despertando certa inquietação em seus leitores. Mesmo assim, o Ministério do Exterior francês recebeu o ministro do Exterior alemão, Ribbentrop, em Paris no início de dezembro, tomando o cuidado de excluir da recepção oficial dois ministros judeus, Georges Mandel e Jean Zay (este último, na verdade, só era judeu por reputação e pelos critérios nazistas: o seu pai era judeu).

Para os judeus na Alemanha, a *Kristallnacht* e suas consequências produziram a repentina compreensão da natureza ilusória da ideia de que seria possível de alguma maneira sobreviver à tempestade nazista mantendo a cabeça baixa e submetendo-se à imposição, durante algum tempo, de um *status* de segunda classe. Centenas cometeram suicídio. Hedwig Jastrow, uma ex-professora de 76 anos, estava entre eles. Ela declarou o seguinte em seu bilhete suicida:

> Ninguém precisa fazer qualquer tentativa de salvar a vida de alguém que não deseja viver! Não se trata de um acidente ou de um ataque de depressão. Alguém deixa a sua vida cuja família teve a cidadania alemã durante 100 anos, acompanhando um juramento, e sempre foi fiel a esse juramento. Durante 43 anos ensinei alemão a crianças e ajudei-as em toda a miséria e por muito mais tempo, fiz trabalho de assistência social para o *Volk* alemão durante a guerra e a paz. Não quero viver sem uma *Fatherland*, sem *Heimat* [lar natal], sem um apartamento, sem cidadania, sendo proscrita e difamada. E quero ser enterrada com o nome que os meus pais me deram uma vez e me [legaram em herança], que é impecável. Não quero esperar até que ele fique difamado. Todo prisioneiro, todo assassino mantém o seu nome. Ele grita para o céu.[32]

Como Christian Goeschel comenta, esse foi um exemplo de suicídio que não foi um ato de desespero e sim "de asserção do direito dela de manter o controle sobre a sua vida e o seu corpo".[33]

O que eles podem fazer comigo?

Os consulados e as embaixadas estavam sendo assediados por hordas de pessoas que queriam ser emigrantes. Uruguai, Sião, Tangier — nenhum destino concebível era desconsiderado. Até mesmo antes da *Kristallnacht*, o cônsul-geral americano em Berlim havia relatado o seguinte: "No mês de setembro tivemos que lidar com milhares de pessoas desesperadas que se precipitavam no consulado-geral todos os dias... A quota agora é insuficiente para acomodar os requerentes que totalizam cerca de 125 mil para o número disponível de 27.300 para o ano fiscal. Os requerentes que derem entrada no requerimento agora terão que esperar três ou quatro anos".[34] No consulado dos Estados Unidos em Stuttgart "a escada, de cima a baixo, estava repleta de rostos, pacientes, faces expectantes, ávidas e ao mesmo tempo desesperadas, esperançosas e no entanto suspeitosas, aguardando, esperançosamente aguardando".[35] Agarrando-se a qualquer coisa, aqueles que deseja emigrar escreviam para desconhecidos nos Estados Unidos que tinham o mesmo sobrenome, cujo endereço eles tinham de alguma maneira conseguido, implorando por uma declaração juramentada contendo a garantia financeira que poderia com o tempo permitir que eles entrassem nos Estados Unidos.

Demitidos do emprego, proibidos de exercer suas profissões, os negócios, "arianizados", os que estavam desempregados à força faziam esperançosos cursos de inglês ou procuravam um novo treinamento como mordomos, jardineiros, cozinheiros ou em outras linhas de trabalho que pudessem abrir portas para eles no exterior. O *Jewish Chronicle* londrino publicava uma enxurrada de anúncios como "casal vienense, instruído, com conhecimentos de inglês, procura colocação como motorista-manobrista e criada, ou trabalho semelhante — respostas para Stierer, Vienna 9, Glasergasse 22" e "Para menina judia vienense (13 ½), ainda em Viena, de boa família, muito bem-educada, boas maneiras e aparência, pais forçados a ir imediatamente para Xangai, necessita de urgente hospitalidade. Referências em Londres. — Escreva para Box 532, Frost-Smith Advg., 64, Finsbury Pavement, E.C.2".[36]

No entanto, mesmo depois da *Kristallnacht*, uma minoria de judeu-alemães, particularmente os idosos, não achou necessário partir. No final de 1938, os pais do jovem sociólogo Norbert Elias, que havia emigrado para a Inglaterra, saíram da sua casa em Breslau para visitá-lo. Ele implorou a eles que não voltassem. O seu pai respondeu: "Todos os nossos amigos estão em Breslau, e não conhecemos ninguém em Londres". Ele acrescentou: "Ich habe nie etwas Unrechtes getan. Was können si mir tuen?" ("Não fiz nada errado. O que eles podem fazer comigo?").[37]

Refúgio perturbador

No exílio na Grã-Bretanha, na França, na Holanda ou até mesmo ainda mais longe, os refugiados sentiam muitas saudades da natureza, da cultura e da sociedade da sua terra natal. Alguns se confortavam recorrendo ao romance *Die Stadt ohne Juden* (*Cidade sem Judeus*, 1922) de Hugo Bettauer, que retrata uma Viena que expulsa os judeus, mas que depois, constatando que não pode viver sem eles, convida-os a regressar. Outros, recordando Heine, erigiam uma espécie de pátria portátil de cultura alemã idealizada.

Alguns não aguentavam ficar afastados. Werner Warmbrunn, exilado com os pais na Holanda depois de 1936, volta a Frankfurt nos fins de semana e durante as férias escolares, viajando em trens secundários em postos de fronteira obscuros guarnecidos por funcionários da alfândega e não pela Gestapo. Surpreendentemente, seus pais facilitavam as viagens trocando florins por marcos alemães com um taxa de câmbio vantajosa. Ele só foi preso uma vez, por sorte pela polícia holandesa, que desconfiou que ele fosse um fugitivo.[38] A maioria dos judeus que voltava não tinha tanta sorte: em 1935, a polícia alemã começara a prender todos os emigrantes que voltavam e a enviá-los para campos de concentração.[39]

No exílio, as velhas distinções entre os judeu-alemães e os *Ostjuden* continuaram válidas. Até mesmo uma pessoa sensível como Gertrude van Tijn não conseguiu descartar completamente os preconceitos da sua criação em Berlim quando entrou em contato com os europeus orientais entre os refugiados em Amsterdá. "A mentalidade deles era tão estranha para mim, que eu tinha dificuldade em lidar com eles. Depois que alguma coisa tinha sido decidida, elas voltavam e começavam a discutir tudo de novo de uma maneira interminável, enquanto, do lado de fora, as salas de espera estavam repletas de pessoas aguardando para apresentar o caso delas."[40]

A partir de 1933, Van Tijn não apenas fora responsável pelo trabalho cotidiano do Comitê de Refugiados Judeus de Amsterdá como também atuara como representante na Holanda da Alta Comissão para Refugiados da Liga das Nações e do American Jewish Joint Distribution Committee. Uma vez que o governo holandês, como a maioria dos governos europeus, exigia que, a não ser em casos especiais, os refugiados fossem para outro lugar em vez de obter a residência permanente, ela também dirigia um comitê que procurava organizar a emigração.

Depois da *Kristallnacht*, o fluxo de refugiados que chegavam à Holanda se tornou avassalador. Van Tijn relatou que a opinião pública na época era relativamente favorável aos refugiados.[41] A generosidade dos holandeses era amplamente aplaudida. Um jornal iídiche em Riga, Letônia, declarou que na sua espontaneidade e quase unanimidade, essa generosidade não tinha paralelo em lugar nenhum.[42]

Em um exame mais atento, a política holandesa emerge como sendo um pouco menos benevolente. Somente certas categorias de refugiados recebiam uma acolhida legal, e o governo insistia em que nenhum custo dos refugiados deveria recair em fundos públicos. Embora a fronteira estivesse formalmente fechada para os refugiados, o governo permitiu que qualquer pessoa que chegasse até o dia 17 de dezembro de 1938 permanecesse no país. A partir daí, aquelas que chegassem ilegalmente deveriam ser devolvidas à Alemanha, a não ser que conseguissem provar que estavam correndo perigo. Na realidade, poucas foram mandadas de volta. No entanto, tanto o governo quanto o Comitê de Refugiados Judeus estavam chegando ao limite da sua resistência. Embora a metade de todos os que chegaram tenha ido para outros países depois de algum tempo, estimava-se que pelo menos 23 mil refugiados judeus estivessem na Holanda no início de 1939.[43]

As instituições como refugiadas

Não apenas as pessoas, mas também as instituições se tornaram refugiadas. Depois da *Kristallnacht*, os dirigentes de lares judaicos para os cegos e surdos na Alemanha pediram desesperadamente ajuda para transferir os seus residentes "infelizes, completamente indefesos" para a Inglaterra.[44] A maioria não obteve sucesso, embora alguns tenham alcançado resultados limitados, como no caso do diretor da escola judaica para surdos em Berlim, dr. Felix Reich. Ele tentou conseguir que a Inglaterra aceitasse os seus alunos. Alguns tinham emigrado depois de 1933, mas a maioria dos países não estava disposta a aceitar crianças surdas. Durante a *Kristallnacht*, Reich foi preso e enviado durante várias semanas para o campo de concentração Sachsenhausen. Ele foi libertado no dia 20 de dezembro, ainda a tempo de voltar à escola para a festa de *Hanukah*. A equipe e os alunos ficaram chocados com a sua aparência, "com a cabeça raspada e claudicando".[45] Depois da sua soltura, ele intensificou os esforços para organizar a emigração dos seus protegidos. Em março de 1939, o Ministério do Interior britânico concordou em aceitar seis meninos e quatro meninas da escola, desde que todos tivessem menos de 10 anos de idade. Em julho, Reich foi para a Inglaterra com dez crianças, com idade entre 2 e 11 anos, que ele conseguiu colocar em uma escola judaica para surdos em Londres. Ele esperava voltar a Berlim para buscar outras, mas ficou preso em Londres pela irrupção da guerra.

O seminário rabínico ortodoxo Berlin Hildesheimer, assim como muitas outras instituições judaicas no Reich, foi obrigado a fechar as portas para sempre depois da *Kristallnacht*. Sua proposta de se transferir para o exterior fora discutida durante vários anos. Em uma carta para o dr. Meir Hildesheimer, filho do fundador do seminário, em dezembro de 1933, a autoridade ortodoxa de Vilna, o rabino Hayim Ozer Grodzenski, tinha sido contra a sua mudança para a Palestina. Ele assinalou que os reformadores tinham assumido o controle das comunidades alemãs na época do Hildesheimer mais velho "e eles elegeram maus filhos/ rabinos livres-pensadores [*ra-banim* — um trocadilho hebraico] com instrução superior".[46] A implicação, sem considerar o insulto pueril a Hildesheimer júnior, parece ter sido que o seminário seria uma má influência se fosse transferido para a Terra Santa. Quase todos os seus professores e grande parte dos alunos conseguiram deixar a Alemanha já no verão de 1939. Mas o fechamento do seminário deixou o seu reitor, Jehiel Jacob Weinberg, "um homem arrasado, reclamando do que tinha acontecido".[47] Na primavera de 1939, ele foi expulso da Alemanha e se refugiou em Kovno, e depois em Varsóvia.

Em junho de 1939, Leo Baeck, com a ajuda do hebraísta de Cambridge Herbert Lowee, fez árduos esforços para transferir a liberal Berlin Hochschule für die Wissenschaft des Judentums para Cambridge. Mas a ideia foi rejeitada pelo rabino Alexander Altmann, ex-professor do Seminário de Hildesheimer, que havia emigrado para Manchester em 1938 (suas razões são desconhecidas), e também por outras pessoas. Nada resultara da proposta quando irrompeu a guerra.[48] Baeck visitou a Inglaterra no verão de 1939 na tentativa de promover este e outros projetos. Ele foi convidado a permanecer no país ou se mudar para os Estados Unidos. Ele recusou o convite, declarando que só deixaria a Alemanha quando fosse o último judeu que restasse lá.[49]

Mais bem-sucedido foi o plano de transferência da escola técnica que fora operada pela ORT britânica em Berlim desde o início de 1937. A escola treinava serralheiros, ferreiros, mecânicos, eletricistas, bombeiros e soldadores na esperança de prepará-los para a emigração. A escola desfrutava da proteção oficial britânica, o que lhe proporcionava certo grau de segurança: como resultado, ela foi praticamente a única instituição judaica em Berlim a emergir incólume do *pogrom* da *Kristallnacht*. Com a aprovação do governo britânico, 215 dos seus professores e alunos migraram para Leeds em agosto de 1939.

Outras instituições que não eram formalmente judaicas, mas que tinham um quadro de funcionários predominantemente judeu também partiram para ao exílio. O Instituto de Pesquisas Sociais, fundado em 1923 como instituição afiliada da Universidade de Frankfurt, havia se tornado o mais notável centro de ciências sociais da Europa, abrindo caminho para o que mais tarde veio a ser chamado de teoria crítica. Quase todas as figuras mais importantes do que veio a ser conhecido como a Escola de Frankfurt eram judias ou de origem judaica, embora, na qualidade de secularistas de esquerda, a maioria tinha pouco ou nada a ver com o judaísmo ou com a comunidade judaica. Duas exceções eram Norbert Elias, um assistente de pesquisas do instituto, e o psicanalista Erich Fromm. Elias fora um sionista ativo nos seus dias de estudante em Breslau. Fromm redigiu a sua dissertação de doutorado sobre a lei judaica e lecionou na Freies Jüdisches Lehrhaus (Casa de Aprendizado Judaico Gratuita) de Franz Rosenzweig, o influente centro de educação de adultos que operava em Frankfurt na década de 1920.

Antes da ascensão dos nazistas ao poder, o instituto transferira a sua dotação para a Holanda e a propriedade da sua biblioteca para a London School of Economics. Em junho de 1933, o novo regime fechou o instituto e confiscou suas dependências como "propriedade comunista".[50] A maioria dos cientistas sociais que tinham sido associados a ele, inclusive Max Horkheimer, Herbert Marcuse, Walter Benjamin e Karl Mannheim, deixou a Alemanha. Theodor Adorno fez o mesmo um pouco mais tarde, depois de escrever críticas musicais para cair nas graças dos nazistas, mas sem conseguir agradar ao novo regime. Alguns dos cientistas sociais exilados se reagruparam em Nova York, onde retomaram o trabalho sob a égide da Columbia University (e não, como normalmente se acredita, da New School for Social Research).

"Exportador de crianças"

O movimento Jovem Aliya, fundado em 1932-1933, era fruto da imaginação de Recha Freier, uma ativista sionista judeu-alemã. Ao contrário de outra lenda comumente aceita, ela o idealizou inicialmente mais como uma reação à crise de desemprego do início da década de 1930 do que à ascensão do nazismo. Até então, era requerido que os jovens "pioneiros" sionistas passassem por dois anos de treinamento antes que a Organização Sionista patrocinasse a sua emigração. Recha Freier propôs a transferência imediata, em grande escala, de adolescentes judeus para a Palestina, onde eles receberiam treinamento nos *kibutzim*. Ela se deparou com uma oposição inicial. Bertha Pappenheim criticou o Jovem Aliya como "exportador de crianças".[51] Mas à medida que as perspectivas dos jovens judeus na Alemanha iam se tornando cada vez mais sombrias, Recha Freier derrotou os céticos. Uma parceira fundamental, embora tenha se mostrado indecisa no início, foi a veterana sionista americana Henrietta Szold, cuja Hadassah Women's Zionist Organization proporcionou apoio essencial.

Entre 1933 e 1939, o Jovem Aliya levou para a Palestina 5.400 imigrantes, com idade principalmente entre 14 e 17 anos, da Alemanha, Áustria e Tchecoslováquia, além de mais duzentos da Polônia, Romênia e outros lugares. Os emigrantes se matriculavam em cursos de *hachsharah,* com duração de seis semanas, em fazendas e em *batei-hehalutz* (casas pioneiras). No entanto, com a atitude cada vez mais rígida do governo inglês com relação à imigração judaica para a Palestina, os organizadores foram obrigados a rejeitar uma grande proporção de candidatos da Alemanha e da Áustria. De qualquer modo, o movimento continuou a ser influenciado pela tradicional ênfase sionista na imigração seletiva de entusiastas ideologicamente motivados. Mesmo em 1939, o chefe do Jovem Aliya em Berlim insistia em que essa seletividade não deveria ser abandonada nem mesmo para favorecer crianças cujos pais haviam sido enviados para campos de concentração.[52]

Nos últimos nove meses de paz, o governo britânico, influenciado pela compaixão pelos judeu-alemães depois da *Kristallnacht* e esperando neutralizar a oposição à sua política na Palestina, concordou em aceitar na Grã-Bretanha crianças "não arianas" desacompanhadas vindas da Alemanha. O Movimento das Crianças, ou Kindertransport, como veio a ser chamado, transportou 10 mil crianças com idade entre 5 e 18 anos para a Grã-Bretanha até setembro de 1939. Um menor número foi enviado para a Bélgica, Holanda e Suécia. A França adotou uma política de duas caras. O primeiro-ministro francês declarou publicamente que se juntaria às outras democracias e aceitaria crianças refugiadas. Pouco depois, o Ministério do Interior enviou telegramas urgentes aos governadores dos departamentos* da fronteira nordeste determinando que eles impedissem a entrada de crianças judia-alemãs.[53]

Apesar de toda a sua bondade e generosidade, o Kindertransport só conseguiu evacuar uma fração das crianças ameaçadas pela perseguição nazista. Houve casos, em algumas unidades familiares, em que uma das crianças obteve autorização para partir enquanto outra não obteve. Em Viena, em fevereiro de 1939, o departamento de jovens da comunidade judaica estava sendo "invadido diariamente" por pais desesperados em busca de lugares para onde enviar os filhos.[54]

Gertrude van Tijn estava na estação em Berlim quando partiu o primeiro trem conduzindo crianças para a Holanda. "As cenas eram de cortar o coração. Com os maridos nos campos de concentração e os filhos partindo, as mães tentavam arduamente parecer animadas, mas muitas sucumbiram quando o trem se afastou. Muitas das crianças também choraram."[55] Em maio de 1939, Gertrude informou que 1.586 crianças "não arianas" (inclusive 45 protestantes e 36 católico-romanas) tinham chegado à Holanda.[56]

As cartas de pais retidos na Alemanha e na Áustria em 1938-1939 para os seus filhos na Grã-Bretanha são documentos eloquentes, às vezes quase insuportavel-

---

* A França é dividida em províncias chamadas de departamentos. (N.T.)

mente comoventes. Muitas foram preservadas pelos destinatários como o último, às vezes único, lembrete físico da sua família.

Um pai em Viena em março de 1939, ao escrever para a filha adolescente na Inglaterra, descreveu como cada porta para a imigração parecia fechada: ele implorou a ela que explorasse qualquer oportunidade de persuadir qualquer pessoa que encontrasse a ajudar os seus pais e o irmão mais novo a se juntar a ela na Inglaterra. Nesses tempos, assinalou ele, a estrutura normal das relações familiares estava invertida: em vez de os pais cuidarem dos filhos, eram os filhos que tinham que tentar fazer alguma coisa pelos pais — "talvez seja difícil para uma pessoa jovem fazer isso, mas é necessário. Não deixe passar nenhuma oportunidade...".[57] Algumas semanas depois, após ouvir um rumor em Viena de que alguém tinha conseguido a garantia financeira necessária para um visto britânico por meio de um anúncio do *Daily Mail*, ele pediu à filha que pedisse dinheiro emprestado para colocar um anúncio semelhante no jornal.[58]

Talvez o aspecto mais deprimente dessas interações é a maneira pela qual, lenta porém inexoravelmente, o leitor vê a separação física conduzir ao afastamento mental e espiritual, apesar dos sinceros esforços tanto dos pais quanto dos filhos. "A nossa troca de ideias por carta é a única forma de conexão, de modo que queremos tornar essa ligação o mais íntima possível. As suas cartas são um bálsamo para todas as nossas aflições", declarou o mesmo pai.[59] Essas cartas, embora geralmente escritas com profundo sentimento, eram frequentemente mentiras justificáveis por meio das quais os pais procuravam poupar os filhos do absoluto horror da vida para os judeus no Terceiro Reich; além disso, conscientes da censura, eles sem dúvida moderavam a descrição das duras realidades. As crianças no exterior, da sua parte, constantemente tranquilizavam os pais, afirmando que estavam lidando bem com o país estrangeiro, as pessoas, a língua e os costumes. É fácil enxergar nas entrelinhas que os efeitos dessas separações forçadas eram traumáticos para ambos os lados.

Caminhando na direção do inimigo

Um após o outro, no final da década de 1930, os países europeus se apressaram, como macacos de imitação, em seguir o modelo nazista aparentemente bem-sucedido e aprovar leis antijudaicas. Os órgãos vociferantes da propaganda nazista aplaudiam essas medidas e exigiam mais. Até mesmo na Itália, onde a pequena comunidade judaica por muito tempo desfrutava relações harmoniosas com o resto da sociedade, sucumbiu.

Nos seus primeiros dias, o fascismo não era antissemita. "O problema judaico não existe na Itália", declarou o subsecretário de Relações Exteriores, o conde Grandi, em 1926.[60] Mussolini exibiu poucos sinais públicos de racismo. Em 1932, ele nomeou um judeu, Guido Jung, ministro das Finanças. O Duce elogiou o casamento entre judeus e não judeus em um artigo de jornal como prova da "perfeita igualdade civil, política e, acima de tudo, 'moral' entre todos os italianos" — embora tenha feito objeção quando a filha demonstrou a intenção de se casar com um judeu.[61]

Muitos judeus italianos haviam se juntado ao movimento fascista. Duzentos e trinta participaram da Marcha sobre Roma em 1922 e, até 1938, mais de 10 mil, cerca de um terço da população judaica adulta, eram membros do Partido Fascista. Até 1938 era possível para uma pessoa ser fascista e ao mesmo tempo ter origem judaica, sem comprometer a sua condição étnico-religiosa ou se desculpar por ela, como relata Dan Vittorio Segre nas memórias evocativas da sua "infância judaico-fascista".[62] Por outro lado, vários judeus estavam ativos na resistência antifascista, com destaque para os irmãos Rosselli, Carlo e Nenno, fundadores do movimento Giustizia e Libertà. Ambos foram assassinados na França em 1937 por *cagoulards*, fascistas franceses, agindo por ordem do governo italiano.

A orientação política italiana com relação aos judeus começou a mudar no início da década de 1930 e, especialmente, a partir de 1937, quando Mussolini decidiu arriscar a sua sorte com a Alemanha na diplomacia europeia. O antissemitismo não foi, como se acreditava antes amplamente, imposto por Hitler a Mussolini.[63] Na realidade, ele foi, para o Duce, uma questão de conveniência diplomática e imitação descarada. Em julho de 1938, um *Manifesto de Racismo Fascista*, publicado por "cientistas" inicialmente anônimos e patrocinado pelo Ministério da Cultura Popular, postulou a existência de uma raça italiana pura e explicou que os judeus, que não poderiam fazer parte dela, constituíam um perigo para a Itália.

As leis raciais promulgadas em setembro de 1938 e ao longo dos meses subsequentes, embora não tão severas quanto as medidas alemãs, representaram um ponto crítico decisivo. Em outubro, o reitor da Universidade de Roma, Giorgio Del Vecchio, fascista, e 96 outros judeus membros do corpo docente foram demitidos. Muitos judeus nascidos no exterior foram privados da cidadania italiana. Mais de 4 mil judeus buscaram socorro no batismo ou renunciaram à comunidade judaica. No entanto, um novo decreto-lei de 10 de novembro ampliou as cláusulas racistas das leis anteriores. Mussolini abandonou sua amante judia, a crítica de arte Margherita Sarfatti. Ela já se convertera ao catolicismo em 1928, mas considerou prudente partir para a Argentina.

Os judeus italianos reagiram às leis raciais com confusão, despreocupação ou indignação. Quase 4 mil emigraram. Uma professora, demitida do cargo devido à nova legislação, escreveu para Mussolini:

> Consternada com as medidas tomadas com os professores judeus, que me colocam em uma situação extremamente dolorosa, tenho a ousadia de me dirigir a Vossa Excelência... Sempre tentei dar aos meus alunos um puro amor italiano, uma verdadeira fé fascista e um amor incessante pelo seu Duce; por Vós, Duce, a quem sempre admirei e amei... Não sou mais jovem e não tenho outra fonte de renda. Tenho uma mãe idosa e um pai surdo e inválido. O que me resta na vida sem os meus alunos a quem dediquei a vida? Acima de tudo, estou ferida e humilhada na minha sincera e genuína fé fascista.[64]

Dante Lattes, editor da revista sionista *Israel*, apelou para os judeus italianos para que sofressem com dignidade e mútua firmeza.[65] No seu último editorial, publicado no dia 22 de setembro de 1938, ele expressou o "grande e profundo sentimento de ser italiano" que existia entre os judeus do país e a sua "grande e trágica mágoa de que seja possível lançar dúvida sobre a realidade e a grandeza desse sentimento".[66] O escritório da revista em Florença foi saqueado por judeus fascistas e fechado pelas autoridades. No início de 1939, Lattes partiu para a Palestina.

Outro editor, Angelo Fortunato Formiggini, que produzia a publicação crítica literária mensal *L'Italia Che scrive* desde 1918, recebeu ordens do governo para remover o seu nome da sua ilustre editora. Desesperado, ele se suicidou, pulando do campanário Ghirlandina da Catedral de Módena.

Giorgio Morpurgo, oficial das forças armadas italianas empenhado no apoio a Franco na Espanha, escolheu uma forma diferente de suicídio. Ao tomar conhecimento de que, de acordo com as novas leis raciais, ele seria privado da sua patente e obrigado a voltar para a Itália, ele "se desfez da sua camuflagem e avançou em direção às posições inimigas, caminhando lentamente e desconsiderando os gritos para que parasse vindos do outro lado; embora ferido, ele continuou a avançar até que recebeu um tiro no coração".[67]

– 17 –

OS CAMPOS

Em janeiro de 1939, os judeus da Europa estavam sendo transformados em um povo sem domicílio fixo. Em todo o continente, os judeus, removidos das suas casas e pátrias, foram obrigados a se acomodar temporariamente nos chamados "campos". Às vezes, como na Alemanha, eles eram prisões onde as pessoas eram submetidas ao trabalho escravo e à tortura. Em outros lugares, como na França, na Polônia e na Holanda, eram lugares de detenção designados para refugiados, imigrantes ilegais ou indesejáveis políticos. O que esses países compartilhavam era a ideia de que os moradores dos campos não pertenciam à sociedade normal. Os judeus não estavam sozinhos nesses lugares. Na URSS, a seleção para o encarceramento no sistema de campos de trabalhos forçados era quase arbitrária. Na Alemanha, qualquer adversário político do regime poderia ser arrebanhado. Mas os judeus, mais do que qualquer outro grupo na Europa, já estavam a caminho de se tornar um "povo dos campos".

"Não é um mau lugar"

A principal causa era o antissemitismo nazista. No entanto, no final do verão de 1939, um número bem maior de judeus estava sendo mantido em campos fora do Terceiro Reich do que dentro dele, a maioria em países que iriam posteriormente travar guerra contra a Alemanha.

O primeiro grande campo de concentração nazista foi criado em março de 1933 no local de uma fábrica de munição abandonada em Dachau, perto de Munique. Em maio, um advogado de Bamberg de 27 anos, Wilhelm Aron, tornou-se uma das primeiras vítimas do sistema de campos nazista. Ele fora preso algumas

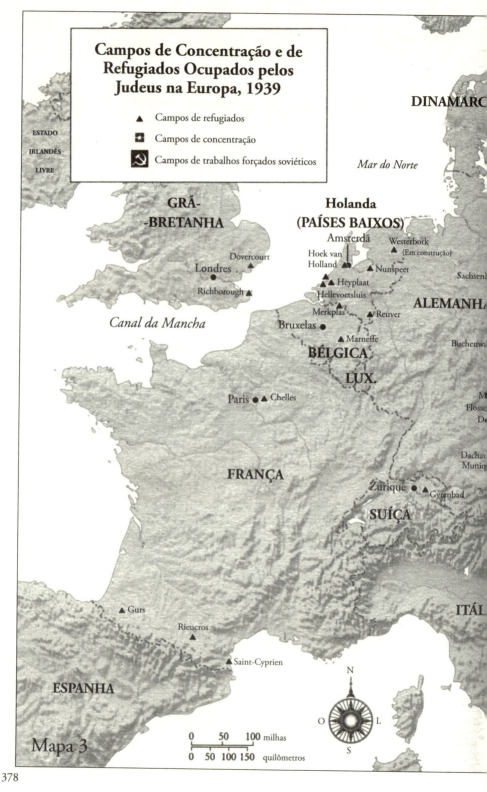

semanas antes "por suspeita de atividades subversivas" e o relatório informou que ele morrera repentinamente em Dachau. O atestado de óbito definiu a causa da morte como pneumonia. O corpo foi devolvido à família em um caixão lacrado que, "por ordem da polícia criminal [...] não deveria ser aberto".[1]

Os outros dois importantes campos nazistas de antes da guerra foram o de Sachsenhausen, perto de Berlim, que foi inaugurado no dia 12 de julho de 1936, enquanto os preparativos para os Jogos Olímpicos estavam nos estágios finais, e o de Buchenwald, perto de Weimar, que foi inaugurado em 1937.

No sistema de campos de concentração como um todo, até a deflagração da guerra, os prisioneiros judeus constituíam uma minoria de prisioneiros, a não ser durante um período entre a primavera de 1938 e o início de 1939. Inicialmente, o número de prisioneiros era, em comparação com o período da guerra, relativamente pequeno: em meados de 1935, havia no total 3.555 reclusos nos campos de concentração alemães. Até 1938, nunca houve mais de 2.500 em Dachau. Muitas vezes esse número, contudo, passaram pelo campo já que, a cada ano, os recém-chegados eram, em linhas gerais, equilibrados pelas solturas — e mortes. Em 1938, 18 mil prisioneiros foram recebidos, principalmente depois do *Anschluss* e da *Kristallnacht*, mas a maioria foi liberada depois de um breve período, de modo que, no verão de 1939, o campo tinha cerca de 5 mil pessoas.

Sachsenhausen, o maior campo de concentração no final do verão de 1939, abrigava mais de 6 mil prisioneiros, dos quais 250 eram judeus, em comparação com 360 testemunhas de Jeová. Entre os reclusos judeus estavam adversários políticos dos nazistas, pessoas acusadas de "poluição racial" em virtude de relações sexuais com não judeus (muitos dos quais foram tornados estéreis), elementos supostamente associais (inclusive pessoas desempregadas) e emigrantes que haviam regressado ao país e enviados para os campos para serem submetidos à "reeducação".[2]

Quando Max, o irmão de Sonia Wachstein, desapareceu sob a custódia da polícia na primavera de 1938, ela foi à sede da Gestapo em Viena para tentar descobrir o que acontecera a ele. Um funcionário lhe disse que ele tinha sido enviado para Dachau. Ela começou a chorar. "Por que você está se comportando assim?", perguntou ele. "Dachau não é um mau lugar."[3]

A organização e o regime de Dachau serviram como modelo para todos os campos de concentração nazistas posteriores (diferentes dos campos de extermínio da época da guerra). Ao chegar a Dachau, os prisioneiros eram colocados em fila e obrigados a ficar em pé esperando durante um longo tempo. A cabeça deles era então raspada e eles eram obrigados a tomar um banho frio de chuveiro. Uniformes do campo eram distribuídos: os judeus recebiam uniformes de algodão com listras azuis e brancas; os não judeus, roupas mais quentes. Em seguida os prisioneiros eram conduzidos a barracões construídos com troncos de árvores, cada um deles com 54 camas-beliche cobertas de palha. Quando grandes grupos de judeus chegaram depois da *Kristallnacht*, o procedimento da chegada foi ampliado, e os prisioneiros passavam por um corredor polonês de guardas da SS que os espancavam com bastões e confiscavam o seu dinheiro.

Um toque de clarim os despertava todas as manhãs às seis horas. Às seis e meia havia inspeção de chamada no campo de paradas principal, seguida por mais uma ou duas durante o dia. Alguns prisioneiros se dedicavam ao trabalho especializado, como a fabricação de sapatos, mas quase todos os judeus eram designados para trabalhar no *Heilkräuterplantage* (jardim de ervas) do campo. Com exceção de pão e substituto de café, eles recebiam apenas uma refeição por dia, servida à noite: ela consistia tipicamente de sopa de baleia ou lentilha, batatas retiradas de grandes latas, um pedaço de salsicha ou queijo, ou arenque.

Inicialmente, parentes ou amigos tinham permissão para enviar pacotes ou dinheiro para os prisioneiros no campo. No entanto, o dinheiro era depositado em uma conta da qual o recluso só podia sacar quinze marcos de cada vez. Com isso, ele poderia comprar rações suplementares: salame, queijo, manteiga, mel, conservas, papel de carta, cigarros ou café. Como essas coisas tinham um preço muito mais elevado do que no mundo exterior, o sistema equivalia a uma extorsão oficialmente patrocinada. Os prisioneiros podiam escrever e receber cartas em períodos determinados. Tanto Dachau quanto Buchenwald ostentavam uma biblioteca que concedia empréstimos de livros, exibida para visitantes impressionáveis como um sinal da natureza esclarecida do sistema.

Pequenas infrações das regras não raro resultavam em uma violenta punição. Um homem que deixou as meias na prateleira errada foi condenado a ficar uma hora "pendurado em uma árvore" — ele ficou suspenso pelos braços no galho de uma árvore, com os dedos dos pés levemente acima do nível do solo.[4] Muitos prisioneiros eram torturados e alguns assassinados.

A maioria dos prisioneiros dos campos de concentração nos primeiros anos era do sexo masculino. Entretanto, a partir de 1937, o castelo de Lichtenburg em Prettin, perto de Wittenberg, passou a operar como um campo para mulheres, principalmente inimigas políticas do regime. Ele foi fechado em 1939, e as mulheres enviadas para Ravensbrück, perto do *resort* de saúde Mecklenburg de Fürstenberg. Ravensbrück tornou-se a partir de então o único campo de concentração na Alemanha destinado exclusivamente a mulheres.

A grande superlotação nos campos de concentração nas semanas que se seguiram à *Kristallnacht* exacerbaram as atribuições dos prisioneiros. Em Buchenwald, um recluso constatou que era um entre 2 mil homens em um único barracão: "Não tínhamos camas, sabão, roupa de cama e praticamente nenhuma água. As condições sanitárias eram de arrepiar".[5]

O repentino aumento na população dos campos em novembro de 1938 afetou os judeus do sexo masculino em toda a Alemanha. No dia seguinte à *Reichskristallnacht*, a SS apareceu em massa na fazenda de treinamento de Gross-Breesen e prendeu o diretor da escola, o mestre carpinteiro, outro instrutor e muitos alunos mais velhos. Eles foram enviados para Buchenwald. Um dos homens da SS pediu educadamente uma marreta ao mestre carpinteiro. Quando os alunos mais jovens voltaram mais tarde para os seus quartos, descobriram que estes tinham sido completamente destruídos. Um dos trabalhadores rurais, cumprindo ordens da SS, cortou um pergaminho da Torá em pequenos fragmentos e os deixou cair sobre um monte de esterco.

Hermann Neustadt, um dos alunos de Gross-Breesen que foram presos, relembrou mais tarde as suas experiências em novembro-dezembro de 1938 no "campo especial" adjacente ao campo de concentração principal de Buchenwald:

Quando chegamos, novamente o grito, "Para fora!", e tivemos que saltar do caminhão e correr sem parar sobre um cascalho muito duro. Em ambos os lados homens da SS nos golpeavam. Aqueles que não conseguiam correr rápido o bastante nesse trecho de terra áspero ou que até mesmo caíam eram espancados. No final, tivemos que nos alinhar em formação militar e esperar. E esperamos durante as 48 horas seguintes!...

Tivemos que dormir em camas de tábua, e não havia nem palha nem lençóis... Durante as primeiras noites, a SS apareceu e levou com eles algumas pessoas dos barracões, que aparentemente estavam em uma lista especial. Não pude ver o que aconteceu com elas, já que não tive coragem de sair do meu lugar de dormir. No entanto, ouvimos cachorros e gritos, e percebemos que as pessoas estavam sendo espancadas...

Todos pudemos observar, do nosso "campo especial" que era separado do resto por cercas de arame farpado, como os prisioneiros eram punidos. Alguns eram amarrados na "grade" e depois recebiam 10 ou 25 chicotadas, talvez até mais. Depois, eram desamarrados e tinham que ficar em posição de sentido, caso contrário levavam mais chicotadas... Além do já mencionado sargento Zoellner, que havia pisado em mim, eu só me lembro de outro homem da SS, Sommer ou Somers, que até onde eu pude ver era um cara bem agradável.

Embora o grupo de Gross-Breesen só tivesse mais ou menos 20 homens, que se conheciam muito bem, durante dias não conseguimos reconhecer uns aos outros. Com a cabeça raspada, todos parecíamos bem diferentes... Os seis barracões tinham sido construídos de uma maneira que um dos cantos do número 6A ficava na chamada "faixa da morte", ou seja, a faixa de terra nivelada em frente à cerca elétrica, onde, em circunstâncias "normais", os guardas da SS podiam atirar nos prisioneiros sem uma ordem especial, caso acreditassem que eles queriam fugir...[6]

Neustadt foi solto após três semanas, depois de assinar o compromisso de deixar a Alemanha o mais rápido possível. Ele cruzou a fronteira no dia 15 de dezembro e foi para Amsterdã. Dali, o Comitê de Refugiados Judeus de Amsterdã encaminhou-o para a fazenda de treinamento em Wieringen. Mais ou menos na mesma época, os outros alunos de Gross-Breesen que estavam presos foram soltos sob a condição de que também deixassem imediatamente a Alemanha. Com a ajuda do comitê de Amsterdã, alguns foram para Wieringen. Outros foram recebidos na Inglaterra, para trabalhar em fazendas.

No entanto, muitos judeus que haviam sido detidos em campos de concentração não conseguiram deixar a Alemanha antes do final de agosto de 1939.

Os judeus no Gulag

Na URSS, os judeus não estavam, em princípio, mais em perigo do que qualquer outro cidadão. Na realidade, do ponto de vista estritamente estatístico, eles estavam sub-representados no sistema soviético de campos de prisioneiros. Dos 3.066.000 de pessoas aprisionados no Gulag (acrônimo formado a partir do nome da administração central dos campos do NKVD) em 1939, entre 46 mil e 49 mil eram judeus, uma proporção ligeiramente menor do que a judeus na população em geral.[7] Entre as principais figuras na administração do Gulag estavam muitos judeus, vários dos quais acabaram eles próprios, no final, sendo presos e fuzilados.

A emancipação legal dos judeus na Rússia soviética dotou-os de uma igualdade superficial, mesmo que apenas uma igualdade de medo, no que não era mais, como fora na época dos czares, um *Rechtsstaat*.* Mas, na prática, os judeus, na década de 1930, se viram peculiarmente visados pelo regime stalinista. Em 1934, uma circular do NKVD iniciou o processo pelo qual grupos étnicos particulares, encarados como suspeitos, deveriam receber atenção especial. Os alemães, os lituanos e os poloneses estavam no topo da lista, considerados como hostis à União Soviética e excluídos dos cargos elevados. Os judeus, junto com os armênios e outros, estavam em uma segunda categoria que deveria ser observada de perto.[8] Na atmosfera predominante de paranoia e febre de espionagem no final da década de 1930, as pessoas com ligações estrangeiras estavam particularmente propensas a cair sob suspeita. Os judeus, com o seu elevado grau de urbanização e grande número de parentes emigrantes, eram consequentemente alvos naturais.

---

* "Estado de direito", em alemão. (N.T.)

Em 1937, por exemplo, Grigory Kaminsky foi abruptamente demitido do cargo de comissário de Saúde Pública, preso e posteriormente executado. Seu cunhado, Joseph Rosen, temia que o motivo fosse a ligação dele com o Joint. No seu "discurso secreto" ao Vigésimo Congresso do Partido em 1956 e nas memórias que ele mandou publicar no exterior depois que se aposentou, Nikita Khrushchev disse que Kaminsky era "uma pessoa direta, sincera, lealmente dedicada ao partido, um homem de uma veracidade inflexível". Khrushchev relatou que Kaminsky foi preso imediatamente após ter tomado a palavra em uma reunião do comitê central para acusar Lavrenty Beria, na ocasião uma força em ascensão no NKVD, de ter colaborado com a inteligência britânica.[9] De acordo com outra versão, Kaminsky desapareceu depois de ter confrontado Stalin com o desafio: "Se você continuar desse jeito, vamos fuzilar o partido inteiro".[10]

Independentemente da explicação para a queda de Kaminsky, ela colocou imediatamente em perigo todos os que tinham tido qualquer relação próxima com ele. Dos setenta médicos alemães cuja entrada na URSS ele havia facilitado, quatorze tinham sido presos até dezembro seguinte. Sessenta funcionários da Agro-Joint na União Soviética, inclusive todas as suas figuras importantes, também foram presos e acusados de ser trotskistas, sionistas e/ou agentes nazistas. Sob interrogatório, eles eram obrigados a confessar ter contatos criminosos. Por exemplo, o gerente do escritório da Agro-Joint em Simferopol declarou que um grupo de estrangeiros que tinha visitado a Crimeia "sob o falso pretexto de se familiarizar com as *kolkhozes*" havia "coletado informações secretas e materiais difamatórios a respeito das condições econômicas, estrutura populacional e outras informações".[11] O contador do escritório foi acusado de ser "membro da organização de espionagem contrarrevolucionária, judaica, nacionalista-burguesa criada pela inteligência alemã".[12] A maioria dos que foram presos foi condenada a longos períodos em campos de trabalhos forçados, dos quais poucos saíram com vida. Vários foram condenados à morte.

Até mesmo os mais dedicados comunistas judeus, não raro *especialmente* os mais dedicados, foram vítimas dos expurgos. Yitzhak Barzilai, nascido em Cracóvia em 1904, fora criado como judeu religioso e sionista. Em 1919 ele emigrou para a Palestina, onde se converteu ao comunismo e se tornou um dos fundadores do Partido Comunista da Palestina. Durante a década de 1920, ele perambulou pelo Oriente Médio como um agente do Comintern, ajudando a fundar partidos comunistas em toda a região (judeus nativos eram proeminentes no incipiente movimento comunista em países como o Egito e o Iraque). Em 1933, em reconhecimento aos seus serviços, ele recebeu a cidadania soviética, em consequência do que ele assumiu um novo nome, Joseph Berger. Na condição de chefe do departamento do Oriente Próximo do Comintern, ele ingressou na elite de elaboração de políticas da URSS. Mas em 1934, ele foi sumariamente demitido e expulso do partido. Um ano depois, foi preso, acusado de trotskismo e condenado a cinco anos em um campo de trabalhos forçados (o prazo foi posteriormente aumentado para oito anos). Ele foi enviado para a Sibéria.

Gershon Shapiro teve a sorte de não compartilhar o mesmo destino. Ele já sobrevivera a um expurgo. Em 1932 foi mandado de volta de Friling para Odessa para assumir o controle da Casa de Cultura Iídiche. Nos primeiros anos que se seguiram à revolução, Odessa fora um importante centro de cultura judaica no estilo soviético. Publicações iídiches e até mesmo hebraicas floresciam. Havia doze escolas em língua iídiche, várias bibliotecas judaicas e, de 1924 a 1933, o Museu Mendele Moykher Sforim. Mas no início da década de 1930, a vida cultural judaica estava decrescendo. Shapiro chegou à conclusão de que a sua carreira deveria tomar um rumo diferente. Em 1934, ele ingressou na seção judaica do instituto agrícola de Odessa, onde estudou durante os cinco anos seguintes.

Em 1936, contudo, ele se meteu novamente em apuros depois de um diálogo em uma aula que ele deu na escola do partido em Odessa. Shapiro havia explicado, em locuções stalinistas corretas, que Trotsky não era um revolucionário proletário. Um aluno ressaltou que Trotsky tinha desempenhado um importante papel no movimento revolucionário na Rússia. Shapiro replicou que isso talvez fosse verdade, mas que havia revolucionários proletários e revolucionários pequeno-burgueses. Trotsky pertencia a esta última categoria. A resposta de Shapiro foi informada às autoridades do partido que a interpretaram como uma confirmação de que Trotsky era, afinal de contas, um revolucionário, enquanto, de acordo com a ortodoxia stalinista, ele deveria ser incluído na categoria de contrarrevolucionários e traidores. Uma reunião do partido concluiu que Shapiro estava tentando introduzir clandestinamente ideias trotskistas nos seus ensinamentos na escola do partido. Consequentemente, ele foi expulso do partido e proibido de continuar os seus estudos no instituto. Embora a sua exclusão do partido tenha sido confirmada pelo comitê do partido do distrito, a sua dispensa do instituto foi rescindida. Apesar do resultado parcialmente tranquilizante, Shapiro começou a sentir o que mais tarde descreveu como "incompreensão e perplexidade".[13]

Em agosto de 1937, Moshe Zalcman foi preso em Kiev. Ele não havia praticado nenhum ato evidente de não ortodoxia, e a sua captura deveria provavelmente ser vista como parte de uma ampla tendência em direção a uma disciplina mais rígida no movimento comunista mundial, no qual a proeminência dos judeus os transformava agora em vítimas particulares. Na primavera anterior, a seção judaica do Partido Comunista Francês recebera ordens de ser dissolvida. Em maio-

-junho daquele ano, o Executivo do Comintern decidiu que os comunistas judeus precisavam combater "certas tendências dentro de suas próprias fileiras", não apenas "fascistas judeus declarados", mas também "nacionalistas judeus" que estavam criando "confusão ideológica".[14] Na primavera de 1938, o Partido Comunista Polonês, pesadamente judaico, foi completamente extinto por ordem de Moscou, e muitos dos seus líderes que tinham se refugiado na URSS desapareceram. Durante esses meses, outros refugiados comunistas estrangeiros em Moscou, entre eles Béla Kun e outros de origem judaica, foram mortos.

Depois do interrogatório, parcialmente conduzido em iídiche, e tortura, Zalcman foi informado de que fora considerado culpado de espionagem e condenado a dez anos de detenção em um campo de trabalhos forçados. Somente 27 dos quarenta homens comprimidos com Zalcman, nove por vagão, sobreviveram à jornada de trem de seis semanas para Karaganda, no Cazaquistão.

Ali se encontrava a maior rede de campos de trabalho escravo na União Soviética, com dezenas de milhares de prisioneiros. Zalcman foi inicialmente designado para o Campo Central de Indústria Agrícola, anexo a Karaganda. As condições eram horríveis. O perigo espreitava por todos os lados — desde guardas malévolos, criminosos, supervisores, ladrões e informantes a temperaturas extremas, percevejos, pulgas e todos os tipos de doenças. Até mesmo inspetores oficiais apoiavam as queixas dos prisioneiros contra a administração do campo, que foi repreendida por "não demonstrar interesse pelas pessoas que lhes foram confiadas".[15] Mas não existe nenhum indício de que os relatórios dos inspetores tenham causado nenhuma melhora ou, na verdade, de que qualquer coisa tenha sido feita com eles além de ser simplesmente arquivados.

Zalcman encontrou no campo vários outros prisioneiros judeus. Entre eles estava Leyzer Ran de Vilna. Ran trabalhara no YIVO e conhecia bem a literatura iídiche. O Partido Comunista em Vilna o enviara para estudar na URSS, mas ele foi preso assim que cruzou a fronteira, enviado para a prisão de Lubianka em Moscou e depois para Karaganda. Zalcman conseguiu ser incluído no grupo de prisioneiros de Ran, que formavam uma brigada de trabalho de oito homens, falantes do iídiche. Após alguns meses, todos foram enviados para uma nova rodada de interrogatório. Em resposta a um funcionário do NKVD que o acusou de "ter formado um grupo nacionalista com os seus amigos", Zalcman replicou: "Não é normal procurar um vizinho quando estamos no exterior... Não podemos ajudar muito uns aos outros, mas o simples fato de ouvir a língua materna nos proporciona um sentimento positivo".[16] Ele e os amigos não foram punidos, porém foram separados. Zalcman foi transferido para outro campo e tragado pela engrenagem do Gulag.

Um episódio temporário?

O primeiro campo de concentração na Polônia foi criado em 1934 em Bereza Kartuska, perto de Brest-Litovsk. Prisioneiros políticos de todos os tipos foram detidos lá sem julgamento: originalmente projetado para nacionalistas ucranianos e extremistas poloneses de direita, ele veio mais tarde a conter milhares de comunistas e esquerdistas, dos quais uma grande proporção era composta por judeus. Entre eles, estava Leon Pasternak, um jovem poeta polonês e primo de Boris Pasternak.

Até 1939, contudo, o maior número de detentos judeus no campo na Polônia era daqueles que involuntariamente atravessavam a fronteira da Alemanha e que os poloneses continuavam a insistir em afirmar que não eram mais cidadãos poloneses. Depois de passar algumas semanas dormindo em estábulos, alguns dos deportados recebiam permissão das autoridades polonesas para alugar quartos, ou melhor, camas em quartos apinhados, na cidade fronteiriça de Zbąszyń. Os grupos de assistência poloneses e do Joint organizaram escolas, clínicas e atividades culturais rudimentares.

Max Weinreich visitou Zbąszyń no final de novembro de 1938. Ele relatou a miséria que encontrou, mas também estava preocupado com suas implicações mais amplas: "Zbąszyń é um episódio temporário? Se não for — o coração para diante dessa ideia!".[17] Outro visitante foi o historiador Emanuel Ringelblum, que representava o Joint. Seu relato ajudou a estimular uma ajuda adicional aos refugiados. À medida que o tempo foi passando, contudo, o fluxo de apoio beneficente diminuiu e a posição dos refugiados se tornou ainda mais desesperada.

No início de 1939, a Alemanha e a Polônia chegaram a um acordo com relação a uma solução sobre os deportados. Eles teriam permissão para retornar temporariamente à Alemanha "para concluir os seus assuntos". O que isso na verdade significava era que eles seriam espoliados, de uma maneira pseudolegal, da maior parte das suas propriedades. Eles poderiam então transportar o pouco que restasse para a Polônia, que finalmente concordou em recebê-los com as suas famílias. Os alemães não queriam que todos os expulsos voltassem ao mesmo tempo: somente alguns milhares deveriam ter permissão para retornar em qualquer momento, cada um podendo permanecer na Alemanha até um mês. Por conseguinte, o acampamento em Zbąszyń continuou a existir durante vários meses.

Em julho de 1939, ainda havia pelo menos 2 mil refugiados lá. Nesse meio-tempo, os alemães estavam conduzindo grupos adicionais menores de judeus através da fronteira. O relatório de uma visita à Polônia de dois representantes do American Friends Service Committee no final de julho de 1939 descreveu uma conversa com uma mulher em Zbąszyń que, junto com muitos outros, fora afugentada pela polícia alemã com cachorros para a terra de ninguém entre a Polônia e a Alemanha. Ela partira com dois filhos, um que ela carregava e outro que ficou para trás. "Ela não teve permissão para voltar para buscá-lo [*sic*],* e a 'coisinha' morreu no pântano."[18]

Mais campos nas fronteiras

Nesse meio-tempo, outros países haviam seguido o exemplo da Polônia e da Alemanha de forçar os judeus a ir para campos em terras de ninguém. Até janeiro de 1939, haviam sido divulgados pelo menos doze campos ao longo das fronteiras da Alemanha, Eslováquia, Hungria e Polônia. Em março, depois de a Alemanha ter anexado o pequeno território de Memel na Lituânia, os judeus fugiram ou foram expulsos. Dentro de três semanas, nem uma única pessoa permaneceu no enclave, que anteriormente tinha uma população judaica de 7 mil pessoas. Algumas encontraram abrigo em Kovno. As últimas a chegar tiveram que acampar nos pastos perto da cidade fronteiriça de Kretinga.

A febre de expulsão se espalhou para o sudeste da Europa. A Iugoslávia começou a deportar refugiados judeus que haviam chegado da Alemanha e da Itália. E o ministro do Exterior romeno anunciou que "era necessário, no interesse dos próprios judeus, bem como no interesse do país, que uma parte da população judaica emigrasse".[19] Ele explicou posteriormente que estava se referindo apenas aos judeus residentes ilegalmente no país; no entanto, já que o governo havia recolhido os documentos de cidadania de um grande número de judeus, muitos destes provavelmente contariam como ilegais.[20] No final de abril, o governo búlgaro determinou a expulsão de todos os judeus estrangeiros. Cerca de 15 mil pessoas foram afetadas, entre elas algumas que residiam havia muitos anos no país. Muitos eram poloneses que tinham sido privados da sua nacionalidade.[21] A maioria não tinha para onde ir.

A Europa ocidental

Na Europa ocidental, os refugiados se viram confinados a campos, embora não na fronteira. Na Suíça, em janeiro de 1939, organizações judaicas estavam mantendo

---

* A mulher que estava falando usou o pronome *it* que em inglês é utilizado para bichos e coisas. (N.T.)

novecentos refugiados em uma dezena de campos. Na Bélgica, onde, naquele inverno, refugiados estavam atravessando ilegalmente a fronteira com a Alemanha em um ritmo de quatrocentos por semana, o governo montou um "campo de isolamento" em Merxplas e um campo de treinamento em Marneffe em um castelo que funcionara anteriormente como uma faculdade jesuíta. O campo de Merxplas estava abrigado em prédios da casa de correção para vagabundos do Estado; os refugiados, no entanto, ficavam separados deles. Os reclusos tinham permissão para visitar Bruxelas durante dois dias a cada três semanas. Não tinham autorização para entrar na cidade de Merxplas.

Na França, já em 1934, o diretor da Sûreté Nacionale havia declarado à imprensa que, tendo em vista as dificuldades envolvidas na expulsão de refugiados indesejáveis, a única solução para o problema seria enviá-los para "um campo de concentração" onde eles seriam "submetidos a trabalhos forçados por um período relativamente longo".[22] A ideia foi engavetada até segunda ordem. No entanto, já em 1939, pressões contrastantes de filantropia e xenofobia produziram dois tipos diferentes de campo no país. O impulso caridoso levou à criação, depois do *Anschluss*, de um campo de refugiados para austríacos em Chelles, nas proximidades de Paris. Os residentes se hospedavam em um hotel ou em casas particulares, e comiam em um refeitório comunitário. Eram livres para ir e vir, mas não podiam estabelecer residência em Paris e tampouco em vários dos departamento vizinhos. Em setembro de 1939, 1.400 refugiados, entre eles alguns da Guerra Civil Espanhola, estavam morando em Chelles.

Nesse meio-tempo, cedendo a pressões menos benignas da opinião pública, o governo francês emitiu um decreto em novembro de 1938 contemplando a detenção de estrangeiros indesejáveis, que visava basicamente os comunistas. O primeiro campo desse tipo foi inaugurado na primavera de 1939, em Rieucros (perto de Mende, Lozère), como um "centro de concentração especial" para estrangeiros. Estes eram principalmente refugiados políticos, que não tinham conseguido obter um visto para outro país e que haviam sido detidos "no interesse da ordem e da segurança pública".[23] A repentina implantação dessa presença estrangeira no coração da zona rural francesa causou consternação entre o povo da localidade. Prefeitos e outras autoridades na vizinhança protestaram indignados contra a presença desses indesejáveis. O comissário especial encarregado do campo relatou para o governador do departamento que um verdadeiro pânico havia irrompido na região e que havia rumores de que as pessoas pretendiam atear fogo ao campo.[24]

Mesmo assim, mais cinco campos desse tipo foram criados na França ao longo de 1939, todos nos Pyrénées-Orientales, para o confinamento de 226 mil ex-combatentes republicanos da Guerra Civil Espanhola que buscaram refúgio na França. Entre esses, havia ex-soldados judeus das Brigadas Internacionais. Em um desses campos, Saint-Cyprien, em abril de 1939, ex-combatentes da Companhia Botwin, principalmente comunistas da Europa oriental, produziram um jornal em iídiche rudimentarmente impresso, *Hinter shtekhel droten* (Atrás do Arame Farpado).[25] Depois de algumas semanas, esses reclusos foram transferidos para um campo em Gurs, enquanto o governo francês tentava encontrar outro país que recebesse todos eles. Alguns foram soltos ao se alistar na Legião Estrangeira Francesa. Cerca de 40 mil, principalmente espanhóis, foram aceitos em países latino-americanos. Alguns dos judeus conseguiram fugir dos campos antes de setembro de 1939. No entanto, o Partido Comunista parece ter desaprovado essas fugas por achar que elas deixavam transparecer um excesso de iniciativa espontânea. Quando a guerra foi deflagrada, muitos prisioneiros judeus ainda estavam nos campos.

De um modo geral, a sociedade holandesa concedeu aos refugiados uma recepção relativamente generosa, mas lá também houve rumores de xenofobia e antissemitismo. Na tentativa de fazer uma mediação entre a imensa pressão de imigrantes em potencial e a resistência de elementos da extrema-direita, o governo decidiu, depois da *Kristallnacht*, receber um número limitado de refugiados, deixando-os porém em quarentena em um campo de prisioneiros no Hotel Lloyd em Zeeburg (na área leste de Amsterdá) e na Estação de Quarentena de Heyplaat em Roterdã. Campos também foram criados em Hoek van Holland, Reuver, Hellevoetsluis e Nunspeet. Estes eram campos de prisioneiros projetados para imigrantes ilegais do sexo masculino, e havia um elemento de punição no regime do campo. Como Bob Moore escreve na sua história sobre a política holandesa com relação aos refugiados políticos nesse período, esses eram "locais lúgubres" e "para os refugiados respeitáveis que se encontravam nesses campos, as condições e o tratamento que recebiam, como se fossem criminosos, era uma experiência traumática e angustiante".[26]

Walter Holländer, tio de Anne Frank, que fora preso durante a *Kristallnacht* em Aachen e enviado para o campo de concentração de Sachsenhausen, mas depois autorizado a deixar a Alemanha, estava entre os reclusos em Zeeburg. "Nesse campo de refugiados, estávamos isolados de qualquer contato e éramos mantidos sob supervisão policial. Não tínhamos permissão — e tampouco isso era possível — para fazer qualquer trabalho que gerasse alguma renda, mas tínhamos que pagar pela nossa permanência no campo. Se eu quisesse sair por qualquer razão, tinha que obter autorização por escrito do oficial de polícia no comando."[27] Em abril de 1939, Holländer conseguiu, com a ajuda do seu irmão nos Estados Unidos, obter a sua soltura de Zeeburg, com a condição de partir para os Estados Unidos em dezembro, usando o visto e a passagem de navio que ele exibira para as autoridades holandesas.

Na pequena cidade murada de Hellevoetsluis, em Haringvliet (uma enseada do Mar do Norte), no sul da Holanda, os reclusos do campo de refugiados eram vigiados pela polícia militar. A superlotação era tanta que os reclusos estavam "apinhados como arenques em um barril".[28] A correspondência era censurada e havia pouca liberdade de movimento. Inicialmente, constava que os lojistas do local estavam "esfregando as mãos" diante da perspectiva de uma renovação dos negócios.[29] A atmosfera entre os reclusos era menos jovial. Mal chegara a primeira leva de refugiados quando um deles, um jovem cristão "não ariano" de Wuppertal, se enforcou.

Na primavera de 1939, o ministro do Interior se recusou a permitir que os refugiados deixassem o campo por um breve período para celebrar o *Pessach* como convidados de famílias judaicas hospitaleiras em cidades próximas.[30] Em abril de 1939, um total de 1.517 refugiados estavam sendo mantidos em campos da Holanda, aguardando a sua "baldeação" para outro lugar.[31]

Por encarar a situação como um problema potencialmente de longo prazo, o Ministério do Interior holandês começou a trabalhar na instituição de um campo central para refugiados legais e ilegais. O local escolhido foi Westerbork, uma charneca pouco acima do nível do mar perto de Assen, no norte do país. O lugar originalmente escolhido tinha sido dentro do parque nacional Veluwe, mas a rainha Guilhermina, cujo palácio de verão ficava nas proximidades, se opôs à ideia, de modo que o governo se decidiu então por Westerbork. A criação desse campo central "apenas para refugiados judeus" foi apoiada "com algo parecido com um verdadeiro entusiasmo" pelo Comitê de Refugiados Judeus de Amsterdã, que achou que ele ofereceria um "refúgio temporário para as pessoas que emigrassem" e um "centro de treinamento de primeira classe".[32] As obras de construção começaram em agosto de 1939. Os lojistas da vizinhança estavam animados com a possibilidade de um aumento nos negócios. Outros residentes do local se queixaram de que o seu distrito estava sendo usado como local de despejo para refugiados e que era de "conhecimento geral" que entre os residentes em potencial havia elementos associais, cujos motivos para fugir para a Holanda não eram nem raciais nem religiosos.[33]

Europa: um campo de concentração

Os motivos que levaram à criação de campos na Alemanha nazista, na União Soviética, na Polônia e na Europa ocidental eram muito diferentes em cada caso, assim como os regimes dos campos também o eram. Mas subjacente a todos eles, até mesmo em países como a França e a Holanda, estava a ideia de que os reclusos não se encaixavam na sociedade e deveriam ser mantidos separados. Os campos, na verdade, eram uma manifestação em um nível minúsculo de um fenômeno que acometia a Europa inteira. No início de 1939, grande parte do continente estava sendo transformado em um gigantesco campo de concentração para judeus. Para a maioria deles, a vida estava se tornando punitivamente repressiva onde quer que eles estivessem e, ao mesmo tempo, eles eram impedidos de se deslocar para qualquer outro lugar. Na frase lapidária de Chaim Weizmann, na sua evidência à Comissão Peel, o mundo deles estava "dividido em lugares onde eles não podem viver e lugares onde não podem entrar".[34]

Em janeiro de 1939, um decreto na Romênia determinou que todos os empreendimentos comerciais e industriais informassem ao Ministério da Economia nacional a origem étnica dos proprietários, acionistas e funcionários. Os esforços para expulsar os judeus das profissões liberais se aceleraram. Em Bucareste, Emil Dorian confidenciou o seguinte ao seu diário naquele mês: "Tenho sido obcecado ultimamente pela ideia de um romance satírico, ou pelo menos de um romance triste, baseado na vida atual dos judeus romenos. Os possíveis títulos seriam *Precisa-se: Terra Natal* ou *Aluga-se: Terra Natal, Todas as Comodidades Incluídas*".[35] É importante assinalar que Dorian não era sionista.

Uma nova lei na Polônia em 1938 tornou quase impossível para os judeus ingressar na advocacia. O emprego no teatro (a não ser nos teatros iídiches) e na imprensa (a não ser nos jornais judaicos) estava quase que completamente bloqueado para os judeus já em 1939. O boicote aos negócios judaicos pelos poloneses e ucranianos se intensificou. Em novembro de 1938, a Associação de Peixeiros Judeus, que fornecia 90% dos peixes consumidos no país, informou que se encontrava diante de um sério desafio das cooperativas que "estavam determinadas a arrancar o comércio do peixe das mãos dos judeus".[36] Queixas semelhantes eram ouvidas em quase todas as áreas da economia judaica.

Um relatório do comitê central dos sindicatos trabalhistas bundistas em Varsóvia em abril de 1939 forneceu informações detalhadas, indústria por indústria, da exclusão de trabalhadores judeus de grandes áreas de emprego. A imposição zelosa e discriminatória oficial de regras de trabalho contra padeiros, carregadores e trabalhadores de abatedouros, por exemplo, estava expulsando os judeus dessas ocupações. O relatório concluiu tristemente: "O processo não assume a mesma forma em todas as ocupações — em algumas é mais rápido, em outras mais lento —, mas em toda parte o trabalhador judeu está debaixo de rigorosa pressão"[37].

Em 1938, um croqui do comediante iídiche Szymon Dzigan, intitulado "O Último Judeu na Polônia", extraiu o seu tema do romance de Bettauer a respeito de uma Viena *Judenrein*,* e retratou funcionários e cidadãos poloneses, depois que toda a população judaica havia emigrado, implorando ao último judeu que ficasse no país. O croqui produziu uma intimação dos censores. O fato de o inimaginável estar sendo imaginado era evidentemente inaceitável.

Na Hungria, o debate político sobre uma nova lei antijudaica foi temporariamente suspenso em fevereiro de 1939 quando o primeiro-ministro de direita Béla Imrédy foi obrigado a renunciar depois que foi revelado que ele tinha uma bisavó judia. Seu sucessor, o aristocrata da Transilvânia conde Pál Teleki, contudo, persistiu com a legislação. O conde Gyula Karolyi, um ex-primeiro-ministro, renunciou ao seu cargo na Casa de Magnatas (câmara alta), mas o projeto de lei entrou em vigor em maio de 1939. A nova lei diferia da legislação anterior por adotar uma definição racial, e não religiosa, da condição judaica. Ela tolhia severamente a atividade econômica e os direitos civis dos judeus, restringia a participação judaica nas profissões liberais e exigia a demissão de judeus que eram funcionários públicos, diretores de teatro e editores da imprensa geral. Somente os judeus cujos antepassados tinham vivido no país antes de 1867 mantiveram o direito de voto. Os 7.500 judeus estrangeiros no país receberam ordens para partir.

A ocupação alemã de Praga em 15 de março de 1939, e a resultante eliminação do que restou da soberania tcheca colocou todos os judeus da Boêmia e da Morávia diretamente sob o domínio nazista. Um grande número de refugiados da Alemanha que não conseguiram escapar a tempo foi preso. Medidas antijudaicas, semelhantes às do Reich, foram estendidas ao "Protetorado". Burocratas judeus foram demitidos, a propriedade judaica foi "arianizada", alunos judeus foram expulsos das escolas de língua alemã, judeus foram excluídos dos banhos públicos, parques e teatros. Foi informado que "Hauptsturmfuehrer Eichmann, que trabalhava nessa área em Viena", foi para Praga assumir o controle da organização da emigração judaica.[38]

Os judeu-tchecos se juntaram aos da Alemanha e da Áustria em uma debandada para a saída. Assim como no Reich, os emigrantes em potencial tinham que percorrer um elaborado labirinto burocrático de formulários, certidões, declarações de propriedades, vistos e planos de viagem, começando por um questionário

---

* Termo nazista que denota um lugar livre da presença de judeus. (N.T.)

de quatro páginas, com 26 questionários suplementares (um jogo separado para cada membro da família) que continuavam com entrevistas na comunidade judaica, repartições do governo, consulados e assim por diante.

Na Eslováquia, agora nominalmente independente sob um regime fantoche clerical-nacionalista pró-alemão, decretos-leis eliminaram os judeus da advocacia e da medicina, bem como do serviço público. Milicianos invadiram casas judaicas e as saquearam. Os judeus foram espancados e torturados. Milhares fugiram para a Polônia. Os que conseguiram se esquivar do controle das fronteiras ficavam sob a proteção de organizações beneficentes em Cracóvia e Katowice, mas permaneciam sujeitos a ser presos e deportados como imigrantes ilegais.

Em vários países, particularmente na Polônia e na Romênia, foram colocadas restrições no direito dos judeus de comprar terras, quer para novas casas, quer para instituições como escolas. Na Letônia, onde os judeus estavam sendo obrigados a abandonar o comércio, as profissões liberais, as universidades e os empregos públicos, um relatório do Joint em maio de 1939 declarou que "a população judaica se tornou terrivelmente deprimida e caiu em uma espécie de apatia".[39]

O torno também estava ficando mais apertado para os judeus na Itália. Mais três decretos-leis antijudaicos foram promulgados em junho-julho de 1939. Oficiais militares judeus estavam sendo demitidos. Os judeus foram proibidos de ser membros do Partido Fascista (a afiliação era uma exigência para muitas formas de emprego ou promoção). Os judeus não deveriam mais empregar criados não judeus. Os livros escolares de autoria de judeus foram proibidos. Eles foram expulsos de clubes. As crianças judias foram expulsas de escolas públicas. Negócios judeus foram fechados ou submetidos a restrições. Os jornais foram proibidos de publicar obituários de judeus. O teatro lírico La Scala foi fechado para eles. Embora as leis e regulamentações antijudaicas fossem apenas esporadicamente aplicadas e pudessem com frequência ser evitadas por meio de subterfúgios ou propinas, os judeus sentiam um crescente isolamento social e vulnerabilidade.

Nos primeiros meses de 1939, milhares de refugiados convergiram para o porto romeno de Constança no Mar Negro, muitos deles navegando pelo Danúbio em vapores de passeio. Outros viajaram em trens fechados a partir da fronteira romena. Entre os refugiados do Terceiro Reich estavam ex-reclusos de campos de concentração. Eles esperavam chegar à Palestina como imigrantes ilegais. Alguns tinham vistos de entrada sul-americanos falsos. Muitos tinham comprado passagens com agentes sionistas ou escroques comerciais, mas ao chegar em Constança descobriram que propinas eram necessárias para poder fazer algum progresso. Um grande grupo estava alojado em um porão perto do porto. As pessoas brigavam umas com as outras para embarcar nos navios.

De acordo com um relatório da inteligência sionista em julho de 1939, o gabinete do chanceler alemão havia emitido uma ordem determinando que a imigração ilegal dos judeus para a Palestina fosse facilitada de todas as maneiras possíveis.[40] Mas o governo britânico fez o que pôde para tentar impedir esse tráfico. O Serviço Secreto de Inteligência (MI6) monitorava os navios que carregavam refugiados dos portos do Mar Negro através do Dardanelos. Diplomatas britânicos pressionavam os governos da Romênia, da Bulgária e de outros países para que impedissem a passagem de refugiados judeus. Aqueles que conseguiam transpor o bloqueio e chegavam à costa da Palestina enfrentavam uma acolhida inamistosa.

Um grupo de várias centenas de refugiados chegou lá no início de 1939 a bordo de um cargueiro grego decadente, o *Agios Nikolaios*. Quando o navio chegou ao largo da costa da Palestina, foi recebido por um navio de guerra britânico que ordenou que ele parasse. O capitão desconsiderou a ordem e retrocedeu ao mar. Foi disparado um tiro de advertência, e quando o navio mesmo assim se recusou a parar, um segundo tiro o atingiu à meia-nau, causando uma morte e deixando um buraco no casco. O navio, tombando para um dos lados, claudicou de volta através do Mediterrâneo e chegou a Atenas, onde o governo grego permitiu que ele permanecesse nas docas enquanto eram feitos reparos. Os passageiros foram proibidos de desembarcar, mas membros da comunidade judaica levaram comida e suprimentos para eles. Quando foi constatado que o *Agios Nikolaios* não poderia ser colocado em condições de navegar com os passageiros a bordo, a comunidade de Atenas fretou outro navio, cujo capitão concordou em conduzir os refugiados ao limite das águas territoriais palestinas. Ele não iria mais adiante por medo de ser preso pela patrulha naval britânica. Por conseguinte, o navio rebocou uma chata que seria usada para transportar os passageiros para a praia. Em meados de julho, depois de uma jornada que para muitos deles havia durado quase cinco meses a contar do ponto de partida original, eles acabaram conseguindo desembarcar na Palestina, onde foram imediatamente instalados em um campo de quarentena em Athlit, perto de Haifa.[41]

À medida que as portas se fechavam em todos os lugares, a procura por um refúgio seguro tornou-se cada vez mais frenética. Olhos se concentravam nos locais mais bizarros e exóticos. O International Settlement em Xangai era praticamente o único lugar no planeta que não exigia um visto de entrada. Além disso, como os líderes de uma das principais organizações judaico-alemãs ressaltaram em fevereiro de 1939, era "mais barato manter uma pessoa em Xangai do que em qualquer outro lugar civilizado que conhecemos".[42] As organizações judaicas fora da Alemanha desaprovavam a emigração para Xangai, enfatizando que "a situação naquela cidade se tornara bastante desesperada".[43] No entanto, por falta de alternativa, milhares de judeus da Alemanha e da Europa central partiram na longa viagem por mar em direção ao Extremo Oriente.

No verão de 1939, pelo menos 18 mil refugiados judeus da Europa central haviam chegado a Xangai. O que era um campo de refugiados se converteu nas habitações da favela do distrito de Hongkew, ocupado pelos japoneses no International Settlement. No entanto, a chegada dessa horda indigente provocou uma reação local. Em agosto de 1939, as autoridades navais japonesas informaram que, "embora sentissem uma genuína compaixão pelos refugiados europeus", elas se viam obrigadas, "devido à falta de acomodações [...] a não permitir que outros refugiados venham residir em Hongkew depois do final deste mês". Em decorrência dessa decisão, as organizações de refugiados judaicas interromperam imediatamente toda a emigração judaica para Xangai.[44] Ao que se revelou, algumas pessoas, agindo por iniciativa própria, em desobediência a essas instruções, continuaram a ir para o Extremo Oriente. No entanto, as dificuldades e os custos para chegar lá aumentaram e até mesmo esse refúgio improvável tornou-se, para a maioria, inatingível.

Examinando as perspectivas para os judeus na Europa em um longo memorando interno em março de 1939, Morris Troper, chefe do escritório de Paris do Joint Distribution Committee, mencionou os impossíveis dilemas que a sua organização enfrentava ao tentar alocar seus limitados recursos. Apenas na Alemanha, os gastos do Joint no mês anterior haviam sido de 1.185.639 *reichsmarks* em comparação com uma renda de apenas 274.354 *reichsmarks*.[45] Troper rejeitou o ponto de vista de que "como a maioria dos judeus está condenada [...] todos os recursos precisam ser destinados a salvaguardar aqueles que ainda têm alguma medida de proteção". Em vez disso, ele defendeu a continuação do esforço "de salvar milhares e milhares de vidas". E prosseguiu: "Mal podemos comparar a situação com a tentativa de salvar parte de um prédio em chamas, porque a destruição de parte de um povo carrega consigo consequências morais e espirituais tão devastadoras que chegam a sacudir a própria base dos seus correligionários, onde quer que eles possam existir".[46]

– 18 –

NA IMINÊNCIA DO EXTERMÍNIO

Política sem poder

A política para os judeu-europeus em 1938-1939 não era a luta convencional pelo poder: eles praticamente não tinham nenhum. Tampouco era uma competição pelas vantagens do cargo: as posições eram poucas e os lucros, escassos. Tampouco era uma busca agitada por alguma forma de autodefesa coletiva contra a ameaça onipresente à sobrevivência econômica dos judeus e, cada vez mais, à sua própria existência. A política judaica também era uma busca por autorrespeito em um mundo no qual a palavra *judeu* era, aos olhos de muitas pessoas, um insulto e uma degradação.

Um sentimento de desolação permeava a população judaica polonesa, especialmente a juventude, no último ano da paz. Essa era uma geração, escreveu um jornalista no *Literarishe bleter* em janeiro de 1939, que estava "nua e descalça, uma geração de pobres pequenos *mensheleh* desgostosos, sem um ontem, um hoje ou um amanhã".[1] Um dos jovens concorrentes do concurso de autobiografias do YIVO de 1939 escreveu: "A Polônia me criou para ser um polonês, mas me rotula de judeu e diz que devo ser perseguido. Eu quero ser polonês, mas vocês não deixam. Eu quero ser judeu, mas não posso; eu me afastei da condição judaica. Não gosto de mim como um judeu... A não ser que os líderes da Polônia mudem — assim como a maioria dos poloneses —, este triste processo, que produz almas culturalmente desorientadas, não mudará para melhor".[2]

A partir de 1935, a participação judaica no parlamento polonês fora imensamente reduzida. A principal razão foi uma nova constituição e uma lei eleitoral que limitava a capacidade das minorias, entre elas os judeus, de obter cadeiras no Sejm. Em protesto, vários partidos judaicos, entre eles o Bund, os folkistas e os Sionistas Gerais (exceto aqueles na Galícia), se juntaram a outros grupos de oposição no boicote às eleições nacionais em 1935.

Quando a miragem da instituição imediata de um Estado judeu se desvaneceu, o prestígio dos sionistas caiu e o dos seus rivais aumentou. O Bund conseguiu seus resultados eleitorais mais impressionantes no final da década de 1930. Ele ganhou terreno apesar de uma "declaração de princípios" adotada por um congresso do partido em 1935, na qual o partido reafirmou a sua oposição a "qualquer política de *klal yisroel* [unidade judaica]" e atacou vigorosamente a burguesia judaica, que ele acusou de "apoiar diretamente o regime fascista" e de tentar entorpecer as massas judaicas com "sonhos da Palestina ou com fanatismo religioso".[3]

O crescimento do antissemitismo levou o Bund a modificar de certa maneira as suas diretrizes isolacionistas. Ele decidiu participar das eleições para *kehillot* em 1936, atraindo apoio depois do *pogrom* de Przytyk na mobilização de uma greve de protesto nacional judaica de um dia e da defesa em âmbito comunitário contra o antissemitismo. Um jornal agudista da época comentou com desaprovação: "A verdade pura e simples é que o Bund recebeu muitos votos das massas simples do povo, dos judeus pobres que ainda cumprem o *Sabbath*, que ainda comem *kosher*, vão rezar no *Sabbath* e colocam *tefillin* todos os dias".[4]

No final de 1938, os sionistas preconizaram uma frente eleitoral unida de todos os partidos judaicos, mas a proposta foi recusada pelo Bund. Nas campanhas eleitorais de 1938-1939, o partido dirigiu o ímpeto principal de sua campanha mais contra os seus concorrentes imediatos, ou seja, outros partidos judaicos, do que contra a direita polonesa antissemita, de quem, afinal de contas, ele dificilmente poderia esperar ganhar votos. "Os cavalheiros do 'Bloco Judeu Geral', os comerciantes e os sionistas, se apresentam agora à população judaica em nome da 'unidade nacional'", declarou um panfleto eleitoral bundista em Vilna, "mas como pode haver unidade entre os ricos e bem-alimentados, que nunca passaram por dificuldades, e os pobres *horepashnikn* [os que trabalham arduamente]?"[5] Em vez disso, o partido apelou para os eleitores judeus, nos distritos onde os candidatos judeus não tinham nenhuma esperança de ganhar, que votassem no seu aliado, o Partido Socialista Polonês.[6] Nas eleições parlamentares de novembro de 1938, que o Bund e outros partidos de oposição uma vez mais boicotaram, os partidos judaicos conseguiram colocar apenas cinco membros no Sejm (dois agudistas e três sionistas) e dois senadores (nomeados).

Nas eleições municipais de dezembro de 1938 e janeiro de 1939, contudo, o Bund obteve sucessos extraordinários: junto com aliados esquerdistas, ele conquistou 17 das 20 cadeiras ocupadas pelos partidos judaicos em Varsóvia e 11 das 17 em Łódź. Em parceria com o Partido Socialista Polonês, ele formou coalizões de governo em várias municipalidades. Embora o seu apoio fosse muito mais fraco fora das grandes cidades, mesmo assim esse avanço foi expressivo. No país como um todo, o Bund recebeu 38% dos votos dados aos partidos judaicos nessas eleições, derrotando tanto os sionistas, que obtiveram 36%, quanto os agudistas e outros elementos religiosos, que ficaram para trás com 23%. Ao mesmo tempo, a afiliação dos sindicatos trabalhistas bundistas aumentou: em janeiro de 1939, eles afirmaram ter 36.567 membros em Varsóvia, uma maioria da força de trabalho judaica organizada.

Essas vitórias não levaram o Bund a abandonar a sua oposição à política *klal yisroel*. Pelo contrário, insistindo em que as eleições tinham provado que somente ele "representava as massas judaicas da Polônia e que os outros organismos políticos judaicos praticamente não tinham nenhuma influência ou capacidade representativa e iriam gradualmente declinar ou se extinguir completamente", o Bund se recusou, por exemplo, a participar com outras organizações judaicas de um comitê geral de judeus poloneses para cooperar com o Joint Distribution Committee, embora muitas das suas instituições, como o sanatório Medem, dependessem em parte do apoio financeiro do Joint. Um representante do Bund ressaltou "que eles não podiam comprometer a sua posição com os elementos não judeus de grupos trabalhistas harmonizando-se com pessoas que sabidamente representavam grupos capitalistas". Seu relacionamento com companheiros socialistas era "muito mais importante para eles do que qualquer ajuda que lhes fosse concedida pelo JDC por intermédio do Comitê Central Polonês, e eles preferiam manter seus princípios mesmo correndo o risco de sacrificar essa ajuda". Essa nobre expressão de solidariedade de classe não impediu, contudo, que o partido apresentasse insistentes pedidos ao Joint de ajuda para vários projetos e instituições associados ao Bund.[7]

Não devemos exagerar a importância das vitórias eleitorais do Bund nessa época. Embora fosse, naquele momento, o maior partido judaico, ele ainda representava apenas uma minoria do povo judeu-polonês, que permanecia dividido, dentro do espírito tradicional, em três partes principais: ortodoxos, sionistas e a esquerda (que incluía os formalmente inexistentes, eleitoralmente invisíveis mas, entre os judeus, ainda significativos: comunistas). A rejeição do Bund da política *klal yisroel* o impediu de se expandir muito além da sua base proletária. Uma indicação do seu limitado atrativo emerge nos números da afiliação da organização bundista de jovens, Tsukunft, que recrutava jovens com idade entre 15 e 18 anos: em toda a Polônia em março de 1939, ele só conseguiu reunir 2.235 membros.

Quando seu apoio político declinou, sionistas de todos os tipos exploraram o desespero público para tentar eclipsar seus rivais em uma retórica extremista. No início de 1938, em uma conferência da sua organização em Praga, Jabotinsky tinha apresentado o infeliz prognóstico: "A Grã-Bretanha não desapontará vocês, tchecos, mais do que a nós. A palavra dela é uma rocha e ela a manterá, ela não desapontará as nações menores".[9] Depois de Munique, quando a Grã-Bretanha tornou mais rígidas as restrições à imigração judaica para a Palestina, as propostas de Jabotinsky pareceram ainda mais utópicas. No entanto, suas ideias conseguiram o apoio da direita polonesa antissemita e um interesse amistoso do governo polonês. Em resposta à *Kristallnacht*, Jabotinsky chegou a conclusões apocalípticas. Antevendo "enxurradas elementares" que tragariam o povo judeu da Europa oriental, ele propôs, em lugar do seu plano de dez anos, a política de emigração de 1,5 milhão de judeus, um novo plano de "evacuação", pelo qual um milhão de pessoas seriam transferidas para a Palestina em um único ano.[10]

Quando os britânicos voltaram atrás no que dizia respeito à partição da Palestina, como fizeram no decorrer de 1938, os sionistas da corrente predominante tiveram pouco a oferecer, à guisa de competição com os revisionistas, a não ser a retórica. Embora Jabotinsky propusesse planos de ação impraticáveis, os sionistas podiam apresentar pouco mais do que protestos inúteis. Em fevereiro de 1939, o presidente do clube parlamentar judaico no Sejm, Emil Sommerstein, um sionista geral, censurou "a política de extermínio do governo e do sistema atuais".[11] Quando o Sejm aprovou um projeto de lei que prescrevia a total proibição do *shechitah* na Polônia, a comunidade judaica passou "quinze dias sem carne" em protesto. O gesto causou pouco impacto, a não ser nos açougues e restaurantes *kosher*, que sofreram uma amostra antecipada das prováveis consequências do projeto de lei, caso ele fosse aprovado no senado. O Bund, em um exercício característico adicional da sua postura ideológica, não se dignou a participar, "já que os motivos religiosos dos partidos burgueses judaicos eram estranhos para os seus pontos de vista", ao mesmo tempo que não se opôs ao protesto, já que a proibição "era obviamente uma maneira de oprimir a minoria judaica".[12]

Um líder sionista escreveu da Polônia, em março de 1939, que o "perigo" revisionista estava aumentando "a cada dia, a cada hora. Eles sempre erguem a cabeça quando os tempos estão difíceis para nós". As gigantescas iniciativas de propaganda deles foram ajudadas, sugeriu ele, pela difundida desmoralização — "e eles são, de fato, o maior fator nessa desmoralização". Eles estão atraindo, em particular, a intelectualidade assimilada. Usando os métodos de propaganda da

Itália e da URSS, escreveu ele, não havia "nenhuma mentira boa demais para eles". Weizmann foi retratado como um agente britânico. O "evacuacionismo" de Jabotinsky encontrou uma audiência disposta.[13]

Os sionistas da corrente predominante continuaram a favorecer uma política de imigração seletiva para a Palestina de unidades doutrinadas, embora Yitzhak Gruenbaum, o ex-líder dos sionistas poloneses, que àquela altura residia na Palestina, tenha ocasionalmente falado de uma maneira mais ampla: "Precisamos partir. A hora do êxodo soou para as grandes massas do povo judeu", declarara ele em 1936.[14] Esse comentário, contudo, não teve a intenção de ser uma proposta séria de um plano de ação. Apolinary Hartglas, presidente da Organização Sionista da Polônia central e oriental, rejeitou com veemência o plano de Jabotinsky: "Dizemos não, nunca, para a emigração para a Palestina que não seja ideologicamente motivada!".[15] Sua franca hostilidade com relação aos revisionistas lhe conquistou uma ameaça de morte.

O cáustico debate sionista com relação à proposta de evacuação de Jabotinsky se revelou puramente acadêmico. Sua implementação se baseava em induzir, de alguma maneira, os britânicos a aquiescer. Mas nem por meio da diplomacia nem pela organização da imigração ilegal os sionistas se revelaram à altura dessa tarefa. Seu fracasso se tornou manifesto em maio de 1939, com a publicação pelo governo britânico do seu Relatório Oficial sobre a Palestina. O relatório explicitou quais seriam os princípios norteadores da política britânica para o futuro próximo. A imigração judaica seria limitada a um máximo de 75 mil pessoas ao longo dos cinco anos seguintes. A compra de terras pelos judeus seria completamente proibida ou severamente restringida em grandes áreas da Palestina. E, pela primeira vez, o governo britânico declarou que o seu propósito supremo na Palestina era a criação de um Estado que não seria nem completamente judaico, nem completamente árabe. O Relatório Oficial assinalou o fim da aliança anglo-sionista de mais duas décadas e representou uma tentativa dos britânicos de congelar o Lar Nacional Judaico dentro dos limites demográficos e geográficos existentes.

Encarado pelos sionistas como uma traição na sua hora mais difícil, o cumprimento das determinações constantes no Relatório Oficial foi rigorosamente fiscalizado pelas autoridades britânicas na Palestina. Patrulhas navais procuravam interditar vapores decrépitos conduzindo imigrantes judeus ilegais. Toda pressão possível foi exercida contra países que permitiam que os judeus partissem ou atravessassem o seu território e contra aqueles em cujos navios os refugiados viajavam. Os imigrantes ilegais eram ameaçados com a devolução aos seus países de origem, embora essas deportações dificilmente pudessem acontecer, porque os refugiados que não tinham certificado de imigração jogavam fora seus passaportes antes de chegar à Palestina.

A maior parte da opinião judaica condenou o Relatório Oficial. No entanto, na França, a Union Patriotique des Israélites Français se opôs às manifestações de protesto e expressou o ponto de vista de que "cabe aos estrangeiros aceitos para residir no nosso solo se abster de fazer qualquer tipo de agitação, particularmente quando dirigida contra as ações do governo de uma potência aliada à França".[16] Em Varsóvia, o Poalei Zion organizou uma greve de protesto, mas os sindicatos bundistas se recusaram a participar.

De qualquer modo, a Palestina não parecia tão atraente para alguns dos imigrantes em potencial. No verão de 1939, uma família de judeus ortodoxos na Palestina escreveu para os seus pais idosos em uma *shtetl* na Romênia, insistindo para que eles imigrassem para a Terra Santa. O pai, um *shochet* desesperadamente pobre, respondeu: "Como seria certamente belo e agradável estar frente a frente com vocês e seguir o preceito de me instalar na Terra de Israel. Mas o que direi? Tendo em vista o número de rumores desagradáveis que ouvimos vindos da Terra nos jornais, seguramente não podemos pensar nisso agora".[17]

Navios fantasmas

Um indício do desespero com o qual muitos judeus encaravam a sua situação nesse estágio era a presteza com que até mesmo organizações respeitáveis recorriam a medidas extralegais. No início de 1939, o Comitê de Refugiados de Amsterdá concordou em cooperar com a Haganah (a milícia sionista clandestina na Palestina) em um plano para enviar um navio conduzindo imigrantes ilegais, muitos deles da fazenda de treinamento em Wieringen, para a Palestina. O Joint, de quem o comitê era fortemente dependente, insistiu para que os seus recursos não fossem usados diretamente para a finalidade de *aliya bet* (imigração ilegal para a Palestina).[18] Mas grande parte do dinheiro necessário foi fornecido secretamente por Saly Mayer, uma rica judia suíça que trabalhava em estreita cooperação com o Joint. Gideon Rufer, um representante da Agência Judaica da Palestina, chegou para coordenar as providências.

O *Dora*, um frágil e pequeno cargueiro de carvão de quarenta anos, registrado no Panamá, com um capitão grego, deixou Amsterdá semissecretamente na noite de 15-16 de julho de 1939, supostamente em direção ao Sião. Apinhados a bordo havia mais de trezentos passageiros, principalmente judeu-alemães, entre eles cerca de cinquenta da fazenda-escola de Wieringen e alguns do campo de prisioneiros de Hellevoetsluis. Mais alguns embarcaram na Antuérpia. Oficialmente, o governo holandês nada sabia a respeito da partida do navio; na realidade importantes ministros e autoridades foram coniventes com o empreendimento.[19]

> Eu tinha sérias dúvidas [escreveu mais tarde Gertrude van Tijn] a respeito de ser ou não justificável enviar os refugiados naquele barco pequeno e desgastado com o risco adicional de ele ser interceptado antes de chegar ao destino. No entanto, raciocinei que eu teria enviado meu filho, se ele estivesse em uma situação semelhante... Durante quatro semanas fiquei acordada à noite, preocupada com o navio. Depois, soubemos que ele tinha chegado em segurança à Palestina, que não fora interceptado pela guarda-costeira inglesa e que todos os rapazes e moças — que haviam, de acordo com instruções, atirado os seus documentos de identificação ao mar — tinham sido distribuídos pelas velhas colônias da Palestina e que não eram agora reconhecíveis como recém-chegados.[20]

O *Dora* chegou à Palestina em 11-12 de agosto de 1939. O navio era um entre muitos. Naquele verão, vinte "navios fantasmas" transportando refugiados do nazismo vagavam pelos oceanos em busca de um porto amigo.

O verdadeiro material de romances, filmes e angústia humana sem limites foi a saga, encenada em alto-mar, dos 937 refugiados que deixaram Hamburgo no dia 13 de maio de 1939, no navio de cruzeiro *St. Louis* da companhia Hamburg-Amerika. Manifestações antissemitas acolheram a notícia da chegada iminente do navio a Havana. Embora de posse de vistos de entrada cubanos, os passageiros não obtiveram permissão para desembarcar. O diretor-geral do departamento de imigração cubano, que havia extorquido pelo menos meio milhão de dólares em propinas dos refugiados, foi obrigado a renunciar quando o seu peculato se tornou público. Alguns passageiros foram aceitos no país, mas 908 não conseguiram permissão para desembarcar. O presidente de Cuba disse que eles poderiam entrar no país, desde que o Joint Distribution Committee pagasse uma fiança de 453.500 dólares. Seu representante tentou negociar o preço, mas nesse meio-tempo o navio recebeu ordens para deixar o porto e zarpou para Miami. As autoridades americanas rejeitaram os apelos para que eles fossem autorizados a entrar nos Estados Unidos, e no dia 6 de junho o navio retomou o rumo da Europa. Finalmente, ele atracou na Antuérpia, e os governos da Bélgica, Grã-Bretanha, França e Holanda concordaram em aceitar os passageiros. Ao anunciar a sua decisão, o governo britânico advertiu que ela não poderia "ser considerada um precedente para a futura aceitação de refugiados que deixassem a Alemanha antes que providências definitivas tivessem sido feitas para que eles fossem aceitos em outro lugar".[21] Os 181 passageiros que foram recebidos na Holanda foram inicialmente colocados no campo de quarentena de Heyplaat em Roterdã, o qual, a essa altura, tinha se tornado, com efeito, um campo de prisioneiros cercado por arame farpado, com cães de guarda.

"Um excesso de mobília velha"

A fuga atormentada dessas pessoas que erravam pelo mundo era resultado direto da posição deteriorante dos judeus sob o domínio nazista. Em janeiro de 1939, todos os "não arianos" que ainda estavam no Reich foram humilhantemente obrigados a acrescentar Israel (no caso dos homens) ou Sarah (no caso das mulheres) ao nome, caso os seus prenomes não constassem de uma lista emitida oficialmente de prenomes judaicos supostamente característicos. No mesmo mês, a Gestapo estabeleceu uma Agência Central para Emigração Judaica no principal centro comunitário judaico, ou Oranienburgerstrasse, em Berlim. A política nazista agora estava voltada para tornar inviável a existência normal dos judeus na Alemanha e procurar todos os meios possíveis para apressar a emigração dos judeus restantes.

Todos os judeus no Reich receberam ordens de entregar ouro, prata e joias para penhoristas em troca de uma fração do que valiam; as únicas exceções permitidas eram um relógio de prata, um anel de casamento e dois conjuntos de talheres de quatro peças por pessoa. As dívidas que pessoas físicas, empresas ou companhias de seguro tinham com os judeus deixaram de ser pagas e era inútil recorrer aos tribunais. O aumento da taxa de emigração e outras medidas garantiram que os que ainda permaneciam no país fossem totalmente despojados das suas propriedades.

Ao longo dos oito meses seguintes, outros 62 mil judeus deixaram o país. Um censo realizado em maio de 1939 registrou 214 mil judeus "por religião" vivendo na Alemanha (sem incluir as áreas anexadas depois do *Anschluss*). Havia 331 mil "não arianos" no Terceiro Reich como um todo, mais, pelo menos, 100 mil chamados *Mischlinge.** Os emigrantes eram desproporcionalmente jovens, do sexo masculino e fisicamente aptos. Os que ficaram para trás, pelo contrário, eram na maioria das vezes velhos, mulheres (entre elas muitas viúvas) e doentes. Quase todos eram necessitados. Somente 16% estavam lucrativamente empregados. A maioria dos restantes que eram aptos para o trabalho (e alguns que não eram) já estava reduzida à semiescravidão como trabalhadores convocados. Nos últimos meses da paz, outros milhares se arrastaram para uma segurança pelo menos temporária. Em setembro de 1939, o número de judeus "por religião"

---

* "Mestiço", em alemão. (N.T.)

no Altreich tinha caído para 185 mil. Somente 1.480 das 1.610 comunidades religiosas que havia em 1933 continuavam a existir. Dois terços de outras instituições judaicas tinham desaparecido. A estrutura do povo judeu-alemão que um dia fora orgulhosa e aparentemente segura ficou reduzida a uma dependência patética de um Estado que estava bastante adiantado no caminho em direção ao genocídio.

No dia 4 de julho, ficou promulgado um decreto-lei pelo qual a Reichsvertretung foi formalmente substituída por um órgão que seria conhecido como Reichsvereinigung der Juden in Deutschland (Associação do Reich dos Judeus na Alemanha). O novo órgão, criado depois de longas discussões internas entre os membros restantes da liderança judaica na Alemanha, reunia todas as comunidades (que não tinham mais uma existência legal) e instituições judaicas em atividade. A mudança de nome tinha a intenção de enfatizar a humilhação dos judeus. Eles não deveriam mais ser tratados como se tivessem o direito de representar seus próprios interesses. O novo órgão, chefiado, como o antigo, por Baeck, era responsável por todos os judeus (racialmente definidos). O governo considerava que a principal tarefa da união era simplificar a saída deles do país. Embora operasse sob a supervisão nazista, a Reichsvereinigung inicialmente conseguiu preservar uma esfera limitada de autonomia e autoajuda judaica, arrecadando recursos do exterior, organizando atividades educacionais, de saúde e de bem-estar social, apoiando a Kulturbund, e buscando, embora com pouco sucesso, mitigar a dura implementação dos decretos antijudaicos do governo.[22] Mas logo ficou claro que o órgão representativo dos judeu-alemães havia se transformado em um desafortunado instrumento de política nazista.

Kurt Goldmann, chefe do "Escritório Palestino" dos sionistas em Berlim até março de 1939, escreveu ironicamente em uma carta pouco depois de deixar a Alemanha, que os que permaneceram no país eram "um grupo de judeus decadentes, desmoralizados, desgastados por contradições internas... Você vê judeus em cafés, tipos degenerados se comportando de maneira revoltante, vivendo uma vida estúpida e vazia, e você se conscientiza da derrocada do povo judeu-alemão, que era uma comunidade civilizada e sofisticada, em uma conglomeração de pessoas repulsivas e egoístas".[23] Essa era a opinião de um jovem fanático, mas ela exemplificava a autoconfiança arrogante com que muitos sionistas, assim como os adeptos de outras ideologias na época, estavam convencidos de que somente eles tinham em seu poder o fio de Ariadne que conduziria à salvação.

Os judeus remanescentes na Alemanha se concentraram nas grandes cidades, esperando encontrar nelas um maior grau de segurança. Em meados de 1939, 36% do que restava do povo judeu-alemão morava em Berlim, a maior proporção que já houvera. Todos os judeus já haviam partido de algumas cidades pequenas, e os últimos vestígios da sua presença estavam sendo eliminados. Em Creglingen em Württemberg, por exemplo, todos os setenta judeus residentes tinham ido embora, embora nem todos tivessem conseguido fugir da Alemanha: alguns haviam encontrado refúgio, segundo imaginavam, em Stuttgart. A sinagoga fora incendiada na *Kristallnacht*. A câmara municipal colocou à venda a casa de banhos judaica (*mikveh*) — para que fosse demolida pelo seu valor residual, já que, como anunciou a câmara, "o pequeno prédio estragava a vista da cidade; além disso o estilo do prédio também lembrava bastante os antigos tempos judaicos".[24]

A pequena cidade de Offenburg, perto da Floresta Negra na província de Baden, era uma das muitas cidades próximos ao Reno onde os Judeus tinham vivido desde a época medieval. A sinagoga, como a maioria delas em toda a Alemanha, tinha sido destruída em novembro de 1938, e os mais ou menos trezentos judeus tinham sido aterrorizados. No verão de 1939, a sociedade circundante, como em outros lugares, estava evitando os judeus da cidade, e estes estavam desesperados para escapar. Entre eles estava Eduard Cohn, um empresário da cidade que servira no exército na Primeira Guerra Mundial. Durante o *pogrom* da *Kristallnacht*, ele fora preso, torturado e enviado para Dachau. Foi solto seis semanas depois sob a condição de tomar providências para deixar a Alemanha. Ele conseguiu chegar à Inglaterra em maio de 1939, esperando seguir de lá para a Palestina. No entanto, foi obrigado a deixar a esposa, Silvia, e os três filhos do casal em Offenburg. No verão de 1939, eles ainda esperavam, ansiosos, vistos para poder entrar na Grã-Bretanha. Nesse meio-tempo, tentaram se desfazer dos seus haveres remanescentes, principalmente bens domésticos. Em 1937, quando uma parente de Anne Frank deixou Dortmund para ir para o Peru, ela fora obrigada a vender sua mobília por apenas um quarto do que ela valia. Agora, esses bens praticamente não tinham nenhum valor. Em uma carta para a irmã no final de junho, Silvia Cohn escreveu o seguinte: "Você sabe que não temos permissão para colocar anúncios e mobília velha está sendo colocada à venda por toda a parte; as pessoas não estão interessadas em comprar mais nada e, quando compram, não pagam quase nada, já que há um excesso de mobília velha sendo vendida pelos emigrantes".[25]

A situação era semelhante na Áustria, onde os judeus remanescentes estavam concentrados em Viena. No verão de 1939, duas províncias, Styria e Carinthia, determinaram a expulsão de todos os residentes judeus. No todo, 109 mil judeus emigraram da Áustria entre março de 1938 e a deflagração da guerra. Lá, também, os judeus que ficavam eram principalmente os velhos. Os refugiados eram predominantemente crianças e pessoas com idade para trabalhar: em setembro de 1939, dois terços de todas as crianças judias com idade entre 1 e 15 anos já haviam sido levados para o exterior.[26]

No dia 14 de março de 1939, Wilhelmine Floeck, uma viúva cega em Viena, de 72 anos de idade, anteriormente casada com um "ariano", pediu a Josef Bürckel, comissário do Reich para a reunificação da Áustria com o Reich Alemão, permissão para manter a sua pequena pensão.[27] A resposta da autoridade nazista (se existiu) não está registrada.

Um decreto-lei que entrou em vigor no dia 30 de abril removeu toda proteção legal dos inquilinos judeus em todo o Reich. Muitos foram despejados de suas casas e obrigados a compartilhar apartamentos ou quartos com outros judeus. Em Viena, o departamento de habitação da comunidade judaica informou em meados de maio que era pressionado diariamente por multidões de pessoas desesperadas e aos prantos a quem ele não podia oferecer nenhuma ajuda.[28]

Dissolução em Danzig

Enquanto a atenção do mundo se voltava para Danzig, aparentemente o objeto seguinte da cobiça de Hitler, a comunidade judaica da cidade envolveu-se em uma autoliquidação forçada. Danzig e o território ao seu redor, que tinha uma população em grande medida alemã, fora uma cidade livre sob a proteção da Liga das Nações desde 1920. Em maio de 1933, os nazistas locais assumiram o controle da câmara municipal e reduziram a zero a autoridade do representante da Liga. Os judeus falantes do alemão em Danzig sempre tinham apoiado os interesses alemães contra os interesses poloneses na cidade, mas isso de nada lhes valeu depois de 1933. No decorrer dos anos seguintes, eles foram submetidos a um domínio de terror cada vez maior. Tabuletas com os dizeres "Não queremos judeus" começaram a aparecer na vitrine das lojas. A violência arbitrária e a intimidação dos judeus patrocinada pela polícia tornou-se a ordem do dia. Os negócios de propriedade judaica receberam ordens para fechar. Um ou dois dias depois da *Kristallnacht*, as sinagogas no subúrbio de Langfuhr e no *resort* à beira-mar vizinho de Zoppot foram destruídas. Mil e quinhentos judeus fugiram atravessando a fronteira com a Polônia.

Em dezembro de 1938, todos os judeus receberam ordens para deixar o território. Somente os idosos e alguns "judeus protegidos" teriam permissão para ficar. A fim de camuflar a natureza coerciva da expulsão, os nazistas convidaram os próprios judeus a preparar um plano de evacuação a ser aprovado pelas autoridades da cidade. Sua partida seria então apresentada para o mundo como uma resposta generosa a um pedido dos próprios judeus.

No dia 17 de dezembro, o chefe da comunidade judaica, dr. Curt Itzig, dirigiu-se às 2 mil pessoas apinhadas na sinagoga principal e anunciou a ordem de expulsão. "Quando os judeus se reuniam antigamente neste local sagrado", disse ele, "vínhamos rezar para Deus. Nas épocas boas, agradecíamos a Ele pelo bem que nos fora concedido... Hoje, estamos reunidos aqui porque tememos pelo nosso destino e, o que é ainda mais importante, pelo destino e pelo futuro dos nossos filhos." Ele recomendou com insistência que os seus ouvintes concedessem a ele e aos seus colegas a plena autoridade para conduzir uma dissolução organizada da comunidade de acordo com as ordens das autoridades nazistas. Os ouvintes aprovaram a proposta por unanimidade. Em seguida, choraram.[29]

Em maio de 1939, foi determinado que a própria sinagoga fosse demolida, e o terreno onde ela ficava deveria ser vendido para ajudar a financiar a emigração dos judeus. Placas foram penduradas no prédio anunciando: "A sinagoga será demolida" e "Passe logo, querido mês de maio, e livre-nos dos judeus". O Joint Distribuition Committee negociou um acordo pelo qual os tesouros rituais da comunidade — um total de 342 itens, entre eles 52 pergaminhos da Torá, 11 coroas da Torá, 9 *mezuzot* (amuletos), 8 capas da Torá e 4 chifres de carneiro, bem como uma placa memorial para os 56 judeus de Danzig que tinham morrido "pela pátria" entre 1914 e 1918 — foram exportados para os Estados Unidos para ficarem em custódia. A polícia nazista autorizou a remoção dos objetos "sob a condição de que o dinheiro apurado seja usado para financiar a emigração da comunidade judaica".[30]

Assim como os judeus em outros lugares, os de Danzig descobriram que era quase impossível conseguir vistos de imigração para qualquer destino. O cônsul-geral britânico na cidade, Gerald Shepherd, ajudou a organizar a partida para a Inglaterra de 122 crianças e um pequeno número de homens em idade produtiva, como também a ida de algumas pessoas idosas para a Palestina. Mas ele advertiu aos líderes comunitários que não se envolvessem com a imigração ilegal para a Palestina. Estes não deram atenção à advertência. Em colaboração com agentes secretos sionistas revisionistas, eles organizaram o transporte de refugiados para a Palestina. O presidente nazista do Senado de Danzig queixou-se ao alto comissário da Liga das Nações de que Shepherd estava fazendo o possível para "sabotar" a partida dos refugiados.[31]

No início de março, um grupo de 423 judeus deixou a cidade com destino à Palestina. Eles viajaram por terra de ônibus, caminhão e trem até o porto de Reni, na Romênia, onde embarcaram em um cargueiro de propriedade grega, o *SS Astir* de oitocentas toneladas. As condições no navio eram insalubres, a comida era inadequada e a embarcação estavam perigosamente superlotada. Quando os refugiados de Danzig, que estavam agora acompanhados por outros 280 da Romênia e da Hungria chegaram a Haifa, não obtiveram permissão para desembarcar. O navio vagou pelo Mediterrâneo durante várias semanas, finalmente voltando para a Palestina no final de junho. Os passageiros, que a essa altura estavam em péssima condição física e mental, foram transferidos para pequenos veleiros tripulados por árabes ao largo da costa de Gaza e desembarcados na praia. Os poucos funcionários britânicos presentes foram incapazes de impedir que a maior parte dos pertences dos refugiados fosse roubada pelos tripulantes árabes dos barcos. Quando chegaram à terra, os imigrantes foram transferidos para um campo de detenção, onde puderam se recuperar do seu martírio.[32]

Alguns judeus de Danzig conseguiram obter vistos para a Bolívia. Cinquenta se refugiaram em Xangai. Um grupo de 135 encontrou abrigo no porto polonês vizinho de Gdynia. Mas a crescente tensão entre a Polônia e a Alemanha levou o governo polonês a decretar que nenhum judeu poderia viver em uma faixa de 80 quilômetros da fronteira. Por conseguinte, eles receberam ordens para partir. No final de agosto de 1939, não mais do que 1.400 judeus, dos 10 mil que viviam em Danzig em 1933, permaneciam na cidade.

Cenas da vida judaica na Europa, verão de 1939

Em julho de 1939, os membros da associação de veteranos judeu-franceses da Primeira Guerra Mundial realizaram a sua costumeira peregrinação anual a Verdun e recitaram *kadish* no memorial judaico no ossuário de Douaumont. Naquele mês, em toda a França, as comunidades judaicas celebraram o 150º aniversário da revolução que lhes conferira, pela primeira vez na Europa, a igualdade civil com os cristãos. Uma dessas cerimônias ocorreu na cidade de águas termais de Vichy, que tinha sido recentemente cenário de incidentes antissemitas. Um rabino proferiu um eloquente discurso, enaltecendo o Abbé Grégoire, cujos esforços na Assembleia Nacional tinham conduzido à emancipação. Em um jantar de celebração de ex-membros judeus das forças armadas no restaurante Max, o prefeito de Vichy declarou a sua solidariedade aos refugiados, vítimas, declarou ele, de ignóbeis teorias racistas.[33]

Em Vilna, o cronograma de eventos do teatro iídiche para a primavera e o verão oferecia um programa dinâmico de espetáculos intelectuais e não intelectuais:

29-31 de março	Apresentações especiais de Jonas Turkow e Diana Blumenfeld [marido e mulher, estrelas do palco iídiche] em "Teoria dos Sonhos de Freud"
18-23 de abril	Apresentações especiais de Lola Forman em dois espetáculos de variedades e uma opereta
5 de maio-6 de junho	Apresentações especiais de Peysakhke Burstein e Lillian Lux [outro casal do palco, estrelas do teatro iídiche de Nova York]
23 de maio-11 de junho	Sétimo programa *Maydim* [sofisticado teatro de marionetes]: "Do Sétimo Céu"
10 de junho	Academia Unida de Sociedades Literárias, Vilbig, Maccabi, Organização do Teatro: "80 Anos de Shalom Aleichem"
23-25 de junho e 7 de julho	Programa do Oitavo Davke [um cabaré local]: "Zaverukhes" (Nevascas)
30 de junho-2 de julho	Apresentações especiais de Ayzic Samberg [conhecido ator iídiche] e outros
18 e 19 de julho	Recitais de música por Yosele Kolodny[34]

Fora do teatro, contudo, era perigoso para os judeus andar muito tempo pelas ruas depois que escurecia. Eles eram agredidos diariamente na cidade, em violentos ataques aparentemente sem motivo, explicáveis apenas como explosões de antissemitismo.

Em Minsk, os 71 mil judeus, então reduzidos a menos de um terço da população, não eram mais o exemplo admirável de secularismo iídiche soviético que haviam sido durante duas décadas. No mês de julho anterior, o Soviete Supremo bielorrusso havia encerrado o *status* do iídiche como uma das línguas oficiais da república. Essa decisão foi mais contra as minorias do que contra os judeus: o polonês foi igualmente rebaixado, mas significou o fim da promoção soviética de uma cultura iídiche secular. Autores e eruditos iídiches da cidade foram presos. Quase todas as instituições judaicas remanescentes, com exceção do teatro iídiche, foram fechadas.[35] A essa altura, a prática da religião judaica na cidade se tornara quase que completamente clandestina. Um fabricante ilegal de *matzot* foi parar em um campo de trabalhos forçados em 1939 com uma sentença de cinco anos.[36]

Muitos dos judeu-soviéticos que haviam abraçado o comunismo com uma fé veemente estavam agora amargamente desiludidos. Moshe Zalcman fora separado de seus amigos falantes do iídiche e transferido para outro campo do sistema *Gulag*. Gershon Shapiro, depois da sua segunda situação aflitiva por causa de uma denúncia, evitava chamar a atenção. Em ambos os casos, o compromisso altruísta com a causa dera lugar a uma embotada determinação de sobreviver.

Em Salônica, a vida judaica se encontrava em um triste estado: "As escolas judaicas estavam vazias; as associações judaicas de jovens já não atraíam muitos membros... A Federação Sionista praticamente não existia".[37] O encontro anual do Grand Cercle Sioniste, a principal sociedade sionista, teve que ser adiado devido à falta de quórum.[38] Os judeus, que até onde a história havia registrado, eram o maior grupo populacional da cidade, somavam então 52 mil em uma população total de 240 mil habitantes, cuja grande maioria era grega.

A observância religiosa declinante em Salônica estava refletida em uma história publicada no *Acción* na qual um personagem critica as mães que levam embrulhos com comida para os filhos na sinagoga no *Yom Kippur*.[39] Outra história apareceu no *Mesajero*, na qual um pai não consegue convencer o filho a observar o jejum do *Tevet* no décimo mês do calendário religioso, enquanto a esposa do filho parece mais interessada em comprar um guarda-sol de seda do que em jejuar.[40] Restavam apenas vinte rabinos na cidade, a maioria deles era idosa, dez *shochtim*,* quatro *mohalim* e quatro *sofrim* (escribas qualificados para redigir pergaminhos da Torá).

Praticamente todos os órgãos beneficentes judaicos subordinados ao conselho comunitário de Salônica em maio de 1939 lamentavam horríveis *déficits* nos seus orçamentos.[41] O Asilo de Locos, por exemplo, declarou "El estado general de mouestra ovra à pounto de vista finacario es de los mas criticos" ("O estado geral do nosso trabalho, do ponto de vista financeiro, é dos mais críticos").[42] Tradicionalmente, a comunidade dependera financeiramente de vários impostos e tarifas internos, particularmente do *pecha*, um imposto sobre as compras de carne *kosher*, que só não era pago pelos pobres. O crescente empobrecimento da comunidade e a observância declinante do *kashrut* provocou uma queda no número de *pecheros*, que chegaram a menos de 1.200 em 1939, produzindo uma renda que mal era um quarto daquela de duas décadas antes. O sentimento que prevalecia entre os judeus da cidade era de decadência comunitária e mau augúrio pessoal.

---

* Plural de *shochet*. (N.T.)

Em Amsterdá, o número de novos refugiados finalmente começara a declinar: enquanto 601 tinham chegado à Holanda em janeiro, somente 253 entraram no país em agosto. Destes últimos, 187 tinham vistos de trânsito e passagens para outros lugares. Esses números refletiam a aplicação severa da política de imigração holandesa. Na realidade, mais refugiados partiram em agosto do que chegaram. O destino mais comum desses emigrantes era a Austrália (77 casos), seguido dos Estados Unidos (55), Grã-Bretanha (49) e vários países sul-americanos; somente oito conseguiram ir para a Palestina. O número de refugiados nos campos da Holanda também estava declinando, de 1.556 em 31 de março para 1.278 em 31 de agosto; em consequência disso, três dos campos fecharam em agosto.[43]

No dia 30 de agosto, o Joint organizou em Paris uma reunião de especialistas que estavam lidando com o problema dos refugiados. Gertrude van Tijn estava entre os que compareceram. Ela voltou para a Holanda com um dos líderes judeu-alemães, Fritz Seligsohn, cuja esposa e filhos tinham se refugiado nesse país no mês de novembro anterior. A esposa de Seligsohn e Gertrude imploraram a ele para não voltar para a Alemanha, mas ele sentiu que era seu dever voltar e ajudar os judeus que tinham ficado para trás, principalmente idosos e enfermos, pelos quais ele se sentia responsável.

Em Varsóvia, a atmosfera era uma estranha mistura de medo e euforia patriótica. À medida que a probabilidade da guerra aumentava, os judeus ingressavam na mobilização militar e civil, e ficavam aliviados ao perceber que, pelo menos nessa crise suprema, eles conseguiam encontrar um grau de aceitação como concidadãos. Algumas facetas da disposição de ânimo da época são transmitidas pelas manchetes na seção de notícias locais *Vus hert zich in varshe?* do jornal *Haynt* em 25 de agosto: "Outro emigrante enganado" (dois escroques judeus se aproveitaram de uma mulher de uma *shtetl* que veio a Varsóvia em busca de um visto americano); "Uma sala especial para advogados poloneses no Tribunal do Distrito" (advogados judeus não tinham permissão para entrar); "Recepção festiva para Shaul Techernikhovsky no Clube dos Escritores" (o poeta hebraico, que estava em visita vindo da Palestina, recebeu uma calorosa acolhida).

A ocupação de Brno pelos nazistas em março fora acompanhada por medidas antissemitas mais intensas. A principal sinagoga da cidade foi incendiada. Hugo Jellinek ainda vivia lá como refugiado. "O futuro está obnubilado com panos pretos", escreveu para a filha na Palestina.[44] No nível pessoal, ele estava mais feliz do que nunca porque se apaixonara por uma viúva da cidade. Mas os seus pais, irmãos, e irmãs e as suas famílias, todos sem poder sair de Viena, estavam buscando desesperadamente maneiras de escapar. "Estamos perdidos, sem saber como resolver a situação", escreveu uma de suas irmãs no final de junho.[45] Seu pai, um ex-precentor de sinagoga, que estava acostumado a ser tratado com um grande respeito, foi humilhado e tratado aos gritos por um oficial nazista quando foi dar entrada em um requerimento. Um dos irmãos de Jellinek tinha conseguido partir para os Estados Unidos. Outro foi para Xangai. Uma das irmãs deu um jeito de chegar à Austrália. Suas filhas Bertha e Anna requisitaram um visto para os Estados Unidos. Bertha também deu entrada em um pedido para ir para a Grã-Bretanha. Em agosto, ainda sem nenhum tipo de visto, as moças pensaram em acompanhar a irmã Nadja em um transporte ilegal para a Palestina. Mas no final do mês, elas e o pai ainda estavam em Brno.

Apesar das tendências deprimentes que os iidichistas enfrentavam na maior parte da Europa em 1939, o diretor do YIVO, Max Weinreich, entusiasta mas também realista, não estava completamente desalentado. Ele resumiu de uma maneira auspiciosa as perspectivas para a língua em um texto que preparou para o Congresso Internacional de Linguistas que se reuniu em Bruxelas em 28 de agosto de 1939. Embora reconhecendo que "inerente à posição de uma língua minoritária existem certamente muitos perigos para a sua existência", ele os colocou de lado como "fatos de natureza extralinguística". No que diz respeito ao nível linguístico", concluiu ele, "podemos afirmar que em nenhum período da sua história o iídiche atingiu um grau tão elevado de independência, integração e expressividade quanto hoje, e as realizações atuais, especialmente na linguagem da poesia e da literatura científica, nos dão a certeza de que o desenvolvimento não vai parar aí".[46] É claro que Weinreich estava tristemente consciente de que os fatores "extralinguísticos" poderiam apagar todas as outras coisas. Eles atingiram a língua, os seus falantes e o próprio Weinreich quase que de imediato. Incapaz de voltar a Vilna no final de agosto, ele foi obrigado a procurar refúgio em outro lugar.

Em Genebra, no dia 16 de agosto, a Organização Sionista reuniu o seu vigésimo primeiro congresso. Apesar dos reveses políticos que haviam se abatido sobre o movimento, a afiliação estava em um nível altíssimo. O total de adquirentes *shekel* em 1939 foi um recorde de 1,3 milhão. Esse número era 25% mais elevado do que antes do congresso anterior, em 1937, embora a *shekel* não pudesse mais ser vendida nem na grande Alemanha nem na Itália. Dezesseis delegados da Alemanha conseguiram comparecer. Representantes eleitos vieram de quase todas as outras comunidades judaicas da Europa, exceto da União Soviética. Embora ativamente organizados, os sionistas permaneceram uma minoria no mundo judaico, e embora os revisionistas tivessem se excluído da organização, o congresso pôde plausivelmente afirmar ser o mais próximo que os judeu-europeus tiveram de uma assembleia parlamentar.

No dia 24 de agosto, os delegados ficaram chocados com a notícia da assinatura, às duas horas da madrugada daquele dia, de um pacto de não agressão nazista-soviético. Embora as cláusulas secretas, pelas quais Stalin e Hitler concordaram em dividir a Polônia, ainda permanecessem desconhecidas, foi compreendido imediatamente que o tratado dava carta branca a Hitler para declarar guerra à Polônia.

Em maio, a demissão do ministro do Exterior soviético Maxim Litvinov, um judeu identificado com a política da "segurança coletiva" e sua substituição por Vyacheslav Molotov já tinha fornecido uma importante pista da mudança no modo de pensar de Stalin. Litvinov, independentemente das suas lealdades, dificilmente teria sido um interlocutor apropriado com Ribbentrop. Stalin acusou Litvinov de deslealdade e deu as seguintes instruções ao seu novo ministro do Exterior: "Expurgue o ministério de judeus".[47]

O pacto nazista-soviético causou consternação entre os judeus comunistas. Em Paris, a reação inicial do jornal iídiche comunista, *Naye prese*, foi quase que instintivamente repetir fielmente a linha de Moscou. Mas os membros do partido lá e em outros lugares ficaram horrorizados. Ilya Ehrenburg, cujos despachos de Paris tinham repentinamente deixado de aparecer no *Izvestia* em abril, ficou transtornado de raiva e não conseguiu ingerir alimentos sólidos durante meses, o que o fez perder dezoito quilos.

À luz das notícias de Moscou, o Congresso Sionista encerrou as atividades um dia mais cedo do que planejava, a fim de possibilitar que os delegados voltassem para os seus países. Chaim Weizmann proferiu em iídiche um discurso de despedida à assembleia. O estado de ânimo dos ouvintes era de profunda depressão e ansiedade. Weizmann disse a eles: "A minha única prece é a seguinte — que voltemos a nos encontrar, vivos". Em seguida, usando uma frase bíblica que veio a ser utilizada, mais para o fim da guerra, com relação aos sobreviventes judeus na Europa, ele disse: "*She'erit ha-pleitah* [os sobreviventes restantes] continuarão a trabalhar, lutar, viver, até que dias melhores cheguem". O registro oficial dos trabalhos indicou que houve uma profunda comoção no salão e muitos dos presentes estavam com os olhos cheios d'água.[48]

– 19 –

CRISE EXISTENCIAL

A pergunta suspensa

Um dos mais argutos analistas contemporâneos da política e da sociedade judaica europeia, Jacob Lestchinsky, escreveu de Berlim, já em março de 1933, que os nazistas tinham em mente "o genocídio dos judeus".[1] Lestchinsky era um cidadão lituano, uma importante figura no YIVO e um comentarista sério, normalmente não propenso a fazer declarações sensacionalistas. Seu comentário fez com que ele fosse expulso da Alemanha. Ele se mudou para a Polônia, mas também foi expulso de lá em 1937, desta feita porque seus textos sobre o povo judeu-polonês foram considerados hostis ao regime. Em 1938, ele emigrou para Nova York, mas permaneceu em estreito contato com o povo judeu-polonês e continuou a escrever para a imprensa iídiche.

Lestchinsky, que não era sionista, observou em 1938 que, em comparação com os judeus na Palestina, o trabalhador judeu na diáspora (ele estava se referindo principalmente à Europa oriental) não se sentia suficientemente seguro e radicado para fazer sacrifícios hoje em prol de benefícios depois de amanhã. "Ele passa pela vida na Diáspora da maneira como uma pessoa passa pelas orações das cinco horas da tarde" ("Er khapt op dos lebn in golus vi men khapt op dos funfornt-davnen"), "para se livrar o mais rápido possível de um fardo."[2] Em outras palavras, a gratificação futura não fazia nenhum sentido em um mundo sem expectativas.

No final de julho de 1939, Lestchinsky publicou um artigo recomendando aos judeus que deixassem de lado a passividade de pouca visão e exibissem uma maior presteza em resistir aos seus opressores. Um grande número de judeu-alemães no exílio, ressaltou ele, havia se oferecido na ocasião da crise de Munique para servir nos exércitos francês e britânico. Algumas pessoas na ocasião tinham indagado se os voluntários estavam dispostos a assumir a responsabilidade das consequências adversas que poderiam se abater sobre os judeus que permanecessem na Alemanha. "Afinal de contas, Hitler simplesmente os massacraria" (*zi oyskoylenen*). "A pergunta", prosseguiu ele, "continuava suspensa no ar," Mas ninguém agora, disse ele, se posicionou contra os judeus se oferecerem como voluntários para o exército britânico ou a Legião Estrangeira francesa com o objetivo de lutar contra o hitlerismo.[3] Embora o artigo dele não discutisse diretamente a aflitiva situação judaico-polonesa, o brado por uma estratégia de resistência ao antissemitismo claramente não estava restrito à Alemanha nazista.

Mas como resistir? E como abordar a "pergunta suspensa"?

O retorno ao gueto

De acordo com Hannah Arendt, uma das características proeminentes do que ela chamava de "totalitarismo" era a redução das suas vítimas a indivíduos atomizados, isolados.[4] Talvez. Mas de qualquer forma, no que diz respeito à Alemanha entre 1933 e 1939, o aumento da solidariedade e não a atomização era mais característico da reação dos judeus à perseguição.

Joachim Prinz, o jovem rabino cuja prédica captou a imaginação de milhares de ouvintes em Berlim entre 1933 e 1937, argumentou em 1935, no *Jüdische Rundschau* com a manchete "Gueto 1935", que o único lugar na Alemanha que não era um gueto era a sinagoga.

> Tudo o mais [como ele depois resumiu no artigo] era gueto, e isso significava perseguição: as ruas, os parques, os teatros, as escolas, o local de trabalho. Mas a sinagoga era um lugar de segurança, ou pelo menos um local onde as pessoas se sentiam seguras. O anseio de estar com outros judeus era esmagador. Incluía todos os tipos de judeus. Entre eles havia judeus que tinham se convertido ao cristianismo e milhares de judeus marginais que estavam tão assimilados que nunca tinham visto o interior de uma sinagoga.[5]

A vitimização, embora intensificasse os sentimentos pessoais de vulnerabilidade, também podia produzir esse tipo de fraternidade instintiva, coletiva. Mas estavam os judeus, independentemente do que Prinz afirmava (e ele deixou a Alemanha em 1937), realmente se erguendo acima do gueto ou se aconchegando de volta nele?

Falar de um "retorno ao gueto" tornou-se corriqueiro no discurso judaico do final da década de 1930. O debate a respeito do conceito transcendia linhas ideológicas convencionais e atravessava fronteiras em todo o mundo judaico. No início a frase era interpretada como denotando uma rejeição pelos judeus no universalismo do Iluminismo e, em vez disso, o reatamento às raízes da cultura judaica. Ele veio a personificar um sentimento de desapontamento nas consequências da emancipação e uma interiorização resignada. A ideia parece ter se originado na Alemanha, onde alguns judeus, particularmente a minoria rigidamente ortodoxa que sempre desconfiara dos perigos, como eles os encaravam, de uma sociedade aberta, não se mostraram, no início, completamente desfavoráveis ao fato de os nazistas reerguerem as barreiras entre judeus e não judeus. Na Polônia também, quando os nacionalistas procuraram excluir os judeus da confraternidade na sociedade nacional, alguns se sentiram atraídos pela ideia de se recolher em uma concha. Mais tarde, quando os judeus foram impelidos para o isolamento econômico e social, a frase começou a encerrar implicações mais sinistras.

Uma reação logo se manifestou da parte daqueles, particularmente liberais e esquerdistas, que conservavam a fé na visão do Iluminismo da fraternidade dos homens. Em 1937, Roman Zilbershtayn, um vereador de Varsóvia, disse o seguinte em uma reunião da Associação de Comerciantes Judeus: "Precisamos apagar com um ferro em brasa todos os tipos de ideias absurdas de voltar para o gueto. Podemos perecer, mas não pereceremos em um gueto".[6]

Em abril de 1938, depois dos horrores do *Anschluss*, o poeta iídiche de Nova York Jacob Glatshteyn publicou o seu "Boa noite, mundo", um grito de raiva selvagem, impiedoso, insolente:

A gute nakht, brayte velt,
Boa noite, vasto mundo.
Groyse, shtinkendike velt...
Mundo grande e fedorento...
Oyf mayn aygenem gebot —
Pelo meu próprio comando —
Gey ikh tsurik in geto.[7]
Eu retorno ao gueto.

Não se sabe se ele estava conscientemente ecoando a cantata de Bach, cuja interpretação tanto comovera Paula Lindberg em 1933.

Como às vezes acontece quando uma ideia já está no ar, a publicação do poema atiçou brasas quentes em uma flamejante controvérsia. O mordaz crítico literário de Varsóvia Yoshue Rapoport escreveu que, durante várias semanas, ele não pôde "nem engolir nem cuspir" o poema de Glatshteyn. "Então Glatshteyn vai de bom grado para o gueto? Eu não!", trovejou ele. E se chegasse o dia em que ele (Rapoport) fosse confinado a um gueto, insistiu o crítico, ele não iria com um orgulho inapropriado e sim gritando em alto e bom som que estava sendo empurrado para lá à força e criando uma grande comoção a fim de deixar entrar um alento do mundo mais amplo. Os judeus, argumentou ele, não deveriam sucumbir a um "egocentrismo mortal" e sim se unir aos seus aliados tradicionais, as forças do Iluminismo, para superar os seus inimigos comuns.[8]

Nesse meio-tempo, o editor do *Parizer haynt* observou que a catástrofe que estava se abatendo sobre o povo judeu havia deixado muitas pessoas receosas de que comunidades judaicas inteiras seriam aniquiladas e eliminadas da face da Terra. Mas ele também discordava de qualquer conversa a respeito de um retorno ao gueto, argumentando, em vez disso, a favor de uma solução sionista para o problema judaico.[9]

No início de 1939, o chefe da seção histórica do YIVO, Elias Tcherikower, na ocasião um exilado em Paris, fundou uma publicação iídiche, *Afn sheydveg* (Na Encruzilhada), em que ele defendia a volta ao gueto. O círculo ao redor da revista adotou uma visão pessimista das perspectivas judaicas na Europa. Na União Soviética, os judeus tinham se tornado *meysim khofshim* (mortos liberados). Na Europa ocidental, a assimilação estava secando os mananciais da cultura judaica. Perdendo a esperança na sua antiga convicção de que a cultura secular iídiche poderia servir de substituta para a religião, Tcherikower escreveu: "A nossa geração, um campo disperso de judeus, contempla com assombro e inveja a firmeza dos mártires judeus do passado, que 'acalentavam as suas dificuldades', como o *Gemara* [Talmude] se permite dizer, que aceitavam a providência e elevavam o sofrimento ao heroísmo, ao *kiddush hashem* [martírio]".[10] Tcherikower lamentou que o velho mundo da vida da diáspora estivesse rapidamente desaparecendo:

> A tragédia da nossa geração não consiste na quantidade de atribulações que se abateram sobre a nossa sorte, mas antes que a geração perdeu as suas antigas crenças e perdeu a esperança nas novas. Completamente individualista, cética e racionalista, a nossa geração está devorada pela assimilação — de direita ou de esquerda — e perdeu a força que tinha no passado. Ela se ergue agora vazia, expulsa, sem a inocência de um crente e sem a força primitiva de um lutador — sem nenhum consolo nas suas atribulações.[11]

Esse sentimento de perda do sentido de orientação cultural e moral, difundido não apenas entre os judeus na Europa da década de 1930, era parte do que sustentava a ideia de um retorno ao gueto.

A controvérsia persistiu até que a última e mais horripilante palavra foi para o grande e velho homem da *yidishkayt*.* Em uma carta dirigida aos editores da revista de Tcherikower, reproduzida no *Haynt* de Varsóvia em 25 de agosto, Simon Dubnow, de 79 anos, fez o seguinte comentário: "Os dois últimos anos com Hitler, 1938-1939, deixaram muitas pessoas com a impressão de que estamos no início da destruição [*khurbn*] do povo judeu-europeu". O "sistema de extermínio" (*oysrotungs-sistem*) de Hitler, afirmou ele, era uma recriação óbvia do plano de Hamã** de "destruir, massacrar e exterminar todos os judeus", com a diferença de que, no caso de Hamã, ele permanecera sendo apenas um plano.[12] Os judeus, argumentou Dubnow, "não estavam em uma encruzilhada, e sim em um *campo de batalha*".

O que havia para ser feito "*agora*, quando enfrentamos uma luta pela nossa sobrevivência física, pela nossa dignidade humana"? O que poderia um povo desarmado fazer? Muita coisa, afirmou ele. Infelizmente, as suas prescrições dificilmente eram novas: fortalecer o boicote econômico e moral dos dois "regimes bandidos" (ele estava se referindo à Alemanha e à Itália: o artigo foi escrito antes que a notícia do pacto nazista-soviético chegasse ao seu conhecimento), garantir lares para os refugiados judeus na Palestina e em outros locais, e combater o antissemitismo nos países em que ele ameaçava engolir os judeus (ele estava se referindo à Europa oriental, inclusive à Letônia, onde residia na ocasião).

Mais importantes do que as recomendações políticas imediatas de Dubnow eram as suas ideias a respeito do autoentendimento coletivo dos judeus. Ele argumentara durante muito tempo que a emancipação, a tolerância e as sociedades abertas conduziam à assimilação dos judeus e à desintegração interna, ao passo que a perseguição e a exclusão solidificavam a autoconsciência coletiva, a coesão e a solidariedade judaica. Nessa época, admitiu ele, havia a tentação de abandonar a ideia da emancipação: afinal de contas, o que ela ocasionara? Sim, ela ocasionara a assimilação dos judeus, mas também "dera vida ao ser humano livre dentro do judeu". Os judeus precisam lutar contra a "contraemancipação", contra os apelos à "evacuação". Eles não devem baixar os braços e suspirar. Eles devem se erguer ou cair com humanidade como um todo e com a "aliança antiagressora" que agora incluía os estados da Europa oriental (neste caso, ele se referia à Polônia e à Romênia, que haviam recentemente recebido garantias da Grã-Bretanha e da França).

---

* "Condição judaica" ou "essência judaica", em iídiche. (N.T.)

** Grão-vizir da Pérsia que tramou a destruição dos judeus, mas foi enforcado quando o seu plano foi descoberto (do Livro de Ester). (N.T.)

Dubnow rejeitou o brado por um retorno ao gueto como um colapso na passividade e resignação. Ele desaprovou os apelos ao arrependimento e confiança em Deus. Ele concordou que todo grande desastre na vida de um povo trazia à tona um "ajuste de contas espiritual" (*heshbon nefesh*). Mas o momento adequado para isso viria mais tarde. Agora, no meio do cataclismo, a necessidade urgente era salvar corpos, não almas: "primeiro os judeus, depois a condição judaica!" (*"Friher yidn, dernokh yidishkayt!"*)[13]

Via de acesso para a aniquilação

Os 10 milhões de judeu-europeus não eram de modo algum todos do mesmo tipo. Na realidade, eles eram provavelmente o povo internamente mais diverso do continente. Mas eles estavam diante de um grupo comum de inimigos e compartilhavam um destino comum. Em 1939, todos enfrentavam uma crise existencial.

Os desafios que eles encaravam vinham tanto de dentro quanto de fora. Eles eram herdeiros de uma grande civilização, mas uma civilização que mostrava apenas uma capacidade limitada para a autorrenovação ou o rejuvenescimento. A soma coletiva de milhões de decisões individuais dos próprios judeus ao longo das duas ou três gerações anteriores havia enfraquecido os laços da sua sociedade em tal grau que nem mesmo um sentimento renovado de solidariedade em face de um extremo perigo não conseguiu reparar. Muito antes de os inimigos terem abandonado o aviltamento e a perseguição e se voltado para o rematado extermínio, os próprios judeus estavam bem avançados em um caminho em direção ao que um dos seus mais perceptivos e solidários observadores chamou de "suicídio racial".[14]

A trajetória demográfica era sinistra e, com o declínio da fertilidade, a emigração em grande escala, o aumento dos casamentos com não judeus e a difundida apostasia, prenunciava a extinção. Os elos culturais judaicos estavam se afrouxando. O uso dos vernáculos judaicos, o iídiche e o judeu-espanhol, estava declinando de Vilna à Salônica. A prática religiosa tradicional fora eliminada pela maior parte da população judaica na União Soviética, dera lugar ao secularismo em grandes segmentos dos judeus da Europa oriental e central, e estava em decadência na sua fortaleza polono-lituana. Muitos judeus queriam escapar do que encaravam como a prisão da sua condição judaica, mas descobriram que, por mais que tentassem, não conseguiam jogar fora o uniforme da prisão.

Em grande parte da Europa, particularmente na França, Alemanha, Hungria e União Soviética, a maioria dos judeus havia optou pelo aculturamento e assimilação social, na esperança de que isso fosse, em última análise, conduzir à plena integração na sociedade em geral. Em todos esses casos, tal esperança estava se revelando ilusória. Na maior parte da Europa central e oriental, os judeus eram tratados como párias. Na Polônia, eles estavam rapidamente se aculturando sem se assimilar, que dirá se integrar. Na URSS, onde, mais do que qualquer outra nacionalidade, os judeus tinham abraçado os ideais da nova sociedade soviética, a sua posição no final da década de 1930 sofreu uma acentuada reversão. Na França, a tradição revolucionária dos direitos do homem, à qual a maioria dos judeus se agarrava como uma tábua de salvação, se revelou diáfana e se rompeu na crise decisiva.

O aculturamento e a assimilação, é claro, não eram nem ruas de mão única nem processos lineares. Os judeu-europeus davam pelo menos tanto quanto recebiam das sociedades e culturas circundantes. Suas "contribuições" (como são frequentemente chamadas) para a cultura europeia lhes conquistou admiração e congratulações — particularmente depois que eles partiram. Na Europa do final da década de 1930, escritores, artistas, compositores e eruditos de origem judaica eram mais comumente criticados como subversores ou perversores das culturas nacionais do que aclamados como doadores em um relacionamento dadivoso mutuamente benéfico.

O problema não era apenas a Alemanha. Os nazistas eram a vanguarda de um fenômeno europeu mais amplo de estigmatização, expropriação, extrusão e derramamento de sangue. O antissemitismo, praticamente em todos os lugares do continente onde os judeus viviam, tinha ascendido a alturas sem precedente e era dirigido contra cada segmento da sociedade judaica, até mesmo as crianças, os idosos e os incapacitados. Enquanto a Europa, de um modo geral, se recuperava da Grande Depressão, a posição econômica dos judeus era catastrófica na Europa central dominada pela Alemanha e estava sob constante ataque na Polônia e na Romênia. A moralidade cristã, que no passado impusera certos limites aos piores excessos do ódio aos judeus, não demonstrou nenhuma capacidade (e tampouco, no caso da Igreja Católica Romana, muita presteza) para restringir a brutalidade racista.

O liberalismo e o socialismo deixaram, nesse período, no caso dos judeus, assim como em muitas outras coisas, de colocar em prática os princípios universalistas do Iluminismo sobre os quais eles foram fundados. Como escreveu Zygmunt Bauman:

> Havia uma irreparável contradição entre as condições que tinham que ser satisfeitas para a obtenção de vistos de saída do gueto, e aquelas que tinham que ser observadas para a compra de bilhetes de entrada para a humanidade universal. Como os

viajantes logo iriam descobrir, para seu desalento, a moeda universal que comprava os vistos de saída não era respeitada por aqueles que vendiam os bilhetes de entrada.[15]

Os aliados para quem os judeus olhavam com segurança no passado tinham agora outras prioridades. Na França, o declínio da Frente Popular foi acompanhado por um crescimento, até mesmo na esquerda, da xenofobia e do colapso da fé nos princípios liberais. Na Grã-Bretanha, a política de apoio ao Lar Nacional dos Judeus fora substituída por uma preocupação predominante pela segurança nacional e imperial, considerada incompatível com o apoio continuado ao sionismo ou ao recebimento em grande escala de refugiados judeus, quer na Palestina, quer em qualquer lugar do Império Britânico. A União Soviética, que havia se apresentado como o mais determinado inimigo do nazismo, tornara-se, de repente, em agosto de 1939, um instrumento de Hitler.

Cada vez mais, como vimos, os judeus da Europa estavam sendo transformados de uma comunidade em uma horda desesperada de refugiados errantes e em um "povo de campos" paradigmático.

Nada disso era novidade para os contemporâneos: "a luta pela existência" era uma das frases características do período entre os judeus da Europa central e oriental. Como vimos, os contemporâneos falavam repetidamente a respeito da ameaça de "extermínio" do povo judeu. Mesmo que ninguém pudesse antever Auschwitz, nenhum observador sério dos povos judeu-europeus em 1939 poderia estar sentindo qualquer outra coisa que não fosse um profundo pessimismo a respeito do futuro desse povo.

Os judeus na Europa não reagiram passivamente à sua situação aflitiva. Eles eram atores em sua própria história. Buscavam por todos os meios possíveis, individual e coletivamente, enfrentar as ameaças que assomavam em todos os lados. Eles tentaram a emigração, mas as saídas estavam bloqueadas. Tentaram a persuasão, mas poucos se propunham ouvir, e, de qualquer modo, os alto-falantes estridentes da propaganda nazista ensurdeciam os ouvidos. Eles tentaram todo tipo de organização política, mas não tinham importância política. Um punhado deles, até mesmo antes da guerra, tentou resistir com violência, mas os seus inimigos podiam levar a efeito uma mudança mil vezes pior — como demonstraram os nazistas na *Kristallnacht*. Alguns tentaram rezar, mas o seu Deus os traiu.

Eles podiam ser capitães das suas almas, mas não eram senhores do seu destino. O deles foi, em sua maior parte, a ineficácia de moscas fechadas dentro de uma garrafa, sufocando lentamente.

Completamente indefesos, em grande medida sem amigos, e cada vez mais desesperançados, os judeu-europeus, na iminência da destruição, esperavam os bárbaros.

Epílogo

Destinos Conhecidos e Desconhecidos

Aberbach, Moses, bibliotecário e erudito: nascido em Viena, em 1924. Faleceu em Jerusalém, em 2007.

Abramowicz, Hirsz, jornalista: nascido perto de Troki (atualmente na Lituânia), em 1881. Saiu de Vilna para passar férias na América do Norte no final de junho de 1939 e não regressou. Faleceu em Nova York, em 1960.

Abramsky, Yehezkel, erudito talmúdico nascido em Grodno, em 1886. Mudou-se da Letônia para Londres, onde atuou como chefe do Bet Din (corte rabínica). Em 1951, emigrou para Israel, onde faleceu em 1976.

Adorno, Theodor (nascido em Wiesengrund), filósofo: nascido em Frankfurt am Main, em 1903. Faleceu perto de Zermatt em 1969.

Agnon (nascido Czaczkes), **Shmuel Yosef,** escritor, nascido em Buczacz (Galícia), em 1888; Prêmio Nobel de Literatura, 1966. Faleceu em Rehovot (Israel), em 1970.

Alter, Abraham Mordechai, terceiro *rebe* hassídico de Gur (Góra Kalwaria, Polônia): nascido ali, em 1866. Fugiu da Polônia para a Palestina em 1940. Faleceu em Jerusalém, quando a cidade foi sitiada em 1948.

Alter, Wiktor, líder bundista: nascido em Mława, na região norte-central da Polônia, em 1890. Foi preso pelo NKVD e condenado à morte por atividade antissoviética, em setembro de 1939. Foi solto em setembro de 1941, mas foi preso novamente em dezembro de 1941. Executado pelo pelotão de fuzilamento, Kuibyshev, em 1943. Maxim Litvinov, na ocasião embaixador soviético em Washington, anunciou a morte de Alter e Henryk Erlich, e disse que ambos eram culpados de ter buscado uma paz separada com a Alemanha. A execução de Alter foi sancionada pessoalmente por Stalin.

Altmann, Alexander, rabino e erudito: nascido em Kaschau (Košice, hoje na Eslováquia), em 1906. Emigrou para a Inglaterra em 1938, onde se tornou rabino comunitário de Manchester. Em 1959, tornou-se professor de filosofia judaica na Brandeis University. Autor da biografia clássica de Moses Mendelssohn (1973). Faleceu em Boston, em 1987.

Andermann, Martin, médico: nascido em Koenigsberg, em 1904; refugiou-se na Suíça em 1937. Mais tarde emigrou para os Estados Unidos e morou em Buffalo, Nova York.

Anders (nascido *Stern*), **Günther,** jornalista: nascido em Breslau em 1902. Primeiro marido de Hannah Arendt. Fugiu da Alemanha em 1933. Emigrou para os Estados Unidos em 1936. Voltou para a Europa em 1950 e tornou-se uma das figuras fundadoras do movimento antinuclear. Faleceu em Viena, em 1992.

Arendt, Hannah, filósofa política: nascida em Hanôver, em 1906. Fugiu da Alemanha para a França em 1933, e para os Estados Unidos em 1941. Publicou *The Origins of Totalitarianism* em 1951 e *Eichmann in Jerusalem: A Report on the Banality of Evil* em 1963. Faleceu em Nova York, em 1975.

Arnshteyn, Mark (posteriormente Andrzej Marek), diretor teatral: nascido em Varsóvia, aproximadamente em 1879. Em 1940 fundou uma companhia de teatro em língua polonesa no gueto de Varsóvia. Faleceu em 1943, no gueto ou em Treblinka.

Arouch, Salamon (posteriormente Salamo), boxeador: nascido na Salônica, em 1923. Sobreviveu a Auschwitz lutando diante dos guardas do campo, experiência que foi tema de um filme, *Triumph of the Spirit* (1989). Faleceu em Israel, em 2009.

Asad, Muhammad (nascido Leopold Weiss), escritor e convertido ao islamismo: nascido em Lemberg (Galícia), em 1900. Na Índia, durante a Segunda Guerra Mundial, Asad foi preso como inimigo (austríaco) estrangeiro. Mais tarde, ele se tornou representante do Paquistão nas Nações Unidas e propagandista do Islã. Faleceu na Espanha, em 1992. Está enterrado no cemitério muçulmano em Granada.

Asch, Sholem, escritor iídiche: nascido em Kutno (Polônia), em 1880. Passou os anos da guerra nos Estados Unidos e depois de mudou para Israel. A reputação de Asch entre os leitores judeus nunca se recuperou completamente dos ataques aos seus livros "cristológicos". Faleceu em Londres, em 1957. Poucas pessoas compareceram ao enterro.

Ascher, Abraham, historiador: nascido em Breslau, em 1928. Deixou a cidade natal e foi para a Inglaterra em julho de 1939. Emigrou para os Estados Unidos em 1943. Mais tarde, tornou-se professor de história russa no Graduate Center da City University of Nova York (CUNY).

Ausschnitt (posteriormente Ausnit), **Max,** industrial: nascido em Galati, em 1888. Em 1940, foi desapossado do controle de sua empresa. Ficou preso durante algum tempo e depois mantido em prisão domiciliar. Em 1944, pegou um avião para o Egito. Posteriormente, voltou para a Romênia, mas quando os comunistas tomaram o poder no país, Ausschnitt emigrou para os Estados Unidos. Em 1948, ele foi julgado e condenado à morte *in absentia* na Romênia, acusado de tramar uma revolução com agentes americanos e britânicos. Faleceu em Nova York, em 1947.

Bab, Julius, crítico de teatro: nascido em Berlim, em 1880. Emigrou para os Estados Unidos em 1940. Faleceu em Roslyn Heights, Long Island, no estado de Nova York, em 1955.

Babel, Isaac, escritor russo: nascido em Odessa, em 1894. Preso em 15 de maio de 1939, acusado de espionagem, e, depois de um julgamento de vinte minutos, executado em Moscou, em 27 de janeiro de 1940. Suas últimas palavras registradas foram: "Deixem-me terminar o meu trabalho". Reabilitado postumamente, em 1954. Suas *Obras Completas* só puderam ser publicadas depois da queda da União Soviética.

Baeck, Leo, rabino, líder do povo judeu-alemão: nascido em Lissa (Polônia prussiana), em 1873. Depois da dissolução do Reichsvereinigung em 1943, Baeck foi deportado com a família para o campo de concentração de Theresienstadt. Ele sobreviveu e foi libertado, em 1945, pelo Exército Vermelho. Faleceu em Londres, em 1956.

Bałaban, Majer, historiador: nascido em Lemberg, em 1877. Faleceu no gueto de Varsóvia, em 1942.

Barzilai, Yitzhak (nome no partido: Joseph Berger), agente do Comintern: nascido em Cracóvia, em 1904. Sobreviveu à guerra em campos de prisioneiros soviéticos. Solto e reabilitado depois da morte de Stalin. Teve permissão para emigrar para a Polônia e dali para Israel, onde lecionou na Universidade Bar-Ilan. Faleceu em Israel, em 1978.

Bellarina, Bella (nascida Bella Rubinlicht), atriz iídiche: nascida em Varsóvia, em 1898. Mudou-se para os Estados Unidos no final da década de 1920. Faleceu em Nova York, em 1969.

Benda, Julien, escritor: nascido em Paris, em 1867. Viveu em Carcassonne durante a guerra. Faleceu em Fontenay-aux-Roses, perto de Paris, em 1956.

Benedikt, Ernst (escrevia sob os pseudônimos Erich Major, Ernst Marliss e Ernst Martin), jornalista: nascido em Viena, em 1882. Preso pela Gestapo de novembro de 1938 a abril de 1939. Em julho de 1939, fugiu para a Suécia, onde sobreviveu à guerra. Voltou para a Áustria em 1962. Faleceu em Viena, em 1973.

Benjamin, Walter, escritor alemão: nascido em Berlim, em 1892. Faleceu em Portbou, Espanha, em 1940, depois de atravessar ilegalmente a fronteira franco-espanhola. A causa da morte permanece um mistério: possivelmente cometeu suicídio.

Beregovskii, Moisei, etnomusicólogo: nascido em Termakhovka (Ucrânia), em 1892. Depois da invasão da URSS pela Alemanha, ele foi evacuado para Ufa, perto dos montes Urais. Em 1948, a sua seção da Academia Ucraniana foi fechada, como quase todas as outras instituições seculares judaicas na União Soviética. Ele foi enviado para a Sibéria em 1950. Ao ser solto em 1955, retomou o seu trabalho, mas foi-lhe negado o acesso à sua coleção de gravações e não teve permissão para publicar nada. O restante de seu trabalho sobre música folclórica judaica foi publicado postumamente. Faleceu em Kiev, em 1961.

Berend (nascido Presser), **Béla,** rabino: nascido em Budapeste, em 1911 ou 1912. Durante a guerra, serviu no Conselho Judaico em Budapeste. Mais tarde, foi acusado de colaboração e crimes de guerra. Foi absolvido de todas as acusações na Hungria e emigrou para Nova York, onde mudou novamente de nome, desta feita para dr. Albert B. Belton. Faleceu em 1987.

Bergelson, Dovid, escritor iídiche: nascido em Okhrimovo (Ucrânia), em 1884. Preso e torturado pela KGB e depois executado em seu sexagésimo oitavo aniversário, em Moscou, em 1952.

Bergmann, Gretel (posteriormente Margaret Lambert), atleta: nascida em Laupheim (Württemberg), em 1914. Emigrou da Inglaterra para os Estados Unidos em 1937. Recebeu na velhice muitos prêmios e homenagens da Alemanha e de outros lugares. Em 2011, ainda morava em Nova York.

Bergson, Henri, filósofo: nascido em Paris, em 1859. Prêmio Nobel de Literatura, em 1928. Depois da promulgação da legislação antijudaica na França em outubro de 1940, ele recusou a oferta do governo de uma isenção pessoal e ficou na fila durante várias horas para se registrar como judeu. Faleceu em Paris, em 1941.

Berl, Emmanuel, escritor francês: nascido em Vésinet (Seine-et-Oise), em 1892. Redigiu os discursos à nação proferidos pelo marechal Pétain em 23 e 25 de junho de 1940. Faleceu em Paris, em 1976.

Bernstein, Adolf, proprietário de cinema: destino desconhecido.

Bernstein, Henry, dramaturgo francês: nascido em Paris, em 1876. Durante a guerra, morou no hotel Waldorf-Astoria em Nova York. Faleceu em Paris, em 1953.

Bettauer, Hugo, escritor: nascido em Baden (Baixa Áustria), em 1872. No início da década de 1920, ele fez campanha pelos direitos das mulheres e dos homossexuais, atraindo uma violenta hostilidade antissemita (ele era protestante de origem judaica). Morto a tiros por um nazista austríaco no seu escritório em Viena, em 1925.

Bienenfeld, Franz, advogado: nascido em Viena, em 1886. Fugiu para a Inglaterra em 1939. Faleceu em Londres, em 1961.

Blecherman, Ilya, colono de Birobidzhan: nascido em Brest-Litovsk, em 1904. Em 1970 ele estava entre os signatários de uma declaração coletiva anti-israelense dos judeus de Birobidzhan. Sobreviveu em Birobidzhan além da queda da União Soviética.

Bloch, Edmond, advogado: nascido em 1884. Faleceu em 1975.

Bloch, Jean-Richard, escritor: nascido em Paris, em 1884. No exílio na URSS, entre 1941 e 1944, trabalhou como locutor francês na Rádio Moscou. Sua mãe, de 86 anos, e sua filha, uma *résistante*, foram assassinadas pelos nazistas. Faleceu em Paris, em 1947, tendo possivelmente cometido suicídio.

Blum, Léon, estadista: nascido em Paris, em 1872. Levado a julgamento pelo regime de Vichy e entregue aos nazistas. Sobreviveu aos campos de concentração de Theresienstadt e Buchenwald. Serviu novamente por um breve período como primeiro-ministro, entre 1946 e 1947. Faleceu em Jouy-en-Josas, perto de Versalhes, em 1950.

Bock, Rudolf, oftalmologista: nascido em Viena, em 1915. Deixou Viena e foi para Zagreb em 1939. Passou os anos da guerra na China. Depois da guerra, fixou-se nos Estados Unidos. Faleceu em Palo Alto, em 2006. Seu pai, **Jacob Bock**, faleceu em Viena, em 1941.

Braunthal, Julius, político socialista: nascido em Viena, em 1891. Foi expulso da Áustria, em 1935. Estabeleceu-se na Grã-Bretanha em 1938. Foi secretário-geral da Internacional Socialista, entre 1951 e 1956. Faleceu em Teddington, Middlesex, em 1972.

Buber, Martin, pensador judeu: nascido em Viena, em 1878. Faleceu em Jerusalém, em 1965.

Carasso, Daniel, fabricante de iogurte: nascido em Salônica, em 1905. Mudou-se para os Estados Unidos em 1941, voltando para a Europa em 1959 e restabelecendo o seu negócio lá. Em 2008, a empresa tinha uma receita anual de quase 19 bilhões de dólares. Faleceu em Paris, em 2009, aos 103 anos de idade.

Carlebach, Joseph, rabino e educador: nascido em Lübeck, em 1883. Aparece em *Dr. Faustus*, de Thomas Mann. Rabino-mor de Altona, entre 1924 e 1936, e de Hamburgo a partir de 1936. Recusou ofertas de cargos no exterior. Foi deportado com sua comunidade e assassinado perto de Riga, em 1942.

Chagall, Marc (Moisei Zakharovich Shagal), pintor: nascido em 1887, em Liozno, perto de Vitebsk. Nos Estados Unidos, entre 1941 e 1946. Faleceu em Saint-Paul-de-Vence, França, em 1985.

Cohn, Silvia, dona de casa: nascida em Offenburg (Alemanha), em 1904. Tendo deixado de receber um visto para a Grã-Bretanha a tempo de partir antes que a guerra fosse deflagrada, ela foi enviada para os campos de prisioneiros de guerra em Gurs e Rivesaltes na França. Ela conseguiu que duas de suas filhas chegassem em segurança a um lar de crianças na Suíça. Mais tarde, foi deportada para Auschwitz, onde foi morta em uma câmara de gás em setembro de 1942. Sua terceira filha também foi assassinada lá. Seu marido, **Eduard Cohn**, se reuniu depois da guerra com as suas duas filhas sobreviventes.

Csák (Kádárné), Ibolya, atleta: nascido em Budapeste em 1915. Faleceu em Budapeste em 2006.

Deutscher, Isaac, escritor: nascido em Chrzanów (Galícia), em 1907. Mudou-se para Londres em abril de 1939. Trabalhou lá como jornalista e historiador até a sua morte, em Roma, em 1967.

Dimanshteyn, Semen, político soviético: nascido em Sebezh (perto de Vitebsk), em 1886; fuzilado em 1938.

Dorian (nascido Lustig), **Emil,** escritor romeno: nascido em Bucareste em 1893. Sobreviveu à guerra. Serviu subsequentemente como secretário-geral da comunidade judaico-romena e depois como diretor da biblioteca e arquivos desta última. Faleceu em Bucareste, em 1956.

Dubnow, Simon, historiador: nascido em Mstislav (Bielorrússia), em 1860. Morto a tiros por um policial letão durante uma caça nazista aos judeus em Riga, em 1941.

Dzigan, Szymon, comediante: nascido em Łódź, em 1905. Fugiu em 1939 com o seu parceiro **Yisroel Schumacher** (1908-1961) para Białystok, ocupada por soviéticos. Eles se apresentaram para audiências judaico-soviéticas até que foram enviados para um campo de prisioneiros. Dzigan voltou para Varsóvia em 1947. Ele se estabeleceu em Israel em 1950. A dupla se reuniu durante algum tempo lá. Dzigan faleceu em 1980.

Ehrenburg, Ilya, autor russo: nascido em Kiev em 1891. Depois da invasão da União Soviética pelos alemães em 1941, Ehrenburg recuperou a popularidade e publicou cáusticos artigos antigermânicos na imprensa soviética. Ele também reuniu provas de crimes de guerra nazistas contra os judeus que, junto com Vasily Grossman, ele agrupou em *O Livro Negro*. No entanto, não conseguiu autorização para publicar o livro na URSS durante a sua vida. Faleceu em Moscou, em 1967.

Elias, Norbert, sociólogo: nascido em Breslau, em 1897. Sua obra-prima, *O Processo Civilizador,* foi publicada em 1938-1939. Trabalhou nas universidades de Ghana e Leicester nas décadas de 1950 e 1960. Viveu mais tarde em Amsterdã, onde morreu em 1990.

Epstein, Baruch, erudito rabínico: nascido em Bobruisk, em 1860. Faleceu no hospital judaico em Pinsk, em julho de 1941.

Epstein, Moshe, rabino: nascido em 1875. Obrigado a renunciar ao cargo de rabino de Leningrado em 1942. Preso em 1949 e enviado para o Cazaquistão. Voltou mais tarde para Leningrado e atuou como rabino extraoficial, especialmente para seguidores do Chabad. In 1976, aos 101 anos, obteve permissão para emigrar para Israel, onde faleceu no ano seguinte.

Erik, Max (nascido Zalman Merkin), erudito literário marxista: nascido em Sosnowiec, em 1898. Preso em 1937, morreu no hospital de um campo de prisioneiros, supostamente depois de uma tentativa de suicídio.

Erlich, Henryk, líder bundista: nascido em Lublin, em 1882. Preso pela polícia secreta e condenado à morte em agosto de 1941; solto no mês seguinte, porém novamente preso em dezembro. Cometeu suicídio em uma prisão soviética em Kuibyshev, em 1942. Em abril de 1943, a Intourist apresentou ao governo polonês uma conta de 2.577 rublos pelas despesas dele e do seu colega Alter em um hotel em Moscou, em outubro de 1941.

Eskenazi, Roza, cantora: nascida em Constantinopla, data de nascimento desconhecida. Sobreviveu em Atenas durante a ocupação nazista. Faleceu em 1980.

Farberovits (Farberowic), **Yitzhak** ("Urke Nakhalnik"), criminoso profissional e escritor: nascido perto de Łomza em 1897. Morto em Otwock, novembro de 1939.

Fefer, Itsik, poeta iídiche: nascido em Shpola (Ucrânia), em 1900. Serviu no Comitê Antifascista Judaico na Segunda Guerra Mundial. Preso em 1948 com outros membros do JAC (que ele denunciou aos interrogadores). Executado em Moscou em 1952.

Feinstein, Moshe, rabino: nascido em Uzda (perto de Minsk), em 1895. Ele se tornou, nos Estados Unidos, a autoridade mais venerada da sua geração. Faleceu em Nova York, em 1986.

Feuchtwanger, Lion, romancista: nascido em Munique, em 1884. Pouco depois de a guerra ser deflagrada, a polícia francesa prendeu-o na sua casa em Sanary, no sul da França. Foi solto alguns dias depois, mas foi novamente preso em maio de 1940 e colocado em um campo de prisioneiros de guerra. Um cônsul americano ajudou-o a escapar e providenciou um visto de emergência, com o qual ele pôde entrar nos Estados Unidos em outubro do mesmo ano. Faleceu em Los Angeles, em 1958.

Filderman, Wilhelm, advogado, chefe da Comunidade Judaica Romena: nascido em Bucareste, em 1882. Deportado para a "Transnistria" em 1943, porém libertado três meses depois. Fugiu para Paris, onde faleceu em 1963.

Floeck, Wilhelmine, dona de casa: nascida aproximadamente em 1867. Destino desconhecido.

Floersheim, Hans (Chanan), *kibbutznik:** nascido em Rotenburg, perto de Kassel, em 1923. Enviado para morar com parentes em Amsterdã, em 1937. Viveu na *werkdorp* Wieringern entre 1940 e 1941, e de 1941 a 1943 em Gouda. Fugiu para a Bélgica, depois para a França e, em abril de 1944, para a Espanha. Chegou à Palestina em 1944 e se estabeleceu no Kibutz Hazorea. Mudou-se para o Kibutz Yakum em 1947 e ainda vivia lá em 2007.

Ford, Aleksander (nascido Moyshe Lipschutz), diretor de cinema: nascido em Kiev, em 1908. Faleceu em Naples, Flórida, em 1980.

Fraenkel, Gerhardt (posteriormente Gerald G. Frankel): nascido aproximadamente em 1919. Permaneceu no Quênia até pelo menos 1966. Não conseguiu tirar os pais da Alemanha, mas eles sobreviveram à guerra lá.

Frank, Anne, cronista: nascida em Frankfurt em 1929. Morreu de tifo no campo de concentração de Bergen-Belsen, em março de 1945. Sua irmã **Margot,** nascida em 1926, morreu alguns dias antes, também de tifo, no mesmo local. Sua mãe, **Edith,** nascida em 1900, foi assassinada em Auschwitz em janeiro de 1945. Seu pai, **Otto,** nascido em Frankfurt, em 1889, faleceu em Basel, em 1980.

Freier, Recha (nascida Schweitzer), fundadora do movimento Jovem Aliya: nascida em Nordeney (nas Ilhas Frísias Orientais), em 1892. Fugiu da Alemanha para Zagreb em 1940 e chegou à Palestina em 1941. Recebeu o Prêmio de Israel em 1981. Faleceu em Jerusalém, em 1984.

Fried, Eugen ("Camarade Clément"), agente do Comintern: nascido em Nagyszombat (nordeste de Bratislava, na ocasião em território húngaro), em 1900. Fuzilado pela Gestapo em Bruxelas, em agosto de 1943, enquanto trabalhava secretamente como agente soviético.

Friedler, Edith: nascida em Viena, em 1924. Enviada para a Inglaterra no Kindertransport em julho de 1939. Mudou-se mais tarde para os Estados Unidos.

Friedmann, Georges, sociólogo: nascido em Paris, em 1902. Publicou *Fin du peuple juif* em 1965. Faleceu em Paris, em 1977.

Fromm, Erich, psicólogo: nascido em Frankfurt, em 1900. Emigrou para os Estados Unidos em 1933. Faleceu em Muralto (Suíça), em 1980.

Frumkin, Ester (nascida Khaye Malke Lifshits), política: nascida em Minsk, em 1880; vice-reitora da Universidade para Minorias Nacionais Ocidentais, Moscou, entre 1921 e 1936. Detida e aprisionada, em 1937. Condenada a oito anos de trabalhos forçados em 1940. Morreu em um campo de trabalhos forçados no Cazaquistão, em 1943.

Gebirtig, Mordkhe (Mordekhai), autor de canções populares iídiches: nascido em Cracóvia, em 1877. Continuou a escrever canções na Polônia ocupada pelos nazistas, inclusive "Ayn tog fun nekome" ("Um dia para vingança"). Foi fuzilado pelos nazistas em 1942, enquanto era conduzido até a estação de trem de Cracóvia para ser transportado para um campo de extermínio.

---

* Membro de um *kibutz*. (N.T.)

Gitter, Benno (nascido Moses Bernhard Gitter), empresário, colecionador de arte e filantropo: nascido em Amsterdã, em 1919. Faleceu em 2004.

Glik, Hirsh, poeta iídiche: nascido em Vilna, em 1922. Escreveu o "Hino dos Partisans", em 1943. Faleceu na Estônia, em 1944.

Gold (nascido Zyserman), **Ben-Zion,** rabino nascido em Radom, em 1923. Seu pai planejava emigrar para a Palestina com a família no final da década de 1930, mas a morte do irmão de Ben-Zion os levou a ficar na Polônia durante o ano de luto. Ben-Zion sobreviveu seis anos em um gueto e em campos de concentração, e emigrou para os Estados Unidos depois da guerra. Ele estudou no Jewish Theological Seminary em Nova York e atuou como diretor da Harvard Hillel (na verdade, o capelão judeu da universidade).*

Goldmann, Kurt (posteriormente Reuven Golan): nascido em Kiel, aproximadamente em 1915. Sobreviveu à guerra. Mudou-se para Israel, onde faleceu em 1983.

Goldmann, Nahum, político sionista: nascido em Wisznevo (atualmente na Lituânia), em 1894. Mudou-se de Paris para os Estados Unidos em junho de 1940. Depois da guerra, desempenhou um papel central nas negociações com a República Federal da Alemanha que conduziram ao acordo de Luxemburgo (1952) sobre reparações a Israel e ao povo judeu. Presidente do Congresso Judaico Mundial (1951-1978) e da Organização Sionista Mundial (1956-1968). Faleceu em Bad Reichenhall, em 1982.

Grade, Chaim, escritor iídiche: nascido em Vilna, em 1910. Faleceu em Nova York, em 1982.

Grodzenski, Hayim Ozer, rabino: nascido em Ivya (hoje na Lituânia), em 1863. Faleceu em Vilna, durante a ocupação soviética em 1940.

Gronowski (Gronowski-Brunot), Louis (Luke), jornalista: nascido em Radziejów (Rússia polonesa), em 1904. Ativo na Resistência durante a guerra. Voltou para a Polônia em 1949. Reemigrou para a França devido à campanha antissemita oficialmente patrocinada em 1968. Faleceu em 1987.

Gross-Moszkowski, Dora, professora: nascida em Cracóvia, em 1901. Fugiu para a zona de ocupação soviética da Polônia quando a guerra foi deflagrada. Deportada com a família para um campo de trabalhos forçados na Sibéria, em 1940. Mais tarde, foram evacuados com o exército polonês para o Irã e para a África. Em 1950, mudaram-se para os Estados Unidos e se estabeleceram em Berkeley, Califórnia, onde Dora se dedicou a uma segunda carreira, trabalhando com crianças com distúrbios de desenvolvimento. Faleceu lá em 1991.

Gruenbaum, Yitzhak, político sionista: nascido em Varsóvia, em 1879. Mudou-se para a Palestina em 1933. Primeiro-ministro do Interior de Israel, entre 1948 e 1949. Faleceu em Israel, em 1970.

Grynszpan, Herschel, assassino: nascido em Hanôver, em 1921; preso depois do assassinato de Vom Rath e mantido na prisão até a queda da França, quando parece ter sido

---

* Harvard Hillel é o catalisador da vida judaica em Harvard, atendendo às necessidades culturais, religiosas, educacionais, sociais e políticas de todos os segmentos das comunidades estudantis judaicas de graduação e pós-graduação. (N.T.)

transferido do controle francês para o alemão. Seu destino final é desconhecido, mas ele provavelmente foi assassinado pelos nazistas.

Halberstam, Ben-Zion, *rebe* de Bobov (Bobovosk, Galícia): nascido Bobovosk, em 1874. Sucedeu ao pai como *rebe* em 1905. Assassinado perto de Lwów, em 1942.

Halkin, Shmuel, dramaturgo iídiche: nascido em Rogachev (Bielorrússia), em 1897. Detido em 1940 e mantido em um campo de prisioneiros até 1955. Morreu em Moscou, em 1960.

Hamerow, Theodore S., historiador: nascido em Varsóvia, em 1920. Mudou-se para os Estados Unidos em 1930. Trabalhou durante muitos anos no corpo docente da University of Wisconsin. Faleceu em Madison, em 2013.

Hartglas, Apolinary, advogado e político: nascido em Biala Podlaska, em 1883. Deixou Varsóvia durante a ocupação nazista em dezembro de 1939 e conseguiu chegar à Palestina. Faleceu em Jerusalém, em 1953.

Hatvany, Baron Bertalan, orientalista: nascido em Budapeste em 1900. Mudou-se para Paris em 1939 e ali faleceu em 1980.

Heifetz, Jascha, violinista: nascido em Vilna, em 1901. Emigrou com a família para os Estados Unidos quando irrompeu a Revolução Russa. Faleceu em Los Angeles, em 1987.

Hofshteyn, Dovid, poeta: nascido em Korostyshev (perto de Kiev), em 1889. Membro do Comitê Antifascista Judaico na URSS durante a Segunda Guerra Mundial. Preso em 1948. Executado com outros autores iídiches em 1952.

Holländer, Walter, empresário: nascido em Aachen, em 1897. Deixou a Holanda e foi para os Estados Unidos, em dezembro de 1939. Tornou-se operário de fábrica em Leominster, Massachusetts. Faleceu em Nova York, em 1968.

Hond, Meijer de, rabino: nascido em Amsterdã, em 1882; assassinado no campo de extermínio de Sobibor, em 1943.

Horkheimer, Max, filósofo: nascido em Stuttgart, em 1895. Faleceu em Montagnola, Suíça, em 1973.

Hutter, Otto, fisiologista: nascido em Viena, em 1924. Mudou-se para a Grã-Bretanha no Kindertransport, em 1938. Seus pais foram assassinados pelos nazistas. Professor Regius de Fisiologia na University of Glasgow, entre 1971 e 1990.

Israel, Dora (posteriormente Iranyi, posteriormente Amann): nascida em Viena, em 1894. Emigrou para a França em 1939 e para os Estados Unidos em 1941. Faleceu em Washington, D.C., em 1993.

Itzig, Curt, líder comunitário em Danzig: deixou Danzig rumo à Inglaterra com um último grupo de crianças judias que partiu da cidade em 23 de agosto de 1939.

Jabotinsky, Vladimir, líder do movimento Sionista Revisionista: nascido em Odessa, em 1880. Faleceu em Nova York, em 1940.

Jacob (nascido Alexandre), **Max,** escritor e pintor: nascido em Quimper em 1876. Faleceu no campo de prisioneiros de Drancy, 5 de março de 1944. O colaboracionista *Je suis partout* assinalou a morte de um "Judeu por raça, bretão por nascimento, romeno por religião e sodomita nos costumes". Seu último desejo de ter um enterro católico foi atendido.

Jahoda, Marie, psicóloga social: nascida em Viena, em 1907. Emigrou para a Inglaterra em 1937. Professora da University of Sussex. Faleceu em Hassocks, West Sussex, em 2001.

Jasienski, Bruno (nascido Wiktor Zysman), escritor polonês: nascido em Klimontów (perto de Sandomierz, Polônia), em 1901. Executado em uma prisão soviética em 1938.

Jellinek, Hugo: nascido em Mistelbach (Baixa Áustria), em 1888. Casou-se com **Fritzi Fränkel** em outubro de 1939, em Brno. Junto com a esposa e as filhas, **Bertha** (nascida em Tashkent, em 1922) e **Anna** (nascida em Tashkent, em 1924), ele foi enviado de Brno para Theresienstadt, em dezembro de 1941. Todos foram transportados para Auschwitz, em junho de 1942 e lá assassinados. A filha mais velha de Hugo, **Nadja** (nascida em Tashkent, 1920), permaneceu na Palestina até sua morte em 2014.

Jonas, Regina, rabina: nascida em Berlim, em 1902. Deportada em 1942 para Theresienstadt, onde dava palestras sobre o pensamento judaico. No campo, Leo Baeck confirmou a sua *semikhah*. Ela foi assassinada em Auschwitz, em 1944.

Kabos, Endre, esgrimista: nascido em Nagyvarad, em 1906. Morreu na resistência húngara em 1944.

Kaganovich, Lazar Moiseevich, político: nascido perto de Chernobyl, em 1893. Em 1957 foi acusado de fazer parte de um "grupo contrário ao partido" e demitido do cargo. Faleceu em Moscou, em 1991.

Kahan, Arcadius, historiador econômico: nascido em Vilna, em 1920. Deportado para o campo soviético de trabalhos forçados em Vorkuta, em 1940. Mais tarde, serviu na Divisão de Koscuszko do Exército Polonês agregada ao Exército Vermelho. Emigrou para os Estados Unidos em 1955. Faleceu em Chicago, em 1982.

Kahanovich, Pinhas Mendelevich ("Der Nister"), escritor iídiche: nascido em Berdichev, em 1884. Detido pela polícia secreta soviética em 1949 e condenado a dez anos em um campo de trabalhos forçados corretivos "por ligações criminosas com nacionalistas e por fazer propaganda antissoviética". Faleceu no hospital de um campo de prisioneiros na República Komi, em 1950.

Kaminska, Ida, atriz: nascida em Odessa, em 1899. Escapou para Lwów durante a ocupação soviética em outubro de 1939 e passou os anos da guerra na URSS. Regressou à Polônia em 1945 e dirigiu lá o Teatro Iídiche do Estado. Indicada ao Oscar pelo seu desempenho no filme tcheco *Obchod na Korze* (1965). Em 1968 foi obrigada a deixar a Polônia devido a uma campanha "antissionista" oficialmente patrocinada. Faleceu em Nova York, em 1980.

Katz, Leo, jornalista: nascido em Sereth (Bukowina), em 1892. Expulso da França em 1938. Mudou-se para Nova York e, em 1940, para o México. Depois de uma breve permanência em Israel em 1949, voltou para Viena, onde faleceu em 1954.

Kellner, Viktor, educador: mudou-se para a Palestina em dezembro de 1938. Faleceu no Kibbutz Ein Harod, em 1970.

Khavkin, Matvei Pavlovich: nascido em Rogachev, perto de Gomel, em 1897. Permaneceu na prisão até 1941, sofrendo espancamentos e tortura. Enviado posteriormente para um campo de trabalhos forçados. Libertado em 1956. Ele teve permissão para voltar para Moscou, foi reabilitado e, em 1967, recebeu a condecoração Ordem de Lenin. Faleceu na década de 1980.

Kinderman, Szaja (nascido Józef Winkler, vulgo "Jorge", "Georg Scheyer"), membro da polícia secreta: nascido em Nowy Sącz, em 1903. Serviu na Polônia de 1947 a 1953, no Ministério Polonês de Segurança Pública, chegando ao posto de coronel.

Kipnis, Menachem, cantor e autor iídiche: nascido em Uzhmir (Volínia), em 1878. Morreu no gueto de Varsóvia, em 1942.

Kisch, Egon Erwin, escritor: nascido em Praga, em 1885. Ficou no exílio, no México, durante a Segunda Guerra Mundial. Faleceu em Praga, em 1948.

Koch, Richard, teórico médico: nascido em Frankfurt am Main, em 1882. Faleceu em Yessentuki, URSS, 1949.

Koltsov (nascido Friedliand), **Mikhail,** jornalista: nascido em Kiev, em 1898. Executado em Moscou, em 1940.

Kopelev, Lev, escritor russo: nascido em Kiev, em 1912. Serviu como major na unidade de propaganda do Exército Vermelho durante a Segunda Guerra Mundial. Aprisionado por dez anos em 1945, por ter tentado defender alemães atacados por soldados soviéticos com a intenção de estuprar e saquear. Expulso do Sindicato de Escritores Soviéticos, em 1970, devido à atividade dissidente. Mudou-se para a Alemanha, em 1980. Privado da cidadania soviética. Nomeado cidadão alemão honorário, em 1981. Faleceu em Colônia, em 1997.

Korczak, Janusz (nascido Henryk Goldszmit), defensor dos direitos das crianças: nascido em Varsóvia, em 1878 ou 1879. Em Varsóvia, durante a ocupação, ele permaneceu na direção do seu orfanato. Em 1942, acompanhou as crianças para a morte em Treblinka.

Koretz, Zvi, rabino-mor de Salônica: nascido em Rzeszów (Galícia), em 1884. Nomeado chefe do Conselho Judaico de Salônica pelos Nazistas durante a Segunda Guerra Mundial. Foi deportado para Bergen-Belsen em 1943 e depois para Theresienstadt, onde contraiu tifo, doença da qual morreu, em Trebitz, Saxônia, três meses depois da liberação. Sobreviventes do povo judeu da Salônica o acusaram de ter colaborado com os nazistas, acusação da qual recentes pesquisas, até certo ponto, o exoneraram.

Korn, Rokhl, escritor iídiche: nascido na Galícia oriental, em 1898. Fugiu para o leste, URSS, em 1941. Emigrou para o Canadá. Faleceu em Montreal, em 1982.

Kotlorski, Moshe: nascido em 1922. Destino desconhecido.

Koussevitsky, Moshe, precentor: nascido em Smorgon (perto de Vilna), em 1899 ou 1900. Durante a guerra, apresentou-se em uma "brigada" de artistas na União Soviética e na Ópera Georgiana em Tiflis (mas não o *hazanut*, a não ser privadamente). Faleceu em Kings Point, Long Island, em 1966.

Koval, George, espião soviético: nascido em Sioux City, Iowa, em 1913. Em 1940, voltou a morar nos Estados Unidos, onde foi recrutado pelo exército e, com uma bolsa de estudos deste último, cursou engenharia elétrica no City College, em Nova York. Trabalhou subsequentemente em uma seção do projeto da bomba atômica em Oak Ridge, Tennessee, de onde ele enviava informações científicas secretas para os soviéticos. Fugiu para a URSS em 1945. Faleceu em Moscou em 2006. Em 2007, ele foi postumamente declarado um herói da Federação Russa pelo presidente Putin e enaltecido por "sua coragem e seu heroísmo enquanto realizava missões especiais". Não se sabe o que aconteceu aos seus pais. Seu irmão, motorista de trator, que permaneceu em Birobidzhan, morreu lá em 1987.

Kreindler, Leo, jornalista: nascido em 1886. Continuou a editar o *Jüdisches Nachrichtenblatt* depois que a guerra foi deflagrada. À medida que os judeus de Berlim iam sendo deportados para a morte, a circulação do jornal encolheu. Em novembro de 1942, durante uma visita de funcionários da Gestapo ao seu escritório, Kreindler sofreu um ataque do coração e morreu.

Kreisler, Fritz, violinista: nascido em Viena, em 1875. Mudou-se para os Estados Unidos em 1939. Faleceu em Nova York, em 1962.

Kulbak, Moshe, escritor iídiche: nascido em Smorgon (perto de Vilna), em 1896. Preso em Minsk e fuzilado em 1937.

Kvitko, Leyb, escritor iídiche: nascido em Holoskovo (perto de Odessa), aproximadamente em 1890; durante a Segunda Guerra Mundial foi membro do Comitê Antifascista Judaico. A partir de 1946, foi chefe da Seção Iídiche do Sindicato de Escritores Soviéticos. Executado com outros autores iídiches soviéticos em 1952.

Lachmann-Mosse, Hans, editor: nascido em Berlim, em 1885. Faleceu em Oakland, Califórnia, em 1944.

Landmann, Ludwig, político: nascido em Mannheim em 1868. Emigrou da Alemanha para a Holanda em 1939. Durante a ocupação nazista, permaneceu escondido em Voorburg, perto de Haia, onde faleceu devido à subnutrição e problemas do coração, em março de 1945. Seus restos mortais foram devolvidos para Frankfurt em 1987.

Langer, Gerhard, físico: nascido em Jena, em 1923. Serviu no exército dos Estados Unidos durante a Segunda Guerra Mundial. Mais tarde, tornou-se um cientista pesquisador no Colorado.

Langer, Jiří (Mordekhai Giorgio Langer), escritor: nascido em Praga, em 1894. Fugiu no início da ocupação alemã em 1939 e chegou à Palestina seis meses depois. Continuou a escrever temerariamente versos homoeróticos em hebraico e a publicar poemas, ensaios, histórias e artigos até sua morte em Tel Aviv, em 1943.

Lasker-Schüler, Else, poeta: nascida em Elberfeld, em 1869. Quando a guerra foi deflagrada em 1939, ela estava visitando a Palestina. Impossibilitada de voltar à Europa, permaneceu em Jerusalém, onde faleceu em 1945.

Lattes, Dante, jornalista: nascido em Pitigliano (Toscana), em 1876. Morou na Palestina de 1939 a 1948. Voltou depois para a Itália, onde retomou o seu trabalho como escritor e editor. Faleceu em Veneza, em 1965.

Leifer, Isaac, contrabandista de narcóticos: nascido em Brzeziny (perto de Łódź), em 1893. Em janeiro de 1940, o Tribunal de Apelações Francês confirmou a sua condenação a dois anos de prisão. Seu destino depois de 1940 não está registrado. Ele não está relacionado entre os que foram deportados da França para os campos de extermínio.

Lessing, Theodor, filósofo: nascido em Hanôver, em 1872. Deixou a Alemanha e foi para Praga depois que Hitler subiu ao poder. Assassinado pelos nazistas em Marienbad (que na ocasião fazia parte da Tchecoslováquia), em 1933.

Lestchinsky, Jacob, sociólogo: nascido em Horodicz (perto de Kiev), em 1876. Permaneceu em Nova York durante a Segunda Guerra Mundial. Mudou-se para Israel em 1959. Faleceu em Jerusalém, em 1966.

Levi, Primo, escritor e químico: nascido em Turim, em 1919. Durante a Segunda Guerra Mundial, ingressou na resistência antifascista. Foi capturado em dezembro de 1943 e transportado para Auschwitz. Depois de ser libertado, ele publicou seu primeiro livro, *Se questo è un uomo* (*Se Isto É um Homem*), descrevendo as suas experiências no campo de concentração. Cometeu suicídio em Turim, em 1987.

Lewkowicz, Wolf, negociante: nascido em Konskie (perto de Kielce), em 1892. Mudou-se para Opoczno em 1939, onde morou com parentes. Em setembro de 1942, junto com a maioria dos judeus em Opoczno, foi deportado para Treblinka e assassinado.

Lieberman, Herman, político: nascido em Drohobycz, Galícia, em 1870. Encontrou refúgio em Londres em 1940 e, em 1941, tornou-se ministro da Justiça no governo polonês no exílio, o primeiro judeu a atuar em um gabinete polonês. Faleceu em Londres, depois de apenas algumas semanas no cargo.

Lilienthal, Andor, grande mestre do xadrez: nascido em Moscou, em 1911. Permaneceu na URSS durante e depois da Segunda Guerra Mundial, vencendo o campeonato soviético em 1940 e treinando vários campeões na década de 1950. Voltou para a Hungria em 1976. Faleceu em Budapeste, em 2010.

Lindberg, Paula (nascida Levi; depois do casamento, conhecida como Lindberg-Salomon), cantora: nascida em Frankenthal (Baviera), em 1897. Sobreviveu aos anos da guerra na Holanda (escondida de 1943 a 1945). Lindberg aparece como um personagem na famosa série de 1.325 guaches, *Leben oder Theater?*, produzidos durante a guerra pela sua enteada Charlotte Salomon, que foi assassinada em Auschwitz, em 1943. Os quadros estão hoje no Museu Histórico Judaico em Amsterdá. Lindberg faleceu em 2000, aos 102 anos, em Amstelveen.

Lipchitz, Jacques (nascido Chaim Jacob Lipschitz), escultor: nascido em Druskieniki (atualmente na Lituânia), em 1891. Fugiu para Nova York durante a guerra. Morreu em Capri, em 1975.

Litvinov, Maxim (nascido Meir Wallach), estadista soviético: nascido em Białystok, em 1876. Embaixador nos Estados Unidos, entre 1941 e 1943. Faleceu em Moscou, em 1951.

Ludwig, Emil (nascido Emil Cohn), escritor alemão: nascido em Breslau, em 1881. Faleceu perto de Ascona, em 1948.

Lukács, Georg (nascido György Löwinger, posteriormente Von Lukács), crítico literário marxista: nascido em Budapeste, em 1885. Viveu na União Soviética de 1933 a 1945, quando regressou à Hungria. Participou da revolução húngara de 1956. Faleceu em Budapeste, em 1971.

Lunski, Khaykl, bibliotecário: nascido em Slonim (atualmente na Lituânia), em 1881. Faleceu em Vilna, em 1942.

Malakiewicz, Gershon, carregador: assassinado durante a Segunda Guerra Mundial em Ponary, perto de Vilna.

Mandel, Georges (nascido Louis-Georges Rothschild), político: nascido em Chatou (Seine-et-Oise), em 1885. Assassinado pela *milice* fascista francesa na floresta de Fontainebleau, em 1944.

Mandelstam, Osip, poeta russo: nascido em Varsóvia, em 1891. Preso novamente em 1938 e condenado a viver cinco anos em detenção em um campo de trabalhos forçados, ele faleceu em trânsito perto de Vladivostok mais tarde nesse mesmo ano.

Manger, Itzik (nascido Isidor Helfer), poeta iídiche: nascido em Czernowitz, em 1901. Mudou-se de Varsóvia para Paris em 1938. Durante a guerra, conseguiu chegar à Inglaterra. Em 1951, estabeleceu-se nos Estados Unidos e, em 1967, em Israel. Destituído de seu antigo público falante do iídiche, ele se descreveu como "o poeta mais solitário do mundo". Faleceu em Gedera, em 1969.

Mannheim, Karl, sociólogo: nascido em Budapeste, em 1893. Faleceu em Londres, em 1947.

Manus, Rosa, feminista holandesa: nascida em Amsterdá, em 1880. Presa em 1940 e enviada para o campo de concentração de Ravensbrück, onde morreu em 1943.

Marcuse, Herbert, pensador social: nascido em Berlim, em 1898. Faleceu em Starnberg (Baviera), em 1979.

Markish, Peretz, poeta iídiche e dramaturgo: nascido em Polonnoye (Volínia), em 1895. Chefiou a seção iídiche do Sindicato de Escritores Soviéticos de 1939 a 1943. Durante a Segunda Guerra Mundial, teve participação ativa no Comitê Antifascista Judaico. Preso em 1949 e executado em Moscou em 1952.

Marten, Aleksander (nascido Marek Tennenbaum), diretor de teatro: nascido em Łódź, em 1898. Faleceu em 1942.

Masarano, Stela, colegial: nascida em Salônica, aproximadamente em 1924. Faleceu em Salônica em 1942.

Maurois, André (nascido Emile Herzog), escritor: nascido em Elbeuf, 1885. Eleito para a Académie Française em 1938. Morou nos Estados Unidos entre 1940 e 1946. Faleceu em Paris, em 1967.

Mayer, Saly, empresário e filantropo: nascido em Basel, em 1882. Faleceu em St. Moritz em 1950.

Mayzel, Nakhmen: nascido perto de Kiev, em 1887. Mudou-se para os Estados Unidos em 1937 e para Israel em 1964, onde faleceu em 1966.

Mikhoels, Shlomo, ator: nascido em Dvinsk, em 1890. Durante a Segunda Guerra Mundial, chefiou o Comitê Antifascista Judaico, por nomeação das autoridades soviéticas. Foi assassinado em 1948, em Minsk, em um "acidente de trânsito" organizado pelo Estado.

Molodowsky, Kadya: nascida em Bereze (província de Grodno), em 1894. Faleceu na Filadélfia, em 1975.

Mosse, George, historiador: nascido em Berlim, em 1918. Faleceu em Madison, Wisconsin, 1999.

Munk, Esra, rabino: nascido em Altona, em 1867. Rabino da congregação Adass Yisroel em Berlin, entre 1900 e 1938. Emigrou para Jerusalém em 1938, falecendo lá em 1940.

Namier (nascido Niemirowski), **[Sir] Lewis Bernstein** (vulgo "Ulu"), historiador: nascido em Wola Okrzejska (Polônia russa), em 1888. Faleceu em Londres, em 1960.

Naumann, Max, advogado: nascido em Berlim em 1875. Aprisionado por um breve período pelos nazistas. Morreu de câncer em Berlim em 1939.

Némirovsky, Irène, romancista: nascida em Kiev, em 1903. Depois da queda da França, ela se mudou para a aldeia de Issy l'Évêque, no sul da Borgonha. Em julho de 1942, foi presa pela polícia francesa e enviada para um campo de prisioneiros de guerra em Pithiviers. Dali foi transportada para Auschwitz, onde morreu de tifo em 19 de agosto de 1942. Sua obra-prima inacabada, *Suite Française*, foi publicada pela primeira vez, com enorme aclamação, em 2003.

Neustadt, Hermann (posteriormente Harvey P. Newton), agrônomo: nascido em Breslau, em 1920. Emigrou da Holanda para os Estados Unidos em 1940. Serviu no exército dos Estados Unidos durante a Segunda Guerra Mundial. Mudou-se para a Costa Rica em 1973, onde faleceu em 1998.

Neuweg, Gerhard (posteriormente Roger G. Newton), físico: nascido em Landsberg an der Warthe, em 1924. Sobreviveu abertamente à guerra em Berlim com a sua família de "raça mista". Mais tarde, tornou-se professor de física na University of Indiana.

Oistrakh, David, violinista: nascido em Odessa em 1908. Faleceu durante uma visita a Amsterdá, em 1974.

Pasternak, Leon, poeta: nascido em Lemberg, em 1910. Faleceu em Varsóvia, em 1969.

Patai, Raphael (nascido Ervin György Patai), antropólogo: nascido em Budapeste, em 1910. Mudou-se para Jerusalém em meados da década de 1930 e obteve o primeiro grau de doutorado concedido pela Universidade Hebraica. Mais tarde, tornou-se professor nos Estados Unidos. Faleceu em Tucson, Arizona, em 1996.

Pauker, Ana (nascida Rabinsohn), política: nascida em Codăeşti (Romênia), em 1893. Presa na Romênia por praticar atividades comunistas de 1935 a 1941, quando teve permissão para partir para a URSS. Voltou a Bucareste e ocupou o cargo de ministra do Exterior de 1947 a 1953. Foi presa em 1953, porém solta um mês depois, após a morte de Stalin. Faleceu em Bucareste, em 1960. Seu marido, **Marcel Pauker** (nascido em Bucareste, em 1896), faleceu quando Ana estava na prisão, na União Soviética, em 1938.

Perle, Yehoshue (Yoshue), escritor: nascido em Radom, em 1888. Fugiu de Varsóvia em 1939 e se refugiou em Lwów, na ocasião ocupada pelos soviéticos. Voltou para Varsóvia em 1941, onde participou ativamente do Yizkor, uma organização cultural clandestina iídiche. Depois de sobreviver a várias capturas, escapou do gueto e foi viver no "lado ariano" de Varsóvia. Foi atraído para fora do seu esconderijo por um engodo, deportado para Auschwitz, e assassinado lá em 1943.

Pevsner, Nikolaus (nascido Nikolai Pewsner), historiador de arquitetura: nascido em Leipzig, em 1902. Mudou-se para a Inglaterra em 1934. Criou a clássica série *The Buildings of England* (1951-1974). Faleceu em Londres, em 1983.

Pipes, Richard, historiador: nascido em Cieszyn (Silésia polonesa), em 1923. Pipes escapou da Polônia em 1939, com a família, atravessando a Alemanha e indo para a Itália. Emigraram para os Estados Unidos, onde Pipes tornou-se professor de história russa em Harvard entre 1981 e 1982, assessor de assuntos russos do presidente Ronald Reagan.

Polak, Henri, político socialista: nascido em Amsterdá, em 1868. Faleceu em Laren, em 1943.

Poons, Sylvain, apresentador: nascido em Amsterdá, em 1896. Faleceu em Amsterdá, em 1985.

Porat, Dan, físico: nascido em Stanisławów, Polônia, em 1922. Em 1939, emigrou para a Palestina. Durante a guerra, serviu no exército britânico na África do Norte e na Itália. Em 1948, serviu no exército israelense. Estudou na Manchester University e depois se mudou para os Estados Unidos, onde se tornou um pesquisador em física de altas energias na Stanford University. Faleceu em 1996.

Prinz, Joachim, rabino: nascido em Burkhardsdorf, em 1902. Faleceu em Livingston, Nova Jersey, em 1988.

Pryłucki, Noyekh, escritor iídiche e político: nascido em Berdichev em 1882. Quando os alemães ocuparam Varsóvia, em setembro de 1939, Pryłucki fugiu para Vilna. Durante a ocupação soviética da cidade, ele dirigiu o YIVO por um breve período. Depois que os alemães conquistaram Vilna, os nazistas ordenaram que ele catalogasse os tesouros na Biblioteca Strashun. Foi preso em agosto de 1941 e assassinado em Vilna.

Rabinovich, Mark Isakovich, músico: nascido aproximadamente em 1870, em Brusilov, Ucrânia. Faleceu em Kiev, em 1940.

Ran, Leyzer, escritor: nascido em Vilna, em 1912. Faleceu em Nova York, em 1995.

Rapoport, Yoshue, crítico literário: nascido em Białystok, em 1895. Quando a guerra foi deflagrada, ele se refugiou em Vilna e depois foi para Xangai. Faleceu em Melbourne, em 1971.

Rappoport, Charles, político: nascido em Doutsky (perto de Vilna), em 1865. Faleceu em Cahors, em 1941.

Ravitch, Melech (nascido Zekharye-Khone Bergner), escritor iídiche: nascido em Radymno (Galícia), em 1893. Emigrou da Polônia no início da década de 1930. Faleceu em Montreal, em 1976.

Rayski, Adam (nascido Abraham Rajgrodski), jornalista: nascido em Białystok, em 1914. Participou da Resistência Francesa depois da invasão da URSS. Voltou para a Polônia em 1949 e atuou como chefe da imprensa do partido. Mudou-se novamente para a França em 1957. Preso e considerado culpado de ser um espião polonês, foi condenado a sete anos de prisão, mas foi solto dois anos depois. Faleceu em Paris, em 2008.

Reich, Felix, educador dos surdos: nascido em Fürstenwalde (Brandenburgo), em 1885. Reich tinha planejado regressar à Alemanha para organizar a emigração das outras crianças da sua escola, mas a deflagração da guerra o impediu de fazer isso. Em 1940, ele ficou confinado durante sete meses na Ilha de Man como estrangeiro inimigo. Em 1942, 146 alunos da escola judaica de Berlim para surdos-mudos, praticamente todos os que haviam permanecido na Alemanha, foram assassinados pelos nazistas. Depois da guerra, Reich tornou-se professor na Inglaterra. Faleceu em Manchester, em 1964.

Reich (posteriormente Reich-Ranicki), **Marcel,** crítico literário: nascido em Włocławek, Polônia, em 1920. Secretário e tradutor do Conselho Judaico no gueto de Varsóvia. Sobreviveu escondido nos momentos finais da guerra. Depois do conflito, tornou-se crítico literário na Polônia. Em 1958, mudou-se para a Alemanha Ocidental, onde se tornou o crítico mais famoso e influente do país.

Reinhardt, Max, diretor teatral: nascido em Baden (perto de Viena), em 1873. Faleceu em Nova York, em 1943.

Reyzen, Zalmen, erudito e jornalista: nascido em Koidanov (Bielorrússia), em 1887. Seu jornal, o *Vilner tog*, foi fechado quando os soviéticos ocuparam Vilna, em 1939, e Reyzen foi preso. Em 1941, quando era transportado por trem para um local de exílio na Rússia, foi retirado do vagão e fuzilado.

Ringelblum, Emanuel, historiador: nascido em Buczacz (Galícia), em 1900. Durante a ocupação alemã de Varsóvia, ele organizou um círculo de informantes que reuniram um arquivo de subsídios sobre todos os aspectos da vida judaica no gueto. Grande parte desse trabalho sobreviveu à guerra e forma uma base essencial para a pesquisa histórica. Assassinado pelos nazistas, em Varsóvia, em março de 1944.

Rokeach, Aharon, quarto *rebe* de Belz: nascido em Belz (Galícia), em 1880. Em 1943, fugiu da Polônia ocupada pelos nazistas e se refugiou em Budapeste. Em 1944, conseguiu chegar à Palestina. Foi criticado por ter aconselhado seus seguidores a permanecer onde estavam e confiar no Senhor, ao mesmo tempo que ele próprio fugia. Faleceu em Israel, em 1957.

Rosenheim, Jacob, líder agudista: nascido em Frankfurt am Main, em 1870. Viveu nos Estados Unidos a partir de 1940. Mudou-se para Israel em 1950, onde faleceu em 1965.

Rotholc, Szapsel (Shepsl), boxeador: nascido em Varsóvia, em 1912. Durante a guerra, empregado pela força policial judaica no gueto de Varsóvia. Depois da guerra, foi acusado de colaboração e excluído tanto da comunidade judaica quanto das competições esportivas. As exclusões foram posteriormente revogadas. Faleceu em Toronto, em 1996.

Rothschild, Robert de, engenheiro de mineração e banqueiro: nascido em 1880. Fugiu para a América do Norte em 1940. Faleceu em 1946.

Rozenman, Nachme: nascido em 1921. Destino desconhecido.

Ruppin, Arthur, líder sionista e sociólogo: nascido em Rawitsch, Polônia prussiana, em 1876. Morreu na Palestina, em 1943.

Salomon, Alice, feminista: nascida em Berlim, em 1872. Recebida para tomar chá na Casa Branca por Eleanor Roosevelt, Salomon, no entanto, teve dificuldade em se adaptar à vida nos Estados Unidos. Faleceu em Nova York, em 1948.

Salomon, Ernst, comerciante de metais: nascido em 1923. Viveu em Bruxelas de 1933 a 1940. Fugiu para os Estados Unidos e ingressou no exército americano. Mais tarde, tornou-se empresário em Tóquio.

Samberg, Ayzic (Ajzyk), ator: nascido em 1889. Dirigiu e encenou peças no gueto de Varsóvia em 1942. Morreu no campo de concentração de Poniatowa, em 1943.

Sarfatti, Margherita (nascida Grassini), crítica de arte: nascida em Veneza, em 1880; regressou à Itália em 1947. Faleceu em Cavallasca (Como), em 1961.

Schneerson, Yosef Yitshak, sexto *rebe* de Lubavitch: nascido em Lubavitch, em 1880. Em 1940, conseguiu escapar de Varsóvia, ocupada pelos nazistas, e foi para Nova York, onde faleceu em 1950.

Schoenberg, Arnold, compositor: nascido em Viena, em 1874. Faleceu em Los Angeles, em 1951.

Schoeps, Hans-Joachim, teólogo: nascido em Berlim, em 1909. Fugiu para a Suécia em dezembro de 1938. Tentou, mas não conseguiu, estabelecer uma Deutsche Vortrupp no exílio. Seus pais foram assassinados pelos nazistas. Depois da guerra, mantendo a sua posição nacionalista alemã conservadora, regressou à Alemanha e tornou-se professor de teologia em Erlangen. Em 1955, a família real Hohenzollern deposta concedeu a Schoeps a Cruz de Cavaleiro em reconhecimento aos seus esforços para assegurar a restauração da monarquia. Faleceu em Erlangen, em 1980.

Schreiber, Gerhard, engenheiro químico: nascido em Czernowitz, em 1928. Encarcerado em Tul'chyn, Ucrânia, entre 1942 e 1944. Emigrou da Romênia para os Estados Unidos em 1962.

Schulz, Bruno, escritor e artista: nascido em Drohobycz, Galícia, em 1892. Quando a Alemanha ocupou a cidade em 1941, ele foi enviado para o gueto. Durante algum tempo, foi protegido por um oficial da SS que gostava dos seus quadros. No entanto, em 1942, um oficial nazista rival o matou a tiros na rua. A partir da década de 1960, seus trabalhos passaram a desfrutar um amplo reconhecimento póstumo. Ele aparece como personagem em *Ayen erekh — ahavah* (1986) [*Ver: Amor*] de David Grossman e é o tema de uma biografia idiossincrática de autoria de Jerzy Ficowski, *Regiony wielkiej herezji* (1967) [*Regiões da Grande Heresia*].

Schwarz, Rudolf, maestro: nascido em Viena, em 1905. Preso pela Gestapo no segundo dia da guerra, foi solto dez meses depois e obteve permissão para retomar o seu trabalho como maestro na Jüdische Kulturbund até que esta foi fechada em 1941. Depois disso, ele foi deportado para o trabalho escravo em Auschwitz. Mais tarde, foi transferido para o campo de concentração Sachsenhausen e para Bergen-Belsen, de onde foi libertado em 1945. Depois da guerra, mudou-se para a Inglaterra, onde regeu as orquestras de Bournemouth, City of Birmingham, BBC Symphony e a Northern Sinfonia. Faleceu em Londres, em 1994.

Sebastian, Mihail (nascido Iosef Hechter), escritor romeno: nascido em Braila, em 1907. Sobreviveu à guerra na Romênia, mas foi atropelado por um ônibus em Bucareste no dia 29 de maio de 1945.

Segre, Dan Vittorio, escritor e diplomata: nascido em Rivoli, Piemonte, em 1922. Emigrou para a Palestina em 1939. Posteriormente foi funcionário do Serviço de Relações Exteriores israelense e professor de pensamento político e relações internacionais em Haifa e Lugano.

Seligsohn, Julius ("Fritz"), advogado: nascido em Berlim, em 1890. Em 1940, na qualidade de um dos líderes da Reichsvereinigung,* ele assumiu a responsabilidade pelo protesto da entidade contra as deportações dos judeus. Foi enviado para o campo de concentração Sachsenhausen, onde foi assassinado alguns meses depois.

Shapira, Bat-Sheva: nascida em Jagielnica em 1923; assassinada lá em 1942 (ou, de acordo com outro relato, no gueto da cidade próxima de Tłuste).

Shapiro, Gershon, zoólogo: nascido em 1899, em Rivne (Rovno, Volínia). Reingressou no Exército Vermelho em 1941 e serviu até 1946. A partir de então, trabalhou para o departamento de planejamento de Odessa. Nos últimos anos do governo Stalin perdeu a fé no comunismo e se tornou sionista. Depois que se aposentou, ele editou uma publicação *samizdat*** em Odessa de assuntos sobre Israel, resistência judaica a Hitler e história judaica na Rússia. Emigrou para Israel em setembro de 1973.

Sheps, Elias (pseudônimo A. Almi), poeta e crítico: nascido em Varsóvia, em 1892. Faleceu em Buenos Aires, em 1963.

Shtif, Nokhem, filólogo iídiche: nascido em Rivne (Rovno, Volínia), em 1879. Morreu em Kiev, em 1933.

Simon, Heinrich, proprietário de jornal: nascido em Berlim, em 1880. Deixou a Alemanha em 1934, estabelecendo-se posteriormente na Palestina, onde ajudou a fundar a Orquestra Filarmônica da Palestina (mais tarde de Israel). Assassinado em Washington, D.C., em 1941. O assassino nunca foi identificado.

Singer, Bernard, jornalista político: nascido em Varsóvia, em 1893. Suspeito de trotskismo, cumpriu pena em campos de trabalhos forçados soviéticos, entre 1940 e 1941. Mudou-se então para Londres, onde faleceu em 1966.

Singer, Isaac Bashevis, escritor iídiche: nascido em Leoncin (perto de Varsóvia), em 1902. Recebeu o Prêmio Nobel de Literatura em 1978. Faleceu em Miami, em 1991.

Singer, Kurt, chefe da Jüdische Kulturbund: nascido em Berent (Prússia Ocidental), em 1885: "A minha vida ficou em silêncio", escreveu ele pouco antes de a guerra ser deflagrada. Permaneceu em Amsterdá, com a esperança de ser aceito como imigrante nos Estados Unidos. Deportado para Theresienstadt, onde morreu em 1944.

Sommerstein, Emil, líder sionista polonês: nascido em Hleszczawa, perto de Tarnopol (Galícia), em 1883. Membro do Sejm, entre 1922 e 1927 e 1930 e 1939. Foi preso em setembro de 1939 pelas forças soviéticas em Lwów. Foi mantido em várias prisões soviéticas até 1944. Ao ser solto, foi reconhecido como um líder dos judeus remanescentes

---

* O autor está se referindo à Reichsvereinigung der Juden in Deutschland (Associação do Reich para os Judeus na Alemanha). (N.T.)

** Cópia e distribuição clandestina de literatura proibida pelo Estado, especialmente nos países comunistas da Europa oriental. (N.T.)

na Polônia, e foi recebido por Stalin. Caiu doente em 1946, quando visitava os Estados Unidos como chefe de uma delegação judaico-polonesa. Ele nunca se recuperou e faleceu em Nova York em 1957. Seus restos mortais foram enterrados em Israel.

Stein, Edith (posteriormente Irmã Teresa Benedita da Cruz, OCD — Ordem Carmelita Descalça), santa: nascida em Breslau no *Yom Kippur*, em 1891. Em dezembro de 1938 ela se mudou para um convento na Holanda. Foi presa pela Gestapo em 1942, em retaliação a um protesto de bispos holandeses contra a perseguição dos judeus. Assassinada em Auschwitz em 1942. Beatificada como "uma filha de Israel" pelo papa João Paulo II em 1987; canonizada em 1998.

Steinberg, Isaac Nachman, político: nascido em Dvinsk, em 1888. A deflagração da guerra impediu a sua partida da Austrália, onde permaneceu até 1943. Deixou de tornar realidade o projeto Kimberley, ou qualquer outro programa semelhante, mas continuou a chefiar a Liga da Freeland, reduzida a um minúsculo núcleo de entusiastas, até a sua morte em Nova York, em 1957.

Stern, Martin, cientista: nascido em Essen, em 1924. Em 1937, sua família partiu para Turim. Mudaram-se para a França um ano depois. Em 1940, fugiram para Algiers, e depois para Casablanca. De lá, foram para Portugal e, finalmente, para os Estados Unidos.

Stolyarsky, Petr (Peisakh) Solomonovich, professor de violino: nascido perto de Kiev em 1871. Tendo recebido muitas homenagens de um Estado soviético agradecido, Stolyarsky foi evacuado para os montes Urais durante a guerra. Faleceu em Sverdlovsk, em 1944.

Stricker, Robert, político e jornalista: nascido em Brno, em 1879. Recusou oportunidades de deixar a Áustria depois do *Anschluss*. Preso e enviado para Dachau e outros campos de concentração. Assassinado em Auschwitz, em 1944.

Sutzkever, Avrom, poeta iídiche: nascido em Smorgon (perto de Vilna), em 1913. Quando era prisioneiro no gueto de Vilna entre 1941 e 1943, ele foi recrutado para trabalhar, organizando a biblioteca do YIVO e outras coleções judaicas, para que fossem transportadas para o Institut zur Erforschung der Judenfrage em Frankfurt. Com outros, ele escondeu muitos itens preciosos que foram recuperados depois da guerra. Ele escapou do gueto em 1943 e foi para Moscou. Em 1947, emigrou para a Palestina. De 1949 a 1995, editou *Di goldene keyt*, o último importante periódico literário iídiche. Faleceu em Israel, em 2010.

Szyr, Eugeniusz: nascido em Łodygowice (Silésia), em 1915. Faleceu em Varsóvia, em 2000.

Taub, Shaul Yedidyah Eliezer, segundo *rebe* de Modzits: nascido em 1887. Durante a guerra, fugiu para os Estados Unidos via Japão. Estabeleceu-se em Tel Aviv. Faleceu em 1947.

Tauber, Shimshon: nascido em Jagielnica, em 1923. Assassinado lá em 1942.

Tcherikower, Elias (Elye Tcherikover), historiador: nascido em Poltava, em 1881. Mudou-se para Nova York em 1940, onde faleceu em 1943.

Teitelbaum, Yoel, *rebe* de Satmar (Szatmárnémeti, então na Hungria): nascido lá em 1887. Teve permissão para deixar o campo de concentração de Bergen-Belsen com outras pessoas depois de um acordo entre o sionista húngaro Rezsö Kasztner e oficiais nazistas em 1944. Mudou-se para a Palestina e, em 1947, para Nova York. Acusou o Estado de Israel de ser um agente de Satã. Faleceu em Monroe, no estado de Nova York, em 1979.

Theilhaber, Felix, sexologista e demógrafo: nascido em Bamberg, em 1884. Faleceu em Tel Aviv, em 1956.

Tijn, Gertrude van (nascida Cohn), assistente social: nascida em Braunschweig, em 1891. Permaneceu em Amsterdã depois da invasão alemã e continuou a trabalhar em prol dos refugiados. Enviada para Westerbork e Bergen-Belsen, mas incluída na troca realizada em 1944 de alemães que estavam na Palestina por alguns reclusos de Bergen-Belsen. Faleceu em Portland, Oregon, em 1974.

Trotsky, Leon (nascido Bronstein): nascido em Ivanovka (Ucrânia), em 1879. Expulso da URSS em 1929. Assassinado por um agente stalinista na Cidade do México em 1940.

Tsegelnitski, Jacob, representante da ORT em Moscou: em setembro de 1939, foi condenado a cinco anos de prisão. Morreu em fevereiro de 1942, no campo de trabalhos forçados corretivos de Unzhenskii, em Sukhobezvodnoye, província de Gorky.

Tucholsky, Kurt, satirista: nascido em Berlim, em 1890. Fixou-se na Suécia em 1929 e cometeu suicídio em Göteborg, em 1935.

Turkow, Jonas, ator: nascido em Varsóvia, 1898. Sobreviveu ao gueto de Varsóvia. Estabeleceu-se em Nova York em 1947 e em Israel em 1966. Faleceu em Tel Aviv, em 1988. Seu irmão **Zygmunt Turkow** (1896-1970) emigrou para a Argentina em 1940 e para Israel em 1952.

Tuwim, Julian, escritor polonês: nascido em 1894. Morou em Paris, Rio de Janeiro, Londres e Nova York entre 1939 e 1946. Faleceu em Varsóvia, em 1953.

Twersky, Avraham Yehoshua Heschel, rabino: nascido em Makhnovka, Ucrânia, em 1895. Emigrou para Israel em 1963, levando com ele o que se dizia ser o *sefer torah* (pergaminho da lei) do Baal Shem Tov, fundador do hassidismo. Faleceu em Bnei Brak, em 1987.

Ullstein, Hermann, editor: nascido em Berlim em 1875. Deixou a Alemanha em 1938. Faleceu em Nova York, em 1943.

Utesov, Leonid (nascido Lazar Iosifovich Vaisbein), músico de *jazz*, cantor e artista de cabaré: nascido em Odessa, em 1895. Representou em filmes musicais patriotas durante a guerra e continuou a aparecer no teatro e na televisão soviética até a década de 1970. Faleceu em Moscou, em 1982.

Vecchio, Giorgio Del, filósofo do direito: nascido em Bolonha, em 1878. Faleceu em Gênova, em 1970.

Vészi, Josef, jornalista: nascido em Arad, em 1858. Faleceu como "um homem devastado", em 1940.

Volf (Wolf, nascido Mekler), **Leyzer,** poeta iídiche: nascido em Vilna, em 1910. Deixou Vilna com as forças soviéticas no final dos quarenta dias de ocupação da cidade por essas forças, em outubro de 1939. Viajou por várias cidades até que foi evacuado para a Ásia central em 1941. Morreu de inanição em Shakhrisabz, Uzbequistão, em 1943.

Wachstein, Sonia, professora: nascida em Viena, em 1907. Escapou para a Inglaterra em outubro de 1938. Posteriormente, mudou-se para os Estados Unidos. Faleceu em Nova York, em 2001. Seu irmão **Max**, patologista, nascido em Viena, aproximadamente em 1905, mudou-se para a Inglaterra em 1939, depois da sua soltura de Dachau e Buchenwald. Ele emigrou para os Estados Unidos e faleceu em Nova York, em 1965.

Warburg, Max, banqueiro: nascido em Hamburgo, em 1867. Emigrou para os Estados Unidos em 1938. Faleceu em Nova York, em 1946.

Warmbrunn, Werner, historiador: nascido em Frankfurt am Main, em 1920. Voltou da Holanda para a Alemanha em 1941, com um visto americano que lhe permitiu partir para os Estados Unidos. Estudou em Cornell e tornou-se professor do Pitzer College na Califórnia. Faleceu em Claremont, Califórnia, em 2009.

Wat (nascido Chwat), **Aleksander,** poeta polonês: nascido em Varsóvia, em 1900. Depois de ficar preso na URSS entre 1940 e 1941, ele passou os anos restantes da guerra no Cazaquistão. Regressou à Polônia em 1946. Batizado em 1953. Mudou-se para a França em 1963. Cometeu suicídio em Paris, em 1967.

Weichert, Michal, diretor de teatro: nascido em Podhajce (Galícia), em 1890. Durante a Segunda Guerra Mundial, chefiou a Organização de Autoajuda Judaica que tinha a permissão dos alemães para funcionar na Polônia ocupada. Acusado de colaboração depois da guerra. Mudou-se para Israel em 1958, onde faleceu em 1967.

Weil, Felix, milionário esquerdista: nascido em Buenos Aires, em 1898. Deixou a Alemanha e regressou à Argentina em 1931. Mudou-se para Nova York em 1935. Depois da guerra, morou na Califórnia. Faleceu em Dover, Delaware, em 1975.

Weil, Simone, filósofa: nascida em Paris, em 1909. Mudou-se para Londres em 1942. Morreu de tuberculose e autoinanição no sanatório de Grosvenor, Ashford, Kent, em 1943.

Weinberg, Jehiel Jacob, rabino: nascido em Pilwishki (distrito de Grodno, Bielorrússia), em 1884. Estava em Varsóvia na ocasião da ocupação alemã, onde foi tratado como cidadão soviético. Quando foi deflagrada a guerra com a URSS em 1941, ele foi preso e depois enviado para um campo para prisioneiros de guerra na Baviera. Libertado pelas forças americanas em abril de 1945, viveu tranquilamente em Montreux até a sua morte em 1966. Profundamente angustiado com o estado do povo judeu após a guerra, ele escreveu em 1955: "Tudo entre nós está podre e fedorento".

Weinreich, Max, iidichista: nascido em Kuldiga (Goldingen), Letônia, em 1894. Impossibilitado de regressar a Vilna quando irrompeu a guerra, ele foi para Nova York, onde, sob a sua direção, o YIVO fundou seu novo escritório central. Faleceu em Nova York, em 1969.

Weiss de Csepel, barões Alfons e Eugene: os dois irmãos, junto com 44 outros membros da família, conseguiram sair da Hungria em 1944 por meio de suborno. Tiveram permissão dos nazistas para partir em troca da transferência de todos os seus ativos industriais para o controle alemão. Quase toda a família se mudou para os Estados Unidos.

Weizmann, Chaim, líder sionista: nascido em Motol (perto de Pinsk), em 1874. Eleito o primeiro presidente de Israel em 1948. Faleceu em Rehovot, Israel, em 1952.

Weltsch, Robert, jornalista: nascido em Praga, em 1891. Mudou-se para a Palestina em 1939 e para Londres em 1945, onde trabalhou como correspondente para o jornal diário *Haaretz* de Tel Aviv e tornou-se fundador do Instituto Leo Baeck para o estudo da história judaico-alemã. Voltou para Israel em 1978, falecendo em Jerusalém, em 1982.

Wiener, Meir, escritor: nascido em Cracóvia, em 1893. Morreu em Viazma (região de Smolensk), em 1941, enquanto servia no "Batalhão de Escritores" iídiches do Exército Vermelho.

Wieviorka, Wolf, jornalista iídiche: nascido em Żyrardów (perto de Varsóvia), em 1898. Depois da ocupação de Paris em 1940, ele se refugiou no sul da França. Preso em Nice em 1943 e transportado para Auschwitz. Morreu na "marcha da morte" que saiu de Auschwitz em 1945. Sua neta Annette Wieviorka é uma historiadora do *shoah* [Holocausto].

Wijnkoop, David, líder comunista holandês: nascido em Amsterdá, em 1876. Aprisionado por um breve período em Hoorn, depois da ocupação alemã da Holanda, em maio de 1940. Depois disso, ele foi para a clandestinidade. Morreu de um ataque do coração em 1941, enquanto estava escondido em Amsterdá. Centenas de pessoas compareceram ao seu enterro em Driehuis-Westerveld.

Wolf, Wolfie, proprietário de um café em Vilna: destino desconhecido.

Wolfin, Samuel, estudante: nascido em Vilna, em 1911. Às vésperas da guerra, estava estudando medicina na Itália. Ele morreu durante o conflito, mas as circunstâncias exatas são desconhecidas.

Worms, Fritz (posteriormente Fred), empresário: nascido em Frankfurt am Main, em 1920. Emigrou para a Inglaterra em 1937 e tornou-se uma figura importante na comunidade judaica do país. Faleceu em Jerusalém, em 2012.

Wulf, Joseph, escritor: nascido em Chemnitz, em 1912. Sobreviveu dois anos em Auschwitz. Depois da guerra, fixou-se em Paris e mais tarde em Berlim, onde recomendou com insistência a criação de um centro de documentação e memorial ao genocídio dos judeus. Perdendo a esperança de que os seus esforços dessem resultado, atirou-se da janela do seu apartamento no quinto andar em Charlottenburg, em 1974. A biblioteca no centro memorial da mansão Wannsee recebeu posteriormente o nome de Wulf, em sua homenagem.

Yagoda, Genrikh Grigorevich, chefe da polícia secreta soviética: nascido na província de Iaroslavl, em 1891. Depois do seu rebaixamento em 1936, sob a alegação de uma suposta lentidão na luta contra contrarrevolucionários, ele foi nomeado comissário de comunicações. Preso em março de 1937, foi considerado culpado de traição, e fuzilado em março de 1938.

Yagodnik, Yaakov, aluno de *yeshiva*: destino desconhecido.

Zalcman, Moshe, alfaiate: nascido em Zamosc, em 1909. Libertado em 1947 depois de passar dez anos em campos de trabalhos forçados soviéticos. Fixou-se na Geórgia até que obteve permissão para deixar a URSS em 1957. Voltou para Paris, onde faleceu em 2000.

Zaretski, Ayzik, linguista: nascido em Pinsk, em 1891. Faleceu em Kursk, em 1956.

Ziegelroth (posteriormente Stoeltzner), **Helene,** médica: nascida em Varsóvia, em 1868. Faleceu em Berlim, em 1961.

Zilbershteyn, Roman, conselheiro da cidade de Varsóvia: destino desconhecido.

Zolli (nascido Zoller), **Israel,** rabino e apóstata: nascido em Brody, em 1881. Refugiou-se no Vaticano depois da ocupação alemã de Roma em 1943. Reassumiu o cargo de rabino--mor de Roma em 1944. Teve uma visão de Cristo naquele ano, na sinagoga, no *Yom Kippur*. Pouco depois, abraçou o cristianismo. Faleceu em Roma, em 1956.

Zuskin, Benjamin, ator: nascido em Ponevezh (atualmente na Lituânia), em 1899. Executado em Moscou, em 1952.

Zweig, Arnold, escritor: nascido em Gross-Glogau, Silésia, em 1887. Deixou a Alemanha em 1933 e acabou se fixando na Palestina. Em 1948 voltou para Berlim, onde se tornou presidente da Academia de Artes da Alemanha Oriental. Faleceu em Berlim, em 1968.

Zweig, Stefan, escritor: nascido em Viena, em 1881. Estabeleceu-se na Inglaterra em 1938. Em 1942, Zweig, deprimido pelo destino da Europa, cometeu suicídio em Petrópolis, Rio de Janeiro.

Notas

Abreviaturas

Bibl. Ros.: Archival materials in Bibliotheca Rosenthaliana [Informações de Arquivo da Biblioteca Rosenthaliana], Universidade de Amsterdã.

BNA: British National Archives, Kew.

CAHJP: Central Archives for the History of the Jewish People [Arquivos Centrais da História do Povo Judeu], Jerusalém.

CZA: Central Zionist Archives [Arquivos Sionistas Centrais], Jerusalém.

DRCTAU: Goldstein-Goren Diaspora Research Center archive [arquivo do Centro de Pesquisas da Diáspora de Goldstein-Goren], Universidade de Tel Aviv.

IISH: Archive of the International Institute of Social History [Arquivo do Instituto Internacional de História Social], Amsterdã.

JC: Jewish Chronicle.

JDCNY: Arquivo do American Jewish Joint Distribution Committee, Nova York.

JSS: Jewish Social Studies.

LBINY: Leo Baeck Institute Archive [Arquivo do Leo Baeck Institute], Center for Jewish History, Nova York.

LBIYB: Leo Baeck Institute Year Book.

WL: Wiener Library, Londres.

YA: YIVO Archives [Arquivos do YIVO], Center for Jewish History, Nova York.

YV: Yad Vashem Archives [Arquivos de Yad Vashem], Jerusalém.

1: A geleira derretendo

1. George L. Mosse, *Confronting History: A Memoir* (Madison, Wis., 2000), p. 26.

2. Thomas Lackmann, *Das Glück der Mendelssohns: Geschichte einer deutsche Familie* (Berlim, 2007), pp. 426-29.

3. Robert Weltsch, *An der Wende des Modernen Judentums* (Tübingen, 1972), p. 67.

4. Esriel Hildesheimer, *Jüdische Selbstverwaltung unter dem NS-Regime: Der Existenzkampf der Reichsvertretung und Reichsvereinigung der Juden in Deutschland* (Tübingen, 1994), p. 34.

5. Ben-Zion Gold, *The Life of Jews in Poland Before the Holocaust* (Lincoln, Neb., 2007), p. 80.

6. Theodore S. Hamerow, *Remembering a Vanished World: A Jewish Childhood in Inter-War Poland* (Nova York, 2001), p. 155.

7. Celia Stopnicka Heller, "Poles of Jewish Background — The Case of Assimilation without Integration in Interwar Poland", *in* Joshua Fishman, org., *Studies on Polish Jewry 1919–1939* (Nova York, 1974), p. 258.

8. Jacob Lestchinsky, "Aspects of the Sociology of Polish Jewry", *JSS* 28:4 (1966), p. 195.

9. Estimativa da ORT, citado *in* Léon Baratz, *La question juive en U.R.S.S.* (Paris, 1938), p. 14.

10. Francine Hirsch, "The Soviet Union as a Work-in-Progress: Ethnographers and the Category Nationality in the 1926, 1937, and 1939 Censuses", *Slavic Review* 56:2 (1997), pp. 264, 275.

11. Georges Friedmann, *De la Sainte Russie à l'URSS* (Paris, 1938), pp. 187, 193.

12. Léon Baratz, "Le problème des réfugiés juifs et l'U.R.S.S.", *La Juste Parole*, 5 de julho de 1939; consulte também Baratz, *La question juive*.

13. Lewis Namier, "Zionism", *New Statesman*, 5 de novembro de 1927.

14. C. Wijsenbeek-Franken, Report on the Conditions of Jewish Social Work in Holland [Relatório sobre as Condições do Serviço de Assistência Social Judaico na Holanda], junho de 1936, WL doc 1240/2, pp. 4-5.

15. *JC*, 24 de fevereiro de 1939.

16. D. E. Schnurmann, "La mortalité de la population juive en Alsace", *Revue "OSÉ"*, abril de 1938, pp. 7-8.

17. Rudoph Stahl, "Vocational Retraining of Jews in Nazi Germany", *JSS*, 1:2 (1939), p. 171.

18. Hannah Arendt, *The Origins of Totalitarianism* (Nova York, 1994), p. 4.

19. Felix A. Theilhaber, *Der Untergang der deutschen Juden: Eine volkswirtschaftliche Studie* (Munique, 1911).

20. Arthur Ruppin, *The Jews in the Modern World* (Londres, 1935), p. 72.

21. Arthur Ruppin, *The Jewish Fate and Future* (Londres, 1940), p. 82. O livro foi enviado para impressão em outubro de 1939.

22. Ibid., p. 76.

23. Yehuda Don e George Magos, "The Demographic Development of Hungarian Jewry", *JSS*, 45:3/4 (1983), pp. 189-216.

24. L. Finkelstein, "L'état de santé de la population juive en Lithuanie", *Revue "OSÉ"*, maio de 1937, p. 2.

25. Mordechai Altshuler, *Soviet Jewry on the Eve of the Holocaust: A Social and Demographic Profile* (Jerusalém, 1998), pp. 69 e 85. Quase todas as informações deste capítulo referentes às estatísticas da população judaica soviética se baseiam nos dados do censo soviético de 1926, 1937 e 1939, analisados por Altshuler.

26. Ruppin, *Jews in the Modern World*, p. 264.

27. Ibid., pp. 94-5.

28. Liebmann Hersch, "The Principal Causes of Death Among Jews", *Medical Leaves* 4 (1942), pp. 56-77.

29. Jerzy Tomaszewski, "Jews in Łódź in 1931 According to Statistics", *Polin* 6 (1991), p. 198.

30. Finkelstein, "L'état de santé", p. 5.

31. Ibid.

32. Don e Magos, "Demographic Development".

33. Bruno Blau, "On the Frequency of Births in Jewish Marriages", *JSS* 15:3/4 (1953), p. 246.

34. Uriah Zevi Engelman, "Intermarriage among Jews in Germany, USSR, and Switzerland", *JSS* 2:2 (1940), p. 165.

35. Sean Martin, *Jewish Life in Cracow 1918–1939* (Londres, 2004).

36. Jacob Lestchinsky, "Economic Aspects of Jewish Community Organization in Independent Poland", *JSS* 9:4 (1947), p. 336.

37. Jacob Lestchinsky, *Vohin geyen mir? Idishe vanderungen amol un haynt* (Nova York, 1944), p. 30.

38. Ruppin, *Jewish Fate*, p. 304.

39. Hirsz Abramowicz, *Profiles of a Lost World: Memoirs of East European Jewish Life before World War II* (Detroit, 1999), Introdução de David Fishman, p. 13.

40. Evyatar Friesel, *The Days and the Seasons: Memoirs* (Detroit, 1996), p. 21.

41. Omer Bartov, *Erased: Vanishing Traces of Jewish Galicia in Present-Day Ukraine* (Princeton, N.J., 2007), p. 6.

42. Frances Glazer Sternberg, "'Cities of Boundless Possibilities': Two Shtetlekh in Poland: A Social History" (Dissertação de doutorado, University of Missouri–Kansas City, 2000), p. 260.

43. S. Y. Agnon, "Betokh ayari", *in* Y. Cohen, org., *Sefer butchatch* (Tel Aviv, 1955–1956), p. 11.

44. David Bronsen, *Joseph Roth: Ein Biographie* (Colônia, 1974), p. 43.

45. Avraham Barkai e Paul Mendes-Flohr, *German-Jewish History in Modern Times*, vol. 4, *Renewal and Destruction: 1918–1945* (Nova York, 1998), pp. 16-7.

46. David H. Weinberg, *A Community on Trial: The Jews of Paris in the 1930s* (Chicago, 1974), p. 76.

47. Itzik Manger, "Idn un di daytshe kultur", *in Noente geshtaltn un andere shriftn* (Nova York, 1961), p. 467.

2: O problema cristão

1. Jacques Maritain, *A Christian Looks at the Jewish Question* (Nova York, 1939), p. 16.

2. Ibid., pp. 28-9.

3. Ibid., pp. 29-30.

4. Anna Landau-Czajka, "The Image of the Jew in the Catholic Press during the Second Republic", *Polin* 8 (1994), p. 170.

5. Maritain, *A Christian Looks*, p. 82.

6. Ibid., pp. 61-4.

7. Ibid., p. 29.

8. Eugen Weber, *Action Française: Royalism and Reaction in Twentieth Century France* (Stanford, Califórnia, 1962), p. 235.

9. Pawel Korzec, "Antisemitism in Poland as an Intellectual, Social, and Political Movement", *in* Fishman, org., *Studies on Polish Jewry*, p. 83.

10. David I. Kertzer, *The Popes Against the Jews: The Vatican's Role in the Rise of Modern Anti-Semitism* (Nova York, 2001), p. 280.

11. Ibid., p. 251.

12. Georges Passelecq e Bernard Suchecky, *L'Encyclique cachée de Pie XI: Une occasion manquée de l'Eglise face à l'antisémitisme* (Paris, 1995); Anton Rauscher, org., *Wider den Rassismus: Entwurf einer nicht erschienenen Enzyklika (1938): Texte aus dem Nachlass von Gustav Gundlach SJ* (Padeborn, 2001); Giovanni Sale, *Hitler, la Santa Sede e gli ebrei* (Milão, 2004); Frank J. Coppa, "The Hidden Encyclical of Pius XI Against Racism and Anti-Semitism Uncovered–Once Again!", *Catholic Historical Review* 84:1 (1998), pp. 63-72.

13. Lynn Viola, "The Peasant Nightmare: Visions of Apocalypse in the Soviet Countryside", *Journal of Modern History* 62:4 (1990), pp. 755-56.

14. Nicholas Hewitt, *The Life of Céline: A Critical Biography* (Oxford, 1999), pp. 167-68.

15. Eugen Weber, *The Hollow Years: France in the 1930s* (Nova York, 1994), p. 106.

16. Shmuel Ettinger, "East European Jewry from Imperial to National Policy" (trabalho não publicado).

17. Carole Fink, *Defending the Rights of Others: The Great Powers, the Jews, and International Minority Protection, 1878-1938* (Cambridge, 2004), p. 248.

18. Ibid., p. 276.

19. Arkadi Zeltser, "Inter-War Ethnic Relations and Soviet Policy: The Case of Eastern Belorussia", *Yad Vashem Studies* 34 (2006), pp. 87-124.

20. Joel Cang, "The Opposition Parties in Poland and Their Attitude towards the Jews and the Jewish Problem", *JSS* 1:2 (1939), p. 246.

21. "Letter from Poland", por Jacob Lestchinsky, *in Forverts* (Nova York), 27 de março de 1936.

22. Angela White, "Jewish Lives in the Polish Language: The Polish-Jewish Press, 1918–1939" (Dissertação de doutorado, Indiana University, 2007), p. 211.

23. Korzec, "Antisemitism in Poland", pp. 90-1.

24. Martin Andermann, "My life in Germany before and after 30 January 1933", *LBIYB* 55:1 (2010), pp. 315-28.

25. E. Rosenbaum e A. J. Sherman, *M. M. Warburg & Co. 1798–1938: Merchant Bankers of Hamburg* (Londres, 1979), p. 166.

26. Sebastian Haffner, *Defying Hitler* (Nova York, 2002), pp. 122-23.

27. Speech by Friedrich von Keller [Discurso de Friedrich von Keller], *American Jewish Year Book*, 36, 5695/1934–1935 (Filadélfia, 1934), p. 106.

28. Speech by Henri Bérenger [Discurso de Henri Bérenger], ibid., p. 108.

29. Ibid., p. 118.

30. Christian Goeschel, *Suicide in Nazi Germany* (Oxford, 2009), pp. 98-9.

31. Barkai e Mendes-Flohr, *German-Jewish History in Modern Times*, vol. 4, p. 211.

32. Abraham Ascher, *A Community under Siege: The Jews of Breslau under Nazism* (Stanford, Califórnia, 2007), p. 4.

33. Weber, *Hollow Years*, p. 305.

34. Memorandum of telephone conversation [Memorando de conversa telefônica], 30 de novembro de 1936, JDCNY AR 1933–1944, arquivo 695.

35. Max Horkheimer, "Die Juden und Europa", *Zeitschrift für Sozialforschung*, 8:1/2 (1939–1940), pp. 115-37.

36. Bernard Wasserstein, "Blame the Victim", *Times Literary Supplement*, 9 de outubro de 2009: uma versão mais completa, com anotações, está disponível em holandês: Bernard Wasserstein *et al.*, *Hannah Arendt en de geschiedschrijving: Een controverse* (Nijmegen, 2010).

37. Texto completo *in* Marc B. Shapiro, *Between the Yeshiva World and Modern Orthodoxy: The Life and Works of Rabbi Jehiel Jacob Weinberg 1884–1966* (Oxford, 1999), Apêndice 2, pp. 225-33.

38. David Sha'ari, "The Jewish Community of Cernauti between the Wars", *Shvut* 7:23 (1998), p. 116.

39. Introdução a Wilhelm Filderman, *Memoirs and Diaries*, vol. 1, *1900–1940*, org. Jean Ancel (Tel Aviv, 2004), p. 13.

40. Memoir of Chanan (Hans) Floersheim, LBINY ME 1300, p. 2.

41. Ibid.

42. Marci Shore, *Caviar and Ashes: A Warsaw Generation's Life and Death in Marxism, 1918–1968* (New Haven, Connecticut, 2006), p. 139.

43. Sinai Leichter, org., *Anthology of Yiddish Folksongs*, vol. 5 (Jerusalém, 2000), pp. 229-33. Consulte Natan Gross, "Mordechai Gebirtig: The Folksong and the Cabaret Song", *Polin* 16 (2003), pp. 107-17.

3: Grandes e exibicionistas

1. Citado em *Unity in Dispersion: A History of the World Jewish Congress* (Nova York, 1948), p. 13.

2. Brenda S. Webster, "Helene Deutsch: A New Look", *Signs* 10:3 (1985), p. 556.

3. Aviso impresso, 13 Marcheshvan 5691 (4 de novembro de 1930), IISH Bund 331; e sim. 2 Marcheshvan 5699 (27 de outubro de 1938), YA 28/2/Bobov.

4. Aviezer Ravitzky, "Munkács and Jerusalem", *in* S. Almog, J. Reinharz e A. Shapira, orgs., *Zionism and Religion* (Hanôver, N.H., 1998), p. 71.

5. YA RG 28 caixa 1, pasta BELZ.

6. Marcus Moseley, "Bal-Makhshoves", *in* Gershon Hundert, org., *The YIVO Encyclopaedia of the Jews in Eastern Europe* (New Haven, Connecticut, 2008), vol. 1, p. 116.

7. Dan Jacobson, "A Memoir of Jabotinsky", *Commentary* 31:6 (junho de 1961), p. 520.

8. Eran Kaplan, *The Jewish Radical Right: Revisionist Zionism and Its Ideological Legacy* (Madison, Wis., 2005), p. 28.

9. Melekh Ravitch, "Emanuel Ringelblum", *in* Cohen, org., *Sefer butchatch*, pp. 227-28.

10. Julius Braunthal, *In Search of the Millennium* (Londres, 1945), p. 5.

11. Jean Lacouture, *Léon Blum* (Paris, 1977), p. 205.

12. Selma Leydesdorf, "In Search of the Picture: Jewish Proletarians in Amsterdam between the Two World Wars", *in* Jozeph Michman, org., *Dutch Jewish History* (Jerusalém, 1984), p. 326.

13. Marcel Pauker, *Ein Lebenslauf: Jüdisches Schicksal in Rumänien 1896–1938*, org. William Totok e Erhard Roy Wiehn (Constance, 1999), p. 24.

14. Isaac Deutscher, "Who is a Jew?", *in* Isaac Deutscher, *The Non-Jewish Jew and other Essays* (Londres, 1968), pp. 42-59.

15. Jeff Schatz, "Jews and the Communist Movement in Interwar Poland", *Studies in Contemporary Jewry* 20 (2004), p. 20.

16. Moshé Zalcman, *La véridique histoire de Moshé, ouvrier juif et communiste au temps de Staline* (Paris, 1977), p. 40.

17. A. Kichelewsky, "Being a Jew and a Communist in 1930s France: Dilemmas seen through a Yiddish daily newspaper, the '*Naye Prese*'", *in* A. Grabski, org., *Żydzi a lewica: Zbiór studiów historycznych* (Varsóvia, 2007), p. 93.

18. Michel Trebitsch, "'De la situation faite à l'écrivain juif dans le monde moderne': Jean-Richard Bloch entre identité, littérature et engagement", *Archives Juives* 36:2 (2003), p. 47.

19. Ibid., p. 53.

20. Joshua Rubenstein, *Tangled Loyalties: The Life and Times of Ilya Ehrenburg* (Tuscaloosa, Ala., 1999), p. 132.

21. Annie Kriegel e Stéphane Courtois, *Eugen Fried: Le grand secret du PCF* (Paris, 1997).

22. S. L. Shneiderman, "Notes for an Autobiography", http://www.lib.umd.edu/SLSES/donors/autobio.html.

23. Ibid.

24. Koppel S. Pinson, "Arkady Kremer, Vladimir Medem, and the Ideology of the Jewish Bund", *JSS* 7:3 (1945), p. 245.

25. Emanuel Nowogrodski, *The Jewish Labor Bund in Poland 1915–1939* (Rockville, Md., 2001), capítulo 6.

26. Manifesto adotado no Congresso de 1937, do quadragésimo aniversário, novembro de 1937, citado ibid., p. 169.

27. Gertrud Pickhan, "Yidishkayt and class consciousness: The Bund and its minority concept", *East European Jewish Affairs* 39:2 (2009), p. 259.

28. Sophie Dubnow-Erlich, *The Life and Work of S. M. Dubnow* (Bloomington, Indiana, 1991), p. 229.

29. Victor Erlich, *Child of a Turbulent Century* (Evanston, Ill., 2006), p. 39.

30. Ibid.

31. Sinai Leichter, org., *Anthology of Jewish Folksongs*, vol. 6 (Jerusalém, 2002), p. 221-22.

32. *Folks-tsaytung*, 5 de julho de 1935, como citado em Nowogrodski, *Jewish Labor Bund*, p. 152.

33. Jacob Lestchinski, "Vu iz der oysveg?", *Naye shtime*, julho de 1938, p. 6.

34. A descrição, feita pelo jornalista australiano George Farmer, é citada por Beverley Hooper no seu verbete na *Australian National Biography*, edição *on-line*, http://adbonline.anu.edu.au/biogs/A160362b.htm.

35. "Gershon Malakiewicz", *in* Abramowicz, *Profiles of a Lost World*, pp. 289-90.

36. Zalcman, *Histoire véridique*, p. 29.

37. *Naye folks-tsaytung*, 2 de dezembro de 1930.

38. Weinberg, *Community on Trial*, p. 56.

39. Robert Moses Shapiro, "The Polish *Kehillah* Elections of 1936: A Revolution Re-examined", *Polin* 8 (1994), pp. 210, 213.

4: Da shtetl *à* shtot

1. Zvi Gitelman, "Correlates, Causes and Consequences of Jewish Fertility in the USSR", *in* Paul Ritterband, org., *Modern Jewish Fertility* (Leiden, 1981), p. 45.

2. Schnurmann, "La mortalité", pp. 7-8.

3. Hirsz Abramowicz, "Rural Jewish Occupations", *in* Abramowicz, *Profiles of a Lost World*, p. 76.

4. Altshuler, *Soviet Jewry on the Eve of the Holocaust*, p. 44.

5. Ibid., p. 15.

6. Reproduzido em Leyzer Ran, org., *Yerusholoyim d'Lite*, vol. 1 (Nova York, 1974), p. 92.

7. Arnold J. Band, "Agnon's Synthetic Shtetl", *in* Steven T. Katz, org., *The Shtetl: New Evaluations* (Nova York, 2007), p. 234.

8. Mikhail Krutikov, "Rediscovering the Shtetl as a New Reality", *in* Katz, org., *Shtetl*, p. 211.

9. Nathalie Babel, org., *The Complete Works of Isaac Babel* (Nova York, 2005), p. 742. Este fragmento de um romance não publicado não apareceu impresso durante a vida de Babel.

10. Wolf Lewkowicz para Sol Zissman, 14 de maio de 1933, tradução inglesa do iídiche em http://web.mit.edu/maz/wolf/65-179/wolf134.txt.

11. "The Plight of Jewish Children in Ostrog", outubro de 1937, JDCNY AR 33-44/822.

12. "Probuzhana", report by Economic-Statistical Bureau of C.K.B. (Central Society for the Support of Free Credit and the Spread of Productive Labour among the Jewish Population of Poland) [relatório do Departamento Econômico-Estatístico da C.K.B. (Sociedade Central para o Apoio do Crédito Gratuito e da Propagação do Trabalho Produtivo entre a População Judaica da Polônia)], Varsóvia, c. 1935, YA 116, Polônia 1/6/26.

13. Abramowicz, "A Lithuanian Shtetl", *in* Abramowicz, *Profiles of a Lost World*, pp. 77-98.

14. Samuel Kassow, Introdução a Katz, org., *Shtetl*, pp. 8-9.

15. Entrevista com Yermye Herscheles, nascido em Gliniany, citado em Walter Zev Feldman, "Remembrance of Things Past: Klezmer Musicians of Galicia, 1870–1940", *Polin* 16 (2003), pp. 29-57.

16. Samuel Kassow, "The Shtetl in Inter-War Poland", *in* Katz, org., *Shtetl*, p. 125.

17. Wolf Lewkowicz para Sol Zissman, 8 de outubro de 1926, tradução inglesa do iídiche em http://web.mit.edu/maz/wolf/29-64/wolf61.txt.

18. International Conference on Jewish Social Work [Conferência Internacional sobre Assistência Social Judaica], Londres, julho de 1936, Sinopse de Relatórios, WL doc 1240/40, XVI/4.

19. *Baranovitsher kuryer*, 17 de abril e 17 de julho de 1936.

20. Sternberg, "'Cities of Boundless Possibilities'", pp. 223-24.

21. Gennady Estraikh, *Soviet Yiddish: Language Planning and Linguistic Development* (Oxford, 1999), p. 24, citando um trabalho de Ja. Kantor publicado em Moscou em 1935.

22. Dovid Hofshteyn, "Shtot", texto em iídiche de Irving Howe, Ruth R. Wisse e Khone Shmeruk, *The Penguin Book of Modern Yiddish Verse* (Nova York, 1987), p. 263.

23. *Yoyvel-heft gevidmet dem 5 yorikn yoyvel fun di pirkhey agudos yisroel in ontverpn* (Antuérpia, Adar 5696/Março de 1936), p. 1.

24. Altshuler, *Soviet Jewry on the Eve of the Holocaust*, p. 40.

25. Beate Kosmala, *Juden und Deutsche in polnischen Haus: Tomaszów Mazowiecki 1914–1939* (Berlim, 2001), p. 90.

26. Isaac Bashevis Singer, *Shosha* (Nova York, 1978; publicado inicialmente em iídiche 1974), p. 70.

27. Itzik Nakhmen Gottesman, *Redefining the Yiddish Nation: The Jewish Folklorists of Poland* (Detroit, 2003), p. 134.

28. "Gezelshaft medem-sanatorye", c. 1937, YA 1474/1/1.

29. YA 1474/1/7.

30. Zalcman, *Histoire véridique*, p. 51.

31. Weinberg, *Community on Trial*, p. 37.

32. *Naye prese*, 12 de setembro de 1935, citado ibid., p. 41.

33. Shmuel Bunim, "Sur les traces de quelques cafés juifs du Paris des années trente", *Les Cahiers du Judaïsme* 26 (2009), pp. 46-51.

34. *Arbet un kamf: Barikht fun tsentraln profesioneln rat fun di yidishe klasnfaraynen in Poyln* (Varsóvia, agosto de 1939), p. ii.

35. *Der transport arbeter*, dezembro de 1936, p. 4.

36. *Der transport arbeter*, dezembro de 1936, pp. 11-2.

37. S. Glikson, *Der yidishe frizir-arbeter in varshe* (Varsóvia, 1939), p. 24.

5: Novas Jerusaléns

1. Egon Erwin Kisch, *Tales from Seven Ghettos* (Londres, 1948), p. 178.

2. Siegfried E. van Praag, *Jerusalem van het Westen* (Haia, 1961).

3. J. C. H. Blom e J. J. Chaen, "Jewish Netherlanders, 1870–1940", *in* J. C. H. Blom, R. G. Fuks-Mansfeld e I. Schöffer, org., *The History of the Jews in the Netherlands* (Oxford, 2002), p. 236.

4. Benno Gitter, *The Story of My Life* (Londres, 1999), p. 17.

5. C. Wijsenbeek-Franken, Report on the Conditions of Jewish Social Work in Holland [Relatório sobre as Condições do Serviço de Assistência Social Judaica na Holanda], junho de 1936, WL doc 1240/2, p. 11.

6. Simone Lipschitz, *Die Amsterdamse Diamantbeurs* (Amsterdã, 1990), p. 146.

7. Meijer de Hond, descrevendo a área na década de 1920, citado em Selma Leydesdorff, *We Lived with Dignity: The Jewish Proletariat of Amsterdam, 1900–1940* (Detroit, 1994), pp. 42-3.

8. Gertrude van Tijn, memória suplementar, LBINY ME 1335, p. 26.

9. Leydesdorff, *We Lived with Dignity*, p. 81.

10. Introdução a Jonathan Israel e Reinier Salverda, orgs., *Dutch Jewry: Its History and Secular Culture 1500–2000* (Leiden, 2002), pp. 6-7.

11. C. Wijsenbeek-Franken, Report on the Conditions of Jewish Social Work in Holland [Relatório sobre as Condições do Serviço de Assistência Social Judaica na Holanda], junho de 1936, WL doc 1240/2, p. 15.

12. Karin Hofmeester, "Holland's Greatest Beggar: Fundraising and Public Relations at the Joodsche Invalide", *Studia Rosenthaliana* 33:1 (1999), pp. 47-59.

13. J. C. H. Blom, "Dutch Jews, Jewish Dutchmen and Jews in the Netherlands 1870–1940", *in* Israel and Salverda, orgs., *Dutch Jewry*, p. 221.

14. Bob Moore, *Refugees from Nazi Germany in the Netherlands, 1933–1940* (Dordrecht, 1986), p. 71.

15. Comité voor Bijzondere Joodsche Belangen, Amsterdã, circular, 1º de abril de 1935, Bibl. Ros. Vereenigingen Comité–G.

16. Gertrude van Tijn para James G. McDonald, 5 de abril de 1935, JDCNY AR 1933–44, pasta 703.

17. Melissa Müller, *Anne Frank: The Biography* (Londres, 2000), p. 43.

18. Salvador E. Bloemgarten, "Henri Polak: A Jew and a Dutchman", *in* Jozeph Michman, org., *Dutch Jewish History* (Jerusalém, 1984), p. 262.

19. Henri Polak, *Het "wetenschappelijk" antisemitisme: weerlegging en vertoog* (Amsterdã, 1933).

20. Gennady Estraikh, "The Vilna Yiddishists' Quest for Modernity," *in* Marina Dmitrieva e Heidemarie Petersen, orgs., *Jüdische Kultur(en) im Neuen Europa: Wilna 1918–1939* (Wiesbaden, 2004), p. 102.

21. Franz Kurski, arquivista do Bund, citado em Pickhan, "*Yidishkayt* and class consciousness", p. 250.

22. Czesław Miłosz, "Miłosz's ABCs", *New York Review of Books*, 2 de novembro de 2000.

23. Czesław Miłosz, *Native Realm: A Search for Self-Definition* (Nova York, 1968), p. 92.

24. Ran, org., *Yerusholoyim d'Lite*, vol. 1, p. 40.

25. Yves Plasseraud e Henri Minczeles, orgs., *Lituanie juive, 1918–1940: Message d'un monde englouti* (Paris, 1996), pp. 62-3.

26. Abramowicz, *Profiles of a Lost World*, p. 31.

27. Citações de um jornal letão em iídiche e de um artigo de Michal Weichert em Cecile Kuznitz, "The Origins of Yiddish Scholarship and the YIVO Institute for Jewish Research" (Dissertação de doutorado, Stanford University, 2000), pp. 78-9.

28. Joshua M. Karlip, "Between martyrology and historiography: Elias Tcherikower and the making of a pogrom historian", *East European Jewish Affairs* 38:3 (dezembro de 2008), p. 268.

29. Ibid., p. 272.

30. Memórias de Sonia Wachstein, LBINY ME 1068, p. 37.

31. Barbara Kirschenblatt-Gimblett, "Coming of Age in the Thirties: Max Weinreich, Edward Sapir, and Jewish Social Science", *YIVO Annual* 23 (1996), p. 87.

32. *Literarishe bleter*, 18 de janeiro de 1929.

33. Libe Schildkret (posteriormente Lucy Dawidowicz), citada em Kuznitz, "Origins of Yiddish Scholarship", p. 144.

34. Carta de Dubnow para Jacob Lestchinsky, citada em Dubnow-Erlich, *Life and Work of S. M. Dubnow*, p. 216.

35. Howe *et al.*, orgs., *Penguin Book of Modern Yiddish Verse*, pp. 406-11.

36. "B. Vladek", "A blik oyf tsurik", *in* Yefim Yeshurun, org., *Vilne: a zamelbukh gevidmet der shtot vilne* (Nova York, 1935), p. 211.

37. Elissa Bemporad, "Red Star on the Jewish Street: The Reshaping of Jewish Life in Soviet Minsk, 1917–1939" (Dissertação de doutorado, Stanford University, 2006), p. 121.

38. Ibid., p. 49.

39. Ibid., p. 176.

40. Ibid., p. 207.

41. Consulte "Jewish pigs" e outros cartuns reproduzidos em Andrew Sloin, "Pale Fire: Jews in Revolutionary Belorussia, 1917–1929" (Dissertação de doutorado, University of Chicago, 2009), pp. 481 ss.

42. Ibid., p. 352.

43. Ibid., capítulo 6.

44. Gentille Arditty-Puller, "Poésie d'une Salonique disparu", *Le Judaïsme Sépharadi*, n.e., p. 11 (julho de 1956).

45. Mark Mazower, *Salonica: City of Ghosts* (Londres, 2004), p. 304.

46. Rena Molho, *Salonica and Istanbul: Social, Political and Cultural Aspects of Jewish Life* (Analecta Isisiana, p. 83, Istambul, 2005), p. 39.

47. "Memoire sovre los escopos, la activita etc. de las institutions de bienfaisencia", comunidade judaica de Thessaloniki, 16 de maio de 1939, YA 207/87; consulte também documentos correlatos nesse grupo de registro.

48. Mazower, *Salonica*, p. 367.

49. *The New York Times*, 21 de maio de 2009.

50. Citado em Gila Hadar, "Space and Time in Saloniki on the Eve of World War II, and the Expulsion and Destruction of Saloniki Jewry, 1939–1945", *Yalkut Moreshet* 4 (2006), p. 50.

51. Ioannis Skourtis, "The Zionists and their Jewish Opponents in Thessaloniki between the Two World Wars", *in* I. K. Hassiotis, org., *The Jewish Communities of Southeastern Europe from the Fifteenth Century to the end of World War II* (Thessaloniki, 1997), p. 511.

52. Mazower, *Salonica*, p. 409.

53. L'Inspecteur des Ecoles Communales Israélites [o nome não aparece na cópia em papel carbono] para M. Batsoutas, Inspecteur des Ecoles Publiques, 24 de janeiro de 1929, CAHJP GR/sa/47.

54. Carta [assinatura indecifrável] para um dos membros da Comissão Educacional de Salônica da comunidade, 27 de junho de 1937, YA 207/119.

55. *L'Indépendant*, 8 de maio de 1939.

56. Presidente do Conselho Comunitário, Salônica, para a Comissão de Educação Comunitária, 20 de maio de 1937, YA 207/145.

57. K. E. Fleming, *Greece: A Jewish History* (Princeton, 2008), p. 99.

58. Yitzhak Bezalel, "Bikoret mahutanit shel mister green: ben gurion al yehudei saloniki", *Pe'amim* 109 (2006), pp. 149-53.

59. Shmuel Raphael, "The Longing for Zion in Judeo-Spanish (Ladino) Poetry", *in* Minna Rozen, org., *The Last Ottoman Century and Beyond: The Jews in Turkey and the Balkans, 1808–45*, vol. 2 (Tel Aviv, 2002), p. 216, citando A. S. Recanati, "Los escariños por la Palestine", *Ben-Israel* (1923), p. 15.

60. "Salonique: Le nouveau Conseil Communal", *Le Judaïsme Sépharadi* 24 (dezembro de 1934).

61. Minna Rozen, "Jews and Greeks Remember Their Past: The Political Career of Tzevi Koretz (1933–43)", *JSS*, n.e., 12:1 (2005), pp. 111-66.

62. Citado ibid., p. 135.

63. *L'Indépendant*, 3 de junho de 1939.

64. Protocolo de reunião do Conselho Comunitário, 6 de janeiro de 1939, CAHJP GR/sa/59.

65. Consulte *Acción* and *Le Progrès*, janeiro de 1939.

66. *L'Indépendant*, 8 de maio de 1939.

67. *L'Indépendant*, 12 de julho de 1939, consulte também o depoimento de Ruth Calfon, 1956, a respeito de Stela Masarano, YV.

68. Mazower, *Salonica*, p. 404.

69. *L'Indépendant*, 9 de janeiro de 1939.

6: *Homens santos*

1. Wolf Lewkowicz para Sol Zissman, 14 de outubro de 1928, tradução inglesa do iídiche em http://web.mit.edu/maz/wolf/65-179/wolf94.txt.

2. Gold, *Life of Jews*, pp. 99-100.

3. Schmuel Osterzetser, "Agudistishe yugnt", *Yoyvel-heft gevidmet dem 5-yorikn yoyvel fun di pirkhey agudos yisroel in ontverpn* (Antwerp, Adar 5696/março de 1936), p. 2.

4. Gershon Greenberg, "Ontic Division and Religious Survival: Wartime Palestinian Orthodoxy and the Holocaust (Hurban)", *Modern Judaism* 14:1 (1994), p. 51.

5. Consulte Shapiro, *Between the Yeshiva World and Modern Orthodoxy*, pp. 95-6.

6. Samuel C. Heilman, "The Many Faces of Orthodoxy", 1ª Parte, *Modern Judaism* 2:1 (1982), pp. 43, 45.

7. Yeshayahu A. Jelinek, *The Carpathian Diaspora: The Jews of Subcarpathian Rus' and Mukachevo, 1848–1948* (Nova York, 2007), p. 163.

8. Raphael Patai, *Apprentice in Budapest: Memories of a World That Is No More* (Salt Lake City, 1988), p. 306.

9. Allan L. Nadler, "The War on Modernity of R. Hayyim Elazar Shapira of Munkacz", *Modern Judaism* 14:3 (1994), p. 237.

10. Ravitzky, "Munkács and Jerusalem", p. 67.

11. Nadler, "War on Modernity", p. 256.

12. Jelinek, *Carpathian Diaspora*, p. 175.

13. Nadler, "War on Modernity", p. 250.

14. Jelinek, *Carpathian Diaspora*, pp. 172-73.

15. *Le Judaïsme Sépharadi* 31–3 (agosto-setembro de 1935).

16. Alexander Altmann, "The German Rabbi: 1910–1939", *LBIYB* 19 (1974), p. 31.

17. Christhard Hoffman e Daniel R. Schwarz, "Early but Opposed–Supported but Late: Two Berlin Seminaries which Attempted to Move Abroad", *LBIYB* 36 (1991), pp. 267-304.

18. Harriet Pass Freidenreich, *Jewish Politics in Vienna, 1918–1938* (Bloomington, Indiana, 1991), p. 124.

19. George Alexander Kohut, *in* Victor Aptowitzer *et al.*, orgs., *Abhandlungen zur Erinnerung an Hirsch Perez Chajes* (Viena, 1933), p. lix.

20. Joachim Prinz, "Abschied von einer Arbeit", *Jüdische Rundschau*, 27 de julho de 1937. A alusão é à passagem em Jeremias 31:1–16, na qual o profeta conforta as pessoas que choram com a perspectiva de um retorno às suas fronteiras partindo "da terra do inimigo" (frase que, sem dúvida, não poderia ter sido impressa na Alemanha nazista).

21. Memórias de Dan Porat, LBINY ME 1060, p. 4.

22. Joseph Carlebach, *Der Chederprozess im Stadttheater zu Witebsk: Ein kulturgeschichtliches Dokument* (Berlim, 1924), p. 31.

23. Memórias de Porat, LBINY ME 1060, p. 3.

24. Ibid., p. 2.

25. Martin, *Jewish Life in Cracow*, pp. 160-61.

26. Sabina Lewin, "Observations on the State as a Factor in the History of Jewish Private Elementary Schooling in the Second Polish Republic", *Gal-Ed* 18 (2002), p. 65.

27. Y. Y. Inditski, "Vi hot oysgezen der amoliger kheder", *Unzer Lebn* (Białystok), julho de 1939.

28. Sternberg, "'Cities of Boundless Possibilities'", p. 119.

29. Gold, *Life of Jews*, pp. 46-7.

30. Shaul Stampfer, "Hasidic Yeshivot in Inter-War Poland", *Polin* 11 (1998), p. 23.

31. Gold, *Life of Jews*, pp. 117-18.

32. Shapiro, *Between the Yeshiva World and Modern Orthodoxy*, p. 5.

33. David Fishman, "The Musar Movement in Interwar Poland", *in* Yisrael Gutman *et al.*, orgs., *The Jews of Poland Between Two World Wars* (Hanôver, N.H., 1989), p. 251.

34. YA 767/1/Lublin *yeshiva* and 767/1/Warsaw-Otwock.

35. Formulário de informações sobre a *yeshiva* Ponevezh apresentando à Haffkine Foundation, Paris, YA 767/1/Ponevezh.

36. Formulário de informações sobre a *yeshiva* Mir apresentado ao "Joint", março de 1939, JDC-NY AR 33–44/836.

37. Richard Fuchs, "The 'Hochschule für die Wissenschaft des Judentums' in the Period of Nazi Rule", *LBIYB*, 12 (1967), p. 10.

38. Ibid., p. 21.

39. Raphael Patai, *Apprenticeship in Budapest*, p. 320.

40. Ibid., pp. 340-41.

41. Joseph Roth, "The Auto-da-fé of the Mind", *in What I Saw: Reports from Berlin 1920–1933* (Nova York, 2003), pp. 210-11; esse artigo foi publicado pela primeira vez nos *Cahiers juifs* (Paris), setembro-novembro de 1933.

42. Myriam Anissimov, *Primo Levi: Tragedy of an Optimist* (Nova York, 1999), p. 20.

43. Memórias de Robert Kanfer, LBINY ME 1518, p. 8.

44. Aryeh Yodfat, "The Soviet Struggle to Destroy Jewish Religious Education in the Early Years of the Regime, 1917–1927", *Journal of Jewish Education* 40:3 (1970), p. 33.

45. Elias Schulman, *A History of Jewish Education in the Soviet Union* (Nova York, 1971), p. 59.

46. Leyb Abram *et al.*, orgs., *Der mishpet ibren kheyder* (Vitebsk, 1922).

47. Yodfat, "Soviet Struggle", p. 37.

48. Aryeh Yodfat, "Jewish Religious Education in the USSR (1928–1971)", *Journal of Jewish Education* 42:1 (1972), p. 31.

49. Bemporad, "Red Star on the Jewish Street", pp. 149-50.

50. K. Beznosik, M. Erik e Y. Rubin, orgs., *Antireligyezer literarisher leyenbukh* (Moscou, 1930), p. 4.

51. Ibid., p. 5.

52. "Gedali", *in* Babel, org., *Complete Works of Isaac Babel*, p. 228.

53. Zalcman, *Histoire véridique*, p. 114.

54. Yodfat, "Jewish Religious Education", p. 31.

55. Ibid., p. 33.

56. Meir Mushkatin, "In der tsayt fun bolshevikes", *in* Grigori Aronson, org., *Vitebsk amol: geshikhte, zikhroynes, khurbn* (Nova York, 1983), pp. 593-602.

57. Clive Sinclair, *The Brothers Singer* (Londres, 1983), p. 117.

58. Consulte a correspondência de Aharon-Yosef Hershunov em Tul'chyn (10 de julho de 1936) e do rabino Nahman Sternharz em Uman e Berdichev (1934 e 1937), incluída com comentários em cartas de M. L. Hershunov (Montreal) para Max Weinreich (Nova York), 24 de março e 22 de abril de 1944, CAHJP RU/84.

59. Avraham Greenbaum, *Rabanei brit ha-moatsot bein milhamot ha-olam* (Jerusalém, 1994), p. 28.

60. Altshuler, *Soviet Jewry on the Eve of the Holocaust*, pp. 98-101.

7: Mulheres profanas

1. Gold, *Life of Jews*, p. 55.

2. *Mishnah Sotah* 3:4.

3. *Berakhot* 10a; Nadler, "War on Modernity", p. 253.

4. Ruth Rubin, "Nineteenth-Century Yiddish Folk Songs of Children in Eastern Europe", *Journal of American Folklore* 65:257 (1952), p. 240.

5. Rae Dalven, *The Jews of Ioannina* (Filadélfia, 1990), p. 132.

6. Rafael Scharf, *Poland, What Have I to Do With Thee ... Essays Without Prejudice* (Londres, 1996), p. 18.

7. Lucjan Dobroszycki, "The Fertility of Modern Polish Jewry", *in* Ritterband, org., *Modern Jewish Fertility*, p. 69.

8. Altshuler, *Soviet Jewry on the Eve of the Holocaust*, p. 67.

9. Fred S. Worms, *A Life in Three Cities: Frankfurt, London, and Jerusalem* (Londres, 1996), p. 13.

10. Consulte Jordan D. Finkin, *A Rhetorical Conversation: Jewish Discourse in Modern Yiddish Literature* (University Park, Penn., 2010), p. 83.

11. Mayer Bogdanski, "Dos yidishe kultur-lebn in farmilkhomdikn pyeterkov", *Oksforder yidish* 1 (1990), p. 48.

12. Aharon Vinkovetzky, Abba Kovner e Sinai Leichter, orgs., *Anthology of Yiddish Folksongs*, vol. 2 (Jerusalém, 1984), pp. 90-1.

13. S. Binder, "Di demografishe bavegung in yidishn kibuts fun kaunas", *in* S. Binder *et al.*, *Yidn in kaunas* (Kaunas, 1939), p. 33.

14. Altshuler, *Soviet Jewry on the Eve of the Holocaust*, p. 78.

15. *Unzer ekspres*, 9 de agosto de 1939.

16. Esse caso está registrado em P. Anderman-Neuberger, "Bet ha-yetumim be-butchatch", *in* Cohen, org., *Sefer butchatch*, pp. 184-85.

17. Marion A. Kaplan, *The Jewish Feminist Movement in Germany: The Campaigns of the Jüdischer Frauenbund, 1904–1938* (Westport, Connecticut, 1979), pp. 38-9.

18. Alice Salomon, *Charakter ist Schicksal: Lebenserinnerungen* (Weinheim, 1983), p. 139.

19. Marloes Schoonheim, "Stemming the Current: Dutch Jewish Women and the First Feminist Movement", *in* Judith Frishman e Hetty Berg, orgs., *Dutch Jewry in a Cultural Maelstrom 1880–1940* (Amsterdã, 2007), p. 174.

20. Selma Leydesdorff, "Dutch Jewish Women: Integration and Modernity", ibid., p. 192.

21. Kaplan, *Jewish Feminist Movement*, p. 157.

22. Memórias de Dora Gross-Moszkowski, LBINY ME 834, p. 24.

23. Abram *et al.*, orgs., *Der mishpet ibren kheyder*, 36.

24. *Der Israelit*, 13 de junho de 1929.

25. *C.V. Zeitung*, 14 de junho de 1929.

26. *Yidishe bilder*, 8 de julho de 1938.

27. Joseph Roth, *The Wandering Jews*, trad. Michael Hofmann (Nova York, 2001), p. 85.

28. Dahlia S. Elazar, "'Engines of Acculturation': The Last Political Generation of Jewish Women in Interwar East Europe", *Journal of Historical Sociology* 15:3 (2002), pp. 366-94.

29. Ibid., pp. 385-86.

30. Gold, *Life of Jews*, p. 56.

31. Deborah Weizman, "Bais Ya'akov as an Innovation in Women's Education: A Contribution to the Study of Education and Social Change", *Studies in Jewish Education* 7 (Jerusalém, 1995), pp. 294-95.

32. Wendy Goldman, *Women at the Gates: Gender and Industry in Stalin's Russia* (Cambridge, 2002), p. 16.

33. Anna Fishman Gonshor, "Kadye Molodowsky in *Literarishe Bleter*, 1925–1935: Annotated Bibliography" (Tese de mestrado, McGill University, 1997), p. 67.

34. *Literarishe bleter*, 3 de junho de 1927.

35. Yankev Botoshanski, "Kadya Molodowski", *Literarishe bleter*, 6 de janeiro de 1933.

36. Rokhl Korn, "Dzhike-gas un ir dikhterin", *Literarishe bleter*, 19 de janeiro de 1934.

37. Katharina von Kellenbach, "Denial and Defiance in the Work of Rabbi Regina Jonas", *in* Omer Bartov e Phyllis Mack, orgs., *In God's Name: Genocide and Religion in the Twentieth Century* (Nova York, 2001), pp. 243-58.

38. *Second Jewish International Conference on the Suppression of the Traffic in Girls and Women, 22–4 June 1927, Official Report* (Londres, 1927).

39. Iris Parush, *Reading Jewish Women: Marginality and Modernization in Nineteenth-Century Eastern European Society* (Hanôver, N.H., 2004), p. 297, citando um autor, "A", em *Hador.*

40. Leichter, org., *Anthology of Yiddish Folk Songs*, vol. 5, pp. 114-16.

8: Luftmenshn

1. Lewis Namier, "Introduction" a Ruppin, *Jews in the Modern World*, p. xxv.

2. Jelinek, *Carpathian Diaspora*, p. 125.

3. Gold, *Life of Jews*, pp. 28-30.

4. Memórias de Gerhard Schreiber, LBINY ME 1416.

5. Lev Kopelev, *The Education of a True Believer* (Nova York, 1980), pp. 44-5.

6. Deborah Hope Yalen, "Red *Kasrilevke*: Ethnographies of Economic Transformation in the Soviet Shtetl, 1917–1939" (Dissertação de doutorado, University of California, Berkeley, 2007), pp. 85-6.

7. Paul Jankowski, *Stavisky: A Confidence Man in the Republic of Virtue* (Ithaca, N.Y., 2002), p. vii.

8. Bernard Wasserstein, *The Secret Lives of Trebitsch Lincoln*, 2ª edição revista (Londres, 1989).

9. Consulte Michael Berkowitz, *The Crime of My Very Existence: Nazism and the Myth of Jewish Criminality* (Berkeley, 2007).

10. Liebmann Hersch, *Farbrekherishkayt fun yidn un nit-yidn in poyln* (Vilna, 1937); Liebmann Hers[c]h, "Delinquency among Jews: A Comparative Study of Criminality among the Jewish and Non-Jewish Population of the Polish Republic", *Journal of Criminal Law and Criminology* 27:4 (1936), pp. 515-38; Liebmann Hersch, "Complementary Data on Jewish Delinquency in Poland", *loc. cit.*, 27:6 (1937), pp. 857-73.

11. Sloin, "Pale Fire", vol. 1, p. 130.

12. Jac. van Weringh, "A Case of Homicide in the Jewish Neighbourhood of Amsterdam 1934: Reactions in Dutch Society", *in* Michman, org., *Dutch Jewish History*, p. 338.

13. Ibid., p. 340.

14. Zvi Yavetz, *Erinnerungen an Czernowitz: Wo Menschen und Bücher lebten* (Munique, 2007), pp. 228-29.

15. Gwido Zlatkes, "Urke Nachalnik: A Voice from the Underworld", *Polin* 16 (2003), p. 382. Consulte também Avraham Karpinovitch, "Sipuro hamufla shel urke nachalnik", *Kesher* 18 (1975), pp. 93-101; e Mikhl Ben-Avrom, "Urke nachalnik", *Forverts*, 23 de junho de 2006.

16. Isaac Bashevis Singer, *Shosha* (Nova York, 1978), p. 72.

17. Ibid., p. 71.

18. Shmuel Lehman, org., *Ganovim-lider mit melodyes* (Varsóvia, 1928), p. 25.

19. J. L. Cahan, *Yidisher folklor* (Vilna, 1938), p. 84. Há uma versão diferente, registrada em Zamość durante a ocupação alemã na Primeira Guerra Mundial, em Lehman, org., *Ganovim- -lider*, pp. 23-4.

20. Consulte Richard Cobb, *Paris and its Provinces 1792–1802* (Oxford, 1975), pp. 141-93.

21. "Probuzhana", relatório do Economic-Statistical Bureau of C.K.B. [Departamento Econômico-Estatístico da C.K.B.], aproximadamente em 1935, YA 116, Polônia 1/6/26.

22. Sem data, relatório contemporâneo, citado em Yeshayahu A. Jelinek, "Jewish Youth in Carpatho Rus': Between Hope and Despair, 1920–1938", *Shvut* 7:23 (1998), pp. 148-49.

23. *The New York Times*, 25 de julho de 1938.

24. *Parizer haynt*, 25, 27 de julho de 1938.

25. *Action française*, 29 de julho de 1938; Kurt Ihlefeld, "Das Judenportrait. Isaak Leifer. Oberrabiner und Rauschgiftschmuggler", *Mitteilungen über die Judenfrage* 2:26/7 (1938).

26. *Parizer haynt*, 28 de julho de 1938.

27. *Parizer haynt*, 29 de julho, e 2, 8 e 18 de agosto de 1938.

28. *The New York Times*, 21 de junho e 5 de agosto de 1939.

29. Arcadius Kahan, "Vilna: The Sociocultural Anatomy of a Jewish Community in Interwar Poland", *in Essays in Jewish Social and Economic History* (Chicago, 1986), p. 152.

30. "Odessa," *in* Babel, org., *Complete Works of Isaac Babel*, p. 77.

31. Jarrod Tanny, "City of Rogues and Schnorrers: The Myth of Old Odessa in Russian and Jewish Culture" (Dissertação de doutorado, University of California, Berkeley, 2009), pp. 204-05.

32. Jarrod Tanny, "*Kvetching* and Carousing under Communism: Old Odessa as the Soviet Union's Jewish City of Sin", *East European Jewish Affairs* 39:3 (dezembro de 2009), p. 318.

33. Robert A. Rothstein, "How It Was Sung in Odessa: At the Intersection of Russian and Yiddish Folk Culture", *Slavic Review* 60:4 (2001), p. 791.

34. Tanny "City of Rogues and Schnorrers", p. 171.

35. Ibid., pp. 152-53.

36. Ibid., pp. 276-77.

37. S. Frederick Starr, *Red and Hot: The Fate of Jazz in the Soviet Union, 1917–1980* (Nova York, 1983), p. 127.

38. Rothstein, "How It Was Sung in Odessa", pp. 794-95.

39. Moshe Beregovski, *Old Jewish Folk Music: The Collections and Writings of Moshe Beregovski*, org. e trad. Mark Slobin (Filadélfia, 1982), p. 273.

40. *Emes*, 2 de fevereiro de 1922, citado em Jackie Wullschlager, *Chagall: A Biography* (Nova York, 2008), p. 270.

41. Marc Chagall, *My Life* (Nova York, 1994), p. 169.

42. Jelinek, *Carpathian Diaspora*, p. 27.

43. Vasily Grossman, "In the Town of Berdichev", *in The Road: Stories, Journalism, and Essays* (Nova York, 2010), p. 19.

44. "Betler-Legende", por Itzik Manger, *in* Sinai Leichter, org., *Anthology of Yiddish Folksongs*, vol. 7, *The Itzik Manger Volume* (Jerusalém, 2004), pp. 189-92.

45. *Dos naye emese vort*, 21 de junho de 1935.

46. *Dos emese vort*, janeiro de 1936.

47. Odile Sugenas, "Ville et 'shtetl' au quotidien", *in* Plasseraud and Minczeles, orgs., *Lituanie juive*, 74.

48. Protokoll des II. "Kongresses des Verbandes Jüdischer Taubstummen der Republik Polen", 8 de março de 1931, YA 54/1/4.

49. Sucursal para a Associação Central, 8 de janeiro de 1936, YA 54/1/21.

50. Eva Plach, "Introducing Miss Judea 1929: The Politics of Beauty, Race, and Zionism in Inter--War Poland", *Polin* 20 (2008), p. 384.

51. Artigo do Dr. W. Meisl, Maccabi World Union Press Bulletin, 10 de julho de 1935 (publicado em Londres em alemão).

52. Sharon Gillerman, "Zishe Breitbart", *in* Hundert, org., *YIVO Encyclopedia of Jews in Eastern Europe*, vol. 1, pp. 324-25.

53. *New York Times*, 4 de maio de 2009; *Independent*, 23 de maio de 2009; *The Times*, 22 de junho de 2009.

54. Roni Gechtman, "Socialist Mass Politics Through Sport: The Bund's Morgnshtern in Poland, 1926–1939", *Journal of Sports History* 26:2 (1999), pp. 326-52.

55. Memórias de Gerhard Schreiber, LBINY ME 1416.

56. *Daily Telegraph*, 13 de fevereiro de 2006; *The Times*, 13 de julho de 2009; *Haaretz*, 29 de julho de 2009.

9: Judeus não judeus

1. Memórias de Martin O. Stern, LBINY, ME 1339.

2. *Gittin* 11b.

3. Martin Jay, *Adorno* (Cambridge, Mass., 1984), p. 19.

4. Rodney Livingstone, "Some Aspects of German-Jewish Names", *German Life and Letters* 58:2 (2005), p. 170.

5. Carta sem data (janeiro de 1915), *in* Béatrice Mousli, *Max Jacob* (Paris, 2005), p. 158.

6. Carta sem data (janeiro de 1939), *in* Max Jacob, *Lettres de Max Jacob à Edmond Jabès* (Pessac, 2003), p. 72.

7. Momme Brodersen, *Walter Benjamin: A Biography* (Londres, 1996), p. 18.

8. Todd M. Endelman, "Introduction" to Todd M. Endelman, org., *Jewish Apostasy in the Modern World* (Nova York, 1987), p. 15.

9. David J. Wasserstein, "Now Let Us Proclaim: The Conversions of Franz Rosenzweig", *Times Literary Supplement*, 20 de junho de 2008.

10. Don e Magos, "Demographic Development", pp. 189-216, tabela p. 13.

11. William O. McCagg, Jr., "Jewish Conversion in Hungary in Modern Times", *in* Endelman, *Jewish Apostasy*, p. 142.

12. Celia Heller, *On the Edge of Destruction: The Jews of Poland between the Two World Wars* (Detroit, 1994), p. 196.

13. Kirschenblatt-Gimblett, "Coming of Age", p. 63.

14. David Lazar, "*Nowy Dziennik*", *in* David Flinker *et al.*, orgs., *The Jewish Press That Was: Accounts, Evaluations, and Memories of Jewish Papers in Pre-Holocaust Europe* (Tel Aviv, 1980), p. 267.

15. Josef Chrust e Yosef Frankel, orgs., *Katovits: Perihatah u-shekiatah shel hakehilah ha-yehudit: sefer zikaron* (Tel Aviv, 1996), p. 46.

16. Mark Cohen, *Last Century of a Sephardic Community: The Jews of Monastir, 1939–1943* (Nova York, 2003), p. 254.

17. *L'Indépendant*, 9 de janeiro de 1939.

18. *L'Indépendant*, 25 de julho de 1939.

19. Anissimov, *Primo Levi*, p. 17.

20. Mikhail Beizer, *The Jews of St. Petersburg* (Filadélfia, 1989), p. 184. Beizer relata "mais de 200 dessas reconversões" na p. 184 e "pelo menos cem" na p. 185.

21. John Davis, *The Jews of San Nicandro* (New Haven, Connecticut, 2010).

22. Kirschenblatt-Gimblett, "Coming of Age", p. 45.

23. Rabino-mor A. B. N. Davids de Roterdã para rabino-mor A. S. Levisson de Leeuwarden, 16 de dezembro de 1938, Tresoar, Leeuwarden, 250/192.

24. Alma Mahler, *Gustav Mahler: Memories and Letters* (Londres, 1946), pp. 89-90.

25. Felix Gilbert, *A European Past: Memoirs 1905–1945* (Nova York, 1988), pp. 59-60.

26. Memórias de Dora Amann, LBINY ME 1431.

27. Bronsen, *Joseph Roth*, p. 599.

28. Memórias de Dora Amann, LBINY ME 1431.

29. Simone Pétrement, *La vie de Simone Weil*, vol. 2 (Paris, 1973), pp. 187-88.

30. Susan Sontag, "Simone Weil", *New York Review of Books*, 1º de fevereiro de 1963.

31. Citado em Papa João Paulo II, "Homily at the Beatification of Edith Stein", *Carmelite Studies* 4 (1987), p. 303.

32. Carta para a Irmã Adelgundis Jaegerschmid, OSB, 16 de fevereiro de 1930, *The Collected Works of Edith Stein*, vol. 5, *Self-Portrait in Letters, 1916–1942* (Washington, D.C., 1993), p. 62.

33. Análise crítica de Gunther Windhager, *American Journal of Islamic Social Sciences* 19:3 (2002), p. 143.

34. Memórias de Gerhard Langer, LBINY ME 1527.

35. Harriet Pass Freidenreich, *Female, Jewish, and Educated: The Lives of Central European University Women* (Bloomington, Indiana, 2002), p. 33.

36. Memórias de Richard Koch, LBINY ME 1512, p. 91.

37. James Strachey, org., *The Standard Edition of the Complete Psychological Works of Sigmund Freud* (Londres, 1955), vol. 13, p. xv.

38. F. R. Bienenfeld, *The Religion of the Non-Religious Jews* (Londres, 1944), p. 9.

39. Ibid., 27.

40. Freidenreich *Female, Jewish and Educated*, p. 139.

41. Kopelev, *Education of a True Believer*, pp. 101-13.

42. Hamerow, *Remembering a Vanished World*, p. 141.

43. Louis-Albert Revah, *Julien Benda: Un misanthrope juif dans la France de Maurras* (Paris, 1991) — embora Revah talvez leve essa interpretação longe demais.

44. Edward Timms, *Karl Kraus, Apocalyptic Satirist: Culture and Catastrophe in Habsburg Vienna* (New Haven, Connecticut, 1986), pp. 238-39.

45. Edward Timms, *Karl Kraus, Apocalyptic Satirist: The Post-War Crisis and the Rise of the Swastika* (New Haven, Connecticut, 2005), pp. 19-20.

46. Ritchie Robertson, "The Problem of 'Jewish Self-Hatred', in Herzl, Kraus, and Kafka", *Oxford German Studies* 16 (1986), p. 99.

47. Timms, *Karl Kraus, Apocalyptic Satirist: Culture and Catastrophe*, p. 237.

48. Harry Zohn, *Karl Kraus and the Critics* (Columbia, S.C., 1997), p. 22.

49. Timms, *Karl Kraus, Apocalyptic Satirist: The Post-War Crisis*, p. 154.

50. Carta para Arnold Zweig (despachada como sendo de Zurique, mas na verdade escrita em Hindas, Suécia), 15 de dezembro de 1936, *in* Kurt Tucholsky, *Politische Briefe*, org. Fritz J. Raddatz (Reinbek bei Hamburg, 1969), pp. 117-23.

51. "Herr Wendriner steht unter der Diktatur", *in* Kurt Tucholsky, *Gesammelte Werke*, vol. 8, 1930 (Reinbek bei Hamburg, 1975), pp. 237-40.

52. Harold L. Poor, *Kurt Tucholsky and the Ordeal of Germany, 1914–1935* (Nova York, 1968), pp. 218-19.

53. Lawrence Baron, "Theodor Lessing: Between Jewish Self-Hatred and Zionism", *LBIYB* 26 (1981), p. 334.

54. Anotações de 16 de março e 19 de fevereiro de 1935, *in* Kurt Tucholsky, *Die Q-Tagebucher 1934—35*, orgs. Mary Gerold-Tucholsky e Gustav Huonker (Reinbek bei Hamburg, 1978), pp. 186 e 142.

55. Carta para Arnold Zweig, 15 de dezembro de 1936, *in* Tucholsky, *Politische Briefe*, pp. 117-23.

56. Michael Hepp, "Einführung", *in* Michael Hepp, org., *Kurt Tucholsky und das Judentum* (Oldenburg, 1996), p. 10.

57. Marcel Reich-Ranicki, *The Author of Himself: The Life of Marcel Reich-Ranicki* (Londres, 2001), p. 67.

58. Hepp, "Einführung", p. 12.

59. Walter Grab, "Kurt Tucholsky und die Problematik des jüdischen Selbsthasses", *in* Hepp, org., *Kurt Tucholsky*, pp. 39, 44.

60. Shulamit Volkov, *Germans, Jews, and Antisemites: Trials in Emancipation* (Cambridge, 2006), p. 7.

61. Steven Games, *Pevsner — The Early Life: Germany and Art* (Londres, 2010), p. 187.

62. Memórias de Werner Warmbrunn, LBINY ME 1418.

63. Matthias Hambrock, *Die Etablierung der Aussenseiter: der Verband nationaldeutscher Juden 1921–1935* (Colônia, 2003), p. 190.

64. Carl Jeffrey Rheins, "German-Jewish Patriotism, 1918–1935: A Study of the Attitudes and Actions of the Reichsbund jüdischer Frontsoldaten, the Verband nationaldeutscher Juden, the Schwarzes Fahnlein, Jungenschaft, and the Deutsche Vortrupp, Gefolgschaft deutscher Juden" (Dissertação de doutorado, State University of New York em Stony Brook, 1978), p. 60.

65. Jonathan Wright e Peter Pulzer, "Gustav Stresemann and the *Verband nationaldeutscher Juden*: Right-Wing Jews in Weimar Politics", *LBIYB* 50 (2005), p. 211.

66. Rheins, "German-Jewish Patriotism", 183.

67. Louis-Albert Revah, *Berl, un juif de France* (Paris, 2003), p. 240.

68. Bernard Morlino, *Emmanuel Berl: Les tribulations d'un pacifiste* (Paris, 1990), pp. 261 e 266.

69. Ibid., p. 284.

70. Ibid., p. 301.

71. Revah, *Berl*.

72. Irène Némirovsky, *Le Vin de solitude* (Paris, 2009), p. 234.

73. Miriam Price, análise crítica de *The Dogs and the Wolves, Times Literary Supplement*, 30 de outubro de 2009; Myriam Anissimov, citada em Yann Ploustagel, "Les secrets d'une vie", *Le Monde 2,* 1º de setembro de 2007.

74. Frederic Raphael, "Stench of Carrion", *Times Literary Supplement*, 30 de abril de 2010.

75. Jonathan Weiss, *Irène Némirovsky: Her Life and Works* (Stanford, Califórnia, 2007), p. 57.

10: A matriz linguística

1. Singer, *Shosha*, p. 1.

2. Aharon Appelfeld (natural de Czernowitz), "A city that was and is no longer", *Haaretz*, 6 de março de 2008.

3. Manger, "Idn un di daytshe kultur", p. 472.

4. Carta para E. F. Klein, 29 de agosto de 1782, Moses Mendelssohn, *Gesammelte Schriften*, vol. 7 (Stuttgart, 1974), p. 279.

5. Theodor Herzl, *Gesammelte Zionistische Werke*, vol. 1 (Tel Aviv, 1934), p. 94.

6. Zosa Szajkowski, "The Struggle for Yiddish during World War I: The Attitude of German Jewry", *LBIYB* 9 (1964), p. 145.

7. Edith Stein, *Life in a Jewish Family* (Washington, D.C., 1986), p. 127.

8. Léon Lamouche, "Quelques mots sur le dialecte espagnol parlé par les Israélites de Salonique", *Mélanges Chabaneau Romanische Forschungen* 23 (Erlangen, 1907), pp. 969-91 (1-23).

9. Parush, *Reading Jewish Women*, p. 62.

10. Irving Howe, *World of Our Fathers* (Nova York, 1976), pp. 18-9.

11. Jacob Lestchinsky, "Di shprakhn bay yidn in umophengikn poyln", *YIVObleter* 22 (1943), pp. 147-62.

12. Désiré Samuel van Zuiden (nascido em 1881), citado em Bart T. Wallet, "'End of the jargon--scandal' — The decline and fall of Yiddish in the Netherlands (1796–1886)", *Jewish History* 20:3/4 (2006), p. 333.

13. Ghitta Sternberg, *Stefanesti: Portrait of a Romanian Shtetl* (Oxford, 1984), p. 251.

14. Gitter, *Story of My Life*, p. 19.

15. Stephen D. Corrsin, "Language Use in Cultural and Political Change in Pre-1914 Warsaw: Poles, Jews, and Russification", *Slavonic and East European Review* 68:1 (1990), p. 86.

16. Chone Shmeruk, "Hebrew-Yiddish-Polish: The Trilingual Structure of Jewish Culture in Poland", *in* Gutman *et al.*, orgs., *Jews of Poland*, pp. 289-311.

17. H. S. Kazdan, *Di geshikhte fun yidishn shulvezn in umophengikn poyln* (Cidade do México, 1947), p. 343.

18. Sarah Schenirer, "Yidishkayt un yidish", *Beys Yankev* 8 (1931), pp. 71-2, reproduzido em Joshua A. Fishman, *Never Say Die! A Thousand Years of Yiddish in Jewish Life and Letters* (Haia, 1981), pp. 173-76.

19. Sabina Lewin, "Observations on the State", 68.

20. David E. Fishman, *The Rise of Modern Yiddish Culture* (Pittsburgh, 2005), p. 86.

21. Susanne Marten-Finnis, "The Jewish Press in Vilna: Traditions, Challenges, and Progress during the Inter-War Period", *in* Dmitrieva e Petersen, orgs., *Jüdische Kultur(en) im Neuen Europa*, p. 140.

22. Kuznitz, "Origins of Yiddish Scholarship", p. 128.

23. Hamerow, *Remembering a Vanished World*, p. 187.

24. Meir Yellin, "Di letste pleiade yidishe shraybers in lite", DRCTAU T 57/6, p. 4.

25. Joshua A. Fishman, "The Sociology of Yiddish", *in* Fishman, org., *Never Say Die!*, p. 19.

26. Abram *et al.*, orgs., *Der mishpet ibren kheyder*, p. 37.

27. Rachel Erlich, "Politics in the Standardization of Soviet Yiddish", *Soviet Jewish Affairs* 3:1 (1973), pp. 71-9. Consulte também Kuznitz, "Origins of Yiddish Scholarship", p. 171.

28. Ibid.

29. Gennady Estraikh, *Soviet Yiddish; Language Planning and Linguistic Development* (Oxford, 1999), p. 129; consulte também Rakhmiel Peltz, "The Dehebraization Controversy in Soviet Yiddish Language Planning: Standard or Symbol?", *in* Joshua A. Fishman, org., *Readings in the Sociology of Jewish Languages*, vol. 1 (Leiden, 1985), pp. 125-50.

30. Discurso proferido por Y. Liberberg em uma conferência nacional de planejadores da língua iídiche em Kiev, maio de 1934, YA 1522/2/8.

31. Estraikh, *Soviet Yiddish*, p. 71.

32. Altshuler, *Soviet Jewry on the Eve of the Holocaust*, p. 90. Todas as estatísticas provenientes do censo soviético de 1939 foram extraídas dessa fonte.

33. Estraikh, *Soviet Yiddish*, p. 13.

34. Fishman, *Rise of Modern Yiddish Culture*, p. 85.

35. Mikhail Krutikov, *From Kabbalah to Class Struggle: Expressionism, Marxism, and Yiddish Literature in the Life and Work of Meir Wiener* (Stanford, Califórnia, 2011), p. 210.

36. Elissa Bemporad, "The Yiddish Experiment in Soviet Minsk", *East European Jewish Affairs* 37:1 (abril de 2007), pp. 91-107.

37. Consulte, por exemplo, Joan G. Roland, *Jews in British India: Identity in a Colonial Era* (Hanôver, N.H., 1989).

38. Zachary M. Baker, "Yiddish in Form and Socialist in Content: The Observance of Sholem Aleichem's Eightieth Birthday in the Soviet Union", *YIVO Annual* 23 (Evanston, Ill., 1996), pp. 209-31.

39. Ira Rosenswaike, "The Utilization of Census Mother Tongue Data in American Jewish Population Analysis", *JSS* 33:2/3 (1971), pp. 141-59.

40. Arditty-Puller, "Poésie d'une Salonique Disparue".

41. Angel Pulido, *Le Peuple judéo-espagnol: Première base mondiale de l'Espagne* (Paris, 1923), p. 142.

42. Eliezer Papo, "Serbo-Croatian Influences on Bosnian Spoken Judeo-Spanish", *European Journal of Jewish Studies* 1:2 (2007), pp. 343-63.

43. Sam Levy, "Grandeur et Décadence du 'Ladino'", *Le Judaïsme Sépharadi* 23 (outubro de 1934).

44. Haim Vidal Sephiha, "'Christianisms' *in* Judeo-Spanish (Calque and Vernacular)", *in* Fishman, org., *Readings*, pp. 179-94.

45. Citado em Levy, "Grandeur et Décadence".

46. Esther Benbassa and Aron Rodrigue, orgs., *A Sephardi Life in Southeastern Europe: The Autobiography and Journal of Gabriel Arié, 1863–1939* (Seattle, 1998), p. 24.

47. Henri Guttel, "Ladino Literature in the 19th and 20th Centuries", *Encyclopaedia Judaica*, 2ª ed. (Detroit, 2007), vol. 12, pp. 433-34.

48. Rivka Havassy, "New Texts to Popular Tunes: Sung-Poems in Judeo-Spanish by Sadik Gershón and Moshé Cazés (Sadik y Gazóz)", *in* Hilary Pomeroy e Michael Alpert, orgs., *Proceedings of the Twelfth British Conference on Judeo-Spanish Studies, 24–26 June, 2001: Sephardic Language, Literature and History* (Leiden, 2004), pp. 149-57.

49. C. M. Crews, *Recherches sur le judéo-espagnol dans les pays balkaniques* (Paris, 1935), pp. 7-12.

50. Levy, "Grandeur et Décadence".

51. Devin E. Naar, org., *With Their Own Words: Glimpses of Jewish Life in Thessaloniki Before the Holocaust* (catálogo da exposição de materiais dos arquivos da comunidade, Thessaloniki, 2006), p. 43.

52. David M. Bunis, org., Moshé Cazés, *Voices from Jewish Salonika: Selections from the Judezmo Satirical Series* Tio Ezrá I Su Mujer Benuta *e* Tio Bohor I Su Majer Djamila (Jerusalém, 1999), pp. 110 e 139.

53. Gitter, *Story of My Life*, p. 25.

54. Julia Krivoruchko, "The Hebrew/Aramaic Component in the Romaniote Dialect", *World Congress of Jewish Studies* 13 (2001).

55. Dalven, *Jews of Ioannina*, p. 23.

56. Ibid., p. 106.

57. Ibid., pp. 108 ss.

58. Ibid., pp. 86-90.

59. George Jochnowitz, "Religion and Taboo in Lason Akodesh (Judeo-Piedmontese)", *International Journal of the Sociology of Language* 30 (1981), pp. 107-18.

60. Examplos podem ser ouvidos em http://www.giuntina.it/Audio_Podcast/I_sonetti_giudaico--romaneschi_di_Crescenzo_Del_Monte_2.html.

61. Discurso proferido pelo representante de Czernowitz, *Second Jewish International Conference on the Suppression of the Traffic in Girls and Women, 22–24 June 1927, Official Report*, pp. 15-20.

11: O poder da palavra

1. Richard Grunberger, "Jews in Austrian Journalism", *in* Josef Fraenkel, org., *The Jews of Austria: Essays on their Life, History and Destruction* (Londres, 1967), p. 87.

2. Stefan Zweig, *The World of Yesterday* (Londres, 1943), p. 85.

3. Roth, *What I Saw*, p. 212.

4. Citado em Modris Eksteins, "The *Frankfurter Zeitung*: Mirror of Weimar Democracy", *Journal of Contemporary History* 6:4 (1971), p. 8.

5. Peter de Mendelssohn, "Als die Presse gefesselt war", *in* W. Joachim Freyburg e Hans Wallenberg, orgs., *Hundert Jahre Ullstein* (Frankfurt am Main, 1977), p. 195.

6. Lion Feuchtwanger, *Paris Gazette* (Nova York, 1940), p. 29.

7. Hannah Arendt *et al.*, "Tentative List of Jewish Periodicals in Axis-Occupied Countries", *JSS* 9:3 (1947), Suplemento.

8. *Haynt*, 19 e 21 de agosto de 1938.

9. Chaim Finkelstein, *'Haynt' — a tsaytung bay yidn: 1908–1939* (Tel Aviv, 1978).

10. *Baranovitsher kuryer*, 1º de maio de 1936.

11. *Baranovitsher kuryer*, 17 de julho de 1936.

12. M. Tsanin, "Der oyfgang un untergang fun der yidisher prese in poyln", *Kesher* 6 (1989), pp. 115-16.

13. Abraham Brumberg, "On Reading the Bundist Press", *East European Jewish Affairs* 33:1 (2003), p. 115.

14. Nathan Cohen, "Shund and the Tabloids: Jewish Popular Reading in Inter-War Poland", *Polin* 16 (2003), pp. 189-211.

15. Kadya Molodowsky, "Di Khvalye fun vidershtand", *Literarishe bleter,*17 de novembro de 1933.

16. Eva Plach, "Feminism and Nationalism in the pages of *Ewa: Tygodnik*, 1928–1933", *Polin* 18 (2005), pp. 241-62.

17. Ellen Kellman, "Feminism and Fiction: Khane Blankshteyn's Role in Inter-War Vilna", *Polin* 18 (2005), pp. 221-39.

18. Artigo de Moyshe Shalit, *Literarishe bleter*, 31 de janeiro de 1930.

19. Rachel Erlich, "Politics in the Standardization of Soviet Yiddish", *Soviet Jewish Affairs* 3:1 (1973), pp. 71-9.

20. *Literarishe bleter*, 11 de janeiro de 1929, e edições subsequentes. Consulte também a edição datada de 31 de janeiro de 1930.

21. Artigo de Nakhmen Mayzel, *Literarishe bleter*, 18 de janeiro de 1929.

22. Artigo de Yoshue Perle, *Literarishe bleter*, 1º de janeiro de 1938.

23. White, "Jewish Lives in the Polish Language", p. 117.

24. Anna Shternshis, *Soviet and Kosher: Jewish Popular Culture in the Soviet Union, 1923–1939* (Bloomington, Indiana, 2006), pp. 64-5.

25. Estraykh, *Soviet Yiddish*, p. 64.

26. Bemporad, "Red Star on the Jewish Street", p. 239.

27. Gennady Estraikh, "The Kharkiv Yiddish Literary World, 1920s–mid-1930s", *East European Jewish Affairs* 32:2 (2007), p. 79.

28. Ibid., p. 82.

29. Ibid., p. 83.

30. Anna Shternshis, "From the Eradication of Illiteracy to Workers' Correspondents: Yiddish--Language Mass Movements in the Soviet Union", *East European Jewish Affairs* 32:1 (2002), p. 136.

31. Wolf Wieviorka, "Der 'emes' iz ontshvigen gevoren", *Parizer haynt*, 1º de novembro de 1938.

32. Molho, *Salonica and Istanbul*, p. 30.

33. Bunis, org., Cazés, *Voices from Jewish Salonika*, pp. 100-01 e 117.

34. Yehuda Eloni, "German Zionism and the Rise to Power of National Socialism", *Journal of Israeli History* 6:2 (1985), p. 250. Consulte também Arnold Paucker, "Robert Weltsch: The Enigmatic Zionist: His Personality and His Position in Jewish Politics", *LBIYB* 54 (2009), pp. 323-32.

35. *Jüdische Rundschau*, 4 de abril de 1933.

36. Weltsch, *An der Wende*, pp. 29-35.

37. Ibid., p. 293.

38. *Jüdische Rundschau*, 2 de julho de 1935.

12: Um povo de muitos livros

1. Stephen D. Corrsin, "'The City of Illiterates'? Levels of Literacy among Poles and Jews in Warsaw, 1882–1914", *Polin* 12 (1999), p. 238.

2. Examples in YA 1471/153, 155, 160 e 173.

3. David Neuman, "Batei kneset she-ba-ir", *Davar*, 28 de agosto de 1938, reproduzido em Cohen, org., *Sefer butchatch*, pp. 90-1.

4. Y. Cohen, "Al kehilat butchatch", ibid., p. 95.

5. Gottesman, *Redefining the Yiddish Nation*, pp. 78-9.

6. Hagit Cohen, "The USA-Eastern Europe Yiddish Book Trade and the Formation of an American Yiddish Cultural Center, 1890s–1930s", *Jews in Russia and Eastern Europe* 2–57 (2006), p. 67.

7. Relatório em YA 1400 M4/7/69.

8. Nathan Cohen, *Sefer, sofer ve-iton: merkaz ha-tarbut ha-yehudit be-varsha, 1918–1942* (Jerusalém, 2003), p. 168.

9. Samuel D. Kassow, "The Left Poalei Zion", *in* Gennady Estraikh e Mikhail Krutikov, orgs., *Yiddish and the Left* (Oxford, 2001), p. 127.

10. *Vilner tog*, 12, 16, 25, 26, 27 e 28 de julho de 1926.

11. *Vilner tog*, 15 de agosto de 1926.

12. Carta de Weinreich para o editor do *Vilner tog*, 29 de julho de 1926.

13. "Radon", relatório da Seção Econômico-Estatística da C.K.B., Varsóvia, aproximadamente em 1935, YA 116 Polônia 1/6/25.

14. Zalcman, *Histoire véridique*, p. 117.

15. Bemporad, "Red Star on the Jewish Street", pp. 117-18.

16. Max A. Luria, "A Study of the Monastir Dialect of Judeo-Spanish Based on Oral Material Collected in Monastir, Yugoslavia" (Dissertação de doutorado, Columbia University, 1930), p. 7.

17. Bemporad, "Red Star on the Jewish Street", p. 267.

18. Shlomo Even-Shoshan, org., *Minsk, ir va-em*, vol. 2 (Tel Aviv, 1985), p. 54.

19. Marcus Moseley, "Life, Literature: Autobiographies of Jewish Youth in Interwar Poland", *JSS*, n.e. 7:3 (2001), p. 7.

20. Ibid., p. 9.

21. Ellen Kellman, "*Dos yidishe bukh alarmirt!* Towards the History of Yiddish Reading in Inter--War Poland", *Polin* 16 (2003), pp. 213-41.

22. S. Niger, "New Trends in Post-War Yiddish Literature", *JSS* 1:3 (1939), p. 342.

23. Feyge Hofshteyn, "Zikhroynes vegn Dovidn" (texto datilografado, Ramat Aviv, 1975), DRC-TAU T-31/58.

24. Marina Bergelson-Raskin, "My Family, the Bergelsons", TAU DRI T-31/55, p. 10.

25. Chone Shmeruk, "Yiddish Literature in the USSR", *in* L. Kochan, org., *The Jews in Soviet Russia since 1917* (Londres, 1970), p. 260; e Judel Mark, "Yiddish Literature in Soviet Russia", *in* Gregor Aronson *et al.*, orgs., *Russian Jewry 1917–1967* (Nova York, 1969), p. 238.

26. Rubenstein, *Tangled Loyalties*, p. 313.

27. Altshuler, *Soviet Jewry on the Eve of the Holocaust*, pp. 160-61.

28. Régine Robin, "Les difficultés d'une identité juive soviétique", *Cahiers du monde russe et soviétique* 26:2 (1985), p. 252.

29. A. Finkelstein, "Di yidishe bikher-produktsye funem 'ukrmelukhenatsmindfarlag' farn tsvaytn finfyor (1933–1937)", *Sovetish (literarishe almanakh)* 9–10 (1939), p. 528.

30. *Ershter alveltlekher yidisher kultur-kongres, pariz, 17–21 sept. 1937: stenografisher barikht* (Paris, 1937), pp. 265-68.

31. Bat-Ami Zucker, "American Jewish Communists and Jewish Culture in the1930s", *Modern Judaism* 14:2 (1994), pp. 180-81.

32. Ibid., p. 184.

33. *Literarishe bleter*, 4 de agosto de 1933, pp. 493-94.

34. Isaac Bashevis Singer, *A Young Man in Search of Love* (Nova York, 1978), pp. 19-21.

35. "A shmus mit Itzik Manger", *Literarishe bleter*, 11 de janeiro de 1929.

36. Sol Liptzin, "Itzik Manger, 1901–1969", *in* Leichter, org., *Anthology of Yiddish Folksongs*, vol. 7, p. xxxii.

37. "A shmus mit Itzik Manger", *Literarishe bleter*, 11 de janeiro de 1929.

38. Singer, *A Young Man in Search of Love*, pp. 162-63.

39. Borukh Sinai Hillel [Brad Sabin Hill], "Der letste yidishe bukh fun farn khurbn poyln", *Afn shvel* 337–38 (2007), pp. 36-9.

40. Relatório em YIVO 1400 M4/7/69.

41. David Mazower, "Sholem Asch: Images of a Life", *in* Nanette Stahl, org., *Sholem Asch Reconsidered* (New Haven, Connecticut, 2004), p. 14.

42. Howe, *World of Our Fathers*, p. 449.

43. Singer, *A Young Man in Search of Love*, p. 10.

44. Howe, *World of Our Fathers*, p. 449.

45. Zalcman, *Histoire véridique*, pp. 53-4.

46. Citado em Alexander Wat, *My Century: The Odyssey of a Polish Intellectual* (Nova York, 2003), p. 58.

47. Carta de Asch para o conselho de *Forverts*, sem data [1939], *in Di tsukunft* (outono de 2007 — inverno de 2008), pp. 36-41; carta de Asch para a esposa, 2 de fevereiro de 1939, *in* M. Tsanin, org., *Briv fun sholem asch* (Bat Yam, 1980), 1 p. 7.

48. Anita Norich, "Sholem Asch and the Christian Question", *in* Stahl, org., *Sholem Asch Reconsidered*, p. 251-65.

49. Max Brod, org., *The Diaries of Franz Kafka* (Harmondsworth, 1972), p. 252.

50. Franz Kafka, *Letters to Milena*, org. Willi Haas (Nova York, 1962), p. 213.

51. Nahum N. Glatzer, *The Loves of Franz Kafka* (Nova York, 1986), pp. 60-1.

52. Ibid.

53. Shore, *Caviar and Ashes*, p. 138.

54. White, "Jewish Lives", p. 80.

55. Shore, *Caviar and Ashes*, p. 136.

56. S. L. Shneiderman, "Notes for an Autobiography", http://www.lib.umd.edu/ SLSES/donors/ autobio.html.

57. Thomas Venclova, *Aleksander Wat: Life and Art of an Iconoclast* (New Haven, Connecticut, 1996), pp. 14-5.

58. Rubenstein, *Tangled Loyalties*, pp. 128-29.

59. Ibid., p. 100.

60. Abraham Brumberg, *Journeys through Vanishing Worlds* (Washington, D.C., 2007), p. 197.

61. Anotação no diário, 7 de fevereiro de 1938, Emil Dorian, *The Quality of Witness: A Romanian Diary 1937–1944* (Filadélfia, 1982), p. 20. Em seu diário, Dorian chama Sebastian de "M.S.".

62. Kuznitz, "Origins of Yiddish Scholarship", p. 192.

63. Kassow, "The Left Poalei Zion", p. 115.

64. [Alfred] Abraham Greenbaum, *Jewish Scholarship and Scholarly Institutions in Soviet Russia 1918–1953* (Jerusalém, 1978), p. 23.

13: Mascaradas de modernidade

1. Michael Ignatieff, "The Rise and Fall of Vienna's Jews", *New York Review of Books*, 29 de junho de 1989.

2. Hannah Arendt, *The Jewish Writings*, org. Jerome Kohn e Ron H. Feldman (Nova York, 2007), pp. 322-23.

3. Michael Steinlauf, "Polish-Jewish Theater: The Case of Mark Arnshteyn: A Study of the Interplay among Yiddish, Polish and Polish-Language Jewish Culture in the Modern Period" (Dissertação de doutorado, Brandeis University, 1987), p. 259.

4. Howe, *World of Our Fathers*, pp. 213, 471 e 494.

5. *Sunday Times* (Londres), 29 de outubro de 1922.

6. Lisa Dianne Silverman, "The Transformation of Jewish Identity in Vienna" (Dissertação de doutorado, Yale University, 2004), p. 208.

7. Andrei Levinson, citado em Vladislav Ivanov, "Habima and 'Biblical Theater'", *in* Susan Tumarkin Goodman, org., *Chagall and the Artists of the Russian Jewish Theater* (New Haven, Connecticut, 2008), p. 36.

8. Yitskhok Ber Turkow-Grudberg, *Varshe, dos vigele fun yidishn teater* (Varsóvia, 1956), p. 25.

9. Obituário de autoria de Richard F. Shepard, *The New York Times*, 22 de maio de 1980.

10. *Folks-tsaytung*, 19 de outubro de 1933, citado em Brumberg, "On Reading the Bundist Press", p. 111.

11. Nakhmen Mayzel, "Tsvantsik yor yidish teater in poyln", *Fun noentn over* 1:2 (1937), p. 155.

12. Steinlauf, "Polish-Jewish Theater", pp. 16 e 276 ss.

13. Mayzel, "Tsvantsik yor", p. 156.

14. Citado em Benjamin Harshav, "Art and Theater", *in* Goodman, org., *Chagall and the Artists of the Russian Jewish Theater*, p. 70.

15. Jeffrey Veidlinger, *The Moscow State Yiddish Theater: Jewish Culture on the Soviet Stage* (Bloomington, Indiana, 2000), pp. 159-60.

16. Seth L. Wolitz, "*Shulamis* and *Bar Kokhba*: Renewed Jewish Role Models *in* Goldfaden and Halkin", *in* Joel Berkowitz, org., *Yiddish Theatre: New Approaches* (Oxford, 2003), pp. 87-104.

17. Y. Nisinov, "Der teater fun sotsialistishn yidishn folks-shafn", *Sovetish (literarisher almanakh)* 9–10 (1939), p. 453.

18. Vitaly Shentalinsky, *The KGB's Literary Archive* (Londres, 1995), pp. 22-71.

19. Veidlinger, *Moscow State Yiddish Theater*, p. 196.

20. Ibid., p. 3.

21. Hannah Arendt, "We Refugees" (1943), *in* Arendt, *Jewish Writings*, pp. 274 e 297.

22. Richard Taylor e Ian Christie, orgs., *Inside the Film Factory: New Approaches to Russian and Soviet Cinema* (Londres, 1991), p. 129.

23. Entrevista com Molly Picon, Nova York, 1977, citada em Eric H. Goldman, "A World History of Yiddish Cinema" (Dissertação de doutorado, New York University, 1979), p. 22.

24. Natan Gross, *Toldot ha-kolnoa ha-yehudi be-polin, 1910–1950* (Jerusalém, 1990), pp. 52-8.

25. Ibid., p. 77.

26. J. Hoberman, *Bridge of Light: Yiddish Film Between Two Worlds* (Hanôver, N.H., 2010), p. 296.

27. Reich-Ranicki, *The Author of Himself*, p. 5.

28. Memórias de Edith Liebenthal (nascida Friedler), LBINY 1506, p. 3.

29. Hetty Berg, "Jews on Stage and Stage Jews, 1890–1940", *in* Chaya Brasz e Yosef Kaplan, orgs., *Dutch Jews as Perceived by Themselves and Others* (Leiden, 2001), pp. 159-71.

30. Isaac Babel, *The Collected Stories of Isaac Babel* (Londres, 1998), p. 59.

31. Esther Schmidt, "From Reform to Retreat: The Establishment of Viennese Cantorial Associations and Professional Journals at the End of the Nineteenth Century", trabalho apresentado na Warburg House, Hamburgo, 2007.

32. Braunthal, *In Search of the Millennium*, p. 25.

33. Isaschar Fater, *Yidishe musik in poyln tsvishn beyde velt-milkhomes* (Tel Aviv, 1970), p. 24.

34. Gold, *Life of Jews*, p. 92.

35. Gottesman, *Redefining the Yiddish Nation*, p. 38.

36. Citado em Abraham Bik, "Etapn fun khasidizm in varshe", *in* P. Katz *et al.*, orgs., *Pinkes varshe*, vol. 1 (Buenos Aires, 1955), cols. 185-86.

37. Gold, *Life of Jews*, p. 114.

38. Fater, *Yidishe musik in poyln*, p. 163.

39. Gottesman, *Redefining the Yiddish Nation*, p. 13.

40. Fater, *Yidishe musik in poyln*, p. 47.

41. Ibid., p. 19.

42. Gottesman, *Redefining the Yiddish Nation*, p. 152.

43. Fater, *Yidishe musik in poyln*, p. 99.

44. Por M. Yanovski, YA 1522/4/32.

45. Beregovski, *Old Jewish Folk Music*, pp. 23-4, 28.

46. Walter Zev Feldman, "Remembrance of Things Past: Klezmer Musicians of Galicia, 1870–1940", *Polin* 16 (2003), p. 56.

47. Jeffrey Wollock, "Soviet Recordings of Jewish Instrumental Folk Music, 1937–1939", *ASRC Journal* 34:1 (2003), pp. 14-32.

48. *Emes*, 22 de agosto de 1937, citado em Jeffrey Wollock, "The Soviet Klezmer Orchestra", *East European Jewish Affairs* 30:2 (2000), pp. 22-3.

49. *Der shtern*, 5 de julho de 1939, citado ibid., pp. 29-30.

50. Philippe Naucelle, "Ernest Bloch, Compositeur juif", *Affirmation*, 31 de março de 1939.

51. *The New York Times*, 29 de abril de 1917.

52. Alexander L. Ringer, *Arnold Schoenberg: The Composer as Jew* (Oxford, 1990), pp. 26-7.

53. Schoenberg para Kandinsky, 19 de abril de 1923, *in* Jelena Hahl-Koch, org., *Arnold Schoenberg, Wassily Kandinsky: Letters, Pictures and Documents* (Londres, 1984), p. 76.

54. Kandinsky para Schoenberg, 24 de abril de 1923, ibid., p. 77.

55. Carta para Anton Webern, 4 de agosto de 1933, http://81.223.24.109/letters/ search_show_letter.php?ID_Number=2398.

56. Steven Beller, *Vienna and the Jews, 1867–1938: A Cultural History* (Cambridge, 1989), p. 229.

57. Citado em Joseph Gutmann, "Is There a Jewish Art?", *in* Claire Moore, org., *The Visual Dimension: Aspects of Jewish Art* (Boulder, Colorado, 1993), p. 13.

58. Howe, *World of Our Fathers*, p. 584.

59. Citado em Gutmann, "Is There a Jewish Art?", *in* Moore, org., *The Visual Dimension*, p. 13.

60. *Samedi*, 20 de junho de 1939.

61. Richard Dorment, "From Shtetl to Château", *New York Review of Books*, 26 de março de 2009.

62. Irina Antonova, prefácio a *Chagall Discovered: From Russian and Private Collections* (Moscou, 1988), p. 9.

63. Wullschlager, *Chagall*, p. 31.

64. Aleksandra Shatskikh, *Vitebsk: The Life of Art* (New Haven, Connecticut, 2007), p. 28.

65. *Literarishe bleter*, 25 de fevereiro de 1938.

66. Citado em Matthew Affron, "Die Konzeption einer neuen jüdischen Identität: Marc Chagall, Jacques Lipchitz", *in* Stephanie Barron, *Exil: Flucht und Emigration europäischer Künstler* (Munique, 1997), p. 115.

67. Paula Salomon-Lindberg, *Mein "C'est la vie" Leben: Gespräch über ein langes Leben in einer bewegten Zeit* (Berlim, 1992), pp. 91-2.

68. Herbert Freeden, *Jüdisches Theater in Nazideutschland* (Tübingen, 1964), p. 4.

69. Herbert Freeden, "A Jewish Theatre under the Swastika", *LBIYB* 1 (1956), p. 150.

70. Horst J. P. Bergmeier *et al.*, comps., *Vorbei = Beyond Recall* (Bear Family Records, Hambergen, 2001), livro mais onze discos sonoros e um videodisco.

71. Sylvia Rogge-Gau, *Die doppelte Wurzel des Daseins: Julius Bab und der Jüdische Kulturbund Berlin* (Berlim, 1999), p. 73.

14: Os jovens

1. Rubin, "Nineteenth-Century Yiddish Folk Songs of Children", p. 230.

2. Aharon Vinkovetzky, Abba Kovner e Sinai Leichter, orgs., *Anthology of Yiddish Folksongs*, vol. 1 (Jerusalém, 1983), p. 7.

3. Ibid., vol. 2 (Jerusalém, 1984), pp. 113-14.

4. Liebmann Hersch, "Principal Causes of Death", pp. 56-77.

5. U. O. Schmelz, *Infant and Early Childhood Mortality among the Jews of the Diaspora* (Jerusalém, 1971), p. 46.

6. Liebmann Hers[c]h, "Delinquency among Jews", p. 528.

7. M. Schwarzmann, "L'Institut de recherches scientifiques pour la protection sanitaire des populations juives", *Revue "OSÉ"*, outubro de 1938, pp. 2, 7.

8. L. Finkelstein, "L'état de santé", p. 4.

9. Presidente e Secretário, Orfanato Allatini para o Conselho Comunitário Salônica, 16 de maio de 1939, YA 207/87.

10. Martin Wolins, prefácio para Janusz Korczak, *Selected Works* (Washington, D.C., 1967), pp. vii-viii.

11. Ibid., p. 87.

12. Ibid., p. 128.

13. Para uma tabela comparativa, consulte Joshua Fishman, *Yiddish: Turning to Life* (Amsterdã, 1991), pp. 402-03, que apresenta um percentual de 66%. Excluindo alunos universitários e da *yeshiva*, o percentual é de pelo menos 68% (algumas matrículas de *yeshiva* não são fornecidas). Se excluirmos tanto a educação superior quanto as escolas vespertinas/noturnas, a proporção sobe para 69% — mas isso inclui na coluna judaica todos os alunos das escolas vespertinas administradas pelos sistemas ortodoxos Khoyrev and Beth Jacob (o número exato de matrículas nessas escolas não é fornecido, mas era certamente um percentual considerável daqueles que frequentavam essas escolas). Se estes forem excluídos dos cálculos, a proporção de alunos judeus que recebiam a educação básica nas escolas do governo sobe para bem mais de 70%. Esses números dizem respeito a 1934–1935.

14. S. M. Berlant e Z. Rosenthal, Presidium, Tarbut, Czernowitz, para o Joint Distribution Committee (Nova York), 10 de outubro de 1937, JDCNY AR 33–44/905.

15. Schulman, *History of Jewish Education*, p. 93.

16. Bemporad, "Red Star on the Jewish Street", p. 190.

17. Ibid., p. 168.

18. Schulman, *History of Jewish Education*, pp. 130 ss.

19. Greenbaum, *Jewish Scholarship*, pp. 119 ss.

20. Schulman, *History of Jewish Education*, p. 159.

21. Ibid., p. 160.

22. *Oktyabir*, 27 de setembro de 1939, citado em Even-Shoshan, org., *Minsk, ir va-em*, vol. 2, p. 45.

23. Por exemplo, A. V. Yefimov, *Naye geshikhte, 1789–1870: Lernbukh farn 8ten klas fun der mitlshul* (Moscou, 1941).

24. Horst Hannum, org., *Documents on Autonomy and Minority Rights* (Dordrecht, 1993), p. 686.

25. Heller, *On the Edge of Destruction*, p. 221.

26. Estatísticas em relatórios apresentados ao American Jewish Joint Distribution Committee. Os relatórios nem sempre são mutuamente compatíveis. A tabela comparativa proveitosa é encontrada em JDCNY AR 33–44/826.

27. Lestchinsky, "Economic Aspects", p. 336.

28. Nathan Eck, "The Educational Institutions of Polish Jewry", *JSS* 9:1 (1947), p. 11.

29. Kazdan, *Di geshikhte fun yidishn shulvezn*, pp. 208-11.

30. "Jewish Schools in Poland", janeiro de 1937, JDCNY AR 33–44/827.

31. Gonshor, "Kadye Molodowsky", pp. 85-8.

32. Martin, *Jewish Life in Cracow*, p. 169.

33. "The Plight of Jewish Children in Ostrog", outubro de 1937, JDCNY AR 33–44/822.

34. "Tsol yidishe shul-kinder in der shtot Vilne in lernyor 1929–30", YA 116 Poland1/3/19.

35. Kazdan, *Di geshikhte fun yidishn shulvezn*, p. 519.

36. Otto Hutter message to the author, 4 de novembro de 2008.

37. "Viennese memoir 1924–1938", *in* Moses Aberbach, *Jewish Education and History: Continuity, Crisis and Change* (Abingdon, 2009), p. 192.

38. Binyamin Shimron, "Das Chajesrealgymnasium in Wien, 1919–1938" (texto datilografado distribuído privadamente, Tel Aviv, 1989), pp. 16-7.

39. Aberbach, *Jewish Education*, p. 190.

40. Mensagem de Otto Hutter para o autor, 4 de novembro de 2008.

41. Memórias de Sonia Wachstein, LBINY ME 1068, p. 71.

42. Citado em Shimron, "Das Chajesrealgymnasium", p. 36. (Este e outros comentários descorteses são omitidos da versão em inglês da história da escola de Shimron.)

43. Aberbach, *Jewish Education*, p. 185.

44. Memórias de Wachstein, LBINY ME 1068, p. 72.

45. Altshuler, *Soviet Jewry on the Eve of the Holocaust*, pp. 118-27.

46. Raphael Mahler, "Jews in the Liberal Professions in Poland, 1920–1939", *JSS* 6:4(1944), p. 341.

47. Entrevista com Marian Malowist, *Polin* 13 (2000), p. 335.

48. International Conference on Jewish Social Work [Conferência Internacional sobre Assistência Social Judaica], Londres, julho de 1936, sinopse de relatórios, WL doc 1240/4, XVI/14.

49. Ibid.

50. Rabino M. Rabinowicz para o responsável pelo distrito, 26 de junho de 1933, citado em Regina Renz, "Small Towns in Inter-War Poland", *Polin* 17 (2004), p. 151.

51. Jeff Schatz, "Jews and the Communist Movement in Interwar Poland", *Studies in Contemporary Jewry* 20 (2004), p. 17.

52. Memórias de Werner Warmbrunn, LBINY ME 1418.

53. "Die Ziele des Blau-Weiß", novembro de 1913, *in* Jehuda Reinharz, org., *Dokumente zur Geschichte des deutschen Zionismus 1882–1933* (Tübingen, 1981), p. 115.

54. Elias para Martin Bandmann, 14 de junho de 1920, citado em Jörg Hackeschmidt, "The Torch Bearer: Norbert Elias as a Young Zionist", *LBIYB* 49 (2004), p. 67.

55. Memórias de Gerhard Schreiber, LBINY ME 1416.

56. *Der moment*, 20 de dezembro de 1937.

57. Letra de Nokhem Yud, trad. Abraham Brumberg, *Jewish Quarterly* 204 (inverno de 2006–2007).

58. Diretor da State of New York Education Department Motion Picture Division para o Medem Sanatarium Committee, 2 de março de 1937, YA 1474/4/37.

59. "Sefer ha-yevul shel bet sefer ha-ivri be-Jagielnica", DRCTAU 32/62.

60. Jeffrey Shandler, org., *Awakening Lives: Autobiographies of Jewish Youth in Poland before the Holocaust* (New Haven, Connecticut, 2002).

61. Ibid., p. 217.

62. Ibid., pp. 261-62.

15: Utopias

1. Werner Angress, *Between Fear and Hope: Jewish Youth in the Third Reich* (Nova York, 1988), p. 46.

2. Ibid., p. 48.

3. Ibid., p. 57.

4. Gertrude van Tijn, "A Short History of the Agricultural and Manual Training Farm, Werkdorp Nieuwesluis", JDCNY AR 1933–44, pasta 703.

5. Memórias por Anni Wolff, http://www.spinnenwerk.de/wolff/wolff-1.htm.

6. Gertrude van Tijn, "Werkdorp Nieuwesluis", *LBIYB* 14 (1969), p. 194.

7. Alfred A. Greenbaum, "Soviet Jewry during the Lenin-Stalin Period I", *Soviet Studies* 16:4 (1965), pp. 413-14.

8. Miriam A-Sky, "Memoirs about a Jewish Province in the Ukraine", *Freeland* 12:2 (outubro--novembro de 1959), pp. 2-4.

9. Ibid.

10. Allan Laine Kagedan, *Soviet Zion: The Quest for a Russian Jewish Homeland* (Nova York, 1994), p. 103.

11. Ruth Rubin, *A Treasury of Jewish Folksong* (Nova York, 1950), pp. 98-9 (tradução aprimorada).

12. Sou grato por essa informação à minha colega Sheila Fitzpatrick, que examinou os arquivos desse jornal referentes ao final da década de 1930.

13. Gershon Shapiro, *Di yidishe kolonye friling: zikhroynes fun a forzitser fun a yidishn kolkhoz* (Tel Aviv, 1991), p. 142.

14. Ibid., pp. 70-1.

15. Jonathan L. Dekel-Chen, *Farming the Red Land: Jewish Agricultural Colonization and Local Soviet Power, 1924–1941* (New Haven, Connecticut, 2005).

16. Robert Weinberg, *Stalin's Forgotten Zion: Birobidzhan and the Making of a Soviet Jewish Homeland* (Berkeley, 1998), p. 23.

17. Robert Weinberg, "Purge and Politics in the Periphery: Birobidzhan in 1937", *Slavic Review* 52:1 (1993), p. 15.

18. Ibid., p. 18.

19. Ibid., p. 19.

20. Antje Kuchenbecker, *Zionismus ohne Zion: Birobidzan: Idee und Geschichte eines Jüdischen Staates in Sowjet-Fernost* (Berlim, 2000), p. 184.

21. Nicole Taylor, "The mystery of Lord Marley", *Jewish Quarterly* 198 (verão de 2005).

22. M. Magid, "Valdhaym", *Forpost* 2:7 (1938), pp. 158-85.

23. N. Barou, "Jews in the Soviet Union (Anotações sobre a posição econômica do povo judeu-soviético antes da guerra)", *Left News*, Londres, agosto de 1944, p. 2926.

24. Kuchenbecker, *Zionismus ohne Zion*, p. 141.

25. *Foreign Relations of the United States: Conferences at Malta and Yalta, 1945* (Washington, D.C., 1955), p. 924.

26. Jelinek, *Carpathian Diaspora*, p. 187.

27. Secretário do Executivo da ORT (Paris) para Sh. Reiss (Grenoble), 18 de dezembro de 1935 (cópia), CAHJP ORT/165.

28. *Naylebn*, abril de 1937, pp. 14-5.

29. Zalcman, *Histoire véridique*, p. 64.

30. Ibid., p. 70.

31. Ibid., p. 79.

32. Michel Astour, "Ten Years Ago: A Memorial Reminiscence of Dr I. N. Steinberg", *Freeland* 20:1 (janeiro de 1967), pp. 5-8.

33. Anotações de conversa em 1º de junho de 1938, CAHJP ICA/Lon/693 (A).

34. Walter Fletcher to L. B. Prince, 7 de janeiro de 1939, CAHJP ICA/Lon/693 (B).

35. "Plough Settlement Association Limited", memorando sem data [1938], CAHJP ICA/Lon/693 (B).

36. *JC*, 20 de janeiro de 1939.

37. Gerald G. Frankel (Kenya) para L. B. Prince (Londres), 23 de julho de 1939, CAHJP ICA/Lon/694 (A).

38. Subsecretário do Gabinete Colonial para H. O. Lucas, 25 de março de 1939, CAHJP ICA/Lon/693 (B) e sim., 25 de maio de 1939, ibid.

39. *JC*, 28 de abril de 1939.

40. *JC*, 27 de janeiro de 1939.

41. Niall Fergusson, *The World's Banker: The History of the House of Rothschild* (Londres, 1998), p. 1003.

42. Statement in *Le Petit Parisien*, 16 de janeiro de 1937, citado em Carla Tonini, "The Polish Plan for a Jewish Settlement in Madagascar", *Polin* 19 (2007), p. 471.

43. *JC*, 12 de maio de 1939.

44. *Affirmation* (Paris), 5 de maio de 1939.

16: Na jaula, tentando escapar

1. Memórias de Wachstein, LBINY ME 1068, p. 106.

2. Goeschel, *Suicide in Nazi Germany*, p. 100.

3. Memórias de Wachstein, LBINY ME 1068, p. 103.

4. Kellner para o senador Werner, 30 de junho de 1938, citado em Brian Amkraut, *Between Home and Homeland: Youth Aliya from Nazi Germany* (Tuscaloosa, Alabama, 2006), p. 193; relatório do Dr. Leo Lauterbach para o Executivo da Organização Sionista sobre "The Situation of the Jews in Austria" ["A Situação dos Judeus na Áustria"], 29 de abril de 1938, excerto em Yitzhak Arad *et al.*, orgs., *Documents on the Holocaust*, 8ª ed. (Lincoln, Nebraska, 1999), p. 92.

5. A. J. Sherman, *Island Refuge: Britain and Refugees from the Third Reich 1933–1939*, 2ª ed. (Ilford, Essex, 1994), p. 134.

6. Dalia Ofer, *Escaping the Holocaust: Illegal Jewish Immigration to the Land of Israel, 1939–1944* (Nova York, 1990), p. 14.

7. Mark Wischnitzer, "Bericht über die Lage der Juden in der Tschechoslovakei", s.d. [posteriormente em 1938] CAHJP HM2/9373.13 (cópia de documento no arquivo Osobyi Moscou, 1325/1/74).

8. Hugo Jellinek (Brno) to Nadja Jellinek (Palestine), 12 de agosto (ou 12 de setembro) de 1938, correspondência de Jellinek.

9. Hugo para Nadja Jellinek, s.d. (agosto–setembro de 1938), ibid.

10. Hugo para Nadja Jellinek, 21 de agosto de 1938, ibid.

11. Ibid.

12. Memórias de Kurt Krakauer, LBINY ME 1405.

13. Hugo para Nadja Jellinek, 14 de outubro de 1938, correspondência de Jellinek.

14. Memórias de John Abels (Abeles), LBINY ME 1128, p. 45.

15. *JC*, 24 de fevereiro de 1939.

16. Ascher, *Community under Siege*, pp. 6 e 135-43.

17. V. Bazarov, "HIAS e HICEM no sistema de organizações de assistência aos judeus na Europa, 1933—1941", *East European Jewish Affairs* 39:1 (2009), p. 72.

18. Anotação do diário, 6 de maio de 1938, *in* Dorian, *Quality of Witness*, pp. 30-1.

19. *JC*, 29 de abril de 1938.

20. Jacob Lestchinsky, "A shtile khoydesh in poyln", *Parizer haynt*, 23 de agosto de 1938.

21. *Proceedings of the Intergovernmental Committee, Evian, July 6th to 15th, 1938: Verbatim Record of the Plenary Meetings.*

22. Cópia do comunicado oficial enviado por sir H. Kennard (Varsóvia) para lorde Halifax, 31 de março de 1938, BNA FO 371/21808.

23. Jerzy Tomaszewski, "The Civil Rights of Jews in Poland 1918–1939", *Polin* 8 (1994), p. 120.

24. Kennard (Varsóvia) para Halifax, 28 de março de 1938, BNA FO 371/21808.

25. Reich-Ranicki, *The Author of Himself*, p. 107.

26. Kennard (Varsóvia) para o Ministério do Exterior, 1º de novembro de 1938, BNA FO 371/21808.

27. A. J. Drexel Biddle, Jr., para o Secretário de Estado, 5 de novembro de 1938, *in* John Mendelsohn e Donald S. Detwiler, orgs., *The Holocaust: Selected Documents* (Nova York, 1982), vol. 3, pp. 23-4.

28. Texto *in* sir G. Ogilvie-Forbes (Berlim) para o Ministério do Exterior, 31 de outubro de 1938, BNA FO 371/21808.

29. Edição datada de 29 de outubro de 1938, citado em Karol Grünberg, "The Atrocities Against the Jews in the Third Reich as Seen by the National-Democratic Press (1933–1939)", *Polin* 5 (1990), p. 110.

30. Jerzy Tomaszewski, "The Polish Right-Wing Press, the Expulsion of Polish Jews from Germany, and the Deportees in Zbąszyń", *Gal-Ed* 18 (2002), pp. 89-100.

31. Memórias de Harvey F. Fireside (Heinz Wallner), LBINY ME 1486, p. 57.

32. Goeschel, *Suicide in Nazi Germany*, p. 103.

33. Ibid.

34. Raymond Geist para George S. Messersmith, 28 de outubro de 1938, citado em Richard Breitman *et al.*, orgs., *Refugees and Rescue: The Diaries and Papers of James G. McDonald, 1935–1945* (Bloomington, Indiana, 2009), pp. 143-44.

35. *Aide-mémoire* (1939) de Robert H. Harlan (em posse de Lois S. Harlan).

36. *JC*, 6 de janeiro de 1939.

37. Norbert Elias, *Reflections on a Life* (Cambridge, 1994), p. 52.

38. Memórias de Werner Warmbrunn, LBINY ME 1418.

39. "The Fate of German Returning Emigrants" (relatório do Jewish Central Information Office, Amsterdã), 31 de março de 1936, YA 448 (Israel Cohen Papers), séries 1, arquivo 9.

40. Memórias de Gertrude van Tijn, LBINY ME 643, p. 6.

41. Gertrude van Tijn para American Jewish Joint Distribution Committee, 26 de dezembro de 1938, JDCNY AR 33–44/695.

42. *Yidishe bilder*, 9 de dezembro de 1938.

43. Relatório sobre o Trabalho com Refugiados na Holanda em fevereiro de 1939 (provavelmente de autoria de Gertrude van Tijn), Amsterdã, 7 de março de 1939, JDCNY AR 33-44/189.

44. Richard Perls, em nome do Jewish Institute for the Blind [Instituto Judaico dos Cegos], Berlim, para Visconde Samuel,* 6 de dezembro de 1938, WL doc 606.

45. Monika Sonke, "Die Israelitische Taubstummen-Anstalt in Berlin-Weissensee", *in* Vera Bendt e Nicola Galliner, *"Öffne deine Hand für die Stummen": Die Geschichte der Israelitischen Taubstummen-Anstalt Berlin-Weissensee, 1873 bis 1942* (Berlim, 1993), p. 61.

46. Hoffman e Schwarz, "Early but Opposed", pp. 297-98.

47. Shapiro, *Between the Yeshiva World and Modern Orthodoxy*, p. 158.

48. Hoffman e Schwarz, "Early but Opposed", p. 267.

---

* Visconde Samuel é um título da nobreza no Reino Unido. Foi criado em 1937 para o político do Partido Liberal e ex-Alto Comissário do Mandato Britânico da Palestina, Herbert Samuel. O título é conservado pelo seu neto, o terceiro visconde, que sucedeu ao pai em 1978. (N.T.)

49. Hildesheimer, *Jüdische Selbstverwaltung*, p. 111; Leonard Baker, *Days of Sorrow and Pain: Leo Baeck and the Berlin Jews* (Nova York, 1978), p. 246.

50. Rolf Wiggershaus, *The Frankfurt School: Its History, Theories and Political Significance* (Cambridge, 1994), p. 128.

51. Kaplan, *The Jewish Feminist Movement*, p. 49.

52. Amkraut, *Between Home and Homeland*, pp. 100-1.

53. Vicky Caron, *Uneasy Asylum: France and the Jewish Refugee Crisis, 1933–1942* (Stanford, Califórnia, 1999), p. 202.

54. Joint Distribution Committee, European Executive Council, February Report [Conselho Executivo Europeu, Relatório de Fevereiro], 17 de março de 1939, JDCNY AR 33-44/189.

55. Memórias de Gertrude van Tijn, LBINY ME 643, p. 16.

56. "Report on the Position of the Refugees Work in Holland on April 30th 1939 by Gertrude van Tijn", 9 de maio de 1939, WL doc 502.

57. Carta para Elise Steiner, 1º de março de 1939, WL doc 1146/29.

58. Carta para Elise Steiner, 14 de maio de 1939, WL doc 1146/50.

59. Carta para Elise Steiner, 5 de abril de 1939, WL doc 1146/38.

60. Meir Michaelis, *Mussolini and the Jews: German-Italian Relations and the Jewish Question in Italy, 1922–1945* (Oxford, 1978), p. 28.

61. Ibid., pp. 33-4. O artigo de Mussolini foi publicado no *Il Popolo d'Italia*, 29 de maio de 1932.

62. Dan Vittorio Segre, *Memoirs of a Fortunate Jew: An Italian Story* (Bethesda, Md., 1987).

63. Michaelis, *Mussolini and the Jews*, pp. 120 ss.

64. Iael Nidam-Orvietto, "The Impact of Anti-Jewish Legislation on Everyday Life and the Response of Italian Jews, 1938–1943", *in* Joshua D. Zimmerman, org., *Jews in Italy under Fascist and Nazi Rule, 1922–1945* (Cambridge, 2005), p. 168.

65. Editorial de 8 de setembro de 1938, citado em Renzo De Felice, *The Jews in Fascist Italy: A History* (Nova York, 2001), p. 321.

66. Anissimov, *Primo Levi*, p. 53.

67. De Felice, *Jews in Fascist Italy*, p. 325.

17: Os campos

1. Crônica da Comunidade judaica de Bamberg. 1930–1938 por Martin Morgenroth, *in* Karl H. Mistele, *The End of a Community: The Destruction of the Jews of Bamberg, Germany, 1938–1942* (Hoboken, N.J., 1995), p. 207.

2. Leni Yahil, "Jews in Concentration Camps prior to World War II", *in* Yisrael Gutman e Avital Saf, orgs., *The Nazi Concentration Camps* (Jerusalém, 1984), pp. 74-6.

3. Memórias de Sonia Wachstein, LBINY ME 1068, p. 100.

4. Memórias de Felix Klein, LBINY ME 1414; memórias de Sonia Wachstein, LBINY ME 1068, p. 113.

5. Bruno Stern para Robert H. Harlan, 17 de agosto de 1943 (em posse de Lois S. Harlan).

6. Reminiscências de Harvey P. Newton (Hermann Neustadt), escritas em 1944, Gross Breesen Rundbrief, 28 (1994), http://grossbreesensilesia.com/.

7. Altshuler, *Soviet Jewry on the Eve of the Holocaust*, pp. 26-7.

8. David R. Shearer, *Policing Stalin's Socialism: Repression and Social Order in the Soviet Union, 1924–1953* (New Haven, Connecticut, 2009), p. 317.

9. *Memoirs of Nikita Khrushchev*, vol. 2, *Reformer 1945–1964* (University Park, Pensilvânia, 2006), pp. 174-75 e 196.

10. Mikhail Mitsel, "The final chapter: Agro-Joint workers — victims of the Great Terror in the USSR, 1937–1940", *East European Jewish Affairs* 39:1 (2009), p. 91.

11. Ibid., p. 86.

12. Ibid., p. 87.

13. Shapiro, *Di yidishe kolonye friling*, p. 150.

14. Gerben Zaagsma, "The Local and the International — Jewish Communists in Paris Between the Wars", *Simon Dubnow Institute Yearbook* 8 (2009), p. 358.

15. Relatório para Gulag NKVD, 1939, sobre as condições no Campo de Trabalhos Forçados Corretivos em Karagandinskii, Departamento de Arquivo do Centro de Estatísticas Legais e Informações subordinado ao Procurador da Região de Karaganda, Karaganda, Cazaquistão, AOTsPSIpPKO sv. 10 uro, d. 79, 11. pp. 85-95, cópia em http://gulaghistory.org/items/show/766.

16. Zalcman, *Histoire véridique*, p. 188.

17. *Vilner tog*, 2 de janeiro de 1939.

18. Relatório de Harvey C. Perry e Julianna R. Perry sobre uma visita à Polônia, 20–27 de julho de 1939, reproduzido em Henry Friedlander e Sybil Milton, orgs., *Archives of the Holocaust*, vol. 2 (Nova York, 1990), p. 618.

19. *JC*, 6 de janeiro de 1939.

20. *JC*, 13 de janeiro de 1939.

21. *Correspondance Juive*, 20 de junho de 1939.

22. Caron, *Uneasy Asylum*, p. 62.

23. *JC*, 24 de fevereiro de 1939.

24. Anne Grynberg, *Les Camps de la honte: Les internés juifs des camps français 1939–1944* (Paris, 1999), pp. 20-1.

25. Ibid., p. 57.

26. Moore, *Refugees from Nazi Germany*, pp. 98-9.

27. Müller, *Anne Frank*, p. 86.

28. C. L. van den Heuvel e P. G. van den Heuvel-Vermaat, *Joodse Vluchtelingen en het Kamp in Hellevoetsluis* (Hellevoetsluis, 1995), p. 25.

29. *Rotterdamsch Nieuwsblad*, 3 de janeiro de 1939.

30. Prof. D. Cohen (Presidente do Comitê de Refugiados Judeus, Amsterdã), cartas circulares, 17 e 28 de março de 1939, Bibl. Ros. Vereenigingen (Comité–G).

31. "Report on the Position of the Refugees Work in Holland on April 30th 1939 by Gertrude van Tijn", 9 de maio de 1939, anexo A, WL doc 502.

32. "Camps", memorandos do Comitê de Refugiados Judeus, Amsterdá, maio e junho de 1939, JDCNY AR 33–44/700.

33. Gino Huiskes e Reinhilde van der Kroef, comp., *Vluchtelingenkamp Westerbork*, Westerbork Cahiers 7 (Assen, 1999), p. 25.

34. Depoimento de Weizmann à Comissão Real sobre a Palestina, 25 de novembro de 1936, *in* Barnett Litvinoff, org., *The Letters and Papers of Chaim Weizmann*, Series B: *Papers*, vol. 2 (New Brunswick, N.J., 1984), p. 102.

35. Anotação no diário, 12 de janeiro de 1939, *in* Dorian, *Quality of Witness*, pp. 56-7.

36. *Der moment*, 24 de novembro de 1938.

37. Tsentralrat fun di prof. klasen-fareynen in varshe, *Barikht fun der tetikeyt fun tsentral-rat un di ongeshlosene fareynen far di yorn 1937–1938* (Varsóvia, abril de 1939), 24, YA 1400 MG 9 e 10/box 36/220.

38. "The Jewish Community of Prague", relatório para o Joint Distribution Committee, 14 de agosto de 1939, JDCNY AR 33–44/535.

39. Memorando sobre a Letônia by E. K. Schwartz, 1º de maio de 1939, JDCNY AR 33–44/727.

40. Relatório datado de 26 de julho de 1939, de Martin Rosenblüth (Londres), CZA S7/902, copiado em Frank Nicosia, org., *Archives of the Holocaust*, vol. 3 (Nova York, 1990), p. 323.

41. Memórias de Kurt Krakauer, LBINY ME 1405.

42. Hilfsverein der Juden in Deutschland para o Council for German Jewry [Conselho do Povo Judeu-Alemão], Londres, 3 de fevereiro de 1939, WL doc 606.

43. Council for German Jewry [Conselho do Povo Judeu-Alemão], Londres, para Hilfsverein der Juden in Deutschland, 6 de fevereiro de 1939, ibid.

44. Council for German Jewry [Conselho do Povo Judeu-Alemão], Londres, para Reichsvereinigung der Juden in Deutschland, 16 de agosto de 1939, ibid.

45. Relatório sobre a Alemanha e a Áustria, fevereiro de 1939, apresentado com Morris Troper (Paris) para AJDC (Nova York), 17 de março de 1939, JDCNY AR 33-44/189.

46. Morris Troper (Paris) para JDC (Nova York), 17 de março de 1939, JDCNY AR 33-44/189.

18: Na iminência do extermínio

1. Artigo de Yoshue Perle, *Literarishe bleter*, 1º de janeiro de 1939.

2. Shandler, org., *Awakening Lives*, p. 376.

3. Pickhan, "*Yidishkayt* and class consciousness", p. 258.

4. Shapiro, "Polish *Kehillah* Elections", p. 218.

5. "A ruf tsu der yidisher arbetndiker froy", panfleto eleitoral, Vilna, 1939, YA1400/11/128.

6. "Birger veyler!" panfleto eleitoral, Vilna, maio de 1939, ibid.

7. M. Troper (Paris) to Joseph Hyman (Nova York), 10 de junho de 1939, JDCNY AR33-44/794.

8. "2 yor arbet un kamf" (relatório sobre Tsukunft, 1937–1939), YA 1400 MG9&10/40/269.

9. Howard (Chanoch) Rosenblum, "Promoting an International Conference to Solve the Jewish Problem: The New Zionist Organization's Alliance with Poland, 1938–1939", *Slavonic and East European Review* 69:3 (1991), p. 480.

10. Ibid., p. 489.

11. *JC*, 3 de março de 1939.

12. Nowogrodski, *Jewish Labor Bund in Poland*, p. 251.

13. L. Jaffe (Varsóvia) para o escritório central de Keren Hayesod, Jerusalém, 10 de março de 1939, CZA S5/544.

14. Laurence Weinbaum, "Jabotinsky and the Poles", *Polin* 5 (1990), p. 159.

15. J. Marcus, *Social and Political History of the Jews in Poland, 1918–1939* (Berlim, 1983), p. 410.

16. *Affirmation*, 26 de maio de 1939.

17. Yaakov-Yosef Gerstein (in Yednitsy/Edineti) para seus filhos na Palestina, 9 de julho de 1939, CAHJP INV/8494, p. 44.

18. Consulte Morris Troper em nome do JDC para o Comitê Voor Joodsche Vluchtelingen, 16 de outubro de 1939, JDCNY AR 1933–44, pasta 44.

19. Chaya Brasz, "'Dodenschip' Dora", *Vrij Nederland*, 1º de maio de 1993, pp. 38-41.

20. Memórias de Gertrude van Tijn, LBINY ME 643, p. 17.

21. Sherman, *Island Refuge*, p. 253.

22. O. D. Kulka, "The '*Reichsvereinigung* of the Jews in Germany' (1938/9–1943)", *in Patterns of Jewish Leadership in Nazi Europe 1933–1945, Proceedings of the Third Yad Vashem International Historical Conference* [Trabalhos da Terceira Conferência Histórica Internacional Yad Vashem], Jerusalém, 1979, pp. 45-58.

23. Carta de Goldmann, s.d. [maio de 1939], citada em Kurt Jacob Ball-Kaduri, *Vor der Katastrophe: Juden in Deutschland 1934–1939* (Tel Aviv, 1967), pp. 252-53.

24. Hartwig Behr e Horst F. Rupp, *Vom Leben und Sterben: Juden in Creglingen* (Würzburg, 1999), p. 177.

25. Silvia Cohn para Hilde Cohn, 27 de junho de 1939, citada em Trude Maurer, "Jüdisches Bürgertum 1933–1939: Die Erfahrung der Verarmung", *in* Stefi Jersch-Wenzel *et al.*, orgs., *Juden und Armut in Mittel- und Ost-Europa* (Cologne, 2000), p. 389.

26. "Le déclin du judaïsme autrichien, *Revue "OSÉ"*, março de 1940, p. 30.

27. Lorenz Mikoletzky, org., *Archives of the Holocaust*, vol. 21 (Nova York, 1995), p. 1199.

28. Relatório de Wohnungsreferat, Israelitische Kultusgemeinde Wien, 16 de maio de 1939, WL doc 1254/2.

29. Erwin Lichtenstein, *Die Juden der freien Stadt Danzig unter der Herrschaft des Nationalsozialismus* (Tübingen, 1973), pp. 88-9; *Manchester Guardian Weekly*, 20 de janeiro de 1939.

30. Presidente da polícia para a comunidade judaica, 21 de janeiro de 1939, reproduzido em Sheila Schwartz, org., *Danzig 1939: Treasures of a Destroyed Community* (Detroit, 1980), p. 19.

31. Greiser para Carl Burckhardt, 9 de fevereiro de 1939, *in* Lichtenstein, *Die Juden*, p. 101.

32. "Bericht über den Auswanderungstransport von Danzig mit der 'Astir' von Irma Feibusch" (um passageiro do Astir), Lichtenstein, *Die Juden*, pp. 226-31.

33. *L'Univers Israélite*, 28 de julho de 1939.

34. Leyzer Ran, "Vilna: A fertel yorhundert yidisher teater", *in* Itzik Manger, Jonas Turkow e Moyshe Perenson, orgs., *Yidisher teater in eyrope tsvishn beyde velt-milkhomes* (Nova York, 1968), pp. 233-34.

35. Bemporad, "Red Star on the Jewish Street", p. 240.

36. Even-Shoshan, org., *Minsk, ir va-em*, vol. 2, p. 78.

37. Esther Benbassa e Aron Rodrigue, *The Jews of the Balkans: The Judeo-Spanish Community, 15th to 20th Centuries* (Oxford, 1995), p. 142.

38. *L'Indépendant*, 9 de fevereiro de 1939.

39. "Kipur al Kal" (Yom Kippur na Sinagoga), *Acción*, 11:3106 (1939), reproduzido em Bunis, org., Cazés, *Voices from Jewish Salonika*, pp. 390-92.

40. "Le estás bevyendo la sangre" (You're driving him crazy), *Mesajero* 4:1008(1939), reproduzido em Bunis, org., Cazés, *Voices from Jewish Salonika*, pp. 406-08.

41. Correspondência em YA 207/87.

42. Presidente e Secretário do Asilo de Locos para o Conselho Comunitário, 17 de maio de 1939, YA 207/87.

43. Relatório do Comitê de Refugiados, Amsterdã, agosto-outubro de 1939, WL doc 502.

44. Hugo para Nadja Jellinek, s.d. [final de março–maio de 1939], correspondência de Jellinek.

45. Gisela Schlesinger (Viena) para Anna Nadler (Sydney), 21 de junho de 1939, ibid.

46. Max Weinreich, "A Tentative Scheme for the History of Yiddish", 5º Congresso Internacional de Linguistas, Bruxelas, 28 de agosto-2 de setembro de 1939, Résumés des communications (Bruges, 1939), pp. 49-51.

47. Albert Resis, "The Fall of Litvinov: Harbinger of the German-Soviet Non-Aggression Pact", *Europe-Asia Studies* 52:1 (2000), p. 35.

48. *Ha-kongres ha-tsiyoni ha-21: Din ve-heshbon stenografi* (Jerusalém, 1939), pp. 222-23. A frase aparece em Gênesis 32:9 e 2 Reis 19:30–31.

19: Crise existencial

1. *The New York Times*, 26 de março de 1933.

2. Jacob Lestchinsky, "Vu iz der oysgang?", *Naye Shtime*, julho de 1938, p. 8.

3. Jacob Lestchinsky, "Farshveygen oder bald entfern?", *Unzer lebn* (Białystok), 21 de julho de 1939. O artigo provavelmente também apareceu em outros jornais iídiches.

4. Arendt, *Origins of Totalitarianism*, esp. pp. 454 ss.

5. Transcrição de entrevista com Prinz, Arquivo de História Oral, Instituto do Povo Judeu-Contemporâneo, Universidade Hebraica de Jerusalém, publicado em Herbert A. Strauss e Kurt R. Grossman, orgs., *Gegenwart im Rückblick: Festgabe für die Jüdische Gemeinde zu Berlin 25 Jahre nach dem Neubeginn* (Heidelberg, 1970), p. 232. O artigo original foi publicado no *Jüdische Rundschau*, em 17 de abril de 1935.

6. *Leder- un shikh-tsaytung*, 4 de maio de 1937.

7. Benjamin e Barbara Harshav, *American Yiddish Poetry: A Bilingual Anthology* (Berkeley, 1986), pp. 304-07.

8. Y. Rapoport, "Tsurik zum geto?", *Naye shtime*, julho de 1938, pp. 12-3.

9. A[haron] Kremer, "Tsurik in geto?", *Parizer haynt*, 12 de julho de 1938.

10. Karlip, "Between Martyrology and historiography", p. 257.

11. Ibid., p. 271 [tradução aprimorada].

12. A referência bíblica é Ester 3:13 (tradução da Jewish Publication Society of America).

13. *Haynt*, 25 de agosto de 1939. Para informações sobre esse artigo, consulte Dubnow-Erlich, *Life and Work of S. M. Dubnow*, pp. 233-36.

14. Consulte pp. 32-3.

15. Zygmunt Bauman, "Exit Visas and Entry Tickets: Paradoxes of Jewish Assimilation", *Telos* 77 (1988), p. 51.

Fontes

Fontes não publicadas

Arquivo do American Jewish Joint Distribution Committee, Nova York.

Bibliotheca Rosenthaliana, Universidade de Amsterdã.

British National Archives, Kew.

Arquivos Centrais da História do Povo Judeu, Jerusalém.

Arquivos Centrais Sionistas, Jerusalém.

Arquivo do Centro de Pesquisas da Diáspora de Goldstein-Goren, Universidade de Tel Aviv.

Informações relacionadas com a *Kristallnacht* — Robert H. Harlan (em poder de Lois S. Harlan).

Arquivo do Instituto Internacional de História Social, Amsterdã.

Correspondência com a família — Jellinek (em poder de Paulette Jellinek).

Museu Histórico Judaico, Amsterdã.

Museu Judaico, Berlim.

Arquivo do Leo Baeck Institute, Centro de História Judaica, Nova York.

Instituto de Documentação de Guerra da Holanda, Amsterdã.

Tresoar, Leeuwarden.

Arquivo da Wiener Library, Londres.

Arquivos de Yad Vashem, Jerusalém.

Arquivo do YIVO, Center for Jewish History, Nova York.

Dissertações

Bemporad, Elissa. "Red Star on the Jewish Street: The Reshaping of Jewish Life in Soviet Minsk, 1917–1939." Dissertação de doutorado, Stanford University, 2006.

Goldman, Eric A. "A World History of the Yiddish Cinema." Dissertação de doutorado, New York University, 1979.

Gonshor, Anna Fishman. "Kadye Molodowsky in *Literarishe Bleter*, 1925–1935: Annotated Bibliography." Tese de mestrado, McGill University, 1997.

Karlip, Joshua Michael. "The Center That Could Not Hold: *Afn Sheydveg* and the Crisis of Diaspora Nationalism." Dissertação de doutorado, Jewish Theological Seminary, 2006.

Kuznitz, Cecile. "The Origins of Yiddish Scholarship and the YIVO Institute for Jewish Research." Dissertação de doutorado, Stanford University, 2000.

Luria, Max A. "A Study of the Monastir Dialect of Judeo-Spanish Based on Oral Material Collected in Monastir, Yugoslavia." Dissertação de doutorado, Columbia University, 1930.

Rheins, Carl Jeffrey. "German-Jewish Patriotism, 1918–1935: A Study of the Attitudes and Actions of the Reichsbund jüdischer Frontsoldaten, the Verband nationaldeutscher Juden, the Schwarzes Fahnlein, Jungenschaft, and the Deutsche Vortrupp, Gefolgschaft deutscher Juden." Dissertação de doutorado, State University of New York em Stony Brook, 1978.

Silverman, Lisa Dianne. "The Transformation of Jewish Identity in Vienna, 1918–1938." Dissertação de doutorado, Yale University, 2004.

Sloin, Andrew. "Pale Fire: Jews in Revolutionary Belorussia, 1917–1929." Dissertação de doutorado, University of Chicago, 2009.

Steinlauf, Michael. "Polish-Jewish Theater: The Case of Mark Arnshteyn: A Study of the Interplay among Yiddish, Polish and Polish-Language Jewish Culture in the Modern Period." Dissertação de doutorado, Brandeis University, 1987.

Sternberg, Frances Glazer. "'Cities of Boundless Possibilities': Two Shtetlekh in Poland: A Social History." Dissertação de doutorado, University of Missouri–Kansas City, 2000.

Tanny, Jarrod. "City of Rogues and Schnorrers: The Myth of Old Odessa in Russian and Jewish Culture." Dissertação de doutorado, University of California, Berkeley, 2009.

White, Angela. "Jewish Lives in the Polish Language: The Polish-Jewish Press, 1918–1939." Dissertação de doutorado, Indiana University, 2007.

Yalen, Deborah Hope. "Red *Kasrilevke*: Ethnographies of Economic Transformation in the Soviet Shtetl, 1917–1939." Dissertação de doutorado, University of California, Berkeley, 2007.

Zeindl, Eva. "Die Israelitische Kultusgemeinde Horn." Mag. phil. Diplomarbeit, Universidade de Viena, 2008.

Websites e publicações digitais

Gross-Breesen Emigrant Training Farm, http://grossbreesensilesia.com/.

Gulag History, http://gulaghistory.org/.

Jewish Women's Archive, http://jwa.org/.

Wolf Lewkowicz letters, http://web.mit.edu/maz/wolf/.

Correspondência de Arnold Schönberg, http://www.schoenberg.at/index.php? option=com_content&view=article&id=365&Itemid=324&lang=en.

S. L. Shneiderman, "Notes for an Autobiography", http://www.lib.umd.edu/ SLSES/donors/autobio.html.

Fontes publicadas

Jornais e periódicos

Acción (Salônica)

Affirmation (Paris)

AJR Information (Londres)

L'Ancien Combattant Juif (Paris)

Baranovitsher kuryer (Baranowicze)

Bikher-nayes (Varsóvia)

Boschblaadjes (Amsterdã)

Byuleten funem institut far yidisher kultur bay der alukrainisher visnshaftlekherakademye (Kiev)

Contemporary Jewish Record (Nova York)

Correspondance Juive (Genebra)

C.V. Zeitung (Berlim)

Dos emese vort (Vilna)

Folks-tsaytung (Libau)

Folks-tsaytung (posteriormente *Naye folks-tsaytung*, Varsóvia)

Forpost (Birobidzhan)

Freeland (Nova York)

Ha'Ischa (Amsterdã)

Haynt (Varsóvia)

L'Indépendant (Salônica)

In kamf (Varsóvia)

Der Israelit (Frankfurt am Main)

Jewish Chronicle (Londres)

De Joodsche Middenstander (Amsterdã)

Le Judaïsme Sépharadi (posteriormente *Le Judaïsme Séphardi*, Paris)

Jüdischer Kulturbund Monatsblätter (Hamburgo)

Jüdische Rundschau (Berlim)

Kinderfraynd (Varsóvia)

Leder- un shikh-tsaytung (Varsóvia)

Literarishe bleter (Varsóvia)

Der moment (Varsóvia)

Naye prese (Paris)

Naye shtime (Varsóvia)

Dos naye vort (Varsóvia)

Nieuw Israelietisch Weekblad (Amsterdã)

Paix et Droit (Paris)

Parizer haynt (Paris)

Le Progrès (Salônica)

Revue "OSÉ" (Paris)

Samedi (Paris)

Shulfraynd (Vilna)

Shul un lebn (Varsóvia)

Sovetish (literarisher almanakh) (Moscou)

Sovetishe literatur (Kiev)

Der transport arbeter (Varsóvia)

Tsaytshrift–literatur-forshung (Minsk)

L'Univers Israélite (Paris)

Unzer ekspres (Varsóvia)

Unzer lebn (Białystok)

Vilner ekspres (Vilna)

Vilner tog (Vilna)

Yedies fun yidishn visnshaftlekhn institut (Vilna)

Yidishe bilder (Riga)

Yidishe shtime (Kovno)

Die Zukunft (Paris)

Trabalhos literários discutidos no texto

Agnon, S. Y. *Oreah natah lalun* (Tel Aviv, 1939; edição em inglês, *A Guest for the Night*, Nova York, 1968).

An-Sky, S. *Der dybbuk* (Vilna, 1919).

Asch, Sholem. *Mottke ganef* (publicado inicialmente em iídiche, 1916; edição em inglês, *Mottk the Thief*, Londres, 1935).

Asch, Sholem. *Der man fun natseres* (publicado em inglês como *The Nazarene*, Nova York, 1939).

———. *Three Cities* (inicialmente publicado em iídiche, 1929–31; edição em inglês, Nova York, 1933).

Babel, Nathalie, org. *The Complete Works of Isaac Babel* (Nova York, 2005).

Bettauer, Hugo. *Die Stadt ohne Juden, ein Roman von Übermorgen* (Viena, 1922; edição em inglês, Nova York, 1926).

Céline, Louis-Ferdinand. *Bagatelles pour un massacre* (Paris, 1937).

Der Nister, *Di mishpokhe mashber* (apenas o primeiro volume, Moscou, 1939; segundo volume, Nova York, 1948; edição em inglês, *The Family Mashber*, Londres, 1987).

Ehrenburg, Ilya. *The Stormy Life of Lasik Roitschwantz* (primeira edição russa, Berlim, 1929; edição em inglês, Nova York, 1960).

Feuchtwanger, Lion. *Paris Gazette* (Nova York, 1940).

Grossman, Vasily. "In the Town of Berdichev", *in The Road: Stories, Journalism, and Essays* (Nova York, 2010), pp. 15-32.

Kisch, Egon Erwin, *Tales from Seven Ghettos* (Londres, 1948).

Kulbak, Moshe. *Di zelmenyaner* (Minsk, 1931–1935).

Némirovsky, Irène. *David Golder* (Paris, 1929).

———. *Le Vin de solitude* (Paris, 1935).

Opatoshu, Joseph. *Roman fun a ferd ganif (Tale of a Horse Thief,* Vilna, 1928; publicado pela primeira vez, 1912).

Schulz, Bruno. *The Complete Fiction of Bruno Schulz* (Nova York, 1989).

Singer, Isaac Bashevis. *Shosha* (edição em inglês, Nova York, 1978; publicado inicialmente em iídiche, 1974).

Tucholsky, Kurt. "Herr Wendriner steht unter der Diktatur", *in Gesammelte Werke*, vol. 8, *1930* (Reinbek bei Hamburg, 1975).

Livros e artigos

Aberbach, David. "Patriotism and Antisemitism: The Crisis of Polish-Jewish Identity between the Wars." *Polin* 22 (2010), pp. 368-88.

Aberbach, Moshe. "Viennese Memoir 1924–1938." *In* David Aberbach, org., *Jewish Education and History: Continuity, Crisis and Change* (Abingdon, 2009), pp. 151-206.

Abram, Leyb, *et al.*, orgs. *Der mishpet ibren kheyder* (Vitebsk, 1922).

Abramowicz, Hirsz. *Profiles of a Lost World: Memoirs of East European Jewish Life before World War II* (Detroit, 1999).

Abravanel, Nicole. "Paris et le séphardisme ou l'affirmation sépharadiste à Paris dans les années trente." *In* W. Busse e Marie-Christine Varol-Bornes, orgs., *Hommage à Haïm Vidal Sephiha* (Berna, 1996), pp. 497-523.

Ackerman, Walter. "'Nach Palästina durch Wirballen'–a Hebrew Gymnasium in Lithuania." *Studies in Jewish Education* 7 (Jerusalém, 1995), pp. 38-53.

Alon, Gedalyahu. "The Lithuanian Yeshivas." *In* Judah Goldin, org., *The Jewish Expression* (New Haven, Connecticut, 1976), pp. 452-68.

Altbauer, Moshe. "Bulgarismi nel 'Giudeo-Spagnolo' degli Ebrei di Bulgaria." *Ricerche Slavistiche* 4 (1955–1956), pp. 72-5.

Altmann, Alexander. "The German Rabbi: 1910–1939." *LBIYB* 19 (1974), pp. 31-49.

Altshuler, Mordechai. *Soviet Jewry on the Eve of the Holocaust: A Social and Demographic Profile* (Jerusalém, 1988).

Amishai-Maisels, Ziva. "Chagall's 'White Crucifixion'." *Art Institute of Chicago Museum Studies* 17:2 (1991), pp. 138-53, 180-81.

Amkraut, Brian. *Between Home and Homeland: Youth Aliya from Nazi Germany* (Tuscaloosa, Alabama, 2006).

Andermann, Martin. "My life in Germany before and after 30 January 1933." *LBIYB* 55 (2010), pp. 315-28.

Angress, Werner. *Between Hope and Fear: Jewish Youth in the Third Reich* (Nova York, 1988).

Anissimov, Myriam. *Primo Levi: Tragedy of an Optimist* (Nova York, 1999).

Antonova, Irina, *et al.*, comps. *Chagall Discovered: From Russian and Private Collections* (Moscou, 1988).

Apter-Gabriel, Ruth. *Chagall: Dreams and Drama: Early Russian Works and Murals for the Jewish Theatre* (Jerusalém, 1993).

Aptowitzer, Victor, *et al.*, orgs. *Abhandlungen zur Erinnerung an Hirsch Perez Chajes* (Viena, 1933).

Arad, Yitzhak, *et al.*, orgs. *Documents on the Holocaust* (8ª ed. Lincoln, Nebraska, 1999).

Arbet un kamf: Barikht fun tsentraln profesioneln rat fun di yidishe klasn-faraynen in poyln (Varsóvia, agosto de 1939).

Arditti, Adolfo. "Some 'dirty words' in modern Salonika, Istanbul, and Jerusalem." *Jewish Language Review* 7 (1987), pp. 209-20.

Arendt, Hannah. *The Jewish Writings* (Nova York, 2007).

———. *The Origins of Totalitarianism* (Nova York, 1994).

Aronson, Gregori, org. *Vitebsk amol: geshikhte, zikhroynes, khurbn* (Nova York, 1956).

Aronson, Gregor[i], *et al. Russian Jewry 1917–1967* (Nova York, 1969).

Asaria, Zvi. *Die Juden in Köln von den Ältesten Zeiten bis zur Gegenwart* (Colônia, 1959).

Asch, Sholem. *Briv fun sholem asch.* Org. M. Tsanin (Bat Yam, 1980).

Ascher, Abraham. *A Community under Siege: The Jews of Breslau under Nazism* (Stanford, Califónia, 2007).

Aschheim, Steven E. *Beyond the Border: The German-Jewish Legacy Abroad* (Princeton, N.J., 2007).

Aylward, Michael. "Early Recordings of Jewish Music in Poland." *Polin* 16 (2003), pp. 59-69.

Bacon, Gershon. "The Missing 52 Percent: Research on Jewish Women in Interwar Poland and Its Implications for Holocaust Studies." *In* Dalia Ofer and Lenore J. Weitzman, orgs., *Women in the Holocaust* (New Haven, Connecticut, 1998), pp. 55-67.

———. *The Politics of Tradition: Agudat Yisrael in Poland, 1916–1939* (Jerusalém, 1996).

Baker, Leonard. *Days of Sorrow and Pain: Leo Baeck and the Berlin Jews* (Nova York, 1978).

Baker, Zachary M. "'Yiddish in Form and Socialist in Content': The Observance of Sholem Aleichem's Eightieth Birthday in the Soviet Union." *YIVO Annual* 23 (1996), pp. 209-31.

Ball-Kaduri, Kurt Jakob. *Vor der Katastrophe: Juden in Deutschland 1934–1939* (Tel Aviv, 1967).

Baratz, Léon. *La question juive en U.R.S.S. (Réponse à M. Georges Friedmann)* (Paris, 1938).

Barkai, Avraham. *From Boycott to Annihilation: The Economic Struggle of German Jews 1933–1945* (Hanôver, N.H., 1989).

Barkai, Avraham e Paul Mendes-Flohr. *German-Jewish History in Modern Times,* vol. 4, *Renewal and Destruction: 1918–1945* (Nova York, 1998).

Baron, Lawrence. "Theodor Lessing: Between Jewish Self-Hatred and Zionism." *LBIYB* 26 (1981), pp. 323-40.

Bartoszewski, Wladyslaw T. e Antony Polonsky, orgs. *The Jews in Warsaw: A History* (Oxford, 1991).

Bartov, Omer. *Erased: Vanishing Traces of Jewish Galicia in Present-Day Ukraine* (Princeton, N.J., 2007).

Bassok, Ido. "Mapping Reading Culture in Interwar Poland — Secular Literature as a New Marker of Ethnic Belonging among Jewish Youth." *Jahrbuch des Simon-Dubnow-Instituts* 9 (2010), pp. 15-36.

Bauer, Yehuda. *American Jewry and the Holocaust: The American Jewish Joint Distribution Committee, 1939–1945* (Detroit, 1981).

Bauman, Zygmunt. "Exit Visas and Entry Tickets: Paradoxes of Jewish Assimilation." *Telos* 77 (1988), pp. 45-77.

Bazarov, V. "HIAS and HICEM in the System of Jewish Relief Organizations in Europe, 1933–1941." *East European Jewish Affairs* 39:1 (2009), pp. 69-78.

Behr, Hartwig e Horst F. Rupp. *Vom Leben und Sterben: Juden in Creglingen* (Würzburg, 1999).

Beizer, Mikhail. *The Jews of St. Petersburg: Excursions through a Noble Past* (Filadélfia, 1989).

Beller, Steven. *Vienna and the Jews, 1867–1938: A Cultural History* (Cambridge, 1989).

Bemporad, Elissa. "Behavior Unbecoming a Communist: Religious Practice in Soviet Minsk." *JSS*, s.n., 14:2 (2008), pp. 1-31.

———. "The Yiddish Experiment in Soviet Minsk." *East European Jewish Affairs* 37:1 (2007), pp. 91-107.

Benain, A. e A. Kichelewski. "*Parizer Haynt* et *Naïe Presse*: Les itinéraires paradoxaux de deux quotidiens parisiens en langue yiddish." *Archives juives* 36:1 (2003), pp. 52-69.

Benbassa, Esther e Aron Rodrigue. *The Jews of the Balkans: The Judeo-Spanish Community, 15th to 20th Centuries* (Oxford, 1995).

———, orgs. *A Sephardi Life in Southeastern Europe: The Autobiography and Journal of Gabriel Arié, 1863–1939* (Seattle, 1998).

Bendt, Vera e Nicola Galliner. *"Öffne deine Hand für die Stummen": Die Geschichte der Israelitischen Taubstummen-Anstalt Berlin-Weissensee, 1873 bis 1942* (Berlim, 1993).

Benveniste, Annie. *Le Bosphore à la Roquette: La communauté judéo-espagnole à Paris (1914–1940)* (Paris, 1989).

Benz, Wolfgang e Barbara Distel, orgs. *Der Ort des Terrors: Geschichte der nationalsozialistischen Konzentrationslager.* Vols. 2 e 3 (Munique, 2005 e 2006).

Beregovski, Moshe. *Old Jewish Folk Music: The Collections and Writings of Moshe Beregovski.* Org. e trad. Mark Slobin (Filadélfia, 1982).

Berger, Joseph. *Shipwreck of a Generation* (Londres, 1971).

Berger, Shlomo. "East European Jews in Amsterdam: Historical and Literary Anecdotes." *East European Jewish Affairs* 33:2 (2003), pp. 113-20.

Berghahn, Marion. *Continental Britons: German-Jewish Refugees from Nazi Germany* (Nova York, 2007).

Berkowitz, Joel, org. *Yiddish Theatre: New Approaches* (Oxford, 2003).

Berkowitz, Michael. *The Crime of My Very Existence: Nazism and the Myth of Jewish Criminality* (Berkeley, Califórnia, 2007).

Bezalel, Yitzhak. "Bikoret mahutanit shel mister green: ben gurion al yehudei saloniki." *Pe'amim* 109 (2006), pp. 149-53.

Beznosik, K., M. Erik e Y. Rubin, orgs. *Antireligyezer literarisher leyenbukh* (Moscou, 1930).

Bickel, Shlomo. *Dray brider zaynen mir geven* (Nova York, 1956).

———, org. *Sefer kolomey* (Nova York, 1957).

Binder, S., *et al. Yidn in kaunas* (Kaunas, 1939).

Blakeney, Michael. "Proposals for a Jewish Colony in Australia: 1938–1948." *JSS* 46:3/4 (1984), pp. 277-92.

Blatman, Daniel. "The Bund in Poland, 1935–1939." *Polin* 9 (1996), pp. 58-82.

———. *For Our Freedom and Yours: The Jewish Labour Bund in Poland 1939–1949* (Londres, 2003).

———. "Women in the Jewish Labor Bund in Interwar Poland." *In* Dalia Ofer e Lenore J. Weitzman, orgs., *Women in the Holocaust* (New Haven, Connecticut, 1998), pp. 68-84.

Blau, Bruno. "The Jewish Population of Germany 1939–1945." *JSS* 12:2 (1950), pp. 161-72.

———. "On the Frequency of Births in Jewish Marriages." *JSS* 15:3/4 (1953), pp. 237-52.

Blecking, Diethelm. "Jews and Sports in Poland before the Second World War." *Studies in Contemporary Jewry* 23 (2008), pp. 17-35.

Blom, J. C. H., *et al.*, orgs. *The History of the Jews in the Netherlands* (Oxford, 2002).

Boas, Jacob. "German Jewry's Search for Renewal in the Hitler Era as Reflected in the Major Jewish Newspapers (1933–1938)." *Journal of Modern History* 53:1 (On Demand Supplement, 1981), pp. 1001-024.

———. "The Shrinking World of German Jewry." *LBIYB* 31 (1986), pp. 241-66.

Bockelmann, Werner, *et al.*, orgs. *Dokumente zur Geschichte der Frankfurter Juden, 1933–1945* (Frankfurt am Main, 1963). *Oksforder yidish* 1 (1990), pp. 39-52.

Bogdanski, Mayer. "Dos yidishe kultur-lebn in farmilkhomdikn pyeterkov."

Bohlman, Philip V. *Jewish Music and Modernity* (Nova York, 2008).

———, org., *Jewish Musical Modernism, Old and New* (Chicago, 2008).

Brasz, Chaya. "'Dodenschip' Dora." *Vrij Nederland*, 1º de maio de 1993, pp. 38-41.

Brasz, Chaya e Yosef Kaplan, orgs. *Dutch Jews as Perceived by Themselves and by Others: Proceedings of the Eighth International Symposium on the History of the Jews in the Netherlands* (Leiden, 2001).

Braunthal, Julius. *In Search of the Millennium* (Londres, 1945).

Brechtken, Magnus. *"Madagascar für die Juden": Antisemitische Idee und politische Praxis 1885–1945* (Munique, 1998).

Breitman, Richard, *et al.*, orgs. *Refugees and Rescue: The Diaries and Papers of James G. McDonald, 1935–1945* (Bloomington, Indiana, 2009).

Bristow, E. J., *Prostitution and Prejudice: The Jewish Fight against White Slavery, 1870–1939* (Oxford, 1982).

Brodersen, Mome. *Walter Benjamin: A Biography.* Ed. Willi Haas (Londres, 1996).

Bronsen, David. *Joseph Roth: Eine Biographie* (Colônia, 1974).

Brumberg, Abraham. *Journeys through Vanishing Worlds* (Washington, D.C., 2007).

———. "On Reading the Bundist Press." *East European Jewish Affairs* 33:1 (2003), pp. 100-17.

Brunot, Louis Gronow[s]ki-. *Le dernier grand soir: Un juif de Pologne* (Paris, 1980).

Brustein, William I. *Roots of Hate: Anti-Semitism in Europe Before the Holocaust* (Cambridge, 2003).

Brzoza, Czeslaw. "The Jewish Press in Kraków." *Polin* 7 (1992), pp. 133-46.

Buch der Erinnerung: Juden in Dresden deportiert, ermordet, verschollen, 1933–1945 (Gesellschaft für Christlich-Jüdische Zusammenarbeit Dresden e.V., Dresden, 2006).

Buergenthal, Thomas. *Ein Glückskind* (Frankfurt am Main, 2007).

Bunim, Shmuel. "Sur les traces de quelques cafés juifs du Paris des années trente." *Les Cahiers du Judaïsme* 26 (2009), pp. 46-51.

Bussgang, Julian J. "The Progressive Synagogue in Lwów." *Polin* 11 (1998), pp. 127--53.

Byrnes, R. F. "Edouard Drumont and *La France Juive*." *JSS* 10:2 (1948), pp. 165-84.

Cahan, J. L., org. *Yidisher folklor* (Vilna, 1938).

Cahnman, Werner J. "The Decline of the Munich Jewish Community, 1933–1938." *JSS* 3:3 (1941), pp. 285-300.

Cammy, Justin D. "Tsevorfene bleter: The Emergence of Yung Vilne." *Polin* 14 (2001), pp. 170-91.

Cang, Joel. "The Opposition Parties in Poland and their Attitude towards the Jews and the Jewish Problem." *JSS* 1:2 (1939), pp. 241-56.

Carlebach, Alexander. *Adass Yeshurun of Cologne: The Life and Death of a Kehilla* (Belfast, 1964).

Caron, Vicki. *Uneasy Asylum: France and the Jewish Refugee Crisis 1933–1942* (Stanford, Califórnia, 1999).

Cazés, Moshé. *Voices from Jewish Salonika: Selections from the Judezmo Satirical Series* Tio Ezrá I Su Mujer Benuta *e* Tio Bohor I Su Majer Djamila. Org. David M. Bunis (Jerusalém, 1999).

Chagall, Marc. *My Life* (Nova York, 1994).

Chernow, Ron. *The Warburgs* (Nova York, 1993).

Chrust, Josef e Yosef Frankel, orgs. *Katovits: perihatah u-shekiatah shel ha-kehilah ha-yehudit: sefer zikaron* (Tel Aviv, 1996).

Cohen, Hagit. "The USA-Eastern Europe Yiddish Book Trade and the Formation of the American Yiddish Cultural Center, 1890s–1930s." *Jews in Russia and Eastern Europe* 57:2 (2006), pp. 52-84.

Cohen, Israel. *Contemporary Jewry: A Survey of Social, Cultural, Economic and Political Conditions* (Londres, 1950).

———. *Vilna* (Filadélfia, 1943).

Cohen, Mark. *Last Century of a Sephardic Community: The Jews of Monastir, 1939–1943* (Nova York, 2003).

Cohen, Nathan. *Sefer, sofer ve-iton: merkaz ha-tarbut ha-yehudit be-varsha, 1918–1942* (Jerusalém, 2003).

———. "*Shund* and the Tabloids: Jewish Popular Reading in Inter-War Poland." *Polin* 16 (2003), pp. 189-211.

Cohen, Raya. *Yehudim eropim ve-eropim yehudim: bein shte milhamot 'olam* (Tel Aviv, 2004).

Cohen, Y., org. *Sefer butchatch* (Tel Aviv, 1955–1956).

Constantopoulou, Photini e Thanos Veremis, orgs. *Documents on the History of the Greek Jews*, 2ª ed. (Atenas, 1999).

Coppa, Frank J. "The Hidden Encyclical of Pius XI Against Racism and Anti-Semitism Uncovered — Once Again!" *Catholic Historical Review* 84:1 (1998), pp. 63-72.

Corrsin, Stephen D. "Language Use in Cultural and Political Change in Pre-1914 Warsaw: Poles, Jews, and Russification." *Slavonic and East European Review* 68:1 (1990), pp. 69-90.

———. "'The City of Illiterates'? Levels of Literacy among Poles and Jews in Warsaw, 1882–1914." *Polin* 12 (1999), pp. 221-41.

Crane, Richard Francis. "Surviving Maurras: Jacques Maritain's Jewish Question." *Patterns of Prejudice* 42:4 (2008), pp. 385-411.

Crews, C. M. *Recherches sur le Judéo-espagnol dans les pays balkaniques* (Paris, 1935).

Crhova, Marie. "Jewish Politics in Central Europe: The Case of the Jewish Party in Interwar Czechoslovakia." *Jewish Studies at the Central European University*, vol. 2 (Budapeste, 2002), pp. 271-301.

Cultural Forum of the Jewish Community in Thessaloniki, 2ª ed., vol. 1 (Thessaloniki, 2005).

Dalven, Rae. *The Jews of Ioannina* (Filadélfia, 1990).

Davis, John. *The Jews of San Nicandro* (New Haven, Connecticut, 2010).

Dawidowicz, Lucy. "Max Weinreich: Scholarship of Yiddish." *In The Jewish Presence* (Nova York, 1977), pp. 163-76.

Dekel-Chen, Jonathan. *Farming the Red Land: Jewish Agricultural Colonization and Local Soviet Power 1924–1941* (New Haven, Connecticut, 2005).

———. "A Reexamination of Jewish Agricultural Settlement in Soviet Crimea and Southern Ukraine, 1923–1941." *Shvut* 12:28 (2004–2005), pp. 21-46.

DellaPergola, Sergio. "Arthur Ruppin Revisited: The Jews of Today, 1904–1994." *In* S. M. Cohen e G. Horenczyk, orgs., *National Variations in Modern Jewish Identity: Implications for Jewish Education* (Albany, N.Y., 1999), pp. 53-84.

———. "Changing Patterns of Jewish Demography in the Modern World." *Studia Rosenthaliana*, 23:2 (1989, edição especial), pp. 154-74.

Dmitrieva, Marina e Heidemarie Petersen, orgs. *Jüdische Kultur(en) im Neuen Europa: Wilna 1918—1939* (Wiesbaden, 2004).

Don, Yehuda. "The Economic Effect of Antisemitic Discrimination: Hungarian Anti-Jewish Legislation, 1938–1944." *JSS* 48:1 (1986), pp. 63-82.

Don, Yehuda e George Magos. "The Demographic Development of Hungarian Jewry." *JSS* 45:3/4 (1983), pp. 189-216.

Doorselaer, Rudi van. "Jewish Immigration and Communism in Belgium, 1925–1939." *In* Dan Michman, org., *Belgium and the Holocaust: Jews, Belgians, Germans* (Jerusalém, 1998), pp. 63-82.

Dorian, Emil. *The Quality of Witness: A Romanian Diary 1937–1944*. Org. Marguerite Dorian (Filadélfia, 1982).

Dubnow-Erlich, Sophie. *The Life and Work of S. M. Dubnow* (Bloomington, Indiana, 1991).

Dubnova-Erlich (Dubnow-Erlich), Sophie. *Bread and Matzoth* (Tenafly, N.J., 2005).

Eck, Nathan. "The Educational Institutions of Polish Jewry." *JSS* 9:1 (1947), pp. 3-32.

Ehmann, Annegret, *et al. Juden in Berlin 1671–1945: Ein Lesebuch* (Berlim, 1988).

Eksteins, Modris. "The *Frankfurter Zeitung*: Mirror of Weimar Democracy." *Journal of Contemporary History* 6:4 (1971), pp. 3-28.

Elazar, Dahlia S. "'Engines of Acculturation': The Last Political Generation of Jewish Women in Interwar East Europe." *Journal of Historical Sociology* 15:3 (2002), pp. 366-94.

Elias, Norbert. *Reflections on a Life* (Cambridge, 1994).

Eloni, Yehuda. "German Zionism and the Rise to Power of National Socialism." *Journal of Israeli History* 6:2 (1985), pp. 247-62.

Endelman, Todd M., org. *Jewish Apostasy in the Modern World* (Nova York, 1987).

Engelman, Uriah Zevi. "Intermarriage among Jews in Germany, USSR, and Switzerland." *JSS* 2:2 (1940), pp. 157-78.

Erlich, Rachel. "Politics and Linguistics in the Standardization of Soviet Yiddish." *Soviet Jewish Affairs* 3:1 (1973), pp. 71-9.

Erlich, Victor. *Child of a Turbulent Century* (Evanston, Ill., 2006).

Ershter alveltlekher yidisher kultur-kongres, pariz, 17–21 sept. 1937: stenografisher barikht (Paris, 1937).

Estraikh, Gennady. *In Harness: Yiddish Writers' Romance with Communism* (Syracuse, N.Y., 2005).

———. "The Kharkiv Yiddish Literary World, 1920s–mid-1930s." *East European Jewish Affairs* 32:2 (2007), pp. 70-88.

———. *Soviet Yiddish: Language Planning and Linguistic Development* (Oxford, 1999).

———. "Vilna on the Spree: Yiddish in Weimar Berlin." *Aschkenaz* 16:1 (2006) pp. 103-27.

Estraikh, Gennady e Mikhail Krutikov, orgs. *Yiddish and the Left* (Oxford, 2001).

Even-Shoshan Shlomo, org. *Minsk, ir va-em*, vol. 2 (Tel Aviv, 1985).

Fater, Isaschar. *Yidishe musik in poyln tsvishn beyde velt-milkhomes* (Tel Aviv, 1970).

———. *Yidishe musik un ire problemen* (Tel Aviv, 1985).

Feldman, Walter Zev. "Remembrance of Things Past: Klezmer Musicians of Galicia, 1870–1940." *Polin* 16 (2003), pp. 29-57.

Felice, Renzo De. *The Jews in Fascist Italy: A History* (Nova York, 2001).

Fergusson, Niall. *High Financier: The Lives and Time of Siegmund Warburg* (Londres, 2010).

———. *The World's Banker: The History of the House of Rothschild* (Londres, 1998).

Filderman, Wilhelm. *Memoirs and Diaries*, vol. 1, *1900–1940*. Org. J. Ancel (Tel Aviv, 2004).

Fink, Carole. *Defending the Rights of Others: The Great Powers, the Jews, and International Minority Protection, 1878–1938* (Cambridge, 2004).

Finkin, Jordan D. *A Rhetorical Conversation: Jewish Discourse in Modern Yiddish Literature* (University Park, Pa., 2010).

Fisher, Krysia, org. *The Society for the Protection of Jewish Health: Fighting for a Healthy New Generation* (Nova York, 2005).

Fishman, David E. *The Rise of Modern Yiddish Culture* (Pittsburgh, 2005).

Fishman, Joshua A., org. *Never Say Die! A Thousand Years of Yiddish in Jewish Life and Letters* (Haia, 1981).

———, org. *Readings in the Sociology of Jewish Languages*, vol. 1 (Leiden, 1985).

———, org. *Studies on Polish Jewry 1919–1939* (Nova York, 1974).

———. *Yiddish: Turning to Life* (Amsterdã, 1991).

Fleming, K. E. *Greece: A Jewish History* (Princeton, N.J., 2008).

Flinker, David, *et al.*, orgs. *The Jewish Press That Was: Accounts, Evaluations and Memories of Jewish Papers in Pre-Holocaust Europe* (Tel Aviv, 1980).

Fraenkel, Josef, org. *The Jews of Austria: Essays on Their Life, History and Destruction* (Londres, 1967).

Frankel, Jonathan e Dan Diner, orgs. *Studies in Contemporary Jewry*, vol. 20, *Dark Times, Dire Decisions: Jews and Communism* (Oxford, 2004).

Freeden, Herbert. "A Jewish Theatre under the Swasitika." *LBIYB* 1 (1956), pp. 142-62.

———. *Jüdisches Theater in Nazideutschland* (Tübingen, 1964).

Freidenreich, Harriet Pass. *Female, Jewish, and Educated: The Lives of Central European University Women* (Bloomington, Indiana, 2002).

———. *Jewish Politics in Vienna, 1918–1938* (Bloomington, Indiana, 1991).

———. *The Jews of Yugoslavia: A Quest for Community* (Filadélfia, 1979).

Freyburg, W. Joachim e Hans Wallenberg, orgs. *Hundert Jahre Ullstein* (Frankfurt am Main, 1977).

Friedlander, Henry e Sybil Milton, orgs. *Archives of the Holocaust*. 22 vols. (Nova York, 1989–1993).

Friedländer, Saul. *Nazi Germany and the Jews,* vol. 1 (Nova York, 1997).

Friedman, Jonathan C. *The Lion and the Star: Gentile-Jewish Relations in Three Hessian Communities 1919—1945* (Lexington, Kentucky, 1998).

Friedman, Philip. "Polish Jewish Historiography Between the Wars (1919–1939)." *JSS* 11:4 (1949), pp. 373-408.

Friedman-Cohen, Carrie. "Rokhl Oyerbakh [Rachel Auerbach]: Rashe prakim le-heker hayeha ve--yetsirata." *Hulyot* 9 (2005), pp. 297-304.

Friedmann, Georges. *De la sainte Russie à l'URSS* (Paris, 1938).

Friesel, Evyatar. *The Days and the Seasons: Memoirs* (Detroit, 1996).

Frishman, Judith e Hetty Berg, orgs. *Dutch Jewry in a Cultural Maelstrom 1880–1940* (Amsterdã, 2007).

Frojimovics, Kinga. "Who Were They? Characteristics of the Religious Streams Within Hungarian Jewry on the Eve of the Community's Extermination." *Yad Vashem Studies* 35:1 (2007), pp. 143-77.

Fromm, Annette B. *We Are Few: Folklore and Ethnic Identity of the Jewish Community of Ioannina, Greece* (Lanham, Md., 2008).

Fuchs, Richard. "The 'Hochschule für die Wissenschaft des Judentums' in the Period of Nazi Rule." *LBIYB* 12 (1967), pp. 3-31.

Games, Stephen. *Pevsner–The Early Life: Germany and Art* (Londres, 2010).

Gechtman, Roni. "Socialist Mass Politics Through Sport: The Bund's Morgnshtern in Poland, 1926–1939." *Journal of Sports History* 26:2 (1999), pp. 326-52.

Gelber, N. M. "Jewish Life in Bulgaria." *JSS* 8:2 (1946), pp. 103-26.

Gilbert, Felix. *A European Past: Memoirs 1905–1945* (Nova York, 1988).

Ginio, Eyal. "'Learning the beautiful language of Homer': Judeo-Spanish speaking Jews and the Greek language and culture between the Wars." *Jewish History* 16:3 (2002), pp. 235-62.

Gitelman, Zvi Y. *Jewish Nationality and Soviet Politics: The Jewish Sections of the CPSU, 1917–1930* (Princeton, 1972).

Gitter, Benno. *The Story of My Life* (Londres, 1999).

Glatzer, Nahum N. *The Loves of Franz Kafka* (Nova York, 1986).

Glicksman, William M. *A Kehillah in Poland During the Inter-War Years* (Filadélfia, 1969).

Glikson, S. *Der yidishe frizir-arbeter in varshe* (Varsóvia, 1939).

Glück, Israel A. *Kindheit in Lackenbach: Jüdische Geschichte im Burgenland* (Constance, 1998).

Goeschel, Christian. *Suicide in Nazi Germany* (Oxford, 2009).

Golan, Reuven. "Aus der Erlebniswelt eines jüdischen Jugendlichen in Kiel Anfang der dreißiger Jahre." *In* Erich Hoffmann e Peter Wulf, orgs., *'Wir Bauen das Reich': Aufstieg und erste Herrschaftsjahre des Nationalsozialismus in Schleswig-Holstein* (Neumünster, 1983), pp. 361-68.

Gold, Ben-Zion. *The Life of Jews in Poland before the Holocaust* (Lincoln, Neb., 2007).

Goodman, Susan Tumarkin, org. *Chagall and the Artists of the Russian Jewish Theater* (New Haven, Connecticut, 2008).

Gottesman, Itzik Nakhmen. *Redefining the Yiddish Nation: The Jewish Folklorists of Poland* (Detroit, 2003).

Green, Nancy L., org. *Jewish Workers in the Modern Diaspora* (Berkeley, Califórnia, 1998).

————. "The Girls' *Heder* and the Boys' *Heder* in Eastern Europe Before World War I." *East/West Education* 18:1 (1997), pp. 55-62.

Greenbaum, Alfred [Avraham]. *Jewish Scholarship and Scholarly Institutions in Soviet Russia, 1918–1953* (Jerusalém, 1978).

————. *Rabanei brit ha-moatsot bein milhamot ha-olam* (Jerusalém, 1994).

————. "Soviet Jewry during the Lenin-Stalin Period I." *Soviet Studies* 16:4 (1965), pp. 406-21.

————. "Soviet Jewry during the Lenin-Stalin Period II." *Soviet Studies* 17:1 (1965), pp. 84-92.

Greenberg, Gershon. "Ontic Division and Religious Survival: Wartime Palestinian Orthodoxy and the Holocaust (Hurban)." *Modern Judaism* 14:1 (1994), pp. 21-61.

Gross, Natan. "Mordechai Gebirtig: The Folk Song and the Cabaret Song." *Polin* 16 (2003), pp. 107-17.

————. *Toldot ha-kolnoa ha-yehudi be-polin, 1910–1950* (Jerusalém, 1990).

Gruner, Wolf. "Armut und Verfolgung: Die Reichsvereinigung, die jüdische Bevölkerung und die antijüdische Politik im NS-Staat 1939–1945." *In* Stefi Jersch-Wenzel *et al.*, orgs., *Juden und Armut in Mittel- und Ost-Europa* (Colônia, 2000), pp. 407-33.

Grynberg, Anne. *Les camps de la honte: Les internés juifs des camps français 1939–1944* (Paris, 1999).

Guterman, Alexander. "The Congregation of the Great Synagogue in Warsaw: Its Changing Social Composition and Ideological Affiliations." *Polin* 11 (1998), pp. 112-26.

Gutman, Yisrael, *et al.*, orgs. *The Jews of Poland between Two World Wars* (Hanôver, N.H., 1989).

Guttman, M. J. "Der zelbstmord bay yidn un zayne sibes." *In Shriftn far ekonomik un statistik*, vol. 1 (1928), pp. 117-21.

Hackeschmidt, Jörg. "The Torch Bearer: Norbert Elias as a Young Zionist." *LBIYB* 49 (2004), pp. 59-74.

Ha-kongres ha-tsiyoni ha-21: din ve-heshbon stenografi (Jerusalém, 1939).

Hadar, Gila. "Space and Time in Saloniki on the Eve of World War II, and the Expulsion and Destruction of Saloniki Jewry, 1939–1945." *Yalkut Moreshet* 4 (2006), pp. 41-79.

Haffner, Sebastian. *Defying Hitler* (Nova York, 2002).

Hahl-Koch, Jelena, org. *Arnold Schoenberg, Wassily Kandinsky: Letters, Pictures and Documents* (Londres, 1984).

Hamerow, Theodore S. *Remembering a Vanished World: A Jewish Childhood in Inter-War Poland* (Nova York, 2001).

Hametz, Maura. "Zionism, Emigration, and Antisemitism in Trieste: Central Europe's 'Gateway to Zion,' 1896–1943." *JSS*, n.e., 13:3 (2007), pp. 103-34.

Harris, Tracy K. *Death of a Language: The History of Judeo-Spanish* (Newark, N.J., 1994).

Harshav, Benjamin. *The Meaning of Yiddish* (Stanford, Califórnia, 1990).

Häsler, Alfred A. *The Lifeboat Is Full: Switzerland and the Refugees 1933–1945* (Nova York, 1969).

Hasomir's Sangbog (Copenhague, 1937).

Havassy, Rivka. "New Texts to Popular Tunes: Sung-Poems in Judeo-Spanish by Sadik Gershón e Moshé Cazés (Sadik y Gazóz)." *In* Hilary Pomeroy e Michael Alpert, orgs., *Proceedings of the Twelfth British Conference on Judeo-Spanish Studies, 24–26 June, 2001: Sephardic Language, Literature and History* (Leiden, 2004), pp. 149-57.

Heilman, Samuel C. "The Many Faces of Orthodoxy." 1ª Parte, *Modern Judaism*, 2:1 (1982), pp. 23-51; 2ª Parte, 2:2 (1982), pp. 171-98.

Heller, Celia. *On the Edge of Destruction: Jews of Poland between the Two World Wars* (Nova York, 1977).

Hepp, Michael, org. *Kurt Tucholsky und das Judentum* (Oldenburg, 1996).

Herman, Jan. "The Development of Bohemian and Moravian Jewry, 1918–1938." *Papers in Jewish Demography 1969* (Jerusalém, 1973).

Hers[c]h, Liebmann. "Delinquency among Jews: A Comparative Study of Criminality among the Jewish and Non-Jewish Population of the Polish Republic." *Journal of Criminal Law and Criminology* 27:4 (1936), pp. 515-38.

Hersch, Liebmann. "Complementary Data on Jewish Delinquency in Poland." *Journal of Criminal Law and Criminology* 27:6 (1937), pp. 857-73.

———. *Farbrekherishkayt fun yidn un nit-yidn in poyln* (Vilna, 1937).

———. "The Principal Causes of Death Among Jews." *Medical Leaves* 4 ([1942]), pp. 56-77.

Hetényi, Zsuzsa. *In a Maelstrom: The History of Russian-Jewish Prose (1860–1940)* (Budapeste, 2008).

Heuvel, C. L. van den e P. G. van den Heuvel-Vermaat. *Joodse Vluchtelingen en het Kamp in Hellevoetsluis* (Hellevoetsluis, 1995).

Hewitt, Nicholas. *The Life of Céline: A Critical Biography* (Oxford, 1999).

Hildesheimer, Esriel. *Jüdische Selbstverwaltung unter dem NS-Regime: Der Existenzkampf der Reichsvertretung und Reichsvereinigung der Juden in Deutschland* (Tübingen, 1994).

Hillel [Brad Sabin Hill], Borukh Sinai. "Der letste yidishe bukh fun farn khurbn poyln." *Afn shvel* 337–38 (2007), pp. 36-9.

Hirsch, Francine. "The Soviet Union as a Work-in-Progress: Ethnographers and the Category Nationality in the 1926, 1937, and 1939 Censuses." *Slavic Review* 56:2 (1997), pp. 251-78.

Hoberman, J. *Bridge of Light: Yiddish Film between Two Worlds* (Hanôver, N.H., 2010).

Hoffman, Christhard e Daniel R. Schwarz. "Early but Opposed–Supported but Late: Two Berlin Seminaries which Attempted to Move Abroad." *LBIYB* 36 (1991), pp. 267-304.

Hofmeester, Karin. "Holland's Greatest Beggar: Fundraising and Public Relations at the Joodsche Invalide." *Studia Rosenthaliana* 33:1 (1999), pp. 47-59.

Honigsman, Jacob. *Juden in Westukraine: Jüdisches Leben und Leiden in Ostgalizien, Wolhynien, der Bukowina und Transkarpatien, 1933–1945* (Constance, 2001).

Horkheimer, Max. "Die Juden und Europa." *Zeitschrift für Sozialforschung*, 8:1/2 (1939–40), pp. 115-37.

Howe, Irving. *World of Our Fathers* (Nova York, 1976).

Hughes, H. Stuart. *Prisoners of Hope: The Silver Age of the Italian Jews 1924—1974* (Cambridge, Massachusetts, 1983).

Huiskes, Gino e Reinhilde van der Kroef, comps. *Vluchtelingenkamp Westerbork*, Westerbork Cahiers 7 (Assen, 1999).

Hundert, Gershon, org. *The YIVO Encyclopedia of Jews in Eastern Europe.* 2 vols. (New Haven, Connecticut, 2008).

Hyman, Paula. *From Dreyfus to Vichy: The Remaking of French Jewry 1906–1939* (Nova York, 1979).

Israel, Jonathan e Reinier Salverda, orgs. *Dutch Jewry: Its History and Secular Culture, 1500–2000* (Leiden, 2002).

Ivanov, Alexander. "From Charity to Productive Labour: The World ORT Union and Jewish Agricultural Colonization in the Soviet Union, 1923–38." *East European Jewish Affairs* 37:1 (2007), pp. 1-28.

———. "Facing East: The World ORT Union and the Jewish Refugee Problem in Europe, 1933–1938." *East European Jewish Affairs* 39:3 (2009), pp. 369-88.

Jacob, Max. *Lettres de Max Jacob à Edmond Jabès* (Pessac, 2003).

Jacobson, Dan. "A Memoir of Jabotinsky." *Commentary* 31:6 (junho de 1961).

Jay, Martin. *Adorno* (Cambridge, Massachusetts, 1984).

———. *The Dialectical Imagination: A History of the Frankfurt School and the Institute of Social Research, 1923–1950* (Londres, 1973).

Jeffery, Keith. *The Secret History of MI6* (Nova York, 2010).

Jelinek, Yeshayahu. *The Carpathian Diaspora: The Jews of Subcarpathian Rus' and Munkachevo, 1848–1948* (Nova York, 2007).

———. "Jewish Youth in Carpatho Rus: Between Hope and Despair, 1920–1938." *Shvut* 7:23 (1998), pp. 147-65.

Jochnowitz, George. "Formes méridionales dans les dialectes des Juifs d'Italie centrale." *In Actes du XIIIe Congrès International de Linguistique et Philologue Romanes, 1971*, vol. 2 (Québec, 1976), pp. 527-42.

———. "Religion and Taboo in Lason Akodesh (Judeo-Piedmontese)." *International Journal of the Sociology of Language* 30 (1981), pp. 107-18.

Johnpoll, Bernard K. *The Politics of Futility: The General Jewish Workers' Bund of Poland 1917–1943* (Ithaca, N.Y., 1967).

Jüdisches Alltagsleben im Bayerischen Viertel: Ein Dokumentation (Orte des Erinnerns), vol. 2 (Kunstamt Schöneberg, Berlim, 1995).

Kafka, Franz. *The Diaries of Franz Kafka.* Org. Max Brod (Harmondsworth, 1972).

———. *Letters to Milena.* Org. Willi Haas (Nova York, 1962).

Kagedan, Allan Laine. *Soviet Zion: The Quest for a Russian Jewish Homeland* (Nova York, 1994).

Kahan, Arcadius. *Essays in Jewish Social and Economic History* (Chicago, 1986).

Kahn, Lothar. "Julien Benda and the Jews." *Judaism* 7:3 (1958), pp. 248-55.

Kahn, Máximo José. "Salónica sefardita: El lenguaje." *Hora de España* 17 (maio de 1938), pp. 25-41.

Kaminska, Ida. *My Life, My Theater* (Nova York, 1973).

Kaniel, Asaf. "Gender, Zionism, and Orthodoxy: The Women of the Mizrahi Movement in Poland, 1916–1939." *Polin* 22 (2010), pp. 346-67.

———. "Hamizrahi ve-rabbanei polin, -1917–1939." *Gal-Ed* 20 (2006), pp. 81-99.

———. "Orthodox Zionist Youth Movements in Interwar Poland." *Gal-Ed* 21(2007), pp. 77-99.

Kantorovitch, N. "Di tsiyonistishe arbeter-bavegung in poyln." *In* S. Federbush, org., *Velt federatsie fun poylishe yidn, yorbukh*, vol. 1 (Nova York, 1964), pp. 113-57.

Kaplan, Edward K. e Samuel H. Dresner. *Abraham Joshua Heschel: Prophetic Witness* (New Haven, Connecticut, 1998).

Kaplan, Eran. *The Jewish Radical Right: Revisionist Zionism and Its Ideological Legacy* (Madison, Wisconsin, 2005).

Kaplan, Marion. *Between Dignity and Despair: Jewish Life in Nazi Germany* (Oxford, 1998).

———. *The Jewish Feminist Movement in Germany: The Campaigns of the Jüdischer Frauenbund, 1904–1938* (Westport, Connecticut, 1979).

Karlip, Joshua M. "Between Martyrology and Historiography: Elias Tcherikower and the Making of a Pogrom Historian." *East European Jewish Affairs* 38:3 (dezembro de 2008), pp. 257-80.

Karpinovitch, Avraham. "Sipuro hamufla shel urke nachalnik." *Kesher* 18 (1975), pp. 93-101.

Katz, Blumke. "Mayn lerer, max weinreich." *Oksforder yidish* 2 (1991), pp. 241-54.

Katz, Jacob. "Was the Holocaust Predictable?" *Commentary*, maio de 1975.

Katz, P. *et al.*, orgs. *Pinkes varshe*, vol. 1 (Buenos Aires, 1955).

Katz, Steven T., org. *The Shtetl: New Evaluations* (Nova York, 2007).

Katzburg, Nathaniel. *Hungary and the Jews 1920–1943* (Ramat Gan, 1981).

Kavanagh, Sarah. *ORT, The Second World War, and the Rehabilitation of Holocaust Survivors* (Londres, 2008).

Kazdan, H. S. *Di geshikhte fun yidishn shulvezn in umophengikn poyln* (Cidade do México, 1947).

Kellenbach, Katharina von. "Denial and Defiance in the Work of Rabbi Regina Jonas." *In* Omer Bartove and Phyllis Mack, orgs., *In God's Name: Genocide and Religion in the Twentieth Century* (Nova York, 2001), pp. 243-58.

Kellman, Ellen. "*Dos yidishe bukh alarmirt!* Towards the History of Yiddish Reading in Inter-War Poland." *Polin* 16 (2003), pp. 213-41.

———. "Feminism and Fiction: Khane Blankshteyn's Role in Inter-War Vilna." *Polin* 18 (2005), pp. 21-39.

Kerem, Yitzchak. "The Greek-Jewish Theater in Judeo-Spanish (1880–1940)." *Journal of Modern Greek Studies* 14:1 (1996), pp. 31-45.

Kertzer, David I. *The Popes Against the Jews: The Vatican's Role in the Rise of Modern Anti-Semitism* (Nova York, 2001).

Kichelewsky, Audrey. "Being a Jew and a Communist in 1930s France: Dilemmas Seen Through a Yiddish Daily Newspaper, the *'Naye Prese'*." *In* A. Grabski, org., *Zydzi a lewica: Zbiór studiów historycznych* (Varsóvia, 2007), pp. 85-118.

Kiel, Mark W. "The Ideology of the Folks-Partey." *Soviet Jewish Affairs* 5:2 (1975), pp. 75-89.

Kieval, Hillel J. "Negotiating Czechoslovakia: The Challenges of Jewish Citizenship in a Multiethnic Nation State." *In* Richard I. Cohen *et al.*, *Insiders and Outsiders: Dilemmas of East European Jewry* (Oxford, 2010), pp. 103-19.

Kirschenblatt-Gimblett, Barbara. "Coming of Age in the Thirties: Max Weinreich, Edward Sapir, and Jewish Social Science." *YIVO Annual* 23 (1996), pp. 1-104.

Klemperer, Victor. *I Shall Bear Witness* (Londres, 1998).

Kobrin, Rebecca. *Jewish Białystok and Its Diaspora* (Bloomington, Indiana, 2010).

Kochan, Lionel, org. *The Jews in Soviet Russia since 1917* (Londres, 1970).

Koestler, Arthur. *Arrow in the Blue* (Londres, 1952).

———. *The Invisible Writing* (Londres, 1954).

Kopelev, Lev. *The Education of a True Believer* (Nova York, 1980).

Korczak, Janusz. *Selected Works* (Washington, D.C., 1967).

Kosmala, Beate. *Juden und Deutsche in polnischen Haus: Tomaszów Mazowiecki, 1914–1939* (Berlim, 2001).

Kovačec, August. "Les Sefardim en Yougoslavie et leur langue." *Studia Romanica et Anglica Zagrebiensia* 25/6 (1968), pp. 161-77.

Krajzman, Maurice. *La Presse Juive en Belgique et aux Pays-Bas: Histoire et analyse quantitative de contenu.* 2ª ed. rev. (Bruxelas, 1975).

Krasney, Ariela. "The *Badkhn*: From Wedding Stage to Writing Desk." *Polin* 16 (2003), pp. 7-28.

Kriegel, Annie e Stéphane Courtois. *Eugen Fried: Le grand secret du PCF* (Paris, 1997).

Krivoruchko, Julia G. "The Hebrew/Aramaic Component in Romaniote Dialects." *World Congress of Jewish Studies* 13 (2001).

Krutikov, Mikhail. *From Kabbalah to Class Struggle: Expressionism, Marxism, and Yiddish Literature in the Life and Work of Meir Wiener* (Stanford, Califórnia, 2011).

———. "Imagining the Image: Interpretations of the Shtetl in Yiddish Literary Criticism." *Polin*, 17 (2004), pp. 243-58.

———. "Marxist Intellectuals in Search of a Usable Past: Habsburg Mythology in the Memoirs of Béla Balázs and Meir Wiener." *Studia Rosenthaliana*, 41 (2009), pp. 111-40.

Krzykalski, Kazimierz. "Martin Bubers Reise nach Polen am Vorabend des II. Weltkrieges (März–April 1939) im Spiegel der polnischsprachigen jüdischen Presse." *Judaica* 51 (1995), pp. 67-82.

Kuchenbecker, Antje. *Zionismus ohne Zion: Birobidžan: Idee und Geschichte eines Jüdischen Staates in Sowjet-Fernost* (Berlim, 2000).

Kulka, O. D. "The *'Reichsvereinigung* of the Jews in Germany' (1938/9–1943)." *In Patterns of Jewish Leadership in Nazi Europe 1933–1945*, Proceedings of the Third Yad Vashem International Historical Conference (Jerusalém, 1979), pp. 45-58.

Laansma, S. *De Joodse gemeente te Apeldoorn en het Apeldoornsche Bosch* (Zutphen, 1979).

Lackmann, Thomas. *Das Glück der Mendelssohns: Geschichte einer deutsche Familie* (Berlim, 2007).

Lacouture, Jean. *Léon Blum* (Paris, 1977).

Lamouche, Léon. "Quelques mots sur le dialecte espagnol parlé par les Israélites de Salonique." *Mélanges Chabaneau Romanische Forschungen* 23 (Erlangen, 1907), pp. 969-91 (1-23).

Landau, Philippe-E. "La presse des anciens combatants juifs face aux défis des années trente." *Archives juives* 36:1 (2003), pp. 10-24.

Landau-Czajka, Anna. "The Image of the Jew in the Catholic Press during the Second Republic." *Polin* 8 (1994), pp. 146-75.

Laqueur, Walter. "Three Witnesses: The Legacy of Viktor Klemperer, Willy Cohn, and Richard Koch." *Holocaust and Genocide Studies* 10:3 (1996), pp. 252-66.

Laserson, Max M. "The Jewish Minorities in the Baltic Countries." *JSS* 3:3 (1941), pp. 273-84.

Leder, Mary. *My Life in Stalinist Russia* (Bloomington, Indiana, 2001).

Lehman, Shmuel, org. *Ganovim-lider mit melodyes* (Varsóvia, 1928).

Lensing, Leo A. "The *Neue Freie Presse* Neurosis: Freud, Karl Kraus, and the Newspaper as Daily Devotional." *In* Arnold D. Richards, org., *The Jewish World of Sigmund Freud: Essays on Cultural Roots and the Problem of Religious Identity* (Jefferson, N.C., 2010), pp. 51-65.

Lestchinsky, Jacob. "Aspects of the Sociology of Polish Jewry." *JSS* 28:4 (1966), pp. 195-211.

———. "Di shprakhn bay yidn in umophengikn poyln." *YIVO-bleter* 22 (1943), pp. 147-62.

———. "Economic Aspects of Jewish Community Organization in Independent Poland." *JSS* 9:4 (1947), pp. 319-38.

———. "The Economic Struggle of the Jews in Independent Lithuania." *JSS* 8:4 (1946), pp. 267-96.

———. "The Industrial and Social Structure of the Jewish Population of Interbellum Poland." *YIVO Annual of Social Science* 11 (Nova York, 1957), pp. 243-69.

———. *Vohin geyen mir? Idishe vanderungen amol un haynt* (Nova York, 1944).

Łętocha, Barbara. "Chwila, ha-yomon ha-yehudi-polani ha-nafuts be-yoter." *Kesher* 20 (novembro de 1996), pp. 128-36.

Levin, Dov. *The Lesser of Two Evils: Eastern European Jewry Under Soviet Rule, 1939–1941* (Filadélfia, 1995).

Levy, Robert. *Ana Pauker: The Rise and Fall of a Jewish Communist* (Berkeley, Califórnia, 2001).

Lewin, Sabina. "Observations on the State as a Factor in the History of Jewish Private Elementary Schooling in the Second Polish Republic." *Gal-Ed* 18 (2002), pp. 59-71.

Leydesdorff, Selma. "The Veil of History: The Integration of Jews Reconsidered." *In* Jonathan Israel e Reinier Salverda, orgs., *Dutch Jewry: Its History and Secular Culture (1500–2000)* (Leiden, 2002), pp. 225-38.

———. *We Lived with Dignity: The Jewish Proletariat of Amsterdam, 1900–1940* (Detroit, 1994).

Libinzon, Zalmen. "Vegn dem yidishn fakultet in moskve." *Oksforder yidish* 3 (1995), pp. 753-70.

Lichtenstein, Erwin. *Die Juden der freien Stadt Danzig unter der Herrschaft des Nationalsozialismus* (Tübingen, 1973).

Lindberg, Paula Salomon. *Mein 'C'est la vie' Leben: Gespräch über ein langes Leben in einer bewegten Zeit* (Berlim, 1992).

Lipman, Mussia. "Itonut yehudit be-vilna ba-tsel arba'a mishtarim." *Kesher* 2 (1987), pp. 51-60.

Lipschitz, Simone. *Die Amsterdamse Diamantbeurs* (Amsterdã, 1990).

Livingstone, Rodney. "Some Aspects of German-Jewish Names." *German Life and Letters* 58:2 (2005), pp. 164-81.

London, Louise. *Whitehall and the Jews: British Immigration Policy, Jewish Refugees and the Holocaust, 1933–1948* (Cambridge, 2000).

Löwe, Armin. *Der Beitrag jüdischer Fachlaute und Laien zur Erziehung und Bildung hörgeschädigter Kinder in Europa und in Nordamerika* (Frankenthal, 1995).

Lowenthal, E. G. "The Ahlem Experiment." *LBIYB* 14 (1969), pp. 165-79.

———. *Bewährung im Untergang: Ein Gedenkbuch* (Stuttgart, 1965).

Maggs, Peter B., org. *The Mandelshtam and 'Der Nister' Files* (Armonk, N.Y., 1996).

Mahler, Raphael. "Jews in the Liberal Professions in Poland, 1920–1939." *JSS* 6:4 (1944), pp. 291-350.

Malino, Frances e Bernard Wasserstein, orgs. *The Jews in Modern France* (Hanôver, N.H., 1985).

Malinovich, Nadia. *French and Jewish: Culture and the Politics of Identity in Early Twentieth Century France* (Oxford, 2008).

Manger, Itzik, Jonas Turkow e Moyshe Perenson, orgs. *Yidisher teater in eyrope tsvishn beyde velt-milkhomes* (Nova York, 1968).

Marcus, J. *Social and Political History of the Jews in Poland, 1918–1939* (Berlim, 1983).

Marcus, Simon. *Ha-safah ha-sefaradit-yehudit bi-tseruf reshimat ha-pirsumim ve-ha-mehkarim 'al safah zo* (Jerusalém, 1965).

Maritain, Jacques. *A Christian Looks at the Jewish Question* (Nova York, 1939).

Marrus, Michael R. *The Unwanted: European Refugees in the Twentieth Century* (Nova York, 1985).

Marten-Finnis, Susanne e Markus Winkler. "Location of Memory versus Space of Communication: Presses, Languages, and Education among Czernowitz Jews, 1918–1941." *Central Europe* 7:1 (2009), pp. 30-55.

Martin, Sean. *Jewish Life in Cracow 1918–1939* (Londres, 2004).

Maurer, Trude. "Jüdisches Bürgertum 1933–1939: Die Erfahrung der Verarmung." *In* Stefi Jersch-Wenzel *et al.*, orgs., *Juden und Armut in Mittel- und Ost-Europa* (Colônia, 2000), pp. 383-403.

Mayzel, Nakhmen. "Tsvantsik yor yidish teater in poyln." *Fun noentn over* 1:2 (1937), pp. 154-67.

Mazower, Mark. *Salonica: City of Ghosts* (Londres, 2004).

Melzer, Emanuel. *No Way Out: The Politics of Polish Jewry 1935–1939* (Cincinnati, 1997).

Mendelsohn, Ezra. *The Jews of East Central Europe between the Wars* (Bloomington, Indiana, 1983).

———. *Zionism in Poland: The Formative Years, 1915–1926* (New Haven, Connecticut, 1981).

Mendelsohn, John e Donald S. Detwiler, orgs. *The Holocaust: Selected Documents in Eighteen Volumes.* 18 vols. (Nova York, 1982).

Michaelis, Meir. *Mussolini and the Jews: German-Italian Relations and the Jewish Question in Italy 1922–1945* (Oxford, 1978).

Michman, Jozeph, org. *Dutch Jewish History* (Jerusalém, 1984).

Miłosz, Czeslaw. *Native Realm: A Search for Self-Definition* (Nova York, 1968).

Milton, Sybil. "The Expulsion of Polish Jews from Germany, October 1938–July1939: A Documentation." *LBIYB* 29 (1984), pp. 169-99.

Minc, Pinkus. *The History of a False Illusion: Memoirs on the Communist Movement in Poland (1918–1939)* (Lewiston, N.Y., 2002).

Mistele, Karl H. *The End of a Community: The Destruction of the Jews of Bamberg, Germany, 1938–1942* (Hoboken, N.J., 1995).

Mitsel, Mikhail. "The Final Chapter: Agro-Joint Workers–Victims of the Great Terror in the USSR, 1937–40." *East European Jewish Affairs* 39:1 (2009), pp. 79-99.

Molho, Michael, org. *In Memoriam: Hommage aux Victimes Juives des Nazis en Grèce* (Thessaloniki, 1973).

Molho, Michael. *Usos y costumbres de los Sefardies de Salonica* (Madri, 1950).

Molho, Rina. *Salonica and Istanbul: Social, Political and Cultural Aspects of Jewish Life.* Analecta Isisiana, 83 (Istambul, 2005).

Moore, Bob. *Refugees from Nazi Germany in the Netherlands, 1933–1940* (Dordrecht, 1986).

Moore, Claire, org. *The Visual Dimension: Aspects of Jewish Art* (Boulder, Colorado, 1993).

Morlino, Bernard. *Emmanuel Berl: Les tribulations d'un pacifiste* (Paris, 1990).

Moseley, Marcus. "Life, Literature: Autobiographies of Jewish Youth in Interwar Poland." *JSS*, n.e., 7:3 (2001), pp. 1-51.

Mosse, George L. *Confronting History: A Memoir* (Madison, Wis., 2000).

Mousli, Béatrice. *Max Jacob* (Paris, 2005).

Müller, Melissa. *Anne Frank: The Biography* (Londres, 2000).

Naar, Devin E., org. *With Their Own Words: Glimpses of Jewish Life in Thessaloniki Before the Holocaust* (Thessaloniki, 2006).

Nadler, Allan L. "The War on Modernity of R. Hayyim Elazar Shapira of Munkacz." *Modern Judaism* 14:3 (1994), pp. 233-64.

Nahum, Henri. *La Médecine française et les Juifs 1930–1945* (Paris, 2006).

Nicosia, Francis. *The Third Reich and the Palestine Question* (Austin, Texas, 1985).

Niger, S. "New Trends in Post-War Yiddish Literature." *JSS* 1:3 (1939), pp. 337-58.

Nikžentaitis, Alvydas *et al.*, orgs. *The Vanished World of Lithuanian Jews* (Amsterdã, 2004).

Nowogrodski, Emanuel. *The Jewish Labor Bund in Poland 1915–1939* (Rockville, Maryland, 2001).

Ofer, Dalia. *Escaping the Holocaust: Illegal Jewish Immigration to the Land of Israel, 1939–1944* (Nova York, 1990).

Oosterhof, Hanneke. *Het Apeldoornsche Bosch: Joodsche psychiatrische inrichting 1909–1943* (Heerlen, 1989).

Otte, Marline. *Jewish Identities in German Popular Entertainment, 1890–1933* (Cambridge, 2006).

Papo, Eliezer. "Serbo-Croatian Influences on Bosnian Spoken Judeo-Spanish." *European Journal of Jewish Studies*, 1:2 (2007), pp. 343-63.

Parondo, Carlos Carrete, *et al. Los Judíos en la España contemporánea: Historia y visiones, 1898–1998* (Cuenca, 2000).

Parush, Iris. *Reading Jewish Women: Marginality and Modernization in Nineteenth-Century Eastern European Society* (Hanôver, N.H., 2004).

Passelecq, Georges e Bernard Suchecky. *L'Encyclique cachée de Pie XI: Une occasion manquée de l'Eglise face à l'antisémitisme* (Paris, 1995).

Patai, Raphael, *Apprentice in Budapest: Memories of a World That Is No More* (Salt Lake City, Utah, 1988).

———, org. *Between Budapest and Jerusalem: The Patai Letters, 1933–1938* (Salt Lake City, Utah, 1992).

———. *Journeyman in Jerusalem: Memories and Letters, 1933–1947* (Salt Lake City, Utah, 1992).

Paucker, Arnold. "Robert Weltsch: The Enigmatic Zionist: His Personality and His Position in Jewish Politics." *LBIYB* 54 (2009), pp. 323-32.

Pauker, Marcel. *Ein Lebenslauf: Jüdisches Schicksal in Rumänien 1896–1938.* Org. William Totok e Erhard Roy Wiehn (Constance, 1999).

Perloff, Marjorie. *The Vienna Paradox: A Memoir* (Nova York, 2004).

Pétrement, Simone. *La vie de Simone Weil,* vol. 2 (Paris, 1973).

Philipponnat, Olivier e Patrick Lienhardt. *La vie d'Irène Némirovsky* (Paris, 2007).

Pickhan, Gertrud. "*Yidishkayt* and Class Consciousness: The Bund and Its Minority Concept." *East European Jewish Affairs* 39:2 (2009), pp. 249-63.

Pinkes fun yidishe druker in poyln (Varsóvia, 1949).

Pinson, Koppel S. "Arkady Kremer, Vladimir Medem, and the Ideology of the Jewish Bund." *JSS* 7:3 (1945), pp. 233-64.

Plach, Eva. "Feminism and Nationalism in the Pages of *Ewa: Tygodnik*, 1928–1933." *Polin* 18 (2005), pp. 241-62.

———. "Introducing Miss Judea 1929: The Politics of Beauty, Race, and Zionism in Inter-War Poland." *Polin* 20 (2008), pp. 368-91.

Plasseraud, Yves e Henri Minczeles, orgs. *Lituanie juive, 1918–1940: Message d'un monde englouti* (Paris, 1996).

Plaut, Joshua Eli. *Greek Jewry in the Twentieth Century, 1913–1983: Patterns of Jewish Survival in the Greek Provinces Before and After the Holocaust* (Cranbury, N.J., 1996).

Polak, Henri. *Het "wetenschappelijk" antisemitisme: Weerlegging en vertoog* (Amsterdã, 1933).

Polonsky, Antony. "The Bund in Polish Political Life, 1935–1939." *In* Ezra Mendelsohn, org., *Essential Papers on Jews and the Left* (Nova York, 1997), pp. 166-97.

———. *Politics in Independent Poland, 1921–1939: The Crisis of Constitutional Government* (Oxford, 1972).

Poor, Harold L. *Kurt Tucholsky and the Ordeal of Germany, 1914–1935* (Nova York, 1968).

Proceedings of the Intergovernmental Committee, Evian, July 6th to 15th, 1938. Verbatim Record of the Plenary Meetings.

Pulido, Angel. *Le Peuple judéo-espagnol: Première base mondiale de l'Espagne* (Paris, 1923).

Rakovsky, Puah. *My Life as a Radical Jewish Woman: Memoirs of a Zionist Feminist in Poland* (Bloomington, Indiana, 2002).

Ran, Leyzer, org. *Yerusholaim d'lite.* 3 vols. (Nova York, 1974).

Rauscher, Anton, org. *Wider den Rassismus: Entwurf einer nicht erschienenen Enzyklika (1938): Texte aus dem Nachlass von Gustav Gundlach SJ* (Padeborn, 2001).

Ravitzky, Aviezer. "Munkács and Jerusalem." *In* S. Almog *et al.*, orgs., *Zionism and Religion* (Hanôver, N.H., 1998).

Rayski, Adam. *Nos illusions perdues* (Paris, 1985).

Rawidowicz, Simon, org. *Sefer Shimon Dubnov* (Londres, 1954).

Reich-Ranicki, Marcel. *The Author of Himself* (Londres, 2001).

Reinharz, Jehuda, org. *Dokumente zur Geschichte des deutschen Zionismus 1882–1933* (Tübingen, 1981).

Reitter, Paul. *The Anti-Journalist: Karl Kraus and Jewish Self-Fashioning in Finde- Siècle Europe* (Chicago, 2008).

———. "Interwar Expressionism, Zionist Self-Help Writing, and the Other History of Jewish Self-Hatred." *LBIYB* 55 (2010), pp. 175-92.

Renz, Regina. "Small Towns in Inter-War Poland." *Polin* 17 (2004), pp. 143-51.

Resis, Albert. "The Fall of Litvinov: Harbinger of the German-Soviet Non-Aggression Pact." *Europe-Asia Studies* 52:1 (2000), pp. 33-56.

Revah, Louis-Albert. *Berl, juif de France* (Paris, 2003).

———. *Julien Benda: Un misanthrope juif dans la France de Maurras* (Paris, 1991).

Ringer, Arnold L. *Arnold Schoenberg: The Composer as Jew* (Oxford, 1990).

Ritterband, Paul, org. *Modern Jewish Fertility* (Leiden, 1981).

Roberts, Joanne. "Romanian–Intellectual–Jew: Mihail Sebastian in Bucharest, 1935–1944." *Central Europe* 4:1 (2006), pp. 25-42.

Robertson, Ritchie. "The Problem of 'Jewish Self-Hatred' *in* Herzl, Kraus, and Kafka." *Oxford German Studies* 16 (1986), pp. 81-108.

Robin, Régine. "Les difficultés d'une identité juive soviétique." *Cahiers du monde russe et soviétique* 26:2 (1985), pp. 243-54.

Rogge-Gau, Sylvia. *Die doppelte Wurzel des Daseins: Julius Bab und der Jüdische Kulturbund Berlin* (Berlim, 1999).

Rogozik, Janina Katarzyna. "Bernard Singer, The Forgotten 'Most Popular Jewish Reporter of the Inter-War Years in Poland'." *Polin* 12 (1999), pp. 179-97.

Ro'i, Yaacov, org. *Jews and Jewish Life in Russia and the Soviet Union* (Londres, 1995).

Rosenbaum, E. e A. J. Sherman. *M. M. Warburg & Co., 1798–1938: Merchant Bankers of Hamburg* (Londres, 1979).

Rosenblum, Howard (Chanoch). "Promoting an International Conference to Solve the Jewish Problem: The New Zionist Organization's Alliance with Poland, 1938–1939." *Slavonic and East European Review* 69:3 (1991), pp. 478-501.

Rosenthal, Erich. "Trends of the Jewish Population in Germany, 1910–39." *JSS* 6:3 (1944), pp. 233-74.

Roth, Joseph. *The Wandering Jews* (Nova York, 2001).

———. *What I Saw: Reports from Berlin 1920–1933* (Nova York, 2003).

Rothenberg, Joshua. "The Przytyk Pogrom." *Soviet Jewish Affairs* 16:2 (1986), pp. 29-46.

Rothmüller, Aron Marko. *The Music of the Jews: An Historical Appreciation* (Londres, 1953).

Rothschild, Joseph. "Ethnic Peripheries Versus Ethnic Cores: Jewish Political Strategies in Interwar Poland." *Political Science Quarterly* 96:4 (1981–1982), pp. 591-606.

Rothstein, Robert A. "How It Was Sung in Odessa: At the Intersection of Russian and Yiddish Folk Culture." *Slavic Review* 60:4 (2001), pp. 781-801.

Rotman, Liviu e Raphael Vago, orgs. *The History of the Jews in Romania,* vol. 3, *Between the Two World Wars* (Tel Aviv, 2005).

Rozen, Minna. "Jews and Greeks Remember Their Past: The Political Career of Tzevi Koretz (1933–43)." *JSS,* n.e., 12:1 (2005), pp. 111-66.

———. org. *The Last Ottoman Century and Beyond: The Jews in Turkey and the Balkans, 1808–1945.* 2 vols. (Tel Aviv, 2002–2005).

Rubenstein, Joshua. *Tangled Loyalties: The Life and Times of Ilya Ehrenburg* (Tuscaloosa, Alabama, 1999).

Rubin, Ruth. "Nineteenth-Century Yiddish Folksongs of Children in Eastern Europe." *Journal of American Folklore* 65:257 (1952), pp. 227-54.

———. *Treasury of Jewish Folksong* (Nova York, 1950).

Ruppin, Arthur. *The Jewish Fate and Future* (Londres, 1940).

———. *The Jews in the Modern World* (Londres, 1935).

Sale, Giovanni. *Hitler, la Santa Sede e gli ebrei* (Milão, 2004).

Salomon, Alice. *Charakter ist Schicksal: Lebenserinnerungen* (Weinheim, 1983).

Saloniki: ir va-em be-yisrael (Jerusalém, 1967).

Sandrow, Nahma. *Vagabond Stars: A World History of Yiddish Theater* (Syracuse, N.Y., 1996).

Saporta y Beja, Enrique. "Le parler judéo-espagnol de Salonique." *Tesoro de los Judíos Sefardíes* 9 (1966), pp. 82-9.

Scharf, Rafael F. *Poland, What Have I to Do With Thee [...] Essays Without Prejudice* (Londres, 1996).

Schatz, Jeff. "Jews and the Communist Movement in Interwar Poland." *Studies in Contemporary Jewry* 20 (2004), pp. 13-37.

Schmelz, U. O. *Infant and Early Childhood Mortality among the Jews of the Diáspora* (Jerusalém, 1971).

Schulman, Elias. *A History of Jewish Education in the Soviet Union* (Nova York, 1971).

Schwartz, Sheila, org. *Danzig 1939: Treasures of a Destroyed Community* (Detroit, 1980).

Schwarz-Kara, Itzig. *Juden in Podu Iloaiei: Zur Geschichte eines rumänischen Schtetls* (Constance, 1997).

Sebastian, Mihail. *Journal 1935–44* (Londres, 2001).

Second Jewish International Conference on the Suppression of the Traffic in Girls and Women, 22–24 June 1927, Official Report (Londres, 1927).

Segre, Dan Vittorio. *Memoirs of a Fortunate Jew: An Italian Story* (Bethesda, Maryland, 1987).

Seltzer, Robert M. "Coming Home: The Personal Basis of Simon Dubnow's Ideology." *AJS Review* 1 (1976), pp. 283-301.

Sha'ari [Schaary], David. "The Jewish Community of Cernauti between the Wars." *Shvut* 7:23 (1998), pp. 106-46.

———. *Yehudei bukovina bein shtei milhamot ha-olam* (Tel Aviv, 2004).

Shandler, Jeffrey, org. *Awakening Lives* (New Haven, Connecticut, 2002).

Shapiro, Gershon. *Di yidishe kolonye friling: zikhroynes fun a forzitser fun a yidishn kolkhoz* (Tel Aviv, 1991).

Shapiro, Marc B. *Between the Yeshiva World and Modern Orthodoxy: The Life and Works of Rabbi Jehiel Jacob Weinberg, 1884–1966* (Oxford, 1999).

Shapiro, Robert Moses. "The Polish *Kehillah* Elections of 1936." *Polin* 8 (1994), pp. 206-26.

Shatskikh, Aleksandra. *Vitebsk: The Life of Art* (New Haven, Connecticut, 2007).

Shearer, David R. *Policing Stalin's Socialism: Repression and Social Order in the Soviet Union, 1924–1953* (New Haven, Connecticut, 2009).

Shentalinsky, Vitaly. *The KGB's Literary Archive* (Londres, 1995).

Sherman, A. J. *Island Refuge: Britain and Refugees from the Third Reich 1933–1939*. 2ª ed. rev. (Ilford, Essex, 1994).

Sherman, Joseph e Ritchie Robertson, orgs. *The Yiddish Presence in European Literature: Inspiration and Interaction* (Oxford, 2005).

Shore, Marci. *Caviar and Ashes: A Warsaw Generation's Life and Death in Marxism, 1918–1968* (New Haven, Connecticut, 2006).

Shternshis, Anna. "From the Eradication of Illiteracy to Workers' Correspondents: Yiddish- -Language Mass Movements in the Soviet Union." *East European Jewish Affairs* 32:1 (2002), pp. 120-37.

———. *Soviet and Kosher: Jewish Popular Culture in the Soviet Union, 1923–1939* (Bloomington, Indiana, 2006).

Sicher, Efraim. "The Trials of Isaak [Babel]." *Canadian Slavonic Papers* 36:1–2 (1994), pp. 7-42.

Siegel, Ben. *The Controversial Sholem Asch* (Bowling Green, Ohio, 1976).

Silber, Michael K., org. *Jews in the Hungarian Economy 1760–1945* (Jerusalém, 1992).

Simon, Walter B. "The Jewish Vote in Vienna." *JSS* 23:1 (1961), pp. 38-48.

Sinclair, Clive. *The Brothers Singer* (Londres, 1983).

Singer, Isaac Bashevis. *A Young Man in Search of Love* (Nova York, 1978).

Skourtis, Ioannis. "The Zionists and Their Jewish Opponents in Thessaloniki between the Two World Wars." *In* I. K. Hassiotis, org., *The Jewish Communities of Southeastern Europe from the Fifteenth Century to the End of World War II* (Thessaloniki, 1997), pp. 517-25.

Slezkine, Yuri. *The Jewish Century* (Princeton, N.J., 2004).

Sorsby, Maurice. *Cancer and Race: A Study of the Incidence of Cancer among Jews* (Londres, 1931).

Soxberger, Thomas. "Sigmund Löw (Ziskind Lyev), a 'revolutionary proletarian' writer." *East European Jewish Affairs* 34:2 (2004), pp. 151-70.

Stahl, Nanette, org. *Sholem Asch Reconsidered* (New Haven, Connecticut, 2004).

Stahl, Rudoph. "Vocational Retraining of Jews in Nazi Germany." *JSS* 1:2 (1939), pp. 169-94.

Stampfer, Shaul. "Hasidic Yeshivot in Inter-War Poland." *Polin* 11 (1998), pp. 3-24.

Starr, Joshua. "Jewish Citizenship in Rumania (1878–1940)." *JSS* 3:1 (1941), pp. 57-80.

Stein, Edith. *The Collected Works of Edith Stein*, vol. 5, *Self Portrait in Letters, 1916–1942* (Washington, D.C., 1993).

———. *Life in a Jewish Family* (Washington, D.C., 1986).

Steinlauf, Michael C. "Jewish Theatre in Poland." *Polin* 16 (2003), pp. 71-91.

Sternberg, Ghitta. *Stefanesti: Portrait of a Romanian Shtetl* (Oxford, 1984).

Stille, Alexander. *Benevolence and Betrayal: Five Italian Jewish Families under Fascism* (Londres, 1992).

Strauss, Herbert A. e Kurt R. Grossmann, orgs. *Gegenwart im Rückblick: Festgabe für die Jüdische Gemeinde zu Berlin 25 Jahre nach dem Neubeginn* (Heidelberg, 1970).

Szajkowski, Zosa. "The Struggle for Yiddish during World War I: The Attitude of German Jewry." *LBIYB* 9 (1964), pp. 131-58.

Tanny, Jarrod. "*Kvetching* and Carousing under Communism: Old Odessa as the Soviet Union's Jewish City of Sin." *East European Jewish Affairs* 39:3 (2009), pp. 315-46.

Tartakower, Arieh. "The Migrations of Polish Jews in Recent Times." *In* S. Federbush, org., *American Federation of Polish Jews Yearbook*, vol. 1 (Nova York, 1964), English section, pp. 5-46.

Theilhaber, Felix A. *Der Untergang der deutschen Juden: Eine volkswirtschaftliche Studie* (Munique, 1911).

Tijn, Gertrude van. "Werkdorp Nieuwesluis." *LBIYB* 14 (1969), pp. 182-99.

Timms, Edward. *Karl Kraus, Apocalyptic Satirist: Culture and Catastrophe in Habsburg Vienna* (New Haven, Connecticut, 1986).

———. *Karl Kraus, Apocalyptic Satirist: The Post-War Crisis and the Rise of the Swastika* (New Haven, Connecticut, 2005).

Tomaszewski, Jerzy. "The Civil Rights of Jews in Poland 1918–1939." *Polin* 8 (1994), pp. 115–27.

———. "Jabotinsky's Talks with Representatives of the Polish Government." *Polin*, 3 (1988), pp. 276-93.

———. "Jews in Łódź in 1931 According to Statistics." *Polin* 6 (1991), pp. 173-200.

———. "The Polish Right-Wing Press, the Expulsion of Polish Jews from Germany, and the Deportees in Zbąszyń." *Gal-Ed* 18 (2002), pp. 89-100.

Tonini, Carla. *Operazione Madagascar: La questione ebraica in Polonia 1918–1968* (Bolonha, 1999).

———. "The Polish Plan for a Jewish Settlement in Madagascar." *Polin* 19 (2007), pp. 467-78.

Trebitsch, Michel. "'De la situation faite à l'écrivain juif dans le monde moderne': Jean-Richard Bloch entre identité, littérature et engagement." *Archives Juives* 36:2 (2003), pp. 43-67.

Tsanin, M. "Der oyfgang un untergang fun der yidisher prese in poyln." *Kesher* 6 (1989), pp. 108-19.

Tucholsky, Kurt. *Die Q-Tagebucher 1934–5*. Org. Mary Gerold-Tucholsky e Gustav Huonker (Reinbek bei Hamburg, 1978).

———. *Politische Briefe*. Org. Fritz J. Raddatz (Reinbek bei Hamburg, 1969).

Turkow-Grudberg, Yitskhok Ber. *Varshe, dos vigele fun yidishn teater* (Varsóvia, 1956).

Ullstein, Herman[n]. *The Rise and Fall of the House of Ullstein* (Londres, s.d. [1944]).

Ussoskin, Moshe. *Struggle for Survival: A History of Jewish Credit Co-operatives in Bessarabia, Old--Rumania, Bukovina and Transylvania* (Jerusalém, 1975).

Veidlinger, Jeffrey. *The Moscou State Yiddish Theater: Jewish Culture on the Soviet Stage* (Bloomington, Indiana, 2000).

Veil, Simone. *Une vie* (Paris, 2007).

Venclova, Thomas. *Aleksander Wat: Life and Art of an Iconoclast* (New Haven, Connecticut, 1996).

Vinkovetzky, Aharon, Sinai Leichter *et al.*, orgs. *Anthology of Yiddish Folksongs* (7 vols., Jerusalém, 1983–2004).

Vital, David. *A People Apart: A Political History of the Jews in Europe, 1789–1939* (Nova York, 2001).

Vitali, Christoph. *Marc Chagall: Die Russischen Jahre, 1906–1922* (Bonn, 1991).

Wachowska, Barbara. "The Jewish Electorate of Inter-War Lódz in the Light of the Local Government Elections (1919–1938)." *Polin* 6 (1991), pp. 155-72.

Wagner, M. L. *Caracteres generales del judeo-español de Oriente* (Madri, 1930).

Wallet, Bart T. "'End of the jargon-scandal' — The decline and fall of Yiddish in the Netherlands (1796–1886)." *Jewish History* 20:3/4 (2006), pp. 333-48.

Wasserstein, Bernard. *Britain and the Jews of Europe 1939–1945*. 2ª ed. (Nova York, 1999).

Wasserstein, Bernard, *et al. Hannah Arendt en de geschiedschrijving: Een controverse* (Nijmegen, 2010).

Wat, Aleksander. *My Century: The Odyssey of a Polish Intellectual* (Berkeley, Califórnia, 1988).

Weber, Eugen. *Action Française: Royalism and Reaction in Twentieth Century France* (Stanford, Califórnia, 1962).

————. *The Hollow Years: France in the 1930s* (Nova York, 1996).

Weil, Emmanuel. *Le Yidisch Alsacien-Lorrain* (Paris, 1920).

Weinbaum, Laurence. "Jabotinsky and the Poles." *Polin* 5 (1990), pp. 156-72.

Weinberg, David. *A Community on Trial: The Jews of Paris in the 1930s* (Chicago, 1977).

Weinberg, Robert. "Jews into Peasants? Solving the Jewish Question in Birobidzhan." *In* Yaacov Ro'i, org., *Jews and Jewish Life in Russia and the Soviet Union* (Londres, 1995).

————. "Purge and Politics in the Periphery: Birobidzhan in 1937." *Slavic Review* 52:1 (1993), pp. 13-27.

————. *Stalin's Forgotten Zion: Birobidzhan and the Making of a Soviet Jewish Homeland* (Berkeley, Califórnia, 1998).

Weiser, Kalman. "The Yiddishist Ideology of Noah Prylucki." *Polin* 21 (2009), pp. 363-400.

Weiss, Jonathan. *Irène Némirovsky: Her Life and Works* (Stanford, Califórnia, 2007).

Weissman, Deborah. "Bais Ya'akov as an Innovation in Jewish Women's Education: A Contribution to the Study of Education and Social Change." *Studies in Jewish Education* 7 (1995), pp. 278-99.

Weizmann, Chaim. *The Letters and Papers of Chaim Weizmann*. Org. Meyer Weisgal *et al.* 25 vols. (Oxford e New Brunswick, N.J., 1968–1984).

————. *Trial and Error* (Nova York, 1966).

Weltsch, Robert. *An der Wende des modernen Judentums* (Tübingen, 1972).

Wiese, Leopold von. "Das Ghetto in Amsterdam." *Jüdische Wohlfartspflege und Sozialpolitik* 1:12 (dezembro de 1930), pp. 445-49.

Wieviorka, Annette. "Les Juifs de Varsovie à la veille de la Seconde Guerre mondiale." *In* André Kaspi, org., *Les Cahiers de la Shoah*, vol. 1 (Paris, 1994), pp. 47-66.

Wiggershaus, Rolf. *The Frankfurt School: Its History, Theories and Political Significance* (Cambridge, 1994).

Wischnitzer, Mark. "Jewish Emigration from Germany 1933–1945." *JSS* 2:1 (1940), pp. 23-44.

Wodzinski, Marcin. "Languages of the Jewish communities in Polish Silesia (1922–1939)." *Jewish History* 16:2 (2002), pp. 131-60.

Wójcik, Miroslaw. "Like a Voice Crying in the Wilderness: The Correspondence of Wolf Lewkowicz." *Polin* 17 (2004), pp. 299-323.

Wollock, Jeffrey. "The Soviet Klezmer Orchestra." *East European Jewish Affairs* 30:2 (2000), pp. 1-36.

———. "Soviet Recordings of Jewish Instrumental Folk Music, 1937–1939." *ASRC Journal* 34:1 (2003), pp. 14-32.

Worms, Fred S. *A Life in Three Cities: Frankfurt, London, and Jerusalem* (Londres, 1996).

Wright, Jonathan e Peter Pulzer. "Gustav Stresemann and the *Verband nationaldeutscher Juden*: Right-Wing Jews in Weimar Politics." *LBIYB* 50 (2005), pp. 199-211.

Wullschlager, Jackie. *Chagall: A Biography* (Nova York, 2008).

Yahil, Leni. "Jews in Concentration Camps prior to World War II." *In* Yisrael Gutman and Avital Saf, orgs., *The Nazi Concentration Camps* (Jerusalém, 1984), pp. 69-100.

Yavetz, Zvi. *Erinnerungen an Czernowitz: Wo Menschen und Bücher lebten* (Munique, 2007).

Yeshurun, Yefim, org. *Vilne: a zamelbukh gevidmet der shtot vilne* (Nova York, 1935).

Yodfat, Aryeh. "Jewish Religious Education in the USSR (1928–1971)." *Journal of Jewish Education* 42:1 (1972), pp. 31-37.

———. "The Soviet Struggle to Destroy Jewish Religious Education in the Early Years of the Regime, 1917—1927." *Journal of Jewish Education* 40:3 (1970), pp. 33-41.

Yoyvel-heft gevidmet dem 5 yorikn yoyvel fun di pirkhey agudas yisroel in ontverpn (Antwerp, Adar 5696/março de 1936).

Zaagsma, Gerben. "The Local and the International–Jewish Communists in Paris between the Wars." *Simon Dubnow Institute Yearbook* 8 (2009), pp. 345-63.

Zalcman, Moshé. *Joseph Epstein alias Colonel Gilles* (Quimperlé, 1984).

———. *La véridique histoire de Moshé, ouvrier juif et communiste au temps de Staline* (Paris, 1977).

———. *Sur le chemin de ma vie: avant et après le goulag* (Quimperlé, 1992).

Zeltser, Arkadi. "Inter-war Ethnic Relations and Soviet Policy: The Case of Eastern Belorussia." *Yad Vashem Studies* 34 (2006), pp. 87-124.

Zimmerman, Joshua D., org. *Jews in Italy under Fascist and Nazi Rule, 1922–1945* (Cambridge, 2005).

Zlatkes, Gwido. "Urke Nachalnik: A Voice from the Underworld." *Polin* 16 (2003), pp. 381-412.

Zohn, Harry. *Karl Kraus and the Critics* (Columbia, Carolina do Sul, 1997).

Agradecimentos

Quero agradecer a todas as bibliotecas e arquivos nos quais trabalhei para escrever este livro: a Biblioteca da University of Chicago; a Biblioteca Leopold Muller Memorial do Centro de Estudos Hebraicos e Judaicos de Oxford; a Staatsbibliothek/Preussischer Kulturbesitz e o Museu Judaico em Berlim; a Biblioteca Nacional de Israel, os Arquivos Sionistas Centrais, o Arquivo do Joint Distribution Committee e os Arquivos Centrais da História do Povo Judeu em Jerusalém; o Instituto de Pesquisas da Diáspora da Universidade de Tel Aviv; a Bibliotheca Rosenthaliana da Universidade de Amsterdã, o Museu Histórico Judaico, o Instituto de Documentação de Guerra dos Países Baixos e o Instituto Internacinoal de História Social em Amsterdã; o Centre de documentation juive contemporaine e o Instituto Histórico Alemão em Paris; YIVO, o Leo Baeck Institute e a Divisão Judaica Dorot da New York Public Library em Nova York; e a Wiener Library e o German Historical Institute em Londres.

Tive a sorte de contar com a ajuda de uma sucessão de destacados assistentes de pesquisa: Leah Goldman, Harold Strecker, Sean Dunwoody, Sarah Panzer, Aidan Beatty, Yuliya Goldshteyn, Rachel Feinmark e Tomasz Blusiewicz, todos da University of Chicago.

Os meus editores, Alice Mayhew da Simon & Schuster e Andrew Franklin da Profile Books, demonstraram ter muita paciência.

Finalmente, quero agradecer a todos aqueles que me ofereceram documentação, conselhos e informações durante o período em que trabalhei neste livro, entre eles David Aberbach, Hadassah Assouline, Haim Avni, Anat Banin, Gunnar Berg, Hans Blom, Rachel Boertjens, Philip Bohlman, Karin Brandmeyer, David Bunis, Henry Cohn, Steven Fassberg, Hanna Feingold, Eike Fess, Sheila Fitzpatrick, Cornell Fleischer, Leo Greenbaum, Shirley Haasnoot, Lois S. Harlan, Martin Heuwinkel, Brad Sabin Hill, Otto Hutter, Radu Ioanid, Paul Jankowski, Paulette Jellinek, David S. Katz, Monica Keyzer, Julia Kolesnichenko, Julia Krivoruchko, Mikhail Krutikov, Cilly Kugelman, Simon Kuper, Cecile Kuznitz,

Nicholas de Lange, Herman Langeveld, Annette Mevis, Fruma Mohrer, Lucy Nachmia, Antony Polonsky, Aubrey Pomerance, Berel Rodal, Norman Rose, Rochelle Rubinstein, Monika Saelemaekers, Emile Schrijver, Jan Schwarz, A. J. Sherman, Andrey Shlyakhter, Henry Srebrnik, Anthony Steinhoff, Jürgen Stenzel, Hermann Teifer, Carla Tonini, Wout Visser, David Wasserstein, Margaret Wasserstein, Paul Wexler, Hy Wolfe e Jeffrey Wollock.

Créditos das Ilustrações

Arquivo de Fotos *Niewv Israëlietisch Weekblad*, Amsterdã: 12, 13, 21
Arquivo de Fotos Spaarnestad: 18, 32, 34
Arquivos Centrais da História do Povo Judeu: 25, 26
Arquivos Sionistas Centrais: 37
Beeldbank WW2 — Instituto de Documentação de Guerra dos Países Baixos: 35
Belmont Music Publisher, Los Angeles / ARS, Nova York, VBK, Viena; © Schoenberg, Arnold / licenciado por Autuis, Brasil 2012: 17
Bet Hatfutsot, Tel Aviv, cortesia de Ala Perelman-Zuskin: 16
Biblioteca Nacional de Israel: 3
Christine Fischer-Defoy, cortesia do Museu Judaico, Berlim: 19
Cortesia do Leo Baeck Institute, Nova York: 2, 7, 10, 15
Georgii Petrusov: 22
Museu Histórico Judaico, Amsterdã: 1
Museu Judaico da Tessalônica: 5
Ruth Gross, cortesia do Museu Judaico, Berlim: 36
S. S. Prawer: 9
United States Holocaust Memorial Museum: 4, 6, 20, 23, 24, 27, 33
YIVO Instituto de Pesquisas Judaicas: 8, 14, 28, 29, 30, 31

Próximos Lançamentos

Para receber informações sobre os lançamentos da
Editora Cultrix, basta cadastrar-se
no site: www.editoracultrix.com.br

Para enviar seus comentários sobre este livro,
visite o site www.editoracultrix.com.br ou
mande um e-mail para atendimento@editoracultrix.com.br